YAADANNOO

Qeerroofi Qarree
Ummata Oromootti
kabajaa horuuf
wareegamaniif!

GALATA

Wixinee kitaaba kanaa mana hidhaa Qaallittii, eddoo kompiitarri hin jirrettin barreesse. Barreeffama harka kiyyaa kaniin anuu deebisee dubbisuuf na rakkisu nuffii malee gara barruu kompiitaraa kan garagalche Boonaa Abduu galata himuun na dhibu qaba. Ziyaad R. Abdullee ammoo hanqina qubeefi seer-lugaa funaanee osoo gulaaluu baatee barruun kun akkaaf-gara hin qabaatu ture. Haa ulfaatu!

Boonaafi Ziyaad lamaanuu qabsoo Qeerroo keessatti hirmaachaa waan turaniif waanin ani irraanfadhe na yaadachiisaa, kanin dogongore sirreessaa kitaaba kana akka fiixa bahu taasisan. Reedwaan Amaan immoo yeroon ani hidhaa ture barreeffamni kun Boonaafi Ziyaad bira akka gahu osoo taasisuu baatee carraan kitaabni kun qophaayuu dhiphaa ture. Qoodni Reedwaan kana qofa hin turre. Yeroo rakkisaa sanitti maatii kiyya faca'uurraa baraaree waan isaan barbaachisu hunda guutee naan eege. Galanni isaa kan himamee dhumuu miti.

Bu'aa bahii qabsoo keessatti yeroo tokkos kanneen naan addaan hin bahin, hiriyoota onneefii waahillan qabsoo kiyyaa kan tahan Eliyaas Ibsaafi Muhammad Abdoosh qooddattoota milkaa'ina kiyya hundaa waan tahaniif galata isaaniif qabu jechaan ibsuuf na rakkisa. Baasii maxxansa kitaabichaatiif warra gumaachan maqaa dhawuun waan hin taaneef, duuchaamatti Rabbiin baasii isaanii dacha dachaan haa guutuufin jedha. Walumaagalatti Kitaabni kun akka ummata bira gahu namoonni na gargaaran hedduudha. Hunda isaanii tarreessee fixuu hin dandahu. Hundumti isaanituu naaf haa galatooman.

BAAFATA

SEENSA

Wixineen kitaaba kanaa mana hidhaa keessatti eegalame. Kunis sababa lamaan ta'e. Kan duraa, mana hidhaa san keessaa lubbuun nan baha jedhee waan hin yaadiniif imala qabsoo ani keessatti hirmaadhe irraa waanin yaadadhu bifa kitaabaatiin barreessuun dhaloota itti aanuuf lafa kaayuufi. Kan lammataa immoo yeroo mana hidhaa kan guyyaan tokko hamma waggaa tokkoo namatti dheeratu san hojiin ofirraa gabaabsuuf ture. Kanaafuu hidhamee guyyoota muraasa keessatti waraqaafi qalamni akka naaf hayyamamu qondaalota gaafadhe. Ni didame. Akka carraa poolisiin yeroon jara gaafadhu na arge tokko dhoksaan naaf seensiseen katabuu eegale. Jala jalaahis icciitiin alatti baasuuf filadhe. Garuu erga Mana hidhaa Qaallittii geeffamnee booda barreessuun waan hayyamameef cinqii malee itti fufe.

Akkuman mana hidhaatii baheen kitaaba kana maxxansiisuuf yaadeen ture. Dhaadhessuunuu eegalamee ture. Garuu ammoo dubbiftoonni qalbii tasgabbaayeen akka laalan waanin barbaadeef, hanga yeroon tasgabbaawaan dhufutti eeguuf filadhe. Dabalataanis, dhimmoonni ani kitaabicha keessatti kaasu waldhabdee dabalataa akka hin uumneefis tursiisuun barbaachisaa ta'ee natti mul'ate. Heddduu eegus, yeroon tasgabbaawaan ani abdachaa tures dhufaa waan hin jirreef, namoonnis haalaafi kallattii garagaraatiin akkan maxxansu waan natti waywaataniif amma maxxansuuf murteesse.

Mana hidhaa keessatti ragaalee waabeffannaaf ta'an argachuun waan hin danda'amneef, waanuma sammuun kiyya yaadate barreesse. Ergan hidhaadhaa bahee booda garuu, hamma danda'ametti, ragaalee jiran kanin yaadannoo sammuutiin barreesseen walbira qabuun wal simsiisuuf yaaleen jira. Namoota waliin hojjataa turres gaggaafachuun gabbisuuf tattaafadheera. Yaadannooleen yeroo qabsoo barreeffamaan qabachaa ture gaafan ani hidhame manaa fuudhamanii waan dhabamsiifamaniif argadhee itti fayyadamuu hin dandeenye. Kanaafuu kitaaba kana keessatti wantin irraanfachuunis tahee dogongoraan ani barreesse yoo jiraate warri yaadatan akka sirreessan abdiin qaba.

Akeekni barreeffama kanaa taateewwan siyaasaa biyya keenyaa kan ani keessatti hirmaadhe keessaa waanin yaadadhu akka hubannaa kiyyaatti galmeessuun ummataaf dhiheessuudha. Kana malees dhaloonni dhufu imala qabsoo dabarsine xiinxalee, kan nuti tolchine cimsachaa, mudaa keenya fooyyessaa, nu caalaa akka milkaayuufi. Seenaan namni tokko kophaa keessa dabru hin jiru, imala waloon namoota heddduu hirmaachisuudha. Namoonni taateewwan kaleessa waliin keessa dabran akkaataan itti yaadatan wal fakkaataa ta'uu dhabuu mala. Kanaafuu yaadannoon nama tokkoo seenaa guutuufi madaalawaa ta'uu dhabuu mala.

Haaluma kanaan, taateewwan ani Kitaaba kana keessatti barreesse keessatti, akkaataan ani itti yaadadhes ta'ee itti hubadhe guutumaan guututti sirriidha amantaa jedhu hin qabu. Taateewwan ani bifa kitaabaa kanaan galmeessee dhiheesse kun namoonniifi gareewwan hedduun kan keessatti hirmaataa turan waan ta'eef bifa ani yaadadhuun/hubadhuun addatti yaadatuu/hubatuu malu. Namoonniifi gareewwan sun yaadannoofi hubannoo isaanii galmeessuun ummataaf yoo dhiheessan, dubbiftoonni walbira qabuun hubannaa madaalawaa horachuu danda'u jedheen abdadha.

Xiinxalliifi ilaalchi boqonnaawwan kitaaba kana keessatti barraa'an hubannaa siyaasaa ani yeroo taateewwan sun raaw'atan qabaachaa ture calaqqisu. Sanii as, sababa odeeffannoo dabalataa argachuu, haalli siyaasaa jijjiiramuu, akkasumas umriin bilchaataa dhufuu irraa kan ka'e, ilaalchi kiyyas ta'ee kan namootaafi gartuulee biroo jijjiiramuu mala.

Kanaafuu dubbiftoonni yaadota ani kaase akkaataa yeroo wanti sun itti raawwatamee waliin wal bira qabdanii akka hubattan gamanumaan isinitti dhaamuun barbaada. Kitaabicha keessatti irra jireessaan maqaa namaa eeruu dhabuu filadheera. Dhimmi namichi keessatti hirmaate dursee ummataan kan beekamu yoo ta'e, seenichi waan gaarii nama sanii kan agarsiisne yoo ta'e, akkasumas maqaan yoo hin tuqamne qaawwa guddaa kan uumu ta'ee yoo natti mul'ateen ala, maqaa namaa dhahuu dhiisuuf murteesseera.

Kana kan godheef taateewwan kitaaba kana keessatti caqasaman qaama seenaa dabree ta'anis siyaasaa har'aa irrattis dhiibbaa qabaachuu waan maluuf; akkasumas mooraa siyaasaa namoonni sun yeroo ammaa keessa jiranitti qeeqaafi miidhaaf akka isaan hin saaxille yaadda'uu irraa kan ka'eedha.

Maqoota kana ammaaf kitaabicha keessaa hambisus, yaadannoo kiyyarratti barreessee waan kaayeef, gara fuulduraa gaafa atakaaroon har'aa kun dabre takkaa ani yookiin barreessaan biraa ummataan akka gahu abdiin qaba.

KUTAA TOKKO: IJOOLLUMMAA

1.1. Dhaloota

Maqaan kiyya Jawaar Siraaj Muhaammad Tufaa Jiloo Obsee Godaanaa Keetoo Bonayyaa Biilaa Aanaa Gaattiroo jedhama. Aadaa Oromoo keessatti, namni tokko, yoo xinnaate haga abbaa torbaa lakkaayuun waan namarraa eeggamuufin tarreesse. Yeroo nuti joollee jaarsoliin maqaa warra keenyaa kudhanii ol nutti himanii akka hin irraanfanneef deddeebi'anii nu gaafatu ture. Ani garuu tura keessa abaabayyuu duubaan warra jiran irraanfadhee dhiheenya kana sababa gaaffii ilma kiyya Oromootiin irra deebi'ee baruuf dirqame. Yeroon mana hidhaa jiru Oromoof bilbilee osoo haasofnuu maqaa warra keenyaa hanga abbaa kudhanii na gaafate. Edaa namni Oromoo hidda dhaloota ofii beekuu qaba waan jedhan dhagaye.

Gaaffii tasaa inni na gaafateef hin beeku jechuu saalfadhee maquma arrabarra na dhufe tarreessee itti hime. "Irra naa deebi'i" naan jedhe. Maqoota dura himeef waan hin yaadanneef ammas kanuma mataa keessa na dhufe tarreesseef. "Aabboo dogongora qaba" jedhee wix godhee na qabe. Edaa inni kanin itti himu na jalaa barreeffataa ture! Kan marsaa lamaan itti hime walbira qabee akka wal hin fakkaanne arge. Ani yeroo sadaffaaf sobee qabamuu hin feene. Akkan jarjara qabu itti himee bilbila cufe. Obboleettiin tiyya saffisaan abba-guddaa (abbeeraa) keenya gaafattee akka naan dhaqqabdu erge. Ishiin waan isarraa dhageesse barreessitee naaf fidde. Gaafa beellama torbanii Oromoof bilbilee qoma dhiibee irra deddeebi'ee hanga inni hifatutti itti hime.

Baraafi eddoon itti dhaladhe erguman guddadhee sirritti of beeke boodan hubadhe. Qormaata kutaa 8ffaa (ministirii) fudhachuudhaaf ragaa dhalootaa akka fidnu manni barumsaa nu ajaje. Sababoota gara boodaa kitaaba kana keessatti ibsamaniin kan ka'e ragaa barnootaa kutaalee 8ffaa gadii hin qabu ture. Kanaafuu, maatii irraa odeeffachuun dirqama. Yeroo boqonnaa semisteeraa akkoo tiyya (haadha haadha tiyyaa) Muluu Badhaanee bira dhaqee gaafannaan, "Aabboo

Ginbootaa" boru yoo jedhan galgala isaa akkan dhaladhe naaf himte. Aabboon ayyaana Ortoodoksii yoo ta'u ji'a ji'aan guyyaa shanaffaarra oola. Kanaafuu, galgala Caamsaa afur (4) kan shanitti barii akkan dhaladhe naaf gale. Eessumni kiyya Hayilee Tolaa barri dhaloota kiyyaa 1978 A.L.H. akka ta'e naaf hime. Anis haala kanaan guyyaan dhaloota kiyyaa Caamsaa 4, 1978 A.L.H'tti tahuu qabadhee waraqaa ragaa waajjira gandaa irraa baasisee mana barnootaatti galche.

Yeroo carraa barumsa biyya alaa argadhee gara Singaapoor deemuuf qophaayu, paaspoortii baafachuuf guyyaan dhalootaa akka lakkoofsa warra Faranjiitti barraahuu qaba jedhame. Gurbaan guca guuchisu "guyyaas, Ji'as, baras waggaa saddeet itti dabali" jechuun akkuma na gorse, gara Caamsaa 12, 1986 (May 12, 1986) jijjiiree barreesse. Guyyaan addunyaan itti na beektus, kan marsaaleen hawaasaatis bara baraan 'Happy Birthday' jedhanii na yaadachiisanis isuma kana. Hanga gaafa Singaapoor dhaquu takkaa 'ayyaana dhalootaa' kabajadhee hin beeku. Gaafa tokko ganama hirribaa ka'ee ciree nyaachuuf kaaffee yoon dhaqu barattoonni walgahanii maqaa kiyya dhayaa erga sirbanii booda keekii akkan muruuf albee na harka kaayan. Gaafni sun Ayyaana dhalootaa gannaa 18ffaa ta'uu isaati.

Yeroo daa'ima ture bakki dhalootaa kiyya iddoman itti guddadhe natti fakkaataa ture. Gaafa tokko Godina Arsii, Aanaa Gololchaatti akkan dhaladhe osoon namatti himuu haati tiyya na dhageesse. Yeroo sanitti haasaa kiyya addaan kuttee dogongora akkan dubbadhe natti himuu hin filanne. Erga nama ani itti haasayaa ture saniin addaan baanee booda garuu bakkin itti dhaladhe Gololchaa osoo hin taane Aanaa Asakoo ganda Diimaa bakka Jinnii jedhamu kan gabayaan Hojja-Duree (Wiixataa) itti dhaabbattutti akka ta'e naaf himte.

Aanaa Asakootitti dhalachuu kiyya dursee beekuu baadhus iddoo Jinnii jedhamtu tana garuu nin beeka ture. Maqaan Jinnii jedhamu iddoo kanatti wanti moggaafameef, goda fincaawaan irraa-gadee dhangala'u tokkorraa kan ka'eedha. Gaafan ijoollee ture gara warra akaakoo kiyyaa (gama haadhaan) yoo deemnu fincaawaa kana biraan dabarama ture. ncaawaa san bira hogguu geenyu sulula gama tokkoo dhaabbannee yoo lallabnu, xiqqoo turee sagaleen keenya gama achi aanutti dhagayama ture. Akka waan namni biraa gama dhaabatee as lallabuu fakkaata ture. Yeroon achiin dabru hunda fincaa'aa kana bira dhaabbadhee lallabaa, sagalee kiyya dhaggeeffachaa taphachuuf jecha booyee haadha tiyya jala deema ture. Sagalee ofii gamaa as deebitee namatti dhagayamtu tana akka waan Jinniin achii namatti as deebiftuutti waan yaadamuuf goda Jinnii jedhanii waaman jedhan.

Maarree goda Jinnii kana bira gabaa guyyaa Wiixataa dhaabbatuutu jiraa ture. Iddoon gabaa sun maqaan sirrii Hojja-Duree ta'us, irra caalatti Jinnii jedhamuun yaamamti. Maatiin keenya achi qubatanii jiraachuu turan. Dhaladhee yeroo gabaabaa booda gara Aanaa Gololchaa, ganda Culul Cirriqsaa godaanan.

Iddoon itti dhaladheefi kan itti guddadhe aanaalee ollaa godina Arsii keessatti argaman ta'us garaagarummaa haala qilleensaafi aadaa guddaa qabu. Iddoon itti dhaladhe lafa baddaa tan hedduu qabbanooftuudha. Waggaa guutuu rooba. Oomisha garbuu, Qamadii, Baaqilaa, Ataraafi Dinnichaan beekamti. Kan itti guddadhe ammoo gammoojjiidha. Midhaan caalaa oomisha bunaafi looniitiin beekamti. Haala qilleensaafi aadaa jireenyaatiin aanaalee Arsii caalaa kan Harargeetiin wal fakkaatti. Bakkan itti dhaladhe (Jinnii) irraa gara bakka itti guddadhee (Gololchaa) dhaquuf deemsa miilaa sa'aa lamaa erga imaltee booda, akka waan tasuma dachiin citteetti, qilee guddaa tokkotti dhufta.

Qarqara qilee kanaa gubbaa dhaabbattee gadi yoo laaltu fageenya irratti ooyruufi manneen akka jiran xiqqoma xiqqoo mul'atu. Gaara kana qaqqabachaa yoo buute daangaa Aanaa Gololchaafi Asakoo seenta. Laga Darbaa kan ganna cufa nama nyaatuun beekamu ceetee ganda Culul Cirriqsaa geeysa. Ganda san keessaa qe'een akaakoo kiyyaa (gama abbaatiin) Buyoo jedhamti. Lafa ajaa'ibaa akka waan maatiidhuma tokkoof uumamaan qophooftee fakkaatti. Gama gubbaatiin gaaraan, gama gadiitiin laga Darbaatiin daangeffamti. Bitaa-mirgaan ammoo laggeen sulula gadi fagoo keessa yaa'aniin marfamtee lafti gabbattuun odola (island) fakkaattu afamtee jirti. Akaakayyuun kiyya waggoota dheeraa dura bakka san qubatee misoomsee, maatiis itti hore. Maqaan sirriin Buyoo ta'us, ollaan dhihoofi fagoo "Ganda Abbaa Siraaj" jechuun waamu.

Iddoofi baran itti dhaladhe hamman odeeffadherraa hangana ergan isiniif himee, silaa samii hin buunee lafaa hin baanee eenyurraa dhalatte jettanii na gaafachuun keessan hin oolu. Dubbiin warra ani irraa dhaladheefi akka itti dhaladhee keessi isii xiqqoo fagoodha. Seen-duubeen dhaloota kiyyaa ilaalchaafi hojii siyaasaa booda itti hirmaadhe irratti dhiibbaa uumuu waan hin ooleef xinnoo babal'isee dhiheessuun hubannaa dubbiftootaatiif gaarii natti fakkaata.

Abbaan kiyya Siraaj Muhaammad Tufaa Jiloo jedhama. Amma lubbuun hin jiru. Haati tiyya immoo Shamsii Tolaa Bulii jedhamti. Maqaan dhalootaa Faantaayee. Shamsii booda gaafa Islaamoftu itti moggaasan. Ammas lubbuun jirti, Adaamaa jiraatti. Abbaan kiyya Oromoo damee Arsii yeroo tahu, haati tiyya immoo Tuulama. Abbaan kiyya amantiin isaa Islaama yeroo tahu haati tiyya immoo warra Kiristaanaa (Ortoodoksii) irraa dhalattee booda Islaamoyte. Akkaataan maatiin kiyya lameen walitti dhufanii, bultii itti ijaarratanii, ilmaanis itti horan tuni, seenaa qabsoo Oromootiin waan wal qabatu qabdi.

Abbaan kiyya Muhaammad Tufaafi Moominaa Aadam irraa Godina Arsii, Konyaa Arbaa Guuguu Aanaa Colleetti dhalate. Gosti isaa Biilaa jedhama. Akkaataa latiinsa hortee gosootaan Oromoon ilmaan lama qaba. Booranaafi Bareentuu. Booranni ilmaan sagal yoo horu, Bareentu ammoo shan dhalfate. Shanan Bareentuu sun Karrayyuu, Murawwa, Dhummuugaa, Humbannaafi Qallo.

Dhummuugaa Bareentoo ilmaan sadi hore; Arsi, Asoosaafi, Hawaasaa jedhaman. Arsii Dhummuugaa Bareentoo gama isaatiin Sikkoofi Mando dhalfate. Sikkoo Arsii ammoo ilmaan shan yoo qabaatu, isaanis Bullaalla, Wacaale, Waaji, Jaawwiifi Ilaanii jedhaman. Gosti abbaa kiyyaa Biilaan, horteewwaan Bullaallaa Arsii keessaa tokko. Maarree haala kanaan hiddi dhaloota kiyyaa Jawaar Siraaj Muhammad Jiloo... Biilaa...Bullaalla Arsii Dhummuugaa Bareentoo Oromooti. Gosoonni horteen Arsii Dhummuugaa Bareentuu malkaa Waabee gamaa gamana kan qubatan yoo ta'u, lafti isaanii Waabe gamaa Baale, kan gamanaa ammoo

Diida'a jedhamee waamama. Horteen Mandoo Arsii irra jireessaan Baalee, kan Sikkoo ammoo Diida'a qubatu. Kanaafuu dhaloonni kiyya gosaan hortee Sikkoo yoo ta'u, lafaan ammoo Diida'a jechuu.

Akaakayyuu kiyya (abbaan abbaa kiyyaa) "Aabbaa" jechuun waamna. Iddoo dhaloota isaa baddaa Collee irraa gara gammoojjii Gololchaatti kan gale dhiibameeti ture. Akkuma Xaaliyaan Itoophiyaa lakkiftee baatee Hayilasillaaseen aangoo isaatitti deebi'een sirni abbaa-lafaa akka haarawaatti gadi dhaabbate. Sirnichis lafa warra keenyaa kukkutee qondaalota mootummaatiif hire. Warri biyyaas 'ciisanyaa'[1] jedhamee, lafuma kaleessa kan isaa turte qotuun oomisha argamu keessaa irboofi siisoo (tokko-afraffaafi tokko-sadaffaa) abbaa lafaaf galchuuf dirqame. Akaakayyuun kiyyas roorroofi rakkoo tana baqachuuf bakka saamichi abbaa lafaa itti hin hammaatu jedhamee himamutti godaane. Gaafas Aanaan ollaa kun gammoojjii teessumti lafaa tabba baay'attu waan ta'eef xiyyeeffannaa abbootii lafaa hin harkifne ture.

Aabbaanis aanaa Gololchaatti godaanee ganda Culul Cirriqsaa, ardaa Buyoo qubate. Lafa takkaa tuqamtee hin beekne qotee hore. Yeroo sanitti sirni abbaa lafaas ta'ee caasaan mootummaa naannawa san waan hin gahiniif, irboofi siisoos ta'ee gibiraan saamamuu irraa hafe. Maatii isaas fidatee guututti qubate.

Abbaa kiyyaan Abbaayye jennaan. Colleetti dhalatee Aabbaa waliin Gololcha gale. Umriin yeroo jabaatu barumsa amantii barachuufis achumatti Madrasaa seene. Yeroo manni barnootaa ammayyaa magaalaa Aanichaatti banamu gamasitti dabarfame. Kutaa 4ffaa gaafa gahu, sadarkaa itti aanu barachuuf gara magaalaa Konyaatti deemuu qaba ture. Garuu ammoo amantii akkasumas maqaa geeddarachuu akka qabu itti himame[2].

Galee waan kana Aabbaatti yoo himu, amantii jijjiirachuu mannaa barnootuma dhiisuu wayya jedhee, barumsa mootummaa dhiisisee kan amantii akka baratuuf gara Harargee erge.

Bara san keessa dargaggoonni Arsii, Baalee, Walloofi Jimmarraa barumsa amantii barachuudhaaf gara Harargee imaluun waan baratame ture. Sababni dargaggeeyyiin kun garas ergamaniif barumsa amantii isaanii baratanii, deebi'anii hawaasa irraa dhufan akka barsiisaniifi.

Akkuma abdatame dargaggeeyyii kanneen keessaa hammi tokko barnoota amantii isaanii sirritti baratanii, sheeka /hayyuu amantii/ ta'uun deebi'anii hawaasa isaanii tajaajiluu danda'aniiru. Gariin immoo sochii daldalaafi jireenya hawaasummaa Harargeen ittiin beekamtuun hawwatamanii achumatti hafu. Daldalatti bobba'anii, bultii ijaaranii maatii horatanii achumatti madaqu. Abbaan kiyya kana lamaan jidduutti argama. Barumsa amantiin wal faana, ogummaa huccuu hodhuus horate.

---

1 Ciisanyaa jechuun qonnaan bulaa lafa hin qabne kan, jarreen mootiirraa lafa argatee "abbaa lafaa" jedhamuun waamaman irraa lafa kireeffatee qotee oomishee callaa qooddatu jechuudha.

2 Bara Haylasilaasee san barnoota ammayyaa barachuu nama barbaadeeef maqaa Oromoofi Muslimaa qabu akka jijjiiratuuf dhiibbaan godhamaa akka ture ragaa hedduutu jira.

Kanaanis qalbii hire. Barnoota itti fufuuf fedhii dhabe, dhiisee daldalatti seenuuf waadaa Aabbaaf gale cabsuu sodaate. Sadarkaa barnootaa irraa eeggamu osoo hin gahin waan adda kuteef biyyatti galuus ni saalfate.

Kana jidduutti mala dhayate. Biyyatti galee Aabbaa hayyamsiisee daldalaa ta'uuf Harargeetti deebi'uuf murteesse. Osoo gara Arsiitti ol deemaa jiruu darasoota akka isaa qaraatii dhiisanii ol deebi'an waliin magaalaa xinnoo daangaa Harargeefi Arsii gubbaa jirtu, tan Dhummuggaa jedhamtu qubatee huccuu hodhuufi daldalas itti seene. Turtii waggoota muraasaa booda maatii isaa gaafachuuf yeroo gara Arsii yoo deebi'u wadaroon/sakaallaan qophaayee isa eege.

Qaraatii dhiisuu akkuma dhagaheen Abbaan isaa qe'eetti isa deebisuuf mala itti malaa ture. Dhibamuufi lubbuun dabruudhaaf qarqara irra jiraachuu (yarachuu isaa) ibsee akka lubbuun dhaqqabu itti dhaame. Abbaan kiyyas naasuun fiigee qe'eetti gale. Yeroo fiigee dhufu akaakayyuun kiyya jaarsaafi dargaggeessa biyyaa hunda walitti yaasee isa eege. Manguddoon walitti yaatee miila jalatti kufte.

Akka aadaa naannawa saniitti dargaggeessa tokko qaamaanis tahee qalbiidhaan tasgabbaa'ee iddoo tokko akka taa'uuf jecha niitii itti fuudhu. Dargaggeessa fuudha gahe dubartiidhaan hidhan kan jedhamuufis kanumaafi. Akaakayyuun ilma isaa darasummaa deemee biyya ambaatti hafe tooftaan sobee galchee itti fuudhuun qe'eetti hambisuuf murteesse.

Intalti abbaa kiyyatti fuudhuudhaaf qopheessan akkaataa aadaaf barmaatilee naannawa saniitiin tan idilee hin turre. Gosti isii Arsii miti. Amantiinis Muslima miti. Warri ishiituu reefu naannawa san qubatan. Faantayee Tolaa jedhamti. Hiddi dhaloota isii gama abbaatiin Bullii Bunee Qoricha Namoo Saan'oo Heebano Baabbu...Gumbichu Obo Tuulama Boorana jedhee Oromootti gala. Gama haadhaatin ammoo Muluu Badhaanee Tufaa Irkoo Daaccii Goobanaa Kooyyee Achan...Abbichuu[3] Ilaamoo Dooyyo Jiddaa Galaan Daaci Tuulama Oromoo ta'a. Godina Shawaa Konyaa Salaalee Aanaa Abbichuu bakka Dheekkoo jedhamurraa buqqaafamanii gara Arsii akka godaanan himu.

Ilmi Bullii Bunee kan hangafaa Gammachuu jedhama. Gammachuun bara Xaaliyaaniin Itiyoophiyaa weerarte san warra fincilee waggaa shaniif lole keessaa nama tokko ture. Eessuma isaa dabalatee nama hedduutu sababa lola saniitiin biraa dhume.

Fincilli Xaaliyaanii irratti godhame irra jireessaan Jiddugala Oromiyaa/Shawaa keessatti ture. Akka akaakayyuun kiyya yeroo dubbatu dhagayetti yeroo jalqaba Xaaliyaaniin dhuftee sirna mootii Hayilasillaasee buqqaastu Oromoonni naannawa sanii gammadanii turan. Gammachuun kunis, lafti mootichi ummata irraa fuudhee qondaalotaaf raabse nuuf deebi'a abdii jedhurraa kan ka'e ture. Garuu Xaaliyaan osoo ooltee hin bulin lafa warra bulchitoota mootichaa irraa

---

3 Akkoon tiyya Muluu Badhaanee gaafa aartu "Abbichuu warra lafti jalaa didichu, sanyii Goobanaa Daacii" jechuun dhaadatti. Yeroo namoonni Goobana Daacii akka gantuutti kaasan ni dallanti.

fuute ummataaf deebisuu dhiiftee warra 'baandaa' ta'ee ishii tajaajilu qofaaf hiruu eegalte.

Dabalataanis qondaalonni mootichaa fincilanii bosona seenan hedduminaan naannawuma jiddu galeessaa kana socho'aa waan turaniif, gargaarsa isaaniif gootu shakkii jedhuun Xaaliyaan ummata hiraarsuu eegalte. Kanarraa kan ka'e ummanni dura gammadee ture Xaaliyaaniitti dallanee fincile. Waggoota shaniifis Xaaliyaaniin akka tasgabbooftee biyya hin binne godhe. Namoonni fincila sana hogganan kanneen akka Garasuu Dhukii faan waraana kumaatamaan gurmeessanii loluun beekkamtii guddaa argatan.[4]

4 Namoonni boodarra qabsoo saba Oromoo bu'uuressuufi hogganuu keessatti shoora olaanaa taphatan, lola xaaliyaanii irratti godhame irratti hirmaatanii turan. Fakkeenyaaf jeneraal Taaddasaa Birruu ijoollummaan lola san keessatti hirmaatee abbaan isaa biraa wareegamee inni ammoo booji'amee Soomaliyaatti hidhamee ture. Erga Xaaliyaaniin lola addunyaa lammaffaa irratti moo'amtee Itoophiyaa baatee booda mana hidhaa sanii Ingiliiziin baafte. Raayyaa waraana Itoophiyaa erga mootichi biyyatti deebi'ee booda ijaarametti makamee sadarkaa jeneraalummaa gahe. Achiinis gama Waldaa Maccaa Tuulamaatiin qabsootti makamee wal'aansoo Oromoo hogganuutti ce'e.

1.2. Gammachuu Bullii: Salaalee Buqqaafamee Arsitti Duroome

Xaaliyaaniin dhumaatii hamaa ummatarraan geesse. Lola waggoota shanii booda gaafa Xaaliyaaniin baate, Hayilasillaaseen biyya itti baqatee ture Ingiliizii irraa galee aangoo qabate. Deebi'uun mootichaa sun Gammachuu Buliifi warra isa waliin Xaaliyaanii irratti fincilee lolaa tureef waan gaarii qabatee kan dhufe hin turre. Biyya isaaniitiif aarsaa guddaa kanfalanii lolanis, mooticha irraa galataa fi badhaasa osoo hin taane saamichatu isaan muudate. Mootichi gootota biyyaaf qabsaa'an dhiibee, dabeeyyii biyyaa dheessan firoomfate. Aangoo fi lafti qabsaa'ota bilisummaa biyya ofiitiif falman osoo hin taane lugnootaaf raabsamuu eegale. Kan dheessan qofa osoo hin taane, namoonni baandaa ta'uun weerartuu Xaaliyaan tajaajilanuu kan lafti kennameef turan.

Gammachuu Bullii faanis aarsaa biyyaaf godhaniif badhaasa osoo eeggatanii miidhaan isaan mudatte. Mootichi deebi'ee osoo hedduus hin turin lafti isaanii qonna ammayyaawaadhaaf barbaadama jedhamee, namoota mootichaan filatamaniif kenname. Wanni nama ajaa'ibu, warri lafti kennameef sun hedduun kanneen gaafa Xaaliyaan biyya qabatu dheessanii biyyaa bahan turan. Oromiyaa bakka tokko tokkotti hanga ammaatti "lafa siddatanyaa (baqattootaa)" jedhamee waamamutu jira.

Gootonni biyya ofii keessatti weerartuun lolaa turanii bilisummaa biyyaaf aarsaa kafalan garuu galatni isaanii lafa dabalataa argachuu osoo hin taane tanuma qabanuu dhabuu ta'e. Lafa abboota isaanii irraa dhaalan, kan dhiiga isaaniitiin diina irraa qolachaa turan irraa buqqifamanii dachee isaaniirratti 'ciisanyaa' godhaman.

Haala kanaan lafuma ofii irratti ciisanyaa ta'anii irboofi siisoo safaruudhaaf dirqaman. Lafti bifuma irboofi siisoon argatanis baay'ee xiqqoo turte. Oomishni siisoofi irboo irraa haftes maatii isaanii sooruu dadhabde. Roorroon guyyaarraa gara guyyaatti isaanitti hammaachaa dhufte. Dachee aabboofi abaaboorraa dhaalan saamamanii baqachuudhaaf dirqaman.

Bara Xaaliyaanii san keessa Gammachuu Bulii nama Arsii Haaji Qaasim jedhamuun wal baranii turan. Gaafa dhiibbaan abbaa-lafaa itti hammaatu Haaji Qaasim bira dhaqee rakkoo mudate himnaan lafti hin qotamin bal'aan waan jiruuf akka garas godaanu affeere. Gammachuunis akkuma warra isa dura biyyaa baafamee

Yoo quraan ollaa siif ta'e

Yoo jaldeessi daboo siif bahe

Nagaatti ani biyyaa siif bahe

Jechuun sirbaa maatii walitti sassaabee gara Arsii, Konyaa Arbaa Guuguu qajeele. Daa'imman, maanguddoota, dubartoota ulfaafi loon qabatanii waan deemaniif gahuudhaaf deemsa miilaatiin guyyoota hedduu itti fudhate. Loon isaanii walakkaan karaatti dhuman. Daa'imman karaatti laaffatanii du'anis jiru jedhama.

Imala baqaa dadhabsiisaa saniin booda Arsii gahanii Aanaa Asakoofi Gunaa, naannawa Diimaa jedhamu qubatan. Warri Sangoo Arsii gosti Sangoo jedhamtus obbolaawwan isaanii alagaan qe'ee isaaniirraa baqachiise kanneen ofitti fudhatanii, lafa kennaniifii qubachiisan. Gammachuufi maatiin isaa hawaasa Arsii waliin hariiroo obbolummaa cimaa horatan.

Naannawa isaan qubatan san garee hawaasaa lamatu ture. Oromoo gosa Arsiifi warraa Amaaraa kan 'Bulgee ykn Manzee' jedhamuun waamaman turan.

Amaarri dura gaafa waraanni Minilik naannawa san gahe qubachuu eegale. San boodas lafti sun naannoolee Amaaraa kan Shawaa keessaa kan akka Manz, Minjaariifi Bulgaatti waan dhiyaattuuf achirraa hedduun isaanii gara Arsii aanaalee adda addaatti godaanan. Bakka irraa dhufan kanarraa kan ka'e hawaasni Amaaraa naannawa sanii 'Bulgee ykn Manzee'' jechuun waamamu.

Oromoonni Salaalee dhufanis hawaasa Oromoo Arsiifi Amaara Bulgee kana jidduu qubatan. Dhufaatii Oromoota Tuulamaa san dura Amaarri Bulgeefi Oromoon Arsii hedduu osoo walitti hin makamin (segregated) jiraataa turan. Amaarri gara tabbaa (plateau) qubatee lafa gabbattuu qotata, Arsiin ammoo gama qarqara badda dareetti jalaa godaanee hojii qonnaafi loon horsiisuun jiraataa ture. Jidduu jara lamaanii lafa diriiraa migirri (gichaa) irra margu kan qonnaaf ulfaatu, dheeda looniifis hin mijjoofnetu jira. Warri Tuulamaa dhufe lafa kanarra qubate. Gammachuufi obboleeyyan isaa gichaa kana qotiyyoofi harkaan buqqisanii gaayii gubuun Garbuu, Qamadiifi Baaqelaa facaasanii oomisha biyya ajaa'ibsiise galchuu eegalan. Loon godaansarraa hafan margaafi cidii dachii guuteen qanani'anii wal horanii dachii guutan.

Gammachuunis abbaa qabeenya guddaa tahe. Waggoota muraasa booda goromsi soddomni yeroo tokkotti dhaleef. Akka aadaa Arsiitti namni goromsi soddomni altokkotti dhaleef sirna durummaa isaa agarsiisu kan "Kiila Lixuu" jedhamutu geggeeffamaaf. Goromsa soddomman irraa silga (aannan goromsa reefu dhaluu) elmanii boolla guddaa qotanii itti guutanii dureessa san keessatti cuuphu. Namni sirna kana keessa dabre 'abalu dureessa kiila lixe' jedhamee faarfama. Haala kanaan ilmaan Bulii Bunee Salaalerraa baqatanii balaa hamtuu maatii isaaniirra gahe dandamatanii jireenya haaraa iddoo haaraatti ijaarrachuu danda'an.

Ilmaan Bulii Bunee saffisaan biyya itti baqatan Arsiitti madaqanii hidda gadi dhaabbatanis, haalli hawaasummaa keessa qubatan laayyoo hin turre. Akkuma armaan olitti eerame, naannawa san warra Arsii qofa osoo hin tahin warri

Amaaraas baay'inaan jiraatu. Warri Arsiifi Amaarri Bulgee kun erga gaafa Minilik humnaan naannawa san cabsee qabateetii kaasee walitti gaarreffachaa osoo walitti hin makamin akkuma bishaaniifi zeeyitaa wal faana jiraatu turan. Warri haadha tiyyaa Salaalee dhufee teessuma lafaatiinis, jiruu hawaasummaatiinis jidduu seenee qubate. Oromoo Arsii waliin aadaafi Afaaniin, Amaara Bulgee waliin ammoo amantiin waan wal fakkaataniif hidhata gama lachuu uummatan.

Haala jiruuf jireenyaa haaraa naannoo sanitti eegale san keessatti intalti Tolaa Bulii, Faantaayeen dhukkubsattee du'aafi jiruu jidduu geenyaan warra Ayyaanaa, Aayyoo Moominaa jedhamtuu, geessan. Aayyoo Moominaan ayyaantuu beekkamtuu waaqa namaaf kadhachuun rakkoolee garagaraa namaa furan jedhamee waan amanamuuf amantiifi gosa-saba hundarraa namni itti yaa'a.

Aayyoo Moominaa hiddi isaanii Oromoo Wallooti jedhama. Fiixaa beektota amantii Islaamaa /aalimoota/ Wallooti. Bara Mootii Yohaannis 4ffaa irraa kaasee dhiibbaa amantii Walloo keessatti geggeeffamaa tureen namoonni hedduun baqatanii gara Harargee godaanaa turan jedhama. Isaan keessaa Aayyoo Moominaan takka turan. Maqaan dhalootaa Eebbashii Umar yoo ta'u, maqaan Moominaa jedhu Harargeetti akka mogga'eeftu himama. Harargee, naannawa Carcaritti Sheek Alii Jaamii kaaddamaa (tajaajilaa) akka turte himama.

Sheektichi gaafa dulloomee gara fuula Rabbii ka'u, tajaajila Moominaan godhaniif irraa kan ka'e, eebbisee karaamaa isaa kenneefii 'gara Arsii deemii ummata tajaajili" jedhee dhaameef jedhama. Moominaanis dargaa (garee) hamma tokko qubsuma Carcar keessaa gama Arsii aanaa Asakoon qaxxaamuruun aanaalee Martiifi Gunaa keessatti masgiida ijaarratanii qubatan. Aanaa Gunaatti bakki masgiinni itti ijaarame Gannatee yoo jedhamu, kan aanaa Martii ammoo Faraqqasaa jedhama. Aayyo Moominaan Musliima ta'anis namoota amantii hundaatu bira dhaqa ture. Aayyo Moominaan bara 1929 yoo du'anis ilmaan isaanii irraa dhaaluun iddoon Ayyaanaa Faraqqasaafi Gunaa tajaajila ittuma fufe.

Maarree Faantaayee Tolaa heddu dhibamtee, iddoo biraatti yaaluu dadhabanii wal'aansaaf gara Faraqqasaa fidan. Achittis dhukkuba ishii irraa fooyyofte. Wal'aansaan boodas ni Islaamessan. Maqaan ishiitis Faantaayee irraa gara Shamsii geeddarame. Abbaan Siraaj (akaakayyuun kiyya) kan duraanuu ilma isaa barnoota amantii (qaraatii) dhiisee daldala seene akka itti qe'etti deebisu mala barbaadaa ture, intalti Tolaa Bulii tan Islaamofte akka jirtu dhagahe.

Akkuma gubbaatti himametti dhibame jedhee ilma isaa Siraaj erga qe'eetti deebiseen booda gosaan qabsiisee Shamsii itti fuudhe. Shamsiinis intala hangafaa dubraa deesse. Lammaffaafi sadaffaas dubra walitti aansitee deesse. Dubri qofa dhalachuun kun rakkoo ta'e. Abbaa Siraajiif, Siraaj malee ilmaan isaa hundi dubartoota waan tahaniif ilma dhiiraa argachuun hawwii maatii guutuu ture. Falli jiru niitii biraa (masaanuu) haadha tiyya irratti fuudhuudha. Garuu tan fuudhes intaluma deesse. Haati tiyyas afraffaas intaluma dabalte.

Abbaan kiyya niitii sadaffaa fuudhus, ishiinis intaluma deesse. Tan biraas fuudhe, sanuma. Haala kanaan kan gaddite haati tiyya qodhaa (silata) godhattee Sheek Huseenitti dhaammatte. "Yaa Rabbi kan itti aanee ulfaawu dhiira naaf godhi" jettee kadhatte. "Yoo ilma ta'uu baate fideen qe'ee keetti (dirree Sheek Huseen) gata" jettees dhaadatte. Sheek Huseen waliyyii Islaamaa beekkamaa Jaarraa 13ffaa keessa Baalee jiraachaa turaniidha. Iddoo isaan jiraatanitti hanga ammaatti ummanni godina hedduurraa kadhannaa Rabbiitiif muuda deema.

Haadha tiyya daa'ima shanaffaa garaa qabdu jam'aanni (fuqraan) Sheek Huseen tokko itti goruun kan garaa jiru dhiira ta'uu abjuun arguu itti himan. Ilma dhalatu kanas waan hunda dura 'Jawaara Sheek Huseen' kana afaan kaayi jedhee, guduunfaa qabatee deemu itti kenne. "Maqaa gurbaas Mahaammad-Jawaar jedhee itti moggaaseera" jedheen.

Jawaara jechuun biyyee ykn daaraa warri muuda deemu dirree Sheek Huseenii fidachuun nama dhukkuba garagaraa qabu fayyisuuf nyaachisaniifi dibataniidha.

Akkuma jedhames shanaffaa irratti haati tiyya ilma dhiiraa deesse. Ilmi dhiiraa dhalate sunis ana. Jawaara sanis afaan na kaayan. Maqaa kiyyas Mahaammad-Jawaar jedhanii natti moggaasan. Gaafan mana barnoota galun barsiisonni Mahaammad irraa muruun Jawaar kan jedhutti naaf gabaabsan. Haati tiyya ana boodas joollee dubartootaa lama deesse. Dhiira itti hin daballe. Abbaan kiyya dhiira dabalataa argachuuf niitii biraa fuudhuu itti fufus, hedduun dubartoota ta'an. Ilma dhiiraa biroo tokko qofatu dabalame.

Umriin kiyya osoo barnootaaf hin gahin duratti, obboleeyyan naan hangafaa mana barumsaa yoo dhaqan, isaan jalaa hafuu didee booyee osoo hin galmaayin dhaqe. Waan barsiisonni nu barsiisan sirritti akkan qabadhu arginaan akkan itti fufu naaf hayyamame. Yeroo gabaabaa booda garuu mootummaan Darguu waan kufeef manni barnootaa cufame. Anis baadiyyaa mana akaakayyuu kiyyaa akkuman dhaqeen barnoota amantii Islaamaa madrasaatti eegale. Waan loodii / loohii/ jedhamu kan mukarraa bocame irratti cileen barreessuun baranna turre.

Nyaata nyaachuun arraba nama hidhee dubbisuu namatti ulfeessa waan jedhamuuf, ganama subii garaa duwwaa bakka madrasaa san deemna ture. Ganama subii osoo ciree hin nyaatin qur'aana dhaquun sun hedduu na aarsa ture.

Maarree ganama subii mana akaakoo kiyyaatii ka'een laga Buyoo cehee yoo akka hiree milkaaye firii Zeeytunaafi Kookii mukarraa guurradhee ergan nyaadhee booda afaan lulluuqqadhee goggogfadhee akka nama hin nyaatinii fakkaadhee madrasaa dhaqa ture.

Gaafas sheeka guddaa biratti qaraatan jedhamnus darasoota isaatu nu barsiisa ture. Sheekni darasootuma san qaraasisa. Sheekni dabree dabrees gorsa nuuf kenna. Darasoonni sunniin barattoota dubbisaanii sammutti qabatanii deebisanii dubbachuu dadhaban washeedhaan tuman ture. An darsii nuuf kennamu dubbisuu irratti rakkoo hin qabu. Kanaafuu hin tumamun ture.

Gaafa tokko garuu miciyyoon nu waliin qaraatu takka washee darastichi ijoollee ittiin adabuuf qopheeffate osoo an hin argin sidaajaa (afata) kiyya jalatti dhoksite. Darastichi washee san baasaa je'ee osoo sakatta'anuu na jalatti argamte. Waanin ani jalaa dhokse itti fakkaatee ijoollee duratti gadi na baafatee washee narra dhaabe. Washeen dirrarra na buutee akka malee waan na laalessiteef obsuun dadhabe. Yeroon gad jedhee lafa laalu dhakaa tokko argeen fuudhee darasicha na tumaa jiru mataa keessa itti gadi dhiise. Dhiigni adda isaa irraa xirriqee yeroon argu naasuudhaan fiigaa achii dheesse.

Badii akkasii raaw'adhee manatti galuu waanin sodaadheef namoota magaalaa deeman faana gara warra haadha tiyyaa dhaquuf gara baddaa qajeele. Anaa isaan bira dhaqee xiqqoo bubbule abbaan kiyya na barbaaduu dhufe. Akkan gammoojjitti deebi'ee sheekticha biratti qara'uu sodaadhe hubannaan, "barnoonni barnootuma, barreessuufi dubbisuu akka baratu asumatti keessanuma (kan Kiristaanaa) seensisaa" jedheen. Haaluma kanaan dabtaraa dubriiwwan kiyya barsiisu biratti barnoota Qeesii na jalqabsiisan.

Uleen darasticharraa dheesseef dabtaraa biratti gallaanis hin hafne. Inumaa daranuu itti jabaatte. Carraan dheessuu akka hin jirre waanin hubadheef tooftaa ulee jalaa itti bahuun maladhe. Barnoota kennamu cimsee qayyabachuun jabeesse. Yeroo gabaabaa keessatti qubee Gi'izii baradhee dubbisuufi barreessuu eegale. Kitaabota dabalataa akka naa ergisu gaafachuun dubbisee waliin mari'achuutti deeme. Yeroo barnootaafi sanaan alattis dabtarichaaf ergamuun firoomfadhe. Barnootaan cimuuniifi ergamuu kiyya waan jaalateef uleen narraa hafte. Barnoonni Qeesii sun Afaan Amaaraa barreessuufi dubbisuu akkan danda'u gochuu bira dabree dandeettii afaanicha dubbachuu har'a qabuufis bu'uura jabaa naaf ta'e.

Yeroo barnoota qeesiitiif warra haadha tiyyaa bira turettis ta'ee achii booda yoon deddeebi'u, barmaatilee aadaafi amantii warra Salaalee/Tuulamaa hubachuuf carraa gaarii naaf laate. Gaafa Joollummaa kiyyaa sanitti, warri haadha tiyyaa amantiin Ortoodoksii erga fudhatee dhaloota (generations) lamaa ol kan dabre ta'us, barmaatilee amantii Oromoo isa ganamaa gadi hin lakkifne ture. Sirnoota kadhannaa Kiristaanummaa kan Waaqeffannaatiin waluma cinaa deemsisu. Dubartoonni Ateetee, warri dhiiraa Booranticha kabajuu hin dhiifne.

Gaafa Ateetee afanni afamee, libaananni aarfamee, qinceen dhadhaan carreeffamee erga dhihaatee booda akkoon tiyya Muluu Badhaanee callee isii dirattee, dubartoota gandaatiin marfamtee waaqa kadhatti. Nuti warri dhiiraa immoo sirni kadhannaa goolabamee hanga qinceen nuu kennamutti afaan bannee kajeelaa eegna. Haati tiyya Islaamoftus sirna Ateetee haadha irraa dhaalte hanga ammaatu addaan hin kunne. Akkoon tiyya ganama barii kaatee Maariyaamiis, uumaa akaakayyoota isiis kadhatti. Afaan Amaaraa waan hin beekneef "Igziyoo" erga jettee booda, kadhaa hafe Afaan Oromoon itti aansiti.[5]

Boorantichi waggaatti al tokko ji'a Caamsaa keessa kan kabajamu yoo ta'u, hoolaan qalamee, farsoofi daabboon qophaa'ee muka guddaa (adbaarii) jalatti walitti qabamnee akaakayyuun kiyya uumaa kadhata. Dhangaa qophaa'e hundarraa mataa fuudhee erga dhibaafateen booda, daabboo "basma'aab" jedhee muree raabsa. Wanti hanga ammaa na ajaa'ibu tokko guyyaa Boorantichaa loon ganama foonaa keessaa gadi lakkifamanii gara kaloo bobba'anii dheedu. Garuu akka dur tikseen hin tiksitu. Mooraa baasanii raasaatti bobbaasanii ofii gara adbaariitti deebi'u. Aduun hoo'itee, sagantichaaf maatiin erga walitti qabamee booda, loon ofumaan raasaa ya'anii dhufanii naannoo gaaddis adbaarii marsanii ciisu. Loon sun osoo namni hin oofin akkamiin dhufuu akka danda'an akaakayyuun kiyya yoon gaafadhu, "ayyaana Boorantichaatu harkisee fide" naan jedha ture.

Ayyaana Kiristaanaa yeroo kabajanis Waaqeffannaa ganamaatiin wal makuu hin lakkisne. Fakkeenyaaf Gubaa, Masqalaafi Irreecha walumatti kabaju ture. Gaafa ayyaana waggaa (nigsii) Gabreelii hoolaa diimaa buhaa (fuulli adii) gaafa Maariyaamiif immoo hoolaa gurraacha buhaa qalama. Goorgisiin ammoo akkuma gaafa Cuuphaa sangaan qalamee bifa ho'aan kabajama.[6] Sababni isaas Goorgisiin bataskaana Gammachuu Bulliifi hiriyyoonni isaa hojjachiisan waan ta'eef natti fakkaata. Kabaja ayyaanota Ortodoksii birootiif akkasumas mahaabaraaf xuwwaan manatti yeroo qophaa'u, Giyoorgisiifi ayyaana haadhaa-abbaa isaanii maqaa dhahuun kadhatama. Kodhaa (silatiin) Maariyamiifi Haadha Abbayyiitiifis[7] qixuma galfama.

Adeemsi amantii ganamaa kan boodarra fudhataniin walsimsiisanii wal maddii oofuu kun firoota kiyya warra Kiristaanaa qofa osoo hin taane Muslimoota birattis baratamaa ture. Fakkeenyaaf soomaafi salaata cinaatti sirna Buna Qalaa amantaa Waaqeffannaas ni gaggeessu turan. Yeroo Buna Qalaa bunni duudaan dhadhaa qulqulluu wajjiin affeelamee qoriidhaan dhihaaata. Akaakayyuun kiyya Maammoo Tufaa dhadhaa kallacha irratti nuu dibaa, buna immoo nu gurshaa nu eebbisa ture. Eebba isaa keessatti maqaa Rabbiis, Karaamaa haadhaa-abbaa isaas walitti aansee nuuf kadhata. Kadhannaan dirree Sheek Huseen

5   Booda irra Oromoonni amantaa Ortoodoksii hordofan afaan isaaniitiin akka tajaajilamaniif qabsoo
    godhamu kanin deeggaaref keessaa sababni tokko, akkoon tiyya yeroo cubbuu isi himattu qaanii isi
    mudatu waan beekuuf ture. Cubbuu himachuun gocha dhoksaa lubaafi namicha cubbuu himatu jidduutti
    qofa taasifamu ta'ee osoo jiruu, akkoo tiyyaafi namoonni biroo afaan Amaaraa dubbachuu hin dandeenye
    turjumaanaan cubbuu himachuun dirqama itti ta'e. Rakkoo kana furuuf manni kiristaanaa afaan isaaniitiin
    tajaajiluun heddu barbaachisaadha.

6   Oromoo naannawa Shawaa biratti namni qabeenya qabu bataskaana hojjachiisuun akka kabaja guddaatti
    ilaalama. Akaakayyoonni kiyya Arsii gahuu isaaniitiin dura warri Amaaraa achi ture mana amantaa
    hojjachiisanii turan. Qubattoota haaraa Salaale kana bifa loogummaa qabuufi haala kabaja isaanii tuquun
    keessummeessaa waan turaniif, iddoo gahaniitti erga lafa qabatanii qabeenyas horatanii booda gara
    Shawaa deemuun qeesiifi taabota fidatanii, tabba ol ka'aa irratti bataskaana Goorgisii jaarsisan.

7   Haati Abbayyii ayyaantuu Oromoota Salaalee biratti kabajaa guddaa qabaniidha.

14

akkasumas masgiida Aayyoo Moominaatti taasifamus sirna amantaa Islaamaafi Waaqeffannaa kan walitti make ta'uun nan arga ture.

Yennaa ayyaanni Moowlidaa (guyyaa dhaloota Nabi Muhaammad) yeroo kabajamus, faaruu qur'aanaafi hadiisaa dabalatee, karaamaa gosoota Oromoo naannawa sanii faarsuun aadeffatamaadha. Ayyaanni Mawlidaa masgiida naannawa akaakayyuu kiyyaatti wagga waggaan bifa hoo'aan kabajamaa ture. Wanti gaafa Moowlidaa irraa yaadadhu, yeroo irbaataa joolleef qophatti marqi qorii bal'aatti dhihaata. Warri umriinis irreenis nurra jabaa qorii san fuudhanii bakka dukkanaa geessuun nus nyaachuuf marsinee teenya. Fal'aanni waan wal hin geenneef harkumaan nyaachuuf qorii harka keenya. Yeroo kana warri abbaa humnaa sun qeensaan harka nu korrooxu. Harka keenya baafnee qaqqabachaa hafuuraan afuufnee dhukkubbii xiqqoo wayyeeffannee, deebinee qoritti yoo hiixannu marqi duruu dhumate. Bobbooyaa hawwaan keenya barbaada deemna. Boodana akkan hubadhetti, edaanuu joolleen yeroo Moowlidni dhihaatu dorgommii marqaa kanaaf jecha qeensa guddifatu ture.

1.3. Aabbaa; Jaarsa Mataa Jabaatu

Akaakayyuun kiyya (kan gara abbaa) Muhaammad Tufaa jedhama. Hiriyoonni isaa Maammoo jedhanii waamu. Ummata biratti ammoo Abbaa Siraaj jedhamuun beekkama. Umrii ijoollummaa kiyyaatiin isa bira jiraachuun hubannaa aadaa Oromoof qabu akkan guddifadhu na gargaare. Aabbaa jennee yaamna.

Aabbaafi hiriyoonni isaa ijoollee xixiqqoo umrii kiyyaa xiinxaluun akkaataa kennaa isaaniitiin jaarsolii jalatti ramadaa turan. Fakkeenyaaf ijoollee biyyeefi dhoqqee irraa waa tolchuu jaalattu jaarsa ogummaa harkaa qabu tokko bira akka ooltu godhan. Ijoollee biqiltuu kunuunsuu jaalattu ammoo caayaa jaarsa "Noolee" kan Ibroo jedhamu kan kudraafi fudraa gosa hedduu oomishuun beekkamu bira ooluun ergamaafii haala hojii baratti ture.

Ana ammoo gaafasumaahuu "dubbii dandaha" jedhanii waan madaalaniif jaarsa 'danee' dubbachuun beekkamu tokkotti na ramadan. Danee jechuun haasaya sirnaa jaarsummaa kan gaafa cidhaa, gaafa du'aafi yeroo namni wal lole araarsuuf maangudoon caayaa teessu dubbattuudha. Maanguddoon gamaa-gamana taa'uun jechoota walirraa fuudhaa dubbatan. Gama Arsii Lixaatti 'Koottu-Dhufee' jedhama. Yeroo jaarsoliin danee dubbattus bira teenyee akka dhaggeeffannu godhamna. Erga dubbiin xumuramte booda waan bikka sanitti haasayame keessaa gaafatamna.

Fakkeenyaaf haasaa san keessatti makmaaksi wahii yoo mammaakame, makmaaksa san eenyu akka jedheefi maal ibsuuf akka fayyadaman gaafatamna. Akaakayyuun kiyya maangudoota biraa jalaa akkan dubbii baradhu haala naa mijeessuu malee nama dubbii jaalatu hin turre. Danee irratti hirmaatus isaa dubbatu baay'ee argee hin beeku. Yeroo dubbadhu jedhaniin nama biraa maqaa dhayee dabarsaaf. Nama heddu dallanus ture. Dubbii ni baqata. Qonnaan bulaa cimaafi naamusa qabu ture.

Ijoollummaa saniin waan inni jedheefi godhe keessaa waan heddu yaadadha. Ganama yeroo mara gaaddisa qilxuu tokko jala taa'ee ooyruu isaa gadi ilaalaa buna dhugaa jimaa xiqqoo ishiitiin ija-banaa godha.

Namoonni ollaafi imaltootni achiin dabran caayaa Abbaa Siraaj goranii buna dhuguun waan baratamaa ture. Namoota caayaa isaatti walgahan san keessaa gariin du'aa'ii godhuu yoo eegalan dafee dhaabsisa. Du'aa'iin ganamaa gabaabduu ta'uu qabdi jedha. "Yaa Rabbi kan nagayaan na bulchite nagayaan na oolchi" jennaan gahaadha jedha. Sababnis "waan dalaguu dandeessu dalaydeet kan hin dandeenye Rabbi itti kadhatta" jedhee amana. "Rabbiin qaama guutuu fayyaa waliin siif kenne; ija ittiin laaltu, miila ittiin sochootuufi harka ittiin akaafattu siif uume. Kan siif kenname fayyadamteet kan hanqatetti Rabbi kadhatta" jedha.

Fakkeenya yoo kennus ooyruu bal'aa caayaa qilxuu sanii gadi jirutti qubaan akeekaa "Rabbi lafa san uumee irra na qubachiise. Ani ammoo qotadhee bilcheessee facaasee ergan xumuree boodan, yaa Rabbi itti naa roobsi jedha malee, lafa gaffaa qullaa teessu irratti Rabbi kadhachuun hin taatu. Qotachuun qooda kiyya. Rooba Roobsutu qooda Rabbiiti. Qooda kiyya hojjadheetin qooda isaa akka naaf roobsee kaniin facaafadhe naaf magarsuuf kadhadha" jedha ture. "Ciqilfatanii guyyaa guutuu jimaa cafaqachaa dachii qullaa gadi ilaalaa Rabbi kadhachuun lafas hin bilcheessu hiyyumaas nama hin baasu" jedhee gorsa ture.

Amalliifi haasayni isaa kun sheekkotaafi maanguddoota du'aa'ii godhuu jaalatan mufachiisuu hin oolle. Kanaafuu "Abbaan Siraaj nama haasaa isaa keessatti "Adaba Arsii" hin eegganne" jedhamee komatamaa ture. Hariiroofi ollummaa warra "Noolee" tan dubbii qola malee dubbatu waliin qabutu amala akkasii akka horatu isa godhe jedhamee firoota isaa baddaa Arsiitii dhufaniin hamatama. Dhugumas hiriyyoonni isaa hedduun kan inni guuza yaammatuufi bahuuf jara Nooleeti. Jaartilee isaa keessaayis takka" Noolee" turte.

Aabbaan waan argeefi dhagahe achumatti ofirraa dubbata. Gaafa tokko Aayyoo Zeeyniin (jaartiin isaa) marqa qorii guddootti dhiheessitee namoonni heddu marsanii fal'aana qabatanii nyaachuu yeroo eegalan, gurbaan dardaraa tokko guddisee qoshoratee afaan kaayachuuf ofittiin qajeele. Aabbaanis harka gurbaan afaan biraan gahate qacam godhee qabuun "eessaan hedda kana kan mataa hiyyeessaa gahu?" jedheenii gurbicha salphise. Gurbaanis qaanyiin bishaan ta'ee qorii biraa fiigee bahee borumtaas ija namaa laaluu sodaatee bariisaan qe'ee sanii deeme.

Aabbaan jaartii hedduu fuudhuun beekama ture. Inni amanuu baatus hamma jaartii kudha torbaa fuudhee ture jedhanii isa duubaa hamatuu turan. Hedduu fuudhuu qofa osoo hin taanes akkataan inni itti fuudhaafi hiikaa tures hedduutu irraa haasayama. Seenaalee san keessaa tokko akkana. Gurbaan Aabbaan abbeeraa ta'uuf tokko intala gursummaa takka argee jaalatee akkuma aadaatti warra intalaa dhaqee akka kadhatuuf jaarsummaa ergate jedhan. Aabbaan dhaqee intala agarraan itti bareedde.

Manatti yoo galu gurbaa yaamee "intalti siif hin taatu" jedheen. Gurbaanis erga jaarsi hin taatu jedhee haa haftu jedhee ofirraa dhiise. Torban muraasa booda Aabbaan jaarsolii warra intalaa sanitti ergatee ofii isaatiif qaadhimate. Gaafa kana dhagahu gurbichi dallanee "maal intala ani argee naa kadhadhu siin jennaan "hin taatu" naan jette akkamiin na dhiiftee ofiif qaadhimatta" jedhee dallanee himate. Jaarsis "siif hin taatun jedhe malee naaf hin taatu wayiin jedhee?" jechuun dubbii afaan dabsee intala fuudhe jedhanii hamatan.

Dulloomuu dura Aabbaan daldalaaf karaa fagoo hanga Sidaamaafi Ogaadeenitti deemaa ture jedhan. Yeroo daldalaaf imalu kana jaartiiwwan isaa keessaa tan irra ijoollee qabatee deema. Bara san akka ammaa hoteelli waan hin jirreef daldaltoonni yoo aduun karaatti itti dhiite mana namaa kadhatanii bulu. Aabbaan gaafa tokko jaartii takka qabatee gara Gadab (Arsii Lixaa) kanatti mana namaa bule jedhan. Namichi inni itti goree bira bule intala Aabbaa waliin jirtu argee "maal siif taati?" jedhee gaafate. Aabbaanis namichi akkuma ol seenaniin intalarra ija akka buufate argee waan tureef "obboleettii tiyya" jedheen. Namichis "natti heerumsiisi" jennaan, Aabbaanis tole jedheenii sangaa fardaafi qawwee bifa gabbaaraatiin fudhatee intalaan "hanga an deebi'u asitti na eegi" jedhee biraa deeme jedhu. Dubbii tana fira cufaatu sagalee gadi qabatee isa duubaa haasaya. Dhugaa moo dharaa Rabbitu beeka. Wanti ragaan mirkanaaye garuu jaartiin isaa takka daldalaaf isa waliin deemtee deebi'uu dhabuu isiiti.

Aabbaan warra haadha tiyyaa waliin jaalala cimaa qaba ture. Warri keenya Kiristaanaafi Islaamaa hedduu wal dandahuu (accommodate) fi wal kunuunsuuf yaalaa turan. Bara san wantoota Muslimootaa fi Kiristaanota adda baasu keessaa tokko foon ture. Foon gareen tokko qale kuun hin nyaatu. Kanaafuu maatiin keenya gama lamaanii yeroo wal gaafachuu dhufan foon Islaamaafi Kiristaanaa jedhanii kopha kophaatti waliif qalaa turan. Dabalataanis warri Muslimaa farsoofi daadhii waan hin dhugneef qariibootu qophaayaaf. Farsoofi Daadhiin alkoolii qaban, Qariiboon garuu hin qabu. Kanaafuu "qariiboon farsoo Islaamaati" jedhaniin.

Maarree gaafa tokko, Aabbaan warra haadha tiyyaa dhaqe. Akaakayyoonni lamaan (Muhaammad Tufaafi Tolaa Bulii) wal bira taa'anii osoo haasayan, akkoon tiyya waan dhugan fiddeef. Muhaammadiif qariiboo, Tolaaf ammoo farsoo kenniteef. Garuu Tolaa farsoo dhugaa jiru osoo hin taane Muhaammad qariiboo dhugaa jirutu dursee hoo'e.

Tolaan yoo qalbiin ilaalu jaartiin qodaa isaa harkuma isaa irratti itti guuttiif, kan Muhaammad garuu qodaa harkaa fuutee gara booroo geessitee guuttee deebisti. Tolaan kana shakkee jaartii isaatiin "Muluu mee kiyya kanas akkuma kan Mahaammad san boorotti itti naa guuti. Ala kanatti yoo naa buuftu qilleensatu dhayaa jira fakkaata" jechuun sababa osoo inni farsoo dhuguu, kan qariiboo dhugu dafee mirqaaneef beekuu isaaf ibse.

Akaakayyuun kiyya roorroo kamuu humnaan ofirraa ittisuutti amana ture. Bara baraan gibira mootummaa kafaluu waan diduuf bulchiinsaafi milishaa gandaa waliin atakaaroo keessa seena ture. "Lafa Rabbiitu uume. Humna kiyyaanin qotadhee oomishe. Mootummaan haqa maal qabaa maqaa gibiraan narraa qooddata?" jechuun mormii kaasaa ture. Yeroo hedduu sossobanii hamma dura gaafatan irraa gadi bu'anii irraa fudhatu. Yeroo joolleen ollaa nu dhaantee booyaa galle ulee nutti dabalee nu ari'a ture. "Dhiirti buruqfamtee gumaa nyaachuurra, ajjeeftee gumaa kafaluutu wayya" jedha ture. Yeroon an biyya alaa turetti gaafa tokko anaa VOA (Raadiyoo Sagalee Ameerikaa) irratti waa'ee qabsoo karaa nagayaa haasawu dhagahee akkan bilbiluuf natti dhaame. Yoon bilbiluuf "gurbaa faranjiin onnee si keessaa fuutee somba qofa siif dhiiftee?" jechuun dallansuun natti dubbate. Dubbii qabsoo nagayaa ani yeroo san dhaadhessu akka waan sodaa irraa maddeetti na jalaa busheesse.

Aabbaan seenaas hin fedhu ture. Waan inniifi maatiin isaa keessa dabran hin dubbatu; hiriyootaafi firoota isaa irraa dhageenya. Akka aadaatti warra isaa hanga abbaa-torbaa akka naaf himu yeroon gaafadhu, Maal siif godha, jaarsota dhumte lafee awwaalaa baasuu heddaa?" jechuun qoosa ture. Adaadaa teenya Baysuu jedhamtutu sanyii teenya hanga abbaa kudhanii nu lakkofsiisa ture.

Abbaan keenya daa'imummaan waan nurraa du'eef, akaakayyuun kiyya sun namoota hedduu ijoollummaa kiyya irratti dhiibbaa godhan keessaayi. Bara 2012 gara fuula Rabbii deeme. Umrii isaa takkaa natti himee hin beeku. Yeroon gaafadhu mara dubbiin afaan na dhayee miliqa. Maal qormaata herregaa gubbaatti dhufaa? Maal Hasan Abdullaa bira geessitee birritti jijjiirattaa? (Hassan Abdullaa daldalaa bunaa naannawa saniiti). Maalif barbaadde mootummaatti himtee gibira natti dabalchisiisuu heddaa? jechuun dubbii na jalaa maqsa. Akka obbolaan/hiriyyoonni isaa jedhanitti bara Xaaliyaan biyya qabatte san inni qaata fuudhee dhalche. Shallaggii kanaan waggoota dhibbaa ol jiraate jechuudha.

1.4. Dhummugaa

Akkuman jalqaba irratti eeruuf yaale, abbaan kiyya darasummaa irraa yeroo deebi'u qarqara Harargeefi Arsiitti magaalaa xiqqoo Dhummuggaa jedhamtu qubachuun hojii daldalaafi huccuu hodhuun jiraachuu eegalee ture. Booda garuu maatii isaa gaafachuuf yeroo gara Arsii ol deebi'u haadha tiyya itti fuudhanii, dura aanaa Asakoo gabaa Hojja-Duree (Jinnii) jiraatan. Itti aansee gara aanaa Gololchaa ganda Culul Cirriqsaa galan. Boodarra ammoo gara magaalaa Dhummuggaa deebi'uun jiraachuu eegalle. Kanaafuu Dhummuggaan bakkan itti of baree yaadannoo ijoollummaa hedduu irraa qabuufi hirmaannaa siyaasaas itti eegaleedha.

Magaalaan Dhummuggaa baroota 1950moota keessa kan hundoofte yoo ta'u, Godina Arsii Aanaa Gololchaa keessatti argamti. Sirni mootii Hayilasillaasee maqaa Xaqil Tafarii jedhu itti moggaasee ture. Magaalaa muummittii aanaa Gololchaa tan taate Caancoos, Dabra Salaam jechuun geeddaranii hanga bara 1991 kanumaan waamamaa turte. Warri Dhummuggaa garuu bara 1975 A.L.A mormii godhaniin gara Dhummuggaatti deeffachuu danda'an. Ta'us Afaan Amaaraan 'Dh' dubbisuu waan hin dandeenyeef, warri Darguu 'Ximmuugaa' jechuun barreessaa ture. Ammaayyuu kaartaalee tokko tokko irratti bifuma kanaan barreeffamtee argamti.

Bara ani ijoollee ture Dhummuggaan aanaa Gololchaa jalatti bulti ture. Booda kana garuu gandoota naannawa ishii waliin bulchiinsa haaraya uumattee magaalaa guddoo ishii taate. Aanaa kanas Shanan Kooluu itti moggaasan. Gaafan biyya alaatii galee Dhummuggaa daaw'adhe maqaa Shanan Kooluu jedhu maalif akka moggaafatan maanguddoota hiriyoota abbaa kiyyaa gaafannaan kan Dhummuggaatiin wal qabsiisanii naaf himan.

Akka seenaa jaarsonni himan itti maqaan Dhummuggaa maqaa kana Dhummuugaa Bareentoo Oromoo irraa moggaaffatte. Akkuma boqonnaa jalqabaa keessatti eerame, Oromoon ilmaan lama qaba; Booranaafi Bareento. Bareentoo Oromoo ammoo ilmaan shan hore; Karrayyuu, Murawwaa, Dhummuggaa, Humbannaafi Qallo. Dhummuggaan Bareentoo ilmaan sadi dhalche, Arsii, Asoosaafi Hawaasaa jedhaman.

Sababnis awwaalli Dhummuggaa Bareentoo gaara Ribuu kan magaalaa tanaan gubbaa jirutti kan argamu yoo ta'u, bakki sun ka'uumsa laga Dhummuggaati jedhan. Maarree magaalattiifi naannawni sunis sbaba kanaan maqaa Dhummuggaa jedhu argatan.

Gaafa aanaan haarayani Dhummuugaan magaalaa guddoo taateef hundeeffamtus, maqaa 'Shanan Kooluu' jedhu waan sadii irraa itti moggaafne jedhu jaarsoliin. Kunis, laggeen shanan aanicha keessa dabran, gaarreen shanan naannawa san jiraniifi naannawni kun iddoo awwaala haadha warraa

Bareentoo Oromoo/ haadha Dhummuugaa waan ta'eefi jedhan. Laggeen Shanan gurguddaan naannawa sanii; Laga Ejersaa kan daangaa godinoota Arsiifi Harargee Lixaa (Ona Carcar) ta'ee tajaajilu, Laga Baqaqsaa, Laga Dhummuggaa, Laga Kooluufi Laga Darbaati. Laggeen gaarren Guuguu irraa ka'anii gara gammaajii yaa'an kana, gaafa ijoollummaa keessatti qaama dhiqachaa shankoora bishaan isaaniitin badhaadhe nyaachaan guddadhe. Keessattuu lagni Darbaa gaafan Dhummuggaa irraa ka'ee ganda akaakayyoota kiyyaa dhaquuf deemu marsaa hedduuf ceehun waan narra jiruuf, yeroo lamaa-sadi fuudhee na nyaatee oole. Gaarreen shanan ammoo tulluuwwan walqabatoo shan magaalattii irraa gara Lixaatti jiran kan bishaan irraan gadi yaa'uudha. Gaarreen kunis Kooluu, Wiixaa, Jaawwii, Jaanoofi Soomboodha. Gaafa joollummaa waaree booda yoo aduun dhihaaf gadi garagaltu fagoo dhaabannee yoo gaarreen kana laallu gaaddidduun isaanii namoota shan kan wal bira dhaabbatanii haasa'an nutti fakkaata ture.

Sababni sadaffaan aanaan sun Shanan Kooluu itti moggaafameef Awwaalli (Qabriin) haadha warraa Bareentoo Oromoo achitti argama jedhamee waan amanamuufi. Akkuma olitti tuqame Bareentoo ilmaan shan waan qabuuf haati warraa isaa 'Haadha Shanan' jedhamuun waamamti ture jedhan. Awwaalli ishiis ganda baadiyyaa Dhummuggaa Bal'aa jedhamu keessatti argama. Maanguddoonnis gaarreniifi laggeen waaqni naannawa san badhaaseefi seenaa kana dhalootatti dabarsuuf yaaduun gaafa aanaan haarayni dhaabbattu "Shanan Kooluu" itti moggaasan. Seenaan kun afoola fakkaachuu mala. Garuu jaarsonni ragaa hedduu akeeku. Fakkeenyaaf bakka awwaala Dhummuggaa Bareentoofi Haadha Shanan Bareentoo koobbiifi muka guddaatu hanga ammaa irra dhaabbatee argama. Hawaasa naannootiin kabajaan eeggamee itti dhibaafatama.

Dhummuggaa gosoota hedduutu keessa jiraata. Bara durii gama Bahaan warra Ituu, gama baddaatti aanuun ammoo Arsiitu jiraata ture. Warrii Afran Qalloo boodarra kan dhufe ta'us aadaafi jireenya hawaasummaatiin ol'aantummaa uummate. Bara keenyatti namni gosa kamirraawuu dhalatu loqodni isaa kan Afran Qalloo ta'ee ture. Ituufi Arsiin adaba jabeessuun (conservative) beekkamu ture. Dhummuggaan garuu aadaa hiikkataa (liberal) Harargee Bahaa qabaachuurraan kan ka'e "Dirree Dhawaa Xiqqoo" jechuun ni danda'ama. Gosoota sadan kana dabalatee Oromoonni Tuulamaafi Amaarri lakkoofsaan xiqqaa ni jira. Nama Eritiriyaa kan Doktor Walda'aab jedhamu kan dur dhufee biyya jaalatee achumatti hafe qofatu ture. Amantiidhaan ummanni irra guddaan Musliima yoo ta'u Kiristaannis hamma tokko ni jira. Waliigalatti Dhummuggaan magaalaa gosa, sabaafi amantii danuuti. Gama aadaafi loqodaatiin garuu waan lafti wahii Harargee Bahaa irraa cittee Ituufi Arsii jidduu qubatte fakkaatti.

1.5. Shaggooyyee, Buttaafi Cabsaa

Aadaan Harargee Bahaa kun magaalaa qofa osoo hin taane baadiyyaas fudhatee ture. Yeroo hedduu asheeta nyaachuuf gara baadiyyaa yeroon deemu taateewwan aadaa baadiyyaa keessaa daaw'achuuf carraa argachaan ture. Kana keessaa tokko aadaa Shaggooyyee (Muusina) kan gaafa cidhni (aruuzni) dhihaatu dubraafi dardarri halkan bosona keessa deemanii taphatan. Bosona jidduutti raaree tolfatanii sagalee uumamaatiin walirraa fuudhaa wallisu. Gosoonni shaggooyyee taphataman daddaaysaa, hurrumsuu, okkoynaa, gad-dhawaa, jiysaafi ragada fa'a jedhamuun beekamu. Aadaan dubraa dardarri halkan bahee sirbuu kun waan beekkamaa ta'us ifatti kan hayyamamuu miti. Kanaafuu akka hin saaxilamneef qe'eerraa fagaatamee halkan sirbama. Fageenyi kunis 'maanguddoo hirriba irraa akka hin jeeqneef' jedhama.

Dubraafi dardarri daaddaa takkaa (umriin walqixaa/gadaa tokko keessa jiran) guyyaa bakkaafi sa'aa itti taphatan wal beellamatu. Intalti dubraa galgala maatii irbaata nyaachiftee, raffiftee haadha duubaan ciifti. Yeroo warri akka hirribaan kute hubatte, suuta kaatee, saanqaan hulaa akka hin iyyineef galgalumaanuu bishaan itti naqxee qopheessitee bantee baatee hiriyoota dubraa biraatti dabalamti. Haatii ishii beekaati ija irraa qabatti malee iccitii kana ni beekti. Irra caalan maatii dubraafi dardaraatis ifiifuu bifuma walfakkaataa akkasii dabarsanii bultii jaarratan. Inumaatuu dargaggoota shaggooyyee san dhaqan keessaa nama firaatti amaanaa kenniti. Dargaggeessa santu nageenyaafi naamusa intala dubraa saniif itti gaafatamummaa fudhata. Kanarraa kan ka'e, bakka shaggooyyee kanatti dubraafi dardarri walqabatanii weeddu jaalalaa sirbanis saal-qunnamtiin hin yaadamu. Iddoma biraattuu dardarri intala dubraa hin heerumin waliin ciisuun yakka safuu hammaataatti laalama. Kal'oo Amaattu itti maramee gosaafi biyya keessaa baafama. Amaan bineensa hedduu ajaawuudha.

Yeroo keenyatti aadaan bosona dhaqanii shaggooyyee taphachuu tun laaffataa deemuun 'daansiin' bakka buufamaa turte. Magaalaa Dhummuggaa keessatti yeroo aruuzaa daansiin miidhagsu ture. Akka dur sagalee uumamaatiin wallisuun hafee kaasseta teephii keessaa taphatamuun bakka bu'e. Gaafa sagalee uumamaatiin taphatamu dubraa-dardarri battalumatti walaloo kalaquun wal faarsu ture. Amma sirba magaalaa fagootti qophaayee teephii keessaa dhagayamuun bakka buufame.

Qe'eerraa fagaatanii bosona dhaquun hafee magaaluma keessatti mana cufatanii tapachuu taate. Bara daansii tanaas taphni irra caalaatti shaggooyyee ta'ee itti fufus, kaassenniifi teephiin babala'chuun shubbisni aadaalee godinaalee Oromiyaa biraafi kan Afaan Amaaraa, Tigreefi Guraagees baratamaa akka dhufan carraa saaqe. Wahi san qofaa, halkan deemee gaafa mirqaanni oowwe diiskoo Maaykil Jaaksantu itti banama. Kutaa xiqqoo kan kabaan isaa qorqorroo taate keessatti namni hedduu hanga afaanii itti guutee yeroo shubbisu huurkaan yaa'u qorqoorroo tuqee akka roobaatti gadi deebi'ee nama shamsa ture. Daansiin teephii tun gara baadiyyaas babal'ataa turte. Anis yeroo baadiyyaa aruuzni jiru teephiifi kaasseta hedduu magaalaa fuudhee dhaquun kireessa ture.

Aadaa fuudhaa-heerumaa hedduutu naannawa keenyatti geggeeffama ture. Kanneen keessaa kan hedduu beekkaman kadhaa (marii), cabsaafi buttaadha. Kan hundarra kabajaan laalamu kan gurbaan maatii intalaa kadhatee kaadhimatee fuudhuudha. Dardarri tokko gaafa fuudhaaf gahe intala laallatee abbaatti himata. Abbaanis maanguddoo filee warra intalaatti ergata. Isaanis yoo intalti san dura qaadhimamtee hin jirre 'mari'anneet isin beeksifna' jechuun beellamuuf.

Beellama sanirrattis gurbaan soddaa gaarii akka ta'uuf yoo yaadan 'arkadhaa' jedhuun. Sanitti aansee sirna guduunfaatu geggeeffama.

Sirni kun kan manguddoon gama gurbaa wantoota akka tamboo, sukkaara, buna janfalaa kkf qabatanii dhaquun gara intalaatti kennani. Warri intalaa guduunfaa san hiikan jechuun intalti qaadhimamte jechuudha. San booda gurbaan warra soddaa gabbaruu eegala. Gabbarri akka naannawa biraa warra soddaaf maallaqa/ horii kennuu caalaa hojiin gargaaruu irratti fuulleffata.

Gurbaan guuza (daboo) baasuun hojii akka buna akaafuu, midhaan haamuufi mana ijaaruufaa gargaara. Warra soddaatiif dalaguun kun isaan fayyadu caalaa gurbaan nama dalagatu ta'uu isaa madaaluuf raaw'atama. Namni guuza baafate gaafa biraa ammoo warra isaa dhufe saniif dhaqee dalaguu qaba. Namoota hedduu guuza baafachuu danda'e jechuun takkaa amma dura namoota biraatiif bahee beeka, yookiin ammoo gara fuulduraa dabaree isaa akka kafalu ni amanama jechuudha. Dargaggeeyyiin intala qaadhimatan baay'ina namoota guuza soddaatiif baasaniin wal dorgomu. 'Guuzni soddaan abaluu baase ooyruutu wal hanqate' jedhamee faarfama.

Haala kanaan intala fuudhee manatti galfachuu dura yoo xinnaate waggaa lamaaf tajaajila. Yeroo kana keessatti warra soddaaf qofa osoo hin taane ofiifis dalagaatti jabaachuu qaba. Yoo xiqqaate haraashii (qotiyyoo) harqootaafi qaraa (sadi) qabaachuutu irraa eeggama. Kunis tokko yoo akka tasaa du'e hojiin akka jalaa hin dhaabbanne wabii qabaachuufi. Lafti gammoojjii yoo taate boqqolloo gumbii lamaafi bishingaa boolla lama, yoo baddaa taate ammoo qamadiifi garbuu walgitu qabaachuutu kabachiisa. Bifa kanaan warra soddaatiif guuza baasuuniifi ofiifis oomisha gaafa mul'ise, 'gurbaan ni dalagata' jedhamee beellamni cidhaa qabamaaf. Innis mana haaraya jaarratee gaafa cidhaatiif qophaaya.

Guyyaan cidhaa kalaayee baatii takkatti gaafa galu dubraa-dardarri shaggooyyee muusina eegala. Gaafa cidhaatis dargaggeessi dhiichisaa dhaqee, intala nikaaya hidhatee manattiin galata.Intala kadhatanii fuudhuun ifaajee akkanaa waan qabuuf dargaggeessi gariin cabsaafi buttaan fuudhuu filata. Butii caalaas nu biratti cabsaatu geggeeffama. Cabsaan adeemsa intala takka hoggasuma kadhatanii yeroma san fuudhaniidha. Gurbaan hiriyyoota isaa qabatee ganama barii qe'ee warra intalaatti riphee hanga hirribaa ka'an eega. Yeroo dubartoonni daaraa gatuuf balbala banan, bakka riphanii utaaluun alangee of dura ol darbanii seenanii taa'u.

Abbaan intalaas dubbiin waan galtuuf jaarsota ollaatti hima. Jaarsonnis affeerraa malee mana namaa maalif akka weeraran dargaggoota san gaafatu. Intala barbaadan maqaa dhawuun itti himu. Jaarsonnis erga dubbii adda baafatanii booda abbaa intalaatti himu. Innis intalti kaadhimaa akka qabdu himuun kennuu akka hin dandeenye himuun akka irraa deeman gaafata. Kaadhimaa qabaachuun ishii sun yeroo baay'ee soba. Kana waan beekaniif dargaggoonni bahuu didu. Yeroo kana abbaan gurbaa jaarsota ergata. Ilmi inni sirnaan kadhatee gabbaree itti fuudhuuf karoora qabu hayyama malee cabsaa dhaqee akka isa salphise dallanee hima. Kun dhugaas fakkeessaas ta'uu mala. Jaarsonnis dhaqanii warra intalaatti jigfatu. Kadhaafi falmaa yeroo dheeraa booda tole yoo jedhame, takkaa gaafuma san cidhni saffisaa geggeeffamee intala fudhatanii galu. Ta'uu baannaan beellama gabaabaa torban muraasaa qabsiifatu.

Dargaggeessi tokko cabsaan fuudhuuf kan dirqamu sababa garagaraatu jiraachuu mala. Sababni tokko maatiin gama lamaanii gadoo yoo walirraa qabaatan, yookiin ammoo gurbaan hiyyeessa warri intalaa ammoo dureessa yoo ta'e, sirnaan yoo kadhate warri intalaa naaf hin kennan jedhee sodaachuudha. Sababni biraa ammoo namni biraa keessattuu kan diinagdeen isarra wayyaa intala san kadhachuuf karoorfachuu yoo dhagaye dursuufi. Akkasumas intalti inni qaadhimate yoo nama biraa jaalattee waliin deemte yookiin ammoo butamte morka saniin hamilee of eeguuf cabsaa seena. Yeroo baay'ee gurbaan cabsaa seenuufi intalti bakka shaggooyyeefi gabayaa faatti waan wal arganiif yoo kan isarraa kajeellaa qabaattu taatee dhoksitee gurbaanis kana hubate, akka inni cabsaa seenee nama biroo isii fuudhuf deemu jalaa isii fuudhuf yaadni jiraachuun yoo beekkame, gurbaan cabsaa seene fedhii intalaa wabii godhatee itti seena. Kanaaf xiqqaatus mariin jara walfuudhu lamaan jidduu ni jira jechuudha. Haalli akkanaa kun yeroo hunda mudatuu baatus bal'inaan kan tahu isa.

Dargaggeessi tokko sababoota armaan olii qabaatee cabsaadhaanis hin milkaayu jedhee yoo sodaate gara butiitti deemuun fala biraati. Intala namni biraa qaadhimate irraa jaalalli hamaan yoo qabes butuu mala. Hiriyyoota isaa qindeeffatee intala bishaan waraabdee, qoraan cabsitee, gabaa baatee galtu humnaan fudhatee erga dhokatee booda maangudoo biyyaa ergatee araarfatee nikaa hidhata. Bara as aanaa kana garuu buttaan humnaa sun irra caalatti hafuun tan fakkeessaatiin bakka buutee jirti. Kunis gurbaafi intalli erga waljaalatanii booda, warri ishii akka tole hin jenne yoo shakkan walumaagalteen buttaa sobaa qopheessu. Bakkaafi yeroo beellamatanitti walarganii fudhatee deema. San booda akka waan dhugumaan buteetti jaarsa ergatee fixata. Gurbaafi intalti dursanii waljaalatanii wal fuudhuuf kan waliigalan ta'us, mana isaatti galuu akka salphinaatti laala. Kanaafuu, buttaan sobaa kun kan qindeeffamu, maqaa intalaafi kabajaa warra ishii tiksuufi.

Yeroo cidhni baadiyyaa jiru booyee maraadhee haadha tiyya waliin dhaqa ture. Yaadannoo koflaa hedduun qabas. Guyyaa jalqaba intala manattiin galan san taphatamaati bula. Maanguddoon mana tokkotti du'aayii godhu, dubraafi dardarri ammoo mana biraatti misirroota waliin taphatu. Guyyaa lammataa irbaanni erga nyaatamee booda warri jaala gurbaa (miizeen) nama hunda mana misirroonni jiranii ari'uun bakka maanguddoon jirtu ykn mana ollaa geessu. Kunis misirroonni saal-qunnamtii akka raaw'ataniif carraa kophaa ta'uu (privacy) uumuufi. Halkan sun kan gaaffiifi hamii intalti dubaraa? gurbaan hoo danda'aa? jedhaniif deebiin itti argamu waan ta'eef warri jaalaa iccitii eeguuf, kaawwan ammoo beekuuf falmaa cimaatu geggeeffama. Kanaaf warri jaalaa manaafi naannawa san sakatta'uun kan argan hunda alangeen tumaa ari'u. Warri icciitii beekuu barbaadu ammoo daa'imman akka keenyaa fayyadama ture. Qaamaan xiqqaa waan taaneef citaa gidaara manaatti irkifame yookiin ammoo jooniyyaa bunaa jidduutti nu dhoksu. Sagalee balleeffannee sakatta'iinsa jaalaa yoo miliqne waan ta'eefi dhageenye hunda qabannee warra gurguddaa nu bobbaasetti gabaafna. Dhokannee argamnaan garuu alangeen dirmammuu umrii guutuu nurra keessi. Ani dandeettii waa yaadachuufi mimi'eessee seenessuutiin waanin beekamuuf yeroo hedduun ergama kanaaf bobbaafama ture. Yeroo baay'ees alangeen dhukkee narraa kaasan.

1.6. Dhummugaafi Qabsoo Oromoo

Gama siyaasaatti yoo deebinu, Dhummuggaan lafa tarsiimoo waraanaatiif barbaadamtuudha. Sababa kanaanis ummanni achii, bara akaakayyoota keenyaatii kaasee hamma bara keenyaatti, seenaa qabsoofi roorroo hamtuu dabarsee jira. Carcar (Harargee Lixaa), Arsiifi Baalee jidduutti waan argamtuuf qunnamtii godinoota sadeeniitiif murteessituu taatee laalamti. Baroota 1960moota keessa, waraanni Hayilasillaasee kaampii achitti ijaarrachuun sochiin ummata Baalee gara Harargeefi Arsiitti akka hin ceene sakatta'aafi to'annoo cimaa gochaa ture jedhama.

Shakkii mootummaa Hayilasillaasee kanaaf ammoo sababa hedduutu ture. Isaan keessaa tokko, Jaarraa Abbaa Gadaa gaafa qabsoo hidhannootiif Baaleetti cehuuf jedhu, Harargee Lixaa irraan Machaaraa dabree, Dhummuggaatti nama karaa isa agarsiisu argate. Namni sun magaalaa Miicataa tan Dhummuggaatti dhihoo jirtu geessee, warra Baalee kan gabayaa galaa jirutti makee daldalaa fakkeessuun gara baddaa Baalee ceesise. Gaafa Jeneraal Taaddasaa Birruu magaalaa Galamsootti hidhaa dhaabbii tures, ergaa gara Baaleefi Finfinnee daddabarsuuf daldaltoota baddaa Arsii fi Baalee irraa gabayaalee Machaaraafi Dhummuggaa dhufanitti fayyadamaa akka turantu himama.

Gaafa Lola Baalee kan marsaa lammaffaa Soowraa jedhamuutis lolli naannawa kana gahuun maanguddoonni hedduun hirmaatanii waan turaniif mootummaan ummatarraan miidhaa hamaa geessise. Yeroo qabsoon hidhannoo ABO eegaltus, iddoo waraanaaf mijataa jedhamanii dura filataman keessaa tokko gammoojjii Tumtuu Furdaa, tan Dhummuggaa irraa amna miilaa sa'aa lamaa irratti argamtuudha. Tumtuu Furdaa irraa kaasee, Daaroo Billiqaan hanga gaara Mul'ataafi laga Gobeelleetti teessumti lafaatiifi qubsumni ummataa sochiif kan aanja'u ture.

Laga Waabee ce'anii Baalee gahuufis deemsuma guyyaa tokkooti. Sababa kanaanis qondaalonni ABO hedduun yeroo Finfinnee irraa gara dirree waraana Bahaa deeman, baddaa Arsii keessa qaxxaamuruun, waraana Tumtuu Furdaa qubatuun tikfamaafi caasaa dhaabaa Dhummuugaafi naannawa san diriirfameen gargaaramaa dabraa akka turan maanguddoonni lubbuun jiran ni yaadatu. Dabalataanis, Jamaal Roobalee (Guutamaa Hawaas) qondaalota ABO warra duraa keessaa kan ture, dhalataa naannawa sanii waan tureef ummata aanaa sanii sirritti dammaqsuu fi ijaaruun sochii ABO'f haala mijataa uumee ture.

Kanarraa ka'uun mootummoonni Hayilasillaasee, Darguufi Wayyaanee walduraa duubaa ummata naannawa sanii irratti miidhaa guddaa geessisan. Fakkeenyaaf Dargiin bara Goolii Diimaa (Red Terror) jedhamee beekkamu guyyaa tokkotti namoota ijoo naannawa sanii; abbootii qabeenyaa gurguddoo, jaarsolii biyyaa bebeekkamoofi abbootii amantaa funaanee seensa magaalattii sadeen irratti ajjeesee gate. Reeffi isaanii guyyootaaf akka hin kaane godhe. Lafee namoota dhibbaatamaa bara san ajjeefamanii, erguman anuu of baree, gaafa himannaa hogganoota Dargiitiif ragaan sassaabamu qilee waajjira poolisii duubaa guuramee awwaalame.

Gochi Dargii kun ummata naannawa sanii garaa hammeessuun dargaggeeyyiin bara 1980moota keessa turan irra jireessaan ABO'tti akka makaman taasise. Isaan keessaa gariin ajajoota waraanaa beekkamoo ta'uun yeroo Dargiin kufu hooggansa WBO olaanoo ta'anii waan dhufaniif nu warra isaan boodaan dhufeefis fakkeenya ta'an. Isaan keessaa qondaalota akka Bobbaasaa Gadaa, Aslii Oromoo, Abdataa Haaji Bunaa, Ibsaa Sabaa, Gootomsaa Daadhiifi kkf maqaa tuquun ni danda'ama. Gaafa nuti of barru gootummaan qabsaa'ota kanaa hedduu leellifamaa waan tureef, dhaloonni kiyyas akka isaanii ta'uuf daa'imummaa irraa hawwaa turre.

Bara Wayyaanee keessas gidiraan ummata naannawa saniirraa hin dhaabbanne. Akkuma Darguun kufeen ABO'n naannawa san dhuunfatee ture. Waliigaltee Chaartaraa booda yeroo WBO'n bakkoota hedduutti kaampii galu, kan naannawa sanii irra jireessaan didee hafee ture. Kanaafuu gaafa ABO'n Chaartaraa bahu lolli guddaan naannawa sanitti godhame. Sababa kanaanis duguuggaan lammiilee nagayaa irratti marsaan biroo geggeeffame. Hooggana ABO beekkaman keessaa Nadhii Gammadaa Finfinnee irraa bahee naannawuma Dhummuggaa ganda Baddeeyyii gama oliitti akka qabame himama.

Waliigalatti, Dhummuggaafi naannawni sun seenaa qabsoo ajaa'ibsiisaa qabu. Anis seenaa qabsoo kana dhagayaa, gidiraa sirnoota durii dhagahaa, roorroo bara Wayyaanee ammoo ijaan argaa guddachuun kiyya joollummamaan gama siyaasaa akkan hawwatamuuf shoora guddaa taphate.

KUTAA LAMA: SIYAASAN WALBARUU

2.1. Oromoo

Hamman ani yaadadhutti jecha Oromoo jedhu yeroo jalqabaatiif kanin dhagahe gaaf tokko osoo haadha tiyya (Abaayyee jennaan) waliin gara qe'ee warra ishii deemnuu namoota gosoota garagaraa waliin bakka haara galfii takkatti yeroo walitti dhufnetti ture. Jarri sun gariin Gaadullaa (Ituu keessaa gosa takka), kaan Beegoo (Arsii), tuun ammoo Meettaa (Afran Qalloo keessaa gosa takka) jedhanii himatan. Haati tiyya garuu gosti isii Oromoo akka ta'e himte. Gosti isiin himatte tun ifa naaf hin turre. Ani kanin beeku gosti ishii Salaalee akka jedhamu ture. Maanguddoon takka "nuti cuftinuu Oromoodha. Oromoo keessaa gosa tam akka taate si gaafanne" jetteen. Abaayyeenis "Abbichuu" akka taate itti himte.

Warra haadha tiyyaa horteen gosa isaanii Tuulama ta'us, maqaan Salaale jedhu akka konyaa irraa dhufanii qofa osoo hin taane akka gosa isaaniitti fudhatamee ture. Inumaatuu maqaa Salaalee jedhu kana warra Tuulamaa kan Shawaa Kaabaa irraa dhufe qofa ibsuuf miti kan fayyadaman. Namni Kiristaana ta'ee Afaan Oromoo dubbatu marti Salaalee jedhama. Fakkeenyaaf barsiisonni Wallaggaafi Iluu Abbaa Booraa irraa dhufan Salaalee jedhamanii waamamaa turan.

Kan warra Tuulamaa qofa osoo hin taane, maqaan gosoonni Oromoo naannawa san jiraatan kanneen biroo ittiin waamaman maqaa gosaa kan sirrii akka hin turin booda hubadhe. Fakkeenyaaf ummanni Oromoo Harargee Bahaa irraa dhufee achi jiraatu dimshaashumatti maqaa 'Noolee' jedhamuun waamama ture. Hortee Afran Qalloo (Ilmaan Qalloo Bareentoo) keessaa Nooleen maqaa gosa tokkichaa qofa ta'ee osoo jiruu[8], maqaa gosoonni Bahaa dhufanii naannawa keenya qubatan kan akka Alaa, Oborraa, Meettaa, Jaarsoofi kanneen biroo marti itti waamamn ta'e. Sababni gosoonni sun cufti Noolee jedhamaniif jaarsonni akka qoosaatti himu.

Dubbiin akkana.... Yeroo dheeraa dura barri Abaar (Beelaa) Fugug gama bahaatti bu'ee jennaan ummanni hedduun gara Carcariifi daangaa Arsii baqate. Fugug maqaa gaarreen walqabataa baddaa Arbaa Guuguu (Arsii) irraa ka'ee hanga Laga

---

8 Nooleen hortee Dagaa Qalloo Bareentoo Oromooti. Boqonnaalee dabre keessatti akkuma himame Bareentoo Oromoo ilmaan shan dhalfate keessaa tokko Qallo. Qallo ammoo ilmaan afur hore; Ala, Daga, Oborraafi Baabbile (walitti Afran Qalloo jedhamuun waamamu). Dagaa Qalloo ammoo ilmaan sadi dhalche; Noolee, Jaarsoofi Huume yoo ta'an, Harargee Bahaa aanalee Soomaaleen waldaangeessan keessa bal'inaan jiraatu. Achirraa sababa Hoongeetiin gara lafa qubsuma hortee Ituu Murawwaa Bareentoofi Arsii Dhummuugaa Bareentoo dhufuun qubachuun yeroo ammaa baay'inaan jiraatan.

Faafam (Gursum, Harargee Bahaa) dhaquudha. Qubsumni lafaa amma Harargee jedhamuun yaamamu dur Fugug akka jedhamu himama. "Harargeen" maqaa boodarra bara Hayilasillaasee itti moggaafameedha.

Fugug kun Gooroo Gadeefi Gooroo Olii jedhamuunis beekkama ture. Gooroo Gadeen lafa amma Harargee Bahaa jedhamtu yoo taatu, Gooroon Olii ammoo Harargee Lixaa tan dur maqaa Carcar jedhamuunis beekkamtu qubsuma Oromoo Ituuti. Carcar gama oliitiin Arsii waliin wal daangessa. Dhummuggaan teenyaas daangaa Carcariifi konyaalee Arsii keessaa takka tan taate Arbaa Guuguu jidduutti argamti. Aanaalee Carcariifi Arsiin itti wal daangessan kanneen akka Daaroo Labuu, Asakoo, Ancaariifi Gololchaa keessatti gosoonni Arsiifi Ituu walkeessa qubatan walkeessa bobbaafataafi walfuudhaafi heerumaatis turan.

Maarree hawaasa bara abaar san Gooroo Gadii irraa godaanee Carcar dhufe kanaatu gosoota Oromoo Ituufi Arsiitiin 'Noolee' jedhamee waamama. Sababni gosoota Fugugii dhufan cufa Noolee jedhanii waamaniifis waan akka qoosaati qaba. Yeroo Abaar bu'e ummanni Fugug Bahaatii hongee dheefa dhufe Carcar gahee gama Arsiitti yoo ol ilaalu waan adii Gaarreen Guuguu irraa gadi dhangala'u argan. Warra Carcar kan isaan keessummeessaniin 'wanti adiin san maali?' jedhanii gaafannaan "aannaniitu gaararraa gadi yaa'a" jedhaniin. Baqattoonni Fugugiis lafa aannan gaaraa jigu san dhayna jedhanii Carcar dabranii Arsii seenan. Bifa kanaan warri Carcar sobee godaantota gama Arsii ofirra dabarse jechuun maanguddoonni gosoota sadeenii qishnaa walitti godhu. Dhugaan jiru garuu, ganna keessa, laggeen baddaa Arsiitii gara gammoojjii yaa'an fincaa'aan isaanii fagootti mul'ata. Fageenya irraa yennaa ol ilaalamu dhugumatti aannan adii gadi dhangala'u fakkaata. Warri Carcaris fincaawaa kana akka waan aannan ta'eetti baqattootatti himee ofirra dabarse.

Oromoota Fugug Bahaa keessaa kan dura gara naannawa Carcariifi Arbaa Guuguu godaane gosa Noolee[9] irraa turan jedhama. Saniifuu warra isaan booda dhufe cufa Noolee jedhanii waaman. Haaluma kanaan namni loqoda Fugug Bahaa qabu (kan haasaa keessatti kha (khana),eeysa (kheeysa/keeysa) fayyadamu hunduu Noolee jedhamee yaamama.

Dabree dabree gosoonni Fugug Bahaa irraa dhufan maqaa 'Warra Abaadir' jedhuunis ni waamamu. Maqaa kana kan argataniifis sababa Aw Abaadir (Sheikh Abaadir Umar Al-Ridaa), Sheeka beekkamaafi oowliyaa magaalaa Harar/Adaree Biyyoo tureetiin jedhama. Oowliyaan gosoota Arsii naannawa saniitiin kabajamu Sheek Huseen yoo ta'u, kan ummata Fugugii dhufee ammoo Sheek Abaadir waan

---

9   Moggaasa Dhummuggaa irratti akkuma ibsame, Oromoon ilmaan lama qaba: Booranaafi Baarentu. Ilmaan Baarentuu shan yoo ta'an isaan keessa tokko Qallo. Qalloon ilmaan afur jechuunis Aalaa, Dagaa, Oborraafi Baabbillee dhalche. Daga gama isaatiin, ilmaan sadi kan Noolee, Jaarsoofi Humee jedhaman kan argate. Gosoonni isaan irraa argaman irra jireessaan daangaa Somaalee irraa kaasee aanaalee Harargee Bahee heddu keessa jiraatu.

ta'eef, 'Warra Abaadir" jedhamuun yaamamu. Sheek Abaadir akkuma Sheek Huseen aalima (hayyuu amantaa Islaamaa) guddaa fi nama ayyaanaa ture. Hawaasa Hararii dabalatee Oromoota Fugugii fi Somaalota biratti dhageettii fi kabaja guddaa qaba. Manzuumaa keessattis ni faarfama. Oromoonni Fugug naannawa keenya turan gaafa wadaajaa Sheek Abaadirii fi Sayyid Aabboo faarsan ture.[10]

10 Sayyid Aabboon Aalima (hayyuu amantii Islaamaa) ummata Baha Oromiyaa biratti dhageettii guddaa qabaachaa turaniidha. Maqaan dhalootaa Abdii Quxulaa yoo ta'u, hiddi dhaloota isaanii gosa Oromoo Waataa kan biyya Keeniyaa qubatan irraa ta'ee. Nageellee Booranaatti dhalachuutu himama. Sayyid Aabboo Jimma, Iluu Abaabooriiffi Baaletti Islaamummaa barsiisaa erga turanii booda, jalqaba bara 1950mootaa gara Harargee cehan. Hayyummaafi karaamaa nama dhukkubsite fayyisuuf qabanirraa kan ka'e, maqaan isaanii beekamaa waan dhufeef, aanaalee adda addaatti iddoo amantaa dhaabanii ummanni kumaatamaan itti yaa'uu jalqabe. Haalli kun mootummaan Hayilasillaasee waan sodaachiseef, "farra nageenyaati" jechuudhaan qabee umrii guutuu erga itti murteessee booda gara Gojaamitti "gizootiin" erge. Warraaqsi bara 1974 nugusicha angorraa waan qaarseef, Sayyid Aabboonis,gadi lakkifamanii Finfinnee jiraachuu eegalan. Achittis ummanni akkuma durii itti yaa'uu waan jalqabeef mootummaan Dargii haaraa angoo qabates ofirraa sodaachuun, bara 1977 magaalaa Miiccataa kan Dhummuggaa irraa km 20 fagaattee argamtu fidanii ajjeesan. Seenaa kana Abdurashiid Abdurahmaan (Abbaa Urjii) kitaaba isaa Raammisoo jedhu keessatti bal'inaan barreesseera. Sayyid Aabbiyyoo kan ajjeefaman ani dhalachuun dura ta'us, gaafan ani joollee hordoftoonni isaanii walitti qabamanii galgala galgala dibbee dhahuudhaan maqaa isaanii faarsaa yeroo waaqeffatan argee jira.

2.2. Gaafan Yeroo Duraaf ABO Arge

Jecha Oromoo jedhu akka maqaa eenyummaa saba an irraa dhaladhee kan gosoota naannawa sanii hunda hammatuutti hubachuu kanin eegale gaafa ABO'n naannawa keenya ifatti dhufeedha. Akkuman armaan olitti jedhe, jecha Oromoo jedhu dura kanin dhagaye yeroo haati tiyya gosa ishii himattuudha. Yeroo lammataatiif kanin dhagaye Dhummuggaa irraa konkolaataa irratti rarraanee hanga ooyruu buna mootummaa 'Laga Kuulii' jedhamu kan laga Baqaqsaa keessatti argamutti yeroo deemnu ture. Bara san konkolaataa gosa lamatu Dhummuggaa keessa dabra ture. Tokko konkolaataa fe'iinsaa "Tireentaa Lammaa" jennee kan yaamnu ture. Lammaan konkolaachisaa isiiti. Achumaan maqaa san argate. Kan lammataa tiraaktara lafa qonnaa buna mootummaa san qottu, garuu ammoo kan geejjibaafis fayyadamaniidha.

Daa'imman Dhummuggaa yeroo konkolaataawwan kun magaalaa keenya keessa dabran duubaan ori'aa itti rarraanee hamma dandeenye deemna. Yeroo baay'ee gaara nuun gamaa Qilxuu Kaarraa jedhamu yeroo geenyu harki waan nu laamsha'uuf irraa buunee, firii mukkeenii kanneen akka buruurii, mudhudhee, roqaafi olaadiin beela ofirraa gad cabsinee hanga laga Dhummuggaa dhufnee huurkaa keenya dhiqannee, yoo milkooyne muuzaafi shankoora ooyruu namaa dhokannee seennee nyaannee quufnee gara manaa galla.

Maarree gaafa tokko tiraaktaritti rarraanee gaara Qilxuu Kaarraatti irraa buunee firii mukaa buufachuuf hurruma akkuma achi seenneen, jara rifeensa dhedheeraa kan qawwee qabatee gaaddisa jala tattaa'ee mudhudhee nyaataa jirutti dhufne. Heddu rifannee qaamni bishaan nu ta'e. Jarri garuu usaniituma nu laalan. Gurbaa Saaburee jedhamu kan umriifi qaamaan nurra wayyaa, kan yeroo haasayu cabaqu tokko, jarri sun 'Oromoodha' nuun jedhe. Nama hin tuqan jedhee jajjabeessee itti nu geesse. Jarris ilmaan eenyuu akka taane nu gaafatanii isaan arguu keenya namuttuu akka hin himne nu gorsan. Isaan 'Waraana Oromoo' ta'uu nuuf himanii nu gadhiisan. San booda nu daa'imman biratti maqaan jara sanii 'Oromoo' ta'ee hafe, erga isaan ifatti biyya qabataniis maquma saniin yaamuu itti fufne.

Taateen (incident) kun yeroo san dura namoota akkasii argee akka ture na yaadachiisa. Gaafa tokko ooyruu sheekaa (hiriyyaa abbaa kiyyaa) keessa zeeytunaafi kuukii buufadhee nyaachuuf dhaqee osoo keessa deemuu sagalee wahii dhagayee yeroon faana dhayu, bakka baalli muuzaa goggogaan irra tuulame, tan muka waddeessaa jala jirtu arge. Sagaleen kuusaa baalaa san boodaan dhufti jedhee bira dabruuf yeroon jedhu baallin irra dhaabbadhe na mucucaachisee gara goda wahiitti na seensise. Godni itti kufe mana lafa jalaa ture. Jala sanitti yoo xiqqaate nama kudhanii oltu uffata hodhaa ture. Abbaan kiyya isaan jidduu teessoo jiru irraa huccuu muraa ture.

An gadi itti kufnaan abbaan kiyya akkan rifaatuun hin iyyineef utaalee afaan na qabe. Jarattis ilma isaa akkan ta'e itti himee tasgabbeesse. Anas waanin arge namuttuu akkan hin himne na kakachiise. Waan naanaa fi karameellaa ittiin bitadhu Shilingii naaf kennee na gadi lakkise. Booda akkan hubadhetti abbaan kiyya yeroo dheeraaf WBO naannawa Tumtuu Furdaa jiruuf huccuufi saqqii (qabattoo) hidhannoo hodhaafii ture. Gaafasis miseensota WBO huccuu hodhaa barsiise waliin uffata waraanaa qopheessaa turuu isaanii boodarra jara san keessaa namni tokko naaf ibse.

Mudannoowwan lameen daa'imummaan WBO waliin walitti na fidde sun erga isaan ifatti biyyatti galanii akkan daranuu itti dhihaadhu karaa naaf saaqe. Qubee Afaan Oromoo yeroo gabaabaatti ooyruu shankooraa keessatti anaafi daa'imman biroo barsiisan. Erga chaartara keessaa dhiibamanii bahanii waggoota muraasa boodas waanin re'ee tiksu fakkeessee maadhee magaalaafi baadiyyaa jidduu ergaa daddabarsaa ture. Akkasumas Dhummuggaafi qe'ee akaakayyoota kiyya jidduu yeroo heddu waanin deddeebi'uuf ergaa daddabarsuuf natti fayyadamu turan.

Haaluma kanaan gaafa tokko ergaa Dhummuggaa irraa fuudhee laga Darbaatti akkuman geesseen, lola waraana Wayyaaneefi WBO jidduutti uumameen boombii darbameen facaatuun isaa na madeessitee turte. Waraqaa ergaa qabdu san biddeenaan maranii, akka waan karaarratti nyaachuuf qabadhee fakkeessanii natti kennan. Anis qabadhee gabayaa Unkee jedhamtutti haara galfadhee laga Darbaa gahee jaarsa karaarraa ooyruu keessa dalagataa ture tokkotti dhaqe. Innis fuudhee karaarraa na maqsee loltoota WBO lama kan laga keessa jiranitti na geeyse. Akkuman isaan bira gaheen jara lamaan keessaa tan dubartii cubbuxoo peestaalaan maramee na harka ture fuutee hiiktee baaftee waraqaa keessa jiru dubbisuu eegalte.

Gurbaan dhiiraa tokko dugdaa ol kafana baafatee tuujii keessatti qaama dhiqachaa ture. Tasa osoo nuti ofirraa hin eegin sagaleen "እንዳትንቀሳቀስ" (hin socho'in) jedhu dhagayame. Yoon ol jedhee laalu, loltoonni sulula lagaa gamaa gamanaa qawwee nutti qabanii jiru. Gurbaan WBO qaama dhiqataa ture akkuma jarri jedhe rifaatuun harka ol qabe. Hidhannoo isaa qarqara kaayee bishaan keessa waan tureef, filannaa biraas hin qabu ture. Intaltis harka tokko ol qabde. Yeroo kana loltoonni dura ededa lagaa irratti dhakaafi muka dahatanii qawwee gara keenya qabanii turan, dahoo jalaa babayanii gara keenya dhufuuf qajeelan. Kanuma jidduutti sagaleen dhukaasaa anuma cinaa dhagayame.

Edaan intalti WBO sun harka tokko ol haa kaaftu malee harka kaaniin kilaash jilbarraa qabdurraa hin kaafne waan tureef dhukaasa bante. Loltoonni Wayyaanee kan jara harka kennisiifne jedhanii dahoo bayan dhukaasa tasaatiin rifatanii ededa lagaa duubatti utaalanii battala qabatanii dhukaasa banan. Gurbaan WBO kan bishaan keessa dhaabbatee harka olqabatee tures utaalee meeshaa fudhatee isaan lachuu dhukaasaa fiiguu eegalle.

Laga keessa xiqqoo akkuma gadi oorineen ani kufnaan gurbaan lafarra na harkisaa hurruma tokko bira yeroo geenyu huusii tokko keessa na darbee fiigichaan na biraa kute. San booda waan ta'e hin yaadadhu. Yeroon waan akka hirribaa tokko keessaa dammaqu namoonni lama gamaa gamanaan ol fuudhanii naan deemu. Lafan dhaabbadha yoon jedhu miilli na dhukkube. Yoon gadi laalu dhiigaan uwwifamee jira. Hoxxee (goojjoo) ooyruu bishingaa keessaa takka na geessanii dhiiga narraa dhiqanii dawaa wahii natti firfirsanii naaf hidhan.

Borumtaa isaa gara qe'ee akaakayyuu kiyyaa deemuuf jennaan tarii warri mootummaa achitti si barbaaduu danda'a jedhanii na dhoorgan. Guyyoota muraasaaf naannawuma san ooyruu takkarraa ta biraatti ceesisaa na dhoksanii madaan gaafa fayyitu gara Dhummuggaa deebi'e. Madaanis jilba irraa xiqqoo gaditti harriiqqii malee hamtuu waan hin turiniif daftee qoorte. Maal akkan ta'e jara na wal'aane yoon gaafadhu 'harcaa boombii ykn rasaasaatu xiqqoo si harriiqe, Rabbitu si baase' naan jedhan. Guyyaa Kibxataa gabayaan Unkee waan jirtuuf anis warra bittaa-gurgurtaaf deemu waliin dhaqee oolee, daldaltoota Dhummugaa waliin galgala manatti gale.

2.3. Hambisaafi Maanjus

Egaa barri ijoollummaa kiyyaa bifa kanaan yeroo raafamni siyaasaa biyyattiifi naannawa keenyattis gaaga'ama guddaa geessisaa turettin dabarse. Akkuma gubbaatti xuqne naannawa san ABO'n waggoota dheeraaf maandheffatee ture. Kanaafuu yeroo Chaartaraa san yennaa dhaabni ifatti socho'uu eegalu ummata biratti fudhatama argachuudhaaf isa hin rakkisne. Daa'imman akka keenyaa yoo taate malee namoonni gurguddoon durumaanuu quba qabaachaa turan.

Caasaan lafa jala yeroo dheeraaf iccitiin ijaaramaa ture ol bahee hojii eegale. Waanin yaadadhu keessaa tokko ABO'n ifatti socho'uu eegaluuf ji'oota muraasa dura ijoolleen dardaraafi dubraa Dhummuggaa tasa qe'eedhaa isaan dhabne boodarra hidhannoo guutuu hidhatanii goofaree guddifatanii deebi'uu isaaniiti. Nu warri daa'immanii immoo miira gammachuutiin isaan daaw'ataa jala fiigna turre.

Qondaalota ABO yeroo san naannawa keenya socho'an keessaa namoonni sadii hubannaa ani booda siyaasaa keessatti horadheef gahee guddaa qabu. Kan duraa, Hambisaa Sooleeti. Hambisaan Abbaa Cibraa WBO achi turee yoo ta'u, nama bifaafi dhaabbanni isaa heddu bareedu ture. Nu warra daa'immanii baay'ee jaalata ture. Yeroo deemee dhufu mara barruu qubee qabu fidee dhufuun akka dubbisuu shaakallu nu taasisaa ture.

Hawaasni naannichaa hoggansa isaa haalaan dinqisiifatu. Qonnaan bulaa waliin dachii akaafa. Caayaa jaarsonni biyyaa itti walgahan dhaquun seenaa naannawa sanii gaafatee dhaggeeffata. Taaziyaa/booya dhaqa, nama dhukkubsate yoo dhagaye manarra deemee gaafata. Nuti daa'imman ammoo konkolaataa isaa gurbaan Bashiir jedhamu oofu takkatti nu fe'ee kan nuun deemutu nu gammachiisa ture. Haati isaa yeroo tokko isa laaluuf dhuftee mana warra ollaa keenyaa qubattee turte. Booda yoon dhagahu haati isaa, Hambisaa dabalatee, ilmaan ishii jaha WBO'f gumaachite. Boodarra akkan dhagayetti hundi isaaniituu ni wareegaman.

Yeroo ABO'n Chaartaraa bahee Wayyaaneen naannawa sanitti lola bante, jiddugala ajajaa (Command Center) Tulluu Xiloo tan tilmaamaan Dhummuggaarraa kiiloomeetira hanga kudhanii fagaattu takkarra godhatee ture. Nutis hawwan waliin nyaata geessuuf dhaqna turre. Hambisaan Wayyaaneen humna guddaan dhuftee gaafa injifattu, hamma dhumaatti lolee lolchiisee Harargee Lixaa Aanaa Daaroo Labuu naannawa Haroo Adiitti akka wareegame boodarra warra bira turre jedhurraa dhagaye. Akkuma kiyya, daa'imaafi dargaggeessi naannoo maqaafi seenaa gootummaa Hambisaatiin kan hin qaramin waan jiru hin se'u.

Miseensi WBO biraa Walaabuu jedhamu lola Wayyaanota waliin godhame irratti mooraa mana barnootaa Dhummuggaa keessatti wareegame. Reeffa isaa arginee gurbaan nurra guddaa tokko nu qindeessee achuma mooraa keessatti boolla qonnee awwaalle. Nama Oromoof jecha wareegame yeroo duraatiif ijaan waanin argeef natti fakkaataa fuullifi goofareen Walaabuu ammas ija duraa na hin badu. Odaan gaafas awwaala isaarra dhaabame guddatee gaaddisa ta'ee jira. Gaafan biyya alaatii galee Dhummuggaa dhaqe, "akkuma odaa kanaa nu qeerroonis dhiiga qabsaa'ota akka Walaabuu irraa magarree aarsan isaanii lafa hin banne, nutis waadaa hin nyaanne asiin geenye" jechuun ummata na simachuuf walgahetti seenaa san hime.

Yeroo waraanni Wayyaanee Dhummuggaa ture Afaan Amaaraa waanin beekuuf ofitti na dhiheessuun akka turjumaanaatti tajaajilaa ture. Koshooroo naaf laatanii hiriyyoota kiyyaaf raabsuu caalaa seenaan loltoota sanirraa odeeffadhutu na hawwata ture. Loltoonni sun hedduun dargaggeeyyi qacalee turan. Isaan keessaa tokko Maanjuus jedhama. Gurbaa saniin hedduu walitti dhiyaannee akkamitti akka loltuu ta'ee nu bira dhufe naaf hime. Osoo gurbaan sun barataa sadarkaa duraa jiruu gaafa tokko waraanni Darguu dhufee mana maatii isaa gube. Abbaas ajjeese. Maatiin isaanii faca'e. Loltoonni Wayyaanee borumtaa yeroo dhufan fudhatanii deeman. Jalqaba ergamaafii turee gaafa xinnoo jabaatu loltummaa leenji'ee waraana seene. Yeroo Darguun kufee Wayyaaneen aangoo qabattus ABO'n loluuf bobbaafamee qe'ee keenya dhufee wal agarre.

Yeroo seenaa kana kaampii isaanii bakka Addaraasha jedhamu jirutti naaf himu wantoota walfaallessan lamatu ta'aa ture. Gama tokkoon Maanjuus imimmaan qabachuu dadhabee ofirraa haqa ture. Gama biraan ammoo qonnaan bultoota Oromoo qabamanii hidhamanitti waardiyyaa ta'ee qawwee qabatee taa'aa ture. Haalli kun gaaffiilee hedduu natti uume. Namni roorroo maatii isaarra geesseen dhiibamee qabsoo seene, qe'ee isaarraa fageenya kiiloomeetira dhibbaatamaa deemee dhufee qe'ee kiyyatti qonnaan bultoota hiyyeeyyii hidhee dararuun maal jedhama? Miirri kaleessa cunqursaa jibbee fincile har'a namoota birootti roorrisuutti akkamiin ce'e? Amala namummaa gurbaa sanii hedduun jaaladha ture. Seenaa maatii isaa naaf himee yoo inni booyu anis waliin imimmaan narraa jiga ture. Achumattuu ammoo Oromoota osoo madaanuu irraa hin qoorin harki duubatti hidhamee kutaa xiqqoo takka keessatti walitti takashamanii inni eegu laaleen aarii hamaan onnee na bobeesse. Mudannoon kun taateewwan ilaalcha sabummaa ganamaan na keessatti habaqaalchan keessaa tokko.

2.4. Lola Arbaa Guuguu

Taateewwan joollummaan siyaasaa sabaatiif na saaxilan keessaa inni biraa walitti bu'iinsa Amaaraafi Oromoo kan godina Arsii konyaa Arbaa Guuguu keessatti jalqaba 1990moota keessa taasifameedha. Waa'ee lola kanaa dura kanin dhagahe yeroo ummanni hedduun "Biyya Duubaa" bakka jedhamurraa baqatanii gara Dhummugaa dhufan ture. "Biyya Duubaa" kan jedhamu sun lafa Dhummuggaa irraa gara gaarreen Kooluu duubaan jiran, aanaalee Asakoo (Arsii) fi Ancaar (Harargee Lixaa) ti.

Ijoolleen daaddaa teenyaa kan maatii waliin baqatanii dhufan akka itti firoonni isaanii ajjeefaman nuuf himaa turan. Keessattuu gurbaan Hassan jedhamu tokko obboleessi isaa hangafni rasaasaan dhayamee 'bishaan bishaan' jedhee yeroo waywaatu, Hassan bishaan kenninaaniif achumatti akka du'e booyaa nuuf hime. Nama madaayeef bishaan kennuun lubbuu baraaruu osoo hin taane akka ajjeesu boodarra namootarraa dhagayuu isaa gaabbiidhaan dubbataa ture. Jidduma san gara warra haadha tiyyaa baddaa yeroon dhaqe lolli achittis godhamaa turuu dhagayeen, lolli Amaaraafi Oromoo sun 'biyya duubaa' qofa osoo hin taane aanalee ollaa sanii hedduu keessatti taasifamaa akka ture hubadhe. Lolli sun, kan boodarra "Lola Arbaa Guuguu" jedhamuun siyaasaa Itoophiyaa keessatti maqaan dhayamuudha.

Warra haadha tiyyaa gaafachuu yeroon dhaqetti achitti lolli godhamee akka ture dhagaye. Isaanis Amaaraan wal cinaa waan jiraataniif lubbuu tiyyaaf sodaatanii gara warra Arsii kan obboletiin tiyya itti heerumtee kan aanaadhuma san ganda Wacaalee jedhamtutti argamu na geessan. Achitti garee WBO kan ajajaa Daakaa jedhamuun hogganamu arge. Booda akkan hubadhetti Daakaan gaafa WBO'n chaartara akka seenu murtaaye didee waraana ajaja isaa jala jiru qabatee naannawa san qubate. Hawaasni Oromoo Arsii naannawa saniis lola Amaara waliin godhaniif akka leenjii kennuuf waraana Daakaa san qubachiisan.

Gaafas achi kan na geesse akaakayyuu kiyya Tolaa Bulii ture. Innis waan Daakaan gaafas isaan jedhe yeroo hedduu irra deddeebi'ee taajjabbiin dubbata ture. Mahaammad Jimaa, eenyummaa jaarsaa erga himeefii booda Daakaan "Tolaa Bulii, Amaaraafi Arsii wal lolaa jiru kana ati araarsi" jedheen. Jaarsis "ummata qawween wal fixaa jiru kana an jaarsi qonnaan bulaan laafaan kun akkamittin araarsuu danda'a? Isinummaan warri polotikaa beektan araarsuu wayya' jedhee deebise. Daakaanis "Tolaa Bulii ati jara lamaan jidduu deemtee araarsuu wanni dandeessuuftu jira.

Amaarri yoo sitti dhufe kirrii itti agarsiifta, Arsiin yoo karaatti si dhaabe gosa itti lakkaawwatta" jedheen. Dubbiin isaa sun hariiroo Oromoon Tuulamaa naannawa sanii hawaasa Arsiifi Amaaraa waliin qabu calaqqisa. Warri Tuulamaa sun Arsii waliin sabummaa, Amaara waliin ammoo amantii walitti qabu. Daakaanis kana hubachuun hawaasa Amaaraafi Arsii kana walitti araarsuun jaarsa Tuulamaatiif ni danda'ama jechuu isaa ture. Dhimma lola Arbaa Guuguu kanin ijoollummaadhaan arge san Ameerikaa dhaqee deebi'ee qorannoo irratti godheen ture. Lolli sun kan yeroo dheeraaf ABOfi qabsoo Oromoo maqaa ittiin xureessaa turan waan ta'eef waanin qorannoo saniin hubadhe xinnoo gabaabsee ibsuun barbaachisaadha jedheen yaada.

Lolli sun konyaa godina Arsii keessaa takka tan taate Arbaa Guuguun beekkamus, aanalee Harargee Lixaas dabalata ture. Aanaalee torba keessatti kan geggeeffame yoo ta'u, shan Arsii yommuu tahan lama ammoo Harargee Lixaati. Aanaaleen Shanan Arsii keessaa Martii, Collee, Gunaa, Asakoofi Gololchaa yoo tahan lamaan Harargee ammoo Daaroo Labuufi Gubbaa Qorichaati. Torban kun kan gareen lamaan ifatti gurmaa'anii wal waraanan yoo ta'an aanaalee ollaa biroo keessatti wal ajjeesuun tureera.

Lolli sun bifa sabaafi amantiis qabaachaa waan tureef, hubannaa gaarii argachuuf, haalaafi hariiroo garee hawaasa naannawa sanii kaayuun barbaachisaadha. Akkuma boqonnaa duraa keessatti tuqame naannawa ani dhaladhetti gosoota Oromoo garagaraafi Amaaratu jiraata. Gosoonni Oromoo Arsiifi Ituun durumarraa achi jiraataa kan turan yoo ta'u, warri Tuulamaafi Afran Qalloo boodarra dhufanii qubatan. Naannoo san warri gosa Amaaraa hedduun kan jiraatan yoo ta'u waraana Minilik waliin dhufee kan qubateefi kan boodarra dhufeen walitti hedduudha.

Lolli Arbaa Guuguu sun hawaasota armaan olii kana kan hirmaachise ture. Arsiifi Ituun sababa lola Minilikiin buqqa'anii gara gaaraafi gammoojjiitti dheessanii lafa raaree irra Amaarri qubate. Warri Tuulamaa lafa Amaaraafi Arsii jidduu jirturra qubate. Amaaraafi Oromoon Tuulamaa qonnaan yoo jiraatan, Ituu fi Arsiin qonnaafi horii horsiisuu walmakanii jiraatu. Warri Afran Qalloo (akkuma dura kaayame Noolee jedhamuun kan waamaman), boodarra dhufee lafa masnoo (jallisii) laggeen qarqaraa cinatti argamu irra qubatan. Warri isaan dura achi ture, Amaarri, Arsii, Ituufi Tuulamnis qonna jallisii baa'yee hin fayyadaman ture. Warri Afran Qalloo bonaa ganna oomishuun yeroo gabaabaatti milkaayan. Garuu bara Hayilasillaasee oomisha isaanii irraa harki caalu irboofi siisoon akkasumas gibiraan abbaa lafaafi mootummaaf waan galuuf jireenya isaanii irratti jijjiirama guddaa hin fidu ture.

Osoo haala kanaan jiraatanii sirni Haylasillaasee kufee Darguun dhufee lafti abbaa qotuuf haa kennamtu jechuun labse. Qonnaan bultootni Afran Qalloos irboof siisoon irraa hafee lafti masnoo sun tan mataa isaanii taate. Oomishaalee akka bunaa, jimaa, kudraafi mudraa sirritti oomishuudhaan gurguratanii yeroo gabaabaa keessatti duroomuu eegalan. Haalli kun ammoo warra dura lafa irraa kireeffatanii turan biratti hinaaffaa uumuu hin oolle.

Naannawa bara 1990/91, gaafa Dargiin kufuuf qarree irra gahu hinaaffaan tun gara wal qoccoluutti ceete. Keessattuu milishoonni Amaaraa duula 'beeraawiif' gara

Eritiriyaa deemanii turan yoo galan, Darguun laaffachaa dhufuu waan hubataniif, lafa abbootii lafaarraa fudhatamtee jara "Nooleetiif' raabsame deebifachuu barbaadanii doorsisa eegalan. Qawwee bitataniifi ogummaa loltummaa qaban fayyadamanii qoxxee hammeessan.

Muddama (tension) kun adaduma mootummaan Dargii laafaa dhufeen hammaataa deemte. Hanga 'Noolee' fi Amaarri walitti gaarreffatan kana warri Arsii, Tuulamaafi Ituu cal'isaniituma ilaalaa turan. Kunis sababa garagaraa qaba ture. Gama tokkoon sabboonummaan cimtuun waan hin turiniif aantummaan gosoota Oromoo kanneenii laafaa waan tureefi. Gama biraatiin ammoo saffisaan duroomuun warra Noolee kan dhihoo godaansaan dhufee sun gosoota kaawwan biratti hinaaffaa uumuu hin oolle. Dabalataanis Dargiin warra Noolee kana lafa yagutoo (kiraa) fudhatanii qotan waan kenneefiif mootummaa akka deeggaranitti gosoota kaaniin shakkamu. Kanaafuu gaafa Amaarri jara Nooleetti qoxxisu gosoonni Oromoo kuun 'maal na dhibee' fi 'qoricha isaanii' ilaalcha jedhuun laalaa turan.

Osoo gaarreffannaan Amaaraafi Noolee adaduma hammaataan deemtu, gaafa tokko dargaggeessi Amaaraa duula Eritiraa irraa gale tokko dubbii barbaacha loon isaa fuudhee ooyruu shankooraa nama Noolee tokkotti naqe. Abbaan ooyruu gocha kanaan aaree namicha battalatti waraanee ajjeese. Haaloo nama ajjeefame kanaa bahuudhaaf maatiifi firoonni Amaartichaa nama isa ajjeese qofa osoo hin taane qe'ee (ganda) warra Noolee tokko guutuu gubanii barbadeessan. Gubaa kana keessa masjiinnis barbadaaye jedhama.

Masjiidni gubannaan warri Arsiifi Ituu amantii Islaamaa waan hordofaniif gocha saniin dallananii lolichatti makaman. Duula haaloo bahuu taasifame keessatti bataskaannis gubate. Kanatti aaree warri Tuulamaa kan amantaa Kiristaanaa qabus warra Amaaraa waliin tumsuun lolatti makaman. Walitti bu'iinsi Aanaa Asakoo ganda xiqqaa Irreessa jedhamutti namoota lamaan eegale, babal'atee bifa amantii horatee, hawaasa naannawa sanii bira dabree aanaalee ollaa mara keessatti wal fixuuf qe'ee walii gubuun hammaatee ummanni kumaatamni buqqaafame. Warri 'biyya duubaatii' baqatee Dhummuggaatti nutti dhufe sun warra lola kanaan buqqa'e jechuudha.

Yeroo Darguun kufee ABO'n gama Bahaatiin, warri ADWUI ammoo Kaabaan dhufan, aanaalee Harargee Lixaafi Arsii wal daangessan keessatti lolli xiixaa ture. Humnoonni Mootummaa Cehumsaa ijaaran kun lamaanuu lola kana dhaabuuf dantaa qaban ture. ADWUI'n gara Harargee gadi darbuuf, ABO'n immoo gara baddaa Arsii achiinis Finfinneetti dabruuf lolli kun danqaa itti ta'ee waan jiruuf dhaabbachuu isaa barbaadan. Dabalataan, ABO dhaaf ummanni inni loluuf daangaa amantiitiin bakka lamatti bahuun hojii siyaasaaf hin taaneef. Qondaalotaa fi loltoota ABO keessaa dhalattoota naannawa sanii kan maatiin amantii lamaan hordofaniifi lola san keessatti gama faallaa goran hedduutu ture. Kanaafuu ADWUIfi ABO'n waliigaluun koree nagayaafi tasgabbii (ሰላምና

መረጃጋት) kan miseensota gama lachuu qabu dhaabuun garasitti erganii yeroof tasgabbeessan.

Sababa kanaanis ji'oota muraasaaf lolli dhaabbatee Jaarmayaaleen lamaan mootummaa waloon biyya tasgabbeessuun cinaatti siyaasa mataa mataa isaanii oofuutti seenan. ADWUI'n qaamolee sadihiin bakka bu'amee ture. Oromoota (DH.D.U.O.), Amaarota (ANDM)fi loltoota TPLF turan. ABO'n dabballoota isaa dhalattoota naannawa sanii ta'an kan amantii lamaanirraahuu bobbaasuun lolli miira amantii qabaataa ture akka dhaabbatuufi sabboonummaan akka dagaaguuf hojjate. Lolli marsaa lammaffaa yeroo ABO'n chaartaraa bahu yennaa eegalu bifa sabummaa qabataa dhufe. Warri Tuulamaa gara warra Arsii goran. Kanaafuu lolli Arbaa Guuguu marsaa lamaan kan gaggeeffame yoo ta'u, kan duraa bifa amantii yoo qabaatu, kan lammaffaa ammoo bifa sabaatiin kan geggeeffame ture.

Tarii sammuu ijoollummaatiin waanin keessa dabreefi maatiin kiyyas waan keessatti hirmaateef ta'uu malaa, lolli yeroo sanii sun wal-dhibdee amantiifi sabummaa daran hubachuuf fedhii akkan horadhu na taasise. Lolli suniifi lolli ABOfi ADWUI jiddumtti uumame sun kallattiidhaan maatii keenya miidhaa guddaadhaaf kan saaxile ture. Miidhaan gahes hamma maatii diiguutti kan gahe ture. Abbaan kiyya loltuu ABO tahuu baatus deeggaraa yeroo dheeraa ture. Kun ammoo yeroo ABO'n chaartaraa bahee ADWUI'n naannoo keenya to'atu gaaga'amaaf isa saaxile.

Akkuman gubbaatti ibse ABO'n erga ijaarame irraa kaasee naannoo keenyatti socho'aa ture. Namoonni akka abbaa kiyyaa lafa jalaan ijaaramanii gargaaraa turan. Sababa kanaan bara Goolii Diimaa (Qayi-shibbirii/ቀይ ሽብር) mootummaa darguu san abbootii qabeenyaa, hayyoota amantiifi jaarsolii biyyaa ciccimoo walitti qabanii fixuun bakka Waajjira poolisii duubatti awwaalanii turan.

Waggoottan kudha torban Darguun bulche san naannoon sun dhiittaa sirna waraanaa jala ture. Erga darguun kufee booda garuu ABO'n ifatti bahuun naannicha bulchuu eegale. Turtii waggaa tokkoon booda ABO'n dhiibamee chaartaraa baanaan naannichi akka haarawaatti dirree waraanaa ta'e. Humni Wayyaanee DH.D.U.O.'n masakamaa baddaa Arsii irraa Harargeefi gammoojjii Baaleetti ce'uuf naannawa keenyaan dabruu qaba ture. Ummanniifi WBO'n naannichaas dura dhaabbatuun lola ji'ootaaf ture geggeesse. Yeroo WBO'n mooraa seensifame humni naannawa sanii hammi tokko didee ala turuun lola ittisaa geggeeffameef shoora qabaachuu hin oolle. Lola ji'ootaan booda waraanni Wayyaanee humna meeshaa waraanaa gurguddaafi xiyyaaraan caalee naannicha dhuunfate. WBOn kallattiifi tarsiimoo ifaa ta'e akkasumas dhiheessii isa barbaachisu hoggansa olaanaa irraa argachuu dhabuunis moo'amuuf gahee qaba. Gaafa Wayyaaneen Dhummuggaa qubattu dhukaasa halkaniif guyyaa godhameen nama dhiisii beeyladaalee hedduu rasaasaan dhahamanii du'an arguu kiyya nan yaadadha.

Erga naannicha to'ateen booda mootummaan Wayyaanee warra miseensotaafi deeggartoota ABO jedhee shakke adamsutti seene. Abbaa kiyyas namoota biraa waliin qabanii gara bakka biraa deemaniin. Ji'oota muraasa booda yoo qe'eetti deebi'u baay'ee huqqatee dhibamee qaamni hundi guggubatee ture. Dhibee haala kanaan irra geesse irraa osoo hin dandamatin gara fuula Rabbii deeme. Yeroo sanitti abbaan kiyya jaartii lama of jalaa qaba ture. Maatiin keenyas addaan faca'e. Anis akaakayyoota kiyya lamaan jidduu deddeebi'aan jiraachuu eegale.

2.5. Fincila Jalqabaa

Erga ABO'n chaartaraa bahee Wayyaaneen biyya dhuunfatteen booda naannoon keenya jeequmsa hamaa keessa ture. Haalli tasgabbaahuu eegallaan anis baadiyyaa irraa gara Dhummuggaa deebi'ee barnoota itti fufe. Manni barnootaa Dhummuggaa waggoota dheeraa dura warra Beeljiyeemiin akka ijaarame himama. Lafa fagoo san keessatti qulqullina guddaan gidaarri isaa bilookeettii, balbalti isaa sibiila, foddaan isaa daaw'itii, lafti ammoo simintoo ture. Aanaan keenya laggeen gurguddaa shan kan jallisiif mijataa ta'e waan qabuuf warri Beeljiyeem ooyruu bunaa babal'aa dhaabanii turan. Kanumaan walqabatee mana barnootaa gaggaarii sadeen tokko naannoo sanitti ijaaran. Isaan keessaa manni Barnootaa Dhummuggaa isa tokko.

Miidhaa diinagdee Oromoon keessa jiru dura kanan hubachuu eegale sababa buna kanaatiin ture. Lafti bunni irra dhaabame sun lafa gabbataafi bishaanii aanichi qabu keessaa filamee qonnaan bulaan irraa buqqaafamee hundeeffame. Garuu ummata naannoo saniitiif homaa hin fayyadu ture. Kan biraa dhiisii waardiyoonniifi hojjattootni humnaas bakka biraatii dhufu ture. Ummanni naannawa sanii yoo horiin jalaa badee tasa marga ooyruu bunaa san seenee dheede ni hidhama. Maallaqa adabama ture.

Yeroon kutaa jaha moo torba baradhu nama bulchiinsa (management) ooyruu sanii keessa hojjatuun wal baradhee akkan daaw'adhu haala naaf mijeesse. Wantin arge hedduu na gaddisiise. Akaakayyuun kiyya ooyruu bunaa waan qabuuf, bunni qabeenya ulfinaan ilaalamuufi hedduus kunuunsamu tahuu isaatittin beeka. Ooyruun bunaa yoo xiqqaate waggaatti al lama jala akaafama. Firiin isaa diiminatti guurama, kan akka tasaa bilchaatee qilleensaan kufe ammoo takka akka hin hafnetti lafarraa funaanama. Kan buna mootummaa sun garuu adda. Jalaa hin akaafan. Erga akaafamee waggoota hedduu waan taheef aramaadhaan dhuunfatamee ture. Waggaatti yeroo takka aramaa jalaa ciran (aramaa hin buqqisan). Bishaan tartiiba malee jala gadi lakkisu. Yeroo bunni gahe kan mukarra jiru qofa guuranii kan lafatti kufe dhiisanii achumatti shama ykn margee aramaa waliin cirama. Namoonni naannawaa dhokatanii seenanii lafarraa guuratu.

Qonnaan bultoonni ollaa sanii hanqina lafaa irraa kan ka'e, qarxii takka irratti sagal akaafanii akka daa'imaa kunuunsanii firii takka takkaan irraa guuranii kuntaaluma lamaa-sadi funaannatanii maatii ittiin jiraachisan. Kana waanin beekuuf qisaasamni oomisha ooyruu mootummaa sun hedduu na aarsa ture. Gaaf tokko qisaasama kana daayireektara mana barnootaa kiyyatti himnaan bulchiinsa kubbaaniyyaa sanii waliin mari'atee barattootni buna lafatti kufe guuranii oomisha argamu mana barnootichaaf galii akka godhatan waliif galame. Nuus maatiifi barattoota amansiifnee magaalaa keenya irraa amna sa'aa lamaa miilaan deemuun guurutti seenne. Duula saniinis oomishni wayyaan mana barnootaaf galee gamoowwan lolaan diddiigaman suphuufi meeshaalee barnootaa bitachuuf itti fayyadamne.

Manni barnoota Dhummuggaa yeroo dheeraaf hanguma kutaa 6ffaa qofa qaba ture. Tattaaffii bifa kanaan barsiisonniifi barattoonni godhaniin kutaa lamaan ol guddatee hanga kutaa 8ffaa barsiisuu eegale. San dura barattoonni kutaa 6ffaa xumuran, kan danda'an gara Machaaraa, Galamsoofi Caancoo dhaquun kutaa 7ffaa itti fufu. Barattoonni baay'een garuu maatiin isaanii humna bakka biraa ergee ittiin barsiisu waan hin qabneef achumatti addaan muranii gama daldalaafi qonnaatti goru. Yeroo nuti kutaa 7ffaa geenyutti dareen dabalataa ijaaramee kutaan torbaffaafi saddeettaffaa banamuun rakkoo kana furuu dandahe.

Tattaaffiin buna mootummaa guuruun qisaasama hambifnee mana barnootaaf oolchuuf godhaa ture yaadannoo gammachiisaa naaf dhiisee dabrus godaannisa natti hambises qaba. Guyyaa tokko buna guuraa oollee osoo galaa jirruu dargaggeeyyiin baadiyyaa tarree dhaabbatanii nu eegan. Barattoonni baay'een nu dura darbanii waan turaniif anaafi joollee dubraa sadiitu duubatti hafee deemaa ture. Gaara Qilxuu Kaarraa jedhamu keessatti, akkuma marfata mukkeeniin haguugame wahii geenyeen dargaggeeyyii karaa cinaa dhaabbatan san keessaa tokko ijoollee dubraa na waliin jiran keessaa takka qabe. Miciyyoon rifattee utaaltee duyda duubaan natti maramte. Gurbaan ishii intalaa narraa adda baasuuf harkisee dadhabe. Yeroo kana barattootni nu dura dabran iyya dhagayanii gamaa nutti as fiiguu eegalan. Dargaggeeyyii buttaaf dhufan keessaa tokko akka waan ani intala dhoorgeetti "gadi lakkisi" naan jechuun ija natti babaase.

An garuu miciyyoo duydatti na maramtee jirtu ofirraa baasuu dadhabe. Gurbaan ammoo naaf hubachuu hin dandeenye. Jirma/qurxaa naannawa sanitti 'buuca' jedhamuun beekkamu ulee jalli isaa furdaa dumuca harkaa fakkaatu kan qabatee deemuun adda kiyya keessa natti gadi lakkise. Wanti akka callaa shilingii wahii adaadiin ija dura na facaate. San booda waanin ta'e hin yaadadhu. Yeroon dammaqu ijoolleen mataa huccuun naaf hiitee gamaa gamana qabdee naan deemaa turte. Intalas butanii deemaniin. Godaannisni dhahicha sanii hanga ammaa adda kiyyarraa mul'ata.

Duulli barattoota qindeessuun buna guurree faayidaa mana barnootaaf oolchuuf goone milkaayuun hamilee kiyya cimse. Mana barnootaa keenyaaf galii dabalataa argamsiisuuf jecha agarsiisa hawwisoo qopheessuuf barsiisotaan waliif galle. Yeroo ABO'n turetti Hawwisoo Caffee Gadaa jedhamtu kan wallistootni akka Aadam Haaruun, Halloo Daawwee, Kadiir Sa'id faa keessa jiran naannawa keenya dhufanii ummanni bahee gargaarsa hedduu yeroo gumaachu agarree waan turreef, anaafi hiriyyoonni kiyya hawwisoodhaan galii walitti qabuun mana barnootaa guddisuu akka dandeenyu barsiisota amansiifne. Dibbee baadiyyaa fichisiifneen sirbaafi shaggooyyee barattoota shaakalchiifnee qophii bashannanaa qindeessine. Ummata hawwachuuf gandoota baadiyyaa hunda keessa teephii qabannee sirbisiisaa kakaafnee affeerre.

Gaafa qophiitis ummanni garagalee bahuun dirree mana barnootaa guute. Hawwisoon teenya miira keessa waan seensifteef ummanni hamilee guddaan waan qabuun nu gargaare. Qophii keenyaanis hedduu gammadan. Maallaqa wayyaas mana barnootaaf gumaachan. Ji'a jaha boodas sagantaa biraa qindeessinee namaafi galiinis kan duraatuu caalee argame.

Oduun milkaa'ina hawwisoo keenyaa gurra warra DH.D.U.O. (O.P.D.O.) bira gahe. Jarri yeroo sanitti hedduu jibbamaa waan turaniif qophiilee isaanii namni hin bahuuf ture. Kanaafuu ummata hawwachuuf jecha, ayyaana dhaaba isaaniitiif akka hawwisoo qopheessinu nu ajajan. Nuus qophitti seenne. Faaruu dhaaba isaaniis barreeffamaafi waraabbii fidanii shaakallee akka dhiheessinu nuuf himan. Gaafa qophichaas qondaalonni aanota ollaa sanii godinoota Arsiifi Harargee Lixaa wal daangessan jaha irraa argaman. Ummatas ganda hundarraa walitti baasan. Qophiin eegalee yeroon faaruu dhaabaa itti jennu gahe. Ani miseensota hawwisoo duraan dhaabbadhee hooggana. Koofiyaa dhaabaa kan waraqaa irraa tolfame mataarra kaayyannee uffata aadaa uffanneerra.

Gurbaan waltajjii geggeessu "hawwisoon mana barnootaa Dhummuggaa faaruu Dhaabbata Dimokraatawaa Ummata Oromoo waan faarsuuf deemaniif hundi keessanuu ka'aa waliin faarsaa" jedhee maayikraafoona natti dabarse. Ummanniifi qondaalonni ka'uu ergan mirkaneessee booda "tokko, lama, sadii" jedheen eegalchiise. Garuu ummanni faaruu nuti itti qophoofne dhiisee tan biraa faarsuu eegale.

Edaa ummanni 'faaruu ummata Oromoo' jettu qofa dhagaye.

Faaruun nuti itti qophoofne ta DH.D.U.O. (DHDUO):-

"Roorroof miidhaa keenya

Dadhabnee hifannee

Har'a qabsoof kaane

Tokkummaan hidhannee......" jedha ture.

Ummanni garuu faaruu ABO tan

"Alaabaa Oromoo ibsituu dukkanaa

Guyyaa si dhaabbanne gabrummaarraa baana

Ilmaan saba keenyaa bakkuma jiranii

Gad si dhaabuuf jecha falmaa irratti kufani

Kum kumnilleen du'u kan hafeen si dhaabna

Falmaarraan deebinu tarree irra dhaabbanna..." jettu faarfatan.

Nuti warri hawwisoo hanga tokko faaruu DH.D.U.O. faarfachuu yaallus, sagaleen ummataa kan faaruu ABO weeddisaa jiruu nu liqimse. Nuus isaanitti makamnee itti cabsine. Ummanni akka malee miira keessa galee sagaleen dachii sochoosaa faarfate. Akkuma faaruun dhumeen yeroon ofirra garagalee ilaalu qondaaltotni mootummaa akkuma dhaabbatanitti morma gad cabsanii jiru. San booda bulchaan aanaafi hoogganaan dhaabaa godinaa haasaa godhanis miirri isaan dhaggeeffatu waan hin turiniif qophicha gabaabatti goolabanii bayanii deeman.

Guyyaan qophiin sun itti geggeeffame Dilbata ture. Borumtaa isaa gaafa Wiixataa barii barsiisaa hawwisoo qindeessu waajjira poolisiitti yaaman. Biyyi nagaya jedhee yoo dhaqu "qophii DH.D.U.O. kan ABO'tti jijjiire sihi" jechuun ulee itti roobsanii mataa isaa akka malee buruqsan. Guyyaa itti aanu ganama yeroo barattootni faaruu alaabaaf walgahan anaaf barattoonni muraasni dursitoota daree turre duratti baanee miidhaa barsiisicharra gahe ibsineef. Kanaafuu mormii dhageessisuun barsiisaan sun mana hidhaarraa bahee akka yaala argatuuf hiriira bahuu akka qabnu amansiifne. Ijoollee dursinee waajjira poolisii dhaqne.

Guyyaan gabaa waan tureef, nuhii hiriiraan deemu agarraan ummanni magaalaafi kan bittaa-gurgurtaaf baadiyyaa irraa dhufe nu duuba dhufe. Ummata barattoota duubaan garagalee dhufe kana agarraan poolisoonni san dura kadhaa jaarsotaa didan, barsiisichi waajjira poolisiitii bahee yaala akka argatuuf jaarsota biyyaatti kennan. Nuus injifannoo keenyaan boonnee addaan facaane. Hiriirri kun mormii sirna cunqursaa irratti ani yeroo duraatiif qindeesseedha.

Warri mootummaa gaafa hiriira baane san gaaffii keenyaaf deebii sirrii kennanis, haaloo qabatanii ture. Erga dubbiin qabbanooftee booda yeroo boqonnaa gannaa barsiisota shakkan gara biraatti jijjiiranii hanqina barsiisatu jira jechuun kutaa 8ffaa ani itti dabre guutumatti akka cufan beeksisan. Akkuman gubbaatti jedhe manni barnootaa sun reefu kutaa 6ffaa irraa gara 8ffaa guddate. Nu dura daree takka qofatu kutaa 8ffaa xumure. Kanaafuu barsiisota ofumaa ari'anii bakka duraatti kutaa 6ffaa tti deebisuun barattootaafi ummata ayyaana isaanii jalaa balleesse haaloo bahuu barbaadan.

Kutaa 8ffaa cufuu qofa osoo hin taane barattootni deemanii bakka biraatti akka hin barannes geggeessituu dhoorkatan. Barattootni hangi tokko gargaarsa barsiisotaan dhoksaadhaan godhameefiin geggeessituu argatanii gara Machaaraafi Galamsoo deemanii barnoota isaanii itti fufan. Warri mootummaa hojii barsiisonni iccitiin geggeessituu kennan kana dhagayanii sumuda (chaappaa) mana barnootaa fudhatanii dhoksan.

Sababa kanaanis ana dabalatee barattootni hammi tokko barnoota keenya itti fufuuf fala dhabne. Xalayaa geggeessituu nu dhoorgachuu qofa osoon taane, aanaalee naannoo keenya jiran jaha keessatti akka barachuu hin dandeenye "galmee gurraacha" keessatti nu katabanii xalayaa barreessanii manneen barnootaa hundatti akka facaasan dhageenye. Kanaaf abdiin barnoota bara sanii itti fufuu waan hin jirreef, akkasumas magaalaa san keessas turuun rakkisaa waan ta'eef, gara "Laga Ejersaa" dhaquun baabura midhaan daaku kan soddaan keenya dhaabe tokko keessa dalaguu eegale. Naannawa san Oromoo dabalatee qonnaan bultoota saba Argoobbaatu jiraata ture. Hedduun walii galeen. Anumaa torban muraasa achi turee ummata achiitiin wal barate, dabballoonni mootummaa dhiibbaa waan uumaniif naannawa san gadi dhiisee deemuuf dirqame.

San booda gara baadiyyaa Laga Darbaa deemeen hojii qonnaatiin fira gargaaruu eegale. Namni ani bira dhaqe sun bara Dargii hanga kutaa 6ffaa baratee san caalaa nama isa gargaaru waan dhabeef addaan kutee qonnaan bulaa ta'e. Jidduun mootummaan Dargii maqaa duula biheeraawii jedhamuun dirqiin lola Eritiriyaatti erguuf jennaan eega loltuu ta'uufi duuti hin oollee jechuun ABO'tti makame. Loltuu WBO ta'ee waggoota jaha booda gaafa Dargiin kufu biyyatti gale.

Gaafa ABO'n chaartaraa bahee lolli haarayatti eegalu, madaayee qabamee Huursoofi Hararitti waggootaaf hidhaa turee gadi lakkifamnaan qe'ee abbaatti galee jiruu qonnaa eegale. Yeroon ani bira dhaqetti siyaasa guutumatti dhiisee hojii qonnaa irratti bobba'ee kudraafi mudraa oomishuun cinatti sangaas gabbisaa jiraata. Jaartii gaafa dura barnoota dhiise fuudherratti tan biraa dabalatee ilmaan horuu eegalee jira. Anaan dafnee waliif galle.

Dachii masnoo kutee naaf kennuun akkan dalagadhu na jajjabeesse. Ooyruu isaa keessattis goojjoo naa ijaaree raadiyoona takkaas naaf kennee jiraachuu eegalle. Dhawaataan hawwiin barnootaaf qabu fagaachaa kan qonnaan bulaa ta'uu ammoo dagaaguu eegalte. Anis akkuma isaa haraashii qindii hedduu, ooyruu bunaa, jimaafi kudraa babal'oo qabaadhee, jaartii bareedduu gamarra-deemaa uffattee laaqana kiyya qalamashiishatti naa fiddu fuudhee jiraachuun abjuu koo ta'uu eegalte. Abjuu san dhugoomsuufis akkaataa hojii isarraa barachaa jabaadhee dalagachuuf murteesse.

KUTAA SADI: BAQA BIYYA KEESSAA

3.1. Asallaa

Anumaa barnootarraa abdii kutee qonnaan bulaa ta'uuf murteessee marxoo ol dachaafadhee akaaffitti jiru, gaafa tokko jarri Dhaabbata Miti-Mootummaa / NGO/ keessa hojjatan tokko konkolaataa oofaa baddaa Arsiitiin gara Harargee dabruuf Laga Darbaa ani jiru gahan. Isaan nama afuri. Jarri lama faranjiidha. Konkolaachisaafi namni isaaniin deemu (guide) lammii Itoophiyaa tahanis Afaan Oromoo hin danda'an. Karaarra bakka aannan itti gurguramu dhaabanii waa'ee naannawa saniifi karaa irra deemaa jiran gaggaafannaan waliigaluu dadhaban. Nama afaan danda'u jennaan caayaa ooyruu keessaa na yaamanii dhaqe. Jara lameen waliin Afaan Amaaraatiin, faranjoota waliin jechoota Ingiliizii firii lamaan beekuun haasoyne.

Jarri Faranjii namoota karaas ta'ee afaaniifi aadaa naannawa sanii hin beekne waliin deemuun akka sodaachiseen hubadhe. Hanga magaalaa Machaaraa akkan waliin deemee karaa itti agarsiisu na kadhatan. Maallaqa qarshii dhibba lama (200) akka naaf kafalan waadaa naaf galan. Anis tole jedhee waliif gallee karaa seenne. Karaa kanarratti waa'ee naannawa keenyaa, teessuma lafaa, haala ummataa, seenaafi aadaa isaa akkasumas sochii diinagdee na gaafachaa anis ibsaafii imala keenya itti fufne. Namoonni karaa irratti na argan heddUun waan na beekaniif 'barataa hawwisoo san' jechuun mirqaanaan na dubbisu.

Haala kanaan jara Faranjootaatiin waliigallee karaa irra dhaabbachaa ummata dubbisaa ibsa kennaafii deemnee Machaaraa geenyee bulle. Machaaraatti jalaa deebi'uuf jennaan Galamsoo nuun gahi naan jedhan. Borumtaa Machaaraa irraa barfannee baanee saafaa Galamsoo geenye. Jarri ummata magaalaatiifi jireenya isaa hubachuu waan barbaadaniif achuma oolanii buluu murteessan. Erga wal agarree kaasee maalif barnoota akkan dhiise na gaafatanii akkan itti deebi'u na gorsuun qalbii tiyya tan barnootarraa abdii kutattee akaaffitti seente waswaasan. Ganama, Galamsoorraa yeroon geggeessuuf jedhu, "erga as geessee magaalota gurguddoo Adaamaa fi Finfinnee laaltee galtaa nutu baasii geejjibaa ittiin deebitu si danda'aa beenu" naan jedhan. Obboleettii naannawa Asallaa jirtu akkan qabu waanin itti himeef ishiis dubbisuuf carraa akka ta'e himuun na amansiisan.

Yaadni magaalota gurguddoo daaw'achuufi obboleettii koo yeroo dheeraaf adda baane arguu na hawwate tole jedhee waliin karaa seene. Adaamaa yeroo geenyu galgalaayee ture. Magaalaa hammas guddatu kan konkolaataa hammas heddummaatuufi ifaan ija nama jaamsu argee waanin hin beeyneef heddUu na dinqe. Galgala hamma tokko magaalaa keessa konkolaataan naan deddeemanii na agarsiisanii hoteela bulle. Ganama Asallaa irraa waajjira waan qabaniif achiinis na gahuu akka danda'an naaf himanii gamas qajeelle.

Asallaatti obboleettii tiyya bira dhaqee torbaan tokko akkan taa'een barattoota uffata wal fakkaataa mana barumsaa (uniform) uffatanii deeman arguun hawwiifi hinaaffaa natti uume. Jaarsa obboleettii tiyyaa, Mahaammad Jimaa, kan gaafa ani joollee barsiisaa kiyya tureen mari'adhe. Mahaammad gaafuma ani ijoolleetuu barnoota irratti na jajjabeessa ture. Anis akka soddaa osoo hin taane akka obboleessa hangafaatittin isa ilaala ture. Biyyatti deebi'ee hojii qonnaatti deebi'uun hafee barnoota akkan eegalu na amansiisee mana barnootaa barbaadutti seene.

Garuu manni barnootaa dubbifnu hedduun na fudhachuu dide. Gaafni sun yeroon galmee dabruu qofa osoo hin taane gara dhuma semisteera tokkoffaatti dhihaatee ture. Sanirraan ragaa barnootaafi waraqaa geggeessituu hin qabu. Iddoon irraa dhufes iddoo ABO'n bal'inaan keessa socho'u tahuu waan beekamuuf shakkiif sodaa narraa qaban ture. Inumaa mana barumsaa an galmaahuuf deeme tokkotti daarektarri mana barumsa sanii dhaloonni naannoo an irraa dhufe waan ta'eef akkuma eenyummaa kiyyaafi bakkan irraa dhufe bareen ariitiin waajjiraa nu baase.

Dhumarratti mana barnootaa dhuunfaa Qiddus Maariyaam jedhamu kan dhaabbata gargaarsaa (Mission) warra Kaatolikiitiin geggeeffamu tokko dhaqne. Yeroo ol seennu daarektarri man-barnootichaafi barsiisaan hammi tokko walgahiirra turan. Barachuu akkan barbaadu himeefii jennaan barataan semisteera gama dhumaa dhufee na galmeessaa jedhu kan akkami jedhanii ajaa'ibsiifatan. Barreessituu yaamanii 'yeroodhaaf daree tokko geessi dhimma isaa qorannee murteessina' jedhaniin. Ishiin fuutee daree kutaa 8ffaa na geessite. Barsiistichatti himteen ol gale. Yoon ol seenu ijoolleen qormaata fudhachuuf waraqaa baafatanii qophaayaa jiru. Teessoo barbaaddadhee taa'ee waraqaafi qalama ergifadhee qormaaticha fudhachuu eegale.

Akkuma waan nama ijoollee saniin waliin barataa tureetti qormaaticha qoramee barsiisticha qorutti waraqaa deebii kennee gara manaa gale.

Borumtaa isaa dabtaraafi qalama bitadhee ganamaan mana barnootaa san dhaqe. Barsiisaan guyyaa dabre nu qore, qormaaticha soroorsee fidee maqaa waamaa hundaafuu kennee kiyya duubatti hambisee "Barataan Jawaar Siraaj jedhamu daree kana jiraa?" jedhee gaafate. Anis "eeyyeen ni jira ana" jedhee ol ka'e. Akka hiree qormaata san qabxii ol'aanaa daree sanii anatu fide. Kophaa alatti yaamee na dubbise. Anis seenaa bu'aa bahii kiyyaa tokko osoo hin dhoksin itti hime. Barsiisichis akka carraa sabboonaa cimaa ture. Erga seenaa koo dhaggeeffatee rakkoon tiyya galteef booda harka qabee waajjira daarektaraa na geessee waan ani itti hime fooyyessee itti hime.

"Durriyyee waliinuu mataan nu dhukkubaa oola. Ilma Oromoo cimaa kana akka nu biratti baratuuf carraa haa kenninuuf" jedheen. Daarektarichis boqonnaa semisteeraa irratti gara warraa galee geggeessituu akkan fidu natti himee ammaaf akkan barnoota koo mana barumsaa sanitti itti fufu naaf hayyame. Ani garuu waraqaa geggeessituu karaan fiduun akka hin jirre osoman beekuu tole jedhe.

Semisteera lammaffaa yoo deebinu qormaata semisteera dabreetiin barattoota qabxii ol'aanaa galmeessisan keessaa tokkon ta'e. Sababa kanaanis wal dorgommiiwwan manneen barnootaa jidduutti godhaman (Dorgaa-Dorgee) irratti hirmaachuudhaan mana barumsaa san maqaa waamsisuu eegale. Barsiistonnii fi hoggansi mana barnootichaas hedduu waan na jaalataa dhufaniif waa'een gaggeessituu kan semisteera irratti akkan fidu na ajajanii sun ni irraanfatame. Qormaata ministirii kutaa 8ffaa tiinis akka mana barnootaa saniifi godinaattis qabxii ol'aanaa galmeesseen gara kutaa 9ffaa tti dabre.

Kutaa saglaffaas achuma magaalaa Asallaa mana barnootaa sad. 2ffaa Cilaaloo seenee barachuu eegale. Mana Barnootaa kana keessatti yaadannoo hedduun dabarse. San keessaa kanan yaadadhu muraasa haa himu.

Yaadannoon jalqabaa barumsa kiyya kutaa saglaffaa daree kiyya keessaa 1ffaa akka waliigalaatti dareewwan jiran (kudha shan caalan natti fakkaata) keessaa sadarkaa 3ffaa bahuu kiyyaan wal qabata. Semisteerri lammaffaan akkuma eegalameen firiin qormaata semisteera dabree fi sadarkaan barattootaa beekkame. Barsiisaan haarayatti itti gaafatamaa daree keenyaa ta'ee ramadame tokko ol seenee na yaamee barattootuma duratti Afaan Amaaraatiin cimina kiyya dinqisiifatee na faarse. Maqaa isaarraa ka'uun Oromoo ta'uu waan beekeef, Afaan Oromootiinan deebiseef.

Innis akka raajeffatuu ta'ee "Ati Oromoodhaa?" naan jedhe. "Eeyyeen" jennaan na hin amanne. Lakkii ati Guraagee Oromiyaatti guddatte malee Oromoo miti naan jedhe. "Maalif Oromoo ta'uu kiyya shakkite?" jennaan, "ijoolleen Oromoo mana barnoota kanaa durriyyeedhaa qabxii akkanaa hin fiddu" naan jedhe. Barsiisichi sababa kana jedheef qaba ture. Asallaa keessa mana barnootaa sadarkaa 2ffaa lamatu ture. Asallaa Waliigalaa (Comprehensive)fi Cilaaloo. Barattoonni ciccimoon keessattuu kan baadiyyaa dhufan Asallaa Waliigalaatti baratu jedhamee beekkama. Cilaalo ammoo barattoota magaalaa barnootaan laafoo fi iyyaala ta'antu heddummaata jedhamee hamatama.

An garuu dubbiin barsiisichi naan jedhe sun xiiqii keessa na galchite. Kanaafuu barattoota Oromoo dareelee hunda keessaa qabxii gaarii qaban barbaadee wal baradheenii gareen qu'achuu eegalle. Tajaajila gargaarsa barnootaa (tutorial) Masjiidatti kennamus galmoofne. Barattoota kana keessaa gariin Kiristaanota ta'anis warri tutorial masjiidaa hogganan sabboontota waan turaniif ani dubbii keessa ibsinaaniif nuuf hayyaman. Hundi keenyaa haala nama gammachiisuun barumsa keenya qo'annee, hamilee ol'aanaadhaan wal jajjabeessaa cimnee hojjanne.

Haala kanaan semisteera 2ffaa gareen keenya akka dareefi waliigalaattis sadarkaalee olaanaa dhuunfachuun seenaa boonsaa tahe galmeessine. Ani 1ffaa waanin baheef gaafa manni barnootaa cufamu badhaasaaf yeroo maqaa kiyya yaaman fudhadhee osoon waltajjii irraa bu'aa jiru, barsiisan naamusa eegsisu tokko qacam godhee na qabe. Badhaasa galmee jechootaa (dictionary)fi sa'aatii naaf kenname narraa fuudhe. "Hatticha, badhaasa nama biraa 'sobdee' fuute" naan jedhe.

Barsiisonni na beekan dhufanii anuma ta'uu itti himan. Innis, "lakkisaa isaa miti kun durriyyee dallaa irraan utaaluudhaan nu rakkise" jedhee itti hime. Innis, barsiisonni kiyyas dhugaarraa heddu hin fagaanne. Yeroo mara ta'uu baatus gaaf takka takka hiriyyoota koo warra magaalaa waliin bashannanuuf yeroo dallaa jalaan hulluuqnee baanu qabamuun koo hin oolle. Yeroo jalqabaaf jaallallee (girlfriend) kan qabadhes yeroo san waan tureef hanqinni naamusaa inuma ture. Garuu haqa san yeroositti amanuuf hin onnanne. Akkuma barsiisonnii dareetti na beekan jedhan san anis barataa qulqulluu akkan ta'eefi dallaa utaaluu waakkadhee badhaasa kiyya fudhee deeme.

Muuxannoon barattoota Oromoo walitti qindeessuun qu'achuun milkaayuu sun, Oromoon xiiqiin ka'ee waloon hojjannaan waan fedhe galmaan gahatee tuffii saba keenyarratti gaggeeffamu kamuu diiguun akka danda'amu naaf mirkaneesse.

Yaadannoon biraa ani mana barnootaa Cilaaloo keessatti qabu jaarsa Haaji Waayyoo jedhamu ilaallatti. Haaji Waayyoon dhalatuma Asallaati. Ijoollees achumatti hore. Ijoolleen isaa nu waliin barattu barattoota biroon wal tumtee, koree naamusaaf dhiyaatte. Koreen naamusaa kan barattoota, maatii barattootaa fi barsiisota irraa walitti babahee ijaarame mari'atee ijoolleen Haaji Waayyoo akka ari'aman itti murteesse. Borumtaa murtii kanaa Haaji Waayyoon kazaraa qabatanii anaa waajjira daarektaraa keessa jiru dhufanii balbala harkaan achi darbanii seenan. Kazaraa isaanii mirmirsaa dallansuu hamaan dubbachuu eegalan. Daarektarichatti kazaraan akeekaa "lafti tun maal jedhamti?" jedhanii gaafatan. Barsiisichaaf hin galleef. Ammas Haaji Waayyoon irrra deebi'uun "maqaan magaalaa tanaa maali?" jedhanii muddan. Daarektarris "Asallaadha kaa" jedhe.

Haajichi "Ee Lafti tun Asallaadha. Anis Asallaadha, ijoolleen tiyyas Asallaa, bakka tanaan dachiinis samiinis Asallaadha. Situ irraa deema malee ijoolleen tiyya hin deemtu" jechuun dhaadataa komii murtii ijoollee isaa ari'uudhaaf dabre irratti dhiheessan. Wanti jaarsi jechaa turan yeroof naaf hin galle. An san dura barsiisaan afaan Amaaraa tokko maqaan magaalattii jecha 'አሰላ' ykn 'xiinxali' jedhurraa dhufe yoo jedhu dhagahee dhugaa se'ee ture.

Erga Haajichi lolee baheen booda anaafi daarektarichi barsiisaa dhalataa naannawa sanii tokko waamnee waan jaarsi jechaa jiru akka nuuf ibsuuf gaafanne. Innis maqaan Asallaa jedhu gosa achi qubatee jiraatu irraa akka moggaafame, Haaji Waayyoonis gosti isaa Asallaa akka ta'e nuuf hime. Amma dubbiin naaf ifte. Onneen jaarsi sun abbummaa biyyaa itti falmate sun na boonse. Asallaan magaalaa guddoo godina Arsii taatus, bara san namuma Afaan Oromoo dubbatuyyuu arguun takkeedha. Haala san keessatti jaarsa murataa akkasii arguun na ajaa'ibe. Kanaafuu gargaaruu qabna jedheen murteesse. Walgahii koree naamusaa yaamnee murtiin ilmaan isaa ari'uuf godhame akka jijjiiramuuf yaada dhiheesse. Walgahicharrattis "murtiin duraa sun akka waan ijoolleen Oromoo waan taateef sabummaadhaan miidhuuf godhameetti ummata naannawa saniitiin waan fudhatameef komii guddaa kaaseera. Kun ammoo hariiroo barattoota jidduu jirus miidhuu danda'a" jechuudhaan roga siyaasaa akka godhachaa jiru akeekuun dhiheesse. Namoonni hedduun yaada kiyya yoo fudhatan warri biroo ni dallanan. Ta'us sagalee wayyabaan murtiin ijoollee irratti dabree ture akka haqamuu fi barnootatti deebi'an murtaaye.

Yaadannoo biroo Cilaaloo takkan itti isiniif dabala. Akkuman barnoota achitti eegaleen barsiisaan herregaa tokko gaaffii herregaa hojii manaa nuuf laatee ture tokkoof deebii isaa gabatee gurraacharrattii barreesse. Foormulaan deebii inni barreesse dogongora ta'uu hubadheen harka baasee "barsiisaa sarara lammataa irratti dogongortee jirta" jedhee itti hime.

Barsiisichis as garagalee "ka'i" jechuun sagalee dallansuun na ajaje.

Nan ka'e.

Eenyutti haasayaa turte? naan jedhe.

"Sihii kaa" jedheen.

Of duuba mil'atee "nama biraa na duuba jirutu jiraa dubbisaa jirtaa?" jedhee na gaafate.

Anis "lakkii barsiisaa sumattin himaa jira' jedhee deebiseef.

"Dabtara kee qabadhuu bahi naan" jedhe.

Rifadheen ka'ee bahe. Innis na waliin bahee waajjira daarektaraa na geesse. Alatti na dhiisee na dura ol seenee itti haasayee bahe. Daarektarris yaamee na seensise.

"Maalif barsiisaa aarsite?" naan jedhe.

Anis "lakki an homaa hin balleessine. Maal balleesse siin jedhe?" jedheen gaaffii isaa gaaffiin deebiseef.

"Na tuffate, barattoota duratti na salphise naan jedhe" jedhe.

"Lakki ani hin tuffanne" jedheen.

"Mee waan ta'e naaf ibsi" jedhe.

Anis "Barsiisaan foormulaa yoo hojjatu dogongorraan, dogongorteerta jedheen malee waan biraa homaa hin dubbanne. Innis kanuma natti aaree daree baasee na fiden" jedheen. "Dogongora san itti himuun badii taanaan dhiifama" jechuun itti dabale. Ani kan natti fakkaate dogongora isaa ijoollee duratti saaxiluun barsiisaa san akka aarseedha. Dubbiin barsiisticha aarsite garuu waan biraa taatee argamte.

Daarektarris haasaya kiyya dhagayee baay'ee kolfe. Wanti isa kolfisiise waan naaf hin galiniif caldhiseen laale. "Ati akkamitti nama guddaa, sanuu barsiisaa keetiin, 'sihi' jettee akka waan hiriyyaa kee ta'eetti itti dubbatta?" naan jedhe. Rakkoo uumame yoo naaf ibsus "naannawa Arsiifi kan birootti nama umriin nama caalu, barsiisaa, qondaala mootummaatiin 'isin' malee 'sihi' hin jedhamu. Isin jechuun kabajaadha. Sihi jechuun tuffii muldhisa" naan jedhe.

Akkuma boqonnaa dabre keessatti ibsame, aadaa Harargee Bahaa keessatti guddadhetti, jaarsas tahee dargaggeessa, quxisuus tahee hangafa 'sihi' jennee waamna. Kanuma daarektarichaaf ibse. Innis Yuunivarsiitii Haramaayaa akka turee fi aadaa naannawa Oromiyaa Bahaa akka beeku, barsiisonni biroo garuu akka hin beekne natti hime. Barsiisicha yaamee rakkoo wal hubannaa ꞏꞏꞏꞏ ꞏꞏme itti himee nu araarsee nu geggeesse. Haala kanaan dogongora biraa keessa seenee namoota mufachiisuufi ofiifis salphachuu waanin hin barbaanneef "Adaba Arsii" barachuu eegale. Ta'us hanga har'aattuu yoon dursee itti yaade malee nama dhuunfaa jaarsas ta'ee qondaala mootummaatiin 'isin' jechuun naaf hin dhufu. Yeroo hedduu jalqabarra isin jechuuf of dirqisiisus, boodarra haasawa keessatti irraanfadhee 'sihi' kan jedhutti deebi'a.

3.2. Ichima Jaalalaa

Barrin Asallaa ture sun yeroo reefu umrii dargaggummaa (teenage) eegalu waan tureef intala waliin barannu takkaan wal jaalanne. Ifatti waliin haasayuufi mul'achuun sodaachisaa waan tureef, dhoksaan qe'eerraa fagaannee wal agarra turre. Jaalalti dhoksaa tun garuu waan hedduuf na saaxilte. Gaafa tokko iddoo bashannanaa bosona qabu kan qe'ee ishiitiifi kiyya irraa fagoo tokko dhaqnee akkuma baala afannee gadi teenyeen dargaggeeyyiin dhufanii nu marsan. Ana bitaa mirgaan kaballaafi dhiitichoon na gaggabsanii, lammata ishii waliin mul'achuu mitii abjuunis akkan hin agarre na akeekkachiisan. Ishiis "maxxee / መጡ/ kana waliin maal goota?" jechaa kakkabalaa fuudhanii deemaniin.

Booda yoon dhagayu ijoolleen sun eessumman ishiifi dhalattootuma magaalaa saniiti. "Maxxee" jechuun yoo na arrabsan 'kana kan bakka dhufeefi hiddi irraa marge hin beekkamne' jechuu isaaniiti. Ani warri biyyatti barnootaa na ari'e akka na jala hin dhufneef eenyummaafi bakkan irraa dhufe namuttuu hin himun ture. Arsiin ammoo nama hidda dhalootaafi duubbee isaa hin beeknetti intala hin kennu. Dargaggeeyyiin sunis intala isaanii harka nama hiddi hin beekamneetti akka hin kufneef ittisuu isaaniiti.

Reebichaafi dallansuun firoota ishii garuu jaalala waliif qabnu jijjiiruu hin dandeenye. Tooftaa bifa iccitiitiin itti wal arguu dandeenyu haarawa baafanne. Kanaafuu dukkana dahoo godhachuun akka wal agarru murteessine. Yeroo san soomni seenee waan tureef, yeroo maatiin salaata taraawiitiif bayan ishiifi obboleessa xiqqaa tokko qofaatu manatti hafa. Obboleessi sun akka hin himne mallaqa shankooraafi karameellaan bitatu kennineefii ishiin baatee gola mana isaaniitiin gadi jiru tokkotti wal arguun wal hammannee miilaan deemaa haasofna ture.

Falli kun rakkoo lama horate. Kan duraa mucaan xiqqaan dura sumunii kennaafii turre guyyamarraa nutti dabalaa shilingii, xiqqoo jedhee ammoo birriifi sanii olis gaafachuu eegale. Nuti sumuniifi shilingii sanuu yeroo maatiin sukkaaraafi zeeytii bitaa nuun jedhu irraa kutannee hambifanneeti malee mallaqa hin qabnu. Kanaafuu guyyaa tokko utaalaa gaafa mallaqa wahii arganne gurbaa sanii kennaa wal argaa deemne.

Rakkoon kana daranii nu mudate. Galgala tokko akkuma gaafa biraa gola mukkeenii dukkanayaa san keessa wal hammannee osoo qaxxamuraa jirruu waraabeessi eessaa bahee isaa hin argin nu fuulduraa fiigaa dhufee nu lamaan addaan facaasee nu jidduu dabre. Naasuun dugda nu kuttee nu lamaanuu karaa faallaa fiigicha itti ejjanne. Eega achii fiignee osoo walitti hin deebi'in ishiinis mana isaanii anis keenyatti galle. Waraabessaaf jecha dheessuun kiyya 'dhiirummaa' koo waan hir'ise natti fakkaatee hedduu saalfadhee torban tokkoo oliif ija ishii arguu saalfadhe. Akka dur galgala arguu dhiisii mana barnootaattuu karaa ishiin irra deemtu yoon arge irraa goreen miliqaa ture. Booda dhokattee daguun na qabdee na jajjabeessitee hariiroo keenya itti fufne.

Soomni erga bahee boodas dukkana daheeffachuun wal arguu mala godhannee itti fufne. Bakka garuu ni jijjiirre. Torbanitti guyyaa sadi galgala galgala suuqii kiyooskii mana isaaniitirraa haga meetira dhibba shanii fagaattee argamtu takkarraa aannan maatiif fuuti ture. Sa'aatii lama yoo ta'u akka baatu waliif galle.

Ani dursee bahee karaarraa moggaatti maqee dukkanaan of dhoksee eega. Karaan ishiin irra dhuftu kallattiin hulaa isaanii agarsiisa. Kanaafuu yeroo isiin balbala bantee baatu waanin arguuf dukkana sanii bahee harka wal qabannee hanga kiyooskiitti dhiyaannu deemna. Warri kiyooskii akka nu hin agarreef jalaa hafeen yeroo ishiin aannan fuutee deebitu hanga mana isaaniitti dhihaannu nama ofirraa laalaa geggeessa. Haaluma kanaan jaalala ijoollummaa dhoksaan osoo geggeeffannuu, gaafa abaaramaa tokko salphinni natti bu'e.

Akkuma yeroo maraa dukkana keessa dhaabannee balbala warra isaaniitti ija dhaabee hanga banamee ishiin baatu eegaa jira. Balballi banamee yoo as qajeeltu akkuma dur simachuuf karaatti achi bahee hammadhee dhungachuuf yoo jedhu "uu'uu" jettee iyyuun ofirraa darbitee doobbii keessa na buufte. Anis namni sun intala ani eegaa jiru akka hin taane beekee rifaatuun gubannaa doobbii sanuu osoon hin dhagayin keessatti kufaa ka'aa qaxxamuraa manatti gale. Warri manaa yoo na gaafatu "durriyyeetu waan mallaqa qabu se'anii na waraanuuf jennaan doobbii keessaan qaxxaamuree harkaa bahe" jedheenii sobe.

Obboleettiin tiyyas biyyeefi qorsa garagaraa na dibuun dhukkubbii qaama kiyyaa kan doobbiin horbobbeessite fooyyessuuf yaaluu eegalte.

Edaa namni ani dhungachuuf qabe jaalallee tiyya osoo hin taane haadha ishiiti turte. Gaafas haati meeshaa biraa gandaa fudhachuuf waan baatuuf achumaan aannanis fuudhuuf murteessitee intala hambiftee ofii dhufte. Bara san bilbilli harkaa waan hin jirreef jijjiirama karooraa kana miciyyoon carraa ittiin naaf himtu hin qabdu ture. Hanga wayyaa namni sun ana ta'uu haati hin beeyne, iyyaaluma biraa seete. Nutis hin dubbanne. Dubbiin achumaan iccitii awwaalamte taatee hafte.

Yaadannoon Asallaa tan biraa jimaan wal qabatti. Guyyaa Sanbataa jimaa qama'aan qo'adha ture. Yeroo san Asallaatti namni gurguddaan jimaa qama'us, barattoota keessatti akka iyyaalummaa hamaatti laalama. Ani akkan qama'u dhaga'amnaan joolleen waliin barannu kanuma laaluuf na bira dhufu ture. Anis kutaa xiqqoo (service) naaf kennamte gidaara ishii gaazexaan, afaa ammoo halluu garagaraatiin miidhagsee, libaanata itti aarsee isaan eega. Joolleenis haala kutaa kiyyaatiif haasaya kiyyaan hawwatamtee deddeebitee na biratti qu'achuu amaleeffatte. Jimaa kiyya cinaa loowziifi sukkaara jiru baala jimaatiin qicachaa nyaachuu eegalan. Xiqqoo booda baala jimaa sanis sukkara waliin afaan kaayyatan. Gaafa semisteerri dhumu, kan na dura mana gahee kutaa miidhagsee qama'uu eegalu isaan ta'e. Anis baasiin jimaa narraa hirdhate.

Dubbima jimaa kanaan walqabatee mudannoo ammas na kofalchiiftutu jira. Gaafa tokko Mahaammad Jimaa keessummoota hedduu waliin osoo qama'anii, gama galgalaa jimaan jalaa dhumnaan anaa fi gurbaan Malaakuu Guutaa jedhamu ergamne. Dhaaba jimaa geenyee itti gorre. Namichi jimaa baasee nu agarsiisee keessaa filannee gatii waltaanee kafalle. Inninis baala muuzaatiin haqaaree nutti kenne. Mana geenyee jara qama'aa jirutti kenninee du'aayii nuuf godhanii yoo hiikan, garaabaa duruu irraa qama'ame. Waan nuti shira dalayne se'anii nutti dallannaan fiignee bikka irraa binne yoo dhaynu namichi nuuf gurgure hin jiru.

3.3. Hidhaa Jalqabaa

Dubbiin Dhummuggaatti mana barnootaatii na baafte Asallaas akka na faana hin dhufneef hamma danda'ametti siyaasa irraa fagaachaan ture. Dammaqiinsi siyaasaa mana barnoota Cilaaloos hammas jabaa waan hin turiniif carraan harkifamee sochii siyaasaa seenuu hin turre. Sochii sabboonummaa barsiisotaafi barattootaan kan beekamu Cilaalo osoo hin taane mana Barnoota Waliigalaa Asallaa (Asella Comprehensive) kan gara baha Adaamaatti argamu ture.

Garuu, siyaasaa irraa of fageessee of dhoksee barnootatti fuulleffachuun kiyya sun hamma dhumaatti itti fufuu hin dandeenye. Sababa bosonni Baalee gubatuutiin mormiin barattootni yuunivarsiitii jalqaban babal'atee nu bira gahe. Barattoonni yuunivarsiitii gara barsiisotaatiin nu qunnamuun mormiif akka qophoofnu nu kakaasuu eegalan. Kanumaaf ammoo barattoota muraasa Finfinnee nu geessuun qophii Maccaa Tuulamaa tan mana barnoota Minilikitti geggeeffamtu hirmaannee dhimma bosona Baalee irrattis ibsi nuuf kennamee deebine. Waltajjii sanirratti sirboota qabsoo dhagayuun, alaabaa arguuniifi haasawni qabsoo barattoota yuunivarsiitii irraa dhagaye onnee na kakaase. Gallees barattootni Cilaaloofi Waliigala Asallaa waliin marihannee hiriira waloo qopheessinee baane.

Karoorri ture isaan gara gadiitii nuti ammoo gubbaan karaa guddaarra deemaa magaalaa jidduutti walgahuun gara waajjira bulchiinsa godinaa deemuu ture. Garuu poolisiin hedduuminaan bobbaafamee osoo nuti wal hin gahin addaan nu facaasan. Barattoonni hedduun sagalee rasaasaa san dura dhagayanii waan hin beekneef, akkuma poolisiin samiitti ol qabee dhukaaseen walirra babahaa doobbii nama gubuuyyuu osoo hin laallatin daqiiqaa muraasatti dirreen duwwaa taate.

Namoota muraasa qofaatti hafne poolisiin nu qabe. Ana kophaatti fuudhanii waajjira poolisii osoo hin taane kuusaa midhaanii tokko keessatti na hidhan. Kuusaan sun hedduu bal'aafi keessi isaa dukkana cillimii ifaa homaa hin qabne ture. Akka malee nama sodaachisa. Yeroo xiqqoo socho'e shokokiin ani uumu goohaan deebitee natti dhagayamti. Dhaaba (gidaara) akka dura ol seeneen itti irkadhe irraa achi yoon siqu kallattii kiyya afraniinuu manni duwwaadha. Bakka duraatti deebi'uu yaallaan dhaaba bira gahuu hin dandeenye.

Dukkanti, sodaaniifi callisni kuusaa san keessaa sammuu na dhamaase. Socho'ee sagaleen of naasisuurra jedheen gadi taa'e. Harkaan yoon lafa qabadhu midhaan gadi nam'e argadhee nyaachuuf yaallaan dheedhiidha. Osoon achuma taa'uu boodarra hirribni na qabe. Yoon hirribaa ka'u beela akka ibiddaatu garaa keessaa na belbela. Nyaata naa fiduu malan jedhee 'waardiyyaa' jechuun lallabnaanis deebiin dhabe. Booda abdii kutee midhaan dheedhii dura lafatti harkaan qabadhee arge san hammaaree afaanitti qicadhee qurumsee beela ofirraa lash godhe. Hidhaan tunis tan yeroo jalqabaatiif hirmaannaa siyaasaa keessatti qabuuf kanin hidhame turte.

Warri na qabe qorannoo geggeessaniin seenaa duubbee kiyyaa, jechuunis, sababa siyaasaan mana barnootaa dura ture irraa ari'amuu kiyya baran. Akka carraa qorataan dhimmicha qabate nama quuqama qabu waan ta'eef dubbii of biratti qabee na yaamsisee natti hime. "Ammaaf namuu sin beekne, bubbullaan dubbiin dhagayamuun waan hin oolle. Kanaafuu, yoo siif danda'ame Asallaa irraa osoo deemtee" jechuun na gorse. Yeroo san Hasan Jimaa, obboleessa Mahaammad Jimaa, biran taa'ee baradha ture. Inni abbaa seeraa godinaa ture. Akka carraa inni gara Ciroo waan jijjiirameef maatiinis akka itti dhiyaataniif Adaamaatti galchuuf murteesse. Anis rakkoo natti dhufaa jirtu jalaa kara baqadhuun argadhee maatii isaa waliin Adaamaattin gale.

3.4. Adaamaa

Akkuman kutaa 9ffaa fixeen Asallaarraa gara Adaamaa deemee, yeroo gannaa san hamma manni barnootaa banamu mana Hasan Jimaa ijaarsisuuttin fuulleffadhe. Bakki manni itti ijaaramu naannawa amma Boolee jedhamu kana. Booleen gaafas lafa qonnaa turte. Lafti reefu mana jireenyaaf qoqqoodamte. Manni jaaramee namni itti gale hin turre. Ooyruma xaafiin reefu irraa haamame keessatti manni ijaaramuu eegale. Maqaa Boolee jedhamu itti baasuunuu qabsoo cimaa ture. Akkuma lafti sun ijaarsa manaatiif qoodameen maqaa afaan Amaaraatiin yaamuun eegalame. Nutis kana jijjiirsifnee maqaa Oromoo baasuufii barbaanne. Maqaa ta'uu qabu irratti mari'anne.

Warri mana achitti ijaaratuuf lafti kennameef hedduun qondaalota mootummaafi daldaltoota qabeenyaan wayyaa ta'an waan turaniif maqaan baafamu kan isaan hawwatee ittiin yaamuun isaan gammachiisu ta'uu qaba jenne. Kanaafuu magaalaa Finfinneetti iddoon dureeyyiin jiraatan Boolee waan jedhamuuf, kan Adaamaa kanas maquma san itti baasuun deeggarsa warra achitti mana ijaaratuu argata waan ta'eef filatame. Akka maqaan kun itti maxxanuufis warra gaarii fardaa oofu amansiisuu irratti hojjanne.

Yeroo san karaan naannoo san geessu waan hin jirreef konkolaataa meeshaa ijaarsaa malee geejjibni namootaa farda gaariitiin tajaajilama ture. Taaksiin hadiida baaburaa biratti dhaabbatti. Namoonni yeroo san mana jaarachuu eegalan warra gaarii oofuuf kennaa (tip) wayyaa kennuun akka Boolee jechuun naannawa san yaaman amansiisan. Warri gaariis Boolee madaqfatee 'Boolee, Boolee' jechuun imaltoota yaamuu amaleeffatan. Gaafa karaan tolfamee taaksiin deemuu jalqabdu maqaan Boolee jedhu duruu maxxane.

Muuxannoo kanarratti hundaayuun maqaa gandoota magaalaa Adaamaa lakkoofsaan hedduu tahan gara maqaa Oromootti akka jijjiiramu waggoottan lamaan Adaamaa ture duula hedduu goone. Garuu hoggansi DH.D.U.O. godinaafi magaalattii yeroo sanii 'yaada dhiphummaa irraa madde' jechuun doorsisaa nu harkatti kuffisaa turan. Inumaatuu yaada kana qabadhee waajjira dhaabaa dhaqnaan qondaalli tokko kaballaan jaamsee na ari'e. Waggoota booda yeroon biyya alaatirraa galee daaw'annaaf dhaqe, qondaalli tokko magaalattii keessa naan deemee jijjiirama maqaa taasifame natti agarsiisuun akka fakkeenya sabboonummaa Dh.D.U.Otti dhiheessuun na hawwatuuf yaalii godhe. Anis garaa kiyyatti 'yaa baraa!' jedheen jijjiirama dhufeen gammade.

Fulbaanni dhufee yeroo barnoonni eegalu, Mana Barnoota Gooroo Sadarkaa 2ffaa tti kutaa 10ffaa barachuuf galmaaye. Manni barnootaa sun yeroo sanitti fagoofi qarqara magaalaa irratti waan argamuuf irra jireessaan ijoollee baadiyyaatu achitti barata ture. Dareeleen mana barnootaa hedduu gaggabaaboo yoo ta'an qondaalota hojjachiisetu maallaqa gara kiisha ofii gorsiisee dheerinni gidaaraa akka gabaabbatu godhe jechuun barsiisonniifi barattoonni hamatuu turan.

Akkuman galmaayeen barsiisotaafi barattootaan wal barachuuf yeroo natti hin fudhanne. Barsiisonni qabxii olaanaa ani Asallaatti qabaachaa ture geggeessituu irraa waan arganiif ilaalcha gaariin na simatan. Barnoota daree malees adeemsa baruuf barsiisuu keessatti na hirmaachisuu eegalan. Komii barattootarraa ka'us ta'ee hir'ina naamusaa uumamu sirreessuu irratti yaada walii kennaa deemne. Haalli kun yeroo gabaabaa keessatti daarektara dabalatee barsiisota hedduun akkan walitti dhihaadhu carraa naa bane.

Mana barnootaa Goorootti sochiin siyaasaa barattootaa hedduu hin turre. Anis irra jireessatti barnootatti fuulleffadhee, siyaasa ammoo mana barnootaa alatti gochuu filadhe. Falmaan tokkichi ture barnoota Afaanii irratti ture. Kunis yeroo sagantaa Afaan Oromoo, barattoonni hedduun osoo barsiisaan hin seenin dareedhaa bahuun barachuu lagatu. Haaluma wal fakkaatuun yeroo Afaan Amaaraa ammoo gareen biroo daree bahanii deemu. Wal morkii ture. Barsiisonni gocha barattootaa kana dhaabsisuuf doorsisaafi adabbiin yaalanis waan hin dandeenyeef ni dhiisan.

Yeroo Afaan lachuutuu kan taa'ee baratu anaa fi barattoota muraasa qofa turre. Ani ijoollummaa irraa kaasee barnoota afaaniitii fi herregaa hedduu jaalachaan ture. Kanaafuu Afaan Oromoo, Afaan Ingiliiziifi Afaan Amaaraas daran cimsachuuf fedhii guddaan qabaachaa ture. Dabalataan gaafan barnoota Ortoodoksii seenee ture fidala Afaan Amaaraa waaniin baradheef ganamumaannuu kitaabota hedduu dubbisuuf carraa waanin argadheef barnoota afaanichaatiin jabaan ture. Kanaafuu Afaan Amaaraa barachuuf fedhiis dandeettiis nan qaba.

Barattoonni hedduun daree dhiisanii bahaa kan turan wal morkii sabummaatiin ta'us, dandeettiin afaanii isaanii laafaa ta'uunis shoora qaba. Barattoonni hedduun gadumarraahuu afaan lamaan keessa tokko qofa dubbachaafi barachaa kutaa 10ffaa gahan. Ijoolleen Oromoo, Gooroo barattu hedduun baadiyyaa irraa kan dhufan yoo ta'u, Afaan Amaaraa dubbachaa hin guddanne. Barnootas kutaa gadii irraa kaasani Afaan Oromoon baratan. Afaan Amaaraa kutaa 5ffaa irraa kaasee kennamaa turus, haalli baruufi barsiisuu ture kan dandeettii ijoollee cimsu hin turre.

Gara barattoota Afaan Oromoo balfaniitiinis rakkoo wal fakkaataatu ture. Gaafa nuti sadarkaa duraa (primary) turre, Afaan Oromootiin barachuu irratti mormiifi gaaffii barattoota Amaaraafi maatii isaaniitirraa ka'een afaan ofiin barachuun hayyamameefii ture. Mormii dhaadannoo "ħኅ፤ ቅ፤ ￫ቤ፤ ዶ፤ ይኅለለ የጢና፡ ħ๓๒ዋ" (A,B,C,D barachuurra xaafii haamuu wayya) jedhuun gaggeeffameen, mootummaan manneen barnootaa hawaasni Amaaraa baay'atee jirutti ilmaan isaanii afaan ofiitiin akka baratan hayyame. Manneen barnootaa mootummaa keessatti dareen Afaan Amaaraa qophatti jalqabame. Manneen barnootaa dhuunfaa ammoo hundi sadarkaa jedhamuu danda'uun Afaan Amaaraan barsiisuu filatan. Kanarraa kan ka'e barattoota Amaaraa qofa osoo hin taane, Oromoota dabalatee ijoolleen magaalaa hedduun barnoota sadarkaa duraa

Afaan Amaaraan baratanii ol dhufan. Afaan Oromoo akka barnoota tokkoo qofatti kennama.

Maarree barattoota barnoota sadarkaa duraa bifa kanaan keessa dabretu kutaa 9ffaa irratti bakka tokkotti makame. Barnoota afaanii malee gosti barnootaa biroo hundi Afaan Ingiliiziin ture. Afaan lamaan hunduu barachuun dirqama ta'e. Kanaafuu gareen adda bahanii yeroo barnoota afaan isaan hin barbaannee lagachuun amaleeffatame. Kutaa 10ffaa tti gareen lachuu afaan faallaa lagachaa deemuun qormaataaf teenyee firiin isaa gaafa dhufu hedduun isaanii qabxii gadi aanaa fidan. Ani afaan lachuu A fide.

3.5. Rogeessa Magaalaa

Adaamaatti galuun barnoota cimsee itti deemuun cinaatti si'aa'ina haarayaan siyaasaatti hirmaachuu akkan eegalu na taasise. Asallaa caalaa Adaamaan bakka Oromoonni godina hedduu irraa itti walitti dhufanii jiraataniidha. Kun ammoo mana barnootaas ta'ee jireenya hawaasummaa keessatti namoota haaraan walbarachuufi dhimma Oromoo waliin haasayuuf carraa uuma. Barattoonni waliin barannu hedduun, akkuma kiyya, godinoota garagaraa irraa dhufuun firoottan isaanii hojjattoota mootummaa ta'an bira taa'anii baratu. Firoonni isaanii kun namoota barataniifi sabboonummaa qaban waan ta'aniif barattoonni kunniinis dammaqiinsa gaarii qabu turan. Kanarraa kan ka'e dhimma siyaasaa haasayuuf ni mijata ture.

Dabalataanis loltoonni ABO dhalootaan naannoo kiyya ta'an kan waggoota hedduuf Asallaa, Baatuufi Finfinneetti hidhaa turan gadi lakkifamanii qe'eetti galuu waan hin dandeenyeef Adaamaatti barachaa turan. Umriin isaanii kan deeme ta'us kutaa 7,8 fi 9 barataa turan. Seenaa, kaayyoofii akeeka qabsoo Oromoo bifa tartiiba qabuun kan na barsiise jara sani.

Isaan keessaa tokko Dhugoomsaa Waajii jedhama. Dhaloonni isaa aanaa keenya, Gololchaadha. Adaamaatti wal arguu keenyaan duran beekan ture. Yeroon kutaa 6ffaa Dhummuggaatti barachaa ture, wal dorgommii barattootaaf (dorgaa dorgee) magaalaa muummittii aanaa keenyaa tan taate Caancoo dhaqnee turre. Dhugoomsaan mana barnootaa biraa bakka bu'ee dhufe. Qaamaafi umriinis nurra guddaa ture. Dorgommii san nu moo'e.

Dorgommii booda yeroo iyyaafannu sababni umrii guddaa saniin nuun walqixa kutaa 6ffaa barachaa jiruuf, ijoollummaan barnoota addaan kutee WBO seenee san boodas hidhamee reefu bahee bakka itti dhaabee akka eegale barsiisaan tokko nutti hime. Osoo lolaafii hidhaa keessa turuu baatee gaafa sanitti Yuunivarsiitii akka galuu danda'u nu hubachiise. Wal dorgommii san booda erga addaan gallee hidhamuu dhageenye. Sababni hidhaa isaas dandeettii gaafas dorgaa dorgee saniin agarsiiseen dinqisiifannaa barattootaa fi ummataa waan horateef ammas ummata nutti kakaasa jedhanii waan shakkaniif jedhan. Waggoota sadiihiif Asallaatti erga hidhanii booda hireen marsitee Adaamaatti wal agarre. Kutaa 6ffaa osoo baratuu irraa hidhan sanitti deebi'ee barnoota eegaleen arge.

Isa waliin loltuun WBO biraa Fiixaa Baay'isaa (maqaa dhalootaa Naasir Abdoo) jedhamu kan dhaloonni achuma Gololchaa, kan reefu hidhaa baheetu ture. Dhugoomsaafi Fiixaan miseensa WBO biroo Obsee, Fayyisaa fa'a waliin ta'uun dhoksaan maandheetti nu ijaaran. Kaayyoofi akeeka qabsoo Oromoo erga nu barsiisanii booda, barattoota Adaamaa qofa osoo hin taane aanaalee ollaa sanii kan Shawaa Bahaa, Arsiifi Harargee Lixaa qunnamuun akka ijaarru taasifamaa turre.

Adaamaatti hojii qabsoo keessaa tokko ummata kakaasuun Irreecha akka hirmaatu gochuu ture. Yeroo duraaf Irreecha kanin hirmaadhe yennaa Asallaatti Kutaa 9ffaa baradhu ture. Adaamaatti ammoo hirmaannaa irraa gara qindeessuuttin ce'e. Guyyaa Irreechaaf baatiin tokko gaafa hafurraa eegalee Adaamaa qofa osoo hin taane godinoota Shawaa Bahaa, Arsiifi Harargee Lixaarraa wal ramadnee karaa barattootaatiin namoonni Irreecha akka dhaqaniif haamilchiisuu irratti bobbaane. Daldaltootaafi hojjattoota mootummaa irraa maallaqa walitti qabuun geejjibni gamtaadhaan ittiin deemamu kireeffatama. Adaamaatti dureeyyiin akka Dinquu Dayyaas fa'a ifatti, kanneen biroo ammoo dhoksaan gumaata maallaqaa gochuun namoonni baasii geejjibaaf jecha akka Irreecha irraa hin hafne haala mijeessuun nu gargaaru ture.

Yeroo nuti nama hedduu Irreecha geessuuf qophoofnu warri mootummaa ammoo karoora keenya fashalsuun lakkoofsa nama hirmaatuu hir'isuuf qophaayu turan. Yeroo ayyaanichaaf torban tokko hafu warra qindeessitoota jajjaboo jedhanii shakkan hidhuun eegalu. Kana waan beeknuuf qindeessitoonni jalaa miliqna turre. Itti aansee sochii geejjibaa godinaalee irratti ugguru. Booda ammoo tooftaa 'namoota gara biiroo Aadaafi Turiizimiitin galmaaye qofatu deema' jedhu fidan. Kanarra aanuuf namoonni hedduun osoo isaan uggura hin eegalin godinootarraa bahanii Finfinneefi Adaamaa turuun jala bultiif Bishooftuu dhaqu.

Warri mootummaa kana hubachuun jala bultiirraa eegalee daandiilee gama Bishooftuu seensisanitti poolisii fi waraana gadi naquun sababa sakatta'iinsa jedhuun ummata hiraarsu. Kan sakatta'an garuu meeshaa ummatarraan balaa gahu osoo hin taane, alaabaafi waan mallattoo alaabaa ABO ta'e qabu ykn wal fakkaatuudha. Tasa Namuma huccuu halluu diimaafi magariisa qabu argannaan ni tumu. Dubartoota huccuu guutuu irraa baasuun salphisu. Bara tokko akkuma Adaamaa baaneen osoo Mojooyyuu hin gahin konkolaataa geejjibaa shantamaa ol dhaabsisuun deemuun dhoorgadha jedhan. Yaadni isaanii namni of duuba deebi'a jedhaniiti. Garuu ummanni konkolaataa irraa bu'ee miilaan deemsa itti fufe. Amma ammoo daandii cufanii miilaanis deemuu nu dhoorgan. Ummanni ammas harka hin kennine.

Dhalattoota naannoo saniitiin durfamaa karaa konkolaataa dhiisuun ooyruu qonnaan bulaa keessaan imala itti fufne. Bakka hedduutti milishaa gandaatiin nu ugguruu yaalanis namni baay'inaan caalee bira darbuun Bishooftuu galle. Bishooftuutti irreeffachuun dhiichisaafi dhaadannoon sirnicha abaaraa oolama. Baay'ina ummata dhufee san dahachuunis qindeessitoonniifi maadheeleen icciitiin walgahuun mari'atu ture.

3.6. Waltajjii Abbaa Duulaa

Hirmaannaan Irreechaa umrii sanitti mirqaana qabsoo hoo'aa keessa nama galcha ture. Miidhagina aadaa Oromoo godinaaleefi gosoota garagaraa arguun, xiiqiifi abdiin bilisummaa dirree Bishooftuutti mul'atu miira kakaasuun daran qabsootti akka cichinu nu godhe. Irreecha irraa erga gallees kara adda addaan mana barnootaafi alattis tattaafachuu itti fufna.

Qophii Waldaa Maccaafi Tuulamaa Finfinnee mana barnootaa Minilik keessatti taasifame hirmaachuus ittin fufe. Achittis barnoota Dr. Gammachuu Magarsaatiin hubannaa sirna Gadaafi Oromummaa irratti qabu daran naaf cimse.

Wallistootni akka Usmaayyoo Muussaa, Suutee Bareentoo, Zarihuun Wadaajoo, Jawwee Booraafi Adnaan Muhaammad faa sirba qabsoo dhiheesssaa turaniin sabboonummaan barattootaa akka cimuuf shoora guddaa taphataa ture.

Beekumsaafi hamilee waltajjii Maccaafi Tuulamaa irraa horanneen barattoota daran ijaaruu cimsine. Kanuma jidduutti mootummaan walgahii barattootaa qopheesse. Wal gahii saniif barattoota manneen barnootaa sad. 2ffaa Shawaa Bahaa hundarraa Adaamaatti walitti nu qabuuf akka karoorfatan yoo dhageenyu, nus carraa kanatti fayyadamnee walgahicha mormiitti jijjiiruuf murteessine. Qooda hojiis waliif kennine. Gariin barattoota manneen barnootaa garagaraa irraa dhufan keessaa kan dammaqina qaban qunnamuun mormii yaadneef akka shoora taphatan amansiisuuf hojjatan. Kuuwwan ammoo walgahicha irratti sagalee mormiifi gaaffilee ciccimoo dhiheessuuf ramadaman. An warra boodaa keessan seene.

Akkuma mariin eegaleen ol ka'een "adeemsa" jedhe. Walgahii EPRDF keessatti hirmaataan tokko "adeemsa" jennaan hanga inni yaada isaa dhageessisutti itti fufuun hin hayyamamu jechuu waanin dhagayeefin adeemsa jedhee dhaabsise. Gaaffii jechuun osoon harka baasee turee 'yeroon gaaffii booda waan kennamuuf obsi' jechuu dandahu ture. Ani adeemsa jennaan abbaan waltajjichaa dhaabee carraa naaf kenne. Anis "walgahiin bifa kanaa guutuu biyyaatti godhamaa jira. Barattoota naannolee biroof durgootu kaffalamaaf. Nuuf garuu laaqanaayyuu hin qopheessine. Loogii Oromoo/Oromiyaa irratti godhamu keessaa kuni fakkeenya isa tokkoodha" jedheen dubbadhe.

Sababni gaaffii siyaasaa kallattii dhiisee kan durgoo kaaseef, hirmaattonni hedduun ijoollee magaalaa waan ta'aniif siyaasaa irra dhimma qarshiitiin sochoosuun ni dandahama jedhee waanin yaadeefi. Akkuma tilmaames, yaadan ani kaase galmi guutuun harka dhawuun deeggare. Warri waltajjii xiqqoo marihatanii, "dhimma gaafattan qaama ol'aanaa mari'annee isin beeksifna, hammasiifuu walgahii itti fufna" jedhan. Nuti garuu dubbiin durgoo furamu malee abadan walgahii itti hin fufnu jennee jeeqne.

Wal falmii yeroo dheeraa booda laaqana akka nuuf qopheessan, durgoos dhumarratti akka kafalan waadaa galan. Garuu sababni dhugaa nuti walgahicha faallessaa jirruuf laaqanaafi durgoof waan hin turreef, durgoon ammuma kaffalamuu eegalamu malee jennee mormii itti fufne. Jarri mootummaas waadaan durgoo kaffaluuf galan soba waan ta'eef tarkaanfii qabatamaatiin barattoota amansiisuu hin dandeenye. Guyyaan duraa haala kanaan atakaaroon qisaasame. Guyyaa lammataa qondaalota ol'aanoo yeroo sanii keessaa Abbaa Duulaa Gammadaafaa fidan. Gaafni sun yeroo inni jeneraalummaa dhiisee gara dura taa'aa DH.D.U.O. dhufe ture.

Abbaan Duulaa dhufnaan poolisiin galma guuttee sarara barattootaa jidduu dhaabbachuun mormii ukkaamsuu yaalte. Guyyaa duraa yeroo warri waltajjii geggeessu gaaffii keenya irra dabruun walgahii itti fufuu yaalu wacaan dhaabsisaa turre. Kana hanqisuuf jecha poolisii nu keessa dhaabanii nama sagalee xiqqoo dhageessise qabanii baasuu eegalan. Poolisii qofa osoo hin ta'in warra siviilii uffates barattoota fakkeessuun nu keessa galchanii akka jiran kan hubanne yennaa harka baafnu nu dhiisanii hiixatanii yoo namoota saniif kennan aggarraani. Jarri sunis yaada mootummaa faarsu laatu.

Sagaleen mormuu akka hin danda'amne waan hubanneef boqonnaa irratti marihannee tooftaa biraatiin deebine. Kunis yeroo qondaalonni waltajjii irraa haasayuu eegalan namuu afaaniin dubbachuu dhiisee kophee/faana ofii teessoo jalatti lafatti akka riguudha. Galmi sun hedduu bal'aafi gubbaan/kabaan isaa qorqoorroo waan ta'eef sagaleen ni gooha. Hoggaa barataan dhibbaatamni yeroo takkatti miila lafatti riguun shokoksu waan waltajjiirraa haasayamu dhagahuu dhiisii obsanii galma san keessa taa'uunuu rakkisaa ta'e.

Poolisiin tarkaanfii akka hin fudhanne gochi shokoysuu teessoo jalatti godhamaa waan tureef akkasumas barataan hundi hirmaachaa waan jiruuf akka duraa sanitti adda baafatanii galmaa baasuu hin dandeenye. Waltajjiin dhaabbatee maal akka barbaannu gaafannaan nutis carraan gaaffii gaafachuufi yaada dhiheessuu warra ofii galfattaniif qofa osoo hin taane, bilisaan loogii malee barataa maraaf haa kennamu jenne. Yeroo kana barataa 'hard core' jedhan adda baafatanii dhoowwachuun barataa kaaniif kennuu tooftaa godhatan. Warri guyyaa san duraa gaafachaa turre edaa 'hard core' jedhamnee turre.

Waan kana hubannaan ammas nutis tooftaa biraa baafne. Barataan hunduu harka baasa. Yeroo carraan kennameef maqaa warra 'hard core' san yaamee carraa koo dabarseefii inni haa naaf gaafatu jechuun maayikraafoona dabarsa. Jalqaba qondaalli waltajjii geggeessu tooftaa kana hayyamuu dide. Garuu Abbaan Duulaa nuuf hayyame. Kanaan carraan anaafi ijoollee dura gaaffii akka gaafannuuf ramadamne gahuu dandahe. Gaaffiilee DHDUO akka dhaabaatti, Abbaa Duulaa akka dhuunfaatti yakkan itti roobsine. Yeroo nu dhaabsisuu yaalan barataan iyyaafi shokoksaa miilaatiin jeeqa.

Haalli kun warra waltajjii obsa fixachiise. Abbaan Duulaa "nuti barattoota waa hubatu warra sammuu qabu malee kashlabbee akkanaa isin hin seene. Erga marii sirnaa diddan dhiisaa kaa" jedhee waltajjiirraa bu'ee deeme.

San booda anaafi warra 'hard core' muraasa fooyanii qabanii sa'aa laaqanaatti Abbaa Duulaa faa biratti nu dhiheessan. Gaaffiilee nuti dhiheessine keessaa kan dhimma eenyummaa isaa baay'ee akka isa dallansiise kanin hubadhe bakka dhaloota isaafi akkaataa guddina isaa yeroo nuuf himetti ture. Yeroo san Abbaan Duulaa sabni isaa Oromoo akka hin taaneefi dhalataa Tigree, maqaan isaa ammoo Minaasee Waldagoorgis akka ta'e bal'inaan odeeffamaa ture. Nutis dhimma kana waltajjii irratti bifa 'negative' taheen kaafnee turre. Marii isa waliin goonerrattis waa'een duubbeen eenyummaa isaa kan inni nutti himeefi kan hamatamu keessaa dhugaan kam akka ta'e qorannee akka barattoota beeksifnu waadaa galleef.

Haaluma kanaan erga walgahiin sun dhumee booda, nama sadi taanee gara qe'ee dhaloota isaa dhaqnee maatiif firoottan isaa agarree Oromoo akka ta'e mirkaneeffanne. Waan irra geenyes caasaalee garagaraatti dabarsine. SBO biras akka gahu ergine. San booda Abbaa Duulaa akka Tigree ta'etti abaaruun laaffataa deeme.

Anaanis wal barnoonni gaafa sanii eegalee itti fufee guddate. Ilaalcha siyaasaa garagaraa qabaannus waliin haasayuun nu lachuufuu laafaa ture. Abbaan Duulaa seenaafi ilaalcha siyaasaa irratti bilisa ta'ee dubbachuu jaalata. Oromiyaa bahaa-dhihaan waliin gahee waan beekuuf taateewwan sadarkaa gandaarraa hanga biyyaatti ta'an yeroo himu nama hawwata. Kanaafuu yeroo biyya alaa dhaqu naaf bilbiluun yeroo dheeraa haasofna ture. Keessattuu, Ameerikaa dhaqee waa'ee tarsiimoo qabsoo yaaduu ergan eegalee booda, namoota hoggansa mootummaa keessa jiran irraa odeeffachuun haala hojmaataafi ilaalcha keessoo sirnichaa hubachuuf xiyyeeffannoon hojjachaan ture. Qunnamtiin namoota akka Abbaa Duulaafi qondaalota biroo waliin uume odeeffannoon argadhu tarsiimoo sirnicha keessaafi alaan laaffisaa kuffisuuf boodarratti dhimma itti baane wixinuu irratti baay'ee nu fayyade.

3.7. "Miseensa Akka Taatan Murtaa'eera!"

Walgahii Adaamaa sanirratti mormii cimaa dhageessiseen barattootaafi qondaalota birattis beekkamtii horadhe. San booda xiyyeeffannaan narratti jabaate. Gara mootummaatiin ofitti na hawwatuuf bifa adda addaan yaalaa turan. Tokko yoo na doorsisu kuun na sossobuuf carraaqa. Ani garuu cicheen dide.

Dhiibbaan gara mootummaa qofa hin turre. Walgahiin sun godhamee yeroo muraasa booda namoonni ABO bakka buuna jedhan dhufanii nu barattoota hamma digdamaa taanu walitti nu qaban. "Amma bilchinni keessan waan guddateef hirmaannaan keessanis cimaa waan dhufeef deeggaraa bira dabartanii jirtu. Irbuu seenuun miseensa dhaabaa ta'uu qabdan" nuun jedhan.

Ani miseensa ta'uu irraa jibba qabaachaa hin turre. Garuu waan ifa naaf hin ta'intu ture. Kanaafuu gaaffiin gaafadhe. "Gaafa miseensa taane hojii amma hojjataa jirruun ala dirqamni irra caalaa nutti kennamu jiraa? Fakkeenyaaf dirree waraanaa deemna moo?" jedheen gaafadhe. Jarris "lakki hojuma ammaa kana itti fuftu" jedhan. "Hojii ammaa kana (barattoota qindeessuu) itti fufuuf deeggaraa irraa miseensatti ol guddachuun maaf barbaachise?" jedhee gaaffiin qabnaan "dhaabni murteesseera. Irbuu seenuun miseensa ta'uu qabdu" nuun jedhan.

Ani garuu "lakki ibsiifi sababni isin dhiheessitan nan quubsine. Kanaafuu ammatti miseensa ta'uuf qophii miti" jedheen biraa bahe. Barattoonni hafanis namoota lamaan tokko malee na waliin bahanii deemne. Torban tokko booda maqaan barattoota miseensota ta'uu didne sun 'namoota mootummaan Wayyaanee miseensota ABO-ti jedhee barbaadaa jiru' jechuun miidiyaa dhaabaa irratti maqaan keenya tarreeffamee dubbifame. Gocha kanaan baay'ee gaddinee komiis miseensota dhaabaa beeknutti dhiheeffanne. San booda dhiibbaan miseensa nu taasisuuf godhamu dhaabbatee akkuma jalqabaatti deeggaraa taanee itti fufne.

Sababa hirmaannaan siyaasaa kiyya guddachaa deemeetiin xiyyeeffannaan narratti dabalaa dhufee haala jireenyaa kiyya irratti dhiibbaa cimsaa dhufuun qormaata kutaa 10ffaa haala hamaa ta'e keessatti fudhachuuf dirqame. Warran bira jiraachaa ture biraa bahee mana laaftuu takka barsiisaan kiyya tokko naaf kireesse. Akkuman xiqqoo bubbuleen jaartii naaf kireessite bira dhufanii "ABOdha" jedhaniin. Ishiinis ofirraa na ariite. Mana warra Oromoo tokko argadheen kireeffadhe. Warri kun ammoo galgala sa'aa lama taanaan ifaa dhaamsu. Ka'ee mooraa baheen ifaa karaa jala taa'ee qu'achaa qormaata kutaa 10ffaaf qophaaye. Yeroon ifaa jala taa'u gaafa tokko tokko namoonni na beekan karaa osoo dabranii na arganii maalif akkan ala taa'u yoo na gaafatan sababa dhugaa dhoksuun "manni natti hoo'e. Qilleensa argachuufin ala taa'a" jedheen sobee ifirra dabarsa ture.

Qormaata biyyoolessaa kutaa 10ffaa haala kanaan fudhee qabxii ol'aanaan gara kutaa 11ffaa dabree, achuma Adaamaa mana barnoota Hawaas kan dur

Galaadiwoos jedhamu seene. Mana barnootaa sanitti barattoonni akka fedha isaaniitiin daree Afaan Oromoo ykn kan Afaan Amaaraa filachuun baratu ture. Kutaan 11ffaan dareelee saddeet kan qabu yoo ta'u barattoonni Afaan Oromoo filatan dareelee lama qofa turan. Barattoota Afaan Amaaraa filatan keessaa yoo xinnaate walakkaan Oromoodha. Heddun isaanii magaalatti dhalatanii waan guddataniif Afaan Oromoo hin beekan. Akkasumas gamiisni barnoota sadarkaa gadii manneen barnoota dhuunfaatti waan barataniiif, manneen barnootaa akkasii ammoo Afaan Oromoo waan hin barsiifneef gaafa sadarkaa lammaffaa gahan afaan dubbachuus osoo danda'anii dubbisuufi barreessuu hin danda'an ture.

Hawaasitti sochii siyaasaa daran cimseen itti fufe. Raadiyoo miinii miidiyaa, Gumii Afaan Oromoo akkasumas bulchiinsa barattootaa keessatti hirmaannaa cimaa gochaan ture. Dabalataanis aanaalee ollaa sanii deemuun qonnaan bultootaaf barnoota ga'eessotaa barsiisuu irratti hirmaachaan ture.

Miseensa ABO ta'uu didus dirqama gama dhaabaatii dhufu fudhachuu ittuman fufe. Dirqamni gaafa tokko natti laatan balaa hamaaf na saaxilee oole. Gaafa tokko namni dura ani beeku wayii yeroon barnootaa galu karaatti na eegee dirqamni dhaabarraa dhufe akka jiru naaf hime. "Karaa namni beeku si waan ta'eef nama wayii gara Harargeetti dabarsi" naan jedhe. Namni sun suuraan bakka hedduu facaafamee waan barbaadamaa jiruuf daandii guddichaan Harargee deemuu akka hin dandeenyeefi Arsii keessaan akka darbu murtaa'uus naaf hime. Tolen jedheen.

Galgala intala dubartii takkaafi gurbaa tokko natti fide. Jarri karaa nuti qaxxaamuruuf deemnu hin beekan. Garuu haalaan barbaadamaa akka jiraniifi sodaa guddaa keessa jiraachuu isaanii miirri ni hima. Kanaafuu karoora imalaa yoon baasu carraa keellaa sakatta'aatti nu fidu hunda akka irraa maquu qabnuttin qopheesse. Karaa guddaan yeroo dheeraaf deemuun saaxilamummaa dabaluu waan danda'uuf keessa keessa magaalaa xixiqqootti konkolaataa jijjiirachaa deemuun akka wayyu itti hime.

Karoora kanaan waliigallee namichi jara fide nu biraa deeme. Haaluma karoorfanneen Adaamaa irraa ganama subiin minibaasii qabannee Doonii, magaalaa Xiqqoo Soodaree gadii, qarqara laga Hawaas jirtu dhaqne. Achirraa kaanee magaala Boolee jedhamtu tan qullubbii magarsuun beekamtutti buune. Ammas konkolaataa jijjiirannee magaalaa guddittii konyaa Arbaa Guuguu tan taate Abboomsa seenne. Abbomsarraa, Abbaa Jamaa magaalaa jedhamtu kanin ijoollummaan beeku dhaqne. Achi yoo geenyu galgalaayus magaalaa aanaa waan taateef buluu hin feene. Miilaan dukkanuma keessa deemnee Gunaa bakka jedhamu barsiisaa beeku tokko bira gorre.

Tasa nu agarraan barsiisichi ni rifate. Keessattuu manni isaafi waajjirri poolisii fuullee walii waan tureef saaxilamaa ture. Ta'us ofirraa nun ariine. Sagalee dhokfannee bullee ganama subii miilaan kara baddaa Diimaa (naannawa warra haadha tiyyaa) qajeelle. Yoo baanu qixxaa galgala hojjatamee bule qofa addaan kutannee nyaannee waan baaneef beelli nu waxaluu eegale. Waa bitachuuf karaa sanirra magaalaan homaatuu hin jiru. Mana namaatti gorree gaafachuun of saaxiluu ta'a.

Waqtiin bona waan tureef, asheennii baaqelaafi ataraa yeroo kaan karaa bitaafi mirgaan guutee fi firiin mukaas hin jiru. Garaa hidhannee osoo deemnu safara haboon tiyya (obboleettiin haadha tiyyaa) jiraattu geenye. Kana caalaa beelli sochoosuu waan nu dhoorgeef wanti feete haa galtu jennee itti goruuf murteessine. Mana isii dhaqnee 'warrana' yoo jennu deebiin hin jiru. Jara dallaa jala teessiseen suuta gara balbala manaa dhiyaadhee qaawwaan yoon laalu namni hin jiru. Hanga wayyaa manni baadiyyaa furaa hin qabu. Danqaraa jiru baneen ol seene. Jaras nan yaame. Ittoo raafuu /shaanaa fi shiroo qorretu jira. Biddeenas ni arganne. Walsamaa nyaanne. Erga xiqqoo wayyeeffannee booda booroo keessa deddeemee yoon laalu aannan itita jiru arge. Sanis buufannee dhugne. Ittoo waan fixneef biddeena hanga hafe barbareen marannee guduunfannee luuxne baanee karaatti deebine.

Humna nyaataan deeffanneen jabaannee saffisaan deemne. Gabaa Sanbataa (Aroogee)fi Hojjaduree (Jinnii, bakkan itti dhaladhe) keessa darbuu waan sodaanneef ooyruu qonnaan bulaa keessaan qaxxaamuraa bira dabarre. Naannawa san sirritti beekuun na gargaare. Qarree gaara Gololchaa yoo geenyu nama anaan firaafi miseensa ABO ta'e kanin beekutti gorre. Haala hunda ibsinaaniif jara lamaan inni hanga Machaaraa akka geessuu fi ani akkan gara Adaamaa deebi'u na amansiise. Jarris tole jedhan. Achuma bullee ganama subii inni jara qabatee karaa Ribuutiin Machaaraatti qajeele. Anaaf farda fe'ee obboleessa isaa xiqqaa tokko waliin of duuba na deebise. Gurbaan Abbaa Jamaatiin na gahee, konkolaataa na yaabbachiisee gala kute. Ani Abbaa Jamaa irraa konkolaataan Abboomsaa dhaqe.

Amma lubbuun natti deebite. Laaqana nyaadhee, Jimaa diimaa Kabiiroo jedhamu bitadhee saafaa toora sa'aa kudhan (10) yoo ta'u atoobisii karaa Adaamaa deemu yaabbadhe. Namoota konkolaataa keessatti na cinaa taa'aniif jimaa kiyya raabsee haasaa oowwifannee osoo deemaa jirruu magaalaa Boolee bira gahuuf xiqqoo yoo nu hafu konkolaataan pickup takka fiigaa atoobusii duraan murtee dhaabsifte.

Gargaaraan konkolaachisaa gadi bu'ee dubbisee namoonni lama ol seenan. Tokko kilaashii gadi buufatee hulaarra dhaabbate. Kan lammaffaa teessoo duraarraa eegalee imaltoota laalaa duubatti deemaa dhufee ijaan kib walitti jenne. "Kunooti!" jedhe. Namni hundi garagalee na laale. "Jawaar Sa'id" naan jedhe. Anumaa owwaachuu ka'e maqaan duraa kiyya ta'ee kan abbaa adda ta'uu hubadheen, garaa kiyyatti 'Rabbi na baase" jedhee cal'isee ija keessa laale. "Jawaar Sa'id mitii ati" naan jedhe Afaan Amaaraatiin. "Mitin" jedheen. Waraqaa eenyummaa na gaafate. Baaseen itti kenne. Waraqaan eenyummaa gandaa sun suuraa tiyya qabaattus maqaan kan biraati. Fuudhee kan balbalarra jiru bira geessee ana laalaa waraqaa laalaa haasayan. Deebi'ee dhufee "ka'i sumaatu barbaadama" naan jedhe.

Imaltoota keessaa manguddoonni maal balleesse, eessaan deemtan jedhanii ol kaka'an. "Ashabbaariidha" jedhe tokko. "Lakki ni dogongortan ta'a malee kun daa'imni akkamitti ashabbaarii ta'a" jedhaniin. Namni dabalataa ol kaka'uun namicha na kaasuuf yaalaa jiru duubaan karaa itti cufan. Yeroo kana kan balbalarra ture sun qawwee nyaachifatee akka karaa banan akeekkachiise. Konkolaachisaan isaaniis shugguxii qabatee dhufee atoobisii ol seene. Yeroo kana sababa kiyya ummata miidhuu akka hedan beekeen ol ka'ee namootaan "dhiisaa homaa hin ta'uu" jedheenii ka'ee bahe. Fuudhanii konkolaataa ofii keessa na galchan. Konkolaachisaa waliin nama sadihi.

Xiqqoo akka deemneen karaa guddaa Adaamaa geessu kan '55' jedhamu dhiisanii qonna kudraafi mudraa Hawaas keessa ol naan qajeelan. Ooyruu keessa akkuma seenneen karaarraa maqanii biqiltuu burtukaanaa keessa ol seenanii dhaabbatan. "Amma jara fuutee deemte bakka geessite himi" jedhan. "An jara homaatuu fuudhee hin deemne" jedheenii waakkadhe. Bitaa mirgaan na kabalan. Tokko gurra na micciire. Kan na cinaa taa'u quba harkaa afran duubatti na dhiibuun na iyyisiise. Waakkachuu ittin fufe. Kan gaabbinaa taa'u gadi bahee waan akka raadiyoo waraanaatin dubbatee deebi'e.

Na tumuu dhiisanii imalatti kaane. Waan akka huccuu tiraasii wahii mataatti gadi na uffisan. Amma hedduun sodaadhe. Na ajjeesuu hedu jedheen shakke. Fincaan na qabe jedheen. "Ofirratti fincaani" naan jedhe tokko. Itti waywaannaan wal mormanii naaf dhaaban. Ooyruu burtukaanaa keessa achi seenuuf jennaan "dhaabadhu asumatti fincaani" jedhe. "Lakki fincaan kaantu na qaben" jedhe. Tole muka san jalatti hagi naan jedhee na jala dhufe. Yaadni kiyya burtukaana san keessa jalaa fiiguuf ture. Ofirra yoon mil'adhu meetiruma shanis narraa fagoo hin jiru. Qawwee gadi buufatee jira. Carraan dheessee bahuu akka hin jirre abdii mureen gadi taa'ee waan fincaane fakkeessee konkolaatatti deebi'e.

Huccuu duraa san ammas mataatti na diranii ija na haguuganii deemuu eegalle. Sa'aa tokko waan oofne natti fakkaata. Konkolaataan saffisa hir'ise. "Sakattaa oomisha qonnaati dhaabi" jedhe tokko. Faana namootaa as dhiyaatu nan dhagaya. Yeroo nu bira gahan "eessaa dhuftan, eessa deemtan maal feetanii deemtan?" jedhanii gaafatan. "Boolee dhufne Adaamaa deemna" jedhaniin. "Balbala duubaa banaa" jedhaniin. "Nuti poolisiidha. Dirqamarra jirra. Hin bannu. Dubbii hin barbaadinaa karaa banaa" jedhaniin.

"Poolisii yoo taatan mee uffanni seeraa? Waraqaa eenyummaa baasaa" jedhaniin. "Isin qabeenyi qonnaa akka hin banne eeguu malee maaltu isiniin gahe" jedhee tuffiin itti dubbate tokko. Isaanumaa wal falmaa jiruu, haasaa kana keessa loqodni jarri nu dhaabe Afaan Amaaraa itti haasayu Oromoota akka ta'an naaf akeeke. Yoo tarii naaf nahan jedheen yaade. "Uuu..uu..! jedheen iyye. Naaf dirmadhaa abbaa kiyya jalaa hatanii naan deemaa jiran" jedheen wace. Yeroo kana kan gaabbiinaa jiru "afaan isaa ukkaamsi" jedheen. Kan na bira jiru na ukkaamsuu yoo yaalu wixxifachaa ciniinuuf waan yaaleef dafee na ukkaamsuu dadhabe. Akka carraa quba isaa tokko argadheen ciniine. Dumucaan afaan na dhayee na gadi lakkisiise.

Kanuma keessa waardiyyoonni qonnaa meeshaa nyaachifatanii hin sochootan jedhan. Tokko tokkoon harka ol qabatanii akka konkolaataa keessaa bahan ajajan. "Rukunnee haa dabarru" jedhe kan na ukkaamsee jiru. Kan dura taa'u "hin dandeenyu. Isaan afuri. Siviilonnis as fiigaa jiru. Buunee qabbaneessinee yookii amansiifna yookii mala biraa itti barbaanna" jedheen. Kanumaan waliigalanii bu'an. Akkuma kan na bira taa'aa ture sun harka narraa kaafatee bu'een ani waywaachuu kiyya itti fufe.

Warra na qabee deemaa ture namoonni hidhatan marsanii yoo dubbisan namoonni dirmachuu dhufan ammoo ana haasofsiisuu eegalan. Butanii akka naan deemaa jiranii fi ajjeesanii bishaan Hawaasitti na gatuu akka hedan isaanii haasayu akkan dhagaye imimmaan harcaasaa itti hime. Hinqirfachaa akka lubbuu na baraaran itti waywaadhe. Atakaaroo yeroo gabaabaa booda ani achuma warra eegumsaa bira akkan turuufi warri naan deemu sun poolisii aanaa beeksisanii seeraan dhufanii akka na fudhatan walii galame.

Jarri na dhiisanii karaa seenan. Ani waardiyyoota biratti hafe. Namoota na dubbisaa turan keessaa tokko cinatti na baasee 'dhuguma naaf himi dubbiin kee siyaasaan wal qabataa' naan jedhe. Anillee 'eeyyee' jedheen itti hime. Jarri kun poolisii fidanii deebinaan si fuudhu. Kanaafuu mala siif dhoofna ammuma baduu qabda jedhe. Narraa achi deemee dargaggoota lama naaf ramadee 'harka buqqa'e sukkumnaaf' jechuun goojjoo takka ol seenne. Achumaan luuxnee bahuun laga Hawaas miilaan na ceesisanii gaara Boosat duubaan qaxxaamurree Adaamaa galle.

Akkanaan Rabbi waardiyyoota san sababa naaf godhee hidhaa dheeraa takkaahuu du'a na oolche. Xiqqoo dhodhokadhee ofirratti caqasnaan homaa hin agarre. Boodarra ajajaan poolisii tokko 'warri tikaa federaalaa si barbaacha dhufanii nu gaafatanii hin agarre jennaan deeman' naan jedhe. Har'a, boru dhufanii na fuudhan osoon jedhuu achumaan hafan. Anis baay'ee osoo hin turin carraa iskoolarshiippii argadhee biyyaa bahe. Tura keessa akkan dhagayetti gurbaa namoota lamaan akka ani karaa agarsiisu natti fidetu gara Finfinnee yoo deebi'u qabnaan karaa ani jara fuudhee irra deemu hime jedhan.

Haala kanaanin Adaamaatti kutaa 10ffafi 11ffaa baradhe. Fedhiifi hirmaannaan siyaasaaf qabu heddu dabale. Akkasuma xiyyeeffannaan narratti godhamus guddate. Inumaatuu qalbiin tiyya barnootarraa gara qabsootti daran goraa deemte. Hiriyyoonni kiyya har'aa boru hidhama, yookiin gara bosonaa deema jedhanii osoo guyyaa naaf lakkaayanii, anaa takkaa yaadeetis abjoodhees hin beekne, hireen jidduun buttee biyyaa na baafte.

YAADANNOO SUURADHAAN #1

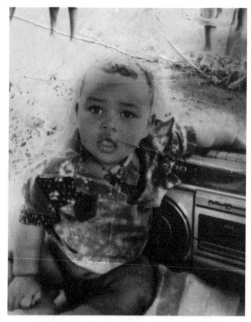

Teeppii Abbaa kiyyaa qabadhee -
Tarii suuraa jalqaba ka'e ta'uu hin oolu

Abbaakoo Siraaj Muhaammad
waliin, Dhummuggaa.

Abbaakoo, abbeerota koo Xahaa fi Muhaammad
Amiin akkasumas obboleeyyan koo waliin.

Akaakayyuu koo Maammoo Tufaa
Abaabayyoota (Great Grandchildren)
isaa waliin bara 2008

Akkoo tiyya Muluu Badhaanee harmee koo Shamsii Tolaa waliin, 2019

Gareen Hawwisoo M/B Dhummuggaa do'ii yeroo agarsiisan.

Hiriyyoota M/B Dhummuggaa waliin.

Adaamaa yoo jirru hojii keenya keessaa inni tokko aadaa Oromoo beeksisuu ture. Suuricha irratti hiriyyoota koo waliin uffata aadaan faayamnee Irreechaaf yeroo qophoofnu.

Hiriyyoota daree koo waliin Mana Barumsa Cilaalootti, bara 1992.

Barattoota Iskoolaarshiippiif filamne waliin Goondar Faasiliidasitti.

Paaspoortii Siingaapoor deemuuf itti fayyadame.

Bara 1995 Iskoolaarshiippii argadhee Siingaapoor deemuuf yeroo ka'u, maatiitti nagaa dhaamuuf deemee gaggeessaa "Dhummuggaarraa gara dirree xayyaaraa" naaf taasifame.

KUTAA AFUR: BIYYA AMBAA

4.1. Barbaacha Singaappor

Kutaa 11ffaa osoon barachaa jiruu, gaafa tokko barsiisaan Abarraa Dassaalany jedhamu, kan yeroos daarektara mana barnoota Gooroo (kan kutaa 10ffaa itti baradhe) na yaamee "carraan barnoota biyya alaa (scholarship) tokko dhufeera, barattoota bara san duraa qormaata biyyoolessaa fudhatan keessaa, maqaa barataa cimaa keessanii ergaa jennaan kee guutee erge naan" jedhe. An biyya alaa deemuu fedhii hin qabu asumatti barachaa qabsaa'uu malee jedheen.

Barsiisaa Abarraan nama hedduu naaf yaaduufi na gargaaru ture. Barnoota irratti na jajjabeessuu bira dabree, gaafan mana firaatii bahee rakkadhe kiraa manaa isatu narraa kafale. Qalbiin kiyya qabsoon hawwatamuus ni beeka. Kanaafuu diddaan ani biyya alaa hin deemu jedhe isa hin ajaa'ibsiifne. "Waa maraafuu amma guca dhuferratti maqaa kee guutee waanin jiruuf waan deebisan ilaallee murteessina" naan jedhe. Ji'oota lamaan booda sadarkaa calallii waan dabarteef af-gaaffii (interview) dhaaf dhiyaachuuf akkan Finfinnee dhufu xalayaan dhufnaan, Barsiisaa Abarraan natti waywaatee baasii isaatiin na qabatee Finfinnee deemne.

Kan dorgomamu mana barnootaa United World College jedhamu dhaquuf yoo ta'u, moo'attoota dorgomsiisee kan filu koree biyyoolessaa hayyootaafi dippiloomaatota biyya alaa akkasumas lammiilee Itoophiyaa kan hammate ture. Faranjoota gaafas nu qoran keessaa hayyuu seenaa beekkamaa Richard Pankhurstfi haadha warraa isaa Rita Pankhurst argamanii turan.

Manneen barnootaa Sad.2ffaa biyyattii keessa jiran hundarraa barata cimaa tokko tokko fudhatanii, madaalanii, barattootni diigdamii shan qaamaan dhiyaatanii akka wal dorgoman affeeran. Wal dorgommichi kan geggeeffame mana barnootaa Saandfoord (English School) keessatti ture. Dorgommiin sunis qormaata barreeffamaa, af-gaafii, dandeettii waliigalaa akkasumas hariiroo hawaasaa of keessatti qabata ture. Kun guyyaa guutuu fudhate. Barattootni wal dorgommii dhihaatan irra hedduun Afaan Ingiliizii akka bishaanii dhangalaasu. An ammoo seer-luga (grammar) irratti wayyaa

qabaadhus, haasaya irratti isaaniin hin gitu. Wal dorgommichi qormaata barreeffamaaatin alatti af-gaaffiis ta'ee madaalliin hariiroo hawaasaa hundi haasaya irratti hundaaya waan tureef, bakka barattoonni akkasii jiranitti ani carraa moohachuu nin qaba jedhee hin yaadne.

Wal dorgommii xumurraan bu'aa isaa isin beeksifnaa galaa nuun jechuun maallaqa geejjibaa akkaataa fageenya irraa dhufneefi baasii biraa herreganii nuuf laatan. An qarshii dhibba lamaafi soddomii shan(235) argadhe. Kanaanis gammade. Deemuu dura garuu "yoo moo'attan biyya kam dhaquu akka barbaaddan filannoolee jiran keessaa barreessaa" jechuun guca guutamu nuuf laatan. Biyyoota kudhan keessaa kan feetan sadarkaan tokkoo hamma shanii filachuun tarreessuu dandeessan nuun jedhan. Biyyoota kurnan keessaa kan akka Ameerikaa (USA), Inglaand (UK), Noorwaayfi Xaaliyanii fa'atu ture. Ani garuu Siingaapoor qofa guuteen uunkaa nutti kennan deebisee kenne.

Siingaapoor qofa kaniin guuteef sababa lamaatu ture. Kan duraa, dorgommii kana nan moo'adha jedhee gonkumaa waanin hin yaadiniif biyyoota tarreeffaman keessa deemee filuuf hin dhiphanne. Tokkuma guuteen deebise. Sababni lammataa ammoo maqaa Siingaapoor jedhamu kana ijoollummaan argee na hawwatee waan tureefi. Yeroo haati tiyya libaanata akkan bitu na ergitu, gaazexaa ittiin maran san irraa fuudhee dubbisuun afaan Ingliizii kiyya fooyyessuuf yaala ture. Gaazexoota yeroo san libaanataafi sukkaarri itti maramu keessaa, kan Afaan Ingiliizii, 'Strait Times' jedhamuutu ture. Biyyi itti maxxanfamu ammoo Siingaapoor. Suuraan magaalattii gaazexaa sanirratti bahu hedduu miidhaga ture. Gaafa tokko osoon dhaqee jedheen hawwaa ture. Yeroo biyyoota filadhaa jedhanii guca nutti laatan, dhaadhessa (brochures) manneen barnootaa biyyoota kurnaniis waliin nutti kennan. Akka carraa gubbaarra kan jiru kan Siingaapoor ture. Hoggasuma yaadannoon ijoollummaa tan gaazexaa 'Strait Times' natti dhuftee dhaadhessa san garagalchee ilaaluu eegale. Gucarrattis maquma Siingaapoor sanin guutee deebise.

Wal dorgommichi hoggaa xumuramu xinnoo halkanaayee waan tureef, Adaamaa galuu hin dandeenye. Kanaafuu Finfinneema mana firaa buluuf murteesse. Mana galee dhimma wal dorgommichaa ofirraa dhiisee maallaqattii argadhe akkamiin akka fayyadamu herreguu eegale. Baasii barsiisaa Abarraan geejjibaaf naaf baase deebiseefii, hamma tokko firaasha na jalaa bututee jiru itti jijjiiradhee, yoo waa irraa naaf hafan hiriyyoota ittiin affeera jedhee sammuu koo keessan herregaa ture.

Bara san gaafa dilbataa mana shaayii dhaquun televiziyoona Itoophiyaa irratti sagantaa dhangaa ilaalla ture. Rakkoon ture shaayiin ajajanne dhumnaan teessoo gadi lakkisiisanii nu baasu. Kanaafuu shaayii takkittii ajajnee xiqqoo irraa unannee hamma sagantaan Dhangaa sa'aa tokkoo sun dhumu teenyee eegna. Shaayittiin ni diilalloofti ykn tiitichatu keessatti nama jalaa bu'a. Yeroo keessumeessituun dhuftee teessoo keessummaa biraaf gadi lakkisaa jettu "shaayii koo hin fixne" jechuun falmanna. Kanaafuu maallaqan argadhe kanaan hiriyyoota koo shaayii takkittiin nu harkatti diilallaayuu irraan bilisa baasa jedheen gammade.

Kanuma jidduutti mana ani turetti bilbilame. Guyyaa bilbila yoo tasa isin barbaanne ittiin isin qunnamuu dandeenyu jedhanii nu gaafatanii bilbila manaa warra firaa san kenneen ture. Kan naaf bilbile miseensa koree guyyaa nu qoraa oolee keessaa tokko ture. Akkan moo'adhe naaf himuun "baga gammadde!"

naan jedhe. Sagaleen isaa kan hiriyyaa kiyyaa tokko waan natti fakkaateef, waan inni natti qoosaa jiru se'een "aboo qoosaa dhiisii maallaqa wayyaa waan naaf kennaniif boru raahaa goonaa na eegi" jedheen.

Namtichi bilbilaa ture garuu miseensa koree akka ta'e, guyyaa waan waliin haasofne na yaadachiisuun, irra deebi'ee naaf mirkaneesse. Itti aansee kaniin deemaa jirus Siingaapoor akka ta'eefii, torbaan tokko keessatti deebi'ee haala deemsaa irratti ibsa akkan fudhadhu natti himuun, yoon gaaffii qabaadhe korees ta'ee isa kallattiin qunnamuu akkan danda'u naaf ibsee lakkoofsa isaa naaf laatee cufe.

Amma moo'achuun kiyya oduu dhugaa ta'uu naaf mirkanoofnaan, Siingaapor ni deemta jedhame kaartaarra barbaaduu eegale. Siingapoor kanin bare gaazexaa afaan Ingiliiziin bahurraa waan ta'eef akkuma Loondon fa'a magaalota Awuroppaa keessaa takka natti fakkaatee ture. Garuu ammoo kaartaa awuroppaa keessa barbaadeen dhabe. Kanaafuu miseensa koree na filatee sanii bilbileefii "Siingaapor ani deemu kun ardii kam keessatti argamti?" jedhee gaafadhe. Innis kolfee "carraa shan osoo qabduu Siingaapoor qofa barreessitee amma ammoo Siingaapoor eessa jettaa? Nuti bar Siingaapoor qofa filachuu keetiin, dhaqxee agartee waan hedduu jaalattee ykn ammoo fira achii qabaattee odeeffannoo isaan siif laataniin waan hawwatamte nutti fakkaatee ture. Amma akkuma filattetti kaartaarra barbaadii argadhu" jedhee natti qoose. Waanin ofitti qaanfadheef kana caalaa gaafachuu hin barbaanne.

Barii isaa Adaamaatti akkuman galeen barsiisaa Abarraatti bilbiluun gammachuu ergan qoodeefii booda saalfachaatuma Siingaapoor eessatti akka argamtu gaafadhe. Innis Eeshiyaaa keessa akka ta'e naaf hime. Kaartaa Eeshiyaa baneetis barbaannaanis dafee argachuun rakkisaa ture. Boodarra maqaa "Singapore" jedhu biyyaa bal'aa ani barbaadaa ture osoo hin taane, tuqaa xiqqoo wahii takka biyya Taayilaandfi Maaleezyaa biratti arge.

Siingaapoor ani magaalaa Awuroppaa se'ee waan filadheef Eeshiyaa keessa taatee argamuun hedduu na hin gammachiifne ture. Daranuu dubbii hammeessuuf, jidduma san, weerarri dhibee vaayirasii 'SARS' jedhamuu Siingaapoor keessatti babal'achaa jiraachuu raadiyoon haasawuu eegale. Kun maatiifi hiriyyoota kiyya sodaachise. Garuu dhiibbaafi gorsa barsiisaa kiyyaatiin deemuu murteeffadhe.

Finfinneetti deebi'een haala deemsaafi wantoota barbaachisan irratti koree irraa qajeelfama fudhadhe. Paaspoortii baafadhee akkan isaanitti deebi'uufi viizaa akka naaf kennisiisan natti himan. Paaspoortii baafachuu gaafan dhaqu, "umriin kee 18 waan hin gahiniif, haadha ykn abbaa kee fiduu qabda" jedhanii na deebisan. Abbaan kiyya Lubbuun hin jiru. Haadha tiyya Dhummuggaarraa fiduuf yeroon hin turre. Torbaan tokko keessatti paaspoortiin viizaaf embaasii seenuu qaba jedhameera. Kanaafis saffisaan paaspoortiin akka naaf kennamu xalayaan deeggarsaa naaf barreeffameera. Bara san bilbilli Dhummuggaa waan hin jirreef, haadha tiyya qaamaan dhaqee itti himee fiduun qaba ture.

Finfinneerraa Dhummuggaa dhaquun qofti yoo akkam saffisaan deemame guyyaa sadi fixa. Gaafas geejjiba konkolaataan karaa Cirootiin naanna'uu qofaan Dhummuggaa dhaqama ture. Kunuu yoo magaalota hundattuu konkolaataa subii (baraarii) qabachuun danda'ameedha. Finfinneerraa barii kaanaan bultiin Ciroodha. Ciroorraa ka'uun Machaaraa bulla. Borumtaa miilaan Dhummuggaa dhaqama. Deebiinis yeroo kanaa gadii hin fudhatu. Dhaqaa-galli haadha tiyya Dhummuggaa irraa fiduu guyyoota jaha fixe jechuun torbaan paaspoortii dhiheessuu qabu dhumate jechuudha. Rakkoo na mudate kana itti himnaan, konkolaachisaan jarri koree akka immigireeshinii na geessu naaf ramadan tokko, "mee afachu mala barbaanna" jedhee bu'ee dargaggoota achitti dhimma namaa ficcisiisaan haasofsiise.

Fuula ifaan natti as deebi'ee "furmaanni argameera" naan jedhe. "Furmaata akkam?" jedheen hawwiin gaafadhe. "Haadha siif kireeffanna?" naan jedhe. Wanti inni haasayu waan naaf hin galiniif "Maal jechuudha?" jechuun gaaffiin jarjarse. Naaf ibse. Akkuma inni jedhe dallaalonni sun manguddittii takka maallaqaan naaf arganii, waraqaa eenyummaa maqaa haadha tiyyaa (Shamsii Tolaa) baasaniifii waan dubbachuu qabnurratti nu lachuu qopheessan.

Guyyaa sadaffaa an manguddittii qabadhee immigreeshinii dhaqe. Dabareen kiyya gahee foddaa tokko dhaqee guca iyyannoo, suuraafi nagahee maallaqni itti kafalame itti laadhe. Namichi foddaa duuba jiru anas jaartiis gaaffii muraasa gaafate. Jidduudhaan namichi dura Afaan Amaaraan nu dubbisaa ture "umriin meeqa" jedhee Afaan Oromootiin jaartii gaafate. "Jahaatama" jedheen deebiseef. "Harmee keen gaafadhe" naan jedhe. Hedduun nahe. Jaartiinis akkasuma. Dafeen "lakki ishiin Afaan Oromoo hin dandeessu" jedheen. "Maalif? Oromoo mitii" jedhee gaaffiin na mudde. "Finfinneetti dhalatte" jedheen deebiseef. "Finfinneettis dhalattu Arsii jiraattee akkamitti afaan baruu dadhabde?" jedhe.

Iyyata kiyyarratti bakki dhaloota kiyyaa Arsii jedhamee barreeffamee waan jiruuf arge. Na qabe jedheen miilli na hollachuufi huurkaan dugdarraan yaa'u natti dhagayamuu eegale. "Hin fakkeessinee fakkeessi. Baga carraan narra si buuse malee qabamtee turte" jedhee seeqqatee guyyaa lama booda deebi'ee akkan paaspoortii fudhadhu naaf hime. Rifaatuun gammachuutti narraa jijjiiramtee galateeffadhee bahe.

Paaspoortii kiyya fuudhee viizaan akka itti dhayamuuf embaasitti kennee maatiitti nagaa dhaamuuf gara Dhummuggaa qajeele. Dhummuggaatti hiriyoonni ijoollummaa barnootaaf adda facaanee turre, biyya alaa deemuu akkan hedu dhageenyaan na geggeessuuf, Machaaraa, Galamsoofi Dirree Dhawaa irraa dhufanii wal agarre. Isaan waliin bashanannee, jaarsoliin biyyaa bahanii eebbisanii na geggeessan.

Yeroon Finfinneetti ol deebi'u warri koree, "deemuu keessaniin dura, biyya itti deemtanitti warra akka ambaasaadaraatti Itoophiyaa bakka bu'uufi beeksisuudha.

Kanaaf ammoo biyya keessan beekuu qabdu" jechuun dhaabbanni Turiizimii Itoophiyaa barattoota shanan iskoolaarshiippii arganne gara magaalota Baahir Daar, Goondar akkasumas Laallibalaa geessuun nu daawwachiisan. Imalli kun yeroo duraatiif kanin Oromiyaa keessaa itti bahe ture. Ummanni naannoo Amaaraa hamman yaadeen addatti hiyyummaa hamaa keessa akka jiru akkuma laga Mormor (Abbayyaa) ceeneen daandiilee irratti hubachuu eegale. Qonnaan bultoonni daandii bitaaf mirgatti agarru uffata ciccitaa ofirraa qabu. Keessattuu dubartoonni akka malee huqqatanii ba'aa gurguddaa baatanii miila duwwaa deemu.

Baahir Daar irraa gara fincaawaa Xiis-Abbaay yeroo deemnetti manguddoo takka kan lolaa yaa'aa jirurraa bishaan booruu waraabbattun arge. Bakka ishiin waraabdu sanirraa bishaan Abbayyaa meetira 300 caalaa waan fagaatu hin se'u. Itti siqeen "osoo lagni asuma jiruu maalif bishaan corroqa booruu kana waraabda?" jedheen gaafadhe. "Yaa ilma koo dhuguma Abbaay guutee dhangala'ee asumaan nu bira dabra. Garuu eenyutu goda keessaa nuuf baasa?" jette sagalee gaddaatiin. Dur ani kanin beeku ummanni naannawa keenyaa sababa gammoojjummaafi boonaatiin bishaan waan dhabamuuf corroqa akkasii dhuguuf dirqama. Xiis-Abaayitti garuu qaama motora bishaanii maallaqa xiqqaan bishaan harkisuuf dhabaaf, jaartiin sun Abbaay ijaan laalaa corroqa waraabuuf dirqamte.

Wannin arge sun makmaaksa "የአባይን ልጅ ውሃ ጠማው/Ilma Abbaayyatu bishaan dheebote" jechuun kutaa Afaan Amaaraa keessatti nu barsiisaa turan san qabatamaan natti mul'ise.

Goondar erga daaw'annee bullee naannofnee gara Daseetiin Finfinnee galuuf osoo deemaa jirruu konkolaataan ittiin deemnu rakkoon uumamnaan hanga suphamu baadiyyaa keessatti nuun dhaabbate. Mana citaa daandii moggaa jiru keessaa ijoolleen fiigaa nutti dhufte. Haasaya isaanii yoon dhagayu Afaan Oromoo ta'uu hubadheen itti siqe. Loqodni isaanii kanuma naannawa ani itti guddadhee waan natti fakkaateef, waanin Baddeessaafi Galamsoo jidduu jiruun of se'e. Daa'imman sun nutti Afaan Amaaraan haasayaa walitti ammoo Afaan Oromoo dubbatti ture. Ani Afaan Oromoo itti haasayuu eegallaan hedduu gammadanii na marsan.

Maqaan kiyya eenyu akka ta'e, eessaa akkan dhufe, garam akkan deemu walirraa fuudhaa na gaafatan. Namni guddaan qe'ee akka jiru gaafadhee naaf mirkaneessinaan, dubbisuuf itti qajeele. Ooyruu mana bira jirtu keessaa muka guddaa tokko jala jaarsolii afur taa'anii jiran arge. Kalooytaa (koofiyyaa dhiirri Muslimaa uffatu) irratti agarraan "salaamaleeykum" jechuun nagaa gaafadhe. "Wa'aleeykum salaam" jechuun naaf deebisanii ol ka'anii na simatan. Isaan keessaa tokko harka natti laate. An harka itti laadhee deeffachuuf jennaan harka kiyya olqabee dhungate, anis kan isaa ofitti butee dhungadhe. Afranuu akkasiin na dubbisan. Akkaataan harka wal fuudhinsaa kana ergan Dhummuggaarraa deemee argee waan hin beekiniif, loqoda isaaniitiin walitti dabalamee waanuman bakka itti guddadhe dhaqe natti fakkaate.

Jaarsonni eenyummaa kiyyaafi eessaa akkan dhufe, eessa akkan deemu na gaafatan. Anis haala ummata naannawa sanii waan hedduu gaafadhee irraa baruu eegale. Haasayni jara waliin gochaa jiru miira na fuudhee karaa akkan deemaa jiru na irraanfachiisee hamman tureeyyuu hin beeku. Namichi biyya daaw'achiisuuf nuun deemu na waamuu dhufe. Namichi hanga Finfinnee kaanee, Baahir Daar, Goondariifi Daseen baanutti guyyoota shaniif konkolaataa keessa waliin turre, waan hedduu haasofne, jecha takkas Afaan Oromoon nan dubbisin, "nagaa ooltanii" jechuun haasaa keenya adda kute.

Manguddoota harka fuudhee Afaan Oromoo qulqulluun haala biyyaa, fayyaa isaanii, haala oomishaa gaafate. Ani na ajaa'ibeen laala. "Osoo turree haasayaa bullee fedhii kiyya ture. Garuu Finfinnee galuu waan qabnuuf deemuu qabna, nu eebbisaa" jedhee maallaqa hanga wahii baasee itti kenne. Jaarsonnis nutti tuttufanii "nagayaan galaa" jedhanii nu geggeessan. Yeroo gara konkolaataa deemnu, "si qofaatu afaan beeka of se'aa turtee mitii" naan jedhee kolfe. Erga konkolaataa seennee booda Afaan Oromoon itti dubbannaan naaf deebisuu dide. Dubbiin naaf galte. Ittin dhiise.

Deemuu keessan dura biyya keessan naannoftanii baruu qabdu waan jedhameef imala Kaabaa booda gara kutaalee biyyattii Kibbaafi Bahaatti waan deemnu se'een ture. Finfinnee seenuuf yoo jennu imalli "itti aanu hoo yoomi?" jedheen gaafadhe. "Imalli biraa hin jiru. Kanuma. Kana booda gara biyya itti ramadamtaniitti qajeeltan" nuun jedhe namichi nuun deemu. Finfinnee geenyee yeroo konkolaataarraa buunee addaan galuuf hednu "Itoophiyaan bartanii addunyaatti beeksiftan Kaaba malee Kibba hin jirtu" jechuun seeqate. "Imala kanarraa waan agarte qofa osoo hin taane kan hin argin irraayis akka waa qalbifatte abdiin qaba. Barnoota keetitti jabaadhu. Bakka deemtu hundatti ofis ummata kectis hin dagatin" naan jedhee maallaqa wahii maree kiisha naaf kaayee na biraa deeme.

Adaamaatti deebi'ee firootaafi hiriyyootatti nagaa dhaammadhee deemsaaf qophaayuu eegale. Dhaammata kana keessan waan koflaa tokko dhagaye. Firri jaalallee yeroo san ani qabuu na jibba ture. Intala narraa adda baasuuf gorsaafi doorsisa meeqaan dadhabee dhiise. Maarree akka ani biyya alaa deemuu hedu itti himnaan "biyya kam deema?" jedhee gaafate. Siingaapoor ta'uu itti himan. Innis "Siingaapoor deemuu waan guddaa gootanii hafarsitanii? Siingaapoor jechuun Chaayinaadha malee biyya Faranjii miti" jechuun harkatti busheesse jedhan.

Gaafan dhagaye kofleetuman itti dhiise. Ergan Siingaapoor dhaqee bara san akka ammaa intarneetiin wal qunnamuunis tahee bilbiluun waan hin danda'amneef maallaqa qaaliin kaardii binneet biyya bilbilla ture. Akkasumas bilbilli harkaa waan hin turiniif manatti bilbiluun nama barbaannu yaamsifnee dubbisuun dirqama ture. Bifa kanaan jaalallee tiyya san dubbisuuf mana isaanii yoon bilbilu namni dhiiraa kaase. "Abalu jirtii" jedheen maqaa intalaa dhayee gaafadhe. "Hin jirtu" naan jedhe sagalee dallansuutiin. "Eessa dhaqxe" jedhee ani gaafannaan "ni duute" naan jedhee gurratti na cufe. Nan rifadhe. Hiriyyaa waliin barataa turre tokkoo bilbilee yoon gaafadhu nagaya akka qabduufi guyyama sanuu mana barnootaatti akka arge naaf hime.

Guyyaa itti aanu mana isaaniitti naaf yaamee akka wal na qunnamsiisu sa'aa naaf qabe. Sa'aa beellamaatti bilbilee yoon argadhu, namichi bilbila kaasee 'duute' jechuun mudhii na kute sun fira ishii na jibbu san akka ta'e naaf himte.

4.2. Abjuufi Makmaaksi Akka Abbaan Itti Hiikkate

Walakkaa ji'a Hagayyaa bara 2003 (1995 ALI) Itoophiyaa gadi dhiisee gara Siingaapoor qajeele. Yeroo jalqabaaf xayyaara yaabbachuu koo ture. Yennaa dura xayyaarri ka'u garaan na raafamus, boodarra tasgabbaayeen kitaaba dubbisuu eegale. Hanga Baangkook, Taayiland'tti xayyaara Itoophiyaan deemee, san booda kan biraatiin gara Siingaapoor qajeele. Akkuman Siingaapoor gaheen mudannoon haaraan na qunnamuu eegale. Dirree xayyaaraatti qindeessituun mana bultii (dormitory) dhuftee na fuute konkolaataa keessa yennaa seennu namicha konkolaachisaa jiruun wal na barsiifte.

"Jawar, meet my partner Steve." naan jette. Yeroo konkolaataa seennu waan dhungatteef abbaa warraa kootii akka jettettin fudhe. Yeroo mana geenyu ammoo namni dhiiraa biroo dhufee boorsaa koo na gargaaree yeroo bakka keessummaa itti simatan (reception) geenyu, "Jawar, meet Max he is my partner. He is responsible for male dormitory and will show you your room" naan jette. Amma nan nahe.

Hariiroo namicha lammataa kanas akkuma kan duraa "partner" jettee waan ibsiteef sila jaarsa lama qabdii jedheen yaade. Finfinneedhaa ka'uu keenya dura garaagarummaa aadaa biyya keenyaafi biyya faranjii irratti hubachiifni (cultural orientation) nuuf kennamee ture. Dhimma hariiroo saala-wal fakkaataa (homosexuality) dabalatee wantoota biyya keenyatti hin beekamne heddu arguu akka dandeenyuufi obsaan akka aadaa biyyaa kabajnee barannu cimsanii nu gorsanii turan. Kanaafuu tarii dubartiin jaarsa lama qabaachuun aadaa biyyan itti dhufee tahuu mala jedheen cal'ise.

Guyyaa muraasa booda Max (kan dormii) keenya bulchuufi kan yeroo lammaffaatti "partner" kiyya jette sun, mana isaatti na affeeree haadha warraaf ilmaan isaatiin yeroo wal na barsiisu amma dubbiin daranuu na afaanfaajjessite. Dura waan dubartiin takka dhiira lama fuuten se'e ture. Amma ammoo namichis niitii lama waan qabu natti fakkaate. Tarii jarri afranuu walitti heerumanii jedhee nama gaafachuufis sodaadhee cal'ise. Torbaan tokko booda gurbaa Swaziland irraa dhufe tokkoon waan walitti dhiyaanneef, onnadhee gaafannaan jechi 'partner' jedhu hiikkaa lama qabaachuu akka danda'u naaf hime. Tokko dhiiraafi dubartii osoo seeraan wal hin fuudhin akkuma dhiirsaaf niitii waliin jiraatan kan ibsu yoo tahu, gama biraatiin immoo namoota lama hojii waloo qabanis 'partner 'jedhamuun akka hariiroon sun yaamamu naaf ibse.

Haala kanaan namichi ishiin dirree xayyaaraatti na barsiifte dhiirsa ishii yoo ta'u, bulchaan doormii dhiiraa kan erga mana barnootaa geenyee na barsiifte ammoo waahila hojii (colleague) akka ta'e natti hime. Dhuma waggaatti sagantaa geggeessaa boqonnaa gannaa irratti bakka jarri afranuu jiranitti mudannoo kana himee barattootaafi barsiisota kofalchiise.

Siingaapoor haala kanaan guyyuman dhaqeen muudannoo hin dagatamneen na simatte. Dhaqee guyyaa sadi booda ammoo kan biraa naaf dabalte. Barattoota biyya biraatii dhufne ifatti simachuuf (official reception) mana nyaataa beekkamaatti irbaata affeeramne. Reestoraantii nyaata galaana keessaa (seafood) hojjachuun beekkamaa ture tokko dhaqne. An hin beeknen ture. Akkuma gadi teenyeen baafata nyaataa (menu) nuuf fidan. Maqaan nyaataa ani beekuu tokkos hin turre. Hin beeku jedhee himadhee gaafachuuf nan qaanfadhe. Kanaafuu nyaata tarreeffame keessaa tokkuma quba itti akeekeen ajajadhe.

Nyaanni qophaayee fidanii na dura kaayan. Cinaatti ammoo waan akka qaruuraa bishaaniin guutamee keessaan mul'isu (transparent) kan wanti akka awwaannisaa keessa deddeemtu fidanii nyaata kiyya cinaa kaayan. "Kuni maali?" jedheen gaafadhe. Nyaata ati ajajattetu osoo hin waaddamin dura akkana ture, Shirimp jedhama naan jedhan.

Lubbuun bishaan keessaa qabamee dhufee, yeroma san akkuman ani ajajadheen kan naaf waadame (fresh) ta'uu raggaasisuuf akka fidan naaf himan.

Yoo keessummeessaafi barsiisaan na bira taa'aa ture wal jalaa fuudhaa akka waan gaariitti naaf ibsan, na lollooccee kan dhiyaate nyaachuu dhiisii kan garaa keessa na tureyyuu qabachuu hin dandeenye. Fiigeen mana fincaanii dhaqee ofirraa baase. Hoggaan deebi'u nyaata naaf dhihaates na jalaa kaasaan jedheen. Rifatanii kaasan. Waan biraa siif ajajna jedhan. Yeroo sanitti waa nyaachuu osoo hin taane suuraan wanta qaruuraa keessatti argee san sammuu keessaa of haquufin yaalaa ture. Hamman mana sanii bahuufin muddame. Akkuma ta'e ta'ee hanga sagantaan irbaataa xumuramu eegee galle.

San booda nyaatuma biyya sanii na jibbisiise. Ji'a lamaa oliif daabboo dhadhaafi damma irra dibeetin nyaachaa ittiin jiraadhe. Dhawaataan ruuzaafi foon miila lukkuu ta'uu ijaan mirkaneeffadhee fudhachuu eegale. Nyaata bishaan keessaa (seafood) garuu ergan gaafas jibbee hanga har'aas hin nyaadhu. Namoonni hedduun akkan Eeshiyaa jiraadhe yoo dhagayan mana nyaataa 'seafood' na affeeruu barbaadu. Hin jaaladhu gaafan jedhuun hedduu ajaa'ibsiifatu. Seenaa armaan olii kana itti himeen amansiisee bakka biraa dhaqna.

Mudannoo lamaan kanaan na simattus, Siingaapoor hamman gaazexaa 'Strait Times' irratti arge caalaa biyya hedduu miidhagduufi guddatte taateen argadhe. Dhaquun duratti Siingaapoor sun magaalaa guddoo biyyattii taatee, magaalonni xixiqqoofi baadiyyaan biroo waan jiran natti fakkaata ture. Gaafa tokko daawwannaaf nu baasani magaalattii daangaa hanga daangaa konkolaataan naannofnee ilaaluuf sa'aa lamaa-sadi qofa nutti fudhate. "Magaalonni itti aanan kallattii kamiin jiran?" jedhee gaafannaan, magaalaas ta'e baadiyyaan biraa akka hin jirreefi magaalaanis biyyis tanuma daaw'anne san qofa ta'uu nuuf himan.

4.3. Siingaapoor, Biyya Sammuun Ijaare

Akkuma Siingaapoor geenyeen torbaan lamaaf haala seeraafi aadaa biyyaa irratti leenjiin hubannaa nuuf kennamee ture. Siingaapoor biyya sirritti seera cimsitu akka taateefi of eeggannoo cimaa akka goonu irra deddeebi'anii nu akeekkachiisan. Keessattuu qulqullinaafi naamusa irratti ejjannoo cimaan akka jiru nu hubachiisan. Namni qoricha/keemikaala sammuu hadoochu (drugs), achitti dhiisii biyya birootti fudhatee dhufee dhiiga keessatti argame, hidhaa dheeraadhaan akka adabamu nutti himan. Barataa akka keenyaa taanaan ammoo adabbiin biyyaa ari'amuu ta'a.

Gama qulqullinaatiin balfi akka waraqaa gatuu nama adabsiisa. Maastikaa / Haancoo/ nyaachuunis ta'ee yeroo biyya keenya gallee deebinus fiduun yakka hidhaan kan nama adabsiisu ta'uu nu akeekkachiisan. Sababni isaas haancoon magaalaa waan xureessuufi. Seera cimaa biyyattiin ittiin beekkamtu keessaa tokko kana. Akka oduun nuuf himan jettutti akkuma Siingaapoor gitabittaa jalaa bilisa baateen hogganaan biyyattii kan jalqabaa Lii Kwaan Yiw, gaafa tokko baabura reefu hojii eegale laaluuf dhaqee, balballi cufamuu ennaa didu arge jedhan. Yeroo itti siqee sababa hulaan cufamuu dideef laalu haancoon alanfamee gatame danqaree akka dhoorge arge. Gaafasii kaasee labsii dabarsanii haancoo nyaachuus ta'ee biyya galchuu uggure.

Tarkaanfiin Lii Kwaan Yiw kun waan hedduu na dinqeef waa'ee isaa daran barachuuf kitaabota dubbisuu eegale. Adaduman dubbiseen raajiin inni odola gitabittaa Ingiliizii hiyyeettii takka waggoota soddomatti jijjiiree biyya duroominaan tarree addunyaa gama duraarratti baasuu isaa baradhe. San booda haasaa isaa televiziyoonaan dabruufi barnoota (lecture) inni dhaabbilee barnootaafi galma ummataatti kennu hirmaachuun waan heddu baradhe.

Singapore raajii Lee Kwan Yew hojjateedha yoo jedhame haqarraa waan tagaatuu miti. Biyyattiin odola xiqqoo garuu dagaagina diinagdeetiin biyyoota addunyaarratti sadarkaa tokkoffaa irratti argaman keessatti ramadamti. Guddina saffisaa kana agarsiisuun dura garuu bu'aa bahii hedduu keessa dabarte. Odola bara durii ummanni Malay qurxummii irraa guuratu, koloneeffattoonni Ingiliizii dhuunfachuun, sababa qubsumti lafaa geejjiba bishaan irraatiif mijataa ta'eef, buufata doonii godhan. Hojjattoota humnaa buufata kana tajaajilan ammoo China irraa fidaa turan. Qubsumni lafa isii biyyoota naannawa saniitiif jiddugala waan taateef, tajaajilli iddoo buufatni doonii kun itti ijaarame saffisaan babal'atee lola addunyaa lammaffaa irratti warri Japan yeroo gabaabaaf to'ate.

Boodarra Ingiliiz deebitee dhuunfachuun buufata waraanaa isii Garba Paasifik (Pacific) godhattee itti fufte. Adeemsa keessa jiraattonni Singapore irra jireessi warra sanyii Chaayinaa ta'anis, Ingiliz qaamuma kolonii isii Malaysia gootee bulchaa turte. Gaafa walabummaan Malaysia dhihaatee Ingiliz bahuuf kaatu garuu rakkoon uumame. Malaysia guddittiin (Mainland) ofiifuu gaaffii saba China irraa ka'aa jiru dabsuuf cinqamaa turte. Saba Chaayinaa Malaysia muummittii jiru irratti kan Singapore dabalamnaan dhibbeentaadhaan kan warra abbaa biyyaa (Native Malay) wal gituuf ta'e.

Dabalataan ammoo hoogganaan Chaayinota Singapore dargaggeessi ogeessa seeraa Lee Kwan Yew jedhamu dandeettiin inni saba Chaayinaa gamaa-gamanaa qindeessuun agarsiise sodaachisaa ture. Kanarraa kan ka'e lakkoofsi Chaayinota Malaysia Muummeefi Singapore walitti dabalamnaan, humna wayyabaa (Majority) saba Malay waan hanqisuuf, kun ammoo ummata Malay kan seenaa keessatti diinagdee, aadaafi siyaasaan dhiibame biyya isaarratti aangessuuf gufuu ta'a. Kanaafuu, Singapore ofirraa muruuf murteessan. Haala kanaan Hagayya 6 bara 1965 Singapore biyya addunyarratti fedhii ishii malee dirqamtee walabummaa gonfatte taate.

Singapore walabummaa siyaasaa argattus gama diinagdeetiin of dandeessee dhaabbachuuf ulfaataa ture. Odolaan tun galaanaan marfamuu isiitiin ala qabeenya uumamaa hin qabdu. Lafti qonnaaf mijatu hin jiru. Bishaan dhugaatiituu gahaan hin jiru. Ummanni isii irra jireessi galii tajaajila iddoowwan kaampii waraana ingiliizii irraa argatuun jiraata. Yeroon Singapore walaba itti baate ammoo bara impaayerri Ingiliizii laaffataa dhufuun buufata waraanaa addunyaa irraa qabdu cufaa turteedha.

Haaluma kanaan buufata Singapore jiru gadi lakkistee bahuuf murteessite. Kun ammoo madda hojii guddicha Singapore qabdu gogsuun gaaga'ama guddaa fiduuf ta'e.

Rabbiin yeroo isaan baaruuu yaadu, hogganaa cimaa Lee Kwan jedhamu baaseef. Lee Kwan Yew ogeessa seeraa yuunivarsiitii beekkamaa biyya Ingiliizii Cambridge'tti barateedha. Qabsoo sirna kolonii jalaa bahuuf godhamaa turetti hirmaachaa turuun, yeroo Malaysia'n kolonii jalaa baatee Singapore biyya walabaa akka taatu murtooftu, hoogganaa biyyattii ta'uun filame.

Lee Kwan Yew akkuma aangoo qabateen yaadota hegeree biyyattii guutumatti jijjiiru maddisiisee ifoomse. Kunis biyyiti isaa qabeenya uumamaa guddaa hin qabneefi diinagdeen ishii waraana Ingiliizii achi maadheffatee jirurratti hirkate waan ta'eef, gaaga'ama walabummaa booda mudatuuf deemu dandamattee guddachuu kan dandeessu wantoota bu'uuraa lama yoo mirkaneessiteedha jedhe. Kan duraa biyyattii qe'ee nageenyaafi tasgabbii gochuun jiddugala investimantii naannichaa gochuudha. Lammaffaa qabeenya uumamaa guddaa waan hin qabneef, investimantii harkisuu kan dandeessu humna hojjattootaa ogummaafi naamusa (skilled and disciplined workforce) baay'ee cimaa qaban horachuun yoo danda'ameedha. Dabalataanis seerota investarootaaf hojii laaffisuun harkisan baase. Tasgabbiifi hojjataan dandeettiifi naamusa qabu jiraannaan, biyyoota naannawa san jiran caalaa investimantii harkisuuf dandeessisa jedhee hojiitti seene.

Yeroo sanitti haala nageenya biyyattii irratti waan lamatu gaaga'ama fiduu dandaha jedhamee yaadamaa ture. Kan duraa Komunizimiidha. Yeroon sun yeroo addunyaafi naannawni sun komunizimiin akka ibidda saafaa itti babal'ataa tureedha. Akkasumas lammileen Singapore irra jireessi sanyiin isaanii Chaayinaa ta'uuniifi biyyi China ammoo sirna kominuzimiitiin bulaafi babal'isaa waan turteef, siyaasa sanitti hawwatamuuf saaxilamoodha. Kun sodaa shakkii irratti hundaaye osoo hin taane waan qabatamaan mul'atu ture. Osoo biyyitinuu walaba hin bahin paartiin komunistii Singapore keessatti dhaabbachuun deeggarsa cimaa qabaachaa ture. Paartiin kun keessattuu hojjattoota qindeessuun fincilsiisaa ture. Haala akkasii keessatti invastimantii hawwachuun ulfaataa akka ta'utti yaadame. Rakkoo gama komunizimiin dhufu kana irra aanuuf biyyoonni ollaa akka Indooneezhiyaa tarkaanfii humnaatin ukkaamsuufi balleessuu filatan. Lee Kwan Yew garuu humni qofaa isaatti furmaata waaraa akka hin taanetti ilaale.

Tooftaan inni filate sababoota ummanni siyaasa kominizimiitti hawwatamuuf furuu irratti kan xiyyeeffate ta'e. Kana jechuun rakkoolee hoji dhabdummaafi garaagarummaa gitaa (hiyyeessaafi dureessa) jiduu jiru fala itti barbaadutti gore. Kanaaf ammoo diinagdee guddisuun hoji-dhabdummaa hir'isuu, akkasumas hojjattootni kaffaltii wayyaa akka argatan gochuudha. Kaffaltii wayyaa mirkaneessuuf ammoo ogummaa (skill) hojjattootaa barnootaafi leenjiin guddisuutti fuulleffate. Sirni diinagdee inni hordofu kaappitaalizimii ta'us, garaagarummaa galii (income disparity) akka hin bal'anneef, gaheen mootummaan diinagdee to'atuuf qabu cimaa akka ta'u godhe. Bulchiinsa mootummaas ta'ee dhaabbilee misoomaa hogganuuf, dandeettiin (meritocracy) qofti ulaagaa akka ta'u godhe. Ulaagaa kana ministeerotuma ofii muuduurratti hojiitti hiikuun fakkeenya godhe. Kana milkeessinaan komiifi roorroon hojjataafi hiyyeessaa kan komunizimiif karaa saaqu hin jiraatu jechuun hojiitti seene.

Maddi dhabiinsa nageenyaa inni lammataa hariiroo saboota jiddu jiru akka ta'uu malu Lee Kwan Yew ganamumaan hubate. Rakkoo sabdanummaa kana hanqisuuf sababoota komiifi mufannaa ta'uu malan jalqabumarraa fala itti tolche. Yeroo sanitti saboota sadiitu biyya san ture. Isaanis Chaayinaa, Malayfi Hindiidha. Dabalataan afaan sabni sadeenuu dubbatan, jechuunis Malay, Chinesefi Tamil (kan warri Hindii achi jiraatu dubbatu) afaan hojiifi barnootaa taasifaman. Dabalataanis Afaan Ingiliizii afaan hojiifi barnootaa afraffaa godhan. Kun kan ta'e sababa sirna kolonii biyyattii bulchaa tureetiin saboonni hundi Afaan Ingiliizii waan dubbataniif afaan waloo akka qabaataniif, akkasumas lammiileen biyyattii gabaa addunyaa keessatti dorgomaa akka ta'aniif yaadameeti.

Maatiin daa'imman isaa afaan ofiitti dabalee Afaan Ingiliiziifi kan ofii filate kan biroo akka barsiifatu mirgi kennameef.

Haqa warra abbaa biyyaa (native) ta'anii eeguuf Afaan Malay afaan biyyoolessaa (national language) akka ta'u heera mootummaan tuman. Lee Kwan Yew sabni isaa Chaayinaadha. Warri Chaayinaa ummata biyyattii keessaa 75% ta'a. Warri

Malaya 14% qofa ta'anii osoo jiranuu, afaan isaanii kan biyyoolessaa gochuun bilchinaafi fageessanii yaaduu isaa agarsiisa. Murtiin kun Malaysia guddoon harka akka hin seensifanne sababa dhabsiisuufi qaawwa itti cufuufis yaadameeti.

Gaaffiiwwan ijoon biyyattii keessatti rakkoo uumuu dandahan osoo hin ka'in dura bifa armaan olii kanaan deebii kennuun, komiin gitaafi sabaa akka hin uumamne taasisuun, madda jeequmsaa durfamee gogsuun danda'ame. Kun ammoo Singapore biyya tasgabbiin isii invastimantii gurguddaa Ameerikaa, Awuroppaafi Jaappaan irraa yeroo gabaabaa keessatti hawwatte godhe.

Lee Kwan Yew bara 1959 aangoo qabatee bara 1990 gadi lakkise. Cimina isaafi hoogganoota inni hojiitti bobbaaseen waggoota soddoma qofa keessatti, odola hiyyeettii diinagdeen ishii Ingiliiz irratti hirkate, kan Malaysia'n ofirraa ariite, tarree biyyoota duroomaniitti akka makamtu dandeessise.

Yeroon achi jiraadhetti Lee Kwan Yew soorama bahus naamusni hojii inni lammiilee biyyattii keessatti uume ifatti mul'ata ture. Fakkeenyaaf namoonni soorama bahan akka biyya biraa hin boqotan. Hojiidhuma argame hunda hojjatu. Hoji gaggeessaan kubbaaniyyaafi koloneelli humna waraanaa ajajaa turan yeroo sooramni isaanii gahetti boqonnaa fudhachuu irra yeroo taaksii oofan arguun baratamaa ture.

Wanti biraa biyya san akkan dinqisiifadhu na godhe ammoo itti fayyadama bishaaniiti. Singaapoor odola xiqqoo waan taateef bishaan lagaa dhugaatiif ta'u hin qabdu. Bishaan dhugaatii biyya ollaa irraa galfatti. Hirkattummaa kana hir'isuuf bishaan roobaa hundi bo'oon sassaabamee qulqulleeffamee dhugama. San qofaa miti, bishaan mana fincaaniifi kushiinaa keessatti dhimma itti bahame akka biyya biraa hin gatamu. Sassaabamee warshaa keessaa calalamee qulqullaayee dhugaatiifi tajaajila birootiif oola. Balfi gogaanis hin gatamu. Walitti qabamee gubamuudhaan madda anniisa elektrikaa ta'a. Daaraan irraa hafus faayidaa garagaraa irra oola.

Hamman achi turetti gaafa tokko poolisii daandii irratti argee hin beeku. Konkolaachisaa seera cabse kaameeraan galmeessee manumatti nagayee adabbii ergaaf. Konkolaachisaa machaayes ta'e sababa biraatiin saffisa hamaan oofee ofiifi ummata balaaf saaxiluu malu teeknolojii konkolaataa harkatti dhaamsu qabu turan. Namnis poolisiin hin jiru jedhee seera hin cabsu. Fakkeenyaaf ijoolleen dubraa nu waliin barattu yeroo halkan bahanii dhuganii machaahanii hogga deebi'an, taaksii qabatanii konkolaachisaanfidee mooraan gahee mana barumsaa kafalchiisa malee boorsaa isaanii hin banu.

Jijjiiramni hawaasaafi diinagdee Singapore erga walaba taatee muldhifte, hoggansa siyaasaa beekkumsa, murannoofi jaalala biyyaa wal madaalchisee qabu argachuun biyya tokkoof akkam murteessaa akka ta'e na hubachiise.

4.4. United World College

Gaafan ani carraa Iskoolaarshiippiitiin dhaqu Singapore biyya dureettii addunyaarraa namni itti yaa'u turte. Ana dabalatee barattoota dhibba tokkoofi soddoma (130) ta'antu biyyoota dhibba tokko (100) ol irraa filamanii dhufan waliin barnoota eegale.

Manni barnootaa an itti baradhe sun United World College of Southeast Asia jedhama. Damee United World College (UWC) kan yeroo sanitti manneen barnootaa sadarkaa lammaffaa biyyoota garagaraa irraa qabuuti.

United World College hayyuu barnootaa Kurt Hahn jedhamuun bara 1962 kan hundaaye. Namni sun lammii hidda dhaloota jarmanii yoo ta'u, balaa lolli addunyaa 2ffaa dhaqqabsiiserraa kallattiin muuxannoo qaba ture.

Kanaafuu jibbaafi atakaaroo biyyootaafi saboota jidduu jiru hambisuun dhoo'insa wal waraansaa hir'isuuf barnoota irratti xiyyeeffachuu qabna jedhee amane. Barnoonni madda wal hubannaa, wal kabajuufi wal danda'uu akka ta'uuf ammoo dargaggeeyyii aadaafi biyyoota garagaraa irraa walitti fiduun bakka tokkotti barsiisuun barbaachisaadha jedhee murteesse. Umrii 16-19 jiru yeroo haalaafi amallli dargaggootaa itti bocamu (formative age) waan ta'eef, sadarkaa sanitti aadaa, amantiifi biyyoota garagaraa irraa walitti fiduun dhaloota gamaa gamanaa wal hubatu uumuuf fayyada. Akkaatuma karoora kanaatiin mana barnootaa jalqabaa biyya Wales (Britain) keessatti bane. Yeroo ammaatti UWC Adriatic jedhamuun beekama.

Bu'aan mana barnoota sanii saffisaan waan mul'ateef gumaata namoota arjaatiifi deeggarsa qondaalota mootummootaa argachuun Awuroppaan alatti babal'atee, manni barnootaa ani itti barachuuf dhaqe sun bara 1971 hojii eegale. Yeroo ani dhaqetti manneen barnootaa sad 2ffaa addunyaa irratti beekkamtii ol'aanaa qaban keessaa tarree duraa irratti argama ture. Manneen barnootaa UWC namoota sadarkaa garagaraatti hoggansa kennan hedduu maddisiisuun hawwii Kurt Hahn galmaan gahaa turan. Gaafa ani achi turetti manneen barnootaa UWC kudhantu biyyoota garagaraa keessatti banamee tajaajila baruuf barsiisuu kennaa ture. Hanga gaafa kitaabni kun barreeffamuutti baay'inni isaanii kudha saddeet (18) gahanii jiru. Itoophiyaa irraahuu barattoota kurna hedduutu carraa kanaan biyyoota garagaraa deemee barate. Anis dabareen na gahee Hagayya 2003 achi gahe.

Akkan barnoota eegaleen hedduu natti ulfaate. Biyyatti hamma kutaa 11ffaa yoon baradhes, Afaan Ingiliffaatiin barreessuu irratti muuxannoo hin qabun ture. Barnoonni biyya keenyaa seer-luga irratti waan xiyyeeffatuuf dubbisuufi barreessuu irratti dandeettii cimsachuuf hin gargaaru. Kun ammoo Afaan Ingilizii qofa osoo hin taane Afaan Oromoofi kan Amaaraas dandeettii barreessuutiif xiyyeeffannaan gahaan hin kennamu. Fakkeenyaaf hojiin manaas ta'ee qormaanni nuuf laatamaa ture dhugaa/sobaa, filannoo (A, B, C,D) fi iddoo duwwaa guutii ture. Gaafni fuula takka akka barreessinuuf barsiisaan nu ajaje hin yaadadhu.

Singapore yoon dhaqu garuu gosa barnootaa jaha barachaa, torbaanitti tokkoon tokkoo isaa barreeffama fuula hedduu dubbisaa, waan dubbifne irraa ammoo gulaallii fuula lamaa hamma sadihii, sanuu afaan Ingiliiziin katabuun dirqama ta'e. San dura an barataa cimaan of se'aa ture. Qormaata dhugaa/soba, tokko filadhuufi iddoo duwwaa guutii osoon hedduu qu'achuuf hin dhiphatin qabxii ol'aanaa argachaa guddadhe. Amma garuu barruu yeroon biyya ture seemisteera guutuu dubbisee hin beekne torbaanitti fixuun dirqama taate.

Aniin san dura fuula takkaahuu barreessuufuu dirqamee hin beeyne, torbaanitti fuula lamaa sadi akaakuu barnootaa tokko tokkoo isaatiif qopheessuun hojii manaa idilee ta'e. Barattootni biyyoota biraatii dhufan, akkuma mana barnootaa amma itti wal agarreetti, kutaalee sadarkaa gadiitti baay'inaan dubbisuuf barreessuun qaama kaarikulamii isaanii waan tureef, haalli amma mudatan waan haaraa hin taane, ittis hin ulfaanne. Isaaniin wal bira qabee yoon of laalu, hedduun of tuffadhe, nan sodaadhe. Fallin qabu takkaa kufee seemisteera dhumarratti ari'amuu ykn ciniinnadhee dabruu taate. Akkuma harreen sodaarraa kan ka'e waraabessa takka ciniinnaan gadi hin lakkifne, anis, jiruu hawaasummaafi bashannana dargaggummaan itti na hawwattu ijaaf gurra irraa cufadhee qu'achuutti gad taa'e.

Jiruun tiyya mana kitaabaa (library), dareefi siree ta'e. Barsiisotaan dafee walitti dhihaachuun, rakkoo kiyya hubachiisee waan natti ulfaate daree booda akka na gargaaran godhe. Haala kanaan yeroo seemisteerri duraa xumuramu waan silaa seemisteera itti aanu barachuu karoorfadhes dubbisee waliin gahe. Qormaatas akkan jalqaba sodaadhe osoon hin taane qabxii gaarii galmeesseen dabre. Kanaanis ofitti amanumummaa waanin horadheef, akka jalqabaa san irraa fooyyeffadhee jiruu hawaasummaatiifis hiriyyoota waliin gadi babbahee bashannanuun eegale.

Seemisteera duraa sodaarraa kan ka'e ciniinnadhee qu'achuun qabxii gaarii waanin argadheef, seemisteera lammaffaa sochiilee mana barnootaa garagaraa keessatti hirmaachuuf onnee (confidence) argadhe. Kana keessaa tokko filannoo pireezidaantii barattootaatiif godhamuuf dorgomuu ture. Dorgommiin kun akkuma filannoo siyaasaa duula na filadhaa bal'aa gaafata ture. Kanaaf ammoo ejjannoo (manifesto)fi tarsiimoo hojiirra ittiin oolu baasuun maxxansuu, bakka barattoonni walgahanitti beeksisuu akkasumas dorgomtoota biroo waliin wal falmuu (debate) gaafata. Anis koree duula (campaign committee) jaarradhee itti bobba'e. Dorgomtoota hedduu keessaa dhumarratti namni lama hafne. Duula torban lamaa booda barattoonni sagalee waliigalaa kennan.

Bu'aan isaa yoo beeksifamu ani moo'amuu beeke. Hamileen hedduu na caphxe. Guyyaa san qaamaan malee qalbiin daree hin turre. Dogongora yeroo duulaafi falmii uume yaadachuun gaabbe. Tarii dandeettii Afaanii kiyyatu na miidhe jedhees sababa ofiif kennuu yaale. Itti rafee bulee borumtaa isaa narraa gale. Dogongoran uumeef gaabbuufi sababoota akkan moo'amuuf shoora tapahatan tarreessuu, gurbaa naan dorgomeen caalamee moo'amuu kiyya amane. Xalayaa baga gammadde jedhus barreesseef. Taateen sun dorgommii yeroo jalqabaaf itti moo'ame waan ta'eef jalqabarratti hamilee na tuqus, akkaataa injifatamuu na mudatuu malu irra itti aanu (coping with defeat) akkan baradhuuf carraa naaf laate.

Akka kaarikulamii UWC'tti yoo xiqqaate afaan lama hog-barruu (literature) barachuun dirqama. Afaan dhalootaafi afaan dabalataa tokko. Anis carraan afaan ofiitiin barachuu akka jiru beeknaan gammadee yoon Afaan Oromootiif of galmeessuuf dhaqu, Afaan Amaaraa qofaatu beekkamtii qaba naan jedhan. Qindeessaa barnoota afaan dhalootaa bira dhaqee dubbise. Innis "biyyarraa yoo si ergan afaan dhalootaa kee Afaan Amaaraa akka ta'etti nuuf gabaasan. Nutis sanumaaf qophoofne. Afaan Amaaraa akka gaarii akka dandeesu galmee (transcript) qabattee dhufterraa nan arga. Qabxii A qabda. Maalif sanuma hin baranne?" jechuun na gaafate.

Anis, "Afaan Amaaraa kanin danda'u ta'us afaan dhalootaa kiyya Afaan Oromoo ta'uu, afaan kun ammoo yeroo dheeraaf mootummaan cunqurfamee barnootaafi hojiirraa ugguramuu ibsuun, Afaan kiyyaan barachuun beekkumsa horachuu qofaaf osoo hin taane qaama qabsoo saba kiyyaati" jedheen. Innis "mee qoradheen bulchiinsa mana barnootaanis mari'adhee sitti deebi'a" naan jedhe. Gaafa itti aanu na yaamsisee "sirna kaarikulamii nuti barsiifnu keessa hanga ammaa Afaan Oromoo hin galle. Barattoonni biyya keetii dhufan Afaan Amaaraa baratu. Garuu seerri afaan haaraya dabaluu dhoorku hin jiru. Kanaafuu hog-barruulee (literature) si barbaachisan saffisaan argachuun yoo siif mijaaye, karoora baafnee barachuu dandeessa" naan jedhe.

Qabiyyee kitaabota barbaachisanii erga natti himee booda, kitaabota akkasii gara akkamiin akkan saffisaan argachuu dandeenyu irratti mari'anne. Yuunivarsiitiileen Afaan Oromoo barsiisan jiraachuu isaanii na gaafate. Anis Yuunivarsiitiileen Jimmaa, Haramaayaafi Finfinnee akka barsiisan itti himnaan, manni barumsichaa xalayaa qopheessee yuunivarsiitiilee sanneeniifi biiroo barnoota Oromiyaatiif barreesse. Qaamoleen barreeffameef garuu deebii hin kennine. Itti aansee Yuunivarsiitii Finfinnee dippaartimantii afaaniitti kallattiin bilbilanii gaafannaan, namni isaan argatan, Afaan Oromoo afaan 'gosaa' (tribal language) akka ta'eefi sadarkaa hog-barruutti akka hin jirre himeef. Kana booda dhuunfaan kitaaba akkan barbaadadhu natti himamee anis gara barsiisotaafi hiriyyoota kiyyaatiin argadhe.

Yeroo sanitti kitaabonni Afaan Oromoo magaalarra jiran muraasa turan. Isaan keessaa kanneen ulaagaa manni barnootaa naaf kaaye guutan qubaan lakkaayaman. Haaluma kanaan kitaabota naaf dhufan keessaa kanneen Dhaabaa Wayyeessaa, Asaffaa Dibaabaa, Gaaddisaa Birruu, barreessitoonni

89

biroo maxxansiisan na dhaqqabe. Anis akkuman xiiqeffadhee hog-barruu Afaan Oromoo barachuun eegale. Akkaataan itti barataa turre barnoota Afaanii ani beekaa tureen adda.

"Self-Taught" (ofiin of barsiisuu) jedhama. Barattoota afaan dhalootaa garagaraatin hogbarruu barachuuf galmoofne hedduutu daree tokkotti barsiifama. Barsiisonni Afaanuma Ingiliziitiin dhimma hog-barruu nu barsiisu. Kitaaboota hog-barruu Afaan Ingiliizii addunyaarratti beekkamoo, kanneen akka Things Fall Apart (Chinua Achebe), Metamorphosis (Franz Kafka) irratti hundaayuun nu barsiisu. Nuti yaada baranne irratti hundaayuun kitaabota afaan keenyaan jiran san xiinxalla, madaalla. Barreeffamni xiinxalaafi madaallii (analysis and review) sun walitti qabamee namoota nuti hin beekneen (anonymous examiners) biratti ergamee madaalamee qeeqa, gorsaafi qabxii waliin nuuf dhufa. Dhuma waggoota lamaanii irrattis qormaanni dhumaa (final exam) qophaayee dhufee, qoramnee deebi'ee ergama.

Manni barnootaa sun imaammata (curriculum) International Baccalaureate (IB) jedhamu fayyadama ture. Yeroo sanitti kaarikulamii IB keessatti hog-barruun afaanota dhibbaa oliin kennamaa ture. Ani Afaan Oromoo itti dabale. Qabsoon jiruu tiyya keessatti xiiqiin geggeessee itti milkaayeefi itti boonu keessaa tokko isii tana.

4.5. Eeshiyaa: Ardii Buburree

Siingaapoor dhaquun aadaa, barnoota idilee dabalatee, haala diinagdeefi siyaasaa biyyoota naannawa sanii fi kan addunyaa akkan hubadhuuf carraa bal'aa naaf bane. Barattootaafi barsiisota biyyoota dhibbaa ol irraa dhufan kan afaan, duudhaa, eenyummaafi aadaa garagaraa qaban waliin umrii ijoollummaa saniin doormii tokko jiraachuufi barachuun amala warra biraa hubachuun kees sirreeffachuu gaafata ture. Namoonni aadaa garagaraa keessaa dhufne yeroo dura walitti dabalamnu haalaafi amala walirraa fagoo waan qabnuuf waluma gaarrifanna ture. Yeroo gabaabaa booda garuu garaagarummaan sun dhiphachaa, daangaan sanyii, amantiifi aadaa irrixaanfatamaa namoonni haalaafi amalli dhuunfaa qofti ulaagaa walitti dhiheenyaa ta'aa dhufe.

Mana barnootaa bultii (boarding school) keessatti lammiilee biyyoota hedduutiin waliin jiraachuun muuxannoo argadhu malees dabalataan, biyyoota Eeshiyaa Kibba Bahaa (Southeast Asia) keessa naannahuun diinagdeefi aadaa isaanii barachuuf carraa argamu hunda fayyadamaan ture. Siingaapoor jiddu biyyoota kanaa waan turteef, magaalonni naannawa sanii hedduun imala gabaabaa irratti argamu. Kanaafuu yeroo boqonnaa keessattuu semisteera jalqabaa booda carraa argadhu maraan biyya biraa deemeetiin daaw'ataa ture. Biyyoonni naannawa sanii ollummaa teessuma lafaa, aadaa walitti dhihaatuufi qabeenya uumamaa walfakkaatu qabatanis haalli siyaasaafi diinagdee keessoo isaanii garaagarummaa bal'aa qaba ture. Daaw'annaa duraatiin garaagarummaa kana waanin argeef madda isaa beekuuf biyyoota kana deddeebi'een dhaqaa ture.

Sababni biyyoonni teessuma lafaa (geography), haala qileensaa, qabeenya uumamaafi ummata waa hedduun wal fakkaatu qaban, sadarkaa guddina diinagdeen akkas walcaalaniif gaaffii guddaa natti ta'e. Gaaffii kana barsiisota lammiilee Awuroppaafi Ameerikaaf yoon dhiheessu deebiin isaanii maddi garaagarummaa kanaa sirna siyaasaa biyyoonni ittiin bulan akka ta'e nuuf himu ture. Kanneen diinagdeen guddatan sirna siyaasaa dimokraatawaa yoo qabaatan, kanneen duubatti hafan ammoo sirna abbaa irree jalaa kan hin bahin akka ta'an ibsu. Deebiin kun hamma tokko sirrii fakkaata ture.

Fakkeenyaaf Maaleeshiyaafi Indooneeshiyaa yoo laalle, haala hawaasummaafi qubsuma lafaatiin wal fakkaatanis, Maleeshiyaa (Malaysia)'n sirna dimokraasii kurnee hedduuf ture qabdi. Diinagdeen ishiis hedduu guddatee jira. Indooneeshiyaan (Indoneshia) ammoo kurnee hedduuf sirna abbaa irree hamaa jala kan turte yoo ta'u gaafa ani achi dhaqu reefu dimokraasiitti cehuuf tattaafataa turte. Guddinni diinagdee ishii akkuma siyaasa ishii qancaraa ture. Haala biyyoota lamaan kanaa wal bira qabuun sirni dimokraasii guddina diinagdee akka saffisiisu, kan abbaa irree ammoo akka qancarsutti fudhachuu dandeenya. Garuu ammoo naannawuma sanitti biyyoota sirna siyaasaa wal fakkaataa osoo qabanuu guddina diinagdeetiin waliif faallaa agarra.

Fakkeenyaaf Veetinaamfi Laa'os lamaanuu sirna abbaa irree paartii komunistiin bulu. Ammoo Veetnaam biyya saffisa diinagdee ajaa'ibaan guddataa jirtu yoo taatu, Laa'os ammoo hiyyeettii diinagdeen ishii bakkuma waggoota jahaatama (60) dura turetti dhaabbate ta'uu biyyoota lamaanuu daaw'adhee arge. Kanaafuu garaagarummaa misoomuufi duubatti hafuu diinagdee biyyootaaf garagarummaan sirna siyaasaa qofti sababa gahaa akka hin taanen hubadhe. Kanarraa ka'uun eenyummaa hogganoota biyyoota sanii, imaammata diinagdee isaan hordofaa turan, hariiroo ummatoota isaanii jidduu jiruuf kanneen biroo hubachuuf kitaabota dubbisuufi deddeebi'ee biyyoota daaw'achuu filadhe. Waggoota lamaan achi turetti biyyoota Eeshiyaa Kibba Bahaa (Southeast Asia) hundumaa deemee ilaaluuf carraa argame hunda fayyadameen dhaqe.

Biyyoota kana keessaa kanin heddu deddeebi'ee laalee Maaleeshiyaafi Taayilaand turan. Siingaapoori'tti waan dhiyaataniif baasii xiqqaan dhaquun ni danda'ama. Fedhii haala keessoo biyyoota sanii barachuuf qabuuf hayyamaafi baasii barbaachisaa argachuuf tajaajila tola ooltummaa manni barnootaa narraa eeguun walitti qindeesseen hojjachaa ture. Fakkeenyaaf Taayilaand keessatti Dhaabbata Miti-mootummaa (NGO) tokko waliin tahuun daa'imman maatii irraa butamanii daldala saal-qunnamtii (Sex Trafficking) keessatti kufan baraaruu keessatti hirmaachaan ture.

Daa'imman dirqiin ykn gowwoomsanii butamanii daldala saal-qunnamtii irratti bobbaafaman gaafa poolisiin baraaru, nuti waajjira poolisiitii fuudhuun iddoo dhaabbanni miti-mootummaa (NGO) sun daa'imman itti guddisuufi barsiisuuf qopheesse (orphanage) geessina ture. Waajjirri dhaabbatichaa Bankook kan jiru ta'us daa'imman waajjiroota poolisii baadiyyaa jiran daaw'achuun waan fidnuuf carraa biyyattii keessa naanna'uun jireenya hawaasaa, haala diinagdeefi siyaasaa hubachuuf hiree gaarii ture.

Maaleshiyaa'n ammoo Siingaapoori'tti dhihoo waan taateef magaalota ishii heddu konkolaatumaan dhaquun danda'ama. Dabalataan hiriyyoota lammii Maaleshiyaa ta'anis waanin qabuuf, torbaan lama lamaanin dhaqa ture. Maaleshiyaa'n akkaataa biyyi tokko aadaafi eenyummaa ofii osoo gadi hin lakkisin ammaayyaahuun ittiin dandahamuuf fakkeenya guddaadha. Magaalaafi baadiyyaa isaanii keessa naanna'ee yoon laalu, aadaan jireenyaafi hariiroon hawaasummaa kanuma durii fakkaata ture.

Biyyoota hedduutti wantoota ammayummaafi magaalummaan (modernity & urbanization) itti calaqqisiifamu keessaa wayyaa aadaa ofii dhiisuun kan warra Lixaa uffachuu, akkasumas jireenyi hawaasummaa kaleessa waloomaan (communal) ture matayyaatti (individualism) jijjiiramuudha. Maaleshiyaa'tti kaniin arge garuu magaalaafi baadiyyaattis irra jireessaan akkuma durii uffatu. Jireenyi waloo hamma kaleessaas jabaatuu baatu numa jira ture. Garuu ammoo aadaa kaleessaa jabeeffatanis, ammayyummaa guututti hin balfan. Manaafi konkolaataa ammayyaa kanuma warra Awuroppaa fakkaatu qaban.

Sochii diinagdee isaanii maashinootaafi maloota ammayyaatiin geggeeffama. Waliigalatti aadaa ofii hiddaan osoo hin buqqisin, ammayummaas duuchaan osoo hin balfin wal simsiisanii deemuuf yaalii guddaa godhaa akka turan mul'ata ture.

Gaafan dura Maaleshiyaa dhaqe dubbii cimaatu na mudate. Waan dareetti barannu ijaan arguuf (field trip) barattoota biroo waliin gareen ganda baadiyyaa tokko dhaqne. Warri itti dhaqne Muslima ta'uu isaanii uffannaa dubartootaa irraa hubannaan 'Asalaamaleeykum' jechuun nagaa gaafadhe. Jarris "waaleeykum salaam" jechuun fuula gammachuutiin na simatanii bakkan irraa dhufe na gaafachuu eegalan. Anaafi barattoota waliin dhaqnes kan duraa caalaa nu kunuunsuu eegalan. Galgalli yoo gahu warri ollaa hundi walgahe. Bakka tokkotti salaatuu akka barbaadaniifi akkan ani salaachisu na gaafatan. Maalif jedhee gaafannaanis akka aadaa isaaniitti keessummaan hin eegamin tasa dhufuun mallattoo milkii akka ta'eefi namni sun salaachisuun milkii san guutuu akka ta'utti amanama jedhan. Amma nan rakkadhe.

San dura takkaa namoota biroo salaatan hogganee (salaachisee) hin beeku. Sirna salaataa kan bu'uuraa (basic) hamma tokko beekus, namoota biroo salaachisuuf kan na onnachiisu hin turre. Rakkoo na mudate kana barattoota wajjiin jirrutti himee mari'achiifnaan, 'kunuunsa ajaa'ibaa argachaa jirru kana dhabuurra akkuma taate ta'ii salaachisi' jedhanii dhiibbaa narratti taasisan. Anis saalfachaafi hollachaa duratti deebi'ee hanguman beekuun salaachise. Du'aayii ammoo Afaan Oromootiin gochuu murteesse. Isaanis waan ani jedhu beekuu baatanis si'aa'ina guddaan 'aamin' jechaa na jalaa qaban.

Akkaataan Maaleshiyaa'n hariiroo saboota jidduu jiru bifa madaalawaa ta'een balaa wal waraansaa hanqistee, sirna dimokraatawaafi guddina diinagdee saffisaa uumuu dandeesses kan dinqisiifamuudha. Biyyattiin saboota gurguddaa lama qabdi. Isaanis Malay warra abbaa biyyaa (native) yoo ta'an, kuun ammoo warra sanyii Chaayinaa kan gita-bittoonni Ingiliizii hojii humnaatiif fidanii qubachiisaniidha. Sirni kolonii tooftaa qoqqoodee bulchuutiin jara Chaayinaa ofitti qabee warra abbaa biyyaa ukkaamsaa waan tureef, warri Chaayinaa diinagdeedhaan kanneen Malay caalaa fayyadamoo taasise. Loogiin kun saboota lamaan jidduutti walcaalmaa (disparity) uumuun akkuma biyyi sun kolonii jalaa walaba baateen jeequmsa uume.

Warri Malay walabummaa booda aangoo siyaasaa goonfatanitti dhimma bahuun faayidaa diinagdee miidhama loogii kaleessaa kiisu argachuu qabna jedhan. Kanaaf ammoo imaammanni Maaleeshiyaa walaboomtee faayidaa addaa akka isaaniif kennu leellisan. Sabboontota Malay keessaa warri finxaaleyyiin Chaayinootni alagaa fagoorraa dhufee sirna koloniif tumsaa turan waan ta'aniif mirgi lammummaa kennamuufi hin qabu, yoo barbaadanis biyya isaanii tan jalqabaa (Chaayinaa)tti deebi'uu qabu jedhan. Warri Chaayinaa ammoo "nutis erga as dhufnee dhaloota (generation) hedduu turree jirra, isiniin walqixa mirga lammummaa walqixaa qabaachuu qabna. Qabeenyi horannes akka gabraatti erga dhufnee booda dafqa keenyaan kan arganneedha" jedhan.

Mirgi lammummaas ta'ee qabeenyi horatan irraa fudhatamuu akka malu shakkuun finciluu eegalan. Kanarraa kan ka'e jala bultiifi barii walabummaa biyyatiitti jeequmsi sabaa (ethnic conflict) dhooyuun fuulduree biyyattiif sodaachisaa ta'e.

Biyya silaa wal waraansa hamaa keessa galtu, Tunku Abdul Rahman (Muummichi Ministeeraa Maaleshiyaa jalqabaa) isii baraare. Kanas kan godhe heera mootummaafi waliigaltee hawaasaa (social contract) kan gama tokkoon dhugaa abbaa biyyummaa ummata Maaleeyiif galchu, gama biraan ammoo mirga lammummaafi qabeenyaa (property rights) warra Chaayinaas mirkaneessu waliigaltee paartilee gama lamaanii irratti hundaayuun baase.

Waliigalteen kunis biyyattiin seenaan kan Malay akka taate (historical ownership), Afaan isaanii Afaan biyyoolessaa (national language), amantiin isaanii (Islaama) amantii biyyattiis (official religion) akka ta'e mirkaneessa. Gama kaaniin ammoo warri Chaayinaa mirga lammummaa guutuu, jechuunis mirga qabeenya harka isaanii jiru turfachuufi haaraas horachuu, akkasumas amantii ofii walabaan hordofuu akka qaban raggaasise. Dabalataanis, Afaan Ingiliizii afaan hojii gochuun afaan waloo sabootaa taasisan. Kana hojiitti hiikuufis paartii tumsa (coalition) saboota lamaanii ijaaruun, caaseffama hooggansi gama lachuu aangoo ofiitiif jecha wal utubuufi saboota lamaan walitti harkisuu hordofsiisuuf dirqisiisu ijaare.

Tumsi Barisan Nasional jedhamuun beekamu kunis sabbonummaa garee lamaanii dhawaataan qabbaneessuun balaa wal waraansaa barii walabummaa sodaatame san hambisuu danda'e. Kunis tasgabbii biyyaa tiksuun guddina diinagdee saffisaa galmeessuuf gargaare. Bu'aan kunis tumsi Barisan Nasional gaafa biyyattiin bilisa baaterraa kaasee hamma as kaluutti (2018) aangoorra akka turuuf dandeessise. Tooftaan bilchaataan ganamumaan Tunkun lafa kaayes wal waraansa hanqisuun guddina diinagdee ajaa'ibaa biyyattiin agarsiifteef shoora guddaa taphate.

Tunkun, wal waraansa sabootaa hir'isuuf tooftaa siyaasaa qofa osoo hin taane kan diinagdees lafa kaayee ture. Akkuma gubbaatti tuqame sirni gita-bittaa Ingiliizii warra abbaa biyyaa irratti loogii guddaa waan godheef gaafa bilisa bahan hiyyummaa hamaa keessa turan. Warra Malay fi Chaayinaa jidduu walcaalmaa (disparity) diinagdee bal'aatu ture. Ummata biyyattii keessaa warri Malay gara 70%, warri Chaayinaa ammoo 20% ta'u. Kan hafan ammoo Hindoota. Warri Malay abba biyyaafi lakkofsaan wayyaba guddaa (significant majority) ta'anis, gaafa biyyiti gita-bittaa jalaa baatutti qoodni isaan diinagdee keessaa qaban dhibbeentaa kudhanii (10%) gadi ture. Harki guddaan warra gita-bittoota Ingiliizii harka, kan hafe ammoo Chaayinootatu qaba ture. Kanarraa kan ka'e warri Malay loogii kana cimsanii balaaleffachuun haqxi abbaa biyyummaa akka deebi'u qabsaa'u ture. Warri Chaayinaa ammoo gaafa warri Malay aangoo qabate qabeenyi isaanii saamamee akka hin cunqurfamne, tarii akka hin ari'amne sodaatanii fincila hidhannoo eegalanii turan.

Kana furuuf tarsiimoo loogiin kaleessaa warra Malay irraan gahe wal'aanuu fi mirga Chaayinotaa kabajuu dandeessisu baasan. Kunis, imaammata 'bumiputra' ykn abbaa biyyaa jedhamuun warri Malay qoodmaya diinagdee, hojii mootummaafi carraa barnootaa keessatti bifa adda ta'een (affirmative action) dursa argachuun warra isaan dura duroome akka dhaqqabaniif kaayame. Kun hoggaa godhamu garuu warri Chaayinaa (akkasumas godaantonni Hindii) qabeenya hanga gaafa saniitti horatan akka jalaa hin tuqamneef wabiin kennameef. Imaammata qabeenya warra Chaayinotaa osoo hin qoodin warra Malay faayidaa addaatiin guddisuu kana hojiirra oolchuu danda'uuf tooftaa lama fayyadaman. Kan duraa qabeenya warra gita-bittootaa harka ture gara warra Malay akka darbu gochuudha. Kan lammataa ammoo diinagdee saffisaan guddisuun, qoodni hawaasa lamaanituu dabalaa akka deemu gochuudha.

Biyyoota biraa rakkoon walcaalmaa diinagdee jiru keessatti yeroo baay'ee akka furmaataatti kan hojii irra oolu warra baay'ee qaburraa fuudhuun kan hin qabneef qooduudha (redistribution of wealth). Tunku Abdul Rahman garuu saba tokkorraa fuudhanii kan biraatiif kennuun walitti bu'iinsa uumuu akka danda'u waan shakkeef, falli irra wayyaa diinagdee guddisuudha jedhe. Kanaanis yaada 'daabboo guddisuu (enlarging the economic pie) jedhu fayyadame. Kana jechuun diinagdee biyyaa saffisaan guddisuu, guddina san keessa qoodni Malay guddataa akka deemu, kan Chaayinaa garuu akka hin hir'annes, garuu ammoo akka duraatti loogiin akka hin fayyadamne taasisuu ture.

Yaada daabboo guddisuu kana fakkeenyaan haa laallu. Jalqabarratti diinagdeen biyyattii biliyoona dhibba tokko ta'ee, kana keessaa kan warra Chaayinaa dhibbeentaa 40% yookiin ammoo biliyoona 40 haa jennu. Waggoota kudhan booda diinagdeen biyyattii dachaan guddatee biliyoona dhibba lama yoo ta'e, dhibbcentaan Chaayinotaa bakkuma dur 40% ta'ee Ittl fufus, qabeenyi isaanii garuu dachaan dabalee biliyoona 80 ta'a. Biliyoonni 160 ammoo warra Malay sagantaalee 'bumiputra'tiin fayyaduuf oola. Kanaafuu diinagdee guddisuu irratti fuulleffachuun gama lachuu fayyada. Ilmi namaa bu'aa dabalataa argachuu caalaa kan harkaa qabu dhabuutu dallansiisa. Kanaafuu diinagdee yeroof jiru qooduu irra gara fuulduraatti diinagdee guddisaa qoodmaya isaa sirreessuutu walitti bu'iinsa sabootaa hanqisuun miidhaa loogiin kaleessaa uumte wal'aanuuf fayyada.

Tarsiimoon Tunku Abdul Rahman kun siyaasa biyyattii tasgabbeessuun guddina diinagdeetiif bu'uura kaaye. Hoogganoonni booda dhufan, keessattuu Mahathir Mohamad kan waggoota diigdamii lamaaf (22) aangoorra ture diinagdee saffisaan guddisuun yaadaafi karoora Tunku san hojiirra oolchuun walcaalmaan saboota jidduu hir'ataa waldanda'anii akka jiraatan godhe.

Faallaa milkaa'ina Maaleshiyaa kanaa ammoo biyya Sri Laankaatti arge. Akkuma Maaleshiyaa, Sri Laankaa'nis gita-bittaa jala turte. Sirni gita-bittaa tooftaa qoqqoodaniibituun ummatoota wal afaan kaayee biyyattii saamaa ture. Boodarras saboota gurguddoo lamaan jechunis Sinhaalaafi Taamil jidduutti diinummaa hamaa uumee biraa deeme. Warri Taamil lakkofsaan xiqqaa dhibbeentaa kudha lama (12%) yoo ta'u, warri Sinhaalaa ammoo dhibbeentaa torbaatamii shan (75%) ta'a. Garuu sirni gita-bittaa warra Taamil'f looguun Sinhala miidhaa ture. Bilisummaa booda, warri Sinhaalaa aangoo qabannaan, warra Tamil irratti haaloo bahuu eegalan. Afaaniifi aadaa isaanii ukkaamsuu, akkasumas aangoo siyaasaa keessaa moggeessuun dhufte. Kun hariiroo saboota lamaanii daran hammeessuun, jarri Taamil qabsoo hidhannootti akka seenan dirqe. Jarri Taamil riphee lolaa LTTE (Tamil Tigers) ijaarrattanii wal waraansa hamaa uumameen dhumaatii ummataa guddaa geessise; diinagdees ni qancarse. Haala kanaan sabni lamaanuu miidhaaf saaxilaman.

Gaafni ani Siingaapoor ture, yeroo wal waraansi Sri Laankaa kun nagaan akka dhumatuuf hawaasni addunyaa jidduu galee, lolli dhaabbatee warri Taamil naannoo ofii to'atee, mariin araaraa godhamaa tureedha. Yaalii saba lamaan walitti araarsuuf godhamaa jiru akka tumsuuf dargaggeeyyii gama lamaanii walitti fiduun mariisisuuf sochiin ture. Anis marii kana qindeessuu akkan gargaaruuf filameetin gara biyya sanii dhaqe.

Jibbi dargaggoota saba lamaanii jidduutti mul'atu, miira sodaachisaa kanin takkaa hin argin natti tahe. Saniin wal bira qabamee yoo laalamu, atakaaroon sabummaa biyya keenya keessaa muftoo xiqqaadha. Dargaggoota gama lameenii leenjiif filaman yeroo xiyyaaraan gara Siingaapoor fidnu, hammeenya wal jibbaa isaanii irraa kan ka'e balallii sa'aa muraasaa sanuu teessoo wal cinaarra taa'uu ni balfu turan. Biyya isaanii keessatti mariisisuun rakkisaa waan tureef gara Siingaapoor fidan. Turtii torban lamaa booda jibbi sun hir'atee walitti dhihaachuufi nagaa buusuu irratti shoora isaanii akka tapahatan amansiisuun danda'ame.

Yeroon Sri Laankaa turetti naannoo sabni Taamil jiraatu daaw'achaan ture. Magaalaa isaanii Jaafnaa jedhamtu keessatti hoggana qabsoo isaanii ummatatti haasawu argine. Wanta akka qaruuraa xinnoo takka mormarratti hidhatee ture. Barsiisaan keenya "maali wanti inni mormarraa qabu? "jechuun gurbaa nuun deemu (guide) gaafate. Gurbaanis summii saaynayiid (Cynaide) jedhamu akka ta'e nuuf hime. Yoo akka tasaa harka diinaa bu'e ilkaaniin ciniinee of ajjeessuuf mormatti fannifatee akka deemus itti dabalee ibse. Loltoonni Taamil hundi summii kana mormarraa akka qaban nuuf hime.

Yeroo ani biyya san dhaqetti lolli dhaabbatee abdii nageenyaafi misoomaatu jira ture. Yeroo gabaaba booda garuu wal waraansi akka haaraatti eegale. Hoggansi siyaasaa biyyattii dogongora kaleessaa irraa barachuun tarsiimoo haqa saboota lamaanii eegee wal dandeessisee jiraachisu baasuu dadhabuurraa kan ka'e biyyi badhaatuu akkasii hanga ammaa jeequmsaafi hiyyummaa keessatti akka haftu saaxile.

Walumaagalatti, waggoottan lamaan Siingaapoor ture keessatti, Kooriyaa Kaabaa malee biyyoota Eeshiyaa hunda daawwachuuf carraa argadheen ture. Waa hedduus irraa hubadhe, daran akkan baradhuufis hawwii na keessatti uume. Biyyoonni sun uumamaan laftiifi ummanni isaanii wal fakkaatus, sadarkaa guddina diinagdeen hedduu addaan fagaatu. Kanneen akka Siingaapoor, Jaapaan, Kooriyaa Kibbaafi Hoong Koong faan qaata kutanii tarree biyyoota Addunyaa tokkoffaa yoo seenan, kanneen akka Maaleshiyaa, Hindiifi Chaayinaa faan ammoo jara dhaqqabuuf saffisaan fiigaa turan. Faallaa kanaa biyyoonni akka Baangilaadeesh, Sri Laankaa, Neepaalfi Laa'os ammoo ammas hiyyummaa keessa gangalachaa jiru.

Wanti garaagarummaa kana fide guddaan akkaataa itti siyaasaa isaanii, keessattuu hariiroo itti ummatoota wal dandeessisanii deeman irraa kan maddeedha. Kanaaf ammoo bilchinniifi gahumsi hoggansa siyaasaa shoora guddaa akka taphatu hubachaan dhufe. Yeroon biyyoota kanneen daaw'achaa sababoota milkaa'inaafi kufaatii isaanii xiinxalu, kan biyya kiyyaatiinis wal bira qabaatin ture. Wanti yeroo sanitti ani hubadhe, rakkoon biyya keenyatti mul'atu biyyoota hedduu keessa akka jiruufi irraa barachuu yoo dandeenye, dogongora isaanii ofirraa maqsaa imaammataafi tarsiimoo isaan guddise ammoo madaqfachaa deemnaan milkaa'ina fiduun akka danda'amuudha.

Biyyoota Eeshiyaa baruudhaaf hawwii qaburraa kan ka'e imalli taasisaa ture sun taatee lubbuu tiyya balaaf saaxiletti na geessee ture. Ji'a Muddee bara 2004 qorannaa gaggeessuuf barattoota biroo waliin gara magaalaa Chaangmaay tan Kaaba Taaylaanditti argamtutti imalle. Turtii guyyoota muraasaa booda gara magaalaa guddittii Baankookitti deebine. Karoorri keenya itti aansee gara iddoo bashannanaa turistii kan taate odoolaa Puukeet deemnee ayyaana waggaa haaraa 2005 achitti dabarsuu ture. Haa ta'u malee, halkan san Baankook keessatti bashanannaa waan bulleef, ganama hirriibni nuun kutee xayyaarri nu jala darbe. Barfadhee hirribaa yoon ka'u yaamicha bilbilaa hedduu naaf bilbilamee hin kaasin (missed call) arge.

Namoota bilbilanii na dhaban keessaa tokkoof deebisee yoo bilbilu "ofii lubbuun jirtaa?" jedhee na gaafate. Anis "maali maal dhageesse?" jedheen. Gurbaanis "eessa jirta? Mee televiiziyoona baani?" naan jedhe. Yoon banu dambaliin galaanaa Sunaamii jedhamu biyyoota Eeshiyaa rukutee namoonni baay'een du'uun gabaafamaa jira. Iddoowwan dambalii kanaan hedduu miidhaman keessaa odoolli Puukeet kan nuti imaluuf yaadne takka waan turteef, anis balaaf waan saaxilamne itti fakkaatee naaf bilbilaa turan. Balallii nuti ittiin deemuuf yaadnee saniin turistoonni imalan hedduun balaaf saaxilamanii kan du'an yoo ta'an, nu immoo rabbi hirribaan sababee balallii san waan nu miliqseef lubbuun baraaramne.

Guyyaa itti aanu, gara biyya Indooneezhiyaa magaalaa Baandaa Achee jedhamtu, tan balaa sunaamii saniin barbadoofteetti qajeeluun, dhaabbata gargaarsaa idil-addunyaa wajjiin ta'uun hojii lubbuu baraaruu irratti bobba'e. Iddoo nuti dhaqne san humnoonni riphee lolaafi mootummaa guyyama sunaamii san dura walwaraanaa turan. Sunaamiin dhufee bshaan dabamii gama lachuuraa loltoota heddu haxaayee deemeen. Yeroo nuti geenyu diinummaa kaleessaa san dagatanii ummata miidhame caccaba manneenii jalaa baasuuf isaanii waliiif tumsu arginee itti makamne. Lolli mootummaafi finciltoonni sun waggoota soddomaaf gaggeessaa turan waggaa tokko booda walii galtee nageenyaatiin waan goolabameef, Sunaamii sun akka balaa carraa gaarii qabatee dhufeetti yaadatama.

4.6. Leenjii Hoggansa Dargaggootaa

Siingaapoor osoon jiruu, Eeshiyaa alattis, gara Kaanadaafi Neezarlaand (Holland) deemeen ture. Muuxannoo marii dargaggoota Sri Laankaa qindeessuurratti horadherratti hundaa'uun kora dargaggootaa Pearson Youth Leadership Summit (PYLS) jedhamu hirmaachuuf Kaanaadaa, kutaa Biritish Kolombiyaa gara magaalaa Viktooriyaa imale. Achitti dargaggoota Kaanaadaafi biyyoota biroo irraa dhufan waliin leenjii ga'uumsa hoggansa dargaggootaa irratti hirmaanne. Leenjichi dandeettii geggeessummaa dargaggoota horachiisuu irratti kan kaayyeffate ture. Keessattuu akkaataa sabdaneesummaa (diversity) itti taliiguun danda'amu irratti leenjii yaad-rimee (theory) fi qabatamaa ji'a tokkoof ture nuuf laatan.

Leenjiin sun ummata abbaa biyyaa Ameerikaa Kaabaa ta'an kan maqaa "Indian", Native ykn Aboorijins jedhamuun waamaman yeroo duraatiif qaamaan arguuf carraa naaf laate. Godaantonni Ameerikaafi Awuroppaa yeroo Ameerikaa Kaabaa dhufan ummata kana lafarraa duguuguun dhuunfatan. Akkasis ta'ee yeroo ani dhaqe sanitti mootummaafi hawaasni Kaanaadaa yakka seenaa ummata san irratti raaw'atame gaabbanii dhiifama gaafachuu bira dabranii dhaloonni lafaa dhufu akka beekuuf hedduu carraaqu. Nus hanga qe'ee warraa nu geessuun aadaa isaaniifi seenaa miidhaa isaanirra gahe akka isaanumarraa dhageenyu haala nuuf mijeessan. Biyya mootummaan dhufaa dabraan yakka ummatarratti raawwatu waakkachuun akka waan sirrii ta'eetti dhiheeffamurraa waanin dhufeef gochi Kaanaadaa kun hedduu na gammachiise.

Bara itti aanu leenjii wal fakkaataa dargaggoota Awuroppaaf kennamu irratti leenjisaa ta'uun gara biyya Neezarlaand dhaqe. Leenjiin kun dargaggoota biyyaafi baqattoota jiddutti marii gochuuf karoorfame. Yeroo sanitti hariiroon faranjootaafi baqattoota gurraachaafi Arabaa jidduu jiru hammaataa dhufee ture. Baqattoota magaalaalee Awuroppaa qubatan keessatti qe'ee kophaa (ghetto) uummachuun hawaasa biyyaattiitiin adda of baasanii jiraachuun amaleeffamaa dhufee ture. Kun ammoo dargaggoonni isaanii hiyyummaan guddatanii yakkaafi haraaraa (araada) garagaraaf saaxilamuun, boodas carraa hojii dhabu.

Haalli kun hariiroo faranjootaafi baqattootaa hammeessee biyyoota Awuroppaa miidhaa ture. Nutis dargaggoota gama lamaanii filatamaniif tooftaafi tarsiimoo sabdanummaa keessummeessuu (diversity management) irratti leenjii kennaafii turre. Qindeessitoota keessaa namni gurraachi ana qofa ture. Gaafa tokko osoo ani mana fincaanii dhaqee deeb'aa jiruu namichi tokko na yaamee akkan waa fiduuf na ajaje. Hojjettoota humnaa gurraachota achi jiranii akkan ta'etti akka inni yaade naaf gale. Deemeetiin fideef. Sa'aa muraasa booda yeroo qindeessitootni laaqanaaf wal geenyu namichummaan sun nyaata fidee dhufe. Edaa inni hojjetaa nyaataa /Chef/ iddoo sanii ture. Anaa qindeessitoota jidduu taa'ee itti haasawu arginaan hedduu nahee nyaata nuuf dhiheessee bahe. Irbaatarratti dhufee waan ganama ta'e takka takkaan himee dhiifama na gaafate. Taateen sun yeroo duraatiif sanyummaa adiin gurraacharratti qaban kanin itti argeedha. San booda Ameerikaa ergan galee yeroo hedduu na mudateera.

Baran Siingaapoor jiru san sanyummaa caalaa amantiitu bakka hedduutti shakkiifi loogiif na saaxilaa ture. Yeroon sun bara lolli farra shoororkeessummaa (war on terror) jedhamu siyaasafi hawaasa addunyaa itti goolaa tureedha. Maqaan kiyya Muhaammad of keessaa qabaachuun loogiifi shakkii garagaraaf na saaxile. Kanaan wal qabatee mudannoolee lamaan takkan isiniif qooda.

Siingaapoor irraa gara Maaleeshiyaa konkolaataan osoon deemuu, qondaalli daangaa eegu (border officer) paaspoortii narraa fuudhee koompuutaratti galchee akka rifachuu wahii ta'ee takka ana takka kompiitara laaluu eegale. Tasa poolisoonni komaandoo eessaa dhufanii isaanii hin argin na marsanii miila na jalaa dhayanii na gombisanii harka duubatti na hidhan. Rarraasanii miila kiyya lafarra shorrooksaa waajjira wahii keessa na geessan. Namoonni tuuttaa uffatan dhufanii qorannoo keemikaalaafi sumudaa fudhatanii deeman. Xiqqoo turanii poolisoonni bakkan gadi daboolamee na kaasanii kursii irra na teessisan. Gaaffiilee garagaraa na gaafatuu eegalan. Gaaffiilee san keessaa ka naaf galuu dide "Plastic Surgery eessatti dalagsiifatte?" kan jedhu ture. San dura waanuma 'Plastic Surgery' jedhamuu dhagahee hin beeku. Booda yoon dhagayu namoonni barbaadaman bifa ofii gargaarsa haakimootaan jijjiiruun nama biraa fakkaachuun socho'u.

Warri na gaafachaa jirus waan dubbiin jalaa wal dhoofte fakkaatan. Turtii sa'aa lamaa booda dogogoraan akka na qaban naaf himan. Namni maqaa kiyyaan wal fakkaataa qabu yakka shoorarkeessaa irratti hirmaatee akka barbaadamaa jiru, kompiitarris sababa kanaan akka na qabe naaf himan. Dhiifama na gaafatanii xalayaa qulqullummaa (clearance) naaf laatanii gad na lakkisan. San booda buufataalee xayyaaraa hedduutti haala kanaan dhaabsifamee xalayaa qulqullummaa san garsiisuun imala itti fufaa ture.

Gaafa biroo ammoo xayyaaraan imaluuf buufata akkuman gaheen sakatta'a marsaa sadaffaatiif moggaatti na baasan. Baroota san sababa shoorarkeessitootaatiin sakatta'a cimaatu osoo xayyaara hin yaabbanne godhama. Sakkattaan kunis sadarkaa garagaraa qaba ture. Kan duraa kan namni hundi maashina keessa dabruudha. Kan lammaffaa yoo maashinni waa garsiise yookiin ammoo poolisichi achi dhaabbatu sababa biraaf yoo si shakke moggaatti baafamtee harkaan sakatta'amta. Sakattaan lammaffaa kun hiriira imaltootaa irraa xinnoo achi si baasuun geggeeffama. Kan sadaffaa ammoo sakatta'aan lamaan san qulqullummaa kee mirkaneessuu yoo baate, paaspoortii/duubbee kee sirritti qorachuuf ykn sakatta'a qaamaa cimaan kan itti godhamuudha.

Yeroo san shoorarkeessitoonni boombii bifa garagaraatiin sakattaa bira dabarsuun balaa geessisuu danda'u jedhamee sodaatama ture. Fakkeenyaaf qaama ofii baqaqsanii boombii keessa kaayanii deebisanii hodhuun dhoksanii xayyaara yaabu jedhamee shakkamaa ture. Maarree gaafa san sakatta'a marsaa sadaffaaf fooyameen poolisiin dubartii takka fuutee kutaa duwwaa tokko na seensiftee sagalee dallansuutiin "huccuu baafadhu" jettee baate. Anis huccuu kiyya kaalsiifi butaantaa osoo hin hambisin baafadhee akkan dhaladhetti fuulaan gara balbalaa garagalee eege.

Poolisittiin yeroo hulaa bantee ol seentu anaa qullaa dhaabbatuun walitti baane. Ishiinis rifattee "Oh my God! what the hell?" jettee fiigdee baate. Xiqqoo booda poolisiin dhiiraa tokko balbala banee seenee, "maalif qullaa dhaabbatta" jedhee dallansuun na gaafate. Anis "isiitu huccuu baafadhu" jedhee na ajajee deeme. "Dimshaashumatti huccuu baafadhu naan jette malee kana baasi kana dhiisi naan hin jenne. An akkuman ajajamettin raawwadhe. Biyya an irraa dhufetti ajaja poolisii raaw'achuu dhabuun miidhaaf nama saaxila. Kanaafin ishiin dallansuun na ajajnaan sodaadhee baafadhe" jedheen.

"Tole amma huccuu uffadhu" jedhee, waa'ee eenyummaa kiyyaa, sababa imala kiyyaa gaaffiilee hedduu na gaggaafate. San booda fuudhee gara xiyyaaran yaabbadhuutti naan deemaa "mee amma dhugaa Rabbii akkuma jette poolisittii sodaattee baafatte moo isii rifachiisuufi?" naan jedhe. Nu lamaanuu wal ilaallee seeqanne. "Ani durattuu sitti beekeera. Karaa nagayaa" jedhee xayyaara guuttatee na eegaa jiru na yaabbachiisee deeme.

Bifa kanaan waggoonni lamaan Siingaapoor ture barnoota daree qofaan osoo hin taane muuxannoo daaw'annaa biyyootaan gabbifachaa dabarse. Yeroon imala hin deemneefi kutaan/dareen hin jirre hojii tola ooltummaa hojjachaan ture. Sirni barnootaa sun waa sadii guutuu gaafata ture. Kalaqa (Creativity), Gocha (Action) fi Tajaajila (Service).

Kan kalaqaa rakkoofis ta'ee balaa hawaasa mudatuuf furmaata kalaqa qabu agarsiisuudha. Ani ofumaafin rakkoo furadhe. Akkuman achi dhaqeen mana rifeensaa dhaqee akka naaf ciran gaafadhe. Yeroon suuraalee dhaaba irratti maxxanfaman kan namoota isaan san dura rifeensa sirreessaniif argu kan nama gurraachaan keessaa dhabe. Warra faranjiifi Eeshiyaa qofa. Namicha rifeensa sirreessuun "kiyya sirreessuu dandeessaa?" jennaan "eeyyeen" naan jedhe. Jalan gadi taa'e. Erga fixee yeroon if ilaalu rifeensi kiyya waan hantuutni jiddu jidduun dheede fakkaata.

Akkaataa rifeensi kiyya itti murame laalee warri biyya sanii rifeensa nama gurraachaa akka tolchuu hin dandeenye waan hubadheef, rifeensa koo muruu dhiisee guddisuuf murteesse. Afroon kiyya guddatee ji'oota muraasa booda filaa dhedheeraa na barbaachise. Dukkaana dhaqee barbaannaan nan dhabe. Kanaafuu workshop barnoonni ogummaa itti kennamu seenee filaa tolfachuuf yaalii godheen fokkataa ta'us tolfadhe. Kunis akka kalaqa rakkoo fureetti naaf qabame.

Tajaajilaaf ammoo iddoo jireenyaa namoota sammuun dhukkubuutti tola ooltummaa torbaanitti guyyaa tokko hojjachaan ture. Kanaanis maalummaa dhibee sammuu akkan hubadhuufi namoonni dhukkuba kanaaf saaxilaman kunuunsaafi qabiinsa dansaa argannaan akka wayyaawan arge.

Hojiin tola ooltummaa inni biraa qarshii walitti qabee gara Itoophiyaa erguun namoota rakkatan gargaaruu ture. Kaayyoo kana galmaan gahuuf jecha agarsiisa aadaa qopheessee namoonni hedduun irratti argamuun qarshii wayyaa naaf argamsiise. Karaa dhaabbata gargaarsaa Finfinneetti argamu tokkoon daa'imman 15 ta'aniif meeshaalee jireenyaafi barnootaa waggaa sadii irraa cufuu danda'e. Barnoota waggaa lamaa xumuree gara biyyaa yeroo deebi'u, gargaaramtoota qaamaan argee gargaarsichi gahuu isaa mirkaneeffadheera.

Yeroon Siingaapoor ture lammiileen biyya Itoophiyaa achi jiran lakkoofsaan hedduu xiqqaa turan. Mana barnootaa ani baradhu keessa gurbaan waggaa tokko ana dursee dhaqe kan sabaan Tigree dhalootaan Oromiyaa keessa ta'etu ture. Barri 2004 yeroo fincilli barattootaa dhimma magaalaa Finfinnee gara Adaamaa jijjiiramuun walqabatee dhooye ture. Mormii barattoota Oromoo san busheessee itti qoosuu isaatiin wal lola hamaa keessa seenne. Sanumarraa kan ka'e, yeroo achi turetti osoo walitti hin dhihaatin addaan baane. Lammiin Itoophiyaa biraa achi ture piroofeesara seeraa yuunivarsitii keessa barsiisaa tureedha. Miseensa gameessa EPRP waan tureef haala sochii barattootaa bara 1970moota keessa turee sirritti beeka. Seenaa atakaaroo paartiilee EPRP/MEISON baroota sanii sirritti odeeffannoo waan naaf kennaa tureef yeroo hedduu dhaqee isaan waliin mari'anna ture.

Hunda caalaa kan walitti dhiyaanne ammoo dhalataa Itoophiyaa lammii Kaanaadaa ta'e kan maanaajara baankii guddaa tokkootu achi ture. Giyoon jedhama. Wal barannee hedduu walitti dhihaanne. Sabaan Amaara yoo ta'u, Harargeetti dhalate. Nama hedduu ilaalcha madaalawaa (open-minded) tahe qabuudha. Erga biyyaa bahee kurna sadii ol tureera. Haalaafi siyaasaa waqtaawaa biyya keenyaa waan quba hin qabneef narraa dhagahuuf hawwii guddaa qaba. Anis nama akka isaatti sirritti barate, kan Amaara ta'ee ejjannoo Oromoo obsaan dhaggeeffachuuf qophii ta'e arguun na hawwate.

Sanbattan ganama wal garree saayikilaan gara qarqara galaanaa deemna. Yeroon sun yeroo filannoo bara 2005 sochiin cimaan itti godhamaa ture waan taheef dhimma waqtaawaa irratti odeeffannoo qabu qindeessee qoodaaf. Innis waan an dhiyeessuuf san irratti yaada isaa kennee falmiifi marii bal'aa irratti goona turre. Isa dura namni Amaaraa ani siyaasaa Oromoo itti haasaye cufti ilaalcha gama kiyyaan jiru dhaggeeffachuuf obsa waan hin qabneef fedhiifi obsi nama kanaa akkan iftoominaan itti haasayu na taasise. Yaada ani dhiheessuun waliigaluu baatus, gaaffiilee qabuufi yaada mormii qabu kabajaan dhiheessa ture. Haalli isaa kun ilaalcha ani qabu nama biraa hubachiisuuf akkaataan itti dhiheessu fakkeenyaafi ragaadhaan daran akkan qaru na barsiise.

Gaafa tokko ijoolleen abbaan isaanii paayleetii ta'e isa bira dhufanii wal nu barsiise. Osoo haasofnuu yuunivarsiitii yoo galle maal akka barachuu barbaannu anaafi joollee san gaafate. Obbolaa lamaan keessaa kan dhiiraa barnoota fayyaa barachuun haakima ta'uu akka barbaadu dubbate. Animmoo akkan barnoota siyaasaa barachuuf gara Ameerikaa deemuuf fedhii qabun itti hime. Yeroo kana gurbaan; "siyaasaa barachuun maal siif godha? Keessattuu yuunivarsiitii akka Staanfoord seentee siyaasaa barachuun qisaastaa?" jechuun ajaa'ibsiifatee na gaafate.

Anis "ati fayyaa barachuuf karoorfachuun kee waan gaariidha. Biyyi keenya ogeessota fayyaa baay'ee barbaaddi. Garuu ammoo maddi hanqina tajaajila fayyaas ta'e rakkoolee hawaas-diinagdee biroo biyya keenyaa bacancaruufi qancaruu siyaasaati. Hanga siyaasni biyya tokkoo tartiiba qabatutti imaammannis ta'e raawwiin fayyaa, barnootaafi diinagdee hin milkaa'u. Ati fayyaa barattee nama kuma shantama tajaajiluu malta. Ani Siyaasaa baradhee rakkoo bulchiinsaa furuu dandeenyaan namoota miliyoona shantama gargaaruun danda'a" jedheen.

Yeroo dheeraa booda Giyoon waliin biyya Kaanaadaatti gaafa wal garru dubbii tana na yaadachiise. Sanii asis namoota na beekan yeroo arge itti hima. Hiriyyummaan isa waliin uumne hubannaa siyaasaa keessattuu akkaataa kaayyoo qabsoo Oromoo warra biraa hubachiisuu qabnurratti waa hedduun irraa baradhe.

Siingaapoor namni Oromoo yoo jiraate jedhee barbaachuun kiyya hin oolle. Gara interneetiin 'Oromoon Siingaapoor ykn biyyoota naannawa kanaa yoo jiraattan wal haa barru' jedheen facaase. Siingaapoor namuu hin turre. Biyya ollaa Taayilaand irraa namni Amsaaluu Bultoosaa jedhamu na jalaa owwaate. Gama bilbilaan wal barree yeroon Baangkook dhaqu wal argaa turre. Carraa barnootaa ol'aanaaf gamas dhaqee achumatti hafee jiraachuu nama itti fufeedha. Dhimma siyaasa biyya keenyaa yeroo heddu waan haasofnuuf kitaabota Professor Muhaammad Hasaniifi Asaffaa Jaalataa bitee naaf erge.

Dabalataanis fedhii kiyya arguun marsaalee interneetii Oromoonni siyaasa irratti mari'atan ONETfi ONA jedhaman na seensise. Barri sun yeroo ABOn adda baqaqee Oromoon siyaasaa murnaatiin qoodamee akka hamaa wal balaaleffatu ture. ONetfi ONA keessatti akkaataa itti namoonni walitti duulan argee hedduun rifadhe. Namoonni achirratti barreessan maqaa masoo fayyadamaa waan turaniif beekuun hin danda'amu ture. Kun ammoo namoonni akka feeteedhaan akka wal arrabsaniifi maqaa wal balleessan karra saaqeef. Wantin marsaalee sanirratti argaa ture, qabsoon Oromoo hamman yaadee ol gaaga'ama keessa akka jirtu natti mul'ise. Hawaasni keenya biyya alaa jiraatu facaatii hamaaf saaxilamuu hubachuun, gaafan Siingaapoor irraa xumuree, akka carraa gara Ameerikaas taatee Awuroppaa deeme bifa kamiin qabsoofi hawaasa gargaaruu akkan danda'u itti yaaduu eegale.

Haala kanaan barnoota kiyya waggoota lamaa gara goolabuutti yeroon dhihaadhu, barnoota sadarkaa itti aanuuf yuunivarsiitii barbaaduun eegale. Barattootni biyyoota guddataa jiran keessaa dhufan, kaayyoon isaanii guddaan akkuma ta'e ta'anii biyyoota Lixaa dhaqu ture. Kanaaf ammoo kolleejjii xixiqqaa laaftutti nu fudhata jedhanii yaadanitti iyyata galfatu. Kana waan beekaniif gorsitoonnis (admission counselors) kolleejjota akkasii akka filannootti siif dhiheessan. Barattootni biyyoota dureeyyii dhufan garuu yuunivarsiitiilee bebeekkamootti iyyata galfatu. Anis kana waanin argeef, gorsituu bira dhaqee akkuma ijoollee kaanii yuunivarsiitiilee gurguddaa yaaluu akkan barbaadu itti hime. Deebiin argadhe garuu yuunivarsiitiilee gurguddaatti fudhatamuun waan ulfaatuuf, kolleejjii xixiqqaa gaafachuun akka naaf wayyuudha.

"Warra bebeekkamaa sanitti yoon iyyadhe maaltu uumama?" jedheen gaafadhe. Isiniis "si fudhachuu ykn scholarship siif kennuu dhabuu dandahu" naan jette. "Na fudhatuu dhabuu malee adabbiin biraa wahi jiraa" jennaaniin "hin jiru" jette. "Inumaa erga yaaluu barbaaddee cinaa yuunivarsiitiilee beekamoo, kan ammoo of eegannoof (safety schools) xixiqqoo iyyadhu" naan jette. Anis waan barraayyu qabu hunda qindeesseen yuunivarsiitii beekkamaa torbaafi sadi ammoo xixiqqaatti iyyata galfadhe.

Ji'oota muraasa boodas yuunivarsiitiileen gurguddaafi xixiqqaa, kan Awuroppaa, Kanaadaafi Ameerikaa an itti iyyadhe martinuu iskoolaarshiippii guutuu waliin akka na fudhatan xalayaan na beeksisan. Anis gorsituu tiyya waliin marihadhe. Yuunivarsiitiileen na fudhatan beekkamtiifi qulqullina barnootaan waan wal gitaniif keessaa filachuun rakkise. Dhumarratti qilleensa hoo'aa waanin jaaladhuuf, kaalifoorniyaatti kan argamu, Istaanfoord dhaquuf murteesse. Viizaa Ameerikaa argachuuf gara biyyaatti deebi'uun qaba ture. Biyyatti galee viizaa gaafannaan dura na didan, booda garuu dhiibbaa yuunivarsiitiin godheen naaf dhayanii, Hagayya 2005 gara Ameerikaa qajeele.

KUTAA SHAN: DIYAASPOORAA

5.1. Ameerikaa

Hagayya 2005 Finfinnee ka'ee biyya Ameerikaa, kutaa Kaalifoorniyaa Kaabaa, buufata xayyaaraa Saan Firaansiskoo qubadhe. Achirraa taaksii qabadheen Yuunivarsiitii Istaanfoord dhaqe. Yuunivarsiitichi mooraa hamma magaalaa takkaa guddatu qaba. Lafa heektaara kuma sadiifi dhibba sadiifi kudhan (3310 ha) irra qubatee jira. Bareedinni isaa seensumarraa eegala. Magaalaa xiqqoo Paalo Alto jedhamtu bira jira. Kutaan Kaalifoorniyaa haala qilleensaa waggaa guutuu jireenyaaf mijataa ta'een yoo beekkamtu, keessattuu gamni ani dhaqe kan Kaabaa badda daree baay'ee namaaf toluudha. Sababni yuunivarsiitiilee gama Baha Ameerikaa (East Coast) dhiisee Istaanfoord dhaquuf filadheefis tokko haala qilleensaa waan tureef, murtii kiyyatti nan gammade.

Yuunivarsiitiin Istaanfoord nama Lilaand Istaanfoord (Leland Stanford) jedhamu bulchaa kutaa Kaalifoorniyaafi dureessa beekkamaa tureen bara 1885 dhaabbatee bara 1891 hojii eegale. Yaadannoo ilma isaa tokkicha daa'imummaan jalaa du'eef jecha bu'uuresse. Dhaabbata barnootaa dhuunfaati (private institution). Yuunivarsiitiilee Ameerikaa hedduu filatamoo shanan keessaa tokko yoo ta'u baran ani baradhu barattoota kuma kudha jaha (16,000) ol sadarkaa digrii garagaraafi gosa barnootaa hedduun barsiisaa ture.

Digirii jalqabaa achitti barachuuf waggaatti barattootni kuma shantama (50,000) iyyata kan galfatan yoo ta'u, dhibbeentaa shanii (5%) gaditu fudhatamuuf milkaaya ture. Yuunivarsiitiin kun qorannoolee teeknolojii kompiitaraafi intarneetii (information technology (IT)) babala'achaa akka dhufaniif shoora guddaa taphachuu isaatiin beekkamtiin isaa sadarkaa ammaa gahe. Jiddugala IT addunyaa kan taate Siiliikoon Vaalii (Silicon Valley) iddoo kubbaaniyyaaleen akka Google, Facebook, HP fi kanneen biroo hedduu kan itti argaman ollaa Istaanfoord jira.

Kubbaaniyyaaleen Teeknolojii odeeffannoo (IT) yeroo ammaa addunyaa dhuunfatan hedduun barattoota yuunivarsiitii kanaatiin kan bu'uureeffamaniidha. Yuunivarsiitichi barattoonni hojii kalaqaa (innovation) fi intarpiranarshiippiitti akka jabaatan gaafuma seenan irraa bifa garagaraan waan jajjabeessuuf, gaafa milkaayan maallaqa guddaa kennuun qu'annoofi qorannoo dhaabbatichaa gargaaru. Sababa kanaan Istaanfoord dhaabbilee barnootaa hedduu dureessa ta'an keessaa tokko ta'uu danda'e.

Durummaan Istaanfoord kun anaafis irraa hafe. Akkuma iyyannoon kiyya fudhatameen iskoolaarshiippii guutuu akkan argadhes naaf himame. Barattoota yuunivarsiitii kanaa keessaa namni dura Istaanfoord irraa eebbifame tokko (alumni) ana dabalatee barattoota biyya alaatii dhufne (international students) shantama (50) taanuuf baasii hunda nurraa cufe. Bara ani seene san gatiin yuunivarsiitii sanitti barachuuf barbaachisu (cost of attendance) doolaara Ameerikaa gara kuma jahaatama ($60,000) natti fakkaata. Barattoonni irra jireessi kafalanii baratu. Hammi tokko ammoo gamiisa isaa gargaarsaan (financial aid), gamiisa ammoo liqaan baratu. Muraasni akka kiyyaa iskoolaarshiippiitu kaffaltii mana barnootaa, baasii jireenyaa, kitaabbileefi tikkeeta xiyyaaraa mara nurraa danda'a.Akkuman dhaqeen doormiin naaf ramadamee ergan argee booda hojiin duraa saayikilii bitachuu ture. Mooraan hedduu guddaa waan ta'eef doormirraa daree akkasumas dareelee jidduu saayikiliin deemamu malee dhaqqabuun ni rakkisa.

Yuunivarsiitichi baasii barnoota kiyyaaf barbaachisu hundaa narraa kaffalus, maatii kiyya biyya jiru gargaaruuf qarshiin na barbachisa ture. Kanaafuu, tarkaanfiin koo itti aanu hojii barbaaduu ture. Torbaanitti hanga sa'aatii 20 hojjachuun ni hayyamama. Beeksisa waajjirri Poolisii nagaya Yuunivarsiitichaa eegu barattoota qacaruuf baase argeen iyyata galfadhee na fudhatan. Leenjii erga fudhadheen booda akka sagantaa barnootaan walitti hin buuneef jecha galgalaafi sanbattan dalaguu eegale. Hojiin isaa poolisii waliin ta'uun barattootaafi qabeenya yuniversitiitif eegumsa gochuu ture. Konkolaattota iddoo hin hayyammne dhaabbatan adabuu, dallaa keessa sagantaan garagaraa yeroo jiru eegumsa gochuu, namoota baala sammuu hadoochu barattootaaf gurguran hordofanii qabuu fa'a dalagna. Halkan Sanbattanii mooraa Yuunivarsiitii keessatti qophiin bashannanaa (party) hedduun waan jiraniif, barattoota dubraarra balaan akka hin geenyeef gara doormii isaanii geessuun hojii rakkisaa ture. Waan machaa'aniif nama arrabsu, ni haqqisu, nu dhungachuuf yaalu. Ta'us guyyaa itti aanu gaabbanii dhiifama nu gaafatu.

Dalagaa poolisii kana irratti mudannoowwan rifaasisoofi kolfisiisoo ta'a na mudatanii ture. Hojii keenya keessa inni tokko namoonni machaa'anii konkolaataa oofan balaa akka hin geessisne to'achuudha. Namoonni hedduun Sanbattaniifi gaafa waldorgommiin ispoortii jiru alkoolii waan dhuganiif, shufeerota akkaataan oofinsa isaaanii nu shakkisiise dhaabsifnee dhuguuf dhabuu isaanii sakattaana. Sakatta'iinsi kun shufeerticha konkolaataa irraa buusuun osoo hin gatantarin madaala eeggatee deemuu danda'uu mirkaneeffachuu, yookin ammoo meeshaa hamma alkoolii dhiiga keessa jiru beekuuf dandeessisuun fayyadamu dabalata.

Guyyaa tokko hiriyyaan kiyya jaalallee isaa of cinaa kaayee konkolaataa oofaa gara dallaa osoo seenuu arge. Saayranii iyyisiisnee erga dhaabsifnee booda, poolisichi na waliin jiru hiriyaa kiyya san konkolaataa irraa buusee miila tokkoon madaala isaa eegee akka utaalaa deemu ajajeen. Gurbaan waan hin dhuginiif wanta ajajame rakkoo malee raawwate. Itti aansee poolisichi gurbaan jaalallee isaa baatee sarara irra akka deemuuf ajajeen. Mucichis wanti poolisichi jedhe afaanfaajjii waan itti uumeef, seera qabeessummaa ajajichaa morme. Poolisichis ajaja isaa fudhachuu didnaan gara mana hidhaa akka geessu itti dhaadhate. Gurbichi ajaja fudhachuufi dhabuu gidduutti qalbii hiree osoo jiruu, ani kolfa na qabe obsuu dadhabee konkolaataa poolisii keessa taa'aa turee keeessaa kolfa kiyya itti gadi dhiise. Gurbaanis sagalee kiyya dhagahee waan na argeef, konkolaatarraa bu'ee itti dhaquun ajajni itti kenname qoosaaf ta'uu itti hime.

Halkan biraa ammoo anaafi qondaalli poolisii tokko konkolaataan osoo naannofnuu konkolaataan wayii saffisaan nu bira darbe. Ifaa saayraniifi sagalee itti bannee hordofnaan dhaabbate. Hayyama konkolaachisummaa irraa fuunee akkuma kompiitaratti galchuu jalqabneen, iddoo biraatti balaan waan uumameef saffisaan garas akka deeemnu raadiyoon ajajamne. Nus hayyama namicha dhaabsifnee deebisneefii gara bakka balaan uumameetti qajeelle. Namichi sun nuun addaan bahee daqiiqaa 15 osoo hin guutin ammas poolisoonni biraa dhaabsisan. Waraqaa eenyummaa isaa fuudhanii komputaratti yoo galchan, nama seeraan barbaaadamu ta'uu isaa hubatanii qabuuf yoo yaalan, dhukaasa itti banuun poolisoota lama ajjeesuu boodarra dhageenye.

Anaafi poolisichi waliin turre qorannaa eenyummaa namichaa beekuuf godhaa turre addaan kunnee osoo deemuu baannee, namni du'u nu lamaan ta'uu yoo yaadnu hedduu naane. Balaan rabbi nu baase sun, gorsa ajajaan poolisii "konkolaataa yeroo dhaabsiftan yakkarraa bilisa ta'uu hanga mirkaneessitanitti, shuufeera kamuu akka yakkamaa hamaatti lakkaa'uu qabdu" jedhu na yaadachiise. Taatewwan akkanaa kun poolisoonni yeroo mara shakkiifi sodaan akka socho'an gochuun, tarkaanfii ajjeechaa sababa gahaa malee konkolaachiftoota irratti fudhataniif sababa akka ta'e naaf gale. Walumaagalatti hojiin poolisii sun keessoo hojimaataafi xiinsammuu dhaabbileefi namoota damee nageenyaa dhiheenyaan akkan taajjabuu carraa gaarii ture. Kunis, hubannoo jireenya dhuunfaafi hojii qabsoo gara fuulduraatiif keessatti na fayyade akkan horadhu na dandeessise.

Hojiin biraa akkuman Stanford gaheen raaw'achuu qabu gosa barnootaa (course) barachuu fedhu filachuu ture. Hanga waggaa sadaffaatti muummee (major) kee murteessuun dirqama waan hin taaneef barataan waanuma fedhe galmaayee barachuu danda'a ture. Akka biyya keenyaa waggaa tokkoffaatti damee saayinsii hawaasaa (social) fi uumamaa (natural) ramadamuun hin jiru. Kunis kan ta'eef barataan koorsii garagaraa fudhatee, ogummaa dandeettii fi fedhii isaatiif ta'u adeemsa keessa hubannoo gahaa erga horatee booda muummee barbaadu filachuu akka danda'uuf carraa banaa isaaniif gochuufi.

Garuu ammoo muummee isaanii murteessuu baatanis barattoonni yeroo isaanii akka gaariitti fayyadamuufi milkaayuuf tartiiba koorsilee fudhachuu qabanii dursanii qopheeffatanii dhufu. Kana gochuuf garuu nama karaarra nama kaayu barbaachisa. Barattoonni irra jireessi maatiin isaanii yuunivarsiitii baratanii waan jiraniif isaanirraa, kuun ammoo firoota irraa hubannoofi gorsa fudhatan. Ani garuu maatiifi fira yuunivarsiitii seenee muuxannoo qabu dhiisii namuma tokkos Ameerikaadhaa hin beekun ture. Nama na dura Yuunivarsiitii biyya saniitti baratu beekuu dhabuun koo akkan dursee koorsiilee fudhachuu qabuufi tartiiba isaanii irratti hin qophoofne na godhe.

Barnoota siyaasaa irratti xiyyeeffachuuf osuman Siingaapoor jiruu kanin murteesse ta'us, koorsii kam dursee akkan fudhuufi kam akkan itti aansu hin beekun ture. Kanaafuu baafata koorsiilee dhibbaatama qabu nuuf raabsame irraa dubbisuun kanuma mata dureen na hawwate galmaayee barnoota eegale. Hubannoo dhabiinsi koorsilee karooraan fudhachuu na hanqise sun baay'ee na miidhe. Fakkeenyaaf barattoonni hubannoo qaban seemisteera tokkotti koorsilee ulfaatoofi laafaa walitti makuun bifa madaalawaan fudhachuun ba'aa ofirraa hir'isu. Ani garuu kanuma na hawwate waanin galmaayuuf koorsilee ulfaatoo ofitti baay'isaan ture. Waggaa duraatiif bifa akkanaan miidhamaa turee waggoota itti aanan sirreeffadhe.

Muummeen baradhu hanga waggaa 3ffaa murteessuuf dirqamuu baadhus, seemisteeruma jalqabaa irraayin dippaartimantii siyaasaatti maxxanuu eegale. Dippaartimantiin siyaasaa hayyoota akka addunyaattuu kabajaa guddaa horatan, kan qorannoofi kitaabota baasaniin adda dureen maqaan beekamu qaba. Anis Piroofeesaroota koorsilee siyaasaa na barsiisanitti siquun daree keessatti qofa osoo hin taane yeroo boqonnaa isaaniis bira dhaquun irraa barachuu amaleeffadhe. Dhimmoota daree keessatti naaf hin galin daran akka naaf ibsaniifi kitaabota dabalataa akka naaf eeran gaafadha ture. Isaanis fedhii kiyya arguun konfaransiifi seeminaarota garagaraa yuunivarsiitii keenyaafi saniin ala jiranitti akkan hirmaadhuuf haala naaf mijeessuu eegalan.

Ijoollee tahee yeroon barataa sadarkaa lammaffaa ture dandeettiin kiyya barnoota saayinsii uumamaa ture. Keessattuu barnoota keemistiriifi baayoolojii baay'een jaaladha waan tureef qabxii ol'aanaan galmeessaa ture. Garuu ammoo adaduman guddadhuun hirmaannaafi fedhiin qabsoo Oromoof qabu dabalaa yeroo deemu, kitaabota seenaa, falaasamaa (philosophy)fi diinagdee dubbisuun eegale. Kanaanis fedhiin an siyaasaaf qabu dabale.

Ergan Siingaapoor dhaqee biyyoota garagaraa daaw'adhee hubannoo gaarii argadhee booda biyya kiyyatti deebi'ee saba koo tajaajiluuf fedhiin koo guddataa dhufe. Mana barnootaa Siingaapooritti waggoota lamaan saniif iskoolaarshiippii guutuun naaf kennamuu malee hanga maallaqaa hin beekun ture. Gama dhumaa irratti gaafa tokko dura taa'aa mana barnootaa bira dhaqeen maallaqni iskoolaarshiippii naaf ramadame meeqa akka ta'en gaafadhe. Ishiinis dubbiin waan hin galiniif "maalif beekuu barbaadde? Fudhatteet barnoota dhiisuu heddaa? Harkatti siif hin kennamuu bar baasiidhuma sirraa cufa malee" jechuun qooste. "Lakki gatii barnoota kiyyaa beekuufi. Gatii na barsiisuuf bahe beekee dirqama gatii saniin wal madaalu bahuuf sammuu kiyya qopheessuufi" jedheen. Naaf himte. Biruma taa'ee gara maallaqa biyya keenyaatti sharafuun maallaqni anaaf bahe manneen barnootaa sadarkaa duraa baadiyyaa akka ani irraa dhufee kudhan ta'an ijaaruu akka danda'un itti hime. Ishiinis "maarree amma gatii barnoota keetii beektee dirqama keetiif qophaayi" jettee qoostee adda baane.

Yuunivarsiitii yoon seene baasiin barnoota kiyyaa dachaa hedduun akka dabalun tilmaame. Maallaqa guddaa barnoota kiyyarratti bahu kana gaafan eebbifame maal yoon hojjadheen gatii (value) isaa deebisa jedheen yaaduu eegale. Warri iskoolaarshiippii naaf laate kaffaltiin narraa eeggatan hin jiru. Akkuman baradhee of danda'u yookiin hawaasa tajaajilu barbaadu. Maarree maal baradhee ogummaa maaliitiin yoon eebbifamen bu'aa baasii kanaan wal gitu ummata kiyyaaf buusa laata jedheen of gaafadhe.

Deebiin ani ofiif deebise rakkoon guddaan saba ani keessaa bahee cunqurfamuu waan ta'eef qabsoo isaanii keessatti hirmaachuun aarsaa barbaachisu kafalee taakkuu takkas taatu yoon achi siqseedha kan jedhu ture. Qabsoo saba Oromoo keessatti bu'aa qabatamaa buusuuf ammoo tooftaafi tarsimoo irratti beekumsa horachuun dirqama akka ta'e amane. Beekumsa kana ammoo barnoota siyaasaa barachuudhaan hamma tokko horachuu akkan dandahu yaade. Kanaafuu Istaanfoord akeeka ifaa qabadheen dhaqe.

Kanaaf Seemisteeruma tokkoffaarraa Koorsii "Ethnic conflict and Civil war" jedhu kan hayyootni beekamoon David Laitinfi James Ferson barsiisan galmaaye. Hayyoonni lamaan sun yeroo sanitti wal-dhibdee sabootaa irratti qorattoota adda durummaan addunyaa irratti beekaman turan. Dhimmoota wal-dhibdee sabootaa USSRfi Yuugoslaaviyaa diigan qorachuun waan hedduu kataban. Professor David Laitin ammoo Somaaliyaa kan jiraateefi qorannoo geggeessee waan tureef Itoophiyaas hamma tokko waan beekuuf hedduu walitti dhihaanne.

Gaafan dura waajjira isaa dhaqee siyaasa barachuu akkan barbaadu itti hime, irraa na dhaabuuf yaale. Barattoonni siyaasaan eebbifaman hojii kaffaltii gaarii qabu akka hin arganne naaf hime. Ani garuu akeekni kiyya eebba booda Ameerikaa turee hojii qabachuu osoo hin taane, biyyatti galee qabsaayuu akka ta'en itti hime. Murtiin kiyya cimaa ta'uu hubannaan koorsii ofii barsiisuun dabalata kanneen biroo kanin fudhachuu qabu naa eere. Barsiisota wal barachuunii qabus naaf akeeke. Kitaabbilee dabalataa dubbisuu qabus waraqaa irratti barreessee naaf kenne.

Seemisteera/waggaa duraafi lammataa 'common course' irratti dabalataan koorsii siyaasaa madda rakkoolee, sababa, adeemsaafi itti baha siyaasaa sabummaa ergan fudhee booda, gara koorsiilee furmaata irratti fuulleffatanii fudhachuutti cehe. Kanaaf ammoo hayyuu yaad-rimee dimokraasii (democratization) kan tahe Professor Larry Diamond gorsaa kiyya godhadhe. Qorataa beekamaa kitaabota hedduu barreesseefi dhaabbilee (Think Tank) Ameerikaafi biyyoota biraa keessatti dhaabuufi hogganuun muuxannoo guddaa kan qabuudha.

Innis fedhii kiyya hubatee, koorsiilee fudhachuu qabuufi kitaabbilee dubbisuun narra jiru naaf akeeke. Erga koorsii inni barsiisu fixeen booda torbaan torbaaniin kitaaba naaf eera. Anis dubbisee xiinxala barreessee isaan wal argee akka irratti mari'annu haala naaf mijeesse. Waggaa 2ffaa ganna keessa gara Itoophiyaa dhaqee qorannoo akkan godhuufi baasii qorannoo (research grant) akkan argadhu haala naaf mijeesse. Anis biyya galee Itoophiyaa keessatti adeemsa paartiileen ittiin ijaaramaniifi ittiin baqaqan (party formation and fragmentation) irratti qorannoo geggeesse. Barreeffama ani qopheesse irratti hundaayuun gara Yuunivarsiitii Okisfoord kan biyya Ingiliizii jiru deemee seemisteera tokkoof qorannoo kiyya akkan itti fufu na gorse. Anis deeggarsa maallaqa (grant) argachuuf dorgomee milkaayee dhaqe.

Yuunivarsiitiin Okisfoord umrii dheeraa kan qabu yoo ta'u, dhaabbilee barnootaa biyya Ingiliizii keessaa beekamtiin sadarkaa duraa irratti kan argamuudha. Hoogganoonniifi hayyoonni biyyattii kan itti qaramaniidha. Kuusaalee kitaabotaa dhaabbilee biraa keessatti hin argamne qaba. Anis madda wal dhabdee saboota Itoophiyaa seenaa irraa barachuu waanin barbaadeef garas ergame. Achittis siyaasa wal-dhibdee sabootaa bar dhibbee 14ffaa-16ffaa ture irratti ragaalee jiran dubbisuufi xiinxaluu irrattin fuulleffadhe. Koorsiilee idilee fudhachuun cinaatti, seenaa, aadaafi siyaasaa walitti bu'iinsa Itoophiyaa keessaa hubachuuf jecha barii hanga halkan walakkaa mana kitaabaatti dabarsuun amaleeffadhe.

Sababaafi xin-sammuu walitti bu'iinsa Itoophiyaa hubachuuf taateewwan bara 1960mootaa ilaaluun gahaa akka hin taane, duubatti deebinee ilaalcha hariiroofi adeemsa bar dhibbee 14ffaa hanga 16ffaa hubachuu akka feesisu naaf gale. Yaadonni, ejjannoowwan, akkasumas ololli har'a dhageenyu hedduun waggoota dhibba shan (500) duras akka turan, keessattuu ilaalchi gartuuleen siyaasaa gama Kaabaa bara ammayyaa Oromoo irratti calaqqisiisan, baroota sanirraa gabbachaa kan dhufan tahuun hubadhe. Kitaabbileefi barruulee argadhe dubbisuun yeroo hedduu waan narraa fudhateef ji'a jahan achi ture keessaa guyyaa tokko qofa magaalaa London, gaafa biraa ammoo Glasgow (Scotland) dhaqee daaw'adhe.

5.2. Qorannaa Qabsoo Ummata Gurraachaafi Filamuu Obaamaa

Seemisteera itti aanu gara Stanford ergan deebi'ee booda, koorsiilee seenaa qabsoo ummata gurraacha Ameerikaa (African Americans) barachuufi qorachuun eegale. Koorsiin Piroofeesar Clayborne Carson, qorataa seenaafi ilaalcha Dr. Martin Luther King (MLK) ta'een kennaman fudhachuu eegale. Innis seenaa qabsoo ummata gurraachaa qofa osoo hin taane dhimma qabsoo karaa nagayaatiin walitti na fullaase.

Koorsii isaa fudhadhee fedhii guddaa horachuu kiyya waan argeef dhaabbata inni hogganu, "MLK Research and Education Institute" keessatti gargaaraa qorataa tahee akkan hojjadhu na ramade. Akkaataa baroota 1950mootaafi 1960moota keessa ummanni gurraachi tooftaalee qabsoo nagayaa fayyadamaa turan osoon qoradhuu dhimmi qabsoo qawwe-maleessaa qalbii na harkisaa dhufe. Seenaa gabrummaa akkasumas imala qabsoo bilisummaa isaanii qorachaan ture. Keessattuu sochii qabsoo mirgaa (civil rights movement) baroota 1950mootaafi 60moota keessa hoggansa namoota akka Martin Luther Kingfi Malcolm X fa'aan gaggeeffaman sirriitti hubachuun qabsoo Oromoof muuxannoo fayyadu horachuuf yaalaan ture. Yeroma kana keessa namni gurraachi Barack Obama pireezidaantii biyyattii ta'uuf dorgommii seene. Duulli na filadhaa isaas fedhiin ani qabsoof qabu daran akka dabalu taasise.

Obaamaa yeroo duraaf kanin beeke bara 2006 keessa yeroo inni haasaa gochuuf naannoo keenya dhufe ture. Haasaa isaa erga dhaggeeffanee booda piroofeesarri gameessi tokko "namni kun meeshaa pireezidaantii ta'uudha. Pireezidaantii gochuu qabna" jedhe. Namni urraachi hayyicha manguddoo adii kana hammana hawwate kun waan na ajaa'ibeef dhimma isaa beekuuf fedhiin koo dabale. Kitaaba Obaamaan gaafa dargaggummaa barreesse kan matadurccn isaa "Abjuu Abbaa Kootii/ Dream from My Father" ta'e barbaadee dubbise.

Ji'oota muraasa booda Obaamaan paartii dimokraatotaa bakka bu'ee dorgomuuf kaadhimamummaa isaa labsee duula eegale. Jalqaba irratti namni carraa moo'achuu qaba jedhee yaade hin turre. Keessattuu dorgomtoota akka Hillary Clinton, haadha warraa pireezidaantii jaalatamaa duraanii Bill Clinton, kan mataa ishiitiinuu Senator cimtuu turte fa'atu jira ture. Adaduma duulli cimaa deemuun fudhatamni Obaama dabalaa deeme. Kana waliinis xiyyeeffannaafi hawwiin ummata biyyattiis ijaa gurraan ObaamaA irratti fuullffate. Keessattuu nuti barattoonni gama hundaan duula isaa cimsuuf tumsaa turre. Wal dorgommii kaadhimamaa paartii dimokraatotaaf taasifame injifannoon goolabee, sadarkaa biyyaattis kaadhimaa Ripablikaanotaa kan ta'e John Mccain moo'atee pireezidaantii Ameerikaa ta'uuf gurraacha jalqabaa ta'e.

Duulliifi injifannoon Obaamaa sun addunyaa guutuutti kaka'uumsa siyaasaa fidee ture. Ummanni akka hamaa cunqurfame tokko qabsoo yeroo dheeraa booda biyyuma isaan gabroomsite sanirratti dhalataa ofii pireezidaantii taasisuu danda'uun abdii guddaa hore. Anaaf ammoo hubannoo siyaasaa kiyya guddisuuf carraa addaa ture. Yeroo duula na filadhaatti, dogomtoonni isaa dhimma sanyiifi amantii kakaasuun hiree filatamuu isaa dhiphiisuuf yaalaa turan. Obaamaan garuu, gurraachummaa isaa irraa baqachuun hawaasa keessaa bahe osoo hin muufachiisin, akkasumas eenyummaa morkattoota isaa osoo xureeessuun hawaasa adii osoo hin dallansiisiin, deeggarsa gama lachuu argachuun moo'achuu danda'e.

Anis tooftaalee Obaamaan waldiddaa siyaasaa hawaasa gurraachaafi adii jidduu jiru walsimsiisuun irra aanee hordofuufi xiinxaluun waa heddu irraa hubadhe[11]. Dabalataanis, duula na filadhaa Obaamaa irraa mul'ata siyaasaa hawwataa ta'e qabatanii dargaggeeyyii kakaasanii gurmeessuun jijjiirama siyaasaa fiduun akka danda'amu arguun kiyya abdiin dura qabaachaa ture akka jabaatu taasise. Dhaadannoon Obaamaa kan 'Ni Dandeenya' (Yes We Can) jedhu ija kiyya duratti hojiitti yoo hiikamu arguun nuti dargaggoonni Oromoos jabaannee tarsiimoon masakamnee qabsoofnaan bakka hawwine ni geenya murannoo jettu na keessatti cimse.

Mirqaana duulli filannoo Obaamaa uumeen dabalate, mana barnootaatti qorannoon seenaa falmaa mirga ummata gurraachaa irratti taasisaa ture, dhimma qabsoo nagayaa irratti fedhiin koo dabalaa akka deemu taasise. Fedhii kiyya kana Professor Carson'tti himnaan kitaabbilee hayyuu qabsoo nagayaa Jiin Sharp (Gene Sharp) jedhamuu akkan dubbisu na gorse. Barruulee qorannoo ani qopheessu erga madaalee booda ammoo gara Hindii akkan deemee seenaa hojii Mahatma Gandhi qabsoo nagayaa irratti hojjate akkan daawwadhuufi qoradhu haala naaf mijeesse. Piroofeesar Diamond immoo karoora koo imala gara Hindii kana dhageenyaan achumaan dhimma Federaalizimii isaaniitis akkan qoradhu yaada naaf kenne. Yaada qorannoo (research proposal) akkan qopheessu na ajajee qorattoota/hayyoota federaalizimii biyya Hindii waliinis wal na barsiise.

5.3. Abboota Dimokraasii Indiyaa Sadeen

Adoolessa, bara 2008, turtii ji'a tokkootiif gara Hindii imale. Hoggansa Professor Clayborne Carson jalatti barattoota diigdamii shan (25) taanee Hindii dhaqne. Hindiin lafa ajaa'ibaa tahuu isii yeroma xiyyaararraa buutu namatti beeksifti.

Akkuman buufata xiyyaaraatii baheen hoo'in ani takkaa hin argin fuula na dhaye. Hoo'i biyyattii yeroo sanii dafqa namarraan dhangalaasee uffata namarratti jiisa.

Taaksii ergan seenee booda baay'ina konkolaataafi namaa takkaa jiruu tiyya keessatti argee hin beekneen walitti yaane. Konkolaachiftootni harka isaanii xurumbaa irraa waan kaasan hin fakkaatu. Hundinuu ni xiicha. Konkolaattonni waan bakka jiranitti dhaabbatan malee kan socho'an hin fakkaatan. Konkolaachiftootniifi imaaltootni fooddaa irraan morma gadi baasanii walitti iyyu. Yoo tasa konkolaataan walitti bu'e tiraafiika hin yaaman. Achumatti dubbatanii fixatan. Yoo tiraafiika yaaman poolisni achi gahuuf yeroo dheeraa fixa jedhan. Baay'inni namootaa kan konkolaataatiin dachaa kuma. Namni karaa deemu konkolaataan walitti rigataa, walis dhiibaa deema. Ummanni addunyaa cufti waan bakka tokkotti achitti gadi naqame fakkaata.

Jalqaba iddoo Muuziyeemiin Mahatma Gandhi kan magaalaa muummittii biyya sanii New Delhi jirutti imalle. Achittis muuziyeemii hojii Gandhi agarsiisu daawwanne. Ani daaw'annaa akka gareetti goonuun cinaatti haaluma Pirofeessor Diamond naaf mijeesseen paarlaamaafi mana murtii federaalaa biyyattiitti hoogganootaafi hayyoota dubbisaafi waliin mari'achaan ture.

New Delhi irraa gara kutaa Gujarat, tan jiddugala (headquarter) qabsoo Gandhi turte dhaqne. Kuusaan (archive) hojii isaa jiraachuu qofa osoo hin taane namoonni yeroo ijoollummaa isaanii Gandhi waliin turan, kan amma qorannaa dhimma Gandhi irratti ogeessa ta'an hedduutu achitti argama. Ummanni Dalit (Harijan) jedhamu kan biyya sanitti akka malee tuffatamaa turan, kan Gandhi qabsaayaafii tures baay'inaan Gujarat jiraatu.

Daawwannaa koo Hindii kanarraa wantoota muraasa ilaalchaafi kallattii siyaasaa gara fuulduraatti hordofe irratti dhiibbaa godhan argadhe. Kan duraa saba bal'aa akka Hindiyaa san wal taasisanii bilisummaa goonfachiisuu keessatti shoorri qabsoo nagayaa Gandhi'n geggeessaa ture murteessaa tahuu isaati. Saba bal'aa wal taasisuun namuufuu akka humnaafi fedhii isaatti gahee kennuun qabsoo keessatti miira abbummaa goonfachiisuuf faayidaa guddaa qaba.

Qabsoon nagayaa milkaayuuf hirmaannaa hawaasa bal'aa gaafata. Qabsoo hidhannoo keessatti irra jireessatti dargaggoota humna qabantu suduudaan hirmaata. Qabsoon nagayaa garuu qaamni hawaasaa kamiiyyuu, dhiiraa-dubartii, manguddoo, dargaggeeyyifi ogummaan marti bakkuma jiranii bifa garagaraan kallattiin hirmaachuu danda'u. Dabalataanis qabsoon hidhannoo jaarmayaafi hoggansa jiddu galeessa (centralized and hierarchical organization) barbaachisa. Kun ammoo ummata lakkoofsaan guddaa kutaa hawaasaa hedduu qabu keessatti loogiifi wal dhiibuuf saaxila. Baqaquu jaarmayaafi biqiluu murnootaa fiduun qabsoo laaffisa. Injifannoon yoo dhufes takkaa sirna abbaa irreetti geessa ykn wal waraansatti seensisa.

Qabsoon nagayaa irraa jalatti osoo hin taane dalga jaarama. Kun ammoo ol'aantummaa garee tokkoos ta'ee dhiibamuu warra biraaf carraa hin kennu. Kanaafuu qabsoon nagayaa Gandhi'n geggeessaa ture, baay'ina ummataa biyya sanii akka ba'aafi rakkoo osoo hin taane madda cimina qabsoo bilisummaa isaa akka ta'u godhe. Ummata biliyoona, sablammoota dhibbaatamaafi lafa hamma ardii takka bal'aturratti biyya takka sanuu tan dimookraatawaa taate ijaaruu wantoota dandeessisan keessaa sirna kolonii jalaa walaba bahuuf qabsoo nagayaan fayyadamuun isaanii shoora guddaa taphate. Imalli Indiyaa sun Gandhi malees seenaa namoota lamaa kanneen qabsoo walabummaa biyya sanii keessatti hoggansa cimaa kennaa turaniin akkan wal baru na gargaare.

Isaanis Jawharlal Nehrufi B.R. Ambekar. Abbaan Nehru nama Gandhi waliin qabsaa'aa ture. Kanaafuu Nehru'n Gandhi jalatti guddatee, barnoota ol'aanaa biyya Ingiliiziitti baratee galee qabsoo seene. Hayyuu seeraa sammuu qabsoo walabummaaf godhamaa ture ta'uun tajaajile. Gaafa bilisummaa goonfatan muummicha ministeeraa jalqabaafi bu'uuressaa sirna dimokraasii biyyattii ta'uu danda'e. Ambekar ammoo hayyuu hawaasa Dalit (Harjaan) keessaa baheedha. Hawaasni inni keessaa bahe kun sababa ilaalcha amantiifi aadaa duubatti hafaatiin hedduu tuffatamaafi miidhamaa turan. Kanaafuu, Ambekar qabsoo walabummaaf godhamu keessatti adda dureen hirmaachuun cinatti, miidhaa hawaasa inni irraa dhalate irra gahu hambisuuf falmaa ture. Kolonii jalaa walaba bahuu qofa osoo hin taane loogii keessoo hambisuufi walqixxummaa lammilee mirkaneessuun barbaachisaa akka ta'e cimsee falmaa ture.

Gandhi'n jaarsa biyyaa tokkummaa sabaatiif mataa ta'ee fayyadu yoo tahu, Nehru'n madda tarsiimoofi imaammata paartichaa tahee tajaajile. Ambekar ammoo abukaatoo walqixxummaa keessoo mirkaneessuuf hojjatu ture.

Hoogganoonni sadeen sun walabummaa Hindiyaa irratti waloon hojjetanis dhimma keessoo irratti hedduu wal falmaa turan. Wal famiin beekumsaafi naamusaan geggeeffamaa ture sun ammoo rakkoolee keessoon dhalatan boruuf ykn bilisummaa boodaaf bulchuu osoo hin taane dhawaatumaan hiikkachaa ykn tooftaa ittiin hiikkatan tolfachaa akka dhufaniif haala isaaniif akka mijeessen hubadhe. Adeemsi qabsoo isaanii dimokraatawaa ta'uun sirna dimokraasii walabummaatti aanee jaarameef bu'uura ta'e.

Ciminni qabsaa'ota bilisummaa Hindii inni hedduu na dinqisiise, sirna kolonii irratti osoo qabsaayanii rakkoo boru bilisummaa booda keessoo isaaniitti uumamuu dandahu tilmaamuun furmaata dursanii kaayaa deemuu isaaniiti.

Fakkeenyaaf sab-daneessummaa ummata isaanii hubachuun osoo gaaffiin sabootaa hin ka'in beekkamtii kennanii, karaa gaaffiin sun gaafa ka'u deebii itti kennanis bocatu. Bara 1927 korri Koongirasii Biyyoolessa Hindiyaa Kibba biyyattiitti yeroo duraaf geggeeffame. San dura magaalota Kaabaatti yoo geggeeffamu Afaan Hindiin godhamaa ture. Warri Kibbaarraa dhufu kan Afaan Hindii hin beekne turjumaanaan hirmaatan ture. Walgahii Kibbatti godhame kanarratti garuu Afaan Taamiliin geggeessuuf murteessan. Gandhi dabalatee hooganoonni hundi turjumaanaan hirmaatan. Kun ammo kabajaa isaan saboota Kibbaaf qaban agarsiisuun fudhatamni (legitimacy) hoogganootaafi paartichaa hedduu akka dabalu gargaare.

Hoogganoonnifi qabsaa'onni Hindiyaa, biyyi isaanii biyya sabaaf sab-lammootaa tahuu fudhachuun, saboonni mirga afaaniifi aadaa ofii kabajachuu, akkasumas of bulchuu akka qaban osoo gaaffiinuu hin ka'in amananii fudhatan. Walabummaa isaanii goonfachuun waggaa diigdama dura barbaachisummaa sirna federaalizimii irratti mari'achuun waliigalan. Aangoo mootummaa harkaa dhabanis yaad-rimeelee federaalizimii qabatamaan hojiitti hiikuu eegalan.

Hindiin gaafa walaba baate naannoolee muraasa qofa qabaachaa turte. Gaaffii ummataa/sabootaa bu'uureffachuudhaan yeroo gara yerootti bal'achaa deemtee amma naannoolee soddomii jaha (28 kan ofiin of bulchaniifi 8 kan mootummaa federaalaan bulan) qabaachuu dandeessee jirti.

Ejjannoon cimaan Gandhi, Nehrufi Ambedkar tarkaanfachiisaa turan inni tokko gareen hundumtuu eenyummaa ofii osoo gadi hin lakkisin, biyya waloo ijaarrachuun akka danda'amuudha. Akkan naannoolee isiin qabdu keessa naannayee laaletti, bal'inni teessuma lafaa, garaagarummaan afaanii fi aadaa waan biyyoota hedduu daawwadhe natti fakkaata ture. Akka bal'ina lafaa, baay'ina ummataafi sabootaan Hindiin ardii malee biyya miti nama jechisiisa. Garuu sirna biyya (state) tokkoo jala bulti.

Naannoleen mootummaa ofii filataniifi imaammata ofii baafataniin bulu. Fakkeenyaf 'naannoon Kerala jedhamu sirna sooshaalizimii yoo hordofu, Gujarat ammoo Kaappitaalizimii hordofti. Lachuu ammoo mootummaa federaalaa waloo kan naannooleen marti akkaataa baay'ina ummata isaaniitiin bakka bu'ummaa qabuun ijaarratanii jiraatu. Kana kan dandeessise sirna federaalizimii dimokraatawaan mirga sabootaa kabajanii mootummaa ummataan filameen buluu isaaniiti. Sirna federaalizimiifi dimokraasiif ammoo raacitiin kan kaayame bara qabsoo sirna kolonii irratti geggeeffamaa ture ta'uun hubadhe.

Waliigalatti daawwannaa biyya Hindii kanarraa sab-daneessummaa biyya tokko keessa jiru akkamiin wal simsiisuudhaan sirna dimokraatawaa tahe ijaaruun akka dandahamu hubachuu eegale. Daawwannaafi qorannoo koo biyyattii irratti gaggeesseenis fedhiin tooftaalee qabsoo karaa nagayaafi sirna federaalizimii qorachuudhaaf qabu daran dabale. Gara Ameerikaa deebi'ee qorannoo itti fufe.

5.4. Dargaggoota Gurmeessuu

Gaafan Ameerikaa dhaqu namnummaan ani biyya sanii beeku tokkolleen hin turre. Kanaafuu akkuman dhaqeen hawaasa Oromoo qunnamuuf yaaluu eegale. Garuu namnin ani beekus ta'ee, karaan ittiin hawaasa Oromoo naannoo ani jiruu qunnamuufis akkaataa isaa hin turre. Yeroo san marsaaleen hawaasaa akka Facebookfi Twitter waan hin jirreef namoota gama interneetiin qunnamuun laafaa hin turre. Marsaalee imeelii ONETfi ONA kanin gaafa Singapore ture galmaaye, kan namni hedduu keessatti wal lolu sanitti fayyadamuu nan sodaadhe.

Yeroo san dargaggoonni Oromoo gola-marii (Chatrooms) garagaraa irratti dhimma bahu ture. Dhaamsi marsaalee imeelii (email distribution network) irratti ergamu gama imeeliitiin namootaaf bifa icciitaawaa ta'een kan faca'u yoo ta'u, kan chatroom sun garuu namuufuu banaadha. Jechuunis dhaamsa tokko ati maxxansinaan namni website san bane cufti ni argata.

Anis gaafa tokko fuula chat room Oromoonni fayyadaman tokko banee "namni Oromoo taatanii Naannoo California, magaalaa San Francisco jiraattan na qunnamaa. Dhihoon Stanford University seene. Namaan wal barachuun barbaada" jedhee maxxanse. Guyyaa lammataa namni sadii; Nugusee Heeyyiii, Faaxumaa Irboofi Darajjee Daadhii kan jedhaman na qunnaman. Dabaree dabareedhaanis dhufanii qaamaan wal barre. Boodas maatii isaaniifi hawaasaan wal na barsiisan. Akka carraa ta'ee barataan Oromoo biraas achuma Stanford waggaa 3ffaa barachaa kan ture, Abdusabuur Umar, dhaamsa kiyya namarraa dhagayee na qunnamee wal baranne.

Barnoota kiyya jalqabee akkuman tasgabbaayeen karoora Singapore irraa qabadhee dhufe hojiitti hiikuuf ka'e. Yeroon Singapore turetti sosochii qabsoo Oromoo Ameerikaa Kaabaatti godhamu gama marsariitii garagaraatiin hordofaan ture. Ummanni biyya alaa ofis tahee qabsoo saba isaa biyyatti hafee akka gargaaru yoo barbaadame bifa jaarmayaa siyaasaa caalaa karaa waldaalee siviilii (Civic Societies) yoo ijaarame irra wayya ijjannoo jedhu qabadheen dhaqe. Sababni isaas namni ykn hawaasni dirree falmaa irraa fagaatee jiru kallattiin qabsoo keessatti hirmaachuuf fageenyi waan ugguruuf, shoorri inni bifa bu'aa qabeessa ta'een kennuu malu kan deeggaraa ta'uudha jedhee waanin amanaa tureefi. Deeggarsa bu'aa qabeessa kennuuf immoo keessattuu biyyoota lixaa keessatti waldaalee hawaasummaan gurmaa'utu irra bu'aa qaba.

Yaada kana hojiitti hiikuuf immoo dargaggoota irraa jalqabuun barbaade. Karoorri kiyya muuxannoo leenjii daragggootaa biyya Sri Lanka, Singapore, Hollandfi Kaanaadaa akka hirmaataafi leenjisaatti horadhe irratti hundaa'uun dargaggoota Oromootiif leenjii gahumsa hooggansaa kennuu irrattin xiyyeeffatuuf ture. Leenjilee ofiif hirmaadhe irratti hundaayuudhaan kaarikulamii qopheesse.

Yaada kanas Abdusabuur Umar, barataa Oromoo na dura yuunivarsiitii san ture biraan gahee irratti mari'anne. Karoora hojii baafnes dargaggoota biraan gahuuf barruu tokko qopheessinee marsaalee intarneetii irratti facaafne. Sa'aatiilee muraasa keessatti warra barruu keenya dubbise irraa deebiin dhufuu eegale. Warra dura deebiin nu qunname keessaa dargaggootaafi shamarran booda waan hedduu waliin hojjannetu ture.

Namoonni jalqabarratti nu qunnaman sanneen keessaa muraasni Arfaasee Gammadaa, Damee Ormaa (Mahaammad Adamoo), Seenaa Jimjimoo, Dabalaa Tarreessaa (amma doctor), Iddoosaa Abbaa Garoo fa'a turan. Warra nu qunnaman kanneen yaada qabnu takka takkaan ibseef. Isaanis yaadicha jaalatanii gara Koonfaransii Hoggansa Dargaggoota Oromoo (Oromo Youth Leadership Conference, OYLC) qindeessuutti seenne.

Koonfaransii kana dhugoomsuudhaaf leenjii leenjiftootaa dursinee kennuu qabna turre. Kanaafis hayyoota/eksipartoota leenjii hoggansa dargaggootaa Singapore, Hollandfi Kaanaada'tti na leenjisan affeere. Gaafasitti leenjiftootni kun leenjii bifa sanii kennuuf maallaqa guddaa kan gaafatan tahus nuuf bilisaan kennuuf waliif galan. Warra leenjisuuf kaffaltii kennuu dhiisii nuti maallaqa galma leenjiif ooluu hin qabnu turre. Sababa kanarraa kan ka'e leenjicha sanuu mana haboo Arfaaseetti qopheessine.

Manni sun kutaa hirribaa lamaafi bakka teessumaa (saalonii) tokko qaba ture. Kutaa hirribaa tokko leenjisaaf kenninee, kan biraa shamarrantu keessa rafa. Bakki jireenyaa (living room) iddoo walgahii itti fudhannuufi joolleen dhiiraa rafnu ta'uun nu fayyade. Nyaatas achumatti qopheeffannee nyaachuun baasii ofirraa hirdhifne. Hirmaattonni leenjii leenjiftootaa sanii gara nama kudhanii (10) turan. Isaan keessaa Arfaasee Gammadaa, Obsaa Hassan (amma doktor), Qixxeessoo Cirrii, Damee Ormaa, Seenaa Jimjimoo fa'a nan yaadadha.

Leenjii saniif California irraa Minnesota dhaquufuu maallaqa hin qabun ture. Akka carraa Arfaaseen daandii qilleensaa tokko hojjataa waan turteef gaafa karaa deemtu ishiitti nama tokko dabalattee bilisaan bararuu turte. Garuu namni sun isii waliin bararuun dirqama ture. Kanaaf galgala Minneapolis irraa kaatee halkan walakkaa San Francisco geessee ana waliin xiyyaaruma san irratti deebitee Minneapolis dhaqna. Ji'a Bitootessaa bara 2006 ture.

Leenjii leenjistootaa guyyoota lamaaf tureen qindeessitoota kudhaniif leenjii kennine. Leenjiin kun akkaataa dargaggoota itti gurmeessan, akkaataa amala isaanii itti hubataniifi tasgabbeessan, haala dandeettii uumamaa isaanii baasanii ittiin fayyadamuu danda'aniifi haala hawaasa daneessummaa garagaraa qabu tokko itti gurmeessaniifi ijaaran irratti kan xiyyeeffate ture. Ogeessonni affeerre tiwooriifi muuxannoo hawaasa garagaraa nu barsiisan. Nuti ammoo haala qabatamaa saba Oromoofi qabsoo isaatiin wal simsiifnee irratti mari'achaa turre.

Dargaggoonniif shamarran kurnan kun yaada san dura narraa dhagayaa turan barnoota ogeessota irraa argataniin cimsatanii booda kutannoon isaanii daranuu cime. Ganna yeroo barnoonni cufamu koricha qopheessuuf karoora baafne. Baasii kanaaf barbaachisu argachuuf konkolaataa dhiquu, ayiskireemii (ice cream) gurguruufi namoota dureeyyii kadhachuutti seenne. Wallistoota kadhachuunis agarsiisa qopheessuun galii walitti qabanne. Wallistoota jalqaba nu bira dhaabbatan keessaa Elemoo Alii, Kamaal Ibraahimfi Kiloolee Melbaa (Daagim Makoonnin) turan.

Ganni yeroo dhufetti dargaggootaaf shamarran dhibba ta'an kutaalee Ameerikaa, Kaanadaafi Awuroppaa irraa walitti fidne. Yuunivarsiitii Minnesota irraa doormii bultiifi galma leenjii kireeffannee leenjii kennuu eegalle. Dargaggootaafi shamarran kana haala daneessummaa amantiifi naannoo Oromoo qalbeeffateen fille. Duubbee dhaloota isaaniitiifi bakka irraa dhufan walitti makuun walitti qindeessinee torbaan tokkoof oolii bulii isaanii bakka tokko goone. Fakkeenyaaf doormii bultii yoo ramadnu namoonni lama kan isaan ykn maatiin isaanii godina tokkorraa ta'an akka waliin hin taane gochuun, kan godina ykn amantii biraatiin walitti ramadamu. Garee marii (discussion group) irrattis bifuma kanaan namoota wal keessa facaasuutti fayyadamne. Leenjiin sun waan sadi irratti hundaaya. Tokko dargaggoonni kun daangaa bakka dhalootaa, iddoo jireenyaa, amantiifi koorniyaa dabranii akka wal barataniiifi walitti caaseffaman haala mijeessuudha. Kan lammataa gahumsa hoggansaa isaanii guddisuuf barnoota tiwooriifi shaakalaa qabatamaa kennuudha. Kan sadaffaa waan tiwooriin baratan daran cimsachuuf warroota muuxannoo qaban irraa akka baratan haala mijeessuudha. Kanaafis Artistoota, Hayyootaafi Hooggantoota Oromoo qabsoo keenya keessatti muuxannoo hedduu qaban kora kanarratti affeeruun dargaggeeyyiin kun akka imala jireenyaafi ilaalcha isaanii irraa kallattiin hubannaa horatan goone.

Leenjii kana keessaa barbaachisaa kan ta'e, garuu ammoo ulfaataa ture, kan daneessummaa hogganuu (diversity management) irratti kennine ture. Yeroo sanitti qoqqoodamni mooraa qabsoo keessatti uumame ABO laaffisee hawaasas garee-gareetti facaasee ture. Garuu ammoo sababniifi akaakuun qoqqoodama jaarmayaafi hawaasaa kun ifatti hin dubbatamu. Hunduu guyyaa tokkummaa Oromoo jedhee waliin sirba. Halkan maqoo bahee gandaaf amantiin wal hamata. Marsaalee intarneetii irratti maqaa masoo duuba dhokatee wal abaara. Abaarsiifi balaaleffannaan kun hoggansa dhuunfaa bira dabruun godinaafi amantii inni irraa dhalate busheessuu dabalata.Dargaggeeyyii rakkoo kanarraa baraaruun moora qabsoo Oromoo akka fayyisan gochuuf dhimma daneessummaa keessoo ummata tokkoo irratti hubannaa gahaa kennuun barbaachisaa ture. Ogeessonnis rakkoolee qoqqoodama saba bal'aa mudatan irratti barnoota bal'aa kennan. Loogiin garee sadarkaa sanyummaas ta'e kan sabaa, naannoofi gosaaa akkasumas amantii odeeffannoo dogongoraa (misinformation) irraa ka'a. Kunis gareeleen lama ykn sanaa ol yennaa walcinaa jiraatan ilaalchi hamiifi komii irraa ka'u wal tuffii, wal shakkuu fi wal sodaa uuma. Jidduu garee lamaanii qabeenyi yoo jiraate wal dorgommiin gara walitti bu'iinsaa ce'a. Kanarratti aangoofi humnaan wal caaluun yoo jiraate gara wal cunqursuutti deemama.

Akeekni leenjii daneessummaa taliiguu sanii dargaggoon sun bal'ina, garaagarummaafi tokkummaa saba isaanii akka beekaniifi hariiroo kana bifa bilchina qabuun akka geggeessan dandeessisuu ture. Kanaaf ammoo hubannoo mataa ofii akka qabaatan, akka ofis walis barataniif irratti hojjanne. Akkuman olitti jedhe doormii yeroo ramadnus ta'ee dareetti yeroo taa'an namoota dura beekaniin osoo hin taane kan wal hin beekne, kutaafi amantiin adda ta'aniin goone. Barmaatilee (comfort zone) san dura qaban keessaa baasuun Oromoo isaaniin addaa waliin hojjachuufi jiraaachuu akka baratan carraa uumne. Haala kanaan leenjiin torban tokkoof kennine hanga yaadnee ol itti milkoofne.

5.5. "Ethiopia out of Oromia"

Dhumarratti dargaggoota Oromoo daran akka qindeessuu dandeenyu maalif jaarmaa hin ijaaranne yaadni jedhu hirmaattotuma keessaa dhufee, Waldaa Dargaggoota Oromoo Idil Addunyaa (International Oromo Youth Association/ IOYA) jedhamu hundeessine. Maqaa kanas kan moggaase Damee Ormaa (Mahaammad Adamoo) akka ture nan yaadadha. Pireezidaantii ammoo Arfaasee filanne. Baroota itti aananis ganna-ganna leenjii walfakkaataa kennuu itti fufne. Namoonni har'a hawaasa keenya biyya alaa sochoosan hedduun dargaggoota leenjii san keessa dabran tahuu yoon yaadadhu piroojektiin sun bu'aa qabeessa akka ture natti agarsiisa.

Waldaa Dargaggoota Oromoo Idil Addunyaa (IOYA) keessatti waan hedduu dalaguuf yaalle. Bara 2007 keessa hiriira mormii qopheessuuf dargaggoota dhibba lama tahan Minnesota irraa konkolaataan sa'aa diigdama oofnee magaalaa muummittii Ameerikaa Washington DC dhaqnee turre. Haasaan namoonniifi murnoonni Amaaraa hanga yeroo dheeraaf ittiin na balaaleffatan tokko kanin achirratti taasise ture. Dhaadannoowwan barreeffamanii jiran dubbisaa lallaabaa ture. Yeroon sun yeroo waraanni Itoophiyaa Somaaliyaa itti weerare ture. Kanaaf nus Ummata Somaalee yeroo dheeraaf fira qabsoo Oromoo ta'eef, naatoo (solidarity) agarsiisuuf dhaadannoo 'Itoophiyaan Somaaliyaa keessaa haa baatu' (Ethiopia Out of Somalia) jedhu qabannee turre.

Osoon dhaadannoollee joolleen qabattee jirtu laalaa dubbisee lallabaa jiruu "Ethiopia Out Of...." akkuman an jedheen gurbaan dhaadannoo duraa harkaa qabu socho'ee kan dhaadannoo "Oromia..." jedhu qabate ija dura na dhufe. Anis dhaadannoo duraafi lammataa walitti suphuun "Ethiopia Out of Oromia" jedhe. Dhaadannoo gurbaan duraa qabate keessaa jechoota sadan duraa, kan inni lammataa qabate keessaa takka walitti na jalaa makaman. Xiqqoo booda dogongora sirreessee dhaadannicha jedhe.

Garuu waggoota muraasa booda maqaan koo beekkamaa yoo dhufu jarri haasaa/dhaadannoo san arge mummuree Ummanni Itiyoophiyaa (sabaaf sab-lammoonni) Oromiyaa keessaa haa bayan jedhe jedhanii yeroo dheeraaf maqaa ittiin na balleessuuf fayyadamaa turan.

Yeroo biraa ammoo hiriira guddaa "Ten Thousand March for Oromia" jennee moggaasne Minnesota keessatti qopheessine. Hiriira kanarratti Ameerikaaf Kanaadaa irraa namoota baay'eetu hirmaatee ture. Hiriirri sun hiriirota hanga gaafa saniitti qopheessine keessaa baay'ina hirmaattotaatiin guddaadha. Gaafa sanitti hojii waggoota darban keessatti hojjachaa turreefi miidiyaalee akka paltalk gubbaatti haasaan godhurraa kan ka'e maqaan koo hawaasa Oromoo biyya alaa keessatti beekamuu eegalee ture. Osoo hiriira san qopheessaa jirruu qufaan na qabee sagaleen koo cufamee ture. Hiriiricha irratti haasaa godhuuf yeroon affeeramee waltajjii gubbaa bahetti, haa dubbadhu malee sababa diifafa na qabee jiruutiin sagaleen koo hin dhagahamu ture. Garuu ummanni hedduu miira keessa seenee harka naaf rukutaa ture. Dubartootaafi mangudooleen qabsoo keessa turan yeroo imimmaan haqatanin argaa ture.

Haalli sun baay'ee na jeeqe. Ummanni sun dheebuu bilisummaa guddaa akka qabuufi hojii xixiqqaa baroota dabran dalagne irraa abdii akka horataa dhufanin hubadhe. Garuu ammoo qophiifi gahumsi kiyya abdii waan isaan narraa eegan (expectation) akka wal hin simanne natti dhagayame. Miirrii sun yaaddoo hamaa keessa na galche. Akkan Minnesota irraa gara Stanford deebi'een itti gaafatummaan IOYA keessatti qabu gadin lakkise. Bilbilaafi karaalee qunnamtii qabu cufee barnootatti fuulleffadhe. Beekumsa kallattiin mana barnootaatti horachaa jiruun dabalata kitaabbilee dubbisuun daran gabbifachuuf oolmaan kiyya mana kitaabaa (Library) ta'e. Pirofeesaroota na barsiisaniifi kanneen biroo yeroo argame hunda fayyadamuun irraa odeeffachuu amaleeffadhe. Gara Yuunivarsiitii Oxford dhaquunis qo'annaa kiyya cimse. Hayyootaafi hogganoota gameeyyii qabsoo Oromoos wal barachuun beekumsaafi muuxannoo isaanii irraa dhagayuu akka madda beekumsaa birootti fayyadamuu eegale.

Yeroo Staanfoord turetti barattoonni Itoophiyaa muraasni jiraatanis, hubannaafi fedhiin siyaasaa qaban hagas mara waan ta'eef baa'yee hin argadhuun ture. Fakkeenyaaf barattuun takka abbaan isii sochii siyaasaa 1960mootaa keessatti hirmaannaa guddaa qaba ture. Eenyummaa isii erga baree booda waa'ee abbaa isii gaafachuu yaallaan, haguma kiyyaahuu akka hin beekneefi beekuufis fedhii akka hin qabne hubadhe. Barattoo caalaa, namoota yuunivarsiiticha keessa hojjataniifi naannawa san jioraatan fedhii siyaasaa waan qabaniif isaan wajjiin mari'achuu filadhe. Isaan keessaa nama Daawit Haygaaz jedhamu, kan abbaan isaa lammii Armeeniyaa ta'e waliin walitti dhihaannee waa'ee Itoophiyaa mari'achuu eegalle.

Boodarra gaazexeessaan Abbabaa Galaawu jedhamu Yuunivarsiitichi carraa fellowship yeroo gabaabaa kenneefii dhufee nutti makame. Namni Abarraa Mattaafariyaa jedhamu kan Hospitaala Yuunivarsiitichaa keessa hojjatu akkasumas barsiisaa kolleejjii naannoo sanitti argamu tokko kan ta'e Dr. Warquu Nagaaashiifi haadha warraa isaa dabalannee garee marii Stanford Ethiopian Group jedhu hundeessine. Yeroo yeroon wal argaa dhimma Itoophiyaa irratti mari'achaa turre. Keessattuu waa'ee siyaasaa qabsoo Oromoo hubachuu waan fedhaniif, seenaa dubbee qabsoo, sadarkaa irra jiruu i kallattii fuulduraa tartiibaan itti himaa ture.

Lammiileen Itoophiyaafi Eritriyaa magaalaa San Jose jiraatan, wal dhabdee biyyoota lamaanii furuudhaaf yaalii gochaa waan turaniif sochii garee keenyaa dhagahanii akka hirmaannu nu affeeran. Walgahii qophaa'e irratti akka dubbadhuuf affeeramee, barreeffama dhufaatii wal dhabdee biyyoota lameenii xiinxaluufi furmaata fuula duraa akeeku dhiheesse[12]. Qabiyyeen bareeffama sanii, humnoonni siyaasaa Itoophiyaafi Eertiraa keessa socho'an dur irraa kaasee rakkoolee jiran hiddaan furuurra, tumsa waytaawaa diina waloo kuffisuu irratti xiyyeeffate uumuu filatu. Tumsi akeeka akkasii qabu ammoo dhimmoota ummatoota lamaan jidduu jiran irratti gadi fageenyaan mari'atamee waliigaltee dantaa waloo eegsisuu danda'u tumachuu hanqisa.

Kun ammoo humnoonni kaleessa waliif tumsan borumtaa akka walwaraanan taasisuun, nagaa waaraa buusuutti danqaa akka ta'e tarreessa. Kanaafuu lammiileenis ta'ee dhaabbileen biyyoota lamaanii, dantaa yerootiif jechan abbaa irree gama tokkoo waliin tumsa jaarrachuu dhiisanii, biyyoota lamaanittuu sirna dimookraasii fiduudhaaf qabsaa'uun akka wayyu gorsa ture.

Waliigalatti mariin Stanford Ethiopian Group keessatti gaggeessaa turre sun, sababafi galma qabsoo Oromoo namoota alaatiif hubachiisuuf muuxannoo gaarii naaf laate.

5.6. Hirmaannaa Waldaa Qorannoo Oromoo

Akkuman Ameerikaa dhaqeen sochii dargaggootaa qindeessuu dabalatee Waldaa Qorannoo Oromoo (OSA) keessattis hirmaannaa gochuu jalqabeen ture. Waldaan kun qabsoo Oromoo gama beekumsa maddisiisuufi tamsaasuutiin utubuuf bara 1986 ijaarame. Waggaa waggaan kora barreeffamoonni dhimma Oromoo ilaallatan, kan hayyoonni Oromoofi kanneen biroo qopheessan irratti dhiheessan qopheessa. Qorannoolee dhihaatanis bira barruulee (journal) maxxansiisa. Bifa kanaan seenaa Oromoo bifa jallateen himamaa ture akka sirraahu, ololli farra qabsoo Oromoo akka fashaluuf shoora guddaa taphate.

Yeroo duraaf kora OSA irratti kanin hirmaadhe bara 2006 akkuman barnoota Yuunivarsiitii waggaa tokkoffaa xumureen ture. Mana barnootaatti koorsii tokkoof mata duree 'Internal Challenges to Nationalist Movements' jedhurratti waraqaa qorannaa dhuma seemisteeraaf (term paper) barreesseen ture. Qorannoon sun qabxii gaarii naaf argamsiise. Pirofeesarichis yaadan fooyyessuu qabu naaf kenne. Anis barruu kana akka dhimma Oromoo irratti fuulleffatutti fooyyessee axeerara (abstract) isaa koree kora OSA qindeessuuf erge. Axeerarri kiyyas fudhatama argatee kora dhuma ji'a Adoolessaa 2006 Yuunivarsiitii Minnesota keessatti geggeeffamerratti dhiheessuuf qophaayee garas qajeele.

Kora san irratti hayyoota bebbeekamoofi hogganoota siyaasaa ABO hedduu kanin gurraan dhagayaa guddadhe ijaan arguuf milkaaye. Sagantaa koraa yoon laalu, barruun (paper) kiyya tartiiba qorannoowwan siyaasaa jidduutti osoo hin taane kanneen dhimma dubartootaafi daa'immanii waliin akka dhihaatu ramadamuun arge. Tarii waanin dargaggeessa taheefi waan nan beekneef achitti na ramadan jedheen taajjabeetuma dhiise. Waltajjiin ganamaa dhumee gareen ani keessa jiru (panel) waaree boodatti waan beellamameef dhiheessuuf qophoofne. Yeroo boqonnaa laaqanaa irraa deebinu, qorannoon keenya galma guddicha osoo hin taane, galma xiqqaa biroo keessatti akka dhihaatu murteeffamuu isaa nuuf himan. Galma guddichatti garee biraatu dhiheessa. Nuti akka paanaalii xiqqaa (breakaway) tokkotti akka dhiheessinu tahe jechuudha. Yeroo kana dallansuu kiyya to'achuu hin dandeenye.

Dhiheessitoota dubartootaafi dargaggootaa adda baasanii galma xiqqaa namni keessa hin jirretti dhiibuun tuffii guddaa tahee natti mul'ate. Gara galma xiqqaa deemuu dhiifnee gara waltajjii galma guddichaa baane. Achitti maayikraafoona namicha waltajjii geggeessu harkaa buteen dallansuun dubbadhe. "Tuffiin dargaggootaafi dubartootaaf qabdan nama gaddisiisa. Ganama guutuu isin dhaggeeffataa oolle. Amma sa'aa takkittii nu dhaggeeffachuu diddaaf galma muummichaa nu baaftanii godatti nu darbituu? Nama qaanessitu. Nutis waltajjii kana gadi hin dhiisnu" jedhe. Abbaan waltajjiis rifatee, koree waliin marihatee, galmuma guddichatti akka waraqaa qorannoo keenya dhiheessinu nuuf hayyaman.

Barruun an dhiheesse "Regionalism out in the open: Its cause and consequence of Oromo movement' kan jedhu yoo ta'u madda naannummaafi miidhaa inni qabsoo Oromoo keessatti qaburratti kan fuulleffate ture. Barruun sun naannummaa/gandummaa qabsoo Oromoo keessatti mul'atu maddi isaa lama akka tahe ibsiti. Tokko kan uumamaa yoo ta'u kaan immoo nam-tolchee akka tahe addeessiti. Kan uumamaa yoo jennu sabni Oromoo lakkoofsaafi teessuma lafaa bal'aa, kan gosaafi godaan gurmaaye tahuu isaati. Kan uumamaa kun mataan isaa rakkoo tahuu baatus, badii nam-tolcheef ummata akka saaxilu xiinxala. Rakkoo nam-tolchee yoo jennu immoo kan qaamonni siyaasaa kalaqan jechuudha. Kanas bakka lamatin qoodee kaaye. Tokko kan diinni uume yoo tahu, kaan ammoo kan hoggansiifi jaarmayaaleen Oromoo fidan tahuudha.

Sirni cunqursaa alagaa Oromummaa laaffisuun humna sabni kun tarkaanfii walootiif (collective action) qabaatu hanqisuuf fayyadama. Tarsiimoo kana hojiitti hiikuuf mallattooleefi dhaabbilee (symbols and institutions) waloo sabichaa mancaasuu bira dabree akka addaan faffaagaatan lafa Oromoo cicciree saboota biroon walitti hidhe. Gosoota Oromoo adda facaasuun caasaa bulchiinsaatiin saboota biroo waliin walitti ijaaruun kun, Oromoon caasaa waloo akka dhabu godhe. Kun ammoo eenyummaa waloo osoon taane kan gareef naannoo akka dagaagu taasisa. Dhawaata keessa namni keenya Oromummaan osoo hin taane Harargee, Wallagga, Baale, Shawaafi kkf faa jedhee of ibsuu eegale. Bifa kanaan Oromoon addaan kukkutamee saboota biroon walitti maxxanfamee, adeemsa keessa walirraa fagaachaa dantaa waloofi gocha walootiif akka waliin hin sochooneef taasifame.

Ummanni tokko roorroofi cunqursaa jalaa bahuuf waliin qabsaa'uu barbaachisa. Ummanni sun waliin qabsaa'uuf ammoo eenyummaa waloo (collective identity) isaa irratti hubannaa waloo (common consciousness) horachuu qaba. Kana jechuun agarsiiftuulee eenyummaa kanneen akka aadaa, seenaafi afaan waloo qabaachuu isaa, akkasumas miidhaa waloo jala jiraachuufi miidhaa kana jalaa bahuufis waliin qabsaa'uun barbaachisaa akka ta'e amanuu qaba.

Kanaafuu qabsoon Oromoo akkuma dhalatteen hojiin duraa tarsiimoo sirni cunqursaa sun Oromoo diiguun qabsoo waloo akka hin goone dhoorkuuf diriirse san fashalsuu irratti fuulleffatte. Hojii Waldaan walgargaarsa Maccaa-Tuulamaa, Sochiin Afran Qalloo, qabsoon barattootaa, qubee qoruun, hawwisoo qopheessuu hundi, ummata addaan fageeffamee ture akka deebi'ee wal baru, wal qabatuufi dantaa waloof waloon ijaaramu taasisuudha.

Maddi naannummaa inni biraa walmorkii murnoota Oromoo jidduutti uumameedha. Hojiin Oromummaa deebisanii ijaaruun qabsoo waloof saba tokkummaan bobbaasuuf godhame milkaayaa turus, jaarmayootaafi hoogganoota hojii san dalagaa turan jidduutti walitti bu'iinsi uumamuun murnoonni siyaasaa akka dhalatan godhe. Jaarmiyaaleen Oromoo erga dhaabbatanii walmorkiin murnaafi namoota jidduutti uumamaa ture gara gartuutti ol guddachuun bifa naannummaa horachuu eegale. Keessattuu akkuma jaarmayaaleen qabsoo dhalataniin hoggansi hedduun waan wareegamaniif (Taaddasaa Birruu, Magarsaa Barii, Baaroo Tumsaafi kkf) dorgommiin qabsicha gaggeessuu hooggantoota sadarkaa lammaffaa (mid level leadership) irratti kufe. Hoogganoonni kun ammoo hawaasa danummaa (diversity) qabu jaarmayoota qacalee keessatti akka barbaadamuun wal simsiisanii deemuu hin danda'an.

Hoggansi gahumsaan miseensotaafi ummata of jala hiriirsuu dadhabe ammoo tokkummaa jaarmayaa tiksee deemuu waan hin dandeenyeef, fincila keessaa itti dhalatuu malu irra aanuuf namoota isaaf amanamaniin of marsutti deema. Yeroo hedduu maddi amanamummaa walitti dhiheenya lafaa fi gosaa ta'a. Kun immoo warra lafaafi gosaan hoggansa san irraa fagoo ta'an biratti shakkiifi mufannaa uuma. Hoggansis qeeqa irratti dhihaatuufi sodaa aangoorraa kaafamuu faccisuuf daranuu namoota amanamoon of marsuu eegala. Kanaafuu taayitaan dandeettii osoo hin taane amanamummaan taha. Amanamummaan ammoo 'firooma' namootaatiin taha. Ulaagaan taayitaan itti kennamu dandeettii caalaa amanamummaa irratti hundaayuun hojiin jaarmaya sanii laaffatee akka deemu godha. Haalli kun jaarmaya keessatti murnummaa (factionalism) naannoo irratti hundaaye dhalchuun adeemsa keessa baqaquu jaarmayaatti geessa.

Bifa kanaan jaarmayoota qabsoo Oromoo keessatti naannummaan suuta suuta dagaagaa bu'uura murnummaa (source of factionalism) taatee hidda godhatte. Yeroon ani qorannaa kana kora OSA san irratti dhiheessu hoogganootaafi hayyoonni hedduun kan dhimmi ilaallatu jiraatanis, namni gaaffii takkas ta'ee qeeqa kaase hin turre. Fuulli hirmaattotaa hedduu garuu rifaatuu akkasumas aariifi gaddatu irraa mul'ata ture. Galgala saniifi guyyoota itti aanan yaadni e-mail kiyya guutuu eegale.

Dhaamsi irra jireessi na dhaqqabaa ture kan arrabsoofi abaarsaati. Oromoo qoqqoodde, icciitii sabaa baafte, ABO qeeqxeefi kkf kanneen jedhantu na gahaa ture. Hayyoonni muraasni garuu barreeffama akkasii onnadhee dhiheessuu kiyyaaf na galateeffatanii qorannoo san daran bilcheessee ummata bal'aa biraan akkan gahuufi akkan maxxansu na gorsan. Duulli maqa balleessii intarneetiin yeroo duraatiif kan natti banames gaafa sani. Akka nama ergama diinaa qabatee Oromoo qooduuf dhufeetti na balaaleffatan.

Naannummaa gaafasitti bifa murnaatti guddatee jaarmayaaf hawaasa amantiifi gandaan qoodee laamshessite turtes ifatti dubbachuun akka waan rakkoo hammeessuutti ilaalame.

Gartuuleen siyaasaa guyyaa walumaan waltajjii irratti 'tokkummaa' leellisaa oolan, galgala gandaan wal qoodanii wal hamatuu turan. Rakkoo hawaasa keenya keessaan nyaachaa qabsoo laamshessaa jiru kana ifatti baafnee marihannu (irratti dubbannu) malee keessa keessa nu goggogsuun waan hin oolle jedhee amaneen dhiheesse. Kanaafuu qeeqaafi abaarsa natti roobaa jiru dandamadhee ummata barsiisuun qaba jedheen murteesse. Bakkoota namoonni itti walgahan, Afooshaa, Taaziyaa (iddoo boohichaa) bakka amantii maratti sababaafi miidhaa naannummaa barsiisuu ittin fufe.

Waraqaan qorannoo sun bara 2006 dhiheessee waggaa lama booda dubbiin naannummaa hawaasaafi jaarmayoota keessaan nyaataa turus dhokfamaa turee ifatti dhooyee bahe. Bara 2008 ABO'n garee "Jijjiiramaa"fi "Shanee" jedhamee bakka lamatti baqaqe. Dhoohinsi kun hawaasa yoo rifachiises, waan haaraya dhalate hin turre. Waanuma waggoottan dabran lafa jala bilchaataa ture, kanin ani kora OSA irratti akeekkachiise, santu ifatti bahe.

Baqaqiinsi ABO kan bara 2008 sun jaarmaya siyaasaa qofatti hin daangofne. Masjiiddaniifi Waldaaleen Kiristaanaas osoo hin hafin sarara naannummaa qabatanii addaan faca'an. Murnoonniifi namoonnis akka dur hamiin osoo hin taane ifatti maqaa gosaafi naannoo dhahaa wal abaaruun walirratti ololuutti seenan. Namoonni gaafa ani sababaafi balaa naannummaan fiduu maltu irratti qorannoo dhiheesse na balaaleffatan turan hedduun isaanii na qunnamuun barruu qorannoo sanii akkan erguuf na gaafatuu eegalan.

Jaarmayni qabsoo Oromoo bifa naannummaatti baqaquun waan haaraa miti. Bara 2008 duras turee jira. Bara 2001 yennaa ABO'n murnoota "QC"fi "Shanee" jedhamanii wal waamanitti adda babahes naannummaan shoora qaba ture. Qoqqoodama baroota 1980mootaafi kan 1990 mooraa keessaas akkasuma. Kan bara 2008 tarii yeroo hoggansi jaarmaya qabsoo biyya alaa jiruufi bara intarneetiin babal'ate waan uumameef naannummaan ifatti baatee dubbatamteef ta'a. Hiramuun jaarmayaafi hawaasa Oromoo biyya alaa naannummaan qoqqodamuun bara sanii miidhaa guddaa geessiftus, barnoota gaariis sabaaf dhiiftee dabarte natti fakkaata.

Naannummaan ifatti baatee dubbatamuun ummanni keenya maddaafi balaa isii beekee akka ofirraa ittisuuf karaa saaqe. Hiriyyoonniifi jaallan qabsoo waggoota dheeraaf dirree qabsoofi mooraa baqaa keessatti rakkoo hedduu waliin dhandhamanii du'a wal oolchuun jaalala obbolummaafi Oromummaan lubbuu waliif dhaban, galgala keessa siyaasaan naannummaa walitti buuftee, haala fokkisaan walitti duulan. Namoonni du'a malee humaa adda hin baasan jedhamuun firaafi ollaan dinqisiifamaa turan, diinota argaa wal hin dandeenye ta'an. Maatiin walirraa fuudhanii walirraa horan adda faca'an. Manneen amantaa afaan ofiitiin rabbi kadhachuuf aarsaa meeqaan banaman ni baqaqan. Weellistoonni Oromoo heddu tarree murnaatti waan hiriiraniif agarsiisni muuziqaa dur guutee dhangala'aa ture hafee, galma duwwaatti weellisuuf saaxilaman. Sababa walgahiin hundi atakaaroofi jeequmsa qabduuf, namni irra jireessi waanuma Oromoo jedhamtu lagachuun irraa hafuu amaleeffate. Kan biraa dhiisii hamma cidhaafi booya walitti dhufuun hanqattutti deemame. Gammachuufi gaddattis walbira dhaabbachuuf naannummaan wal fooyuun dagaage.

Qoqqoodamni ABO bara 2008 sun nu warra dargaggoos dhiibbaa nurraan gahee ture. Murnoonni gama lachuu jaarmayaalee hawaasaa yoo danda'an guututti of bira hiriirsuu, dadhaban ammoo addaan qooduuf duula cimaa godhu turan. Bifa kanaan IOYA irrattis fuulleffatanii yaalii godhaa turan. Leenjii danummaa taliiguu keessatti dhimma naannummaafi murnummaa irratti, osoo dubbiin hin dhooyin dura, ifatti irratti mari'achaa waan turreef summiin jaarmaya siyaasaa galaafate akka nutti hin ceeneef ofirraa ittisuu yaallee turre. Ta'us dargaggoonni hammi tokko olola murnootaatiin hawwatamuu irraa hanqisuu hin dandeenye. Irra jireessi keenya garuu cichinee jala dabarre. Inumaatuu gaaga'ama qoqqoodamni sun hawaasarraan gahuu danda'u hir'isuuf tattaafataa turre.

Akkuma ABO'n adda dhooheen jiddugala siyaasaa Oromoo biyya alaa tan taate Minnesota hawaasni jiraatu Arsii, Wallagga, Harargee, Shawaafi kkf adda qoodamee jireenya hawaasummaatuu walitti dhufuu hamma adda kutuu gahee ture. Manneen cidhaa/booyaa warruma naannoo tokkoon guutamu. Kun ammoo ololliifi hamiin naannoo biraa irratti godhamu sodaa/saalfii malee akka geggeeffamu karaa saaqe. Kana males dabballoonni murnootaa olola sobaa madaallii tokko malee facaasuun wal jibbiinsa daran akka hammeessaniif haala mijeesseef. Kana waan hubanneef dargaggoonniifi shamarran hammi tokko kan naannoofi amantii hundarraa walitti makamne, cidha tokko waamamnus waamamuu baannus, booyas abbicha beeknus beekuus baannu dhaquu eegalle. Cidhaatu jira jennaan uffata gaarii qabnu kaayannee, fuula ibsannee deemna. Booyas akkuma aadaa naannawa duuti itti galtee sanitti waan barbaachisu qabannee dhaqna.

Keessattuu mana booyaatti hanga guyyaa sadii namni walitti dhufee sa'aa dheeraaf waan turuuf siyaasaa murnaa hoo'isee haasawa. Namni naannawa biraa waan hin dhufneefis hamiifi komii naannoo qaanii malee sagalee olkaasee dubbata. Sobus namni ni sobde jedhuun hin jiru. Maarree yeroo gareen teenya ol seentu haasayni ni dhaabbata. Namuu ni cal'isa. Takka turanii siyaasaa dhiisanii waan biroo haasawuu eegalu. Sababni isaas gareen keenya namoota naannoo hundaa waan qabuuf, warri mana booyaatti walgahu sun naannoo tokko adda baasanii hamachuufi komachuu ni saalfatu. Yeroo tokko tokko namni keessummaa magaalaa saniin alaa kan nun beeyne yeroo dubbii gandaa haasawuu eegalu, namni bira jiru nyaaraan ykn tuqee cal'isiisa. Nutis yeroo gabaabaafis taatu summii hamii dhaabbisuu keenyatti gammadnee baana. Irra caalaa ammoo yeroo murnoonni hawaasa adda ciranitti dargaggoonni har'as tokkummaa tolfannee jiraachuu agarsiisuuf akkas goona turre.

Jaarsi tokko edaa yeroo mara akkuma keenya mana booyaafi cidhaatirra naanna'a. Nus numa arga. Gaafa tokko balbalarratti nu argee "bara Oromoon gandaan darsa adda guurratte kana maaltu ganda hundarra isin oofa" jechuun nu gaafate. "Kanuma si oofutu nu oofa" jedheen deebiseef. Innis koflee mana booyaa ol seenne. Yeroo xumurree baanu Starbucks geessee buna nu affeeree nutti haasayuu eegale. Nama yeroo dheeraaf qabsoo keessa tureedha. Qabsoo hidhannoo dabalatee. Baroota 1970moota irraa kaasee akkaataa murnummaan jaarmaya qabsoo keessatti itti dhalatte, akkaataa hoogganoonnifi dabballoonni hawaasa itti qoqqoodan nuuf hime. Rakkoon akkanaa qabsoo saboota hedduu keessatti akka uumamtu nu hubachiisuun, waan ummanni Soomaleefi biyyoonni Arabaa keessa dabran muuxannoo keessa jiraatee argerraa nuuf qoode. Siyaasa keessa murnummaan waanuma uumamu akka ta'eefi saba akka hin diigneef cimsanii hojjachuu akka gaafatu nu gorsee adda baane.

Waliigalatti baqaqiinsi bara 2008 sun jaarmaya qabsoo laaffisuu qofa osoo hin taane jireenya hawaasa keenya biyya alaa akka malee lallaaqe. Gara biraatiin haala sanirraa ummanni baratee dafee dandamate. Hawaasni yeroo duraa gandummaan kakaafamee murnoota jala hiriiree walirratti duulaa ture, hoogganoonni murnootaa gara gandaatti kan deebi'an qabsoo ummataatiif yaadanii osoo hin taane sababa waldhibdeefi walmorkii aangoofi hojiin wal dorgomuu dadhaburraa akka tahe hubatan. Suuta suuta namoonni walirraa baqataa turan qophiiwwan hawaasummaatiif walitti deebi'uu eegalan. Dhawaataan mooraan murnootaa duwwataa manneen amantaa, waldaaleen hawaasaa, cidhaafi agarsiisni wallistootaa guutamutti deebi'an.

Kora OSA bara 2006 irratti gaafan sababaafi balaa naannummaa dhiheessu, namni gariin akkan rakkoo hin jirre farrisutti laale, kuun ammoo icciitii keessoo saaxiluutti laale. Gaafan tooftaafi tarsiimoo daneessummaa saba tokkoo akka itti taliigan irratti dargaggootaaf leenjii kennu, "sammuu kaa'immaniitti summii naqe" jechuun kan na abaare hedduu ture. Gaaga'amni baqaqiinsi ABO bara 2008 hawaasarraan gahe erga mul'atee booda garuu namoonni hedduun dhimma naannummaa irratti ifatti haasayuun barbaachisaa akka ta'e amanuu eegalan.

Hirmaanaan OSA dhimma gandummaan kan dhiheessuu eegale itti fufuun bara 2014 pireezidaantii waldichaa ta'ee tajaajile.

Yeroo Staanfoord turetti barattoonni Itoophiyaa muraasni jiraatanis, hubannaafi fedhiin siyaasaa qaban hagas mara waan ta'eef baa'yee hin argadhuun ture. Fakkeenyaaf barattuun takka abbaan isi sochii siyaasaa 60mootaa keessatti hirmaataa ture. Eenyummaa isii erga baree booda waa'ee abbaa isii gaafachuu yaallaan, qixuma kiyya akka beektuufi beekuufis fedhii akka hin qabne hubadhe.

Namoonni Yuunivarsiitichaafi naannawa isaa hojjatan barattoota caalaa fedhii siyaasaa waan qabaniif isaan wajjiin mari'achuu filadhe. Isaan keessaa tokko Daawit Haygaaz, kan abbaan isaa lammii Armeeniyaa ta'e waliin walitti dhihaannee waa'ee Itoophiyaa mari'achaa turre. Boodarra gaazexeessaan Abbabaa Galaawu jedhamu Yuunivarsiitichi Fellowship yeroo gabaabaa kenneefii dhufee nutti makame. Namni Abarraa Mattaafariyaa jedhamu kan Hospitaala Yuunivarsiitichaa keessa hojjatu akkasumas barsiisaa kolleejjii naannoo sanii kan ta'e Dr. Warquu Nagaaashiifi haadha warraa isaa dabalannee garee marii Stanford Ethiopian Group jedhu hundeessine. Yeroo yeroon wal argaa dhimma Itoophiyaa irratti mari'achaa turre. Keessattuu ilaalcha siyaasaa Oromoo hubachuu waan fedhaniif, dhufaatii seenaa isaa, sadarkaa irra jiruufi kallattii fuulduraa isaan hubachiisaa ture.

Namoonni magaaalaa nutti dhihoo Saanjoosee jiraatan, wal dhabdee Itoophiyafi Eertiraa furuudhaaf yaalii gochaa waan turaniif sochii garee keenyaa dhagahanii akka hirmaannu nu affeeran. Walgahii boodarra qophaa'e irratti akka dubbadhuuf affeeramee, barreeffama dhufaatii wal dhabdee biyyoota lameenii xiinxaluufi furmaata fuula duraa akeeku dhiheesse. [13]Qabiyyeen bareeffama sanii humnoonni siyaasaa Itoophiyaafi Eertiraa keessa socho'an dur irraa kaasee tumsa yeroo dheeraa kaayyoo waloo milkeessuu giddugala godhate uumuu mannaa, qindoomina waytaawaa diina kuffisuuf gargaaru dursa godhachuun isaanii nagaa waaraa akka hin fidneef danqaa akka ta'e tarreessa. Kana waan ta'eef falmiitonni mirga namoomaafi mormitoonni Itoophiyaas ta'ee kan Eertiraa aantummaa abbaa irree biyya tokkootiif qaban dhiisanii biyyoota lamaanittuu sirna dimookraasii fiduudhaaf qabsaa'uun akka wayyu gorsaa ture.

Mariin Stanford Ethiopian Group keessatti gaggeesse, sababaafi galma qabsoo Oromoo namoota birootiif akkan hubachiisuf muuxannoo kan irraa argadhe ture.

5.7. Qeeqa ABO

Akkuma boqonnaalee dabran keessatti himame, daa'imummaan kaaseen sochii siyaasaa ABOn geggeessuuf saaxilame, hamma tokkos irratti hirmaachaa ture. Adada umriin kiyya dabaluun tarsiimoofi hojmaatni jaarmayaa tokko tokko gaaffii natti ta'u ture. Keessattuu dhaabni ummata hammana bal'atu irraa deeggarsa ajaa'ibaa qabu injifannoo argamsiisuu maaf dadhabe jedheen of gaafadha ture. Ta'us akkuma Oromoota hedduu ABOn gaafa tokko bilisa nu baasa abdii jettun qaba ture. Yeroon Singapore ture marsaalee intarneetii hoogganoonni dhaabichaa irratti wal faman gaafan argu abdiin kiyya dukkanaayuu eegale. Namoonni maqaa isaaniitiin dhaadataa turre, marsaa interneetii keessatti murnootatti caccabanii hamii qe'ee keessaa oofaa jechoota bushaawaan yoo wal xiqqeessan dhagayuun hamilee na cabse.

Jaarmayni maqaa guddaa qabu sun murnoota xixiqqootti caccabee sakaalamuu hubachuu eegale. Ummanni biyyaa dhaaba kanatu bilisummaa naaf fida jedhee eeguun humnuma qabuun tattaafachuu akka isa hanqise arge. Kanaafuu yoo danda'ame ABO laamsha'ina jaarmayaa mudate irraa baraaruu, yoo hin danda'amne ammoo qabsoo Oromoo hirkatummaa dhaaba kanaa jalaa baasuun barbaachisaa akka ta'e amane. Ilaalcha kana qabadheen gara Ameerikaa deeme. Garuu ammoo ilaalcha kana ofumatti qabadheen yoon danda'e hojii lafa jalaatiin jijjiirama fiduuf carraaquu filadhe. Hojiin dargaggoota gurmeessuuf akkan dhaqeen itti bobba'es, akeeka olii kana galmaan gahuuf tarkaanfii jalqabaati.

Bara 2009 yeroon barnoota yuunivarsiitii waggaa 4ffaa fixuuf qophaayaa jirutti, barruu dheertuu qabsoo ABO'n hoogganamu xiinxaltu takka barreesse. Mata dureen ishii "Failure to Deliver: The Journey of the Oromo Liberation Front in the Last Two Decades" jetti ture. Barruu saniif bu'uura kan ta'e, barnoota tiwoorii barachaa tureefi muuxannoo (case study) jaarmayaalee qabsoo hidhannoo biyyoota hedduu dubbisuu kiyya ture.

Dabalataanis af-gaaffii miseensotaafi deeggartoota ABO durii waliin ganna (summer) lamaaf walitti aansee Oromiyatti deddeebi'uun taasiseen; biyya alaattis hayyootaafi qondaalota gameeyyii dhaabbatichaa dubbisuun, akkasumas qondaalota OPDO/EPRDF garagaraa lola ABO waliin godhame keessatti hirmaatan haasofsiisuun gabbise.

Barreeffama san jalqaba koorsiin fudhachaa tureef akka waraqaa seemisteeraa (term paper) qopheesse ture. Erga seemisteerri dhumee booda namoota muraasaaf ergee laalanii osoon maxxansee gaarii akka ta'u natti himan. Anis yaadota barreeffama koorsiif dhiheesse keessa jiru cuunfee akka barruu yaadaatti (opinion piece) ummataaf dhiheessuuf murteesse. Ergan qopheessee booda, ummataan gahuu dura hayyoota Oromootti erguun yaada akka naaf kennan gaafadhe. Irra hedduun hayyootaa qabiyyee barreeffama sanii jaalatanis, akkan hin maxxansine na gorsan. ABO bifa saniin qeequun ololaaf akka na saaxiluufi fuulduree siyaasaa kiyyaaf gaarii akka hin taane natti himan.

Baroota san murna tokko deeggaranii kan biraa abaaruun waan baratamaa ta'us, kaayyoo, tarsiimoofi tooftaa ABO qeequu dhiisii gaaffii irratti kaasuun biyya alaatti duula ololaa hamaaf nama saaxila waan tureef yaaddoon hayyoota sanii sirrii ture. Barruu san durattuu yaadan kora OSAfi walgahii garagaraa irratti dhiheessuun dabballoota ABO biratti maqaan kiyya hin tolu ture. Amma ifatti kallattiin barreeffama dheeraan qeeqa dhiheessuun duula daraniitiif akka na saaxilu anis waanuman eege ture. Akkasis ta'ee sababoota qabsoo Oromoo kan ABO'n masakamaa ture san laamshessan xiinxalee bifa barreeffamaatiin mariif dhiheessuun furmaata fiduuf ni gargaara jedhee cimsee waanin amanuuf, gorsa hayyootaa moggaatti dhiisee, maxxansuuf murteesse.

Ijoon dubbii barruu sanii sababni guddaan qoqqoodamaafi laaffachuu ABO, bu'aa buusuu dadhabuu (organizational inefficiency) jaarmayichi waggoota diigdamman dabran keessa isa mudate tahuu isaati jetti. Jaarmayni siyaasaas tahe kan daldalaa tokko, akeeka dhaabbateef saniif bu'aa argamsiisaa yoo jiraate qooda fudhattootni (stakeholders) ni gammadu. Hirmaannan isaanii si'aa'inaan dabala. Qooda fudhattoota biroos ni hawwata. Miseensonniifi deeggartoonni turan hirmaannaa (commitment) isaanii akka cimsan taasisa. Haaraynis baay'inaan akka itti dabalaman hawwata. Kun ammoo jaarmaan sun galteewwan leeccalloo (resources) isa barbaaachisu kan akka maallaqaa, humna namaafi hamilee dabalatuuf carraa banaaf. Leeccalloon dabaluun kun jaarmayichi daran akka guddatuuf baraa gara baraatti bu'aan dabalaa akka deemu dandeessisa. Haalli kun jaarmaya akkasii marsaa bu'aa qabeessa (productive cycle) keessa akka galu godha. Jechuunis jaarmaan bu'aa qabeessa ta'uun galtee dabalataa argamsiisaaf. Galteen dabalataa ammoo bu'aa caalmaa argamsiisaaf.

Faallaa kanaa garuu, jaarmaan tokko hanga abdatamu bu'aa buusuu yoo dadhabe, qooda fudhattoonni fuulduree jaarmayichaa irratti shakkii waan horataniif deeggarsa leeccalloo dabalataa arjoomuu irraa akka of qusatu taasisa. Kun ammoo jaarmayichi hanqina galtee mudachuun dhufuun bu'aa gahaa akka hin buusne danqa. Haalli kun waggoota muraasaaf waljala itti fufnaan bu'aa buusuun hafee gara kasaaraatti deemuu mala. Sababnis qooda fudhattootni invastimantii dabalataa kennuun hafee, kan keessaa qabanuu baasuu waan malaniifiidha. Bara baraan bu'aa buusuu dadhabuun kun dhaabbaticha geengoo kasaaraa keessa seensisuun gara laamsha'uutti (organizational paralysis) geessisa. Jaarmaan sadarkaa san gahe deebi'ee bu'aa buusuuf carraan qabu heddumminaan dhiphaa ta'a. ABOs kanatu mudate yaada jedhurraa ka'a barruun sun.

Maarree ABO'n akka bu'aa hin buufne maaltu danqe gaafii jedhuuf ammoo sababoonni gurguddaan lama akka jiran akeeka. Kunis aadaa jaarmaya badaa (destructive organizational culture)fi jaarmayichi hooggansaafi gargaarsa qaamota alaa irratti hirkachuudha (external dependency). Aadaa jaarmayaa yoo

131

jennu, barmaatilee hariiroo hooggansaafi miseensaa, kan hoggansi jidduu ittiin taligamu, akkasumas safartuu hojiin (performance measurement) jaarmayaa ittin madaalamu fa'a dabalata. Rakkoleen keessaafi alaa akkasumas hanqinootni garagaraa yoo uumaman karaan itti furmaanni barbaadamus aadaa jaarmayaa keessatti hammatama.

Aadaan jaarmayaa ABO madda sadii irraa dhaalama jedha barruun sun. Isaanis sochii barattoota Itoophiyaa, Komunizimii/Istaaliinizimiifi aadaa siyaasaa Abisiiniyaati. ABO'n jaarmayoota sochii barattoota Itiyoophiyaa irraa maddan keessaa tokko. Sochiin barattootaa sun ammoo biyya mariin siyaasaa san dura hin turre ykn hin baramin keessatti sirna abbaa irree hamaa jalatti geggeeffame. Kanaafuu atakaaroo, wal shakkuufi shira walirratti xaxuu (conspiracy) malee aadaan marii ilaaf ilaameedhaan waa geggeessuu hin turre. Kun ammoo barattoonni gaafasii umrii ka'imummaa (formative age) sanitti siyaasa atakaaroo, shiraafi murnaa (factionalism) akka amaleeffatan saaxile. Barattoonni gaafasii boodarra hoogganootaafi miseensota jaarmayaalee siyaasaa waggoota itti aanan dhalatanii gaafa ta'an, aadaa san gara dhaabbilee itti makamaniitti fidan. Dhaabbilee san keessaa ABO'n tokko.

Maddi aadaa ABO kan lammataa komunizimiidha. ABO'n baroota komunizimiin addunyatti, keessattuu qabsoo bilisummaadhaaf godhamaa turan keessatti, faashinii tahe keessa dhalate. Komunizimiin akka yaadaatti, keessattuu cunqurfamtootaaf, hawwataadha. Walcaalmaa daangaa dabre dureessaafi hiyyeessa jidduu jiru balaaleffachuun walqixxumaa nama hundaa leellisa. Kun ammoo qaamota hawaasaa sabaa fi gitaan cunqurfaman biratti akka hawwatamu godhe. Garuu ammoo akka tooftaafi tarsiimoo jaarmayaatti, amala abbaa irrummaafi murnummaatiif saaxilamaadha. Mudaan komunizimii kun bu'ureessitoota jalqabaa kanneen akka Leeninfi Rosa Luxemburg jidduuttuu falmii cimaa kan kaase ture.

Keessattuu kominizimiin Joseph Stalin kan barattoonni Itoophiyaa madaqfatan, ilaalcha siyaasaa (ideology) caala ilaalcha amantiitti (theology) dhiyaata. Akka waan qajeelfama waaqarraa bu'eetti mariif cufaa (dogmatic) dha. Karaan sirriin tokko qofa (absolutism) akka ta'etti waan kaayuuf garaagarummaa yaadaaf bakka bal'aa hin qabu. Garaagarummaa yaadaa akka madda laafinaafi gufuu qabsootti waan fudhatuuf, namootaafi gareelee yaada adda ta'e qaban akka diinaatti ilaaluutu baay'ata. Bu'aa qabeessummaan tokkumaa jaarmayaa irraa madda, tokkummaan jaarmayaa ammoo qulqullina ilaalchaa (ideological purity) irraa dhufa waan jedhuuf, yaada adda tahe (diverse and divergent views) keessummeessuun akka gaaga'amaatti ilaalama. Kun ammoo sirna abbaa irreef (totalitarianism) murnootaafi namootaaf karaa saaqa. Kanarraa kan ka'e jaarmayoonni ilaalcha kumunizimii/Istaliinizimii qabatanii ka'an hooggansa abbaa irree ta'e jalatti kufu ykn ammoo murnummaan adda caccabuun beekamu.

Hoogganoonni jaarmayoota siyaasaa Itoophiyaa baroota san keessa biqilanii, ilaalcha Komunizimiin/Istaalinizimiin kanneen qaraman, dadhabinaafi dogongora ofii xinxalanii, yaada warra biroos madaalanii sirreessuurra, shakkiifi hamii irratti hirkachuun, qeeqaaf gurra cufatuun, qeeqxota moggeessuufi barbadeessuu filatu. Kun ammoo jaarmaan murnootatti akka caccabu, yookaan ammoo dogongora fooyyeffachuun bu'aa akka hin buufne danqaa taha. ABOnis hogganoota aadaa kana keessatti qaramaniin hogganamuun laamshawuu isaatiif shoora qaba.

Aadaan hamaan biraa ABOn dhalootumarraa dhaale aadaa siyaasaa mootota Kaabaa/Abisiiniyaati. Aadaan siyaasaa Abisiiniyaa kun sirna mootiifi amantiin walitti hidhate (theocracy) jalatti waan qarameef, aangoon waaqaan akka kennamtutti ilaala. Yaadni murtiifi ajajni gubbaa gadi bu'a. Gaheen caasaa gadii ajaja dhufe hojiitti hiikuu qofa. Yaadnis tahe murtiin mootii/qondaalaa/hin gaafatamus, hin saaxilamus. Mootiin hin dogongoru. Dogongorus hin qeeqamu ilaalcha jedhu qaba. Jaarmayaaleen siyaasaa baroota 1960moota/70moota keessa biqilan, sirna mootii irratti haa fincilanii malee, aadaa siyaasaa Abisiiniyaa hamma tokko madaqfachuu jalaa bahuu hin dandeenye.

Aadaalee armaan olii kana dhaaluun mataa isaatti laamshina jaarmayaa ABO mudateef sababa gahaa miti. Inumaatuu dhaaba qabsoo hidhannootiin siyaasaa isaa geggeeffatuuf faayidaa qabaachuu malu. Hoggansa waaltawaa (centralized leadership) kan ajajni gubbaa gadi dabruuf, aadaa icciitii cimaan masakamuu qabaachuun bu'a qabeessummaa jaarmaya waraanaatiif barbaachisaadha. Hoogganoonni dhaabbileen akka TPLFfi EPLF akkuma ABO aadaalee jaarmayaa kanniin dhaalaniis rakkoon laamshawuu irra hin geenye. Maalif?

ABOf rakkoo kan ta'e aadaan jaarmayaa madaqfateefi aadaan hawaasa (constituency) inni hogganuu barbaaduu walfaallessuudha. Aadaaleen jaarmayaa dhaalaman jechuunis hoggansa abbaa irrummaa, murtii gubbaa gadi qofa deemtu, ejjannoon Ilaalcha tokko qofa sirriidha (absolutism) jedhan, aadaa hawaasa Oromoo lafa jiruu (preexisting) kan egalitarian ta'een waliin wal falleessa. Gadaa keessatti aangoon filannoon koramti, murtiin mariifi waliigaltee hunda-hirmaachisaa (consultative and consensus based) ta'e irratti hundoofti. Hawaasa egalitarian ta'e kana aadaa jaarmayaa totalitarian ta'een gurmeessanii deemuun ulfaataadha. Kanaafuu ABOn aadaa jaarmayaa saba (constituency) isaaniitiif keessummaafi faallaa taheen hogganuu yaaluun rakkoo hammeesse. Kanarraa kan ka'e ABO'n akka gita isaa warra EPLFfi TPLF abbaa irree bu'aa-qabeessa (effective totalitarian) tahuus, akka aadaa Oromootti walqixxummaa kan qabu tahuus hanqate. Walfallessuun aadaa jaarmayaatiifi aadaa hawaasa tajaajiluu barbaaduu kunis bu'aa qabeessuummaa laaffisuu irratti shoora mataa isaa qaba.

Sababni biraa ABO'n bu'aa irraa eeggamu buusuu dadhabeef ammoo, qaamota alaa kan hawaasaafi lafa qabsaawuuf irraa fagoo jiran irratti hirkachuudha (dependency on external entities). Yeroo an barruu san barreessetti ABO'n hawaasa biyya alaa (diaspora)fi mootummaa Eritiraa irratti hirkatee ture. Galiifi gargaarsi jaarmayaa irra jireessaan hawaasa biyya alaa irraa argama. Hoggansi isaa dirree falmaa irraa fagaatee jiraata. Kunis wanti jaarmayaa irraa eeggamuufi fedhiin hoggansaa akka wal falleessu (distortion of incentive mechanisms) taasise.

Hoggansi hawaasaafi dirree falmaa irraa fagaachuun fedhiifi dhiibbaa hogganarra jiru hir'isa, akkasumas, hamilee loltoonniifi ummanni aarsaa kafaluuf qabu gadi buusa. Erga lolli addunyaa kanarratti mul'atee kaasee teeknolojiin waraanaa baay'ee jijjiirame. Dhagaafi furguggeen wal reebuu irraa gara Niwuukulariin wal fixuutti deemeera. Wanti tokko garuu hin jijjiiramne. Innis lola tokko injifachuuf shoora miiraafi hamilee loltuun qabuudha. Waggoota kumaatama duraafi bardhibbee 21ffaa keessa jirru kanas loltuun hoggansiifi ajajaan keessa jiru hamilee fi murannoon lola. Kunis kan tahuu dandaheef sababa lamaafi. Tokko hoggansi akkuma loltuu biroo dirree lolaatti argamee hirmaachuun aarsaaf of qopheessuun loltuu ni si'eessa. Akkasumas hoggansi biratti argamuun loltuun ganuus ta'ee of duuba deebi'uu akka sodaatu godha.

Hoggansi dirree waraanaa jiru tokko lubbuu isaatiifuu loltoota isaatiifi hawaasa naannichaa irratti hirkata. Loltoonni isaa diina akka irraa ittisuuf sirritti gurmaa'uufi hamileen loluu qabu. Hamileen loluuf hoggana itti abdataniifi cinaa isaaniitiin hiriiree murannoon lolee lolchiisu arguu qabu. Dabalataanis loltoonni wantoota isaan barbaachisan guutachuu qabu. Wantoota barbaachisoo san ammoo hawaasa irraa argatu. Hawaasni gargaarsa san dhiyeessuuf ammoo har'as ta'uu baatu boru diina nurraa cabsuun bilisa nu baasu jedhee abdachuu qaba. Abdii san qabaachuuf ammoo guyyaa gara guyyaatti fooyya'ina (progress) arguu qaba.

Jeneraalonni Ameerikaa teeknolojii yeroo ammaa irra gahaniin waajjira isaanii Washington keessa taa'uun dirree kamuu kallattiin ilaalaafi qunnamaa lolchiisuu osoo dandahanuu, akkuma loltuu biroo kaampii adda waraanaa keessa kan jiraatanii lolanii lolchiisaniif loltuun hoggansi keessa hin jirre hamileen lolee waan hin moonefi.

Kanaafuu ABO'n jaarmaya akeeka siyaasaa qabsoo hidhannoon galmaan gahuu barbaadu tahee osoo jiruu, hoggansi hundi dirree lolaa irraa fagaatee biyyoota alaa jiraachuun hamilee loltootaa gadi buuse. San qofaa miti, hoggansi tokko dirree lolaa jira jechuun, lolee lolchiisuun kaayyoo siyaasaa galmaan gahuuf, qofa osoo hin taane mataa isaatiif of baraaruu (survival) barbaachisaadha. Injifannoon dirree waraanaa lafa to'annoo jala jiru bal'isuun balaa irraa fageessa.

Faallaa kanaa hoggansi loltoota isaa irraa fagaatee jiraachuun, hamilee loltootaa hir'isuun injifannoo hanqisa. Injifannoon hanqachuun ammoo hawaasni qabsoo san irratti abdii isaa xiqqaachaa akka deemuufi gumaatni jaarmayichaaf godhamu akka hir'atu godha. Injifannoon qaqal'achaa moohamuun hammachaa deemuun, lafti tohannaa waraana sanii jala jiru dhiphachaa lubbuun hoggansaatuu balaaf akka saaxilamu godha. Kanaafuu hoggansi dirree waraanaa jiru qabsoo galmaan gahuuf qofa osoo hin taane, lubbuu ofiitis baraaruuf halkaniifi guyyaa hojjatee bu'aa buusaa deemuu qaba.

Hoggansiifi jaarmayni dirree falmaa keessaa fagaachuun, maddi galii biyya keessaa hir'achaa akka dhufu gochuun, hawaasa biyya alaa (diaspora) irratti hirkachuun baay'ee dabale. Diyaasporaan sabboonummaafi naatoo sabaa cimaa akka qabu shakkiin hin jiru. Hedduun isaanii ofiifuu qabsaa'ota duriiti; roorroo irra gaheen warra biyyaa baqataniidha. Kanaafuu mooraa qabsoo cimsuufi bilisummaa argamsiisuuf fedhii (incentive) leeccalloon tumsuu cimaa qabu. Kunimmoo miiraa fi gocha isaanii irraa qabatamaanis ni mul'ata.

Sababni (motivation) namni biyya alaafi kan biyya keessaa qabsoo keessatti ittiin hirmaatu garagara. Nama biyya keessa jiru qabsoof kan kakaasuu roorroo, ajjeechaa, hidhamuufi saamamuu mataa isaa irratti ykn ammoo kanneen biraa irratti raaw'atamu guyya guyyaan argu irraa kaka'uun qabsootti seena. Kana jechuun nama biyya jiru balaan cunqursaa kallattiin irra geessi (personal, imminent, and omnipresent harm). Namni biyya alaa jiru garuu murtiin inni qabsoo tin'isuuf godhu naatoo (empathy) firoota, ollaafi saba isaa roorroon miitu dhagahuun dirmachuuf malee kallattiin waan miidhamuuf miti. Gariin ammoo xiiqii rakkoo kaleessa irra geesseen kaka'a ta'a, garuu ammoo ammatti miidhama jala hin jiru. Dimshaashumatti nama biyya alaa jiru haalli biyya keessaa kallattiin isa hin tuqu. Dabalataanis odeeffannoon namni biyya alaa jiraatu argatus ciccitaa waan ta'eef, yaadniifi hubannaan qabanis haala qabatamaarraa kan fagaate (detached from reality) ta'a.

Jaarmayni siyaasaafi hoggansi dirree qabsoo irraa baqate ykn biyya alaatti hundaaye, hawaasa diyaasporaa kan hubannaafi ilaalchi isaa haala qabatamaa irraa fagaate kanarratti hirkata jechuudha. Gochiifi ejjannoon dhaabichaa irra jireessatti haala qabatamaa dirree qabsootiin osoo hin taane ilaalchaafi hubannaa diyaasporaa kanaan masakamuuf dirqama.

Tarsiimoon tokko bu'aa buusuuf odeeffannoo qabatamaa irratti hundaa'uu qaba. Tarsiimoofi murtiin siyaasaa haala qabatamaa dirree qabsoo osoo hin taane ilaalcha warra biyya alaa giddugaleessa godhate ammoo bu'aa qabeessummaa lafarratti barbaachisu hin fidu.

Akkasumas namni biyyarraa fagaatee jiru haala qabatamaa guyyaa guyyaan dirree falmaa keessatti jijjiiramaa deemu caalaa oduu miidiyaalee dantaa garagaraa qabaniin dhimbiibamtee dhuftuun waan masakamuuf, yaadni isaa yeroo hedduu gara fiixaatti (radical) kan bahe ta'a. Taatee biyyatti ta'u kallattiin arguu dhabuun, hamiifi komiif saaxilamas. Kun ammoo hawaasni diyaasporaa ololaafi wal morkii hooggannoota jiddutti uumamuun dogongorsiifamuun siyaasa murnummaa keessatti akka hirmaatu godha.

ABO'n hoggansi isaa biyya alaatti galuun dhaabicha qofaa miti kan laaffise. Ummanni biyya keessaas akka laamshahu godhe. Sabni humna qabuun diina dura dhaabbachuurra, hoggansa fagoo jiru abdachuu baatee ofuma keessaa jaarmayas hoggansas biqilchuuf dirqama ture. Yeroo sanitti fakkeenyi ani kennaa ture ummanni biyya keessaa jaarmayoota biyya alaa eeguun isaa akka eegee re'ee tahe kan jedhuudha. "Eegen re'ee mana eegi jennaan waaqa eegdi" akkuman jedhan san tahe jechuudha.

Walumaagalatti qabsoon Oromoo dhalootumarraa aadaa hamaa dhaaluun, hoggansi biyyaa baqatee biyya alagaa kan dantaan isii kan Oromoon wal hin simannetti maxxanuun, akkasumas hawaasa biyya baqaa irratti hirkachuun, bu'aa dhabeessummaa jaarmayaa yeroo gara yeerootti hammeessaa deeme. Kun ammoo murnummaa yeroo gara yerootti dhootuuf sababa tahee rakkoolee hammeesse. Murnatti caccabuun kun ammoo laamshayuu jaarmayaafi darrachuu qabsoo akka fide barruu san keessatti cimse agarsiisuun yaale.

Goolabbii barruu sanii irratti dhaloonni nu duraa qabsoo jalqabuurraa kaasee bu'aa hedduu sabaaf buusus, dhaloonni ammaa garuu tarsiimoofi tooftaa warra kaleessaa qofa hordofuuf dirqama hin qabun jedhe. Qabsoo laamshofte tana kaasee seenaa haaraa dalaguudhaaf tarsimoofi tooftaa haaraa baafachuun mirgaafi dirqama isaa akka tahe agarsiisuuf makmaaksa Thomas Paine, hayyuu walabummaa Ameerikaaf bu'uura kaaye wabeeffadhe. Namni kun akkana jedhee ture. "Every generation and age must act as free to act for itself in all cases as the age and generation which preceded it. The vanity presumption of governing beyond grave is the most ridiculous and insolent of tyrannies. Man has no property in man, neither has any generation a property in the generation which are to follow."

Yaadni isaa yeroo cuunfamu "Dhaloonni kamuu, kan umrii kamirraahuu jiru akkuma dhaloota isa duraa, walabummaa qabaachuus, itti fayyadamuus qaba. Dhaloota ofii irraan dabranii boollahis taatu dhaloota itti aanu hogganuuf yaaduun waan gadheef cunqursaa irraa hamtuuti. Namni nama kamuu dhuunfatus dhaloonni dhaloota kamuu dhuunfatuus, kan irraa waa qabus hin jiru" kan jedhuudha.

Barruu qeeqa ABO san akeeka sadiifin barreesse. Kan duraa matumti kiyyaahuu dhaloota ABO'n qaramee, bilisummaan karaa san malee hin dhuftu jedhee dunuunfatee deemun ture. Adeemsa keessa jaarmayichi bu'aa barbaachisaa buusuu dadhabee, yeroo garaa yeerootti laaffachaafi baqaqaa dhufuun hedduu hamilee na cabsaa dhufe. Hubannaan mana barnootaatti horachaa dhufeefi odeeffannoon qabsaa'ota gameeyyii irraa argadhu irratti hundaayuun, sababoota jaarmaya kana laaffisan qoradhee hubachuun, qabsoo Oromootiif dhaaba kanaan alatti furmaata soquuf sammuu kiyya amansiisuufi.

Kan lammataa yeroo sanitti hawaasni keenya biyya alaafi keessaa, dardaraa manguddoon bilisummaa ABO qofarraa eegaa waan tureef, laamshahuun dhaabichaatiifi injifannoon fagaachuun hamilee cabsee ture. Ummanni keenya hamilee caba waloo (collapse of collective self esteem) keessa ture. Garuu ammoo namuu hamma humnaafi beekkumsa isaa tarsiimoo qabsoon itti saffisuu dandeessu barbaaduu irra, ABOfi hoggansa isaa hamachaafi komachaa yeroo qisaasa ture. Kanaafuu rakkoo qabsoo Oromoo ABO'n hogganamtu sakaalte sirritti qorachuun bifa madaalawaafi caasawaa (objective and structured) taheen barreessee dhiheessuun, ummanni, keessattuu dhaloonni kiyya, tarii ABO eeguu dhiisee furmaata biroo akka barbaaduuf sammuu saaquun danda'a jedhee abdadheeni.

Sadaffaan, yeroo sanitti hoogganoonni, miseensotniifi murnoonni ABO rakkoolee jaarmayichi mudateef qalbii tasgabbii qabduun sababaafi fala barbaaduurra, wal sababuu, wal balaaleffachuufi wal madeessuutti bobbahanii turan. Kun ammoo rakkoo furuu kan isaan dandeessise osoo hin taane kan daran xaxeefi laamshesseedha. Kanaafuu rakkoo jaarmayichaa irratti hubannaa kiyya bifa madaalawaa taheen; rakkoolee caasaa, tarsiimoo, aadaa jaarmayaafi kkf xiinxalee yoon dhiheesse, ataakaaroon wal jaanjessuufi wal sakaalaa ooluurra tooftaalee biroo qabsoo itti tarkaanfachiisuu dandahan akka barbaadanin yaada ka'uumsaaf taatu gumaachuu barbaadeeti.

Akkuman jalqabarratti jedhe, akkuma hayyoonni ani dursee mariisise naaf sodaatan, barruun sun maxxanfamuun duula maqa-balleessii bal'aaf na saaxile. Dabballoonniifi deeggartoonni murnoota ABO duula walirratti geggeessan yeroofis taatu adda dhaabanii waloon narratti garagalan. San dura namoonni waa'ee ABO barreessan ykn dubbatan murna tokkorra goruun hoggnaafi murna faallaa abaaruufi sababuu irrratti fuulleffatu waan tureef, ani ABO dimshaashumatti walitti qabee qeequutu wal isaan taasise. "Jawaar ergama diinaa fudhateet dhaaba Oromoon qabdu tokkicha diiguuf barruu kana barreesse" jechuun duula banan. Warra olola narratti geggeessan keessaa kan namni tokko katabe hanga ammaan yaadadha.

"Ani Jawaariin nin beeka. Miseensa Abiyoot Xibbaqaa ture, Oromoota hedduu ficcisiise." jechuun marsaa imeelii tokkorratti barreesse. Abiyoot Xibbaqaan milishaa Dargii bara goolii diimaa namoota fixaa turaniidha. Barri ani yakka kana itti hojjadhe inni jedhuufi barri ani addunyaa kanatti dabalameehuu wal dida. Ani gaafa goolii diimaa sabarratti yakka hojjachuu dhiisii dhaladheetuu lafarra akkan hin jirre agarsiisuuf waraqaa dhalootaa (birth certificate) kiyya maxxansee ergeef.

Barruu san booda gaafan Minnesota dhaqu, olola bal'aa narratti banamerraa kan ka'e namni na baqatee namuma Staarbaaks (Starbucks) taa'ee buna na waliin dhugun dhabe. Keessa keessa garuu hooggantootuma ABO dabalatee namoonni heddu barruu kiyya dubbisuu isaaniitiifi qabxiilee xiinxala kiyyaa hedduun waliigaluu baatanis, yaadonni an kaase bu'aa qabeessa akka tahe natti himaa turan. Barruun sun warra alagaa birattis hedduu dubbifamuun deebiin danuun marsariitii garagaraa irratti barreeffamaa ture. Deebiiwwan barruu saniif kennaman keessaa tokko kan Piroofeesar Masaay Kabbadaati. Piroofeesarri kun hayyuu beekamaa barruun isaa bal'inaan dubbifamu waan ta'eef, qeeqa inni barruu kiyyarratti dhiheesseef deebii kennuun barbaachisaa ture. Deebii kiyya kan jalqabaatiif innis waan naaf deebiseef marsaalee hedduuf walitti deddeebisaa wal falmaa turre. Akeekafi qabiyyee barruu sanii mooraa siyaasaa Oromoo caalaa warri biraa akka hubatan kanin bare barruu Piroofeesar Masaay sanirraahi.

Qeeqaa ABO san keessatti, maddi rakkoo laafina qabsoo Oromoo, aadaa jaarmayaa badaafi tarsiimoo dogongoraati malee kaayyoo miti kan jedhu waan tureef Piroofeesar Masaay kana hin jaalanne. Rakkoo qabsoo Oromoo tarsiimoofi jaarmayaatti gadi buusuun kiyya kaayyoo ABO'n dhaabbateef baraaruuf waanin barbaadeef akka ta'etti qeeqe. Kanarraa ka'uun kaayyoon ABO maalif dogongora akka ta'e tarreessuun, akkaataa hammeenyi kaayyoo kun ABO'n akka laaffatu godhe ibsuu yaale. ABO'n siyaasaa sabaa geggeessuufi Oromoof Oromiyaa bilisa baasuu kaayyeffatee ka'uutu galma gahuu dhoorge yaada jedhu bal'isee ibsaa ture.

Ani ammoo deebiin kenneef keessatti, gaaffiin hiree murteeffannaafi abbaa biyyummaa ABO'n qabatee deemu dhugaa kan qabu qofa osoo hin taane, tarsiimoof jaarmaya sirriin galmaan akka gahu danda'u ragaa tarreesseen falme. Fakkeenyaaf dhaabbileen EPLFfi TPLF akeeka (objective) ABO'n wal fakkaatu kan qaban yoo ta'u galmaan gayatanii jiru. Kun ammoo iddoon rakkoon jiru kaayyoo ABO osoo hin taane, dogongora tarsiimoofi jaarmaya akka tahe hubanna. Falmii kaayyoon ABO dogongora hanga ammatti homaa bu'aa hin buufne jedhuufis, akeekni jaarmayichi itti jaarame saffisa barbaadamuun deemu baatus, jijjiirama gurguddaa akka argamsiisen eere. Fakkeenyaaf Oromiyaa ijaaruun, dhaloonni Afaan Oromoon akka baratuufi hojjetu dandeessisuun, akeeka ABO'n qabatee ka'e kanneen galma gahan keessaa ta'uu ibsuun falme.

Falmiin anaafi Prof. Masaay jidduu ture sun warra qeeqa an ABO irratti dhiheesseen gammade ni gaddisiise. Warra mufate ammoo yaadni kiyya waan ifeef hubannaa wayyaa akka argatan dandeessise. Hawaasa Oromoon alatti beekamtii akkan argadhuufis karaa kan saaqe falmii marsaa dheeraaf goone kana. Waliigalatti barruun ABO irratti barreesse sun siyaasaa Oromoofi Itoophiyaa keessatti yaada ifatti ummataaf dhiheessuu kanin itti eegale ture.

Murnoota ABOtiin wal dura dhaabbannaa yeroo dheeraaf ture keessas kan na galche ture. Qabsoo Oromoo bakkaan gahuuf, dhaloonni keenya, jaarmayaafi hoggansa dhaloota nu duraa kan rakkoolee hedduun xaxaman irraa eeguurra, fala haaraya barbaaduu akka qabu ofis amansiisee kaniin warra biroo amansiisuu itti eegale ture.

5.8. Fuudha

Haati tiyya ilma dhiiraa ana qofa waan qabduuf gaafuma dardarummaan na eegalturraa kaasee akkan fuudhee akkoo ishii taasisu hawwiti ture. Obboleeyyan kiyya hangafaas intala dubraa ijatti bareeddeefi warra gaarii irraa dhalatte yoo argan naaf qaadhimuuf na amansiisuu yaalu turan. Naannawa keenyatti joollummaan fuudhuufi heerumuun baratamaa ture.

Joolleen daaddaa kiyyaa hedduun osoo barnoota sadarkaa lammaffaatuu hin xumurin fuudhan ture. Anuu gaafan kutaa 8ffaatti barnootarraa ari'amee qonnatti gale san, yeroositti fuudhaaf gahuu baadhus, qalbiidhaan karoorsuu eegaleen ture. Jabaadhee dalagadhee gaafan haraashii qindii takkaafi qaraa boqqoolloo gumbii shan, bishingaa boolla sadi, bunaafi jimaa kataaraa soddom soddom qabaachuu danda'e, fuudhuuf hawwiin qaba ture. Booda garuu hireen barnootatti na deebifnaan, jiruun qonnaan bulummaas karaatti haftee, karoorri fuudhaas duubatti hafe.

San booda yaadni fuudhaa akkan Singapore irraa deebi'een dhufe. Osoon biyyaa hin deemin dura Adaamaatti jaalallee takka qaba ture. Gaafan waggoota lama booda deebi'u warra keenyaan wal bartee na eeyde. Maatiinis kallattiifi gama hiriyyoota kiyyaatiin akkan qaadhimadhu natti waywaatan. Anis tole jedhee sirni kaadhimaa raaw'ate. Ameerikaa dhaqee waggaa isaatti gaafan biyyatti deebi'u wal agarre. Amalli keenya addaan guddatee ture. Wal hubachuuf yaalii hamma tokko goonee akka hin taane gaafa hubannu addaan baane.

Akkuman Ameerikaa dhaqee yaada koonfaransii hoggansa dargaggoota Oromoo qindeessuu eegaleen kanneen na qunnaman keessaa warra jalqabaa Arfaasee Gammadaa keessaa takka Arfaasee Gammadaati. Koraaf yeroo qophaayaa turretti maallaqan xiyyaaraaf kafalu waanin hin qabneef, Arfaaseen dhaabbata xayyaaraa keessa hojjettu irraa carraa tikeeta bilisaa qabduun California dhuftee na fuuti turte. Yeroo dheeraaf barattootaafi dargaggoota ijaaruufi qindeessuun beekkamtiifi muuxannoo waan qabduuf bilbilaanis qaamaanis wal arguudhaan waliin hojjanna turre.

Tahus yeroo dheeraaf hariiroon keenya obbolummaafi jaalaluma Oromummaarratti daangahee ture. Adeemsa keessa walitti dhihaachun wal hawwachuun jiraatus, nuti lamaanuu fedhii dhuunfaatiin hariiroo eegaluun hojii ijoo waliin qabnu balleessa jennee waan shakkineef of qusanne. Bara 2005 ji'a Muddee keessa wal barannee, waggaa lamaaf erga waliin hojjannee booda, jaalaltiifi kabajni akka Oromoofi namoomaatti waliif qabnu hedduu cimaaa dhufe.

Galgala tokko sababa hojiif waliif bilbillee osoo haasofnuu miira jaalalaa waliif qabnu kana caalaa wal dhoksuun nus tahe hojii waliin ummata keenyaaf hojjetaa jirru waan miidhuuf, gadi baafnee jaalala waliif qabnu walitti himne. Hariiroo keenya gara jaalalatti ceesisuufis waliif galle. Hojii keenya akka hin miine garuu icciitiin qabuuf murteessine. Duris yeroo hunda waan waliin deemnuuf namni sadarkaa walitti dhiheenyaa itti aanu, kan nuti irra geenye kana shakkaa hin turre. Haala kanaan waggoota lamaan itti aananiif icciitiin itti fufne.

Waqtii gannaa kan bara 2008 yeroon an qorannoo (research) hojjachuuf Itoophiyaa dhufu, Arfaaseenis maatii laaluuf dhuftee turte. Nu waliin hiriyyoonni keenya Obsaa Hasaniifi Magarsaanis dhufan. Harariif Dirree Dhawaa deemnee daawwanne. Naafii Arfaaseen immoo kophaatti Boorana deemnee akkoo isii dubbifne.

Gaafa tokko magaalaa loonii Dubuluq jedhamu osoo waliin deemnuu namoota waa'ee keenya haasayan dhageenye. Jaarsi tokko "intalti teenna fakkaatti, Kana Sidaamticha eessaa fuutee deemtiin?" jedhe.

Itti garagaleetin "bar ani keessanuma" jedheen. Jaarsiis nahee "Hardha! Afaan Booranaa dubbattaa?" jedhee kofle. Wal barannee haasaya eegalle. Iddoo itti dhaladhe kaartaa (map) gubbaatti itti agarsiise. Jaarsis "sunis lafti achii Booranaa? jedhanii na gaafatan. "Eeyyeen" jedheen. Hariiroo anaafi Arfaasee na gaafatanii qaadhimaa akka taateefi hayyama gaafachuu warra Boorana bira akkan dhufe itti hime. "Gabbara kafaluu" qabda naan jedhan.

Kan gabbaraa rakkoon akka hin qabne mirkaneesseefii meeqa akkan kafaluu qabu gaafadhe. Jaarsis "loon dhibba" jedhan. Gatii akka irraa naaf bu'an kadhannaan shantamatti waliigalle.

Loon qe'ee maatii keenyaa akka jiraniifi dhaqanii fudhachuu akka qaban itti hime. Jaarsis "hangam fagaata?" naan jedhanii na gaafatan. "Dhaqaa-galli ji'a tokko ni fudhatan" jedheen. "Horiin guyyaa soddoma deemee lubbuun as hin gahu beesema nuuf laadhu" jedhanii qoosanii addaan baane.

Biyya keenyaafi addunyaa kanarras baay'een naannahe. Ummata fayyaalessa akka Booranaa garuu eessattuu argee hin beeku. Waan fayyaalummaa isaanii agarsiisu keessaa tokko kanin ani yaadadhu, konkolaataa ummataa keessatti kan na qunname tokko hin dagadhu. Arfaaseen jireenya ummata kiyyaa arguun qaba waan jetteef konkolaataa kireeffachuu mannaa geejjiba ummataatiin deemaa turre.

Gaaf tokko Meeggaa irraa gara Yaa'aballoo deebi'uuf Dubluq gorre. Konkolaataan guutee deemuuf yeroo ka'u, imaltoota konkolaaticha dhaqqabachuuf fiigan fagootti argine. Osoo namoonni konkolaaticha dhaqqabachuuf fiigan, konkolaachisichi oofuu eegallaan, imaltootni keessa jiran dhaabsisanii akka warra dhaqqabuuf fiigaa jiran eegu dhaabsisan.

Haalli kuni na ajaa'ibee jennaan, nama na cinaa taa'een jara konkolaataa dhaqqabachuuf fiigaa jiran kana beektanii jennaan, "hin beeknu" jedhe.

"Maarree maalif konkolaataa dhaabsiftaniif" jennaan, "Boorana alatti dhiifnee akkamiin nuti galla?" naan jedhe. Imaltootni duubatti hafanis, konkolaaticha keessa ol seenanii jennaan teessoon cufti qabamee waan tureef iddoon taa'umsaa wal hanqate. Namni wal dhiphisee wal jalaa siqee taa'a.

Jaarsi meeshaa peestaalatti qabate tokko dhufee 'miila kee naa ergisi' naan jedhe. Wanti inni jedhu naaf hin galle. Anaafi Arfaaseen teessoo nama lamaa irratti kan sadaffaa daballee an moggaarraan taa'aa ture. Jaarsi miila naaf ergisi jedhe osoo deebii kiyya hin eegin dhufee jilba kiyyarra gadi taa'e. Yoon gamaa gamana ilaalu namoota hedduutu miila waliif ergisee walirra taa'aa jira. Xiqqoo akkuma deemnee "amma immoo natu sirra taa'a" jennaan, na laalee "abboo ati guddaa kanaa sin danda'aa? jedhe.

Biyya keenyas ta'ee biyya birootti imaltoota konkolaachisaan saffisaan akka deemu malee dhaabee imaltoota biraa akka eegu gaafatan argee hin beeku. Konkolaachiftoonni erga teessoon guutes dabalata fe'achuuf jecha harkifatu, imaltoonni immoo nama ofiif fedhan of bira teessisuuf luka bargaafatanii, yookin meeshaa irra kaa'anii akka namni biraa irra hin teenye godhu. Kan Booranatti bara san arge garuu kan addaati.

Sababni Arfaaseen bara san Oromiyaa dhufteef awwaala akaakayyoo ishii gama lamaanii laaluuf ture. Boorana bakka Dubuluq jedhamutti awwaala abbaa haadha ishii daaw'anne. Finfinnee iddoo awwaalchaa Makaanayasuusitti immoo awwaala abbaa abbaayyee ishii Gammadaa Urgeessaa irratti siidaa dhaabsifne.

Gaafa tokko hiriyyoota koo waliin iddoo taphataa jirutti akkuma qoosaa godhee akka natti heerumtu gaafadhe. Ishiinis qoosatuma tole jette. Guyyoota itti aanan waan akka qoosaa eegallee irratti haasofnee wal fuudhuu murteessine. Maatii kiyyaanis wal barsiise.

Ameerikatti erga deebinee boodas namoota muraasa nutti dhihaatan malee namni biraa hariiroo keenya hin beeku ture. Akkuma dhimma ummata keenyaatiif qofa waliin hojjannutti beeku. Inumaahuu dhiiroonni hedduun anuma biratti itti haasayatuu yaalaa turan.

Yuunivarsiitii irraa eebbifamee magaalaa Waashingitan osoon hojjachaa jiruu, kana caalaa jaalala iccitiitiin turuun akka hin dandahamneefi isiinis na bira deddeebiin waan beekaniif kabaja maatiif jecha manguddoo erguuf murteessine. Jaarsotuman bakkoota walgahiitti beeku qunnameen ergadhe. Jaarsotiin hedduun abbaafi haadha isii Keeniyaa irraa kaasee waan beekanif dubbiin jaarsummaa sun laafaa ture.

Jaarsi tokko osuma mana warraatti jaarsummaa dubbataa jiranii jidduun gad bahee naaf bilbile. "Aboo Intalti Islaama moo Kiristaana?" naan jedhe. Anis mee bilbila takkaa naaf qabi addaanin siif baasaa jedheenii Arfaaseef bilbilee sarara sadeen walitti hidhe. Arfaasee, "ati islaama moo Kiristaana?" jedhee gaafadhe. Ishiinis, 'Maraataa har'a na gaafattaa?' jette. Jaarsichis "ajaa'ibuma qabdan" jedhee bilbila nurratti cufee gara manguddootaa deebi'e.

Cidha guddaa gochuuf fedhii waan hin qabneef sirnuma qubeellaa gochuuf murteessine. Biyya sanitti gurbaanis, intallis nama adda addaan cidhaaf affeeru. Kana ammoo falmii guddaan lakkoofsi gama lachuu murtaa'a. Kanaaf obboleettin ishii nama meeqa affeeruu akkan barbaadu na gaafatte. Ani fira tokkos Ameerikaa irraa hin qabu, hiriyoonni kiyya ammoo hunduu hiriyoota ishiiti. Ishiin affeertee jirti. Kanaaf an affeeruun hin barbaachisu, iddoo kiyyas ishiin haa affeertuun jedheen.

Yeroo san hojiin Washington DC qabu waan heddummaatuuf osoon ani hin yaadin guyyaan gahe. Jarjaraan tikeeta bitadheen Minnesota dhaqe. Guyyaa akkasiitiif suufni akka barbaachisuuyyuu hin yaadanne. Hiriyyaan kiyya Qixxeesso jarjaraan fiigee suufa (Tuxedo) tokko naaf kireeffatee salphina na oolche.

Yeroo sagantaan gahee bakka galmaa seennu ammoo rakkoon biraa uumame. Ani warra jaala (miinzee) naaf tahan hin qopheeffannen ture. Warruma affeeramee achi jiru keessaa nama lama, Qixxeessoofi Damee yaameen of bira teessisee jaala naaf tahan.

Saganticha keessatti jaarsonni ka'anii waa'ee misirrootaa (Ol'aanaafi Ol'aantuu) dubbatu. Haaluma Kanaan jaarsoliin Booranaa dura dubbatan. Misirrittii faarsan, dhalootaa hanga har'aatti seenaa ishii, ta gosaafi golaa dubbatan. Dhumarratti, 'gurballee walgahirratti hin beeknaa dansaa fakkaata" jedhan.

Jaarsi Wallaggaatis haaluma walfakkaatun seenaa akaakayyuu isiirraa kaasanii faaruu itti roobsan. "Gurbaa sabboonaa tahuu isaa ni beekna, gara fuulduraa caalatti baranna" jedhan. Warri Harargeefi Arsiitis ishii faarsaa oolanii, isaanis kan misirrichaa lash godhanii bira dabran.

Yeroo kana harka baaseen dubbachuu barbaada jedheen. Abbaan waltajjii dhufee 'Maal dubbachuu barbaadde?' naan jedhe. "Namni hundi misirrittii faarsa. Anis ofin faarsaa carraa naaf kenni" jennaan kolfee aadaan hin hayyamu naan jedhe.

Jaarsoliin godinoota hundaa waa'ee Arfaasee dubbatanii kiyya kan dhiisan hammeenyaaf osoo hin taane, ishii ijoollummaan beeku, ana ammoo waltajjii siyaasaa qofarratti na beeku. Arfaaseen bakka maatiin isii baay'een jiraataa turan Keeniyaatti dhalatte. Manni Maatii isii jiddugala baqattootni Oromoo itti qubatan ture.

Baqataan baroota 1980moota keessa Naayiroobii dhaqee Maatii isaanii hin beekne hin jiru. Erga gara Ameerikaa godaananiin booda maatiin ishii waldaa hawaasaa keessatti hirmaannaa cimaa taasisaa waan turaniif jaarsoliin Arfaasee daa'imummaa irraa kaasanii beeku. Ana garuu waltajjii siyaasaa irratti na argan malee jireenya dhuunfaa kiyyaatis tahee seenaa duubbee kiyyarraa wanni beekan hin jiru ture. Kanaaf jecha waa'ee kiyya gabaabsanii bira dabruu filatan malee hammeenyaaf hin turre. Dhuguma qabanisi.

Hojii yeroo gabaabaa /Internship/ Washington DC tti hojjachaa ture akkan xumureen gara Minnesota deemee Arfaasee waliin jiraachuu eegalle. Waggaa tokko erga jiraannee booda Yuunivarsiitii Columbia maastarsii barachuuf bara 2011 gara New York godaanne. New York waggoota sadiif (2011-2014) erga jiraannee booda OMN (Oromia Media Network) waan dhaabbateef bara 2014 gara Minnesota deebine. Arfaaseen New York bulchiinsa yuunivarsiitii ani baradhu keessa hojii gaarii yoo qabaattes adda fagaannee jiraachuu waan hin barbaadiniif dhiiftee dhufte. Aarsaan Arfaaseen yeroo adda addaatti kafalte kan tarreeffamee dhumuu miti.

Minnesota erga gallee, OMN geggeessuufi mormii #OromoProtests qindeessuun hojii akkaan yeroo fudhatu ture. Anis OMN'f gargaarsa walitti qabuuf sanbattan hunda gara magaalota biroon bobbaha. Yeroon mana jiru ammoo waajjiruman jiraadha jechuun ni dandahama. Kun bultii keenyarratti dhiibbaa cimaa fiduun hin oolle.

Haala ulfaataa san keessatti Arfaaseen ulfoofte. Gaafa tokko Ultrasound kaatee footoo isaa barcumaa koo gubbaa gootee yoon ol seenu argeen raajii (X-ray) namni dhukkubsate ka'e natti fakkaatee achumatti deebisee eenyutu dhukkubsate jedhee gaafannaan waanin beeka qoosu itti fakkaatee aarte. Booda dubbiin naaf gale.

Ulfi dhiira tahuu akkuma beekneen maqaa maal itti baafna jennee marihanne. Yeroo san halkanii guyyaa facebook gubbaa waanin jiruuf maalif warra facebook Kanaan maqaa nuuf baasaa hin jennu jechuun qoosnaan, Arfaaseen akkan dhugumaan maxxansu na jajjabeessite. Namoonni kumaatamaan deebii kennii maqaaleen aadaa hedduu nuuf eerame. Eeruun tokko tokko kan qoosaa ture. Maqaawwan qoosaa nuuf eeraman keessaa muraasni Abbaay Xahaayyee, Minilik, Maastar Pilaaniifi kkf kan jedhan faa turan. Maqoonni kun yeroo sanitti ajandaalee gurguddaa ani facebook gubbaatti maxxansu turan.

Waliigala nama kuma diigdamaa oliitu irratti hirmaate. Maqoota babbareedaa hedduu waan eerameef tokko keessaa filuun ulfaataa ta'e. Maalif Oromoo hin jennuun jenne. Kanaaf immoo sababa lama qabna ture. Kan duraa maqaa baasuu feesbuukii gubbaatti godhame irratti Oromoonni heddu waan hirmaataniif maqaa tokko fudhannee kan tokko gammachiifnee kaan ammoo mufachiisuu hin barbaanne. Kan lammataa ammoo gurbaan qixa gosootaafi naannoolee Oromoo garagaraa akka tahe calaqqisiisuufi.

Arfaaseen abbaan isii Wallagga dhalataa Calliyaati. Haati isii immoo Boorana naannoo Meeggaati. Ani ammoo abbaan kiyya Arsii, haati tiyya Tuulama Salaaleeti. Ilmi keenya gosaafi naannoo tokkotti lakkaayamuu waan hin dandeenyeef gosaafi sabni isaas Oromoo taha jenneeti maqaa isaa itti baafne. Oromoon Adoolessa 29, 2016 dhalate. Ani jiddduu san hiriira guddicha kan gaafa Hagayya 2016 geggeeffamu qindeessuuf akka malee ko'oomadheen ture.

Sammuun tiyya qophii hiriiraan xaxamtee yeroo ilmi kiyya dhalatu hospitaalatti hin argamne. Arfaaseenis akkan ani hojiin qabame waan beektuuf osoo natti hin himin hospitaala dhaqxe. Ishiin hospitaala deemuu dhagaheen hospitaala dhaqe. Jidduudhaan garuu waajjiratti yaamameen deeme. Osoo an hospitaalatti hin deebi'in deesse.

Sababa sochii siyaasaatiin walitti dhufnus jiruuf jaalala keenya keessatti Arfaaseen aarsaa guddaa kafalte. Yeroo ani barnootaaf New York galu, hojii gaarii Minnesota irraa qabdu dhiiftee na waliin deemte. Achittis hojii gaarii argattee osoo jirtuu sababa an OMN geggeessuuf gara Minnesota godaanuuf isiinis deebitee dhufte. Aarsaa barnootaafi hojii isii adda kutuu caalaa garuu duulli maqa balleessii murnootaafi namootaan narratti geggeeffamaa ture, ishiirattis xiyyeeffachuun hedduu na aarsa.

Duula san keessaa hunda caalaa kan hanga ammaa yaadadhu, yeroo OMN'niin walqabatee natti duulamaa ture, akka waan isiin maallaqa OMN dhuunfaaf fayyadamteetti kan ololameedha. Keessattuu olola kana kan geggeessaa ture namoota Arfaasee daa'imummaa irraa kaasee beekan, kan akka ishiin OMN keessatti gahee maallaqaan wal qabatu hin qabne kan beekan tahuudha.

Inni biraa immoo olola amantiidhaan wal qabatee nurratti ololamuudha. Inni kunis namoonni hedduun gama lachurraahuu wantoota miira namaa tuqan akka nutti darbatan taasisaa ture. Nu gama keenyaan yeroo wal barres tahee wal fuudhuuf yeroo murteessinetti, nu lameenuu dhimmi amantii nu hin yaachifne. Oromummaafi sabboonummaan walitti nu hidhuun dabalata, nu lachuu maatii amantii lamaanirraa walitti makaman jidduu dhalannee waan guddanneef, garaagarummaan amantii, hariiroo hojiis taatee kan dhuunfaa keenyarratti dhiibbaa hin goone. Kanaaf hamiifi komii namoonni gara miidiyaa hawaasaatiin nuratti gaggeessaa turan hunda dandamachuu dandeenye.

Dhiphinniifi ko'oommiin yeroo qabsoo Qeerroo sun hariiroo anaafi Arfaasee irratti dhiibbaa hamaa geessise. Jiruun kiyya kompiyuutaraafi waajjira ta'uun qaamaafi qalbiinis addaan nu fageessaa deeme. Jijjiiramni gaafa dhufu ani gara biyyaa galuun rakkoo jiru daranuu hammeessee, carraa bultii teenya suphuuf qabnu dukkaneesse. Bultiin teenya itti fufuu baattus kabajan ani Arfaaseef qabu gaafuma takkas jijjiiramee hin beeku. Gaafan ishii barerraa kaasee amanamummaan, kabajaan, bilchinni, naatoofi ofitti amanamummaan mallattoo eenyummaa ishii kan yoomuu hin jijjiramne ture. Baroota dhiphinaafi ko'oommii hamaa ani keessa ture ishiin na cinaa jiraachuun madaallii kiyya akka eeguuf murteessaa ture.

YAADANNOO SUURAADHAAN #2

Siingaapooritti yeroo daree jalqabaa.

Siingaapooritti miseensa garee kubbaa saaphanaa M/Barumsichaa ture.

Taaylaanditti daa'imman tola-ooltummaan barsiisaa ture waliin.

Hiriyyoota koo daree waliin qo'annaa dirreetiif gara Taayilaand yeroo deemnetti.

Waarii aadaa UN Nights jedhamu irratti shubbisa Oromoo yoo agarsiisnu.

Guyyaa eebbaa kootii barsiisaa koo kan Afaan Oromoo Mistar Keeviin Moorlii waliin.

Waxabajjii 2005 barnoota waggaa lamaa booda Dippiloomaa eebbaa yeroo fudhadhu.

Keessummaa eebba kootii kan ture Giyoon Shawaangizaawu waliin. Eebbaaf suufni akka uffatamu waan hin beekneef booda kan ofii fidee naaf kenne.

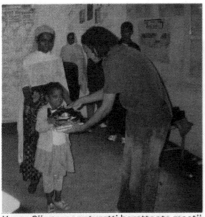

Yeroo Siingaapoor turetti barattoota maatii hin qabne kan qarshii walitti qabee barsiisaa tureef dabtara dhaabbata gargaarsaan qophaa'e yeroo arjoomu.

Halkan eebba keenyaa hiriyyoota koo waliin affeerraa irbaataa irratti.

Stanford waggaa jalqabaatti baratootta
doormii Larkin jedhamu keessa waliin
jiraachaa turre

Doormii keessatti yeroo qu'annaa

Yeroo mara dhimma Oromoo waanin
dubbadhuuf, hiriyoonni koo dhuma
waggaatti huccuu jechi "Oromummaa"
jedhu irratti barreeffame na badhaasan

Staanfoorditti barataa Oromoo isa biraa
Abdusabuur Jamaal akkasumas kan nu
gaafachuu dhufe Tishoo waliin.

Staanfoord osoo jiruu semisteera
tokkoof gara Yuunivarsiitii Oksifoord
yeroo deemetti.

Guyyaa eebba koo Darajjee Daadhii waliin
Staanfoorditti, 2009

Qabsoo nagaa qo'achuuf barattoota Staanfoord waliin gara Hindii
yeroo deemnetti Taaj Mahaal fuulduratti.

Hindii fi Afrikaa Kibbaa yeroo deemetti muuziyeemii Maahatama
Gaandii fi Neelsan Maandeellaa yeroo daawwadhetti.

Sagaleen keenya haa dhaga'amu

Guyyaa eebbaa Yuunivarsiitii
Koloombiyaa Arfaasee waliin.

koloombiyaa yoon jiru yaada OMN hundeessuu
irratti mari'achuuf yeroo wal agaretti. Suuraa
irratti kan mul'atan Tigist Gammee, Girmaa
Taaddasaa, Abdii Fiixee, Arfaaseefi ana yoo
taanu suuricha kan kaase Muhaammad
Aadamoo ture.

Yeroo duula OromoFirst walgahii ummataa
gaggeessine keessaa isa tokko.

Poostarii duula OromoFirst isa
jalqabaa.

149

Hirmaattonni Koonfaransii Hoggansa Dargaggoota Oromoo (OYLC) OSFNA irratti qophii yeroo dhiheessinu, 2006

OSFNA irratti haasaa yeroo godhu, 2006

Hiriira mormii IOYAn qopheesse irratti

Hayyuu beekamaa Argaa-Dhageettii Booranaa Dabbaasaa Guyyoo OYLC irratti yeroo affeerretti.

Hiriira IOYA'n Washington DCtti qopheesse irratti haasaa boodarra ittiin yakkamaa ture Ethiopia out of Oromia yeroo taasisu.

Hirmaattota Koonfaransii Hoggansa Dargaggoota Oromoo (OYLC)

KUTAA JAHA: QOPHII

6.1. Qorannoo Qabsoo Nagayaa

Barnoota waggoota afurii booda bara 2009 erga eebbifamnee, hiriyyoonni koo hedduun takkaa gara hojii ykn ammoo gara barnoota ol'aanaa (graduate school) deemuuf murteeffatanii turan. Ani garuu yeroofi humna guutuun qabsootti makamuun hawwii koo waan tureef gara hojiis ta'ee barnootatti qajeeluuf hin yaadne. Beekumsan hanga gaafasiitti horadheen gara biyyaatti deebi'ee hojjechuu barbaadeen ture. Keessattuu filannoon bara 2010 sun dhihaachaa waan turteef biyyatti deebi'ee paartii siyaasaa Oromoo tarsiimoofi duula filannootiin gargaaruu barbaadeen ture. Yaada kana hayyoota Oromoo walitti dhihaannuun marihadhee jennaan yeroo sanitti filannoo gargaaruuf biyyatti galuun bu'aa guddaa hin fidu naan jedhan.

Keessattuu hayyuun seenaa obbo Buzuuwarq Baallaa yeroo dheeraa fudhatee biyyatti deebi'uun sirrii akka hin taane na amansiise. Haaluma wal fakkaatuun Piroofeesar Larry Diamond biyyatti galuun sirrii akka hin taaneefi qorannoon qabsoo nagayaa irratti godhuu eegale akkan cimsu na gorse. Kanaafuu dhaabbata 'International Center on Nonviolent Conflict' kan leenjiifi qorannoo qabsoo nagayaa irratti geggeessu qunnamuun Internship akkan argadhee achi dhaqu haala naaf mijeesse.

Anis gara Washington DC godaanee qorannoo qabsoo karaa nagayaa kan yuunivarsiitiitti jalqabe daran cimse. Hayyoota dhimmicha irratti qorannoo bal'aa godhan qunnamaafi kitaaba isaaniitis dubbisuu itti fufe. Hayyoonni Peter Heckermanfi Jack Duvall jedhaman dhaabbata san hundeessanii waan geggeesaniif kallattiinis isaan jalatti barachuufi hojjachuuf carraa argadhe. Jarri lamaan kun kitaaba 'A Force More Powerful' jedhu kan barreesaniifi dhimmicha irratti addunyaa guututtii warreen leenjii kennaniidha.

Dhaabbatichi isaan hundeessanii geggeesanis qabsaa'ota biyyoota hedduuf leenjii qabsoo karaa nagayaa kenna; meeshaalees raabsa. Anis qorannoo geggeessuufi wantoota leenjiif tahan qindeessuun jara gargaaraan ture. ICNC's dhaabbilee qabsoo nagayaa gaggeessan irratti hojjatan kan biroo waliinis waan qindoominaan dalaguuf anaaf carraa gaarii ture. Kanneen keessaa dhaabbanni Albert Einstein Institute tokko ture.

Albert Einstein Institute kan hundeessee geggeessu hayyicha qorannoo qabsoo nagayaa jalqabee addunyaa beeksise nama Gene Sharp jedhamu ture. Gene Sharp yeroo sanitti umriin hedduu kan deeme tahus gaaffiilee ani qabu obsaan yeroo dheeraa fudhatee naaf deebisa ture. Kitaaba isaa beekamaa "From Dictatorship to Democracy" jedhus Afaan Oromootti akkan hiikuuf hayyama naaf laatee, Dr. Abdulsamad Mahaammadfi Yahyaa Bashiir waliin hiiknee maxxansine.

Yeroon jaarmaya ICNC waliin ture dhaabbata CANVAS (Center for Applied Nonviolent Action and Strategies) jedhamu kan rogeeyyii biyya Sarbiyaatti qabsoo nagayaan Slobodan Milosevic kuffisaniin hundeeffame waliin hojjachuuf carraa argadheen ture. Isaanis muuxannoo ofiirratti hundaayuun moodeelii qabsoo garagaraa qopheessaa turan. Boodarra gara Awuroppaa Bahaa deemuun jijjiirama qabsoon nagayaa maqaa Color Revolution (Warraaqsa Halluu) fides daaw'achuuf qunnamtiin isaan waliin qabu na gargaareera.

Biyyoota Awuroppaa Bahaa daaw'achuun wannin hubadhe tokko, qabsoon nagayaa sirna abbaa irree kuffisuun jalqabbii sirna dimokraasii ijaaruu malee xumura akka hin taaneedha. Sochiin Color Revolution baroota 2000-2005 geggeeffamaa ture sun sirnoota abbaa irree hedduu kuffise. Yeroon biyyoota san daaw'adhe (2010/2011), mirqaanni warraaqsaa (revolutionary euphoria) dabree, yeroo qabsoon haarayatti eegale ture. Sirnoonni haaraan kufaatii abbaa irree booda biqilan akka hawwametti sirna dimokraasii, guddina diinagdeefi walqixxummaa fiduu waan hin danda'iniif, ummanni qabsoo bifa haarayaan eegalutti jira ture.

Marii rogeeyyii biyyoota sanii waliin godheefi waanin ijaan argerraa, sirna dimokraasii waaraa gadi dhaabuufi rakkoolee hawaasaa biroo furuuf, sirna abbaa irree buusuun qofti gahaa akka hin taaneefii, qabsoo itti fufuun dirqama akka taheedha. Biyyoonni sun sirna abbaa irree ofirraa erga darbanii waggoota muraasa kan turan tahus, humnoonni aangoo qabatan, sirna abbaa irree haaraa dhaabuuf foffoolataa turan.

Biyyoota hooggantoonni hawwii sirna abbaa irree ijaaruu hin qabnetti ammoo rakkoon malaamaltummaafi yakki babal'achuun yaaddeessaa ta'e. Ummatichi aarsaa guddaa kafalee jijjiirama fidus, akka hawwetti sirna haqaafi nageenya isaa mirkaneessu argachuu akka hin danda'inin hubadhe. Kun ammoo, ilaachi 'sunsuma jijjiiruun ittoo hin mi'eessu' jedhu akka babal'atu gochuun, ummanni deeggarsa sirna dimokraasiif qabu akka hir'isu taasisaa jiraachuun arge. Yeroo rogeeyyiin qabsoodhaaf ummata kakaasuu yaalan, 'jijjiiramni kaleessaatuu maal nuuf buuse' yaada jedhuun harkatti kuffisuun mul'achaa ture.

Imallin gara Awuroppaa Bahaatti godhe qabsoo nagayaa ilaalchisee muuxannoo jiru qorachuuf qofa hin turre. Awuroppaan Bahaa naannoo gaaffiin sabaa (nationalities question) jaarraa tokkoo oliif raasaa tureefi impaayeroonni hedduun akka jigan taasise waan taheef, hiree Oromoofi Itoophiyaa gara fuulduraa hubachuufis waan fayyaduuf ture. Keessattuu haalli Yugoozlaaviyaafi Gamtaan Sooviyeet (Soviet Union/USSR) itti jaaramaniifi booda itti bittinaayan irraa waa hedduu barachuun akka danda'amu kitaabota irraa kanin dubbise san qaamaan argamuun daran gabbifachuu barbaade.

Sabboonummaa biyyoota sanitti waldura dhaabbatu (competing nationalism) hammam gadi fagoo akka ta'e, kaniin kitaabotarraa dubbisaa ture, yeroon qaamaan namoota dubbisun daran hubadhe. Wal fakkiin biyya keenya waliin qabus hedduu na raaje. Fakkeenyaaf amalli sabboonummaa warra Sarbiyaa kan warra Amaaraatiin, kan Kosoovoo ammoo kan Oromoon bifa hedduun walfakkaata. Dhuma daaw'annaa kiyyaa irratti, gaaffiin mataa keessa na daddeebi'aa ture tokko, "Yugoozlaaviyaattii duuti Jooseef Tiitoo wal waraansa sabootaafi adda faca'uu biyyattiif karaa saaqe. Akkasumas kufaatiin paartii Komunistii bittinaa'uu gamtaa Sooviyeetii fide. Itoophiyaatti hoo tarii duuti ykn aangoorraa buufamuun Mallas Zeenaawii ykn ammoo kufuun EPRDF faca'uu Itoophiyaa hordofsiisaa laata?" jedheen of gaafachaa ture.

Wanti kana na yaachise, akkuma Yugoozlaaviyaafi Gamtaa Sooviyeet, Itoophiyaanis Federaalizimii sab-daneessaa garuu kan dimokraasii hin qabne (authoritarian multinational federalism) qabaachaa turan. Hoogganaan Yugoslaaviyaa Josip Tito humnaafi malaan gaafii sabummaa jiru akka hin dhoone wal dandeessisee bulchaa ture. Gamtaa Sooviyeetitti sirni komunizimii saboota garagaraatiif naannoo akka qabaatan hayyamee mirga aadaafi afaanii kabajuun sossobaa aangoo siyaasaa garuu paartiii komunistii harkatti dhuunfatee tursiise.

Haalli sun gaaffii sabootaa akka ibidda kosii keessa dibamee jala jala boba'us osoo hin dhoohin akka turu taasise.

Erga Josip Tito du'ee booda, lola saboota biyyattii jidduutti uumameen duguuggaan sanyii hamaan raawwatame. Yugoozlaaviyaanis biyyoota hedduutti adda facaate. Gamtaan Sooviyeetis, sirni komunizimii laaffatee deemee, gaafa Mikhail Gorbachev dimokraatessuuf yaalu, gaaffiin sabootaa humnaan ukkaamfamee ture dhoohuun, wal waraansi bakkayyuttii uumame. Kunis saboonni hedduun biyya walabaa akka jaarratan taasise.

Haala biyya keenyaa yenna ilaallu, Mallasaanis Itoophiyaatti federaalizimii sabootaafi sirna abbaa irree wal biratti ijaare. Gaaffii sabootaa sirnaan deebisuurra, harka tokkoon sossobaa harka biraan cunqursaa ukkaamsee bulchaa ture. Haalli ture akka nama tokkoon 'daabboon kun keeti' erga jetteen booda, 'nyaachuu garuu hin dandeessu, anatu siif nyaata' jechuuti. Haalli wal faalleessaan akkasii ammoo dadammaqiinsa sabboonummaa ol kaasa. Gaafa Tiitoon du'e, humniifi malli mootummaan Yugoozlaaviyaa gaaffii sabootaa malaafi boortaa wal madaalchisee tursiisuuf qabu sun laaffatee biyyattiin faffacaate. Gaafa Mallasaan kufe haala wal fakkaataa Itoophiyaan mudattii laata? jedheen of gaafachaa ture.

Mallasaa booda paartiin ADWUI itti fufa moo ni faca'a? Haala paartii, mootummaafi biyyi tokko ta'anii jiran keessatti, paartichi yoo faca'e biyyiti hoo ni dandamattii laata? kan jedhus gaaffii biraati. Balaan wal fixiinsa sabootaafi faca'uu biyya Yugoozlaaviyaafi Gamtaa Sooviyeetitti raaw'atame, Itoophiyaaf saboota ishii keessaa akka hin mudanne maaltu godhamuu qaba jechuun yaaduufi qorachuu jabeesseen itti fufe. Kunis, boodarra yeroo qabsoo Qeerroof tarsiimoo baafnu ilaalcha kiyyarratti dhiibbaa guddaa godhee jira.

Waliigalatti yeroon jaarmaya ICNC keessatti dabarse tarsiimoo qabsoo nagayaa, seenaafi tiwooriin barachaa ture, tarkaanfii qabatamaan warra hojjateefi hojjataa turerraa akkan hubannoo kiyya guddisuuf carraa gaarii naaf tahe. Hojii gara fuulduraafis akkan qophaahu sammuu tiyya karaa qabsiise. Qabsoo boodarra Oromiyaa keessatti godhameef karoora wixinuus yeroo saniin eegale. Qaamota mootummaa Ameerikaa garagaraatiifi qondaalota dhaabbilee addunyaa kan akka Jaarmaya Biyyoota Gamtoomanii (UN), Fandii Maallaqaa idil-addunyaa (IMF), Baankii Addunyaa (World Bank) akkasumas jaarmayalee qorannoo (think tank)fi kanneen mirga namoomaaf morman hedduu walbaruufi odeeffachuuf carraa argadheen ture. Qunnamtiin kunis ilaalchafi gocha mootummoonni Lixaafi dhaabbileen addunyaa biyyoota guddataa jiran irratti qabaniifi tarkaanfachiisan qabatamaan akkan hubadhuuf na gargaare.

Turtii koo Washington DC qabsoo karaa nagayaa qorachuu qofarratti hin dabarsine. Siyaasaa Amaaraa maqaa Itoophiyaan geggeeffamu itti siqee akkan baradhuufi anis mooraa siyaasaa san keessatti beekkamtii akkan argadhuuf carraa gaarii ture. San dura, ilaalcha dhaabbileefi hoogganoonni (elites) Amaaraa Oromoofi qabsoo isaa irratti qaban kitaabotarraa dubbisaafi miidiyaarraa dhagayaa dhufus, kallattiin waliin haasayuuf carraa baay'ee hin argannen ture. Qabsoo Oromoo ilaalchisee, wanti hayyoonniifi hoogganoonni Amaaraa hedduun miidiyaa irratti dubbataa turan dhugaarraa kan fagaate waan tureef, ilaalcha akkasii kan calaqqisiisaniif odeeffannoo dhaba (ignorance) irraa kan madde natti fakkaata ture.

Wantootni isaan waa'ee qubee Afaan Oromoo, siyaasa ABO, haala aadaafi hawaasummaa Oromoo ilaalchisuun barreessan dhugaafi haala qabatamaa irraa hedduu kan fagaate waan tureef odeeffannoo gahaa dhabarraa kan madde natti fakkaata ture. Fakkeenyaaf erga namoonni akka kiyya qubeen barannee, Yuunivarsiitii seennee eebbifamnee boodas Afaan Oromoo qubee Laatiiniin barreeffamuun hafee fidala Saabaatiin haa katabamu jedhu turan. Ummanni Oromoo afaan tokko akka hin qabneefii, loqoda (dialect) garagaraa waan qabuuf haasa'aan wal hin dhagahan faa jechuun Afaan Oromoo Wallaggaa, Arsii, Booranaafi kkf jedhanii katabu turan. Kan ilaalcha akkanaa calaqqisiisu ammoo Piroofeesarootaafi Doktoroota isaanii tahuu yennaan argu raajii natti tahaa ture. Garuu ammoo hayyoota Oromootu tarii itti siqee haala qabatamaa Oromoon keessa jiru hin hubachiisinii laata jedheen yaade.

Washington DC'n magaalaa isaan keessatti baay'atan waan taheef carraa achi turuu kiyyaa fayyadamee, sababa ilaalcha dogongoraa Oromoorratti qaban hubachuufi yoon dandahe ammoo sirreessuuf yaaluuf murteeffadhe. Gameeyyii siyaasaa isaanii hedduu qunnamuun sa'aa hojii boodaafi sanbattan wal arguun mari'achuu eegalle.

Namoota akka Yaared Xibabuu gameessa siyaasaa kan EPRP irraa hanga paartii Qinijjiit /CUD/ hirmaannaa cimaa qabu waliin hariiroo waanin uumeef namoota gurguddaa hedduu waliin wal argee haasofsiisee yaada isaanii hubachuu dandahe. Yaared Xibabuu nama yaada madaalawaa qabu ture. Joollummaa irraa kaasee qabsaa'ota Oromootiin walitti dhiheenya waan qabuuf siyaasa Oromoof hubannaa wayyaa qaba. Hoogganoota ABO keessaa Abboomaa Mitikkuu waliin baratan. Kanneen hafan hedduunis wal beeka. Kanaafuu, dhimmoota baay'ee irratti waliigaluu baannus, wal hubachuuf nun rakkifne ture. Karaa isaatiin hayyootaafi hoogganoota maqaa Itoophiyaan socho'an hedduu wal baruun yaada isaanii suduudaan irraa hubachuuf carraa argadhe. Namoota akka Hayluu Shaawul (dura taa'aa Qinijjiit kan ture), Dr. Birhaanuu Naggaa, Nagada Goobazee (hogganoota MEISON keessaa tokko)fi kkf waliin wal argee hedduu marihanne. Dr. Nagaaasoo Gidaadaafi Siyyee Abrahaas yeroo biyyarraa dhufanitti achitti wal agarre.

Gaafa tokko walgahii dhimmi Itoophiyaa irratti mari'atamu affeerameen dhaqe. Dr Birhaanuu Naggaafi Piroofeessar Masaay Makoonnin dabalatee hayyoota hedduutu haasaya gochuuf dhiyaate. Anis waraqaa dhiheessuufin dhaqe. Waltajjii gubbaa taa'ee hirmaattota yoon ilaalu waan tokkon taajjabe. Warri haasaa godhuuf affeerames tahee hirmaachuuf dhufee galma guute dhiirota gameeyyii qofa. Dargaggeessi umriin natti dhihaatu qubaan lakkaayama. Dubartiin lama moo sadii qofatu jira. Nama muslimaa anaafi Dr. Sa'id nama jedhamu malee galma keessa kan biraa waan jiru natti hin fakkaanne. Alaabaa mormatti marataniifi shurraaba suuraa Minilik qabu uffachuu isaanii irraa ka'uun hirmaattonni walgahichaa hedduun Amaara tahuu akka hin oolle akeeka.

Haala kana argee cal'isee bira dabruu hin barbaanne. Walgahii maqaa Itoophiyaan waamame irratti bakka bu'ummaan hawaasa biyyattii calaqqisu mul'achuu dhabuun rakkoo akka ta'e hubachiisuun fedhe. Kanaafuu, yeroo dabareen waraqaa koo dhiheessuu gahu "As-salaamu Aleeykum" jedheen eegale. Galmi guutuun miira naasuu wahiitiin walitti garagalee wal ilaale. Namoota lamaan tokko kan moggaarra taa'an qofatu "Wa'aleeykum salaam" jechuun na jalaa qaban.

Naasuu kana keessaa osoo isaan hin bahin "Na affeeruu keessaniif galatoomaa. Walgahii dhimma fuulduree Itoophiyaatti mari'atu jettanii na affeertan. Garuu waltajjiifi galma kana keessa yoon laalu, namoonni jiran Itoophiyaa waan calaqqisan natti hin fakkaatan. Meeti dubartootni? Walakkaa ummataati garuu asitti hin argu. Meeti Muslimoonni gamiisa biyyattii tahan hoo? Dargaggeessas anaafi nama lamaan tokko malee hin argu. Meeti Oromoon, Somaaleen? Walgahii daneessummaa ummata biyyattii hin calaqqisiifne, kan garee tokkoo qofa walitti qabuun rakkoo Itoophiyaa furra jedhanii yaaduun biyyattii rakkoo dabalataaf saaxiluudha malee furmaata miti" jedheenii haasawa eegale.

Qopheessitoota waltajjichaa keessaa tokko kan tahe Na'aamin Zallaqaa

"Garee hunda affeerree jirra. Garuu isaantu hafe malee" jechuun hanqinni kan qopheessitootaa akka hin taane ibsuu yaale. Anis "erga isin affeertanii gaariidha. Garuu immoo miseensonni saboota garagaraa, hordoftoonni amantilee, akkasumas dubartoonni maalif hafan? kan jedhu of gaafadhaa" jedheenii gara barruu kiyya dhiheessuutti seene.

Turtiin kiyya Washington DC ture madaala ilaalcha qaamolee siyaasaa Amaaraa maqaa Itoophiyaan geggeessanii sirritti akkan hubadhu na dandeessise. Hojii gara fuulduraa keessattis hariiroo qabsoo isaan waliin jiraachuu qabus maal akka fakkaachuu qabu wixinuu akkan eegalu na dandeessise. Akkan dura yaade ilaalchi isaanii hubannoo dhabuu (ignorance) qofa irraa osoo hin taane tuffii mooraa siyaasaa Oromoof qaban irraa akkasumas of tuulummaa (arrogance) irraa akka madden hubadhe. Tuffifi wallaalummaan yeroo walitti dabalamu ammoo ilaalcha siyaasaa akka jaamsun arge. Isaanis jalqaba faaruudhaan gaafa na simatan natti fayyadamuu yaadanii ture. Boodarra ejjannoon an qabsoo Oromoofi siyaasa Itoophiyaa irratti qabu akka hin jijjiiramne yeroo argan, na diinomfatuufi natti duulutti cehan.

Washington DC'tti hawaasa Oromoo waliinis hariiroo gaariin qabaachaa ture. Keessaafuu gameeyyii sochii hawaasa Oromoo Ameerikaa Kaabaa keessatti utubaa turan hedduun waan achi jiraataniif, seenaa sochii baroota torbaatamootaa hanga sagaltamootaa isaanirraa barachuuf hiree guddaa ture.

Gameeyyii akka Lubee Birruu, Qabbannee (Bonnie Holcomb), Jayluu Danboobaa, Abarraa Tafarraa, Darajjee Tufaa, Abbaa Kallachaa faan mana kitaabaa (library) qabsoo Oromoo Ameerikaa kaabaati jechuun ni dandahama.

Waahilli isaanii hayyuun Oromoo Sisaay Ibsaa an Ameerikaa dhaquun ji'oota muraasa dura waan boqoteef arguu hin dandeenye. Garuu jaallan qabsoo isaa jiddu-gala (galma) hawaasa Oromoo bitanii maqaa isaa itti moggaasuun torbaan mara jimaata galgala walgeenyee bashannanaa seenaa qabsoo Oromoofi hojii gara fuula duraa hojjatamuu qabu marihanna ture.

Jiddu galli sun maanguddoofi dargaggeeyyiin bakka itti walgahanii muuxannoo itti wal jijjiiran ta'e. Dargaggeeyyiin silaa jimaata galgala mana bashannanaa faranjii deemtu dhiistee jiddu gala Oromoo iddoo beekumsaafi bashannanaa godhatan. Wallisaa Abdii Nuuressaa faa waliin tahuun jiddu galli bashannanaa dargaggoota kan hawwatu, garuu ammoo kan maanguddoota hin dhiibne godhuuf hojjachaa turre.

Washington DC keessatti namni ani hedduu itti dhihaadhee magaalattiis, seenaa hawaasa Oromoos irraa baradhe Badhaanee Taaddasaati. Badhaaneen erga biyya san dhaqee waggoota afurtama caalee ture. Hiriyyaafi fira Sisaay Ibsaati. Dhaloonni isaa Finfinneedha. Ijoollummaan biyyaa bahee achumatti baratee sochii ummata gurraachaa Black Panther (qeerransa gurraacha) jedhamu keessattis hoogganoota akka Stokely Carmichael faa waliin hojjataa ture.

Sagantaa Raadiyoo qabu irratti hoogganoota Afrikaa kan akka Ziyaad Baarreefi Juuliyees Neeyreeree faa nama dubbise. Gaafa dura siyaasaatti seenu, maqaa Itoophiyaatiin eegale. Siyaasa Oromootti booda madaqe.

Baroota 1970moota keessa gaafa barattoonni Itoophiyaa Ameerikaa Kaabaa gaaffii sabootaa irratti waliigaluu dadhabanii adda baqaqan, inni siyaasa maqaa Itoophiyaan geggeeffamu mulqatee daandii Oromummaa irratti Sisaay Ibsaa faa waliin waldaa barattoota Oromoo Ameerikaa Kaabaa jaaraa, falmiifi atakaaroo warra faallaa qabsoo Oromoo waliin godhurratti nama adda dureen hiriiree qooda fudhataa tureedha.

Gaafa ani argetti umriinis deemee fayyaanis laaffatee ture. Akkasumaanuu sanbattan konkolaataa isaa Lincoln jedhamtu oofee dhufee na fuudhee magaalaa keessa deemnee seenaa qabsoo ummata gurraachaa naaf hima. Warra nuun faallaa yoo arge konkolaataa dhaabee atakaaroo eegalee, itti na affeera. Hanga mataan isaan dhukkubu falmeenii foon bitannee gara mana isaa galla. Hiriyyoota yaammannee wal falmaa bashannanna. Kitaabota isaa kumaatamaan tuullate keessaa kan akkan dubbisu naaf ergise irratti ibsa akkan kennu na taasisa. Yeroo san barruu gaggabaabaa (article) hedduu siyaasaa Itoophiyaa irratti waanin katabuuf Badhaaneen dubbisee halluun jala sararee diddiimessee na eega. Hamma fedhe barruu san yoo jaalates hin faarsu. "Where is the fire", It is too soft" jedhee qeeqa.

Haadha warraatti lallabee "mee shiroo inni jaalatu san barbaree itti baay'isii fidiif, barbaree yoo baay'isee nyaate barruu guggubdu qopheessuu mala" jechuun qoosa. Badhaaneen abbaas hiriyyaas naaf tahe. Ergan Washington DC irraa deemee boodas gaafan New York jiru, ji'a ji'aan isaan bira dhaqee waliin oola. San booda ammoo gaafan akka carraa magaalaa sanirraan dabru goreen dubbisa. Garuu inni akkuma an gaafa Washington DC jirutti sanbattan mara naaf bilbilee yoo xinnaate sa'aa tokkoof haasofna. Badhaaneen Bara 2016 boqotee jaala isaa Sisaay Ibsaa fa'aan walitti makame. Anis sirna awwaalcha isaa dhaqee booyee geggeesse.

Turtiin kiyya Washington DC waggaa tokko qofa ta'us, siyaasa Hawaasa Itoophiyaa keessattuu kan Amaaraa akkan itti dhiheenyaan hubadhuuf carraa guddaa ture. Hojmaata qaamolee mootummaafi dhaabbilee qorannoo Ameerikaatis qayyaabachuufi hariiroo akkan uumu na dandeessise. Lamaan kana walitti dabaluun tarsiimoo qabsoo qorachaafi qopheessaan ture, bifa qabatamaa (realistic) ta'een caalaatti gabbifachuuf galteefi faayidaa guddaa qaba ture.

Sagantaan Washington DC dhaqeef ergan fixee booda gara Minnesota deebi'ee Arfaasee waliin jiraachuu eegalle. Waggaa tokkoof yeroon Minnesota turetti dubbisuufi barreessuu irrattin xiyyeeffadhe. Marsariitii Dhummuugaafi Gulelepost jedhaman banuun barreeffamoota siyaasaa biyya keenyaa xiinxalan maxxansuu jalqabe. Barreeffamoonni kunis dubbistoota heduu kan qabaniifi marii bal'aan kan irratti gaggeeffaman turan.

Yeroo kanatti (2010-2011) fincilli biyyoota Arabaa, Arab Spring, jedhamuun beekamu waan dhooheef qabsoo karaa nagayaa qorachaa ture qabatamaan akkan argu carraa naaf laate. Taateewwan biyyoota Arabaa keessatti guyya guyyaatti ta'aa jiru gara miidiyaafi waahillan qabuutiin odeeffannoon argadhu fayyadamuun waanin san dura baradheen wal bira qabaa madaaluu eegale.

Fincilli kun qalbii ummataafi mootummaa biyya keenyaas waan harkiseef, haala deemaa jiru bifa hawaasa biyya keenyaatiif galuu danda'utti qindeessuun miidiyaa irratti xiinxala kennaan ture. Mootummaan Mallas Zeenaawii naasuu keessa seenuun fincilli abbootii irree naannawa sanii gogombisaa jiru isas akka hin muudanneef duula odeeffannoo bal'aa geggeessaa ture. Haalli hawaasummaa, diinagdeefi siyaasaa Itoophiyaa kan biyyoota Arabaa kanarraa bifa hedduun adda akka ta'eefi fincilli jara raasaa jiru dhooyuus ta'ee milkaayuu akka hin dandeenye amansiisuuf carraaqu ture. Duula isaanii kana fashaleessuuf fincilli ummataa Itoophiyaa keessatti akka milkaayuu danda'u agarsiisuuf barruu "Nonviolent Struggle: Ethiopian Exceptionalism?" jedhu barreessee facaase. Yaada kana akkan ibsuuf miidiyaaleen baay'een na affeeruunis qabsoon nagayaa Itoophiyaatti milkaayuu akka danda'u hubachiisaa ture. Taateewwaan guyya guyyaan ta'anis gama facebook irraan barnoota kennaan ture.

Warraaqsi biyyoota Arabaa sun Tuniiziyaa, Liibiyaafi Masrii keessatti abbootii irree fonqolchuun dambaliin dimokraasii dhufaa waan jiru fakkaatus, osoo hin turin biyyoota akka Siiriyaa, Yeemaniifi Liibiyaa gara wal waraansa hamaatti seensise. Kufaatiin mootummoota abbaa irree dhaloota sirna dimokraasii fida jedhamee osoo eeggamuu wal waraansaafi diigamuu biyyaa (state collapse) dhaqqabsiise. Haalli kun tarsiimoo ani qopheessaa jirus akka irra deebinee xinxaallu nu taasise. Biyyoonni Arabaa ummata sabummaa, amantiifi afaaniin irra jireessaan walfakkaatoo ta'an qaban bifa saniin wal waraansatti seenan, biyti teenya tan saboota hedduu, imala seenaa gadoofi godaannisa qabu keessa dabran irraa ijaaramte maal ta'uu akka maltu yoo yaadnu nu sodaachise.

Sirna abbaa irree kuffisuudhaan sirna dimokraatawaa walqixxummaa sabootaafi bilisummaa namootaa mirkaneessu ijaaruuf hawwaa turre. Hawwiin sun garuu kan milkaayu yoo biyyi (state) itti fufteefi nagayaafi tasgabbiin jiraateedha. Akkuma mammaaksi 'mataa jirutti amaamaa maran' jedhu, biyya jiru dimokraatessan. Biyyi jignaan ummanni mirga dimokraasii gaafachuu dhiisii wabii nagaan bahee galuufi lubbuun jiraachuutuu hin qabaatu. Kanaafuu qabsoon sirna abbaa irree kuffisuuf goonu gara wal waraansa ummatootaafi kufaatii biyyaa akka hin geessine of eeggannoo gochuu akka feesisu yaaduuf dirqamne.

Kanarraa ka'uun akeeka tarsiimoo sirna abbaa irree fonqolchuu (regime change) irratti baasaa turre keessa deebinee laaluun gara sirna jijjiiruu (transplacement) akka ta'uu qabu murteessine. Sirna abbaa irree guutuutti foqolchuudhaan jijjiirama fiduuf, irra jireessatti ummata gurmeessuun sirnicha guutuutti addaan facaasuun kan raaw'atamuudha. Tarsiimoon sirna jijjiiruu (transpacement) garuu humnoota sirnachaan alaafi keessa jiran kanneen jijjirama barbaadan walitti qindeessuun sirnichi osoo hin jigin jijjiirama akka fidu dirquu gaafata. Mootummaa guutumatti jigsuun kufaatii biyyaa fida jennee waan sodaanneef, osoo hin kufin jijjiirama akka fiduuf dirqamsiisuu irratti fuulleffachuu filanne.

Kanaafuu yeroon Minnesota turetti taatee biyyoota Arabaa hordofaa, akkaataa balaa isaan mudate irraa sochii ummataa maqsuun jijjirama fiduun danda'amu irratti yaadaafi barreessaan ture. Dargaggootaafi shamarran Oromoo muraasa walitti fiduunis tooftaalee qabsoo nagayaa irratti leenjii torban tokkoof ture kenne. Akeekni leenjii sanii jara san barsiisuu qofaa hin turre. Leenjii gara fuulduraa qabsaa'ota biyya keessaatiif kennuuf karoorsaa jirruuf shaakala gochuuf ture. Qabiyyeefi tooftaan leenjii sanii akkaataa dargaggoota Oromootiif hubatamuu danda'uun kennamuu waan qabuuf dursa garee san waliin shaakalee yaada isaanii dabaluun gabbisuuf na garagaare. Irra hedduun hirmaattotaa namoota leenjii Oromo Youth Leadership Conferene (OYLC) irratti qooda fudhatan yoo ta'u gariin ammoo kanneen dhiheenya biyyaa dhufan turan. Hirmaattota bifa lamaa kanneen hirmaachisuunis shaakala kana daran gabbise. Shaakala kana booda dargaggoota biyya jiran garii kara interneetiin muraasa ammoo biyyoota ollaatti baasuun leenjii-leenjistootaa kennuun danda'ame.

Qorannoofi leenjiin cinatti barnoota itti fufuufis qophaayaan ture. Barnootatti akkan deebi'uuf kan dhiibbaan na amansiisan Dr. Hasan Huseenfi Obbo Buzuuwarq Baallaa turan. Obbo Buzuuwarq, qabsa'aa gameessa jaarmaa MEISON keessatti hirmaachaa tureefi san boodas yeroo dheeraaf hidhame ture, Hayyuu seenaati. Yeroo baay'ee wal agarree yeroo haasofnu ani qabsootti suduudaan seenuu akkan yaadun itti hima ture. Inni garuu barnoota akkan itti fufu natti waywaataa ture.

Dr. Hassan Huseen, dhalootaanis naannawa tokko waan taaneef gaafa nuti ijoollee barattoota nu dura qabxii olaanaan yuunivarsiitii seenanii faarfamaniifi akka fakkeenyaatti nutti himaa guddanne ture. Caalatti ammoo hoggansa ABO dhaloota haaraa keessaa jaarmayicha sadarkaa miseensa Shanee Gumiifi Barreessaa ta'uu gahee ture. Muuxannoo ofii keessa dabre irratti hundaayuun mana barnootaatti deebi'ee digrii doktorummaa (PhD) akkan hojjadhuuf na gorsaa ture. Innis yeroo sanitti barnootatti deebi'ee PhD isaa xumuraa ture. Anis gorsa isaanii kana dhagayuun hojii qabsoo yaadus caalaatti gabbisuuf mana barnootaatti deebi'uun akka na fayyadu amaneen murteesse.

Birraa bara 2011 Yuunivarsiitiin Columbia barumsa digrii Lammaffaa (Maastarsiif) damee barnoota mirga namoomaatiin na fudhatee, Arfaasee waliin garas godaanne. Columbia'n, Stanford irraa haala adda tahe qaba. Stanford mooraa guddaa of dandahe kan qabu, magaalaarraa fagoodha. Magaalaan guddoon itti dhiyaattu, San Francisco, Kiilomeetira 55 irraa fagaatti. Jireenyi barataa irra jireessi mooruma Yuunivarsitii san keessatti kan daangeffame ture. Barattonni mooruma keessa doormii jiraatu, irra jireessatti achumatti bashannanu.

Columbia'n garuu magaalaa New York kutaa Manhattan jidduutti argamti. New York jiddugala daldalaa (commercial capital) Ameerikaa kan sochiin hedduu keessatti geggeeffamuudha. Magaalaafi mooraa Yuunivarsiitii wanti addaan daangessu hin jiru. Jireenyi barataafi kan magaalaa kan wal makeedha. Kun ammoo nama akka kiyyaa kan baadiyaatti dhalatee, mooraa manneen barnootaa keessa jiraachaa tureef itti madaquun rakkisaa ture.

Stanford tti doormii jiraadhus miilaan yookin saayikilaanin daree dhaqa ture. Kolombiyaatti magaalaa jidduu appaartaamaa kireeffadhee jiraachaa baaburaan daqiiqaa diigdama deemeen daree dhaqa. New York magaalaa guddoo sochiin hawaasummaafi bashannanaa hedduu jiru ta'us, ani yeroo kiyya irraa caalaa manuma barnootaatti dabarsaa waanin tureef magaalaa san sirritti beekuufuu carraa hin arganne. Yeroon sun barnoota kiyyaan dabalata, kaniin tarsiimoo qabsoo gara fuulduraa baasuurratti baay'ee yaaduufi hojjadhu ture. Dabalataanis marsaalee interneetii irratti barreessaa, miidiyaalee garagaraa irrattis dhiyaachuun xiinxala kenna. Kun walitti dabalamee yeroofi fedhii bashannanaaf qabu hedduu xiqqeesse. Kanaafuu waggoota sadiif jiraadhus magaalattii osoon sirritti hin beekinan keessaa bahe.

Yeroo sanitti Columbiatti ana malee hiriyyaan kiyya Damee Ormaa (Mahaammad Aadamoo) barnoota gaazexeessummaa barachuuf dhaqee ture. Yeroo muraasa booda ammoo gurbaan Baay'isaa Gammachuu jedhamu Oromiyaa irraa dhufe nutti dabalame. Magaalaa san jireenyi hedduu qaalii waan taheef Oromoota muraasatu jiraata ture. Nutis Waldaa hawaasaa isaan dhaabbatanitti dabalamnee socho'aa turre. Achitti mana barnootaa eegaluu dura yeroon waldaa dargaggootaa qindeessuu eegale dhaqee joollee muraasa dubbiseen ture. Isaan keessaa Dabalaa Tarreessaafi Iddoosaa Abbaa Garoo sochii dargaggootaa san ijaaruu keessatti hedduu naaf tumsan. Anaafi Arfaaseenis hiriyyoota walitti dhihoo taane. Gaafa New York gallus akka gaariitti simatanii nu qubsiisan. Inumaatuu akka achi geenyeen mana hanga argannu yeroo hamma tokkoof mana Iddoosaa kan laga Hudson gama magaalaa New Jersey, keessatti argamu qubanne.

Iddoosaa maatiin isaa warra Jimmaa ta'anis finfinneetti dhalatee Ameerikaatti waan guddateef Afaan Oromoo yoo dubbatu ni cabaqa. Gaafa tokko Minnesotatti dargaggootaafi shamarran hedduu taanee tapha kubbaa OSFNA osoo laalaa jirruu jaarsi wahii nutti dhufee irra deemee tokko tokkoon harka fuudhaa nu dubbisu eegale. Nama dubbisu hunda loqoda dhaggeeffachaa 'ati warra Harargeeti, ati Wallagga, kaniin Tuulama, Boorana, Baale' jechaa osoo deemuu Iddoosaatti dhufe. Iddoosaa cabaqu dhaggeeffatee 'ati Abisiniyaadha' jedheenii nu hunda kofalchiise. Dabalataan barnoonni isaa fayyaa (haakimummaa) ta'us, siyaasaafi seenaa irratti bilchina guddaa qaba ture. Kanaafuu barruulee siyaasaa biyya keenyaa xiinxalan maqaa masootiin katabuun maxxansaa ture. Barruulee kiyyas gulaaluun yaadaan naaf gabbisaa ture.

Namni biraa Niiw Yoorkitti wal baranne Abdulsalaam Abbaa Jabali. Nama seenaa ajaa'ibaa tan kitaaba hedduu baatu qabuudha. Dhaloonni isaa Jimma yoo ta'u, joollummaan biyyaa bahee biyyoota Arabaa, Somaaliyaafi Keeniyaa keessa mudannoo hamtuufi toltuu dhagayanii hin quufamne qaba. Biyyoota dhaqe hundatti akka baqataa hedduu harka maratee gargaarsa biyya alaatiin jiraachuurra hojii garagaraan of jiraachisa ture. Manni isaa mooraa yuunivarsitii kiyya cinaa waan ta'eef yeroo hedduu waliin dabarsina turre. Seenaa isaa dhagayuun cinqii barnoonni natti uumu jalaa boqochuuf waan na gargaaruuf fiigeen bira dhaqa ture.

Yeroon ani dura New York dhaqe dirree xayyaaraa keessa hojjata ture. Sanbata tokko nu lachuufuu guyyaa boqonnaa waan ta'eef jimaa goggogaa bitee qamaane. Mirqaana keessa seenaa isaa dhaggeeffachaa osoo haasofnuu hamma yoomiin kuulii hojjachaa galii gara harkaa-afaaniitin jiraadha? jechuun alaan'alaa ture. Anis isa jajjabeessuudhaaf carraa hojii daldalaa hojjatamuun danda'amu maqaa dhayaa ture. Jidduutti ka'ee juusii (cuunfaa) nuuf tolche. Juusiin sun dhandhama baay'ee gaarii qaba ture. Anis haasaya keessa turre itti fufsiisuuf 'juusii ajaa'ibaa hojjatta. Mana juusii maaliif hin banne?' jedheen. Ani dhugumaan mana juusii bansiisuuf osoo hin taane dandeettii inni juusii tolchuuf qabu faarsumaaf ture. Inni garuu san duraawuu itti yaadaa turuu naaf himuun, mana juusii banuuf wantoota barbaachisan, maallaqa, meeshaaleefi hayyama barbaachisu interneetii gubbaa laalaa barreessuun karoora baasuu eegalle. Ani maallaqa xinnoo yeroo san seemisteeraaf mana barnootaa irraa naaf kenname akka ka'uumsaaf fayyaddu kennuufii waadaa galeef.

Yeroo kanas ani hamilee isaa jajjabeessufin dubbachaa ture. Boru mirqaanni yeroo nurraa gale waan irraanfannu natti fakkaate. Abdusalaam garuu ganamaan ka'ee deeme. Guyyoota muraasa booda yeroo wal agarru baankii irraa maallaqa liqaa hayyamsiisee, mana juusiif ta'u kireeffatee tottolchaa na eege. Hubadhaa gurbaan sun barnoota sadarkaa duraa bira hin dabarre. Afaan Ingilizii xiqqo xiqqo dubbata. Maallaqa baanki liqeeffachuuf waan qabsiisu hin qabu. Garuu yaada mirqaanaan haasofne san ogeessaan gara piirooppozaalaa jijjiirsisee, baankii dhaqee mul'ata isaatiin amansiisee liqaa hayyamsiifate. Iddoo sochiin guddaan jiru daldaltoonni kireeffachuuf irratti wal saaman qabatee, maallaqan waadaa galeef san kaffaltii jalqabaaf (deposit) kennuuf na gaafate.

Torban muraasa keessatti mana juusii namoonni hiriiraan irraa bitatan bane. Juusii qofa osoo hin taane nyaataafi dhugaatii fayyaaf ta'u garagaraa tooftaa (recipe) ofiitiin qopheessuun hawaasa magaalattii biratti jaalatama guddaa argate. Aktaroonnifi namoonni beekamoon hedduun itti yaa'u. Miidiyaalee garagaraa irrattis affeeramuu eegale. Afaan Inglizii caccabsus haasayuun isa hin saalfachiisu. Haguma beekuun itti caccabsa. Milkaa'ina hiriyaa kanaatiin hedduun boone. Piroofeesarootaafi hiriyyoota barnootaa akkasumas keessummonni yeroo natti dhufanii mana juusii isaa geessu kabajaa guddaatu natti dhagayama ture. Dr. Artist Alii Birraafi Haacaaluun gaafa achi geessine seenaa milkaa'ina Abdulsalaamiin hedduu boonan.

Carraaqqiifi milk'aaina Abdulsalaam irraa waa hedduun baradhe. Namni tokko yaadaafi hawwii isaa galmaan ga'uuf, sirritti itti yaadee karoora baafatee murannoon cimee hojjannaan, mudaafi gufuu kamiyyuu irra aanuun mul'ata isaa mirkaneessuu akka danda'uudha. Yeroon sun gaafan ummata kiyya roorroo jalaa baasuuf hawwii guddaa qabu waan tureef, ija kiyya duratti Abdusalaam milkaayuun, hamilee daran naaf dabale.

Koloombiyaatti barnoota maastarsii damee mirga namoomaatiin hordofaa ture. Sagantaan sun dippaartimantiilee akka seeraa, siyaasaa, seenaafi diinagdee irraa koorsii akkan fudhadhu waan hayyamuuf carraa saniin hayyoota jajjaboo fedhii barnootaa kiyya ni fayyadan jedhu barbaadee irraa barachuuf carraa naaf kenne. Hayyoota kanneen keessaa hayyuu siyaasaa Alfred Stephanfi hayyuu qorannoo Afrikaa Mahmoud Mamdani gorsitoota godhadhe. Barnoota maastarsii xumuruuf yoon dhiyaadhu, sagantaa PhD akkan seenu na gorsan. Xalayaa deeggarsaas naaf katabanii, manuma barnootaa sanitti eegale. Hanga OMN ijaaree qabsoon biyyaa dhootee addaan kutuuf murteessettis barachaan ture.

Koloombiyaatti, barnoota idileerratti dabalata tooftaaf tarsiimoo qabsoo gara fuulduraa irratti barreessuurrattin fuulleffadhe. Qorannoo bara Stanford tureefi san booda Washington DC gaafan jiraadhe geggeesse, muuxannoo biyyoota Awurooppaa Bahaafi Indiyaa daaw'achuun argadhe taateewwan warraaqsa biyyoota Arabaa irraa hubadheen wal simsiisuun, barruu bu'uura tarsiimoo sochii #OromoProtests kan Qeerroon geggeeffameef ta'e qopheesse. Qorannoo dheeraafi walxaxaa gochaa ture san cuunfuun tilmaama tarsiimoo (strategic estimate) fuula afurtamii lama (42) qopheesse.

Tilmaa tarsiimoo jechuun xiinxala haala qabatamaa dirree falmaan itt karoorfamee keessa jiruu, kan akka diinaggee, hawaasummaa, siyaasaafi nageenyaati. Fedhiifi ilaalcha hawaasa qabsooftutifi jabinaafi laafina mooraa diinaafi kan qabsoo, akkasumas antummaa qaamota alaa kan ittiin madaalamuudha. Tooftaaleefi tarkaanfii booda fudhatman maraafu bu'urri tilmaama tarsiimoo waan ta'eef, xiinxalli isaa qorannoo gadi fageenya qabu kn ragaa qabatamaa irratti hundaayeen qophaayuu qaba. Gabaabumatti tilmaamni tarsiimoo galmee qabsoon ittiin masakamuudha.

Anis qajeelfamuma kana hordofuun tilmaama tarsiimoo qabsoo nagayaa itti yaadaa ture mata duree "Transforming the Oromo Movement: Reconciling Organizational Stagnation and Evolutionary Progress" jedhuun qindeesse. Barruun sun adeemsa qabsoon Oromoo hanga gaafasiitti keessa dabarte erga ilaalteen booda, laafinaafi jabina jiru madaaluun, filannoolee tarsiimoo qabsoon gara fuulduraa tarkaanfachiisuu danda'an lafa keessi. Keessattuu jijjiiramoonni (transformation) hawaasummaa, diinagdeefi siyaasaa bara 1991 booda ummata Oromoofi Oromiyaa keessatti mul'atan, jechuunis afaan ofiin barachuufi hojjachuu, birookraasiin Oromiyaa jaaramuufi babal'ina magaalomuun fidan hubannoo keessa galchuun tarsiimoon gara fuulduraa carraa (advantages) haalonni kun uuman fayyadamuu akka qabu akeeka. Jabinaafi laafina qabsoo hidhannoofi karaa nagayaa madaaluun, haala qabatamaa irra geenyerra dhaabbatamee qabsoon Oromoo tarsiimoo qabsoo nagayaa yoo madaqfatte akka wayyu akeekti.

Barruu tarsiimoo (strategic paper) waan turteef ifatti maxxansuun diina dammaqsuu ta'ee waan natti mul'ateef keessa keessa namootaafi gareelee muraasaaf qoode. Kanneen keessaa hoggansa ABO biyya Eritiriyaa jiranitti erge. Deebiin sirnaa naaf dhufuu baatus, yaadni dhiyaate akka fudhatama hin argatin hoogganoota muraasa irraa dhagaye. Waraqaan sun hayyoota gameeyyii Waldaa Qorannoo Oromoo (OSA) muraasaafis qoodamtee turte. Piroofeesar Mahaammad Hasaniifi Qabbanneen (Bonnie Holcomb) dursanii erga ilaalanii booda yaada gabbisaa (feedback) naaf ergan.[14]

Barruu xumuraas hayyoota muraasa filataman waliin irratti mari'achuun gaariidha waan jedhaniif ergameefii Adooleessa bara 2013 Washington DC keessatti irratti mari'anne. Hayyoonni hammi tokko xiinxala ani dhiyeesse jaalatanis, karaan qabsoo nagayaa biyya Itoophiyaa keessatti milkaayuu isaa shakkan. Warri biroo ammoo qabsoon nagayaa gonkumaa hin fayyadu jechuun tarsiimoo dhiyaate gatii dhabsiisan. Namoonni muraasni akeeka barruu saniituu shakkiin ilaaluun mariif dhiyaachuu ishiituu kan mormanis turan. Yaadota marii sanirraa ka'an fudhadhee waan fooyya'uu qabu fooyyessee, qaamolee biyya keessaa kan dursa quba walqabnuuf erguun iccitiin akka irratti mari'atan taasifame. Tilmaama tarsiimoo sanarratti hundaayuun karooraafi tooftaaleen gara garaa qopheessuun hojiirra oolfame.

6.2. Karooraafi Tarsiimoo Qopheessuu

Ijoollummaa kiyyarraa eegalee qabsoo Oromoo keessatti hirmaachuudhaan saba kana roorroon argaa guddadhe keessaa baasuun hawwii kiyya ture. Gaafasitti qabsoo hidhannoo ABO keessatti hirmaatutu abjuu kiyya ture. Ijoollummaakoo irraa kaasee loltoota WBO dinqisiifachaa waanin tureef, hubannaa siyaasaas dura isaan waan naaf laataniif, gaafan guddadhe akkuma isaanii ta'uun hawwii guddaan qaba ture. Hawwiin kun tarii qondaalota WBO dhalattoota naannawa sanitti sochoo'aa turan kan akka Guutamaa Hawaas, Bobbaasaa Gadaa, Raggaatuu Roobaa, Aslii Oromoo, Hambisaa Soolee faa seenaa isaanii dhagayaa of baruu irraa kan madde ta'a. Kana malees loltoonni WBO gaafa nuti joollee naannawa keenya turanis, ofitti nu yaamuun hedduu nu gorsuu turuun isaanii shoora qaba.

Barsiisonni barnoota sadarkaa duraa nu barsiisaa turanis sammuu ijoollummaa saniin waa'ee seenaa Oromoo, gootummaa qabsaa'otaafi hammeenya sirna cunqursaa nutti qicaa waan nu qaraniif abjuun qabsaa'aa ta'uu na keessatti dagaage. Barsiisonni yeroo sanii kanneen yeroo jalqaba Afaan Oromoo afaan barnootaa ta'e leenjifamanii bahan turan. Barnoota idileen cinatti sabboonummaa barattootaa ol kaasuuf hedduu carraaqu turan. An ammoo gaafan mana barnoota sadarkaa jalqabaa (elementary school) baradhuyyuu oduu siyaasaa dhagayuuf hawwii cimaa waanin qabuuf sa'aa barnootaatiin alatti barsiisota akkasumas hojjattoota misooma qonnaa fi ogeessota fayyaa bira dhaquun waliin haasayuufi irraa barachuu baay'een jaaladha ture.

Haalli jijjiiramee adaduma ani guddadhuun WBO'n naannoo keenyaa fagaachaa deemnaan hawwiin itti makamuus haphachaa dhufe. Adaamaa ergan galee booda namoota dabballoota ABO jedhamanii nutti ergaman irraa wantin arge ilaalcha ani dhaaba saniif qabu shakkii keessa galchuu eegale. Naamusa, jaalala sabaafi murannoo loltoota WBO gaafan joollee beeku san dabballoota Adaamaatti nutti dhufan sanirraa dhaabuun qalbii na cabse. San daran ammoo oduun ABO'n murnootatti baqaquufi hoogganoonni gurguddaan maqaa isaanii dhagayaa guddanne miidiyaa akka VOA fa'a irratti wal balaaleffachuu dhagayuun abdii kiyya gaaddiddeessaa deeme. Singapore dhaqee duula murnoonni marsaalee imeelii keessatti walirratti godhan arguun, qabsoon ABO'n geggeeffamtu rakkoo hamaa keessa akka jirtu natti mul'ise.

Osumaan jaarmayaafi tarsiimoo hanga gaafa saniitti qabsoon Oromoo ittiin geggeeffamaa jirturratti shakkii cimaa horachaa deemaa jiruun, Ameerikaa dhaqee yuunivarsiitii keessatti seenaafi tarsiimoo qabsoo nagayaatin walitti baane. Kun ammoo hidhannoo malees tooftaan sirna gabroomsaa itti ofirraa buusan akka jiru akkan hubadhu na gargaare. Qu'annoo tiwoorii waggoota muraasaa booda sochii ummata Arabaa suduudaan arguun kiyya Oromoofis tarsimoon kun bu'aa buusuu akka danda'u hubadhee jala mureen itti seene.

Waa'ee qabsoo karaa nagayaa (hokkara maleessa) kanin Yuunivarsiitii Stanforditti eegalee ture hangan Washington DC jiraadhetti muuxannoo qabatamaan gabbisee, bara Fincila Arabaa (Arab Spring) karoora lafa kaayuu eegale. Anaa karoora lafa kaayaa jiru abbaan irree yeroo sanii Mallas Zeenaawiin du'e. Duuti isaa sun karoora ani yaadee tureef balaas hirees ta'ee natti mul'ate. Balaan isaa, karoorri qophaayee ture akkaataa sirna abbaa irree ol'aantummaa nama tokkoon geggeeffamtu (personalistic dictatorship or autocracy) kuffisuun danda'amu irratti kan xiyyeeffatte turte.

Sirni abbaa irree akkasii hoogganaa tokkicha irratti waan hirkatuuf, duulli godhamu namicha san busheessuu, jibbisiisuufi laaffisuun utubaalee aangoo (pillars of power) isaafi deeggartoota isaa irraa adda baasuun kuffisuuf hojjatama. Sirni mootummaa xaxamaa waan ta'eef, ololli godhamu sirna san guutuu akka namicha gubbaarra jirutti fakkeessuu (personification) hubannaa nama idileetiif akka laaffatutti hojjatama . Tooftaan kun ummanni caasaa guddaafi xaxamaa mootummaa bifa salphaa ta'een akka ilaalu (simplified and visual) dandeessisa. Yeroo duullii akkasii jabaatee deeme, takkaa abbaan irree sun of oolchuuf gaaffii ummataaf deebii kenna, yookiin ammoo utubaaleen aangoo sirnichaa nama san akka balaa (liability) ilaaluun fonqolchuutti deemu. Lamaan kun ta'uu baannaan caasaaleen jiddugalaafi gara jalaa turuu danda'uu sirnichaa irratti mamii horachuun gara qabsoo ummataa akka goran taasisa. Kun ammoo humna sirnichaa laamshessuun kufaatii isaa saffisiisa.

Sirni abbaa irree inni lammataa kan aangoon harka namoota muraasaa (oligarchy), bifa paartii ykn murna waraanaatiin (junta) gurmaa'anii harka jirtuudha. Hanga bara 2001 gaafa hoggansi TPLF qoqqoodameetti Itoophiyaan sirna abbaa irree gartuun hoogganamuun bulaa ture. San booda hanga du'a Mallasaatti sirna abbaa irree nam-tokkee Mallasiin geggeeffamaa turte. Mallasaan aangoo guutuu qaba ture. Kanaaf tarsiimoon ani bilcheessaa ture sirna abbaa irree kana mataa muruun kuffisuudha. Mallas du'uun karoora ani baasaa ture bishaan jala yaase. Slrni ADWUI/EPRDF kan nama tokkoo irraa gara hoggansa walootti geeddarame.

Maqaaf Hayilamaariyaam Dassaalany bakka Mallasaa bu'us, aangoo guutuu (real power) qabaachuu hin dandeenye. Aangoon qondaalotaafi murnoota garagaraatti facaate. Kana qofaa miti. Gaafa Mallasaa Itoophiyaan abbaa irree ol'aantummaa murna TPLF jala turte. Itti duuluuf ni mijoofti ture. Erga Hayilamaariyaam aangootti dhufee booda garuu namicha aangoo guutuu hin qabne kan saba nu caalaa cunqurfamaa ta'e keessaa dhalate irratti duulchisuun ulfaataa akka ta'u naaf ifa ture. Kanaafuu tarsiimoo sirna abbaa irree nam-tokkee irratti fuulleffate irraa kan gara sirna abbaa irree gareen hogganamuu (oligarchy) irratti xiyyeeffatutti jijjiiruun dirqama ture.

Duuti Mallasaa hirees qabattee dhufte. Mallasaan waggoota kurnee lamaa oliif aangoo siyaasaa qofa osoo hin taane ajandaa siyaasaa (political discourse) Itoophiyaa irratti ol'aantummaan kophaatti dhuunfatee ture. Aangoo abbaa irrummaafi beekumsaa/dandeettii isaa walitti dabaluun yaada isaa malee kan biroo dhageettii akka hin arganne taasise. Namuu yaada isaa qeequu/faarsuu qofatti hir'ifame. Ol'aantummaan (domination) isaa kun qabsoo sirna san jijjiiruuf godhamu heddu qancarse. Ijoollummaa irraa kaasee haasaa Mallasaa jala taa'een dhaggeeffachaan guddadhe. Kitaabbilee Dimokraasii Warraaqsaa (አብዮታዊ ድሞክራሲ) dabalatee barreeffamoota isaa heddu osoon barata sadarkaa 2ffaa jirun dubbise.

Isa biras dabree dhaaba isaa TPLF'f bu'uura kan ta'e sabboonummaa Tigraayi irratti qorannoo geggeesseen barruu "Tigrean Nationalism: From Revolutionary Force to Weapon of Repression" jedhu bara 2010 barreesseen ture. Yaadni qorannoo saniis sirna abbaa irree ADWUI/EPRDF/jigsuuf Mallas sabbonummaa Tigraayiin fayyadamee akka of hin ittisne, kophaatti baasanii irratti xiyyeeffachuu qaba jedha ture. Kanaafuu Mallas du'uun karoora ani yaadaa ture na jalaa faallesse. Garuu ammoo duuti isaa mooraa sirnichaas laaffiseera.

Mallas yeroo dheeraaf himamsa (discourse) Itoophiyaa ukkaamsee ture tasa du'uun qaawwa siyaasaa (political vacuum) guddaa uume. Yaaada haarayaafi addaa dhiheessuun dhaggeeffatamootaa akka argatuuf carraa uume. Qaawwii (vacuum) uumame ni guutama. Ati guutuu baattu kan biraatu itti ol baha. Kanarraa ka'uun, gaafuma inni du'een eegalee, hayyoota Oromoo kan akka Tsaggaayee Araarsaatiin carraa kanatti fayyadamnee Itoophiyaaf ajandaa kaayuun iddoo duwwaa Mallas dhiisee du'e qabachuu qabna jedheen waywaachuu eegale. Miidiyaa irrattis dhihaachuunis yaada kana bal'inaan dubbadhe. Duuti isaa balaafi carraa akkamii Itoophiyaaf fiddee dhufti kan jedhurratti Aljaziiraafi miidiyaalee biroo gubbaatti xiinxala kennuu eegale.

Akkaataa tarsiimoon qabsoo Oromoo ittiin jijjiiramuufi fooyya'u yeroo dheeraaf yaadaafi qorachaa ture barruu mata dureen "Transforming Oromo Movement: Reconciling Organizational Stagnation and Evolutionary Progress" jedhuun qopheesse jidduma Mallas du'e san bara 2012 hayyootaafi qabsaa'otaaf raabsee irratti mari'achiise. Barruun sun hojii itti aanee hojjadheef bu'uura waan taheef gabaabseen asitti ibsa.

Ka'uumsi barruu sanii bara 1991 booda seenessi/himatni (narrative)fi tarsiimoon qabsoon Oromoo jijjiiramuu qaba ture kan jedhuudha. Bara 1991 dura mootummaan Itoophiyaa ol'aantummaa murna Amaaraatiin durfamu sirna gita-bittaa (kolonii) kallattii (direct rule) hordofaa ture. Kana jechuun gareen aangoo qabatee ture, kallattiin gubbaa hamma gadiitti namoota isaa bobbaasuun imaammata cunqursaafi saamichaa geggeessaa ture. Nafxanyaa jechi jedhuuyyuu maqaa loltuu sirnichaa sadarkaa gadiitti (araddaatti) imaammata mootummichaa hojiirra oolchuti.

Sirni Wayyaanee garuu kolonii alkallattii (indirect rule) fayyadama. Akka sirna Nafxanyaa miseensota isaa kallattiin erguurra, warruma qaama hawaasaa ta'an dhimma bahuun imaammata cunqursaafi saamichaa geggeessa. Sirni duraa kallattiin leeccalloo saamuu (resource extraction) qofa osoo hin taane eenyummaa isaas itti fe'uu akka imaamataatti hordofa ture. Wayyaaneen garuu Oromooma keessaa dhaaba maxxannee (dependent) ijraaruun saamicha geggeessa. Sirna durii (nafxanyaa) keessatti loltuun Amaaraa qaamaan ummata cunqurfamaa biratti argamee cubbuu raawwata (it's omnipresent). Sirna Wayyaanee keessatti cunqursaafi saamichi kallattiidhaan Tigrootaan kan geggeeffamu osoo hin taane Oromootaan waan ta'eef, ummata irraa dhokataadha. Ummanni nama maqaan isaa Oromoo kan dhiheenyaan isa hooggganu malee Tigree isa duubaa hin argu. Fakkeenyin barruu san keessatti kennee ture kan asii gadii kana ture.

Namooni qabsoo Oromoo yeroo adda addaa hoogganan magaalaa takkitti keessatti yeroo garagaraa lama haasaa wal fakkaataa godhan haa jennu. Akka fakkeenyaattis, Jeneraal Taaddasaa Birruu bara 1967 fi Galaasaa Dilboo bara 1992 ummata magaalaa Dheeraa garaagarummaa waggoota soddomaa keessatti dubbisan haa jennu. Wanti isaan dubbatan cunqursaa jiruufii akkaataa isaa haalaan kan ibsuudha. Taaddasaan hammeenya sirna Nafxanyaa keessaa Afaan Oromoo ugguramee ummanni 'simaabaloo' tajaajilamuuf dirqamuu eeruun, saamicha oomishaa bifa irboofi siisoo ibsuun yoo dubbatu, miidhaaleen kun gocha alagaa ta'uu isaa ummannis salphaatti galaaf.

Kanaafuu "kan isin cunqursaafi saamaa jiru sirna gita bittaa Amaaraati" jedhee yoo Taaddasaan dubbate ummanni Dheeraaa mudannoo guyyaa guyyaa isaanii waan ta'eef laaftuutti hubatu. Caasaan bulchiinsaa afaan isaanii ugguruu fi gibiraan saamu irra jireeessi Amaarotaan kan guutame ta'uu waan ifatti argani.

Faallaa kanaa Galaasaan bara 1992 magaalaa Dheeraa dhaquun "sirna gita bittaa Tigreetu cunqursee isin saamaa jira" yoo jedhe ummanni laayyootti hubachuu hin danda'u. Sababni isaas kan Dheeraatti nama saamu namuma gosaafi lafa sanii kan afaan isaanii dubbatuudha. Loltuufi bulchiinsi isaan argan firaan malee alagaan kan guutamee miti. Kanaafuu Galaasaan bara 1992 ummata Oromoo Dheeraatiin "sirna cunqursaa gita bittaa alagaa jala jirtan" yoo jedheen ummanni akka Taaddasaa hubatetti laayyootti hin hubatu.

Kanaafuu seenessi bara 1970'moota keessa ummata ittiin kakaasuuf yaadame bara 1990'mootaa keessa sirritti hojjachuu hin danda'u. Cunqursaa bulchiinsa kallattii fi kan alkallattii tarsiimoo walfakkaatuun irratti qabsaa'uun bu'aa hin buusu. Amalaa fi tooftaan sirna cunqursaa yoo jijjiiramu, tarsiimoon qabsoo bilisummaas jijjiiramuu qaba kan jedhu xiinxala barruu saniiti.

Tarsiimoo bulchiinsa diinaa qofa osoo hin taane haalli hawaasa qabsoofnuufis yoo jijjiiramu, tarsiimoon qabsoo jijjiiramuu qaba. Kanaafuu barruun sun wantoota gurguddoo sadii Oromoofi Oromiyaatti bara 1991 booda jijjiiraman xiinxalti ture.

Jijjiiramoonni kunis;

1. Daa'imman Afaan ofiitiin barachuu dandahuu (mass literacy in mother tongue),

2. Oromiyaan uumamuun daangaan isii sararamee caasaa mootummaa ijaarrachuu (bureaucratization).

3. Babal'achuu magaalotaafi lakkoofsi ummataa Oromiyaan qabduu yeroo gara yerootti dabaluudha (Urbanization).

Akeeka sirna Nugusootaa keessaa tokko eenyummaafi afaan sabootaa dhabamsiisuun ol'aantummaa aadaafi afaan amaaraa jalatti eenyummaa Itoophiyaa takka ijaaruu ture. Akeeka kanaaf gufuu guddaa ta'ee kan laalamu Afaan Oromoo, kan ummata lakkoofsa guddaa qabuun dubbatamu, ture. Kanaafuu afaan kana balleessanii Afaan Amaaraatiin bakka buusuuf yaalii guddaa godhan. Akkuma Afaan kana balleessuun akeeka sirna gabroomsaa ta'e, Afaan kana baraaranii guddisuun akeeka qabsoon Oromoo qabattee kaate hangafoota keessaa dhimmi kun isa tokko.

Akkuma boqonnaalee dabran keessatti tuqame, Ummanni tokko waloon qabsaa'uuf eenyummaan waloo cimuu qaba. Wantoota eenyummaa waloo cimsan keessaa tokko afaani. Kanaafuu qabsaa'onni Oromoo ganamarraa piroojektii Afaan Oromoo dandamachiisuufi guddisuu jalqaban. Qubee bocanii lafa jala barsiisaa turan.

Bara 1991 akkuma jijjiiramni dhufeen Afaan Oromoo afaan hojiifi barnootaa, naannoo Oromiyaa, godhame. Sababni ABOfi hayyoonni akka Ibsaa Guutamaa waan hunda caalaa Afaan irratti xiyyeeff ataniif waggoota diigdama booda hundaaf ife. Sabboonummaan bar-dhibbee 19ffaa booda 'industrial revolution' waliin dhufe kan jedhamuuf sababni isaa babal'achuu hog-barruu (literature) keessattuu gaazexaati. Babal'ina kanas kan fide maashiniin saffisaan maxxansu (printing machine) kalaqamuu isaati.

Babal'ina hogbarruu dura hawaasni tokko kan walii nahuufi dirmatu (solidarity) firooma dhiigaafi qubsuma dhiheenya lafaatiini. Kana jechuun aggaammiin alagaan hawaasa naannawa tokko qubatu fi fira dhiigaa ta'e yoo dhufe waliif dirmatu. Adaduma qubsumni lafaafi hidhatni dhiigaa adda fagaatuun naatoon laaffataa deema. Adeemsa dheeraa keessa odeeffaannoo walii dhabuun wal wallaaluun gara alagoomuutti deemama.

Barnoonni (literacy) babal'achuun namoonni akka dur qaamaan wal arguu qofaan waliin haasawuu bira dabranii fageenyaanis akka walqunnaman dandeessise. Namoonni dur fageenya lafaafi teessumma irraa ka'een walqunnamtiin adda citee addaan badan sababa dagaagina barruutiin walhubatan.

Eenyummaan rakkoofi hawwii waloo akka qabu hubatu. Kun ammoo akka dur hawaasni kan waliif nahu, wal bira waan jiraataniif rakkoo waloon itti dhufu qaamaan (physically) waan arganiif qofa osoo hin taane, eenyummaa waloofi rakkoo waloon dhufte fagootti odeeffannoo barreeffamaan daddabartu irraa waan hubataniifi.

Kanaafuu warraaqsa industirii (Industrial revolution) dura, eenyummaan namootuma qaamaan walbeekan/qunnaman irratti hundaaya ture (physical solidarity). Warraaqsa kanaan booda barreessuufi dubbisuun sababa maxxansaafi babal'ina gaazexaan waan dhufeef naatoon qaamaan osoo hin taane, qalbiin wal quba qabaachuu irratti hundaayuu eegale. Kanaaf sabboonummaan Awuroppaatti finiinee saboonni mirga isaaniif finciluun gaaffiin hiree ofii murteeffannaa ajandaa addunyaa tahe.

Gama Oromootti yoo deebine, Afaan Oromoo barachuu eegaluun daa'imman Oromiyaa sabboonummaa Oromoo hidda gadi fageesse. Daa'imman Oromoo guutuun Wiixata ganama faaruu Oromiyaa wal fakkaatu faarsanii daree seenanii Kitaaba wal fakkaatu irraa Afaan waloon barachuun, fageenya lafaan adda bahanis sammuun isaanii bifa wal fakkaatuun qaramaa akka dhufu godhe. Kanaafuu sabboonummaan Oromoos firummaa dhiigaafi ollummaa lafaa osoo hin taane tokkummaa qalbii (metaphysical connection) irratti akka hundaa'u taasise.

Hawaasa tokkoof dhiheenya lafaafi hidhata dhiigaa caalaa wal hubannaa sammuutu humna waloo kennaaf. Sababnis ummanni sammuun isaa seenaa, aadaa, rakkoofi bal'oo waloo isaa beekuun qarame fageenyi lafaa osoo hin ittisin dhimma waloof laaftuutti waan dirmatuufi. Kanaafuu afaan ofiin barachuun dhaloonni haaraan Oromoo qubsuma lafaafi hidhata dhiigaan osoo hin taane, hidhatni qor-qalbii tokko tahe akka uumamu dandeessise. Keessattuu yeroo Oromoon afaan ofiin barachuu eegaleefi babal'inni barnootaa (mass literacy) walirra waan bu'eef faayidaan isaa guddaa ture.

Dimshaashumatti Afaan Oromoon barachuun Oromoota booda "Dhaloota qubee" jedhamuun beekaman uume. Waliif dirmannaan dhaloota kanaa kan duraarra adda waan ta'eef, tarsiimoon qabsoo bara kanaa kan dur irra adda tahuu qaba. Jijjiirama qubeen barachuun hawaasa keenya keessatti fidde hubachuun dirqama jedhuudha.

Jijjiiramni bara 1991 booda hawaasa Oromoo keessatti ta'e kan biroo Bulchiinsi Mootummaa Naannoo Oromiyaa uumamuudha. Tooftaa sirni Nugusootaa eenyummaa Oromoo diiguuf fayyadaman keessaa tokko Oromoo godinootatti hiree addaan kukkutee saboota biraa waliin bulchuudha. Oromoon caasaa bulchiinsa waloo qabaachuu dhabuun isaa eenyummaan waloo akka laaffatu godhe. Hawaasnifi hoggansi hariiroo akka hin qabaanne taasise.

Oromiyaan uumamuun haala kana jijjiire. Oromoonni qubsuma lafaan adda fagaatanii caasaa bulchiinsaa tokko kan maqaafi eenyummaa isaanii calaqqisiisu jala seenan. Dur godinoota, fakkeenyaaf Baalee, Wallaggaafi Harargee dhufuun Finfinneetti Amaartichaaf gabaasa ture. Amma garuu gubbaatti Wayyaanee/

Tigreef gabbaruun dura godinoota hundarraa bulchiinsa mootummaa naannoo Oromiyaatti walitti dhufa. Achitti ofumaa wal shuumaafi wal buusaa waliin hojjata.

Hoggansi (elite) saba tokkoo caasaa tokko jalatti waliin hojjachuun eenyummaafi humna waloo cimsaa deema. Wal simannaa (integration) Oromoota gosootaafi naannolee/godinootaan qoodamanii turanii gama tokko deebisuun Oromummaa cimsuu irratti shoora guddaa taphate. Caasan Oromiyaa namoota Oromoon filamanii dantaa isaaf hojjataniin osoo hin taane, kan alagaan muudamee dantaa ormaaf dursee hojjatuun guutamuun dhugaadha. Ta'us qondaalli Oromoo caasaa tokko jalatti walitti sassaabamuun bulchiinsa waloo (state) sabni kun yeroo dheeraaf dhabe deebisee ijaare.

Sirni bulchiinsa mootummaa (statehood) Oromoon argate yeroof ujummoo diinni itti fayyadamu ta'us, caasaa qabsoo gara fuulduraaf faayidaa guddaa kan qabuudha. Qabsoo waloo (collective struggle) saba bal'aa geggeessuuf caasaan jaarmayaa qabaachuun barbaachisaadha. Caasaan jaarmayaa kun kan mootummaa (state structure) gaafa ta'u ammoo hunda caalaa gaariidha.

Oromiyaan uumamuun hojmaata/bureaucratization/qofaan osoo hin taane hidhata gubbaadhaa hanga gadii bal'aa uumuunis faayidaa buusee jira. Mootummaan naannoo Oromiyaa hojjataa miliyoonaan lakkaahamu qaba. Hojjataan kun mootummaarraa mindaa waan argatuuf kutaan hawaasaa hammi tokko madda galii isaatiif qonnarratti hirkatuurraa bilisa bahe jechuudha. Hojii mootummaa argachuuf barachuun barbaachisaa waan ta'eef lakkoofsi nama baratees ni dabala. Kana jechuun Oromoon qaama barateefi galiin isaa jiddugaleessa tahe (educated middle class) uummate jechuudha. Qaama galii jiddugalaa (middle class income) uummachuun kun Oromoof waan haaraya. Kanaafuu tarsiimoon qabsoo Oromoos jijjiirama haaraa kana kan qalbeeffate ta'ee itti fayyadamuu qaba yaada jedhu barruun sun akeeka.

Jijjiiramni sadaffaan Oromoon magaalawuudha. Yeroo dheeraaf Oromoon magaalaa irraa fagaatee jiraataa ture. Sababni fagaachuu kanaas takkaa sirnichaan dhiibamu ykn immoo magaalatti hawwatamuu dhabuudha. Magaalonni Oromiyaa hundi sadarkaa jedhamuu danda'uun akka kaampii waraanaatti (garrison town) bu'uureffaman. Bakkoota teessoo waraanaa Hayilasillaaseefi Miniliik turetu guddatee magaalaa ta'e. Kanaafuu aadaa, afaaniifi haalli jireenya magaalotaa kan Amaaraati.

Magalaaleen Oromiyaa keessa jiran, bara dheeraadhaaf Oromoof alagaadha. Bu'uura irraa kaasee kaampileen waraanaa kunfincila Oromoo ukkaamsuuf waan dhaabbataniif hawaasa Oromoo qarqara magaalaa jiru ija diinaatiin laalu. Oromoon baadiyyaas magaalota akka lafa alagaafi balaan jirutti fudhata. Dur dhiisii erguman ani dhaladhee of bareeyyuu magaalaa xiqqoo Qidaamee (Aroogee) jedhamtu kan Amaarri qofti keessa jiraatu takka hawaasni arsii naannawa sanii 'Arsiin aroogee bule reeffa malee lubbuun hin galu' jedhaa turan.

Oromoon magaalaa kan dhaqu bittaa gurgurtaaf, gibira kafaluuf, mana murtiitti falmuu fi hidhamuufi. Kanaafuu magaalota hin jaalatu ture. Hamma yeroo dhihootti nama magaalaa jechuun kan alagoome, kan aadaaf safuu gate akka jechuutti ilaalamaa kan tureefis sababni kanuma. Dabalataanis Jireenyi Oromoo qonnaafi horsiisa loonii irratti kan hundaaye waan tureef, akkasumas daldalliifi hojiin mootummaa irra jireessatti warra biraatiin waan dhuunfatameef, carraan hojii Oromoo gara magaalatti hawwatu hin turre. Sababoota kanaan kan ka'e magaalonni hedduun lafa isaa irratti jaaramanii babal'atanis lakkoofsi Oromoo isaan keessa jiraatuu xinnaa ture.

Bara 1991 booda lakkoofsi Oromoo magaalota keessa jiraatanii saffisaan dabale. Lakkoofsa ummata magaalaa kan guddise godaansa baadiyyarraa gara magaalotaatti godhamuudha. Baadiyyaa ammoo Oromootu jiraata. Kanaafuu Oromoon yeroo duraatiif baay'inaan magaalaatti galuu eegale jechuudha. Gaaffin 'maaltu yeroo kana akka Oromoon baay'inaan magaalaatti galu taasise?' jedhu ka'uu mala. Kanaaf sababoota garagaraa kaasuu dandeenya.

Wantoonni dur magaalaa irraa isa dhiibaa turan hir'achuun sababa isa tokko. Karaa biraatiin jijjiirama baadiyyaa irraa nama dhiibuufi magaalaatti nama hawwatutu uumame. Kana immoo sababoota siyaasaaf diinagdee jechuudhaan qoodnee laaluu ni dandeenya.

Gama siyaasaatiin akkuma dur jenne Oromiyaan ijaaramuufi Afaan Oromoo afaan hojii tahuun Oromoonni carraa hojii mootummaa akka argatan karaa saaqe. Hojiin mootummaa hedduun ammoo magaalaa waan jiruuf, hojjattootni kun magaalaatti godaanuun dirqama. Yeroo warri carraa hojii argatan hundi magaalaa galan firri isaanii, keessattuu barattootni isaan bira taa'anii barachuuf magaalatti godaanan. Dabalataanis akka dur waajjiraaleen mootummaa alagaan waan hin guutamneef bulchiinsi isaanii foolii Oromoo horachuun hawaasa baadiyyaa ofirraa dhiibuu dhiisanii hawwachuu eegalan.

Gara biraatiin barnoonni Afaan Oromootiin barsiifamuu eegaluun lakkoofsa barattoota Oromoo dilbiin akka dabalu godhe. Barattootni kun sadarkaa 2ffaafi sadarkaa 3ffaa (dhaabbilee barnootaa ol'aanoo (kolleejjiifi Yuunivarsiitii) magaalaatti barachuuf godaanuu qofa osoo hin taane, erga eebbifamaniin boodas carraa hojii barbaachaaf ykn hojii qabachuun magaalumatti hafu. Adaduma lakkoofsi ummataa dabalaa deemuun lafti qonnaa wal hanqataa waan dhufuuf dargaggeeyyiif carraan qonnaan bulaa ta'uuf qaban dhiphachuun akka magaalaatti galan dirqamuunis sababoota lakkoofsi Oromoo magaalota keessatti akka dabalu godhan keessaayi.

Walumaagalatti bara 1991 booda ummanni Oromoo saffisaan magaalatti galuun jijjiirama guddaa tarsiimoo qabsoo gara fuulduraa keessatti xiyyeeffannoo keessa galuu qabu akka ta'e ibsa barruun sun. Jijjiiramoota armaan olitti eeraman Oromiyaan ijaaramuu (statehood and bureaucratization), afaan ofiin barachuun (mother tongue mass literacy)fi magaalomuu (urbanization) Oromoon waggoota diigdamman dabran keessa cehe kun hawaasichi jijjiirama bu'uuraa (fundamental transformation) keessa akka dabre hubachuun barbaachisaadha.

Kana jechuun hawaasni Oromoo gaafa qabsoon eegaltu jiruufi bara 2000moota keessa ture garaagarummaa diinagdee, hawaasummaafi xiin-sammuu guddaa qaba. Kanaafi tarsiimoon qabsoo baroota 1970'moota keessaa bahe hawaasa 2000'moota keessa jiru irratti kan hin hojjanneef. Tarsiimoo hawaasa yeroo ammaa jiruun wal simatu baasuun barbaachisaadha. Tarsiimoon durii hawaasa baadiyyaa sochoosuun (mobilize) irratti hundaaya ture. Amma Oromoon waan magaalomeefi siyaasaan baranaas magaalatti waan xiyyeeffatuuf qabsoon Oromoos hawaasa magaalaa sochoosuutti fuulleffachuu qabdi.

Akkasumas dur xiyyeeffannoon keenya hawaasa qonnaan bulaa hedduu dubbisuufi barreessuu hin dandeenye kan lafaan walitti hidhaa (immobile) ta'e irratti hirkatti. Amma hawaasni bal'aan barate, kan maddi galii isaa qonna hin taane uumamee jira. Naatoon (solidarity) Oromoon waliif qabu dur firummaafi ollummaan ykn gosaafi gandaan ture. Amma sababa afaan ofiitiin barachuutiin naatoon gama xiin-sammuu (metaphysical) ta'eera. Jijjiiramni bifa sabboonummaa kun hojii waloof (collective action) ummata kakaasuuf gurmeessuu irratti jijjiirama guddaa fide.

Bara durii hojiin ummata dammaqsuufi gurmeessuu sadarkaa gadiitti bifa seeliifi gandaan hojjatamaa ture. Erga barnoonni afaan ofii, diriirri hojmaataa (bureaucratization)fi magaalummaan babala'atee as dhaamsa barbaachisu yeroo gabaabaa keessatti waliin gahuun ni danda'ama. Sababnis ummanni magaalaa akka baadiyyaa lafa isaa irratti kan hidhamee miti. Magaaluma san yookiin tan birootti socho'uuf laaffataaf. Bulchiinsi mootummaa Oromootaan guutamuun ammoo hoggansi lafa garagaraatii dhufu wal baratee dantaa waloos akka hubatu carraa bane. Afaan ofii barachuun qaamaan osoo wal bira hin jiraatin ilaalchaafi hubannaa wal fakkaataan akka horatamu dandeessise. Tarsiimoon bahu jijjiirama kanatti fayyadamuu kan danda'u tahuu qaba.

Xiinxala jijjiiramoota (transformations) Oromoon waggoota diigdamaaf keessa dabre erga xiinxallinee booda qabsoo bifa kamiitu irra bu'aa buusa kan jedhutti ceene. Qabsoo hidhannoo itti fufuu moo hidhannoo-maleessa madaqfachuu? Haalli diinaa (nature of enemy)fi haalli mooraa keenyaa (nature of our constituency) bifa armaan olitti kaayameen yoo xiinxalamu qabsoo qawwe-maleessa (nagayaa)tu irra wayyaadha yaada jedhutti nama geessa.

Fakkeenyaaf diinni sirna kolonii suduudaan (direct) irraa gara al-kallattii (indirect) jijjiiramuun qabsoo hidhannoof ulfaataa taasisa. Sababni qaamni ati ajjeesuu qabdu alagaa osoo hin taane fira waan taheefi. Sabni/maatiin ammoo ilmi isaafi alagaan tokko badii wal fakkaataa osoo raaw'atanii, adabbii wal fakkaataan akka fudhatamu hin barbaadu. Fakkeenyaaf alagaa isa saamu waliin duulee yoo ajjeesu, ilmi isaa yoo saame garuu ajjeesuuf garaa hin jabaatu. Kanaafuu sirna firuma kee bitee si cunqursu irratti qabsoo hidhannoon loluu irra qabsoo nagayaatu irra bu'aa buusa (more efficient).

Dur qabsoon hidhannoo hawaasa baadiyyaa irratti hirkattee sochooti. Amma garuu ummanni magaalaa heddumaatuu qofa osoo hin taane tooftaaleen qunnamtii kanneen akka daandii, bilbilaafi intarneetii babal'achuun baadiyyaa keessatti dhokatanii sochoo'uuf rakkisaadha. Faallaa sanii baay'inniifi dammaqiinsi hawaasa magaalaa waan dabaleef qabsaa'onni laayyootti of dhoksuun socho'uu dandahu.

Dabalataanis ummanni galii jiddu galaa (middle income) qabu jennuun, kan sadarkaa biyya keenyaatti kan galiin isaa mindaa ta'e, warra qonnaan bulaarra amala addaa qaba. Kunis tokkoffaa galii isaa mootummaa irra waan argatuuf tarkaanfii haalootiif heddu saaxilamaa miti. Kan lammataa, hojii qonnaa kan humnaa irraa bahuun kan waajjiraa waan barateef, akkasumas jireenya baadiyyaa ulfaattuu sanirra magaalaatti galuun qananii akka dhandhamu taasiseera. Namni akkasii qananii dhandhame sanirratti dabalachuu malee sanuu dhabuu hin barbaadu. Kanaafuu tarkaanfii qabsoo aarsaa guddaa (akka lubbuu) gaafattutti hirmaachuuf hin sarmu.

Qabsoon nagayaa ammoo nama hedduu waan hirmaachiftuuf aarsaan ni qoodama (distributed risk). Ummanni dubbisuuf barreessuu dandahu baay'achuun, magaalomuufi sirna mootummaa keessa jiraachuun hojii odeeffannoo daddabarsuun qabsoo nagayaaf tumsa ol'aanaa argamsiisa. Dabalataanis qabsoon hidhannoo jaarmayaa siyaasaafi waraana cimaa tahe gaafata. Haala Oromoon keessa jirurraa kaanee, bakka jaarmayni murnoota hedduutti qoqqoodamee hoggansi dirree irraa fagaatetti qabsoon hidhannoo rakkisaa ta'eera. Qabsoon nagayaa garuu jaarmayaa caasa jiddugaleessawaa qabu (hierarchical organization) isa hin barbaachisu. Hariiroofi qindoomina dalga uumamuun (coordinated horizontal network) hojjatama. Kanaafuu, haala qabatamaa jiruun Oromoo kan fayyadu qabsoo hidhannoo osoo hin taane kan nagayaati jechuun goolabe barruu san.

Walumaagalatti, qorannoo tarsiimoo qabsoo duraa irratti hundaa'uun, qabsoon marsaa itti aanuu kan nagaa (qawwee-maleessa), magaalota giddugala kan godhate, hawaasa galii giddugaleessa qabu kan hirmaachiseefi ajandaa diinagdee irratti kan hundaa'e akka ta'u kallattiin kaa'ameera. Xiinxaala kana ifatti maxxansuun karooraafi tarsiimoo saaxiluu waan ta'eef, biyya alaatti hayyootaaf walgahii cufaa irratti dhiheessee yaadaan gabbise. Itti aansees dargaggoota biyya keessa jiraniif ergee irratti mari'atame. Dabalataanis yaadota barreeffamicha keessatti ka'an gaggabaabsuun walgahiilee adda addaa irratti dhiheessuun ummata barasiisaa ture. Miidiyaalee hawaasaa irrattis yaad-rimeelee filataman dhiheessaa irratti marihachiisuun hubannoo uumaa ture. Waliigalatti barreeffamichi seenessa, tarsiimoofi tooftaa qabsoon Qeerroo booda ittiin masakameef bu'uura ture.

6.3. Dubbii Amantii

Tarsiimoo qabsoo nagayaa barachaafi qorachaa ture biyya keenya keessatti hojiirra ooluu danda'uu isaa qabatamaan madaaluuf carraa kanin argadhe yeroo fincilli ummata Muslimaa bara 2011/12 dhoohe ture. Mootummaan murna amantii Ahabaash jedhamu biyya Libaanoon irraa fiduun majliisaafi masjiidota akka to'atan yaaluun ummata dallansiisee mormiin eegale. Tarkaanfiin mootummaatiifi mormiin ummataa kun siyaasaa biyyattii, keessattuu qabsoo Oromoo, irratti dhiibbaa fiduuf waan deemuuf keessatti hirmaachuun balaa dhufuu malu hanqisuun akka barbaachisu amaneen namoota hirmaataa jiran qunnamuu eegale.

Mootummaan Itiyoophiyaa mormii ummataa san finxaalessummaafi shororkeessummaan wal qabsiisee ololaa waan tureef, mootummoonnifi biyyoonni alaa hubannoo dogongoraa akka hin horanneef jecha barruu "Muslim Activism and the Ethiopian State: Accommodation or Repression" jettu qopheessee maxxanse. Hayyootaafi dargaggoota qabsoo san biyya keessaafi alaan qindeessaniin wal qunnamuunis mormiin sun karaa nagayaa qofaan akka geeggeeffamu gorsuu eegale. Leenjii gaggabaabaas kenneef. Gara miidiyaalee hawaasaafi kan idileetiinis odeeffannoofi xiinxala mormii sanii dhiheessuun olola mootummaa fashalsuu irratti suduudaan hirmaadhe.

Qabsoo sabummaa itti dhaladhee, ilkaan itti cabseetin itti hirmaachuu eegale. Qabsoo ummata Muslimaa garuu guyyaa keessa yeroo mormiin sun dhoohen hubachuufi ittis hirmaachuu jalqabe. San dura hubannaan dhimma amantiirraa ani qabu xinnaa ture.

Itoophiyaa keessa roorroon amantii jiraattus, ani gaafa ijoollee komii sababa cunqurfama sabummaatiin kaatuufi qabsoo godhamu malee kan amantii dhagayuufi arguu hin dandeenyen ture. Kanaaf ammoo sababa garagaraatu jira. Inni tokko ani maatii amantii Islaamaafii Kiristaanaa irraa waan dhaladheef, jaarsoliin gama lachuu waldandeessisuuf hedduu waan carraaqaniif dhiibbaa ykn wal diddaan hammasii hin turre.

Warra keenya Muslimaa biratti Iidul Fixriifi Iidul Adahaa (Arafaa), warra keenya Kiristaanaa biratti immoo Masqalaafi Ximqataaf waamamaa guddanne. Garaagarummaa amantii lamaaniituu kanin argu foon irratti qofa ture. Bara san 'foon Islaamaafi Kiristaanaa' jedhamee tokko kan kaanii hin nyaatu ture.

Maatiin keenya rakkoo gara lamaanii kana furuuf waan gaafa booyaa fi cidhaa godhan hanga ammaan yaadadha. Fakkeenyaaf afeerraan cidhaa yoo godhame ykn kaaya nama du'eetiif mana warra Muslimaatti yoo qophaaye, warri Kiristaanaas kan yaamaman ykn dhufan yoo ta'es, hirmaataan irra jireessi Muslima ta'a. Gaafa warra Kiristaanaas Kiristaanumatu baay'ata. Ta'us horiin qalmaa lakkoofsaafi guddina/gabbinaanis waluma qixatu dhiheeffama. Gaafa tokko kormi lama dhihaatee tokko irra gabaabbannaan, kun deebi'ee kan walqixaa akka dhufu akaakayyuun kiyya yoo dargaggoota ajaju argeen ture.

Garuu ammoo cidha/booya warra Muslimaa irratti horiin walqixa yoo qalame, lakkoofsi hirmaattotaa waan xiqqaa ta'uuf warri Kiristaanaa hin fixu. Ta'us warri Muslimaa sangaa walqixa gama lachuufuu qopheessuun "qalamu malee" jedhu. Warri Kiristaanaa 'lakki nyaannee waan hin fixneef qallee qisaasuun sirrii miti' jechuun horiin irra xiqqaa akka dhiyaatu kadhatu. Warri Muslimaa ammoo "yoo fixuu baattan fuutanii joolleef galtaniin" jechuun qalamu malee jedhanii falmu. Warri Kiristaanaa ammoo "adaraa waaqaa fixuu hin dandeenyu foon fudhannee galuuf lafti fagoodha, sanirraan gaara baadhannee baasuu hin dandeenyu, marga Afaan nuuf kaayaa" jedhanii kadhatu.

Erga jaarsoliin wal mormanii booda horii irra xiqqaa ykn tumaalessa re'ee/hoolaa fidanii warra Kiristaanaatiif qalu. Gaafa cidhi ykn booyi nama warra kiristaanaa tahes haaluma kanaan qoodama. Kun amantii walqixxummaan ilaaluuf hammam miira hubannoo akka qaban agarsiisa. Gaafa ijoollummaakoo mana akaayyoota kiyya gama lamaanuu waanin dhaquuf foon gama lachuu numan nyaadhan ture. Haati tiyya irraa na dhoorguuf yaaltee dadhabde. Of bira dabree namoonni biraa akka nyaataniif malan itti baasaa ture. Gaafa cidhaa ykn booyaa jaarsonni gama lamaanii horii qalamu irratti erga waliigalanii booda, kan Muslimaafi Kiristaanaa adda addatti qalamee qophaaya. Yoo warri keessummaa albee hin qabaanne, albee mana jirtu biyyeen yeroo torba dhiqanii fayyadamu (dhiirti Muslimaa, gosoonni Arsii, Ituufi Noolee albee dugdarraa hin dhaban. Sababni yoo tasa horiin kufe akka hin baktoofne gorra'uufi jedhama). Erga warri dhiiraa qalee tiruu nyaatee booda foon akka bilchaatuuf dubartootatti kennama (naannaawa keenyatti warri Muslimaa foon dheedhii hin nyaatu). Horiin albee garagaraatiin bakka walirraa fagootti qalamus, bakki itti bilcheessan daasa/saqalaa tokko keessatti waluma cinaatti.

Maarree anaafi joolleen takka takka yeroo dubartoonni bilcheessan cinaa deddeemnee kajeella. Isaanis "mee soogidda qabaa?" jedhanii nuuf laatu. Yeroo dubartoonni akka carraa gadi bahan dafee fal'aanaan distii takkarraa kaanitti dabarseen walitti maka. Yookiin ammoo foon tokko distii warra Kiristaanaa keessaa fuudhee kan muslimaa keessa, kan Muslimaa ammoo kan Kiristaanaa keessa kaaya. Erga ummanni nyaate booda waanin godhe yoon himu qe'ee keessaa na ari'anii na garafu turan. Kanaafuu yeroon ani joollee garaagarummaan amantii guddaan ani arge kan foonii kana ture. Komii loogii sabummaa joollummaan kanin dhagayaa ture yoo ta'u, kan amantii garuu dhagayee hin beekun ture.

Yeroo duraatiif dhiibbaan amantii jiraachuu kanin hubadhe Adaamaa yeroon baradhu ture. Gaafa tokko balbala mana barnootaarra yeroon gahu dubartoota seensa mana barnootaa dura dhaabbatanii booyan argeen rifadhee itti goree waan tahan gaafadhe. "Hijaaba ofirraa baaftan malee hin seentan nuun jedhan" naan jedhan. "Isin yoo baafattan rakkoo maal qaba?" jennaan "amantiitu nu dhoorka" jedhan. An yeroo sanitti dhugumatti barbaachisummaa hijaabaa waanin hin beekneef gaafadhe.

Hamman ani yaadadhutti, naannawa ani guddadhetti dubartiin takka rifeensa kan dhokfattu heerumuu ishii agarsiisuufi. Dubri hin heerumin rifeensa hin dhokfattu. Naannoo/ shurrubbaa dhahattee, rifeensa shaa gootee, onnee dardaraa dhaa godhaa deemti. Gaafa heerumte mataatti shaashii maruu eegalti. Gaafa ilmaan hortee umriin nama guddaa taate ammoo guftaa godhatti. Dubartii heerumteefi hin heerumin kan ittiin addaan baafataniin rifeensa dhokfachuufi dhokfachuu dhabuu isaaniitiini.

Maarree komii barattoota dubartootaafi sababa isaan shaashii baafachuu hin dandeenyeef ergan hubadhee booda, barsiisaa itti gaafatamaa naamusaa bira dhaqeen, "maaf hin seensiftan? Mirga amantii maaf dhiibdan?" jechuun gaafannaan "qajeelfama biiroo barnootaarraa dhufe malee murtii mana barnootaa miti" naan jedhan. Daarektara bira dhaqnaanis deebii wal fakkaataan argadhe. Barri sun 2002/2003 yeroo "lolli shororkeessummaa" addunyaatti faashina itti taheedha.

Akka nama dhiiraatti, dhoorkaan hijaabaa sun kallattiin na miidhuu baatus dhiibbaan barattoota dubartootaa irra gahaa jiru baay'ee na gaddisiise. Falmuun qaba jedheen murteesse. Ijoollee dubartootaa ala jiranitti deebi'een "boru barattoota biraas dabaladhaa hundi keessanuu shaashii mataatti uffadhaa yeroo wal fakkaataa koottaa" jedheen. Yeroo boqonnaa dubartoota ijoo ta'an walitti qabeen mari'achiise. Isaan keessaa dubartoonni Oromoo Kiristaana ta'anis obbolaa isaanii Muslimaatiif tumsuuf borumtaa isaa shaashii maratanii dhufuu akka danda'an wal mari'atanii murteessan. Barattoota dhiiraas hamma dubartootni seenanitti seenuu diduun ala dhaabbachuun isaaniif tumsuuf waliif galle.

Akkuma karoorsine, ganama itti aanu barattoonni dubartootaa hedduun mataatti haguuggatanii dhufanii karra gubbaa guutan. Ofirraa baasaa jennaan didan. Nuti warri dhiiraas isaan duubaan dhaabbanne. "Isin dabraa seenaa" nuun jennaanis ni didne. Warra mormii kanaaf itti qophaayee dhufe qofa osoo hin taane barattoonni achumatti dhagayanis seenuu didanii nutti makaman. Nu aarsuuf haa tahu hin beeku waardiyyaan tokko shaashii gaafa duraa dubartoota irraa guure gubuu eegale. Walitti wacuun hammaannaan poolisoonni dhufan. Dhaqeen waan jiru itti hime. Nuti jeequmsa akka hin kaafneefi komii jiru karuma nagayaa qofaan akka dhiheessinu waadaa galeefii amansiise. Ajajaan poolisii achi dhufes "hamma isin jeequmsa uumtanii namaafi qabeenya hin miidhinitti, nuti isin hin tuqnu' jechuun poolisoonni nurraa achi siqanii karaa gama akka dhaabbatan taasise.

Waardiyyaan dhufee akka nu ari'an itti himus poolisoonni garuu ni didan.

Daayireektariin mana barnootaa dhufee namoota muraasa kophaatti nu dubbise. "Qajeelfamni gubbaa dhufe maal godhuu dandeenya?" jechuun waywaate. Nus "gubbaa dhufus, jalaa dhufus wanti sirrii hin taaneefi mirga barattootaa dhiibu kun hojirra ooluu hin qabu" jennee falmine. Nu amansiisuuf yaalee dadhabnaan nu biraa deemee xiqqoo booda deebi'ee "dubbii kana tasgabbiin mari'annee sirreessina, ammaaf hundi keessanuu gara daree seenaa, dubartootnis akkuma haguuggatanitti haa seenan" jedhe. Barattoonni hundi seennee barnoonni idilee itti fufe.

Boqonnaa irratti koreen naamusaa mana barnootaa dhimmicha irratti guyyaa itti aanu akka mari'atu beellamni qabamuu nutti himame. Nutis marii karoorfame irratti hijaabni dhoorgamuu waan hin qabneef qabxii koree itti amansiisuu dandeenyu qopheessine. Ani akkan dhiheessu murtaa'e. Walgahii sanirratti barsiisota, bakka bu'oota barattootaa, maatiifi bakka bu'oota waajjira barnootaatu hirmaate. Koree naamusaa keessaa barsiisaan tokko qajeelfama biiroo barnootaa irraa dhufe dubbise. Sababni hijaabni dhoorgameef qulqullina rifeensa barattootaa mirkaneessuuf, wal dhibdee amantii jidduutti uumamu malu hambisuuf akkasumas finxaalessummaan akka hin dagaagneef akka tahe tarreessa qajeelfamni. Ani deebii akkan kennu carraa gaafadheen ol ka'e. "akka heera mootummaa biyya keenyaafi seerota addunyaattis, gochi, jechiifi mallattoon tokko mana barnootaa keessatti dhoorkamuu kan dandahu, miidhaa lama yoo geessiseedhan" jedheen.

Isaanis;

1. Mirgaafi nageenya barataafi barsiisaa kan gaaga'u yoo taheefi

2. Adeemsa baruufi barsiisuu yoo kan jeequ tahe.

Qabxii jalqabaa hedduu ibsuun nan barbaachifne. "Rifeensa haguuggachuun rakkoo nageenyaa mana barnootaatti akka hin uumne ifa. Sababa dubartoonni shaashii hidhataniif walitti bu'iinsa amantii uumames hin agarre, hin dhageenye. Namni shaashiin walitti bu'iinsa uumeera jedhu yoo jiraate haa dubbatu" jedhee galma keessa laallaan namni yaada kennu hin jiru. Qabxii lammataatu jabduudha. Qajeelfama san fashaleessuuf ni fayyada waan taheef itti qophaayeera.

Barattoota dubaraa lama na waliin baratan qopheesseera. Takka hijaabaan rifeensa akka haguuggattun godhe. Taan ammoo akka ijoollee iyyaala magaalaa yuunifoormii jilbatti muramee gabaabbate akka uffattun godhe. Ijoollee shamarranii wal bira dhaabeen barataa tokkotti qubaan akeekee "mee intalti tun daree keessaa si cinaa yoo teesse ykn mooraa keessatti fuuldurakee yoo dhaabbatte miira kee ni jeeqxii?" jedheen intala hijaaba kaayyatte agarsiisee. "Maal ishii argeen na jeeqxi" jedhe akka qoosaa godhee. Itti aansee intala huccuu gabaabaa uffatte itti agarsiiseen "intalti tun tan hijaaba uffatte waliin walcinaa yoo daree keessaa si fuuldura dhaabbatte tamtu irra si jeeqa?" jedhee gaafannaan gurbaan akka qaana'uu tahee lafa laale. Hirmaattonni galma keessa jiraniif dubbiin galteefii koflaan mana raasan.

Barsiisaa umriin deeme tokkos bifuman barataa gaafadheen isas gaafadhe. "Intala hijaabaa tana daree keessatti arguun hojii barsiisuu kee ni jeeqaa?" jedhee gaafannaan "ishuma yoo ukkaamse malee homaa waan na jeequ hin qabu" jedhe. Intala huccuu gabaabduu[15] qabdu ol kaasee gaafannaan ammoo "ani jaarsaa nan jeequ garuu dargaggeessa akka keetiif balaadha. Sarbaa ishii malee gabatee gurraacha hin laaltan" jedhee mana kofalchiise.

"Akkuma argitan rifeensa haguuggachuun adeemsa baruuf barsiisuu akka hin jeeqne barataanis barsiisaanis ragaa bahaniiiru. Akkuman dura heera mootummaa eeree dubbadhe, uffannaas tahee gochi tokko kan ugguramuu dandahu yoo adeemsa baruufi barsiisuu jeeqe waan taheef, sababni hijaabni itti ugguramuuf hin jiru. Qajeelfamni biiroo barnootaatii dhufes dogongora" jedheen gadi taa'e. Yaada kennamerratti mariin godhamee hijaabni dhoorkamuu hin qabu kan jedhurratti waliif galamee biiroo barnootaaf akka himamu murtaahe. Hijaabni uffatamu garuu qulqullummaan akka eegamuufi halluun walfakkaataa (uniform) adii akka tahu jennee addaan baane.

Egaa taateen atakaaroo hijaabaa kun komii loogii amantii yeroo duraaf kanin hubadheefi sirreessuufis hirmaadhe ture. San booda hawaasa Muslimaa qofa osoo hin taane warri Pirootestaantii (yeroo san Pheenxee jedhuun) loogiif akka saaxilaman dhagahuu eegale.

Gaafa tokko guyyaa Dilbata hiriyyootakoo waliin magaalaa Adaamaa keessa osoo deemnuu, namoota karaa dabraa jiran tokko, dargaggoonni ganda sanii jala deemanii yennaa arrabsaniifi doorsisan agarre. Jarri karaa deemu sun deebii kennuufii dhiisanii saffisaan jalaa baqachaa turan. Yeroo nu bira dabran Afaan Oromoon isaanii haasayu waanin dhagayeef sababni itti arrabfamaniif afaan isaan dubbatan natti fakkaate. Ergan bira dabree booda joollee wajji deemnu waliin of duuba deebi'ee jarri sun maalif akka arrabsan gaafadhe. Isaanis amantii isaaniitiif akka ta'e naaf himan. Amantii akkamii akka ta'e gaafannaan hordoftoota Pirootestaantii akka ta'aniifi kadhannaaf gara waldaa akka deemaa jiran nuuf himan. Yeroo gara waldaa deeman hunda bifa kanaan akka arrabfamaniifi doorsifaman; inumaatuu waldaa isaanii irratti dhagaan akka darbamu nuuf himan.

Roorroon sun Pirootestaantii waan ta'aniifi qofa osoo hin taane, waldaan isaaniitis Afaan Oromoon waan tajaajiluuf akka ta'es nuuf eeran. Nutis haasofsisaa waliin deemne. San dura ani takkaa nama bataskaana ykn masgiida deemu kan doorsifamuufi arrabfamu argee waanin hin beekneef baay'ee na ajaa'ibsiise. Bakka ani irraa dhufe, naannawa masgiidaafi bataskaanaatti sagalee ol kaasanii dubbachuunuu akka safuutti laalama. Namoota gara masgiidaafi bataskaanaa

15 Ani barattoonni dubaraa wayaa gabaabaa uffachuu irraa komii hin qabu ture. Inumaatuu dubartoota akkasitti uffatan warri dhiiraa yoo dubbiin tuqan nan lolaan ture. Dubartoota hijaaba haguuggatteefi tan qamisii qabaabaa uffatte wal cinaa kaniin dhaabeef murtiin hijaaba dhoorkuu sun bu'ura seeraa akka hin qabneefi ilaacha loog irratti kan hundaaye ta'uu isaa amansiisuuf na gargaara jedhee waan yaadeef.

deeman iyyaalli magaalaatuu karaa irraa jalaa maqee dabarsa. Abaarsi nama masgiida takkaa bataskaana deemuu lafa hin buutu jedhamee amanama. Kanaafuu kanin Adaamaatti arge na dinqe. Nuti itti dabalamuu agarraan warri dura jala deemee arrabsu ni dhaabbate. Guyyaa san booda dilbata hedduuf ganama ganama jara san waalessuun/dabaaluun hanga waldaa waliin deemna ture. Dabree dabree akka seennu nu affeeranii duuba teenyee laalla. Faaruu amantaa Kiristaanaa Afaan Oromoon faarfamu yeroo duraaf waanin dhagayeef qalbiin na gammaddee ture. Taateen sun dhiibbaafi roorroo gama amantiitiin jiru dabalataan akkan hubadhuuf ija naaf bane.

Dhiibbaa gara amantiitiin jiru irra caalaatti kanin arge ergan biyya alaa deemedha. Gaafni ani Singapore dhaqe haleellaan Alqaa'idaan Ameerikaa irratti raawwate reef waggaa lama taha. Lolli farra shororkeessummaa (Global War on Terror) hoo'aa ture. Naannawa ani dhaqes biyyoota akka Indooneezhiyaa keessatti haleellaa shororkeessummaa iddoo hawwata turistii Baalii jedhamtutti raaw'ateen namoonni dhibbaatamaan kan ajjeefaman jidduma san (2002) ture. Kanarraa kan ka'e nama maqaa Muslimaa qabu, keessattuu dargaggeessa dhiiraa taanaan, mootummoonni baay'een ija shakkiitiin laalaa turan. Shakkiifi dhiibbaa guddaan kan namarra gahu Poolisoota dirree xayyaaraatiin tahus, ummatuma bal'aa keessattuu sababa bifa keetiin ykn maqaa kee yoo dhagahan rifachuu, nahuu, sodaachuu ykn ammoo ija jibbaan ilaaluun hedduminaan mul'ataa ture.

Maqaan kiyya 'Muhaammad' of keessaa waan qabuufi bifa kiyya waliin amantii koo waan akeekuuf yeroo hedduu rakkoon na mudatee jira. Singapore irraa ka'uun biyyoota garagaraa yeroon deemu dirree xayyaaraatti barattoota na waliin baratan irraa gargar baafamuun sakattaa addaatiif saaxilamaan ture. Shakkiifi loogiin sababa amantiin dhufu kun Ameerikaa ergan dhaqee hammaataa deeme. Yeroo jalqaba loogiin sun na mudatu rifachaafi dallanaan ture. Tura keessa itti madaqeen poolisoota shakkiin gaaffii garagaraa na gaafataniifi na sakatta'an waliin qoosaa deebii kennuufii eegale.

Xayyaara yeroo yaabbachuuf buufata dhaqamu gocha sakatta'iinsa tasaa (random search) jedhamutu ture. Akka jedhamutti, kompiitaratu imaltoota keessaa namoota muraasa akkuma carraa filee sakattaa sadarkaa lammaffaa (second inspection) akka irratti geggeeffamuuf erga. Akka ani taajjabetti garuu namootuma maqaafi bifaan Muslima ta'uu shakkan addaan baasu. Garuu ammoo waan kompiitarri file akka fakkaatuuf, yoo sirratti xiyyeeffatan, nama shan kan biroo dabaluun, shanyii, amantiifi umurii wal keessa makan. Dubra faranjii mataa diimtuu, jaarsa faranjii laafaa wahii dabalu.

Garuu ammoo yeroo mara sadarkaa jedhamuu dandahuun namni shanan sakattaa dabalataaf filaman keessaa namni maqaan, bifaafi uffannaan Muslima fakkaatu hin dhabamu.

Yeroo tokko, gaafan Stanford baradhu, torbaan tokko keessatti buufata xiyyaaraa afur keessatti sakattaa dabalataa kanaaf fooyanii na baasan. Kan shanaffaa irratti onnadheen poolisicha gaafadhe. "Maalif nama dila keessaa an filamuu dandahe" jennaan "lakkii si qofaa miti nama shantu adda baafame. Kompiitaratu isin file" naan jedhe. Deebii isaa osuman dursee beekun gaafadhe. "Torbaan tokko keessatti al shan carraa naaf baafnaan kompiitarri kun hedduu na jaalata jechuudha. Carraa birootis naaf hin dhabuutii osoo naaf kennitee hoo maal sitti fakkaata" jedheen. Poolisichi kofla qaanyii wahiitiin "anis waanuma naan jedhanin siin jedhe. Abshiir yeroon kunis ni dabra" jedhee adda baane.

Mudannoo kolfisiisaan biraa Muslima ta'uu kootiin imala irratti na mudate ammoo rakkoo qarxaasa haati tiyya naaf kenniteen wal qabata. Qarxaasni waraqaa eebbi aafaan Arabaan katabame kan wantoota akka budaa, falfalaafi jinnii namarraa dhoorga jedhamee amanamuudha. Gama Kiristaanaatiinis ni jira. Maarree aalima beekkamaan hiriyyaa abbaa kiyyaa kan ta'an Sheek Abdallaa Usmaan, balaa hunda akka narraa ittisuuf jecha qarxaasaa tolchanii haadha tiyyatti kennan. Abaayyeenis yeroo boqonnaa gannaa bara 2006 yennaan ani Ameerikaa irraa gara Itoophiyaa dhufetti qarxaasa san akkan hidhadhuuf na kadhatte.

Yaada qarxaasni balaa namarraa ittisa jedhutti amanuu baadhus, haadha tiyyaafi hiriyyaa abbaa kiyyaa mufachiisuu waan hin feeneef irra fuudhee ciqilee harkaa gama olitti hidhadhee gara Ameerikaa qajeele. Xiyyaararraa bu'ee paaspoortii yeroo agarsiisu akkuma baratame sakkata'iinsaafi gaaffii dabalataaf imaltoota hafan irraa adda baasanii na fudhatan. Yeroo sakkata'iinsaatti wanti harka kiyya irratti hidhadhe argame. Maal akka ta'e na gaafatanii hubachiisuu yaalus na amanuu waan hin dandeenneef akka hiikkadhu ajajame. Qarxaasaa gogaan marame san yoo hiikan, waraqaa afaan Arabaan katabame argamnaan shakkiin isaanii daranuu dabale. Faranjiin afaan Arabaa hiiktu takka dhuftee dubbiftus qabiyyee isaa hubachuu rakkatte. Inumaatuu koodii ergaa dhoksaa of keessaa qabu ta'uu akka malu eertee shakkii natti cimsite. Kanaafuu yeroodhaaf na hidhanii barsiisaa Yuunivarsiitii tokko kan afaan Arabaafi amantii Islaamaa haalaan hubatu fiduudhaan barreeffamichi keeyyata qur'aanaa qorichoomaaf oolu akka ta'an qondaalota waan hubachiiseef gadi lakkifamuu danda'e.

6.4. Sagaleen Keenya Haa Dhagahamu

Muuxannoo imalarratti na mudatuun dabalata falmaa yeroo san dhimma amantiin Islaamaafi ummata Muslimaa ilaalchisee miidiyaalee irratti dabru, akkasumas wal dura dhaabbannaa warra Lixaa waliin jiru irraa ka'uun dhimmicha hubachuuf fedhii guddaa natti hore. Koorsiilee seenaa hariiroo ummata Muslimaafi warra Lixaa irratti kennaman fudhachuun eegale. Akkasumas koorsiilee hariiroo amantiifi siyaasaa jidduu, bara duriifi ammayyaa jiru irratti kennamin itti aanse. Piroofeesaroota dhimmoota kanaratti qorannoo bal'aa godhaniifi muuxannoo qaban yeroo dareen alaa barbaadee itti dhihaachuun hubannoo kiyya daran guddisuuf carraaqaan ture.

Dabalataanis walgahii/koonfaransii barnootaa (academic conferences and seminars) garagaraa Yuunivarsiitii san keessatti geggeeffamu hordofee hirmaataa ture. Barsiisonnis fedhii kiyya waan beekaniif yeroo carraan akkanaa argamu na affeeru. Bara 2006 yeroo humni Islamic Council jedhamu Somaaliyaa tohate, boodarras yeroo waraanni Itoophiyaa Somaaliyaa weerare korri tokko dhimmicha irratti qophaahee ture. Kora kanarrattis hirmaadheen ture.

Falmiin ture 'Itoophiyaan waraana ishii Somaaliyaa seensisuun faayidaa moo miidhaa qaba?' kan jedhu ture. Namoonni gariin Itoophiyaan humna waraanaa jabaa waan qabduuf humnoota finxaaleyyii rukutuuf filatamtuudha kan jedhuudha. Gara biraatiin garuu, Itoophiyaafi Somaaliyaan seenaa diinummaa waan qabaniif, bobbaan waraana Itoophiyaa kun sabboonummaa Somaaliyaa kakaasuun finxaaleyyiin deeggarsa akka argatan waan godhuuf faayidaarra miidhaatu caala kan jedhuudha. Falmaa kana san duras waanin dhagayaafi dubbisaa tureef naaf haaraa hin turre.

Wanti haaraya ta'e yaada "finciltoonni finxaaleyyii amantii Itoophiyaa keessaan biqilaa jiru" kan jedhuudha. Hayyuu biyya alaa tokkoofi namni mootummaa Itoophiyaa bakka bu'e tokko waraqaa "Balaa Finxaalessummaan Islaamaa Itoophiyaa irratti uumaa jiru" jechuun dhiheessan. Yaad-rimeen isaa finxaalessummaan Itoophiyaa keessatti dagaagaa waan jiruuf mootummaan sodaa shorarkeessummaa guddaa keessa jira kan jedhu ture. Humnoonni shorarkeessitootaa Somaaliyaa qofaa miti Itoophiyaas dhufaa jiru jechuun dubbatan. Akka furmaataattis, Itoophiyaan humnoota finxaaleyyii Somaaliyaa keessatti loluu qofa osoo hin taane, biyya ofii keessattis "Moderate Islamic Groups" jajjabeessuu barbaachisa kan jedhuudha. Yeroo gaaffiif deebiitti finxaalessummaan Itoophiyaa keessa jiraachuu isaaf ragaa akkamii akka qaban gaafadhee deebiin quubsaan hin turre. Daataan yaada dhiheessan saniif ragaa ta'uu danda'u hin dhiyaanne. Akeekni jarri sun barruu san itti dhiheessaniif bubbulee naaf gale.

Waraanni Itoophiyaa Soomaaliyaa seenuun rakkoo nageenyaa biyyattii daran hammeesse, murna ifatti shorarkeessummaa labse, Al-Shabaab dhalche. Waraanni Itoophiyaa seenuun gadoo kaleessaa kakaasuun sabboonummaa Soomalee finiinsee Al-Shabaabiif deeggarsa jabeesse. Joorji Buush (George Bush) pireezidantummaa Ameerikaa irraa bu'ee Baaraak Obaamaan erga filameen booda, hariiroon Mallas Zeenaawiin Chaayinaa waliin horates Ameerikaa yaaddessuu hin oolle. Imaammanni Ameerikaa jijjiiramuu eegale. Yeroo dheeraaf dhimma Soomaaliyaa to'achuuf Itoophiyaa irratti hirkachaa kan turan, Obaamaan hir'isuun biyyoota akka Keeniyaafi Ugaandaa hirmaachisuu eegale. Kun ammoo deeggarsa siyaasaafi maallaqaa mootummaan Mallasaa argachaa ture hir'ise. Mallas kallattii jijjiirama imaammata Ameerikaa kana dafee waan hubateef, tarsiimoo michoomaafi hirkatummaa warri Lixaa mootummaa isaa irratti qaban fufsiisuu danda'u isa jedhee waan yaaddeen gadi bahe.

Akkuma dura jedhame, mootummaan Mallasaa yeroo dheeraaf yaada "finxaalessummaan amantaa Itoophiyaa keessatti hammaachaa jira" jedhu warra Lixaa mataa kaayaa erga turee booda, bara 2010 murna amantii Ahabaash jedhamu Libaanoon irraa affeere. Yaadni isaa Islaamummaa biyya keessaa finxaalessummaan waan dhuunfateef humna biyya alaa kanaan laaffisuu barbaachisa kan jedhuudha. Akeekni dhoksaa garuu murna amantii hawaasa Muslimaa biyyanaaf alagaa tahe humnaan ummatarratti fe'uuf yaaluun, hawaasa Muslimaa, keessattuu dargaggeeyyii miira dallansuu keessaa galchee gara fincilaatti geessuuf ture. Dallansuun kun ammoo dargaggoonni Muslimaa aariidhaan gara qabsoo hidhannootti yoo kan deeman ta'e, "hidhattootni finxaaleyyii Islaamaa (militant Islamic groups), Itoophiyaa keessatti uumaman" jechuun warri Lixaa tumsa mootummaa Mallasaaf gootu akka cimsitee itti fuftu goosisa jedhamee tarsiimoo baheedha.

Mootummaan Mallasaaa garee Ahbaash fidee Majliisa biyyattiitti humnaan fe'uun akkuma eegame mormii kaase. Ana mormii ummata Muslimaa san akkan deeggaru kan na taasise naatoo ummata Muslimaa mirgi dhiibameef tumsuuf qofa hin turre. Karoorriifi tarkaanfiin mootummaa ummata dallansiisuun amantii gama siyaasaatti fiduuf (politicization of religion) itti deemaa jiru, balaa siyaasaa biyyattii, keessattuu kan Oromoo irratti dhaqqabsiisuu danda'u waan na yaachiseefi. Sodaan kiyya qabxiilee armaan gadii irraa kan ka'e ture.

1. Karoorri Mallasaa dargaggoota Muslimaa aarsee gara qabsoo hidhannoo geessuu mala. Kun ammoo sirnichi miidhaa abbaa irrummaatiin dhaqqabsiisaa jiru, keessattuu kan saba keenyarra geessisu, addunyaan akka ijaa-gurra itti cufattu taasisuu mala. Wayyaaneenis akka sirna murna bicuutti siyaasa sabaa irraa kan amantiitti jijjiiruun fayyadamti.

2. Siyaasni amantii keessattuu kan hidhannoo makatu, hariiroo hawaasa amantiilee garagaraa hordofu hammeessuu bira dabree gara wal waraansa ummataa (communal conflict) geessuu mala. Kun ammoo biyya amantileen hedduun keessa jiraniif gaaga'ama hamaadha. Dabalataanis mooraa qabsoo Oromoo keessatti qoqqoodamaafi afaanfaajjii uumuu mala.

3. Dargaggoonni Muslimaa dallansuun ka'anii qabsoo hidhannoo eegallaan, humnoota shororkeessitootaa sadarkaa addunyaatti socho'an harkisuun, biyya keenya akkuma kanneen biroo dirree jeequmsaa hamaa gochuu danda'a.

4. Mormii ummata Muslimaa dhoo'e kana namoonni haala siyaasaa biyya keenyaafi addunyaa sirritti hubatan irratti hirmaachuun qajeelchuu baatanii, miira dallansuutiin qofa akka oofamu itti dhiifnaan, humnoota dantaa garagaraatiin butamuun kallattii hawaasa Muslimaas ta'ee biyya guutuu miidhutti cehuu mala.

Sodaalee kana itti yaadeen hayyoota waliin mari'adhee ergan bilcheessee booda qabsoo ummanni Muslimaa jalqabe keessatti akka deeggaraatti hirmaachuu murteesse. Kanas karaa sadiihiin godhuufin filadhe. Kan duraa, namoota qabsoo san hooggananiifi hirmaatan tarsiimoo qabsoo nagayaafi haala siyaasaa irratti gorsaafi leenjii kennuudha. Kan lammaataa, mootummoonniifi dhaabbileen alaa waan ta'aa jirurratti hubannaa sirrii akka horatan gochuuf yaaluudha. Kan sadaffaa, olola mootummaan geggeessu gama marsaalee hawaasaafi miidiyaalee garagaraatiin fashaleessuudha. Keessattuu ololli mootummaa sochi mirgaaf godhamu san akka finxaalessummaafi shorarkeessummaatti dhiheessaa waan tureef, wal dhibdee dalgaa (horizontal conflict) hawaasa amantii garagaraa jidduutti akka hin uumneef duula miidiyaa qindaa'aa gochuu irratti gargaaruun barbaade.

Shooran taphachuu qabu bifa armaan olii kanaan ergan ofitti murteessee booda, namoota biyya keessaafi biyyoota alaa irraa jiraniif tarsiimoofi tooftaalee qabsoo karaa nagayaa irratti leenjii kennuu eegale. Garee hayyoota biyya alaa jiran waliin marii godhameenis seenessa (narrative) qabsoon sun hordofuu qabdu irratti yaada qabnu wal simsiifnee warra biyyaa qabsaa'aa jiruuf akka ergamu goone.

Qabxiilee kana keessaa;

1. Qabsoon guutuutti karaa nagayaa qofa akka tahu; kana ammoo hoggansi ifatti irra deddeebiin ummataafi qaamolee mara akka hubachiisan. Dargaggoonni miiraan gara jeequmsaa akka hin seenne tasgabbeessuun akka barbaachisu, akkasumas qaamota jeequmsaafi tarkaanfii humnaatti mormii ummataa harkisuu yaalan to'achuun akka barbaachisu,

2. Qabsoon kun qaama wal dhaansoo mirga namoomaafi dimokraasii Itoophiyaa keessatti godhamuu malee, qaama sochii wal dura dhaabbannaa sadarkaa addunyaatti godhamaa jiru akka hin taane ummata Itoophiyaas ta'ee dippiloomaatota sirritti hubachiisu. Kaayyoon mormii ummataa adda addummaa mootummaafi amantii (secularism) heera mootummaa keessa jiru kabachiisuuf akka ta'e jechaafi gochaanis agarsiisuun barbaachisaadha. Kana cimsuuf dhaadannoos tahee ergaa dabru afaanota biyyaatiin malee kan ambaatiin akka hin taane.

Kana erga fudhatanii hojiitti hiikuu eegalanii booda nuus qooda hojii adda hirannee itti seenne. Dhaadannoon "ድምጻችን ይሰማ" (Sagaleen keenya haa dhagayamu) jedhus maqaa sochii sanii ta'ee akka madaquufi nutis kanuma akka fayyadamnu waliif galle.

Gama kiyyaan mormii torbaanirraa Jimaata godhamu akkasumas tarkaanfii mootummaanfudhatuxiinxalaittidabaleegarafacebookmaxxansa.Miidiyaaleefis ibsa (explanation) barbaachisu nan kenna. Gaafa naaf hin mijanne ammoo namoota biroo ramaduun qabxiilee xiyyeeffannoo barbaachisan qabsiisa. Duula miidiyaan goonuun dabalataan hawaasa diyaaspooraa qindeessuun gargaarsi diinagdeetis maatii hoogganoota qabsichaatiif akka gahu godhaa turre.

Hawaasa Muslimaa biyya alaas tahe kan biyya keessaa dammaqsuu, gurmeessuufi barsiisuu keessatti danqaa tokkotu ture. Kunis hawaasa Oromoofi Somaalee kan qabsoo sabummaa keessatti yeroo dheeraaf saaxilamee ture yoo taate malee Muslimoonni saboota biroo (keessattuu kan magaalaa jiraatan) dammaqiinsi/hirmaannaan siyaasaa keessatti qaban laafaa ture. Inumaatuu hedduun isaanii siyaasa ni lagatu. Gariin ammoo mootummaa deeggaru. Kanaafuu leenjiin, haasoyniifi barruun dhiheessinu sadarkaa hubannoofi hirmaannaa wal caalu kana bifa madaaluun ta'uu qaba ture.

Hojiin kiyya tokko hubannaafi tumsi hawaasa Kiristaanaa barbaachisaa tahuu qindeessitoota qabsoo saniitiifi sheekkota hubachiisuu ture. Shiraa fi olola mootummaa irra aanuuf hawaasa Kiristaanaa of cinaa qabaachuun murteessaa tahuun himaa ture. Kanaafuu, sheekonniifi hayyoonni Muslimaa biyya alaa hoogganoota hawaasa Kiristaanaa qunnamuun waan deemaa jiru hubachiisuun gaaffilee qaban deebisaniifii shakkii tarii qabaachuu malan sirreessuu irratti akka bobba'an taasifame. Yeroo hiriiraafi walgahiin jiru, rogeeyyiifi hayyoota amantaa Kiristaanaa affeeruu eegalan.

Gaafa mootummaa Ameerikaa dubbisuuf beellama qabsiifame tokko sheekotaafi manguddoo Muslimaatu dhaqaatti yaadamaa ture. Garuu qeesota masqala qabataniifi gurraacha uffatan sheekotaan walitti daballee geessine. Namni nu dubbisuuf nu eegaa ture qeesota gugurraacha uffatanii masqala fannifatan, sheekota mudawwaraafi imaamaa kaayyatan agarraan ni dinqisiifate. Ofitti na yaamuun gurratti natti hasaasee, "beellama kana warra Muslimaa akka dubbisnu qabsiifte hin se'uu?" naan jedhe.

Anis "akkuma ati jette haajaan dhufneef dhiibbaa mirga Muslimoota Itoophiyaa himachuufi. Garuu ammoo dhiibbaan Muslimootaa kun warra Kiristaanaas kan ilaallatu waan ta'eef, rakkoo gamni lachuu waloon qaban kana waloon isinitti himachuuf dhufan" jedheenii itti hime. Haasaa godhame keessatti qeesonniifi paastaroonni akkuma sheekotaa miidhaa mootummaan Itoophiyaa geessisaa jiru himan. Qeesonniifi Paastaroonni yoo dubbatan akka nama rakkoo qaama biraa himutti osoo hin taane akka laalaa madaa ofiitti ture.

Haala Kanaan qabsoon ummata Muslimaa alaafi keessaa finiinee deemaa ture. Mormiin itti fufee iddoowwan garagaraatti namoota ajjeesan. Hoogganoota sochii saniis hidhuuf doorsisuun eegalame. Dhimma kanarratti gaafa tokko hoogganoota muraasa waliin yeroo mari'annu, doorsisniifi hidhaan kun akeeka lama akka qabun himeef. Tokko hoogganoota garii sodaachisanii qabsoo keessaa baasuuf yoo ta'u, kan lammataa ammoo biyyarraa akka dheessaniifin jedheen. Warra qabsoo irraa dhaabbachuu ykn biyyaa baqachuu dide akka hidhanis dabaleen itti hime.

Kanaafuu filannaa sadii qaban. Qabsoo irraa fagaachuu, biyyaa baqachuu ykn ammoo hidhaaf of qopheessuu. "Ofii biyya alaa taa'ee gaaga'amaaf of saaxilaa isiniin jechuun natti ulfaata. Garuu ammoo filannaa sadeen keessaa kan qabsoo fayyadu hidhamuudha. Kan qabsoo miidhu ammoo biyyaa dheessuudha. Biyyaa bahuurra qabsoo dhiisuu wayya" jedheen. Filannaan biyyaa baqachuu hunda caalaa miidhaa fida waanin jedheefin qaba ture. Tokkoffaan, hoggansi biyyaa bahuun hamilee ummataa hedduu gadi buusa. Mootummaanuu hoogganoonni isa morman akka biyyaa bahan kan barbaaduuf hamilee ummataa cabsuun qabsoo laaffisuuf waan isa gargaaruufi. Kan lammataa ammoo hoggansi itti gaafatamummaafi tarsiimoon sochii san hogganu baqachuun, humnoota dallansuu ummataa san karaa maqsuun badii garagaraaf fayyadamaniif carraa kenna jedheen sodaadhe.

Kanaafuu hoggansi ofirratti murteessee hidhamuun hamileen ummataa cimee akka itti fufuuf qabsichi homnoota biraatiin akka hin butamneef murteessaa akka ta'e cimseen itti hime. Mootummaan tooftaa hoogganoota isa morman doorsisuufi hiraarsuutiin biyyaa baasuun qabsoo laaffisuun tooftaa amma duras itti fayyadamaa tureefi itti milkaaye akka ta'e waan jaarmayaalee siyaasaa akka ABOfi Qindoominaa (ቀንጅት) irratti raaw'atame waabeffadheen dubbadhe.

Hoogganoonni Muslimaa waliin mari'achaa turres biyya keessa turuun aarsaa barbaachisaa kaffaluuf durumaanuu murteessuu naaf himan. Guyyoota itti aanan keessatti doorsisni bilbilaafi qaamaan godhamu hammaachuu qofa osoo hin taane gara namoota itti dhiyaataniitiin hamma viizaa biyyoota garagaraa rukuchiisuuf waadaa galuun akka biyyaa bahaniif amansiisuutti deemame. Hoogganoonni sochii sanii garuu cichanii qabsoo itti fufan. Akka jarri hin dheessine barraan hoogganoota koree qindeessituufi aalimoota (hayyoota) gurguddaa walitti qabanii hidhan. Mormiin ummataa garuu itti fufe.

Nuti warri biyya alaa jirru gama dandeenye hundaan tumsa goonu cimsinee itti fufne. Duula gama miidiyaatiin goonuun cinatti maatii hidhamtootaa gargaaruuf hirphaa ummata biyya alaa irraa walitti qabaa turre. Walgahiilee magaalota Ameerikaa Kaabaa garagaraa keessatti hawaasni sagantaa qopheessuun na affeeru turan. Anis haasaa waltajjiilee kanneen irratti godhaa ture keessatti qabsoon Muslimootaa qaama qabsoo mirga namoomaafi dimokraasii akka tahe barsiisaan ture. Qabsoo mirga amantiifi sabaa jidduu waliif tumsuu malee wal faallessuu akka hin qabne himaa ture.

Itoophiyaa keessatti yeroo duraatiif tarsiimoo qabsoo nagayaa sirnaan kan dhimma itti bahe sochiin ummata Muslimaati yoo jenne haqarraa maqu miti.

Sochiileen san dura turan hedduun tooftaalee qobsoo nagayaatti fayyadamanis, dheerinna yeroo qabsootiifi hacuuccaan mootummaa yoo jabaataa deemu jidduun dhiisuun, takkaa qabsoo dhaabu yookin ammoo gara qabsoo hidhannootti jijjiramuun beekkamu. Sochiin Muslimaa sun garuu, gufuulee mudatan irra aanuun xurree qabsoo nagayaa irraa osoo hin bahin yeroo dheeraaf itti fufuun akeeka qabatee ka'e galmaan gahuu danda'e. Yaalii mootummaan Al Habaash humnaan ummatatti fe'uuf taasiseefi hawwii daraggoota Muslimaa gara cincila hidhannootti galchuu fashalsuun milkaa'e.

Qabsoon Qeerroo itti aanee dhufes sochii Muslimaa sanirraa muuxannoo heddu dhaale. Sochiin Muslimaa milkaayuun ilaachi " qabsoon nagayaa Itoophiyaa keessatti hin hojjatu" jedhu dogongora ta'uu qabatamaan waan miorkaneesseef, Qeerroof hamilee kenne. Qindeessitoonni Qeerroo heddu sochii Muslimaa keessatti hirmaachaa waan turaniif, muuxannoo horatan fidanii gama dhufan. Tooftaaleen dhaalaman heddu yoo ta'an, harka qaxxaamuruun kan boodarra mallattoo qabsoo Qeerroo ijoo ta'ee beekkames, jalqaba hiriirota sochii Muslimaa irratti agarsiifamaa kan tureedha.

6.5. Amantiifi Sabummaa

Qabsaa'onni gama lachuu, jechuunis kan amantiifi sabaa, tokko kaan liqimsuu ykn uwwisuu dandaha shakkii jedhu keessa turan. Warri amantii qabsoon sabummaa mooraa amantii qoqqooda jedhanii sodaatu. Kan sabaatis garaagarummaan amantiin qoqqoodee nu laamshessa jedhanii shakku. Keessattuu mooraa qabsoo Oromoo keessatti shakkiin kun durirraa kaasee kan ture yoo ta'u bara qabsoo Muslimootaa kanas haaraatti biqiluu eegale. Bara saddeettammoota keessa dubbiin amantii qabsoo Oromoo keessatti qoqqoodama fiduun godaannisa hamaa dhiisee dabruun ni yaadatama. Akkasumas shoorri ani qabsoo sabaafi amantii keessatti wal cinaa oofu gaaffiileefi shakkii kanaaf sababa tahaa akka dhufen hubadhe.

Dhimma kanarratti ibsa bal'aa kennuuf carraa argadheen bara 2012'tti Minnesota dhaqe. Walgahii hawaasni muslimaa Minnesota qopheesse kanarratti Muslimoota saboota garagaraatu hirmaate. Haasaya kiyya keessatti, Qabsoon Oromoo cunqursaa bifa garagaraa Itoophiyaa keessatti gahu hir'isuu keessatti shoora guddaa akka qabun ibse. Sababni kanaa ammoo; tokkoffaa gaaffiin Oromoo gaaffii walqixxummaafi dimokraasii waan ta'eef, yeroo gaaffiin Oromoo deebi'e, ummatoota akka isaa cunqurfaman hundatu fayyadama. Lammaffaa Oromoon ummata lakkoofsaan guddaafi lafa bal'aa magaalaa teessoo siyaasaa taate marsee jiru waan taheef sochiin siyaasaafi mormiin isaa sirna waan raasuf jijjiirama imaammataa fiduuf humna qaba. Mirgoota ummatoonni Itoophiyaa waggoota shantamman dabran keessa dhawaataan goonfataniif qoodni qabsoo Oromoo laafaa miti.

Fakkeenyaaf mirga abbummaa lafaa warraaqsa bara 1974'tiin argame, akkasumas mirga eenyummaafi ofiin of bulchuu, ijaaramuu sirna federaalizimiitiin goonfatame eeruun ni danda'ama. Mootummoonni dhufaa dabraan baay'ina ummata Oromoofi teessuma lafa isaa waan sodaataniif yeroo sabni kun fincilu gaaffii isaa shasharafanii deebisuun sossobanii qabbaneessuu yaalu. Yeroo Oromoof gaaffiin tokko deebi'u, Oromoo qofa osoo hin taane ummata cunqurfamaa maratu bu'aa argata.

Haaluma kanaan walqixxummaa amantii Itoophiyaa keessatti akka fooyya'u dandeessisuu keessattis shoorri qabsoo Oromoo guddaadha. Adaduma Oromoon mirga isaa goonfatuun mirgi amantii fooyya'aa deema. Gara fuulduraas taatu Ummanni Muslimaa injifannoo Oromoon argatu irraa faayidaa guddaa argata. Sababni kanaa ammoo ummata Muslimaa Itoophiyaa keessaa harki guddaan Oromoo waan taheef yeroo Oromoon mirga tokko goonfate Muslima biyyaatiifis ni dabartiif.

Sirna mootummaa Itoophiyaa keessatti hirmaannaan Muslimoonni aangoo siyaasaa keessaa qaban gadi aanaa ture. Sirni federaalizimii qabsoon Oromoo bara 1991 fide saboonni naannoo ofii akka bulchan dandeessisuun Muslimoonni hirmaannaa taayitaa qaban daran akka dabalu godheera. Gara fuulduraattis taanaan injifannoo qabsoon Oromoo argamsiisu, ummanni Muslimaa biyyattii mirgiifi dantaan isaa daran akka kabajamu karaa saaqa. Kanaaf ummanni Muslimaa qabsoo Oromoo deeggaruu qaba ergaa jedhun dabarse.

Muslimoonni Oromoo mirga amantii isaanii jaarmayaalee qabsoo sabaa keessaan geggeeffatu. Gaafa deebiin qabsoo sabaa goonfatamu, mirga amantiitis ni arganna jedhaniit amanu. Muslimoonni Oromoo cunqursaa amantii caalaa kan sabaatif saaxilaman. Oromiyaa keessatti Muslimoonni lakkoofsaan xiqqaa waan hin taaneef mootummaan laaftutti mirga amantii sarbuu hin dandahu. Ummannis baay'ina isaatiin waan onnatuuf (safety in numbers) taheef, waliif tumsuun roorroo ofirraa faccisa. Fakkeenyaaf akka naannolee Kaabaatti masgiida jaarrachuu dhoorkamuun hin jiru. Muslimni addatti baafamee lafa qonnaa dhoorkamunis waan yaadamu hin turre.

Faallaa kanaa Muslimoonni naannolee Kaabaa jiraatan lakkoofsaan bicuu waan tahaniif laaftutti cunqrsaaf saaxilamu. Mootummaan akka fedhetti mirga isaanii sarbuuf ni laaffataaf. Naannawa ani dhaladhetti Muslimni lakkoofsaan wayyaba waan taheef, namuu amantiin isaa tuqamnaan hin callifnu. Abbaan fedhe amantii isaa tuqnaan mancaan morma irraa darban jedhee ibsa bal'aa kenne.

Haasaan kun mooraa siyaasaa Amaaraa fi warra Wayyaaneef carraa ittiin natti duulan kenneef. Keessattuu warri Amaaraa sababa lamaaf haasaa san jibbu. Kan duraa roorroon amantii duris tahee amma naannoo isaanii keessatti geggeeffamu saaxilamuudha. Naannawa Goondaritti Muslimoota qofa osoo hin taane warri Ayhuudii (Jewish) yeroo dheeraaf loogii hamaaf saaxilamaa turuun ni beekama. Kan lammataa ummmanni Muslimaa qabsoo Oromoo deeggaruun qabsoo mirga ofii kabachiisuuf isa fayyada jechuun kiyya sun, saboota biroo keessatti Oromoof tumsa uuma jedhanii waan sodaataniifi.

Kanarraa ka'uun haasaa ani godhe san cicciranii ergaa isaa jijjiiranii duula ummata dogogorsuu banan. Jawar "morma Kiristaanotaa mancaan muraa jedheera" jedhanii viidiyoo muranii suphuun gadi lakkisan. Akka waan ani finxaaleessa amantii ta'etti namoonni dhuunfaafi dhaabbileen garagaraa gara marsaalee hawaasaa akka facebookfi paltalk tamsaasan. Akkasumas miidiyaaleen mormitootaafi mootummaa wal harkaa fuudhuun olola bal'aa narratti geggeessan. Wanni na ajaa'ibe, viidiyoo san mummuree kan gadi lakkise namoota miidiyaa biyya Ameerikaa jiru tokko keessa hojjatan, kan anaanis sirritti na beekan turan. Ilaalcha ani amantii irratti qabu sirritti kan beekaniifi an gonkumaa yaada finxaalesummaas ta'e amantii walitti buusuu akkan hin qabne tolchanii beeku turan.

Duulli kun yeroo xiixee deemu ani hedduu na hin yaachifne ture. Namoonni biroo garuu "sobni irra deddeebi'amee dhugaa fakkaatee ummata daran dogogorsiisa waan taheef ibsa itti kenni" jedhanii na gorsan. Anis gorsa san fudhadhee xalayaa banaa barreesse keessatti, viidiyoon kukkutamee deddeemaa jiru, duula maqa-balleessiiti malee waan ani dubbadhe kan guutuutti agarsiisu akka hin taane eere. Haasaan sun kan godhame bakka hirmaattonni amantii garagaraa argamanitti waan taheef amantii tokkorratti jibba uumuuf kan jedhames soba jechuun katabe. "Ani namni harmeen isaaf haati warra isaatuu maatii amantii Kiristaanaa irraa dhalatan, akkamiin kiristaanota fixaa jechuun labsa" jechuun ololli godhamaa jiru ilaalcha siyaasaa koo dhiisii eenyummaa kiyyas kan hin calaqqisiifne akka ta'e hime.

Ibsi sun ummata bal'aa kan tasgabbeesse tahus, warra sobaan maqaa na balleessuuf kaayyeffate garuu hin dhaabne. Namoonni hedduun olola saniin ilaalcha dogongoraa akka narratti qabaatan taasifaman yeroo natti siquun na hubatan ni gaabbu, dhiifama na gaafatu. Garuu qaamoleen siyaasaa ammas olola amantaan wal qabatan kana deddeebisanii kaasuun maqaa na xureessuuf yaaluu hin dhiifne. Gaafa na hidhan himannaa sobaa narratti baname keessaa "ummata amantiin walitti buuste, phaaphaasota amantii Ortodoksii ajjeesuuf karoorfatte" kan jedhu faatu keessatti argama ture. Gaafasii hanga har'aatti faranjii argan cufatti olola akkanaa kana itti guutuun maqaa na balleessuu yaalu.

Hoogganoota siyaasaa hariiroo amantiilee gidduu, amantiifi siyaasaa jidduu jiru muuxannoofi barnootaan sirritti hubatan keessaa ani nama tokko jedheen yaada. Akkuma seenaa kiyyarraa mul'atu, dhalootaafi guddinni kiyya amantii garagaraa kan hammateedha. Umrii kiyya ganna kudha torba (17) irraa kaasee addunyaa naannahuun muuxannoo hedduu horadhee leenjii amantiilee wal dandeessisuu kennaan ture. Yuunivarsiitii Columbia yeroon turetti qorannoon kiyya hariiroo amantii fi mootummaa (secularism) irratti ture.

Hubannoo muuxannoo jiruufi barnootaan horadhe irratti hundaayuun, Oromoo keessatti, dabrees ummatoota Itoophiyaa jidduutti, walitti bu'iinsi amantii akka hin uumamneef gama hedduun carraaqaan ture. Ergan biyyatti galees, abbootii amantii qabadheen bakkoota rakkoon amantii uumame heddu dhaquun araaraaf qabbanni akka bu'uuf yaalaan ture. Garuu yaalii kiyya kanaaf qoodni kaayamuun hafee akka waan ani finxaalessa amantii taheetti miidiyaan natti duulame, hidhamees himanni sobaa natti baname.

Sababni duula maqa-balleessii amantiin wal qabatee natti banamuu kanaa maali jechuun yeroo baay'ee of gaafachaan ture. Tarii deebii isaa yaada namni olola narratti oofu tokko marsaa hawaasaa irratti barreesse irraa hubachuun ni dandahama natti fakkaata. Namni kun maxxansa facebook tokkorratti "Jawaar Muhammad jechuun walitti ida'ama Giraany Ahmadiifi Leencoo Lataati" jedhee barreesse. Wanni inni jechuu barbaade warra seenaa Itoophiyaa beekuuf ifa.

Dubbiin amantii eenyummaa, muuxannoofi hirmaannaa siyaasaa ani qaburraa maddee narra naanna'u dhimma kanatti akkan yaaduufi baradhu na taasiseera.

Baran Yuunivarsiitii Columbia turetti hariiroo mootummaa, sabummaafi amantii beekuu waanin barbaadeef hayyuu beekkamaa dhimma kana qoratu Piroofeesar Alfred Stephen jedhamu gorsaa (advisor) godhadheen itti seene. Hayyuun kun tiwoorii 'Twin Toleration' jedhamu kan maddisiisedha.

Yaadni kun tooftaafi qajeelfama (principles) mootummaafi amantiileen wal dandahanii jiraachuuf isaan barbaachisan dhiheessa. Hariiroon mootummaafi amantii durirraa kaasee falmisiisaa ture. Bardhibbee 20ffaa dura amantiifi mootummaan akka malee walitti hidhamanii turan. Dhaabbileefi hoogganoonni lamaanii yookii tokko, takkaahuu wal utubu. Jechuunis bakka tokko tokkotti mootiin biyyaa aangoo hoogganaa amantiitis ta'ee argama. Bakka birootti ammoo hoogganaan amantii itti waamamni isaa mootichaafi. Mootiin tokko aangoo kan qabatu eebbaafi deeggarsa hoggansa/dhaabbilee amantii yoo qabaateedha. Akkasumas gaafa dhaabni/hoggansi amantii morme aangoorraa buufamuu (abdicate) dandaha.

Haala kanarraa kan ka'e warri aangoo mootummaa dhuunfatan malaan ykn boortaan dhaabbata amantii to'atanii of jala hiriirsuun dirqama ture. Haalli kun walitti bu'iinsa amantiif sababa guddaa ture. Keessattuu lakkoofsi gareeleefi murnoota amantii baay'achaa yoo deemu, gareen amantii mootummaatti siqu warra kaan cunqursuu, kan dhiibame ammoo finciluun wal waraansa hamaa, keessattuu Awuroppaatti, kaasaa ture.

Bar-dhibbee 19ffaa keessa wal-fixiinsa hamaa akkas booda miidhaa amantiifi mootummaa walitti makuun ka'u hubachuurraa lameen adda baasuuf sochiin eegale. Yaadni 'secularism' kan gadaa dadammaqiinsaa (enlightenment) keessa babal'ate fudhatama argate. Kunis heerri mootummaas ta'ee seeronni biroo waliigaltee qaamota siyaasaatiin kan tumaman malee kitaabotaafi dhaabbilee amantaa irraa kan maddan akka hin taane godhame. Dabalataanis, shoorri dhaabbileefi hoogganoonni amantii mootummaa muuduufi buusuu keessatti qaban akka hafu taasifame.

Bardhibbee 20ffaa keessa sochiin komunizimii dhimma amantiifi mootummaa addaan fageessuu kana daran dhiibuun amantiin farra guddina hawaasaati sadarkaa jedhutti cehe. Amantii hamma ugguruutti deemame. Warrummaan Komunistii hin ta'inis, ilaalcha sabboonummaatiin masakamuun hawwii biyya ammayyeessuu (modernization) qabaniin, amantii mootummaa irraa fageessuu qofa osoo hin taane jireenyuma hawaasummaa keessattuu baasuuf yaalan. Sochiin amantii ugguruufi cunqursuu kun gara mormiifi fincila hordoftoota amantii fiduun dhalachuu finxaalessummaa amantiitiif (religious extremism) sababa tahe.

Kanarraa ka'uun furmaanni tahuu qabu amantiifi mootumma walitti makuus tahee amantii ugguruu irra wal dandeessisanii jiraachisuu wayya yaadni jedhu madaala kaase. Hayyoota yaada kana leellisan keessaa Piroofeesarri kiyya Alfred

Stephanfi waahilli isaa Charles Taylor faan yaada "Twin Toleration" burqisiisan. Yaadni kunis amantiifi mootummaan osoo walitti hin makamin walis hin lagatin, wal kabajanii waliif tumsanii yoo deeman nagayaafi tasgabbii biyya tokkoof ni fayyadu kan jedhuudha.

Kana godhuuf qabxiileen murteessoon: -

1. Qaamni lachuu (amantiifi mootummaan) walabummaa isa biraaf beekamtii (recognition of autonomy) kennuu. Kana jechuun, mootummaan barsiisa, adeemsafi bulchiinsa dhaabbilee amantii keessatti murteessuuf aangoo hin qabaatu. Akkasumas dhaabbileen amantiis muudama, seerotaafi caaseffama mootummaa keessatti aangoo murteessuu hin qabaatan.

2. Biyya amantiileen tokkoo ol jiru keessatti, mootummaan amantiilee hunda walqixa keessummeessuu qaba. Akkasumas amantiilee hundarraa fageenya walqixaa ta'e qabaachuu barbaachisa. Jechuunis qondaalonniifi dhaabbileen mootummaa amantii tokko ofitti siqsanii kan biraa dhiibuu, tokko fayyadanii kan biraa miidhuu irraa of qusachuu qabu jechuudha.

Tiwooriin kun koorsiin dura fudhadhe irraa kaasee na hawwate. Kanaafuu digrii Maastarsii akkan fixeen hiree barnoota Dooktoreetii achuma Kolombiyaatti naaf laatamnaan hariiroo amantiifi mootummaa qorachuuf murteesse.

Koorsii waggaa lamaa akkan fixeen hojii OMN ijaaruufi hoogganuutin qabamee addaan kute.

Waliigalatti dhaloonni kiyya, muuxannoon biyyoota hedduu keessatti horadheefi hubannoon dareefi kitaabota irraa argadhe shoora amantiin hawaasummaafi siyaasaa keessatti qabu akkan wayyeeffadhu waan na taasise natti fakkata. Hubannoo kanas hamman dandahetti ummata keenyaaf qooduuf yaalaan ture. Osoon Kolombiyaa jiruu yaadni Twin Toleration irratti hundaa'uun akkaataa qabsoon Oromoo dhimma amantii qabuu dandeessurratti kora OSA irratti bara 2013 barruu qorannoo dhiheessen ture.

Barruu san keessatti qabsoon Oromoo, imaammata amantii dhiibuu (radical secularism) hordofaa ture jechuunin falme. Sababni imaammanni sun hordofameef ammoo;

1. Qabsoon Oromoo gadaa komunizimiin siyaasaa addunyaa, keessattu qabsoo ummatoota cunqurfaman, keessatti ol'aantummaa ilaalchaa argatetti eegale. Komunizimiin ammoo yaada 'amantiin ummata jaanjessa' (religion is opium of the masses) jedhu tarkaanfachiisa. Akka yaada kanaatti hoogganoonniifi dhaabbileen amantii ummata gowwomsuufi sammuu isaa laamshessuun, qabsoof akka hin dammaqne gochuun sirna cunqursaaf akka oggolan taasisu kan jedhuudha. Kanaafuu amantii qabsoorraa fageessuun akka tooftaatti ilaalama. Hoogganoonniifi qabsaa'onni Oromoo bara yaadni kun fudhatama guddaa qabu keessa waan dabraniif, ilaalcha farra amantii madaqfatan.

191

2. Qabsoon Oromoo sirna mootii Hayilasillaasee kan amantiifi siyaasaa ifatti walitti makee qabate (theocracy) irratti finciluun eegalte. Sirni sun amantii tokko ofitti qabee kanneen biroo cunqursaa ture. Oromoon irra jireessi imaammata mootummaan amantii irratti qabu sanaan miidhamaa waan tureef, mootummaafi amantii addaan baasuun walqixxummaa fiduun akeeka qabsoo Oromoo keessaa tokko waan ta'eef.

3. Ummata akka Oromoo kan amantii garagaraa hordofuuf, amantiin madda qoqqoodamiinsaati jedhamee hubatame. Kanaafuu dhimmi amantaa qabsoorraa fageeffamuun balaa qoqqoodamiinsaa kana ittisuuf fayyada jedhamee yaadame.

4. Qabsoon sabummaa irratti hundooftu akaakuuwwan eenyummaa (identity markers) keessaa aadaa leellifti. Amantaan ammoo aadaa biyyaa laaffisa jedhamee waan yaadamuuf. Bara 1980moota keessa ABOn yeroo murna lamatti baqaqu, dhoohinsi kun bifa amantii horachuun gaaga'ama waan fideef, dhimma amantii qabsoorraa fageessuun daran barbaachisaa ta'ee mul'ate.

Sababoota kanneen irraa kan ka'e qabsoo Oromoo keessatti amantii ofirraa fageessuufi lagachuu bira dabramee hamma busheessuutti deemamaa ture. Adeemsi sun garuu tarkaanfii tokkummaa ummataafi qabsoo tiksuuf fudhatame ta'us, miidhaa dhaqqabsiises qaba. Amantiin balaa qofaaf osoo hin taane faayidaa qabsoof qabu hubachuu feesisa. Hawaasa lammiileen sadarkaa guututti jedhamuu danda'uun Rabbitti amanu keessatti amantii balfanii ummata bifa gahaa ta'een qabsootti hirmaachisuun hin danda'amu.

Qabsoon Oromoo hidhata gama amantiin jirurraa faayidaa argachaa turte. Fakkeenyaaf kan amantii Pirootestaantii yoo fudhanne, Afaan Oromoo barsiisuun, aadaafi eenyummaa Oromumma dhiibbaa liqimfamuu (assimilation) mootummaan godhaa ture akka dandamatu dandeessisuu keessatti shoora ol'aanaa taphate. Carraa barnootaa gama waldaaleetiin uumameenis namoota boodarra qabsoo hogganan heddu oomishuun gumaacha guddaa taasise. Dabalataanis, luboonni Pirootestaantii mirga amantii isaanii afaan ofiin lallabuuf qabsoo taasisaa turuun, sabboonummaan dhaloota isaanitti aanee dhufe keessatti akka biqiltu haala mijeesse. Akkasumas hariiroon waldaan amantii Pirootestaantii biyyoota Lixaa waliin qabdu hojii dippiloomaasii qabsoon Oromoo barbaadduuf daandii saaquun isaa beekamaadha.

Karaa amantii Islaamaatiinis yoo laallu, yaalii mootummaan eenyummaa Oromoo balleessuuf gochaa turetti gufuu ta'uun Oromummaa tursiisuuf gargaaree jira. Afaan guddisuu keessattis, sheekotni Oromoo Raayyaa kan Anniyyiifi Daanniyyii jedhaman Afaan Oromoo qubee Arabaatiin barreessaa afoola Oromoo babal'isuun warra daandii saaqe ta'uu seenaan ragaadha.

Gama Bahaatiin hayyoonni akka Sheek Bakrii Saphaloo yaalii mootummaan

Afaan Oromoo balleessuuf godhaa ture fashalsuuf hamma qubee haaraa bocuutti deeme. Qubee bocuu qofa osoo hin taane seenaa Oromoo darasoota (barattoota amantaa Islaamaa)fi hordoftoota isaanii barsiisuun Harargeen madda diddaa sirna cunqursaafi sabboonummaa akka taatu nama bu'uura kaa'eedha. Barataan (darasaan) isaanii Dr. Sheek Muhaammad Rashaad Abdullee Afaan Oromoo qubee Laatiiniin akka katabamu kan tolcheedha. Yeroo jalqabaaf Quraana Afaan Oromootti hiikuun ummanni afaan ofiitiin amantii akka hordofu dandeessisuun dagaagina sabboonummaatiif gumaata guddaa godhe.

Dabalataanis, hidhatni amantiin Islaamaa warra biyyoota Baha-Jiddugaleessaa waliin qaburraa kan ka'e deeggarsa meeshaafi dippiloomaasii qabsoon Oromoo biyyoota Arabaa irraa argataa ture keessatti gahee mataa isaa taphateera. Gaafa qabsoon hidhannoo Waraana Bilisummaa Oromootiin jalqabamtu, leenjiin jalqabaafi qawween duraa Qeeyroon Ganamaa kan Jaarraa Abbaa Gadaatiifi Elemoo Qilxuutiin hoogganamaa ture, kan argame biyyoota Arabaa keessatti ta'uun ni yaadatama.Kanaafuu amantiin kaleessas qabsoo Oromoof bu'aa guddaa buusaa turte. Har'as tahee boru gahee amantiin hawaasaafi siyaasaa keessatti qabu sirnaan yoo hubanne, qabsoodhaaf faayidaa bifa buusuu danda'uun qabuu dandeenya. Amantiilee ummanni keenya hordofu nuti akka qabsoof tolutti fayyadamuu baannaan diinni meeshaa ittiin nu miidhu gochuu danda'a. Kanaafuu milkaayuuf qabsoon Oromoo dhimma amantii irratti tooftaalee 'Twin Moderation secularism' hordofuu qabdi yaada jedhun dhiheesse. Hariiroon amantiifi siyaasaa keenya faayidaa waloo akka qabaatuuf ammoo:-

- Jaarmayni siyaasaa amantiilee hunda irraa fageenya walqixaa irratti argamuun,
- Dhaabbileen/hoggansi siyaasaafi kan amantii beekamtii waliif kennuun,
- Hoggansi/dhaabni siyaasaa mirgaafi walqixxummaa amantiif ifatti qabsaa'uu,
- Hoggansi/jaarmaan amantii mirgaafi dantaa ummataaf ifatti qabsaa'uu barbaachisa.

Dabalataanis amantiilee ummanni waggootaa dhibbaatamaaf hordofaa jiru "kan alagaatti" jedhanii dhiibuu yaaluurra Oromeessutu barbaachisa. Oromeessuu jechuunis dhaabbilee barsiifni, mallattooleen, weeddisnifi ayyaanota amantiilee keessatti afaan, aadaaniifi seenaan Oromoo akka calaqqisu gochuudha. Kana ammoo baroota as aanan kana bal'inaan itti jirra. Jabaatees itti fufuu qaba. Yeroo tokko tokko gaaffiin 'saba kee moo amantii keettu dursa?" jechuun ka'u jira. Kun gaaffii sirrii miti. Namni tokko eenyummaa hedduu qabaachuu danda'a. Kan sabaa, amantii, biyyaa, koorniyaa, ogummaa kkf. Fakkeenyaaf nama Ayyaantuu jedhamtu yoo fudhanne, dubartummaan eenyummaa ishii keessaa tokko. Dubartoota biroo waliin qabsoo walqixxummaa koorniyaa keessatti hirmaachuu malti. Amantiin ishii Kiristaana yoo ta'e sunis eenyummaa ishiiti. Oromummaan ammoo eenyummaa sabummaa ishiiti. Lammummaan ishii ammoo Itoophiyaa ta'uu mala. Eenyummaa afran kana wal caalchisi jedhamuu hin qabdu. Inumaatuu, dhiibbaan eenyummaa tokko leellisanii kan biraa akka lagataniif godhamu, namni sun gara faallaatti akka deemu godha.

Walumaagalatti, amantiifi siyaasni tokko isa kaan akka liqimsuus ta'ee guutumaan guututti walitti baqsuuf yaaluurra, lachuu walkabachiisaniifi wal dandessisaa deemuutu wayya.Bakka cunqursaan sabaa jirutti bilisummaan amantii, loogiin amantii bakka jirutti ammoo mirgi sabummaa kabajamuu hin danda'u. Kanaafuu, sirna siyaasaa kan walqixxummaan sabootaafi amantiilee dabalatee, mirgonnii matayyaafi waloo keessatti kabajaman ijaaruuf qabsaa'uu barbaachisa.

6.6. 'Oromo First'

Sababa dhimma Itoophiyaa, Gaanfa Afrikaafi baha jiddugaleessaa irratti yeroo yeroon barruu maxxansuuf miidiyaaleen biyya alaa yeroo hedduu gaaffiif deebii naaf taasisaa turan. Televiziyoonni Aljaziiraa filannoo Itoophiyaa kan bara 2010 irraa kaasee irra deddeebiin na dubbisaa ture. Haaluma kanaan Caamsaa 23, 2013 anaa mana kitaabaa (library) Yuunivarsiitii Koloombiyaa keessa jiru Email'n na gahe. Kunis 'dhimma Oromoofi Itoophiyaa ilaalchisee Sagantaa Aljaziiraa "Aj-Stream" jedhamu irratti akka dhihaattu si affeerre' kan jedhu ture. Tikeetii baaburaa naaf erganii yaabbadhee gara Istuudiyoo isaanii Washington DC jiruutti qajeele.

Albamiin Haacaaluu Hundeessaa 'Waa'ee keenya' jedhu guyyoota muraasaan dura naaf ergamee waan tureef isa dhaggeeffachaan deemaa ture. Sirba isaa 'Maasan Gamaa" jedhu irra yoon gahu hedduu waan na hawwateef irra deddeebisee dhaggeeffachuu eegale. Sirbichi roorroofi saamicha ummata keenyarra gahaa ture ija dura na fidee hedduu miirakoo na kaase. Osoon tabbaafi sulula Oromiyaa yaadaan bu'ee bahuun Washington DC gahee baaburarraa bu'ee Istuudiyoo Aljaziiraa dhaqe. Akkuman gaheen gaazexeessitoonni dubartootaa lama qophaayanii na eegaa turan na simatan.

Qophichi bifa gaaffiif deebiin osoo hin taane falmii waan taheef yaadannoo qabachuu hin dandeessu jedhanii meeshaan harkaa qabu narraa fuudhaniii na teessisan. 'Screen' fuuldura koo jiru yoon laalu Mahaammad Adamoofi Dr. Taaddasaa Eebbaa qophaayanii jiru. Mahaammad Adamoo akka gaazexeessaatti, Dr. Taaddasaan ABO bakka bu'ee, an ammoo akka xiinxalaatti dhihaanne.

Gaaffiin hammi tokko gaazexeessitootaan dhihaatee, kaan ammoo gama tiwiitariin daawwattoota irraa funaaname. Miidhaa mootummaan Itoophiyaa Oromoo irraan gahaa jiru, seenaa durii irraa kaasee hanga ammaatti anaa himu dhageenyaan gaazexeessituun gaaffii ani hin eegin na gaafatte.

"Jawar, Are you Oromo first, or Ethiopia first" naan jette. "Ati dura akka Oromootti of laalta, moo akka Itoophiyaatti?" jechuu ishiiti. Yookaan ammoo Oromumummaa moo Itoophiyummaatu siif dursa akka jechuuti. Yeroo gaazexeessituun na gaafatte gaaffii hin eegin waan tureef yeroo xiqqoof yaadeen deebiisaa "I am Oromo first, Ethiopia was imposed on me (An dura Oromoodha, Itoophiyummaan narratti fe'amte)" jedheen.

Deebii kana kanin kenne sababa lamaafi. Kan jalqabaa durirraa kaasee eenyummaa sabaatiin of ibsa. Mootummoonni maqaa Itoophiyummaatiin eenyummaa Oromoo cunqursaa waan turaniif, gaafa qabsoon Oromoo jalqabdurraa kaasee Oromummaa dhaadhessuun, tooftaa eenyummaa waloo deebisanii jaaruu turte. Adeemsa keessa Oromummaa ofii leellisaa Itoophiyummaa busheessuun, keessattuu biyyoota alaa keessatti, ulaagaa

195

sabboonummaa taate. Gaafa dhaloonni keenya siyaasaatti makamu, Oromummaan of ibsuun waan aadeffame ture.

Lammaffaa tartiiba eenyummaa irratti koorsiilee hedduu fudheera, kitaabotas dubbisee hubannaa hamma tokko waanin argadheef, gaaffiin gaazexeessituu sun maalirraa akka madde nan beeka. Erga sirni mootummaa ammayyaa (modern state) uumamee kaasee, eenyummaa sabaafi kan biyyaa jidduu hariiroon akkamii jiraachuu akka qabu hayyootaafi gareelee siyaasaa jidduu falmaatu jira. Yaadni tokko eenyummaan biyyaa kan saboota isa keessa jiranii caaluu qaba jedha. Kana gochuuf ammoo saboonni walitti baqfamanii (assimilation) eenyummaa waloo biyyoolessaa tokko uumuu qabu. Yaadni lammataa ammoo saboonni hedduun biyya tokko walitti qabaachuuf eenyummaa tokkotti baquun hin barbaachisu, hin danda'amus kan jedhuudha. Eenyummaan sabaafi kan biyyaas wal cinaa (concurrently) jiraachuu danda'u kan jedhuudha.

Bardhibbee 20ffaa dura yaadni eenyummaan sabummaa ukkaamfamee kan biyyoolessaan bakka buufamuu qaba jedhu olaantummaa qaba ture. Biyyoota muraasa akka Faransaayitti milkaayus, bakkoota hedduutti garuu fincila kaasuun hamma biyyoota diiguutti gahe. Biyyi takka hoggaa ijaaramtu (state formation) yeroo baay'ee lolaani/humnaani. Saboota biyyattii san keessatti argaman keessaa tokko humnaan jara kaan cabsee gabbarsiisee ijaara. Kun ammoo sabni humnaan caale sun ol'aantummaa diinagdee, hawaasummaafi siyaasaa akka gonfatu godha.

Biyyattiis akka dantaa isaa calaqqisiiftee kan saboota kaanii ukkaamsitutti tolcha. Loogiin kun wal caalmaa hawaasummaafi diinagdee uumuun warri miidhame akka finciluuf sababa ta'a.

Warri sabaaf-sablammoota hedduu irraa biyya takka ijaaruu yaalan eenyummaa garagaraa qabaachuun ni laaffisa jedhamee waan yaadamuuf walitti cafaqanii (hacuucanii) eenyummaa biyyoolessaa tokko uumuu yaalu. Jalqabumarraahuu biyyattiin kan ijaaramte gareen tokko waraanaan warra kaan injifatee waan ta'eef, eenyummaan biyyoolessaa haaraatti uumamu kan garee ol'aantummaa gonfatee saniiti malee, kan sab-daneessummaa calaqqisiisuu ta'uu hin danda'u. Eenyummaa garee tokkoo kan biyyoolessaa godhuuf ol'aantummaan humnaafi diinagdee jaarrachuun dirqama waan taheef, hacuuccaafi loogiin diinagdee ni jiraata. Hacuuccaan kun ammoo ummata miidhame keessatti komiifi sanarras dabree fincila kaasa. Sabni cunqurfame tokko milkaahuuf miseensonni saba sanii gamtaan socho'uu qabu. Gamtaan sun ammoo eenyummaa waloo walitti isaan hidhu barbaada. Dammaqiinsaafi sochii siyaasaa dhalattoonni saba tokkoo bifa eenyummaa isaaaniin gurmaa'anii taasisan santu sabboonummaa jedhama. Eenyummaa waloo kana ijaarrachuuf ammoo eenyummaa maqaa biyyaalessaatiin itti fe'ame san balfuun kan ofii leellisuu gaafata.

Yeroo wal diddaan (contradiction) eenyummaa sabaatiifi kan biyyoolessaa jidduu jiru guddataa deemu, dhalattoonni saba cunqurfamee, eenyumma lamaan keessaa tokko filachuuf dirqamu. Yeroo hedduu sababa roorroo mootummaan geessisurraa ka'uun eenyummaa biyyoolessaa mootummaan leellifamu balfuun kan sabummaa filatu. Walitti bu'iinsi eenyummaa sabaafi biyyaa kun adeemsa keessa karaa sadiitti furamuu mala.

Kan duraa gareen aangoo mootummaa qabate humnaafi tooftaan jabaatee eenyummaa sabootaa walitti cafaqee (assimilation) eenyummaa biyyoolessaa yoo ijaareedha. Kan lammataa ummatootni aggaammii eenyummaa isaanii liqimsuuf godhamu san irratti finciluun, yaalii mootummaan godhu humnaan fashalsanii eenyummaa saba isaanii kophaatti baafachuu malu. Inni sadaffaa ammoo biyya sabdaneessa irratti eenyummaa saba tokkoo akka eenyummaa biyyaalessaatti fe'uu yaaluun hafee ykn yennaa fashale, sabni hunduu eenyummaa isaa qabatee itti fufuun dhawaataan eenyummaan saboota garagaraa wal makaa (integration) adeemee eenyummaa waloo sadarkaa biyyoolessaatti yoo uumeedha.

Yeroo akkasii eenyummaan sabaafi biyyaa ykn eenyummaaleen akka amantii, naannoofi kkf kan biyyaatiin wal simatan (complimentary) jenna. Yeroo eenyummaaleen walitti bu'uun hafee walsimatan, fakkeenyaaf namni gurraachi Ameerikaa tahe tokko seenaafi aadaa Afrikummaa isaatiinis boonaa, Ameerikummaas ittiin boonee, eenyummaa lama kan tokko isa kaan hin dhiibne qabaachuu danda'e jechuudha. African American kan jedhamuufis kanaafi. Namni sun eenyummaa Afrikaas kan Ameerikaas wal faana qaba jechuudha.

Gara Siyaasa Itoophiyaatti yoo deebinu, bara Minilikii fi Hayilasillaasee yaada saboota danuu biyyattii keessa jiran walitti cafaquun eenyummaa biyyoolessaa uumuu santu yaalame. Eenyummaan Amaaraa akka kan biyyoolessaatti fudhatamuun, kan saboota biroo liqimsee eenyummaa biyyoolessaa akka ta'uuf carraaqame. Kun ammoo, Oromoo dabalatee, saboota biroo irraa diddaafi fincila kaasise. Saboonni cunqurfaman eenyummaa ofii leellisaa Itoophiyummaa busheessuun qaama qabsoo ta'e. Fakkeenyaaf yeroo faranjiin "are you Ethiopian?" jettee gaafattu "lakki ani Oromoodha" jedhanii deebisuun baratamaa ture. Deebiin akkasii warra Itoophiyummaa leellisu yeroo dallansiisu Oromoota biratti ammoo akka mallattoo sabboonummaatti laalama ture. Maddi gaaffiif deebii "Ati dura Oromoo moo Itoophiyaadha?" jettuufi atakaaroon san booda ka'es kanuma.

Itoophiyummaafi Oromummaan wal faalleessuun waan haaraya osoo hin taane, ijaaramuu Itoophiyaafi dhaloota qabsoo Oromoo irraa eegalee kan tureedha. Gaafa Minilik humna waraanaa Amaaraa of cinaa hiriirsee Itoophiyaa ijaaree kaasee, eenyummaa Amaaraa kan biyyaalessaa Itoophiyaa gochuudhaaf humnaanis tooftaanis yaalamee ture. Afaan Amaaraa kan barnootaafi hojii mootummaa yoo taasifamu kan Oromoofi saboota biroo ni uggurame. Aadaan Amaaraa akka mallattoo qaroominaatti yeroo leellifamu, kan Oromoo akka doofummatti busheeffama. Namni tokko Itoophiyummaa dhugaa goonfachuuf Oromummaa isaa mulqachuu qaba ture. Namoonni baratan maqaa Oromoo akkuma mana barnootaa seenaniin wanti kan Amaaraatti jijjiiraniif kanuma ture.

Dhiibbaa eenyummaa saba Oromoo ukkaamsuun Itoophiyummaa eenyummaa Amaaraa irraa tolfamte fe'uu kanatu diddaa Oromoo dhalche. Namootuma akka Taaddasaa Birruu kan Itoophiyummaa fudhatanii Sadarkaa guddaa qabaniiyyuu naatoo sabaafi eenyummaa isaaniif agarsiisuu eegallaan dhiibbaa irra gaheen finciluuf dirqaman. Dhaloonni isaan boodaa immoo daranuu Itoophiyummaa balfee Oromummaafi Oromiyaa leellisutti seene. Gaafa Minnesotaatti dargaggoota gurmeessaa turre san, namoo eenyummaan keenya dursa Oromoo ta'uutti amanna ture. Garaagarummaan yoo jiraate Oromiyaafi Itoophiyaa keessaa kam akka biyyaatti akka himannuudha. Joolleen heddu "eenyummaan keenya Oromoo, biyti teenya Oromiyaa" jechuun himachuu filatu ture. Gariin ammoo eenyummaan Oromoo, biyya garuu Itoophiyaa kan himatus ture.

Arfaasee waliin kanarratti atakaaroo qoosaa qabna turre. Ishiin yeroo cufa gaafa faranjiin "warra eeysaati?" jeedhee gaafate "Oromiyaa!" jechuun deebifti. Faranjiin Oromiyaa dhageeyse waan hin beeyneef, seenaa, teessuma lafaa, haala yeroo adda babaaftee himuun hubachiifti. Arfaaseen amalumaannuu nama obsaan nama haasoysisuu dandeessu yoo taatu, dhimma Oromoofi Oromiyaa fa'aa si'aainaan sa'aa hamma barbaachisuu laattee dubbachuu feeti. Ani garuu obsa dhaabbadhee faranjii karaa deemtuuf ibsuu hin qabu. "Warra eeysaatii?" gaafa naan jedhan "warra Chaaynaati" jedhen deebisa. Faranjiin 'hin fakkeessinee fakkeessi yoo jettu 'ija tiyya xixiqqoo tana hin gartuu' jedheetiin qoosaadhaan bira dabra.

Gaafa tokko akkuma New York galleen, osoo karaarra deemnuu faranjiin takka "isin warra Itoophiyatii?" jettee nu gaafatte. Ani "eeyyeen" jedhee miila fuudhee dabruun yoon jedhu, Arfaaseen "lakki nuti warra Oromiyaati" jettee akkuma amala ishii ibsuufi eegalte. Akkuma ishiin fixxeen Muhammad Adamoo mana bunaatti nu eegu bira hogguu dhaynu hiriyoota waliin baratu kan waliin taa'aa turan keessaa tokko "isaanis warra Itoophiyaatii/" jedhee gaafate. Muhammadis "eeyyeen" jedhee deebiseef. Arfaaseen aartee "isin lamaanuu erga Minnesotaa as galtan baddan" jettee nu gattee deemte.

Biyyummaan Itoophiyaafi Oromiyaa himachurratti garaagarummaan akkanaa jiraatuus, eenyummaa garuu Oromoo himachuufi dhaadhessuu irratti sabboontonni Oromoo ejjannoo takko qabaachaa turan. Maarree yeroo gaazexeessituun Aljazeeraa sun gaaffii san na gaafattu seenaa siyaasaa sabummaa addunyaa, tiwoorii uumamaafi diigama eenyummaa (construction and deconstruction of identity), seenaa wal dura dhaabbannaa Oromummaafi Itoophiyummaa akkasumas muuxannuma kiyyarraa ka'uun deebii anaaf Oromummaatu dursa jedhu deebiseef.

Yeroon marii san xumuree Istuudiyoo Aljaziiraa irraa gadi bahu, bilbilli kiyya waamicha dabre (missed call) guutamee jira. Yeroon facebookfi twitter banu ibiddi qabatee jira. Oromoon na faarsa, warri kuun na arrabsa. Guyyootaafi torbaanota itti aanan marsaalee hawaasaa, raadiyoofi televiziyoonaan duulli hamaan narratti baname.

Yeroon manatti galu hiriyyaafi waahilli hojiikoo Eliyaas Ibsaa kan bara 2005 irraa kaasee waliin hojjachaa turre naaf bilbile. Duula jarri bante kana hireetti jijjiiruu qabna naan jedhe. Maal gochuu akka qabnu bal'inaan mari'anne. Karoora baasii naaf ergin jedheen. Karoora duulaa baasee natti erge. San dura ololaa Oromoorratti godhamu dura dhaabbachuufi qabsoos cimsuuf yaada miidiyaa dhaabuu irratti mari'achaa turre. Kanarraa kaanee duula "Oromo First" eegalle. Akeekni duula saniis; Duula Oromummaa irratti baname cabsuun dadammaqiinsa sabaa irratti hojjachaa turre daran cimsuuf, kaka'uumsa ummata Oromoo diyaaspooratti fayyadamnee maallaqa walitti qabuun miidiyaa tokko Oromoof ijaaruudha.

Haaluma kanaan qophii duraa hawaasni Minnesota qopheessee nu waame. Akeekni hawaasni qophii san qindeesseefis duulli narratti baname ana akka dhuunfaatti hamilee akka nan cabsineefi akkasumas duula sababa Oromummaatiin nama tokko irratti godhamu, Oromoon cufti akka waliin qolatu agarsiisuuf. Anis ummata dhibbaatamaan galmatti walitti qabame yeroon argu miira keessa akkan galu na godhe. Ummanni Oromoo gaafa xiiqii akkamiin akka waliif dirmatun arge. Waltajjicha irratti Dr. Gammachuu Magarsaa, kan akka carraa biyyarraa dhufee achi ture, sabni keenya Oromummaa maaf akka jabeessuufi alagaan maalif akka jibbu cimsee dubbate. Oromoo First jechuunis kanumaaf saba dammaqsee tokkoomsee alagaa weerarse jechuun barsiise.

Minnesota booda ji'oota itti aananiif magaalota Ameerikaa, Kanaadaafi Awurooppaa hedduu irra deemuun duula geggeessine. Duula kanas dhawaata keessa gara waltajjii marii ummataatti guddifne. Aniif hayyoonni biroo waliin tahuun seenaa qabsoo Oromoo, kan ummata cunqurfamtoota addunyaa barsiifna. Waltajjiileen kun kan nuti waltajjiirraa dubbannee ummanni dhaggeeffatee addaan gallu hin turre. Erga hayyoonni yaada ka'uumsaa dhiheessanii booda hirmaattonni bilisaan gaaffiifi yaada isaanii dhiheeffatanii mariin bal'aan sa'aa dheeraa fudhannee geggeeffama.

Marii banaa akkasii kan gooneef sababa qabna turre. Sababa laamshahuu qabsoo Oromootiin hawaasni biyya alaa hamileen cabee walitti marihachuurra murna murnaan wal hamachuufi komachuun baratamaa ture. Kun ammoo hawaasa daran adda fageesse. Ololli diyaasporaan murnaan qoodamee walirratti godhaa ture ummata biyya keessaas hamilee cabsaa (demoralize) ture. Yeroodhaa gara yerootti qoqqoodamuu dhaabbilee siyaasaafi qabsoon gara fuulduraa deemuu dadhabuun hawaasa Oromoo keessatti kufaatii hamilee waloo (collapse of collective self-esteem) geessisee ture. Kanaaf ammoo fakkeenyi Oromoon bakka wal gahe maratti laafina ofii dubbachuu filachuudha.

Bakka booyichaa (taaziyaa), mana cidhaa, iddoo barcaafi dhugaatii irratti yoo walgahu, "Oromoon bu'aa hin qabdu, wal hin taatu, tokkummaa hin qabdu" jedha. Faallaa sanii ammoo alagaa humna ishiitii ol kaasee faarsa. "Oromoon miliyoona shantamaa warra miliyoona shaniitiin dhiitama. Isaan tokkummaa cimaa qabu. Hoggansi isaanii gamna, goota" fi kkf jedhu. Ilaalchi akkanaa kun, xin-sammuu sabaa hedduu hube. Gad'aantummaa ofiitiin booyaa ol'aantummaa alagaa leellisuun mallattoo kufaatiifi cabiinsa hamilee waloo waan taheef kana jijjiirru malee qabsoo gara fuulduraatti tarkaanfachiisuun akka hin danda'amne hubanne. Ilaalcha hin dandeenyu jedhu gara ni dandeenyaatti, kan tokkummaa hin qabnu jedhu immoo tokkummaa qabatamaan mul'atutti geeddaruuf hojjanne.

Qabsoo sabaa jechuun gabaabatti roorroo waloo hojii walootiin irra aanuudha. Waloon qabsaa'uuf ammoo miseensonni saba sanii ofiifi walirraa abdachuu danda'uu qabu. Ofitti amanamummaa waloo osoo hin deebisin tarkaanfii waloof socho'uun hin danda'amu (without reviving collective self-esteem, it's impossible to mobilize for collective action) jennee amanne. Hojiin kufaatii hamilee waloo wal'aanuu kun tooftaalee lamaan hojjatame.

Kan duraa seenaa milkaa'ina waloo kaleessaa yaadachiisuun (nostalgia) fayyadamuudha. Laafinaafi rakkoolee qabsoo yeroo ammaa irratti alaan'alaa ooluun daranuu hamilee wal buusuu malee faayidaa hin qabu. Hojii gara fuulduraa irratti mari'achuuf ammoo wal amantaan hin jiru. Kanaafuu hojii boonsaafi bu'aa qabeessa qabsaa'onni saba kanaa dur waliin raaw'atan yaadachiisuutu wayya. Qophiilee yaadannoo seenaa hojiilee gurguddoo qabsoo Oromoo keessatti raaw'atamanii qophaa'uun akeeka kanaaf faayidaa guddaa kenne. Fakkeenyaaf yaadannoo waggaa 50ffaa qabsoo Afran Qalloo, Sochii Ummata Baalee, Hundeeffama Maccaaf Tuulamaa kkf qophaayuun miira ummata keenyaa kakaasuuf shoora gaarii taphate.

Kanaaf ammoo ragaan si'aa'inaafi baay'ina ummata sagantaalee san irratti hirmaateeti. San dura walgahiileen Oromoo yaamaman namoota qubaan lakkaayamutu hirmaataa ture. Namni hedduun walgahuma Oromootu ni jibbe. Sababninis waltajjiilee san irratti wal abaarsa murnootaa malee hojiin qabatamaan hin jiru ture. Qophiilee yaadannoo seenaa kaleessaa kanarratti garuu qabsaa'ota gameeyyii dabalatee ummanni yeroo dheeraaf sababa murnummaatiin addaan faca'ee ture walitti dhufe. Rakkoofi sadoo bara hamtuu keessa waliin dabran yaadachuun yeroofis taatu ilaalcha murnummaa akka irra dabran gargaare. Fakkeenyaaf gaafa sagantaa yaadannoo waggaa 50ffaa Alii Birraan muuziqaa itti eegale gaafa qopheessine, namoonni waggoota dheeraaf walgahii Oromoo lagatanii turan dhibbaatamaan dhufan. Qabsaa'onni dirree lolaa gammoojjii Harargee, lafa baqaa Somaaliyaa, Jabuutiifi Suud Arabiyaatti rakkoo waliin dhandhamaa turanii sababa murnaatiin addaan faca'an carraa sagantaa Alii Birraa kanaan walitti dhufanii walitti booyanii hariiroo obbolummaa haareffachuu eegalan.

Gaafa Jaarraa Abbaa Gadaa du'u immoo namoota qabsoo keessatti isaan wal hin taane, kanneen akka Galaasaa Dilboofi Leencoo Lataa, dabalatee shoora inni taphataa ture kaasan. Ummanni hoogganoonni kunniin akka san duraa olola murnummaan wal abaaruu osoo hin taane kabaja obbolummaafi Oromummaatiin Jaarraaf qooda yoo kaayan dhagayuun madaan fayyuufi hamileen itti deebi'uu eegale. Haala kanaan sagantaalee seenaa kaleessaa yaadachiisan fayyadamuun faayidaa guddaa buuse. Haala yeroo ammaa (current affairs) irratti saba wal taasisuu yoo dadhabde, yaadannoo durii tan waloom(collective nostalgia) kan injifannoofi gammachuu fayyadamuun furmaataafi faayidaa guddaa akka qabu agarre.

Tooftaan lammataa hamilee waloo ittiin bayyanachiisuuf filatame ammoo hojii xixiqqaa garuu ammoo hiika guddaa (symbolic significance) qabu walitti aansuun raaw'achuun Oromoon har'as akka kaleessaa bu'aa buusuu akka danda'u agarsiisuu ture. Kanaaf ammoo piroojektii OMN dhaabuu fayyadamne. Duula Oromoo First kan sabboonummaa dadammaqsuuf taasisnu, maallaqa miidiyaa ijaaruuf nu barbaachisu walitti qabuufis fayyadamne.

Oromoon kaleessa bara dadammaqiinsi haga har'aa hin jirre seenaa guddaa dalage sun har'as san caalaa hojjachuu qaba, ni danda'as yaada jedhu marii galmatti taasisaa turre. Yeroo kana jennu ummanni mamiin akka dhaggeeffatu ni beekna. Yeroo dheeraaf dhaabbileen siyaasaa waadaa garagaraa seenanii galmaan gahuu waan dadhabaniif, nutis haa nu dhaggeeffatuu malee akka abdii guutuu nurraa hin qabne ni beekna. Mamii isaa kana waan waadaa galle qabatamaan hojiitti hiikuu qofaan jijjiiruu akka dandeenyu ni beekna. Karoora siyaasaa qabaannus yeroo sanitti hojiitti hiikuu hin dandeenyu, gadi baasuun ummata amansiisuu hin danda'u. Kanaafuu hojiin qabatamaan hojjannee agarsiisuuf dandeenyu miidiyaa ijaaruudha. Nus kanuma waadaa gallee maallaqa walitti qabutti seenne.

Hojii qabatamaatti cehuun dura shoora hawaasa diyaasporaa sirritti adda baasnee kaayuu qabna ture. Akkuman barruu qeeqa ABO irratti dhiheesse keessatti kaaye, wantoota qabsoo laamshessan keessaa tokko jaarmaafi hoggansi qabsoo biyyaa baqatee hawaasa biyya alaa irratti irkatuudha. Kun ammoo diyaaspooraan yeroofi bakkaan dirree falmaa hin jirre shoora raaw'achuu hin dandeenye akka fudhatu godhe. Ummanni biyyaas jaarmaafi hoggansa biyya alaa jirutu qabsaayee bilisummaa naaf fida jechuun tattaaffii isarraa eeggamu dhiisee harka maratee eeguu amaleeffate. Kanaafuu mariilee hawaasaa duula Oromo First keessatti shoora diyaasporaa kana ifatti himuun ilaalcha isaan ofii qaban sirreessuu irratti fuulleffanne. Qabsoo keessatti shoorri diyaaspooraa hogganuu osoo hin taane deeggaruu akka ta'e gadi qabnee dubbanne. Deeggarsa kana ammoo bifa shaniin raaw'achuu danda'a.

Isaanis;

1. Dippiloomaasii: Mootummoonni biyyootaafi dhaabbileen addunyaa miidhaa Oromoorra gahu akka hubatan gochuuf carraaquu.

2. Advocacy: Lammilee, dhaabbileefi mootummooni biyyoota jiraatanii Oromoof akka dirmataniifi mootummaa saba kana miidhaa jiru irratti dhiibbaa akka taasisan waywaachuu.

3. Beekumsa maddisiisuu (knowledge production): Dhimma Oromoo irratti qorannoo geggeessuun, barreessuufi tamsaasuun hubannaan lammilee keenyaas ta'ee kan alagaa akka dabalu taasisuu.

4. Deeggarsa leeccalloo (material/ support): Qabsoofi qabsaa'ota biyya keessaaf deeggarsa meeshaafi maallaqa barbaachisuu gumaachuu

5. Miidiyaa: Dadammaqiinsa sabaa cimsuuf, olola diinaa cabsuufi hubannaa warra biraa jabeessuuf gama miidiyaatiin dhimma Oromoo irratti oduufi odeeffannoo waaytawaa tamsaasuu.

Magaalota marii ummataaf daawwannu hundatti shoora shanan kana irra deddeebinee ibsuun, hawaasni biyya alaa dhimmoota ijoo kanneen keessaa kan danda'u filatee hirmaachuun bu'aa qabeessa akka ta'e gorsaa turre. Yeroo hunda waan tokkon cimsee himaa ture. Wanti sunis, namni biyya alaa jiraatu qabsoof dagalee malee utubaa miti kan jedhu. Kunis qabsoo gargaaruu malee geggeessuu hin dandahu jechuudha. Sababni ammoo fageenya lafaatu isaan daangessa waan taheef.

Himata kana sirriitti isaan hubachiisuuf, fakkeenya wal dorgommii buunyaa (booksii)tin kennaa ture. Kunis namni booksii dorgomuu qabu dirree geengoo (ring) keessa seenuu qaba. Seenuu qofaa miti, nama wal dorgomuunii barbaadu san dhahuufi dhahamuu fageenya isa dandeessisurra dhaabbachuu qaba. Dhahuufi dhahamuu dandahuu baannaan qaama dorgommii saniitii miti. Injifannoonis hin jiru. Inninis dorgomaa jechamuu hin dandahu. Foorfeen moo'ama.

Namni geengoo booksii san keessa seenuuf onneen isaa yookiin haalli biraa isa daangessu dorgomaa ta'uu hin danda'u. Hirmaannaan isaa nama geengoo seene dorgomuu danda'uuf deeggarsa dhiheessutti daangeffama. Gargaarsi kun ammoo leeccalloodhaan (waan dorgomaan sun barbaadu kennuun) ykn ammoo hamilee kakaasuun (tifoozoo) ta'uu danda'a. Kanaafuu, namni geengoo buunyaa keessa seenee nama dorgomuun sanitti dhihaatee rukutuufi rukutamuu hin dandeenye akka waan dorgommii san keessa jiruu of fakkeessuun warra silaa dhugaan dorgoman irraa leeccalloofi haamilee qisaasuu malee faayidaa hin qabu.

Qabsoon Oromoo yeroo dheeraaf dhugaa kana faallessuun laamshofte. Jaarmayniifi hoggansi qabsoo Oromoo baqatanii biyya ambaa galan. Dirree falmaa irraa akka bahaniin hoggansa irraa gara deeggaraatti jijjiiramuu qabu ture. Garuu alaattis akka hoogganaatti of ilaaluu itti fufan.

Haalli sun jaarmayaafi hoggansi fageenyarraa kan ka'e hojii qabatamaa dalaguu dadhabuu qofa osoo hin taane hoggansiif jaarmayni biraa lafarratti hojii qabatamaa dalaguu danda'u akka hin biqille qancarse. Kanas karaa lamaan taasisu. Kan duraa leeccalloo (resources) silaa hojii lafarratti dalagamuuf barbaachisu alatti hambisu ykn qisaasu. Kan lammataa maqaafi beekamtii waan qabaniif jaarmayaafi hoggansi haaraan biyya keessatti akka hin biqilleef gaaddidduu itti ta'uudha.

Haalli kun ummata Oromoo biyya keessaa akka eegee re'ee godhe. Jaarmayaafi hoggansa isaan dhiisee baqatetu dhufee nu bilisoomsa jedhee osoo ala eeguu, jaarmayaafi hoggansa isa jidduudhaa baasuu dadhabee hoongayee ture.

Kanaafuu namoonnis tahe jaarmayaaleen biyya alaa jirru qabsoo biyya keessaa hogganna jennee waan qabatamaan hin danda'amne ofis sobnee sabas abdii hin taaneen laamshessuurra, shoorri keenya gama hojii shanan armaan oliin gargaaru akka ta'e beeknee haa fuulleffannu jennee gorsaa turre. Shanan keessaa gareen 'Oromo First' sun ammatti miidiyaa ijaaruu waan barbaaduuf waan dandeessaniin nu gargaaraa jennees ummata gaafataa turre.

Ummannis ergaa keenya fudhatee hamileefi maallaqaan nu gargaaree gara OMN hundeessuutti deemne.

Namoonni hedduun duula Oromo First san akka finxaalessummaa sabboonummaafi Oromiyaa fottoqsuu leellisuutti fudhachuun nu qeeqaa turan. Dhugaan ture garuu faallaa saniiti. Ani duuluma san duraayyuu yaada Oromiyaa Fottoqsuu akkan hin deeggarre mooraa qabsoo Oromoo keessatti sirritti beekkama. Inumaatuu 'Ethiopianist' taappellaa jedhu natti maxxansuun qeeqama ture. Mirgiifi dantaan Oromoo, Itoophiyaa keessatti furamuutu wayya, ni danda'ama jedhee akkan amanu namoonni barreeffamootaafi haasaya kiyya hordofaa turan ifatti hubachuu danda'u. Fakkeenyaaf bara 2010 marsariitii Gadaa.com jedhamuuf af-gaaffii dheeraa kenneen ummata Oromootiif faayidaa waaraa kan qabu, Oromiyaa kophaatti baasanii biyya haaraa ijaaruu osoo hin taane, Itoophiyaa amma jirtu gara dimokraasiitti ceesisuun sirna mirgaafi faayidaa ummata hundaa kabachiisu ijaaruu akka ta'e ifatti falmee ture.[16]

Inumaatuu wanti namni heddu yerositti hin hubatin Oromo First dhaadannoo qabsoon Oromoo san dura qabdu "Oromo Shall be Free/Oromiyaan Ni Walaboomti" jedhu bakka bu'uu isaati. 'Oromia Shall be Free'n ejjannoo Oromiyaa walaboomsuu jala muree kaayu yoo ta'u, Oromo First ykn ani dursa Oromoo jechuun eenyummaalee biroof karra banaa kan dhiiseedha. Jecha biraatiin, ce'uumsi Oromia Shall Be Free irraa gara Oromo First taasifame, seenessa Oromiyaa Itoophiyaa irraa fottoqsuu irraa gara Oromoo aangoomsuutti ce'uu ture. Yeroo duula Oromo Firstfi booda gaaf qabsoo Qeerroo miira sabboonummaan hedduu ol kaasaa waan turreef, ormi gariin ilaalcha siyaasaa Oromoo akka waan

16   Mohammed, Jawar. "I am quite optimistic about the Future of Ethiopia." *Gadaa.com*, 13 Mar. 2010

gara finxaalesummaatti dhiibnetti nu qeeqaa turan. Qabatamaan garuu siyaasni keenya yaada Itoophiyaa irraa fottoquu jedhurraa gara aangoo sirna mootummaa Itoophiyaa dhuunfachuutti akka fuulleffatu taasifne.

Ce'uumsa kana yeroo sanitti ifatti dubbachuun mormii (backlash) waan qabuuf malaan bira dabruun barbaachisaa ture. Maloota kana keessaa tokko atakaaroo "Oromiyaa walaboomsuu moo Itoophiyaa dimokraatessuu wayya" jedhu kan yeroo dheeraaf mooraa qabsoo Oromoo keessa ture, ajandaa akka hin taane gochuudha. Ta'us, namni seenessa yeroo duula Oromo First fayyadamaa turre qalbiin xiinxale hubachuu danda'a ture. Boodarra seenessi mormiin Mastar Pilaanii itti dhihaataa ture cehuumsa kana daranuu calaqqisa ture. Dhumarratti kallattiidhaan angoon mootummaa Itoophiyaa Oromoof akka kennamu yennaa gaafannu seenissi fottoquu kan Oromoo aangessuutiin guututti bakka buufamuun ifa ta'e. Cehuumsa kanas Haacaaluu Hundeessaa "Arat Kiiloof situ male" gaafa jedhee geerare goolabbii itti tolche. Hojiin seenessa siyaasa Oromoo gara jidduutti fiduu kun nuun hin eegalamne. Dhaloota qabsoo irraa kaasee Oromoon mirga isa kan gonfatu Oromiyaa bilisoomte bu'uuressuun moo Itoophiyaa dimokraatessuun falmii jedhutu ture.

Bu'uuressitoonni qabsoo bara 1960 biyya Yaman magaalaa Eedanitti walgahn dhimma kanarratti gargar kan bahan yoo ta'u, gareen Haaji Huseen Suraan durfamu wixinee Itoophiyaa keessatti qabsaa'uu wayya jedhu fudhatanii jaarmiyaa "Adda Bilisummaa Biyyoolessa Itoophiyaa" hundeessan. Gareen Elemoo Qilxuutiin durfamu ammoo Oromiyaa hundeessuun dirqama jechuun Waraana Bilisummaa Oromoo hundeessuun qabsoo hidhannoo jalqabe. Sagantaan siyaasaa ABO'n bara 1973 yeroo qophaayu qoqqodama atakaaron kun uume irra aanuun tokkummaa qabsaa'otaa mirkaneessuuf jecha, "mirga hiree murteeffannaa/ self-determination" akka yaada araaraatti fayyadame. Ta'us ukkaamsaan sirna dargii jabaataa, siyaasni Itoophiyaa hammaataa waan deemeef baroota 1980moota keessa ABOn yaada Oromiyaa walaboomte hundeessuu leellisaa ture.

Bara 1990moota keessa hayyuu gameessi Adda Bilisummaa Oromoo Leencoo Lataa, akeekni qabsoo Oromoo Itoophiyaa gara dimokraasiitti ceesisuutti akka luucca'uu qabu ifatti barreessuun, dubbii walabummaatiin afaanfajjii uumuun akka raaw'atu dhaame.[17] Haa ta'u malee, qoqqoodinsa hoggansa keessa tureen kan ka'e, yaada inni dhiheesse irratti marii sirnaa gochuu mannaa, sabboonummaafi amanamummaa Leencoofi deeggartoota isaa xureessuuf hojiirra oole. Itti aansee Leencoon jaarmicha keessaa waan ari'ameef, yaada Itoophiyaa dimokraatessuu jedhu kaasuun mataansaa akka safuu (taboo) tti ilaalamee kan gatii siyaasaa nama baasisu ta'e. Moggaasa "Itoophiyaanist/ Ethiopianist" jedhuuf saaxilamuun dirree siyaasaa keessaa qofa osoo hin taane sadarkaa jiruu hawaasummaa keessaa moggeeffamuutti gahe.

---

17 *The Ethiopian State at the Crossroads: Decolonization and Democratization or Disintegration?* Red Sea Press, 1999

Anis dhimma kana jalaqaba yeroon Singaapoor jiru hordofaa ture. Ameerikaa erga deemee booda yaada Itoophiyaa dimokraasiitti ceesisuun mirga Oromoo kabachiisuu jedhu leellisuun qaanii ta'uurraa bilisa baasuuf yaaluu jalqabe. Fakkeenyaaf duula maqal balleessii namoota yaada sana tarkaanfachiisan kanneen akka Prof Mararaa Guddinaafi Dr Nagaasoo Gidaadaa irratti godhamu mormaan ture.

Dabalataanis marsaalee interneetii akka paltalk irratti dhihaachuun, murtii dhumaa kan ummata Oromoo ta'us, fottoquu irra Itoophiyaa gara dimokraasiitti ceesisuu wayya falmii jedhu dhiheessaa ture. Dhawaataanis Oromiyaa kophatti baasanii ijaaruun bu'aa isaa caalaa miidhaa akka qabuu himuun; mirga Oromoo biyyuma Itoophiyaa keessatti kabachiisuuf carraaquun filmataa tokkicha qabnu ta'uu barreeffamootaafi haasaa waltajjiilee garagaraa irratti dhiheessuun falmuu jalqabe. Yeroo duula Oromo Firstfi OromoProtest dhageettiin kiyya haalaan waan dabaleef, ilaalcha Oromiyaa walabaa uumuu jedhu jedhu moggaatti dhiibuun, seenessi Itoophiyaa gara dimokraasiitti ceesisuu jedhu olaantummaa akka qabaatu gochuu dandeenye.[18]

Seenessa Oromiyaa walabaa ijaaruu kan mooraa qabsoo keessatti ol'aantummaa qabu faallessuun, gaaffiin Oromoo wixinee Itoophiyaa keessatti hiikamuu danda'a yaada jedhu yennaan dhaadhessu, aasxaaleefi ejjannoowaan ijoo sabboontummaa Oromoo calaqqisan fayyadamaa waanin tureef, qeeqa sabbonummaa kiyya gaafii keessa galchuuf taasifamaa turan dandamachuu danda'e. Fakkeenyaaf, alaabaa ABO fayyadamuu, akeeka walabummaa deeggaruu baadhus Oromiyaa leellisuu, ilaalcha walabummaa qabaatanis hogganoota gameeyyiif beekkamtii kennuun kiyya, qeeqni namoota dhuunfaafi murnootirraa narratti oofamu fudhatama koo akka hin miine na gargaaree jira.

6.7. OMN: WAADAA DHUGOOME

Qabsaa'onni Oromoo akkuma wal'aansoon eegaleen barbaachisummaa miidiyaa hubatan. Hawaasa sammuun hidhateetu waloon qabsoo'uu danda'a jedhanii waan amananiif qabsoo hidhannoo eegaluun dura miidiyaa eegaluuf qabsaa'uf carraaqan. Dr. Sheek Muhaammad Rashaad Abdullee yeroo biyya Masrii Yunivarsitii Al-Azhaar baratu, Raadiyoona Afaan Oromoo banuuf gaafatee ture. Erga amansiise booda didame. San dura tamsaasni sagantaan Afaan Amaaraa darbaa turus tan Afaan Oromoo dhufaa jiraachuu beeknan mootummaan Itoophiyaa xalayaa cimaa mootummaa Masriif erge.

Warri Masrii Afaan Oromoon siyaasaa isaanii Afrikaa Bahatti dabarsuuf fedhii qabaatanis, dallansuun mootummaa Itoophiyaa tun Hariiroo hammeessiti jedhanii waan sodaataniif, Sheek Muhaammad Rashaad waamanii akka hin dandeenye itti himan. Inninis kaayyoo Afaan Oromoo raadiyoorra baasuu kana xiiqin qabatee Somaaliyaa tan reefu bilisa baatetti qajeele.

Achittis Ayyuub Abuubakar faa waliin ta'uun Raadiyoo Afaan Oromoo eegalan. Mootummaan Somaaliyaa Sagantaa kana kan hayyamteef dantaa ishii ka waldhabdee Itoophiyaa waliin qabduuf malee Oromoo humneessuf hin turre.

Mootummaan Somaaliyaa olola isaa hawaasa Oromootin gahuuf fedhii qabaatus jabaachuun sabboonummaa Oromoo hawwii lafa babal'ifannaa isaatiif gufuu ta'uu waan shakkeef, Raadiyoo Afaan Oromoo jechuurra 'Afaan Gaallaa' akka jedhamu murteesse. Sheek Muhaammad Rashaad faanis maqaan sun keessotti isaan dhukkubsus, qilleensarra haa bahu jedhanii seensarratti Raadiyoo Afaan Gaallaa, Oduu keessatti Afaan Oromoo jechuun tamsaasuu akka tooftaatti fayyadaman.

Raadiyoon kun sagantaa eegalee yeroo muraasa keessatti naannolee Oromiyaa uwwisni gahu kan akka Harargee, Baaleefi Boorana keessatti dhaggeeffattoota bal'inaan horate. Gandi guutuun nama raadiyoo qabu tokkicha biratti walitti qabamee dhaggeeffataa turan jedhama. Kan achitti argamee kallattiin dhagayuu hanqateef, waan dhagahe cuunfee warra birootiif hima. Miidiyaan hammam saba akka qabsoof qopheessu kan agarru akkuma Raadiyoon Moqdishoo eegaleen yeroo gabaabaa keessatti naannawa Oromiyaa tamsaasni sun dhaqqabu keessatti qabsoon dhoohuudha. Harargetti sochii aadaafi Afaanii Afran Qalloo, Baaletti ammoo qabsoon hidhannoo qonnaan bultootaa eegale.

Mootummaan Hayilasillaasee akkuma Kaayirotti godhe, Somaaliyaas doorsisuun tamsaasa Afaan Oromoo dhaabsisuu dadhabnaan, Afaanuma dura balfe saniin Harar irratti tamsaasa Afaan Oromoon eegale. Kun garuu tamsaasa Moqdishoo fashalsuu hin dandeenye. Kanarraa ka'uun gara gaazixeessitoota dhabamsiisuutti ce'e. Ayyuub Abuubakar ajjeese. Tarkaanfiin ajjeechaa kuniif haalli siyaasa Soomaliyaa jijjiramuun raadiyoo Maqdishoo laaffisaa deemus, qaanqeen qabsoo miidiyaa duruu facaate.

Raadiyoon Harar kan raadiyoo Moqdishoo dura dhaabbachuuf banamte, dadammaqiinsa sabboonummaa Oromoo cimsuun faallaa dhaabbatteef hojjatte. Gaazexeessitoonni akka Ayyuub Abuubakar kallattiin siyaasaa dubbachuu baatanis, aadaafi aartii Oromoo dhaadhessuun Oromoon akka ofiif walbeeku gochuun sabboonummaa finiinsan.

Gaafa Haylasilaaseen kufee Darguun dhufu, carraa jijjiiramaa sanitti fayyadamuun gaazeessitoonni Oromoo kan akka Mahdii Haamid Muudee gaazexaa Bariisaafi kanneen biroo dhaabuun qabsoo miidiyaa itti fufan. Qubee Laatinii yeroos as baateen fayyadamuun dhoorkamanis, qubee saabaa fayyadamuun roorroo Oromoorra gahu saaxiluun dadammaqiinsa siyaasaa daran finiinsan.

Itti aansee Sagaleen Bilisummaa Oromootis kan arraata Adda Bilisummaa Oromoo ta'uun hundaaye rasaasa qabsoo Oromoo ta'ee bara 1980moota keessa Oromiyaa sochoose. Morka kanaa mootumaan Darguu sagantaa Afaan Oromoo kan magaalaa Harar qofa osoo hin taane Finfinnee irrayais banuun olola isaa ooffachuuf yaalaa ture. Ta'us gaazexessitoonni achi keessa hojjetan, dagaagina gama aadaafi Afaaniitiin barbaachisuuf gumaata guddaa godhan.

Bara 1991 erga, daangaan Oromiyaa sararamee, Oromiyaan ifatti dhaabbattee Afaan Oromoo afaan hojii isii godhatte booddee tamsaasni afaan Oromoo raadiyoo saa'aa dabalachuu bira dabree Televiziyoonanis (TV) eegale. Tamsaasni Afaan Oromoo miidiyaa mootummaa irraa dabru, gama siyaasaatiin olola dantaa garee aangorra taa'ee saba keenya saamaa jiruu tarkaanfachiisuun faallaa akeeka qabsoo Oromoo deemaa turus, sa'aafi sagantaan afaan kanaan dabru dabaluun qabsoo gama aadaafi afaaniin godhamu daran cimse.

Biyya alaattis VOA (Voice Of America)'n Afaan Oromoo qabsoo cimaa boodaan eegaluun dabalatee, Raadiyoon hawaasaa (community Radio) magaalota akka Mineesootaafi Melbourne (Australia) irraa dabran dhimmoota miidiyaaleen biyya keessaa akka hin gabaafne dhoorkaman dhiheessuun qooda jabaa qabaataa turan. Imalli qabsoo Oromoo gara miidiyaatin humneessuu ollaafi biyya keessaa tamsa'aa turan kun, oolee bulee akka dhalachuu Miidiyaalee Oromoo biyyoota dhihaa keessatti banamaniif bu'uura kaa'e. Garuu Miidiyaan Oromoo biyya alaa daran kan babal'achuu eegale dhufaatii Interneetii waliin ture. Keessattuu marsariitin waltajjii (platform) Paltalk jedhamu hawaasni Oromoo biyya alaa odeeffannoo akka wal jijjiirufi tumsa qabsoo Oromoo akka cimsu gochaa ture. Bu'aa qofa osoo in taane miidhaa fides qaba ture. Murnoonni Oromoo olola akka walirratti oofanii ABO qoodaniif karaa kan saaqes ture. Paaltook booda Feesbuukiin dhufee carraan Oromoon odeeffannoo waliifi ormaaf dhaqqabsiisuuf qabu daran akka ba'atu godhe.

Warri boodarra OMN dhaabne marsaalee hawaasaa akka Paaltookfi Feesbuuk irratti hirmaachaa turre. Teknolojiin interneetii babal'achaa deemuun subqunnamtii Oromoo bal'isaa jiraatus, miidiyaan sirnaan taligamuufi ogummaan geggeeffamu qabaachuun barbaachisaa akka ta'e amanne. Gaafa miidiyaa mataa keenyaa hundeeffanne qabsoo keenya haala gaariidhaan gaggeeffachuu akka dandeenyu hubanne. Qabsoo nagayaa gegeessuuf yaadaa turreefis marsaalee hawaasaa sirritti fayyadamuun dabalatee miidiyaan sirnaan dhaabbate jiraachuu akka qabu beekna ture. Kanarraa kaanee yeroo dheeraaf akkaataa miidiyaa jabaa ijaaruu itti dandeenyu irratti mari'achaa turre. Mariin yeroo garagaraatti godhaa turre karaa maallaqa miidiyaa dhaabuufi geggeessuf barbaachisu argachuu dhabuu keenyaan osoo gara fuulduraa hin deemin hafe.

Dubbiin Oromo First sun ka'uun carraa rakkoo maallaqaa kana itti furru akka argannu karra nuuf saaqe. Kanaafuu koreelee sadii duula Oromo First walcinaa miidiyaa ijaaru ijaarre. Koreen tokko Koree Qindeessituu Muummee (Principal Coordinating Committee) kan jedhamu yoo ta'u, dirqamni isaa galii miidiyaa ijaaruuf barbaachisu duula Oromo First irraa argamsiisuu ture. Koreen lammataa 'koree miidiyaa' yoo ta'u, dirqamni isaanii sagantaa, qabiyyeefi karoora miidiyaa geggeessuuf barbaachisu qopheessuu ture.

Koreen sadaffaan kan teeknikaa yoo ta'u, hojii istudiyoo ijaaruu, website tolchuu, akkaataa saatalaaytii irratti itti tamsaafamuufi kkf qoratee kan qopheessu ture. Qoodamni namoota koreelee sadan keessa turaniitis akka armaan gadii kana fakkaata ture.

Koree Qindeessituu
Dr.Sintaayyoo Badhaanee
Iliyaas Ibsaa
Girmaa Taaddasaa
Arfaasee Gammadaa
Badii Abdoo
Leeylaa Abbaawaarii
Mahammad Abdoosh
Gidiraa Dinqaa
Muraad Damiinaa
Jawaar Muhammad

Koree Miidiyaa
Mahammed Aadamoo
Dr. Salamoon Ungashee
Abdii Fiixee
Tigist Gammee

Koree Teeknikaa
Mishaa Cirrii
Muussaa Daawudfi
Qixxeessoo Cirrii turan

Ani koree qindessituu keessatti hirmaachaa, duula Oromo First saniif magaalotarra naanna'uun dabalataan, koreelee sadeenuu waliin qindeessee oofuuf dirqama fudhadhe.

Yeroo jalqabnu maallaqa geejjibaatuu hin qabnu ture. Kan duula goonuun argannu qusachuuf jecha karaa dheeraa sa'aa diigdama (20:00 hrs) fudhatu Ahamad Yaassin waliin konkolaataan deemna ture. Ahamad Yaassin ogeessa kaameraatis akka konkolaachisaattis tajaajiluun naan deema ture. Magaalaa sagantaan jiru erga dhaqnee booda ani hoggan haasaya godhu inni ammoo ni waraaba. Halkan san kan waraabne gulaallee tamsaasna. Ganama subii kaanee magaalaa itti aanutti qajeella.

Yaadni ture, koreeleen sadeen hojii isaanii walcinaa oofuun, dhumarratti walitti fiduun miidiyaa ijaaree hojiitti seenna kan jedhu dha. Karoorri keenya ji'a jaha keessatti Amajjii 1, 2014 miidiyaa san hojii eegalchiisuu ture. Gama maallaqa walitti qabuutiin milkaa'inni gaariin argamus, gara qabatamaan miidiyaa dhaabuutiin hamma eeggame hin deemamne. Guyyaa waadaa galletti jalqabuu akka hin dandeenye ifa ta'aa dhufe. Namonnii gariin miidiyaa jenne kana banuu danda'uu keenyas shakkaa dhufan.

Akka nama ummata dura dhaabbatee waadaa galee maallaqa irraa guuretitti karoora kaayyanneen deemuu dadhabuun keenya cinqii keessa na galche. Duula Oromo First qabannee biyya Ingilizii magaalaa Biraayitan gaafa dhaqne gameeyyii ABO kan ta'an Obbo Galaasaa Dilboofi Obbo Xahaa Abdii agarre. Galgala san soo haasofnuu waadaan miidiyaa dhaabuu kun abdii guddaa ummatatti waan horeef milkaayuu dhabnaan kufaatii hamileetu Oromoo mudata jechuun akka jabaannee bakkaan geenyu nu gorsan. Dubbiin isaanii kun cinqama ani keessa jiru daran dabale.

Yeroon sun dhuma Ji'a Muddee bara 2013 ture. Akkan achirraa gara Niiw Yoork deebi'een walgahii waloo koree sadeenii waamnee mari'anne. Hojiin duubatti harkifachuu isaa irratti martinuu waliif galle. Amajjii tokko waadaa galletti eegaluu akka hin dandeenye amanne ji'a lama dheereffannee Bitootessa tokko (1) banuuf murteessine. Karoora kana dhugoomsuf namni tokko Minnesota dhaqee hojii istuudiyoo kireeffachuu, meeshaa barbaachisu itti bituufi gaazexessitoota mindeessuun qopheessuu hojjachuun akka barbaachisu waliif galle. Eenyu haa deemu kan jedhurratti namni of kennu dhabame.

Ani nan deema jedhee of kenninaan namoonni ni didan. Gariin barnoota dhiisee akkan deemu hin barbaanne. Kaawwan ammoo sabata atakaaroo (controversy) siyaasaa anaan walqabatee jiruuf jecha, ani Minnesota deemee ifatti miidiyaa san hogganuun walabummaa OMN shakkii keessa galcha jedhanii sodaatan. "Namni biraa kan deemuuf of kennu jiraachuu baannan ani deemuun qaba. Fuula ummataa dhaabadhee miidiyaa dhaabuuf waadaa galee mallaqa kan guure ana. Miidiyaan kun dhaabbachuu baannaan hunda caalaa kan itti salphatu ana. Kanaafuu barnoota yeroof addaan kutee Mineesotaa deemee ji'a sadi keessatti miidiyaa dhaabee hooggansa haaraa ramadamutti kennuun barbaadan jedha" jedheen dubbadhe. Yeroo kana walgahii san geggeessaa kan ture Dr. Sintaayyoo Badhaanee "Jawaar Mineesotaa deemuu qaba moo hin qabu?" kan jedhurratti sagaleen akka kennamu godhe. Sagaleen wayyabaatinis akkan deemu murtaa'e.

Ani yeroo sanitti barnoota PhD barachaan Sanbattaan duula Oromo First saniif magaalota garagaraarra naannwaa ture. Barnoota addaan kutuun miidiyaa dhaabuu akkan hedu gorsistoota (advisors) PhD kiyyaa keessaa tokko kan ta'e Prof. Mahmuud Maamdaanitti yoon himu hedduu gaddan. "Carraa guddaa argatte kana hin qisaasin, barnoota kee erga fixxee booda miidiyaafi siyaasatts ceeta" jechuun waywaatee na gorse. Ani garuu "waadaan ummataa gale galmaan gahuu baannaan sabaafis kufaatii hamilee hamaadha anaafis salphina guddaadha" jechuun barnoota addaan kutuuf murteessuu itti hime. Murtoon kiyya cimaa ta'uu agarraan seemisteera tokko qofaaf akkan adda dhaabu waadaa galeefi mana barnootaa naaf hayyamsiise.

Bu'uuruma kanaan Amajjii 3, 2014 gara Minnesota deemee hojii OMN dhaabuu ariifachiisuu eegale. Guyyoota muraasa keessatti mana istuudiyoof ta'u argannee kireessine. Warra miidiyaa kana ijaaruuf sochoonu keessaa namni san dura akkaataa televiziyoonni itti hojjatufi waan barbaachisu beeku hin jiru ture. Istudiyoon televiziyoonaatuu waan fakkaatu keessa seenee kan arge namoota muraasa. Ani gama kiyyaan yeroo sadan takka Aljaziiraafi kanneen biroo afgaafiif dhaqee arguun ala keessa hin beeku. Kan xiqqo nurra wayyaa qabaachaa ture Ahmad-yaassin ture. Inni istudiyoo TV Mineesotaa tokko keessaa sagantaa 'Oromo TV' dabarsaa waan tureef meeshaalee barbaachisan hamma tokko ni beeka. Dursinee muuxannoofi beekumsa dhabuun abdii nu hin kuatachiifne. Nutis Odeeffannoo qabnurraa garii qorannoon, kan biraa ammoo istuudiyoo televiziyoonaa dhaquun gaggafachaa hojiitti seene. Meeshaa barbaachisu jala jalaa ajajne.

Torbaan muraasa booda Abdii Fiixee Waashingtan DC irraa gara Mineesotaa dhufee nutti dabalame. Duula Oromo First gochuuf saawuz daakotaa (South Dakota) gaafan dhaqe gurbaan Usmaan Ukkumee jedhamu gaafii ciccimtuu na gaafannaan, gaazexeessaa ta'uu yoon gaafadhu, muuxannoo akka hin qabne garuu fedhii akka qabu naaf himee ture. Kanaafuu isas qunnameen ofitti daballe. Lalisee Indaalaafi Alamaayyoo Qannaa ammo biyyatti TV Oromiyaa keessatti muuxannoo kan qaban argannee mindeessine.

Rakkoon guddaan nu mudate akkataa sagantaafi qabiyyee Televizyoonaa itti qopheessaniif geggeessan wallaaluu keenya ture. Osoo ogeessa barbaannuu Dr. Birhaanuu Dirbaabaa kan biyyatti daayrektara ol'aanaa ta'uun TV Oromiyaa geeggeessaa turee carraa barnootaatiif Awustraaliyaa dhaqee barachaa jiru arganne. Innis yeroo gabaabaa keessatti imaammata (policy) miidiyaa, qajeelfamoota (directives) garagaraa qopheesse. Gaazexeessitoota argannes bakkuma jiruu gama interneetiin leenjisuu eegale.

Koreen hafe caasaafi seera ittiin bulmaata OMN itti geggeeffamu baasuun hooggansa haaratti kennuuf qophii cimse. Haaluma kanaan dhaabbatichi caasaa bulchiinsaa lamaan akka bulu murtaa'a. Kunis boordii bulchiinsaa fi koree hoji raaw'achiiftudha. Boordiin namoota kudha shan, koreen hoji raaw'achiiftuu ammoo namoota sagal akka ta'an waliigalame.

Boordii filuuf, miseensonni koree hundeessituu keessa jirru hundi nama shan shan akka eerru carraan kenname. Eeruun erga funaanamee booda namoota maqaan walitti qabame tokko tokkoon irratti mari'atamaafi boodas sagaleen itti kennamaa namoota kudha shan irratti waliifgalame. Namoonni filamanis walgahii duraa godhataniin wixinee seera ittiin bulmaataa qophaaye mirkaneessanii hooggansas filatanii hojii eegalan. Miseensonni OMN, boordii OMN kan jalqabaa kanneen armaan gadii turan.

Miseensota Boordii Bulchiinsaa

Maqaa	Iddoo Dhalootaa	Jireenya	Ogummaa	Hojii
Dr. Hamzaa A/ Razzaaq	Harargee	Bostan	Professor of Finance	Dura Taa'aa
Kitaabaa Magarsaa	Shawaa	Toronto	Accountant	Barreessaa
P/Muhaammad Hasan	Harargee	Atlaantaa	Professor of History	Miseensa
Dr. Asfaaw Bayyana	Wallagga	San Diyego	Professor of Engineering	Miseensa
Dr. Ahmad Galchuu	Baale	Van Koovar	Environmental Biologist	Miseensa
Dr. Damissaw Ijaaraa	Shawaa	Konektikut	Professor of Accounting	Miseensa
A/Eritriyaa Namarraa	Wallagga	Minisootaa	Community Organizer	Miseensa
Dr. Takla'ab Shibbiruu	Boorana	Chikaagoo	Professor of Geomatics	Miseensa
MeeymunaA Hasan	Boorana	Loos Aanjalas	Refugee Coordinator	Miseensa
Abdulsamad Umar	Harargee	Daalaas	Engineer	Miseensa
Badrii Muhaammad	Harargee	Edmantan	Teacher	Miseensa
Leencoo A/Garoo	Jimma	Landan	Community Chair	Miseensa
Abarraa Tafarraa	Wallagga	Wash. DC	Community Organizer	Miseensa
Iissaa Aloo	Arsii	Siyaatil	Professor of Finance	Miseensa
Abi Itichaa	Wallaga	Miniyaapolis	Accountant	Miseensa

Miseensota Koree Hoji Raaw'achiiftuu

Maqaa	Dhaloota	Ogummaa	Gahee Hojii
Girmaa Taaddasaa	Finfinnee	IT Engineer	Daayireektara Olaanaa
Mahaammad Abdoosh	Harargee	IT Engineer	Itti Aanaa Daayireektaraa
Leeylaa Abbaawaarii	Jimma	Human Resource Specialist	Barreessituu
Dr. Birhaanuu Dirbaabaa	Shawaa	Media Executive	Gulaalaa Olaanaa
Dr. Sintaayyoo Badhaanee	Harargee	Medical	Resource Mobilization
Raamiy Mahaammad	Finfinnee	Business Management	Finance
Mishaa Cirrii	Arsii	IT Engineer	IT
Dr. Heenook Gabbisaa	Wallagga	Law	Legal
Muraad Damiinaa	Hargeeysaa (Somalia)	Business	Marketing

Miseensonni dura koree qindessituu ta'uun tajaajilan hedduun caasaa OMN haarayaan, koree hoji raaw'achiiftuu ta'anii boordiin muudaman. Miseensonni Koree Hojii Raaw'achiiftuu OMN kan jalqabaa kanneen armaan olii turan.

Jara kana keessaa gulaalaa ol'aanaa qofatu mindaan hammi tokko kaffalamaaf malee kanneen hafan hundi tola-ooltummaan bilisaan tajaajilu turan. Miseensonni koree hundeessitootaa hafan dippaartimantii garagaraa jalatti ramadamuun hojii itti fufan. Muraasni ammoo nu gahe jechuun jiruu ofiitti deebi'an.

Boordiis ta'ee koreen hoji raawwachiiftuu daneessummaa (diversity) godinaa, amantiifi ilaalcha siyaasaa bifa madaaleen godhamuun itti fufiinsa (sustainability) miidiyaa kanaatiif murteessaa ta'uun dhimma hunda keenyaan itti amaname ture. Madaala naannoofi amantii kana guuttachuuf jecha namoota hanga gaafa sanii piroojektii miidiyaa dhaabuu kana keessatti qooda hin fudhatin boordiitti galchuuf murteessine. Inumaatuu namoota ijaaramuu OMN mormaa/danqaa ta'aa turanuu ni daballe. Kana godhuun keenya ammoo namoota OMN hundeessuu keessatti haalaan nuuf tumsaa turanii boordii seenuuf fedhii qaban mufachiise. Nuti garuu ejjannoo jaarmayni maqaa Oromoofi Oromiyaatiin dhaabbate tokko hooggansi isaas Oromoofi Oromiyaa calaqqisiisuu qaba jedhu waan qabanneef, namoota nu deeggaran muufachiisnus hojiitti hiikuurraa of duuba hin deebine.

Hooggansa qofa osoo hin taane, gaazexeessitootnis daneessummaa akka calaqqisiisan yaallee turre. Yeroo san walumaagalattuu akkuma biyyaattuu gaazexeessitoonni Afaan Oromoo baay'ee hin turre. Biyya alaa kan jiran ammoo qubaan lakkaayamu. Kanaafuu madaala daneessummaa eegsisuuf rakkisaa ture. Kanaafuu yaaliin madaala koorniyaa (gender balance) uumuuf goone hin milkoofne. Gaazexeessitoota dhiiraa sadiifi kan dubaraa takkaan eegalle.

Daneessummaan lammataa itti xiyyeeffanne kan loqodaati. Oromoon afaan isaa tokko ta'us loqoda garagaraan dubbata. Kanaaf hamma danda'ametti gaazexeessitootni, dhiheessitootniifi keessummeessitootni keenya loqoda adda addaa calaqqisuu akka danda'aniif ijoollee naannoo adda addaa irraa dhufan barbaannee hojitti bobbaasaa turre. Gaazexeessaa yoo dhabnu namoota uumamaan dandeettii dubbisuufi dubbachuu qaban barbaannee leenjisaa turre. Dr. Birhaanuun 'namuma qubee Afaan Oromoo dubbisuuf barreessuu danda'u barbaadi. Digriifi muuxannoof hin rakkatin" naan jedhaa ture.

Daneessummaan biraa gaazexeessitoota OMN keessatti calaqqisiisuu feene kan amantii ture. Televiiziyoonota Itoophiyaa keessatti dubartiin hijaaba godhattee sagantaa dhiheessitu hin ture. Akka hin hayyamamnetti beekama ture. Nuti garuu barbaannee leenjifnee oduu akka dubbiftu godhuun seenaa haaraya galmeessine. Gaafa dura dubartiin hijaaba uffatte oduu dubbifte duula maqa balleessii guddaatu nutti baname. "Miidiyaa Arabaati. Qabsoo Oromoo Islaamessuuf deeman" jedhamnee abaaramne. Nuti garuu murtii keenyaan itti fufne. Kan laalle hawaasa nu daaw'atu keessaa kan hijaaba kaayatu hedduun jiraachuu isaati. Hawaasni kun calaqqee isaa fooddaa OMN keessatti arguuf haqa qaba. Daa'imti maatii Muslimaa irraa dhalatte takka fooddaa OMN irratti dubartii hijaaba godhatte arguun 'ani boru achi gahuu nan danda'a' jettee ofitti amanamummaafi abdii akka horattu godha. Kun ammoo humna namaa sabni kun qabu dagaagsuun humna waloo guddisuuf murteessaadha jennee amannee cichinee itti deemne. Karaa nuti taraarreen har'a televiiziyoonni biyyattii bifa wal dorgommii fakkaatuun dubartoonni hijaaba uffatan oduu dubbisuufi sagantaa dhiheessuu irratti bobba'anii arguun murtiin keenya kaleessaa sun sirrii ta'uu mirkaneessa.

Caasaabulchiinsaadiriirsineehoggansaergaramadneeboodaguyyaakaroorfannetti tamsaasa eegalchiisuuf hojii saffisiisutti fuulleffanne. Gaazexeessitootaafi ogeessota Minnesotatti walitti qabuu dandeenyerratti dabalata, namoonni fagoo jiranis guuza nuuf bahuun waan danda'aniin nu gargaaran. Fakkeenyaaf ogeessi kaameraa Girmaa Gammadaa, Toronto irraa asxaa (loogoo)fi viidiyoo seensa sagantaaf ta'u hojjatee nuuf erge.

Jalqabarratti ogeessa viidiyoo tolchu Ahmad Yassin qofa qabna turre. Hojiin viidiyoo waraabanii, gulaalanii qopheessuu yeroo dheeraa akka fudhatu hin beekne ture. Kanaafuu Fu'aad Siraaj kanin san dura Chicagotti beeku qunnamee 'na dhaqqabi' jennaan guyyuma san dalagaa harkaa qabu dhiisee nuuf dhufe. Fu'aad bara youtube hin turin sanitti miidiyaa intarneetiirraa Oromia Music jedhamu banee sirba Afaan Oromoo ummanni akka caqasuuf tajaajilaa ture. Achumarratti sagantaa raadiyoos eegale. Yeroo duraaf af-gaaffii kanin godhes isa waliin ture.

Haaluma kanaan qophii keenya xumurree gaafni ifatti tamsaasa itti eegallu dhufe. Bitootessa 1, 2014 tamsaasa eegalla jechuun ofitti amanamummaa guutuun labsine. Galma qabnee eebbaaf ummata Minnesotafi kutaalee Ameerikaa biroo yaamne. Gaafa ji'a tokko dursinee guyyaa eebbaa beeksifnu wanti hundi nuuf hin guutamne ture. Ta'us guyyaa murteessinee itti deemuun dhiibbaa nutti uumee akka saffisaan hojjannu nu taasisa jenne.

Gaafa guyyaan nujala gahu waan hedduu raaw'annee waa tokkotu nuuf hin guutamin ture. Saatalaayitii! Tamsaasni televiziyoonaa ukkaamsaa mootummaa abbaa irree Itoophiyaa dabree ummata gahuu kan danda'u gama saatalayitii qofaan akka ta'e jalqabumarraa beeknee itti seenne. Garuu ammoo waa'ee saatalaayitii namni beeku nu keessa hin turre. Namoota ni beekan jedhaman qunnamnee homaa nu fayyaduu hin dandeenye. Kanaafuu Eliyaas Ibsaa akkaataa tamsaasni saatalaayitii itti hojjatuufi akkamiin argachuu akka dandeenyu qorachuuf dirqama fudhate. Eliyaas namootan akkuman Ameerikaa dhaqeen wal baradheefi waan hedduu waliin hojjanneedha. Ogummaan isaa Injiinara yoo ta'u, nama dandeettii uumaa waa qindeessuufi rakkoo furuu (problem solving) guddaa qabuudha. Amala namootaan waliigaluufi amansiisuu waan qabuuf maallaqa walitti qabuu (fundraising)fi gatii gadi buusee waa bituu (bargaining) irratti yeroo hunda isa bobbaafna.

Maarree rakkoo saatalaayitii kana furuu kan danda'u Eliyaas Ibsaa qofa jechuun gareen hundi waliigalee dirqama itti kennine. Inninis yeroo gabaabaatti hojii teeknikaa gama saatalayitiin barbaachisu hubatee, kaampaanilee nuuf kireessan qunnamee nutti gabaase. Guyyaa eebbaa dursinee tamsaasa yaaluu eegalle. Garuu ammoo tamsaasni keenya biyya gahuu dadhabe. Gariin ammoo qulqullina dhabe. Kaampaanii saatalayitii tokkorraa kan biraatti cehaa osoo yaalluu jala bultii eebbaa geenye.

Guyyaa eebbaa dheeressuuf baasiin hedduun bahee namni baay'inaan magaalaa seeneera. Sanirraan gaafa waadaa galletti eegaluu qabna jennee xiiqii keessa gallee jirra. Naasuufi xiiqiidhaan kaampaanii hedduu irratti osoo yaalluu, jala bultii eebbaa toora halkan walakkaatti milkoofne. Tamsaasni OMN gara saatalaayitii Arabsat jedhamuun qulqullina gaariin Oromiyaa gahaa akka jiru godinoota mara irraa daaw'attoonni nuuf mirkaneessan. Hedduu gammanne, hoteela Eliyaas faan qabatan dhaqnee bashannanaan milkaa'ina keenya ibsanne. Ani Hedduu dadhabus rafuu hin dandeenye. Barii guyyaa eebbaa sa'aa 10 (4:00 AM) yoo ta'u ka'een Mahaammad Abdoosh kaasee gara istuudiyoo akka deemnu itti hime. Yeroo hoteelaa gadi baanu cabbiin miila na diilalleesse. Yoon gadi ilaalu miilarraa kophee hin qabu. Mahammad na laalee kolfaan gaggabe.

Ganama san jaarsoliin biyyaa, abbootiin amantiifi qabsaa'onni gameeyyiin dhufanii istuudiyoo eebbisan. Waan waadaa galameef fiixa bahee arguu isaaniin imimmaan ija maraa nu galateeffatan. San booda sirna eebbaa muummichaaf gara galma Yuunivarsiitii Minnesota deemne. Ummanni guutee nu eege.

214

Gaafas silaa ani keessumoota waliin akka taa'uuf yaadamee ture. Garuu ammoo ogeettiin faranjii garee galma keessaa waraabuufi jiddugala tamsaasa saatalayitii akka qindeessituuf mindeessine balaan tasaa waan mudateef nurraa hafte. Kanaafuu dirqama san ani fudhadhee hojjachuutti seene. Istuudiyoo yeroo galma sanitti tolfannee fi ogeessota kaameraa jidduu deemuudhaan qindeessuu itti fufe. Gulaalaa ol'aanaan keenya Dr. Birhaanuun Awustraaliyaa irraa bilbilaan waan hojjatamuu qabu natti hima. Gurra biraatiin ammoo warra saatalaayitii waliinan dubbadha. Osuman jidduu fiffiiguu namni wahii buna ani harkatti qabadhee dhugaa jirutti bu'ee huccuu kiyya gubbaa hamma gadiitti xureesse. Shamizaa kaasee hanga kophee hin hafne. Mana galee kan biraa uffachuuf yeroo waanin hin qabneef achumatti namootarraa baafachuu eegale. Shamiza Mahaammad Abdoosh irraa, jaaketta Eliyaas irraa walitti funaanee uffadhe.

Rakkoon gaafa sana na mudate kanaan hin dhaabbanne. Galgala akkuma saatalaayitiin nuuf hojjachuu mirkaneeffanneen hoteela gallee piizaa ajajannee nyaannee turre. Yeroo sagantaan geggeeffamuu eegalu garaa-kaasaa nattifiduun haaloo narraa bahuu eegale. Sababa kanaaf Istuudiyoo yerootiifi mana fincaanii jidduu sardamee fiffiiguuf dirqame. Sammuun hojii tamsaasa qindeessuutiin na cinqama, garaan kaasaadhaan na darara. Anumaa joollee tamsaasa hojjattu dubbisee gara mana fincaanii deemuuf hedu Dr. Sintaayyoon kan waltajjii geggeessaa jiru maqaa na dhayee haasaa akkan godhuuf gara waltajjii na affeere. Ana garaan na muddee jira, ummanni ammoo ol ka'ee maqaa kiyya yaamaa harka dhayaa hangan waltajjiitti bahu eega.

Haala san keessatti ummata dhiisee mana fincaanii dhaquun waan natti ulfaateef obseetuman gara waltajjii dhaqee maaykiraafoona qabadhe. Haasaya barreeffamaan qopheeffadhe baafachuuf harka kiyya gara kiishaa yoon ergu hin jiru. Edaa huccuu bunni itti jigee waliin baafadheera. Waltajjii saniraa bu'ee barbaaduun waan hin yaadamneef, waanuma arrabatti na dhufe dubbadhee bu'uuf murteesse. Haasayan godhe keessaa ijoon akkana ture.

Magaalota deemne hunda keessatti waan tokko waadaa isiniif galle. Waraanaan dhaynee wayyaanee isinirraa kaasuu yoo kan dadhabnus taate, ammatti, ol'aantummaa alagaan gama miidiyaatiin isinirratti uummatte cabsuudhaaf halkan tokko hin rafnu jennee kaane. Akkuma jenne boqonnaa malee hojjannee abjuu keenya milkeessinee jirra. Har'a irraa eegalee Qilleensa Oromiyaatirratti ol'aantummaan ilmaan alagaa ummata keenyarratti qabdu Cabe!! Qilleensa Oromiyaa bilisoomsine!! Qilleensa Oromiyaadhaa bilisoomsine!! Bilisummaan qilleensaa tun daftee gara bilisummaa dachii oromiyaatitti akka ceetu, dirqamni keessani jechuudha. Hiree argattan kanatti waan dalaynee habaqaalchinee asiin geenye kana, bilisummaa xiqqoo qilleensarratti uumne tana, yoo bishaan obaaftanii biyyee jalatti hartanii, kabdanii guddifattan, bilisummaan qilleensaa tun dachiirra bu'uudhaaf fagoo hin taatu." jechuun labse. Ilkaan ciniinnadhee daqiiqaa kudhaniif dubbadhee xumure. Osoo ummanni dhaabbatee harka dhayaa fooricaa maqaa kiyya yaamuu waltajjiirraa bu'ee gara mana fincaanii fiige.

Haala kanaan hawwii televiiziyoona cimaa tokko Oromoof dhaabuuf qabanne galmaan geenye. Waan ummata keenyaaf waadaa galle bakkaan gahuu keenyatti hedduu gammanne. Miidiyaa sagalee qabsoo ta'u ijaaruu qofa osoo hin taane akeeka hamilee waloo wal'aanuu (restoring collective self esteem) qabannee kaaneefis tarkaanfii guddaa ture. Namni irra jireessi gaafa duula Oromo First miidiyaa ijaaruuf irratti waadaa gallu nu deeggaranis, galmaan gahuu keenyarratti shakkii guddaatu ture.

Nuti warri koree bu'ureessitootaatuu morkumaan haa dhiibnu malee galma gahuu keenyatti kan amane muraasa. Namoonni abdii kutanii nu keessaa bahanis turaniiru. Kanarra dabarree akeeka OMN dhaabuu galmaan gahuun akka dhuunfaattis akka ummataattis boqonnaa qabsoo itti aanuuf daandii saaqee ture. Ummanni Oromoo sababa laamshawuu dhaabbilee qabsootiin abdii kutatee ture, milkaa'ina OMN dhaabbachuu kanaan haaraatti hamilee horachuu eegale. Amantaan hoggansa (confidence on leadership) isaa irraa dhabee ture deebi'uufii jalqabe. Hamileen ummataa deebi'ee kaka'uunii fi hooggansa irratti amantaa horachuun hojiilee itti aansinee raaw'anneef gargaarsa guddaa ta'e. Ummanni jecha keenya gochaan agarsiisuu danda'uu keenyarraa kan ka'e karooraafi tarsiimoo san booda baafannu itti amanuun raawwii isaatiif nu faana hiriire.

Akkuman dura jedhe OMN dhaabuun qaama tarsiimoo qabsoo nagayaa geggeessuuf karoorsaa turreeti. Yaadni keenya waggaa tokkoof duula miidiyaa geggeessuun ummata dammaqsinee tarkaanfii kallattii (direct action) seensisuu ture. Wanti nuti hin hubatin ummanni duraanuu aarii mootummaan bilchaatee xiqquma tuqaa eeggataa turuu isaati. Kanaafuu duula miidiyaa eegallee ji'a lama keessatti fincilli dhooye. OMN Bitootessa 1, 2014 eegalee fincilli Ebla 25, 2014 Yuunivarsiitiilee keessatti jalqabe. OMN fincila kana guyyaa guyyaan gabaaasuun akkasumas anaafi namoonni akka Nageessoo Dubee, Prof. Izqeel Gabbisaafaa yeroo yeroon bifa xiinxalaatiinis gorsaafi hamilee kennaa daran finiinsine. Boodarra gareen xiinxaltootaa maqaa Raabaa Doorii jedhuun gurmaayuun sagantaa edilee hawwataa ta'e dhiheessuu eegalan. Rogeeyyiin idileen OMN irratti dhihaachuun xiinxala kennaa turan Dr. Tsaggaayee Araarsaa, Dr. Birhaanuu Leenjisoo, Ahmad Gishee, Dr. Heenook Gabbisaa, Dr. Ittaanaa Habtee, Dr. Awwal Aloo, Nageessoo Duubee, Girmaa Guutamaa, Dr. Darajjee Hawaaz, Prof. Izqaa'eel Gabbisaa, Birhaanamasqal Sanyii fa'a turan. Anis nan hirmaadha ture. Girmaa Guutamaa qindeessaa garee Raabaa Doorii yoo ta'u, Farahaan Abdusalaam ammoo gama teeknikaan gargaara ture. Muuxannoo facebook irratti horannetti fayyadamuun gareen Raabaa Dooris xaanxala isaanii gama OMN ummatti dhiheessuu dura, dhimma xiinxaluu hedan irratti mari'aa bal'aa gochuun qophaayu turan.

OMN irratti yaada namootaafi garee hundaa calaqqisiisuun akeeka keenya ta'us, gama xiinxaltoota deddeebi'anii dhiyaataniitiin (regulars) ulaagaa sadihiin filanna turre. Kan duraa hamma danda'ametti namoota atakaaroo murnummaa

ABO keessatti qooda guddaa hin qabne. Ulaagaan kun namoonni irra deddeebiin xiinxalaaf dhiyaatan ilaalcha murna tokkoo baay'isuun miidiyichi · waltajjii atakaaroo murnootaa akka hin taaneefi. Ulaagaan lammataa odeeffannoofi beekumsa waytaawaa haala qabatamaa Oromiyaafi Itoophiyaa keessa jiru itti dhiheenyaan kan hordofan tahuudha.

Hayyoonni biyya alaa jiran hedduun biyyarraa erga bahanii yeroo dheeraa kan turan yoo ta'u hidhatni isaan namoota biyya jiran waliin qaban laafaa ta'uurraa kan ka'e taateewwan yeroo yeroon raawwataman irratti odeeffannoo waaytawaa hin qaban. Xiinxalli siyaasaa waaytawaa (current affairs analysis) odeeffannoo qabatamaafi haala yeroo yeroon jijjiiramu hubannaa keessa yoo hin galchine qabsoof hin fayyadu. Ulaagaan sadaffaa xiinxaltoota itti filachaa turre ammoo tarsiimoofi tooftaa qabsoo nagayaa kan hubatan ykn ammoo hubachuuf fedhii kan qaban tahuu akka qabuudha. OMN kan dhaabneef qabsoo nagayaa karoorsaa turreef arraata akka ta'uuf waan tureef, xiinxalli dhiyaatu kan akeeka kana tumsu ta'uun dirqama ture. Dabalataanis, xiinxaltoonni dhiyaatan daneesummaa naannoofi amantii akka calaqqisaniif yaalii goonee turre.

Bifa kanaan dogongora keenya sirreeeffachaa, irraa barachaa, hir'ina qabnu guuttachaa OMN jabeessine. Fincilli ummataa gaafa dhoohu qindeessitootni mormii biyya keessaafi miidiyaan wal hubannoon akka deeman gochaa turre.

6.8. Barnoota Addaan Kutuu

Ani akkuman waadaa gale, hojii Minnesota deemee OMN dhaabuu xumurraan hoggansa boordiifi hojii raawwachiiftuu ramadanitti kenneen gara New York deebi'ee barnoota eegale. See+misteera tokko sababa Minnesota dhaquun na jala dabre koorsii gannaa baradheen hojii duubatti hafe dhaqqabadhe. Hojii OMN guyyaa guyyaan geggeessuu keessaa bahus, gaazexeessitootaafi bulchiinsi yeroo na barbaadanitti gargaaraan ture. Hojii magaalotarra deemuun galii walitti qabuus hojjachuu ittin fufe.

Birraan bara 2014 dhufee seemisteera haaraa jalqabe. Osoon barachaa jiruu OMN rakkoon (crisis) duraa isa mudate. Hojiin galii walitti qabuufi akkaataan baasii itti to'atan xiyyeeffannoo dhabee baasiin heddumaatee maallaqni dhaabbatichi qabu hedduu akka gadi bu'u godhe. Sagantaalee miidiyaa qindeessanii deemuunis ulfaataa ta'e. Sababni rakkoo kanaa tokko hoggansi qaamaan Minnesotatti argamuu dhabuu isaati.

Daayireektarri ol'aanaan Girmaa Taaddasaa Washington DC irraafi gulaalaan ol'aanaan, Dr. Birhaanuu Dirbaabaa ammoo Awustraaliyaa irraa hojjatu. Sanirraan Girmaan dalagaa dhuunfaa sa'aa guutuu hojjatu, akkasumas daa'imman xixinnoo qaba. Dr. Birhaanuun ammoo fageenya lafaa qofa osoo hin taane rakkoo yeroo qaba. Yennaa Minnesotatti sa'aa hojii isa biraa halkan leeyliidha. Kun hundi walitti dabalamee galiif-baasii wal madaalchisuu, akkasumas hojii miidiyaa qopheessanii yeroon tamsaasuu irratti laafina hamaa dhaqqabsiise.

Haala kanaan itti fufnaan OMN ji'oota muraasa keessatti cufamuuf akka dirqaman koreen hoji raawwachiiftuu mari'atee waliigalame. Gaaga'ama kana hanqisuuf ammoo daayireektara yeroo guutuu (fulltime) qaamaan Minnesota jiraatee hojii geggeessu akka barbaachisus hubatame. Kanas boordiitti himanii daayireektara yeroo guutuu isa Minnesota irraa hojjatu mindeessuuf murtaa'e. Hammasiifuu Itti Aanaa Daayireektaraa kan ta'e Mohaammad Abdoosh Minnesota dhaqee haala tasgabbeessuuf of kenne. Mohammed hojii mindaa guddaafi haadha warraa ulfa ji'a torbaa (7) dhiisee Atlaantaa irraa gara Minnesota deemuun jaarmayicha baraare.

Daayireektara yeroo guutuu hojjatu argachuuf ifatti beeksisa hojii baasuun wal dorgomsiisuun akka godhamu jedhame. Namoota hojii kanaaf iyyata galfatan erga ilaalanii booda miseensonni boordiifi hojii raawwachiiftuu gariin, namni rakkoo OMN mudate furuu danda'u akka hin argamin natti himan. Akkan ani dirqama daayireektara ol'aanaa ta'ee balaa as deemu oolchu na kadhatan. Keessattuu Mahaammad Abdoosh ani daayireektara ta'ee qophiileen OMN kan bu'aa guddaa qaban (high value content) taasisuu baannaan jaarmayichi itti fufuu akka hin dandeenye na akeekkachiise. Ani dura nan dide. Mohaammadiifi namoonni biroo natti deddeebi'anii waywaannaan ifaajeen kiyyaafi waahillan kiyyaa akka lafa hin banne, akkasumas, abdiin guddaan ummanni horate akka hin dukkanoofneef deebi'ee hogganuuf murteessee tole jedhe. Isaanis iyyata (CV) kiyya tolchanii wal dorgommii keessa galchan. Anaafi namoota iyyata galfatan kan biroo koreen boordii af-gaaffii nuuf godhe.

Murtii ani daayireektara ta'uu kana miseensonni boordiifi hojii raawwachiiftuu muraasni ni morman. Gariin barnoota kiyya yeroo lammataaf adda dhaabee deebi'uun anaafi maatii kiyyarraan miidhaa gahuuf yaadda'an. Gariin ammoo atakaaroo (controversy) ilaalcha kiyyaan wal qabatee jiruun, ani hoggansatti deebi'uun murnoota garagaraa irraa 'OMN miidiyaa walabaa miti' komii jedhu kaasa kan jedhu ture. Murnoonni gariinis miseensota boordii qunnamuun akkan ani hoggansa OMN hin qabanne amansiisuuf dhiibbaa gochaa turan. Dhimmoota kanarratti boordiin falmii cimaa erga godheen booda sagalee wayyabaan akkan waggaa tokkoof daayireektara OMN ta'ee ramadamu murteesse. Anis yeroo lammataaf barnoota kiyya addaan kutee gara Minnesota godaanuuf dirqame.

Murtiin yeroo lammataaf barnoota addaan kutuu kun Piroofeesaroota koo baay'ee aarse, ni gaddisiises. Yeroo lammaffaaf qaamaan dhaqee itti himuu waanin qaanfadheef imeelii ergeen beeksise. Haati tiyya yeroo san dhuftee nu biratti dhukkubsattee hospitaala galchinee turre. Hospitaaluma sanittin dhiisee gara Minnesota qajeele. Arfaasee yeroo lammataaf New Yorkitti dhiisee deemuun qaban ture. OMN cufamuun hawaasa keenyarratti miidhaa akkamii akka qabaatu waanin beekuuf gorsaafi dallansuu Piroofeesarootaa didee, Arfaasee amansiisee gara Minnesota deebi'ee deeme. Mahaammad Abdoosh waliin yeroo lammataaf mana hiriyyaa koo Adaamaatti waliin barachaa turree Abuubakar Eda'oo (Abu)tti maxxantummaan galee hojitti seene. Mohaammad soofaarra an ammoo firaasha karaarratti gatamee arganne tokko qulqulluleessinee irra rafaa ture. Mahaammad Abdoosh kan Atlantatti mana guddaa kutaa shanii qabu akkasumas hojii mindaa guddaa dhiisee kan asitti waliin gangalannuuf hoteela kireeffachuu dhabuun baasii OMN qusachuuf ture.

Akkan hojii eegaleen rakkoo OMN keessa jiru furuuf tarkaanfii laman fudhe. Kan duraa koree gargaarsa OMN qindeessuufi si'aa'inaan akka hojjatan leenjii kennuudha. Haaluma kanaan Ameerikaa Kaabaa, Awuroppaa, Afrikaa Kibbaa, Biyyoota Arabaafi Awustraliyaatti magaalota 63 keessatti dameelee gargaarsa OMN (OMN Local Support Chapters) ijaarre. Dhaabbanni siyaasaas ta'e hawaasummaa Itoophiyaa biyyoota alaam keessatti dameelee hammana baay'atan qabu waan jiru hin se'u. Koreelee gargaarasaa babal'isuufi cimsuun yeroo gabaabaa keessatti dhaabbaticha maallaqaan lubbuu akka itti horru nu dandeessise. Yeroon ani deemu kuufama (reserve) ji'a jahaa qabaachaa kan ture, gaafa an deebi'u ji'a tokkotti deebi'ee waan tureef saffisaan bayyanachiisuun barbaachisaa ture. Kanas ji'a sadii keessatti duula gooneen galii waggaa tokkoof gahu sassaabanne. Haala kanaan kasaraa rakkoo maallaqaan walqabatee mudatuuf ture furre.

Tarkaanfileen biraa fudhadhe namoonni gulaalli (editorial)fi bulchiinsa keessatti jeequmsa uuman akka sirraayan ykn gadi dhiisaniii akka bahan gochuun nagayaafi tasgabbiin jaarmayaa akka uumamu gochuudha. Wal morkii, wal shakkii fi wal tuffiin hojjattoota jidduu ture hojii laamshessee ture. Rakkoo kana gorsaan sirreessuuf yaaliin godhame namoota garii hin qajeelchine. Kanaafuu hojjattoota muraasa hojiirraa geggeessuun dirqama ta'e. Bakka isaanii hojjattoota haaraya yeroma san fiduun, namni kamuu bakka buufamuu (replaceable) akka ta'e agarsiifne. Kun ammoo yaada 'nuti deemnaan OMN ni kufa' jedhu dhabamsiise. Murtiin kun duula maqa-balleessii guddaaf na saaxilus jeequmsa keessoo maqsuudhaan jaarmayichi hojiirratti akka xiyyeeffatu dandeessisuun kufaatii irraa baraare.

Rakkoo bulchiinsaa furuun cinaatti, maddeen odeeffannoo biyya keessaa qabnu daran babal'suun sagantaaleen keenya waaytawaa akka ta'an gochuun daaw'attoota daran hawwachuu dandeenye. Xiinxala odeeffannoo qabatamaa irratti hundaayee beekumsaan bilchaate guyya guyyaan Afaan Oromoon dabalatee kan Amaaraanis dhiheessuun OMN Oromoof qofa osoo hin taane saboota birootiifis madda muummicha oduuf odeeffannoo siyaasaa Itoophiyaa taasifne.

Hundeeffama OMN waggaa tokkoffaa yeroo kabajnu gaaga'ama OMN kuffisuuf ka'e keessaa baanee turre. Maallaqni kuufanne baasii bira dabree gaafa rakkoof lafa kaayachuu (reserve) dandeenye. Namoonni hedduun OMN dhaabbatee ji'a jahayyuu hin turu jedhanii shakkaa turanis qalbiin itti deebi'e. Mahaammad Abdooshiifi namoonni wahii 'OMN ji'a sadi keessatti ni kufaafi hin kufuu' irratti wal falmanii maallaqa wayyaa qabsiisanii moo'achuu isaa naaf himee ture.

Haasaa jala bultii kabaja ayyaana hundeeffama waggaa tokkoffaa irratti hojjattootaafi hoggansaaf dhiyeesseen, OMN jaarmaya miidiyaa qofa osoo hin taane jiddugala (handhuura) sochii diddaa (resistance movement) akka tahe ibse. Jaarmaya qabsoo kana akka baabura/otoobisiitti yoo fudhanne, imaltoota keessaa gariin iddoo barbaadanitti irraa bu'uuf mirga qabu. Baaburri garuu hanga iddoo ka'eef gahutti deemsa itti fufa.

OMN baabura balballi isaa karaa lachuun banaati. Imaltootni yaabbatan, yoo saffisni baaburaa, akkataan shufeertichi itti oofu ykn amalli imaltoota biraa ta'uufii yoo dide, iddoo fedhanitti irraa bu'uu dandahu. Akkasumas amalli imalaa tokko shufeeraaf ykn imaltoota biroo yoo jeeqe ofirraa buusuus ni dandahu. Imalaan irraa bu'es amala ofii yoo sirreeffate gaafa biraa yaabbachuuf carraan banaadha. Kanaafuu adeemsa imalaan tokko ofiin baabura irraa bu'u ykn ammoo shufeeraafi imaltootaan buufamu keessatti wal madeessuu irraa of qusachuu barbaachisa. Jechaafi gochaan wal madeessuu dhabuun kun imalaan nagayaan baaburarraa yoo bu'e ykn buufame, boru deebi'uuf ykn deebisuuf hin rakkisu.

Namoonni hedduun OMN keessaa yeroo bahan duula ololaa yeroo banan, bulchiinsi OMN gaafa tokkos deebii kennee kan hin beekneef ilaalcha kanaan waan masakamnuuf ture. Haala kanaan obsaafi naamusaan duula ololaa keessaan namoota keenyarraa, alaan ammoo mootummaa Itoophiyaafi humnoota siyaasaa Amaaraatiin nutti geggeeffamu dandamannee OMN kufaatii irraa hambifnee humna qabsoo cimaatti guddifne.

Tooftaan mootummaan Itoophiyaa OMN ittiin dadhabsiisuu yaale tokko Satalaayitii irratti akka hin dabarre godhuudha. Jalqaba ugguruu (jamming) irratti fuulleffate. Toora duraa irratti satalaayitii tokkorraa yoo nu ugguran tamsaasa keenya deebisuuf yeroo dheeraa fudhata ture. Sababni kanaa ammoo yeroo mootummaan OMN ugguruuf yaalu chaanaalota hedduu waan rukutuuf kasaaraa guddaa kubbaaniyyaa nuuf kireesserraan gaha. Kasaaraa kana ofirraa hambisuuf jecha dhaabbatni/kubbaaniyaan toora irratti nu deebisuu sodaata. Kana waan hubanneef kubbaaniyaa hedduu waliin kontiraata mallatteessinee eegna turre. Gaafa saatalaayitii tokkorraa nu buusan kan birootti hoggasuma utaalla. Tura keessa tarkaanfii ugguraa mootummoonni abbaa irree geggeessan irra aanuuf saatalaayitiin Eutelsat jedhamu teeknoolojii uggura fashalshu hojiirra oolche. Nus tokkorraa kaanitti utaaluurraa haara galfanne.

Kana hubannaan mootummichi doolaara miliyoona hedduu baasuun kubbaaniyyaa Eutelsat waliin kontiraata waggaa shanii mallatteessee buufanni televiziyoonaa isaa hundi achirraan akka dabran godhe. Kubbaaniyyaan sun OMN tamsaasuu eegallaan mootummaan Itoophiyaa koontiraata waan addaa kutuuf maallaqa guddaa dhaba jechuudha. Haala kanaan OMN saatalaayitoota kallattiin gara Itoophiyaa tamsaasan irraan akka hin dabarre dhoorkame. Nuti garuu ammas abdii hin kutanne.

Daaw'attoonni diishii mana isaanii gubbaa jiru irratti meeshaa LNB jedhamu tokko dabaluun saatalayitii kallattii biraan tamsaasu argachuu akka danda'an hubanne. Kanas ummata beeksifnee tamsaasuu eegalle. Yeroo kana mootummaan manarra deemuun diishii LNB lama qabu yeroo argu koruun buusuu akkasumas warra manaa hiraarsuutti ce'e. Garuu mana meeqarra deemuu danda'u? Gaafasitti OMN manneen miliyoona sagal ta'an dhaqqabaa ture. Kana mara buusuun hin danda'amne. Falmaa saatalayitiis bifa kanaan injifanne.

OMN hundeessuufi guddisuu keessatti mudannoolee hin irraanfatamne hedduun qaba. Muraasa isiniif haa qoodu. Gaafa tokko sagantaa galii walitti qabuuf San Diego, California dhaqe. Akkuma qophiin eegaleen manguddoon gameessi qabsoo Oromoo Haaji Qaasim Roorroo jedhamu eebbisuun waltajjicha jaarsolii biroo waliin banan.

Sagantaan galii walitti qabuu eegallaan namuu ka'ee maallaqa kennuu barbaadu himee arjoomuu eegale. Gurbaan dargaggeessaa tokko ka'ee maallaqa osoo hin kennin dura na eebbisuu eegale. Osoo gurbaan eebbisaa jiruu, abbaan isaa Haaji Qaasim kazaraa isaa ilmatti akeekaa "gurbaa kan eebbaa yoo taate tiyyaahuu ni geessii beessee/maallaqa kennii taa'i" jedheen. Hirmaattonni ni koflan gurbaan qaanayee maallaqa gumaachuuf hedu dubbatee gadi taa'e.

Qophii gargaarsa walitti qabuu biraa irratti ammoo namni Piroofeesaraa tokko ka'ee daqiiqaa diigdama haasayee doolaara dhibba lama (200) gumaachee gadi taa'e. Isa dura maallaqni kennamaa ture gad aanaan doolaara dhibba shan ture. Maarree dubartiin takka lafaa utaaltee maqaa ishii erga himteen booda hojii qulqulleessuu hojjachaa akka jiraattu himte.

Itti aansuun "piroofeesarri amma na dura dubbate sun rakkoo maallaqaa qaba fakkaata. Maallaqni xiqqaan hammasii maqaa hayyuu guddaa akkasii in galmaahuu hin qabu. Kanaafuu doolaara dhibba lamaan san deebisaaf. Ani maqaa isaatiin doolaara kuma tokko ($1000) kunoo kenne" jettee cheekii barreessuu eegalte. Namuu nahee lakkii dhiisi jedheen. Ishiin garuu cheekii warra maallaqa walitti qabutti kennitee dhibba lamaan irraa fuutee piroofeesarichaaf deebifte. Innis saalfatee ka'ee bahe. Ani hamilee namichaa eeguuf "namuu waan barbaade haa gumaachuu dhiisaa" jennaan dubartiin sun "us nurraa!" jette cal na goote. Bu'uureeffamuu irraa hanga gaafa ani hoggansa gadi dhiisutti galiin OMN harki saddeettama (%80) tahu namoota galii gad aanaa hojii akka qulqulleessuu, taaksii oofuu, hojii humnaa warshaa keessa dalaganirraa dhufa. Irra jireessi isaanii ammoo dubartoota. Kanarraa kaanee gahee dubartootni qabsoo Oromoo keessattis qabaachaa turaniifii jiran hubachuun naman dhibu.

Mudannoo biraatiin ammoo Muddee bara 2015 gaafa fincilli Maastar Pilaanii yeroo lammaffaaf dhoohe san Shawaa Lixaafi Arsii Lixaa mormii hamaafii wareegama heduutu kafalamaa ture. Qonnaan bultootni fincilatti makamuun waajjira gandaa diiganii qawwee hiikkachiisaa turan. Dargaggeeyyiin harka qaxxaamursanii waraana Aga'aazii hanga funyaanittii hidhate dura dhaabbatu. Mootummaan akka malee muddamee ammaa amma labsii doorsisaa baasa. OMN halkaniif guyyaa ibidda itti hafarsa. Ani halkan Istuudiyoo buleen odeeffannoo walitti qabee eega. Gaazexeessitootni ganama dhufanii oduu barreessanii dubbisu.

Gaafa tokko gaazexeessaan tokko hojiirraa hafe. Tokko dhufee hojii dhiisee taa'ee mataa mara. Yaamee maal taate jennaaniin "ani oduu har'aa dubbisuuf hin dandahu. Maatiikoo doorsisaa jiru" naan jedhe. Hayyee dhiisii galin jedheen. Gaazexeessaan sadaffaan xiqqoo turee bunan bitadha jedhee bahee achumaan hafe. Nama oduu dubbisu dhabnaan ani barreessee ogeessii kaameraa keenya Fu'aad Siraaj dubbise.

Yeroon sun dhiibbaa mootummaa Itoophiyaa qofa osoo hin taane, kan Ameerikaas dabalaa ture. Sababa mootummaan Itoophiyaa komii cimaa yero yeroon warra Ameerikaatti erguuf dhaamsi gorsa fakkaatu kan keessi akeekkachiisuu nu gaha ture. Kanarraa ka'uun "mootummaan Ameerikaa Jawaar hidhee OMN cufuuf heda" hamiin jettu deddeemaa turte. Hamii kana kan jabeesse ammoo poolisoonni gara mooraa OMN deddeebi'uu isaaniiti. Garuu hamiin sun ummata keessa faca'ee waan tureef waajjirri OMN yeroo biraa namoota hamilee nu jajjabeessufii oduu dhagahuuf dhufaniin guutamuu ture duwwaa ta'e. Kan biraa dhiisii yeroo biddeenaafi ambaashaa bitachuuf suuqii Oromootaa dhaqnuyyuu namni na waliin mul'achuu sodaatee na baqachuu jalqabee ture. Sababni poolisoonni naannawa waajjira OMN deddeebi'aniif doorsifni ajjeechaa gama intarneetiin narratti geggeeffamaa waan tureef nageenya kiyya tiksuufi.

OMN dhaabnee, utubnee, guddifnee qabsoo Oromoo keessatti gumaata hammasii akka bahu gochuun keenya of duuba deebi'ee yoon ilaalu raajii (miracle) natti fakkaata. Muuxannoo miidiyaa geggeessuu osoo hin qabaatin, maallaqa xinnaa hammasiin siyaasaa Itoophiyaa raasnee sirna hamaa san jijjiiruun dhuguma raajidha. Garuu raajiin sun akkanumaan hin argamne. Bu'aa tooftaafi ciminaan hojjachuuti.

Akkuma OMN dhaabneen yaadota ittiin masakamuu (guiding principles) qabnu sadi irra deddeebi'ee hogganootaafi hojjattoota qabachiisuu yaala ture. Isaanis, Jaalala Hojii (Passion), Naamusa Hojmaataa (Professionalism)fi Gahumsa raawwachuu (Performance) kan jedhuudha.

1. Jaalala Hojii (Passion):- Jechuun si'aa'ina, hamileefi fedhii guddaa jennee hiikuu ni dandeenya. Namni OMN keessa hojjatu, akka hojii idilee ilaaluu osoo hin taane hojii qabsoo ummataaf fedhiifi hamilee guddaa qabaachuu qaba. Dhugaa saba kanaa beekee haqa isaa argamsiisuuf aarsaa kamuu kafaluuf nama of qopheesse ta'uu qaba.

Dabalataanis humna miidiyaan qabsoo keessatti qabu beekuun fayyadamuuf fedha uumamaa (innate desire) qabaachuu barbaachisa.

Gara biraan namni OMN keessa hojjatee saba tajaajiluu fedhu kan sabboonummaan akka ibiddaa irraa belbeltu, kan jaalala gaazexeessummaa onnee irraa qabuufii waan hojjatuttis onneeraa itti gammadu ta'uun barbaachisaadha. Namni sabboonummaafi naatoo sabaaf hin qabne, kan jaalalti miidiyaa keessa hin jirre, hojii OMN tan aarsaa yeroofi hamilee (emotion) gaaafattu san galmaan gahuu keessatti dirqama irraa eeggamu gahuumsaan bahachuu hin danda'u.

2. Gahumsa Raawwachuu (Performance):- Kun hojii itti bobba'an san yeroo kaayameefi qulqullinaan raawwachuu danda'uudha. Fedhiin miidiyaafis ta'ee naatoon sabaaf qabnu hojii qabatamaatti hiikamuu baannaan faayidaa hin qabu. Kanaaf yaadni lammataa namni OMN keessaan qabsoo Oromoo tajaajiluu barbaadu nama cicheefi cimee hojjachuu barbaaduufi danda'u tahuu qaba.

Yeroofi humna aarsaa gochuun, sagantaalee dhiibbaa guddaa uuman baasii xiqqaan dalaguu qabna. Kun ammoo gahumsaan malee galma gahuu hin dandahu. Hojiin miidiyaa bu'aa kan buusu waqtaawaa, daawwatamaa /

dhaggeeffatamaafi hawwataa yoo ta'eedha. Kun ammoo kan ta'u siyaasaa saffisaan jijjiiramuun osoo qalbii hin hirin, hordofuufi sagantaan bakka barbaachisutti saffisaafi qulqullinaan hojjachuun yoo danda'ameedha. Kanaaf hojii qabatamaan dandeettii guddaa bu'aa qabeessa taasisuu dandahuun (performance) akka yaada ittiin masakamuutti fudhanne.

3. Naamusa Ogummaa (Professionalism):– Kun ammoo amalaafi naamusa gaarii hojii miidiyaa geggeessuuf barbaachisu qabaachuufi ittiin masakamuudha. Sagantaaleen qindeessinee dhiheessinu ulaagaa (standard) miidiyaa irraa eeggamu kan guutan, qabiyyeefi qulqullinni isaanii daaw'attootaaf kabaja kan agarsiisan ta'uu qabu.

Fedhii guddaa qabaannee halkanii guyyaas yoo hojjanne, dalagaan sun naamusa ogummaan sun gaafatuun geggeeffamuu baannaan akeeka barbaadameef san galmaan gahuu hin dandahu. Miidiyaa keessatti ogummaa (professionalism) yennaa jennu waa lama hammata. Isaanis Naamusaafi Teeknika.

Naamusni ulaagaa miidiyaan itti geggeeffamu kan addunyaan ittiin masakamtu qofa osoo hin taane safuu hawaasa tajaajiltuu sanis dabalata. Teeknikni ammoo beekumsa akkaataa odeeffannoo itti sassaabanii qindeessaniifi dhiheessaniiti. Teeknika mana barnootaatti baratta. Naamusa ammoo dhalootaafi guddinaan kan argattuun dabalatee qajeelfama jaarmaya saniitu siif kaaya. Wanti ulfaataan naamusaaf teeknika horatte san qabatamaan yeroo hunda itti fufiinsaan (consistently) hojiitti hiikuudha. Miidiyaa qabsoo Oromoo gargaaruuf dhaabbate keessatti naamusa ogummaa (professionalism) jechuun naamusa gaazexeessummaa, safuufi kaayyoo qabsoo Oromootiin wal simsiisanii ogummaa teeknikaa cimaan tumsanii hojjachuu jechuudha.

OMN yaadota sadeen kanaan taliigamaa deemuun ummata keessatti, warra silaa siyaasa nuti deemsifnu mormu dabalatee, akka kaabajamuufi dhaggeeffatamu godhe. Hojjataan kamiyyuu yoo dhufu qabxiilee sadeen kanaan qajeelfamni (orientation) kennamaafii ture. Nama sadeen kana guuttateetu mindeeffama jechuu miti. Kan fedhii qabu hanqina ogummaa, kan ogummaa qabu immoo aarsaa kennuu irratti mudaa qabaachuu mala.

Namoota dandeettii guddaa qaban garuu hoji irratti dadhaboo tahan agarree turre. Kanneen sabboonummaan isaanii xiixaa garuu ammoo ogummaafi kennaa uumamaa hin qabnes nu mudataniiru. Namoota akkasii hanqina isaanii akka fooyyeffataniif heddu yaalla. Fakkeenyaaf yeruma mindeessinuu yeroo hamma ji'a sadihiif osoo hin mallatteessin akka yaaliitti (probation) hojjatan goona turre.

Yeroo san keessatti hanqina qaban fooyyessuu irratti abdii yoo agarsiisan dhaabbataan mindeessina. Yoo fooyyessuu dadhaban ammoo ni geggeessina. Namoonni gariin ammoo yeroo dheeraa erga hojjatanii booda fedhiin ogummaa ykn murannoon hojiif qaban hir'ataa deema. Gorsaafi akeekkachiisaan fooyyeffachuu yoo dadhaban ni geggeessina. Namoota waa sadeen kana keessaa tokko ykn sanaa ol irratti hanqina qaban, kan fooyyeffachuuf hin tattaafanne jaarmaya keessa tursiisuun mudaa isaanii hojjattoota kaawwanitti dabarfachuun (contaminate) hojii jaarmayaa laamshessu. Wal morkii, atakaaroofi maaltu na dhibe' yaadni jedhu babala'chuun haala hojii summeessuun (toxic work environment) miidhaa hamaa fida.

Yeroo namoota akkasii sirreessuun dadhabamee geggeessinu hunda komiitu nurratti ka'aa ture. Warri geggeessinu laafina isaaniin osoo hin taane loogii bulchiinsaan akka geggeeffaman himatu. Nuti ammoo 'nama baaburicha irraa bu'e ykn buufame jala dhagaa darbachuun hin barbaachisu' ejjannoo jedhuun waan masakamnuuf dadhabina nama sanii ummataaf hin ibsinu.

Komiifi hamiif deebii kenuu dhabuun keenya qeeqafi maqa-balleessiif nu saaxilaa ture. Garuu ammoo nama baaburicharraa bu'e, dhagaa jala darbannee madeessuu dhabuun hariiroon keenya akka adda hin cinne gochuun gara fuulduraa yoo namni sun dadhabina san fooyyeffate walitti deebinee dalaguuf carraa bana. Haala kanaan namoonni yeroo garagaraa OMN keessaa baafaman ykn ofii bahan gaafa biraa deebi'anii hojjachaa turan.

Bu'uuraalee hojii (principles) sadeen armaan olii kana malees dabalataan, OMN yaada "dhugaa Oromoo karaa dhugaa qofaan" jedhuun masakamaa ture. Yaada kana kan burqisiise gulaalaa olaanaa keenya Dr. Birhaanuu Dirbaabaati. Ummanni Oromoo dhugaa qaba. Dhugaa isaa kana keessaa kan himame baay'ee xiqqaadha. Kanaafuu gama miidiyaatiin ummata Oromoo fayyaduuf soba itti dabaluu hin barbaachisu. Dhugaa saba kanaa karaa dhugaa qofaan gabaasuun gahaadha kan jedhu ture. Qajeelfama kana hordofuun amanamummaa (credibility) OMN hedduu fayyade.

Waa maraafuu OMN hundeessuufi geggeessuu keessatti aarsaa guddaan kafale. Barnoota Yuunivarsiitii gaarii 'scholarship' guutuu waliin naaf kenname sababa isaatiin addaan kute. Jiruu dhuunfaa kiyyas hedduu gaaga'e. Duulli maqa-balleessaa osoo addaan hin citin narratti geggeeffamaa ture. Ani garuu siyaasa joollummaan waanin keessa tureef duulli maqa-balleessii dhiibbaa hammasii narratti hin godhu ture. Duula sobaan maqaa balleessuu yeroo san godhame keessa kan Arfaasee irratti aggaammate qofaatu miira kiyya tuqee ture. Arfaaseen koree bu'uureessituu duula Oromo First keessa turtus, gaafa ani jalqaba gara Minnesota deemuuf murteesserraa kaaftee piroojektii OMN keessaa of baafte. Namoonnummaan dhugaa kana sirritti beekan akka waan ishiin maallaqa OMN fudhatteetti olola sobaa irratti oofan. Ololli akkasii ishiin hin malu ture. Santu na gaddisiisaa ture.

OMN dhaabbachuun olaantummaa alagaan gara miidiyaan qabdu cabsuudhan Oromoon akkuma Dr. Birhaanuu Dirbaabaa jedhe "dhugaa Oromoo karaa dhugaa qofaan" akka himatu dandeessise. San bira dabree warraaqsa Qeerroo Oromootiif dirree walqunnamtiifi qindoomina tarsiimoo (communication platform) ta'uun yeroo gabaabaa keessatti bu'aa addunyaa ajaa'ibsiise argamsiise.

Namoonni heddu, shoora guddaafi yeroo dheeraa an OMN keessatti qabaachaa turerraa ka'uun "ati hooggansa biraa hin baafne. Simalee OMN dhaabbatee itti fufuu hin danda'u. Ni kufa" shakkii jedhu qabu ture. Haa ta'u malee, ani akkuman biyya galeen shoorri ani OMN keessatti qabaachaa ture hir'ataa deeme. Hojii miidiyaa Toleeraa Fiqruu akka maanaajaraatti, Dajanee Guutamaa ammoo akka gulaalaa ol'aanaatti geggeessaa turan. Ani darbee darbee dhaqeen yaada gumaachaaf, akkasumas maallaqa barbaachisu walittin qabaaf ture. Boodarras gaafan gara paartii siyaasaa seenuuf murteessu, hoggansa OMN guututtin ofirraa mulqe. Girmaa Guutamaa daayireektara ol'aanaa ta'ee bakka kiyya buufame.

Ergan hidhamee booda tarkaanfii mootummaan Istuudiyoo Finfinnee cufuufi biyya alaattis himata sobaa itti bansiisee maallaqa guddaa baasisus, OMN jabaatee itti fufe. Mahaammad Abdoosh kan yeroo dheeraaf itti aanaa kiyya ta'ee hojjataa ture daayireektara olaanaa ta'ee yeroo murteessaa sanitti hojii itti fufsiise. Durumaanuu yoo tarii OMN dameen Finfinnee cufame jechuun Naayiroobiitti istuudiyoo xiqqaa bannee turre. Ani hidhamee OMN dameen Finfinnee cufamnaan kan Naayiroobii cimsanii itti fufan.

Hoggansi OMN na boodaan dhufan tooftaafi tarsiimoo mataa isaaniin hooggananii dhaabbaticha kufaatii irraa dandamachiisanii itti fufsiisuu danda'aniiru. Bara 2018 booda OMN itti fufus kufus, akeeka dhaabbateef galmaan gaheera. Qabsoo Qeerrootiif arraata akka ta'uuf jaarame. San ammoo bifa eeggamee oliin galmaan gahe. Nutis warri miidiyaa san hundeessuufi guddisuu keessatti aarsaa kafalle hin gaabbinu.

6.9. Mudannoowwan Imalarraa

Waggoota afran OMN gaggeessaa ture san Sanbattan heddu gara galii miidiyaaf ta'u walitti qabuufi ummata mariisisuuf magaalota garagaraa deema. Kamisa manaa bahee Jimaata galgala, Sambata duraafi Dilbata walgahii geggeessee Dilbata halkan yookin Wiixatan ganama Minnesota deebi'ee, guyyoota sadan hafan waajjiratti hojjadha. Hojii OMN qindeessuun dabalatee, odeeffannoo biyyaa dhufu simachuun halkanii guyyaa facebook irratti maxxansaa waanin tureef, guddatu sa'aa sadi qofan rafaa ture. Sanuu ammoo addaan kukkuteeti. Sa'aa takka rafee ka'ee sa'aa muraasa hojjadhee, deebi'ee sa'aatii biraaf ammoo rafa. Kanaafuu hedduun dadhaba ture.

Dadhabbii kanarraa kan ka'e, gaafa tokko Kaamisaafi Jimaanni na jalaa waldhayan. Akkuma torbanoota biraa gara magaalaa Torontoo deemuuf dirree xayyaaraa dhaqee yoo paaspoortii itti kennu "xayyaara har'a deemurraa tikeeta hin qabdu" naan jedhan. Nan qaba hin qabduun atakaaroo seennee maanaajarri dhufe. Kompiitara yoo banu edaa ani kaleessan deemuu qaba ture. Guyyaan ani dirree Xayyaaraa dhaqe sun edaa Jimaata. Ani garuu Kamisa se'een mormaanii ture. Booda dogongora kiyya amanee tikeeta biraa bitadhe. Tikeetni sun garuu suduudaan kan Toronto dhaquu hin turre. Minnesota irraa New York bu'ee xayyaara jijjiiruun qaba ture. New York gahee xayyaara irraa bu'ee kan Toronto yaabbachuuf balbala seensa xayyaaraa (boarding gate) dhaqee eegachuu qabe.

Xiyyaarri Toronto deemu sunis dhufee imaltootni yoo yaabbachuu eegalan numan arga. Osoman laaluu namni cufti yaabbatee xumurame. Ana qofatu hafe. Keessummeessituun maqaa kiyya maayikraafoonaan yaamte. Bakka imaltootni taa'an dhuftees lallabde. Numan dhagaha garuu deebii hin kennine. Hin rafne garuu dammaqees hin jiru. Yennaa ishiin maqaa na yaamtu akka nama abjootaa jiruttan dhagayaa ture. Erga xiyyaarri ka'ee deemeen booda akka rifachuu ta'ee fiigee intala balbalarra jirtu dubbise. "Maal taate, osuma as jirtuu, osoon maqaa kee yaamuu xayyaarri si dabree? Si dhukkubaa?" jettee natti dheekkamte. Anis guyyaa hedduu akkan hin rafin itti himee naaf naatee xayyaara itti aanurra kafaltii malee na yaabsiftee deeme.

Dubbuma dadhabuufi hirriiba gahaa dhabuun wal qabatee osoon Istuudiyoo jiruu meeshaan kan saamames mudannoo biraati. Yeroo #OromoProtests san oolmaafi bultiin tiyya waajjiruma ture. Teessoon irra taa'ee hojjadhu, kaniin firaashii lafa buufadhee rafuufi kushiinaan nyaata itti hoo'ifadhu manuma san keessa. Gurbaa Jawwee (Hassan Yuusuf) jedhamuutu tola ooltummaan akka eeggumsaa (security)fi konkolaachisaatti na tajaajila. Nyaatas isumaatu naaf fida. Galgala yeroo hojjattoonni deeman isaatu na bira bula. Yeroo inni haajaa biraaf deeme kophuman waajjira hojjadha. Nageenya kiyyaafi kan Istuudiyoof waan yaadda'ameef kaameeraan mana keessaafi alaas kaayamee ture. Waan waajjira keessaafi naannawa gamootti ta'u hunda fooddaa kompiitaraa (screen) waajjira koo keessa jirurrattin arga.

Yeroo Jawween hin jirre yoo namni gara waajjiraa dhufe kaameraa saniin laaleen balbala awutoomaatikaa jalaa bana. Gaafa tokko namni wahii dhufee balbala banee Istuudiyoo seenee meeshaa Kaameeraa, Kompiitarafi kkf nu saamee deeme. Edaa an akkuman taa'etti mugeen hirriibni naan kutee ture. Namni sun dhufee kutama ani jiru san keessaaa kaameeraan waraabuu akka dhaabu taasisee, kan yeroo inni jalqaba seene waraabamee tures haqee, meeshaa istuudiyoo keessaa fudhatee deeme. Wanti raajii ammoo waan ta'aa ture hunda argaan ture, nan yaadadhas. Garuu akka abjuu wahitti natti mul'ataa waan tureef hin dhaabsifne. Namni saamicha geggeesse hojjataadhuma keenya ture. Garuu tarkaanfii akka irratti hin fudhanneef ragaan silaa kaameraa irratti galmaahuu qabu hin jiru. Yaadannoon kiyya ammoo dimimmisa akka abjuuti. Dhibbaan dhibbatti kanatu ta'e jechuu hin danda'u ture. Osoon jedheeyyuu, osoo agartuu qabeenya saamamu maalif callifte waan jedhuuf namni na amanu hin jiraatu. Dubbii saamichaa kana dhageenyaan lubbuun tiyyaahuu gaaga'amarra akka jirtu hubachuun poolisiin naannichaa sa'aa sa'aan akka dhufee daawwatuufi namni tokkos taatu yeroo mara akka na biraa hin dhabamne taasifne.

Mudannoo dirree xayyaaraa biroo haa dablu. Gaafa tokko dirree xayyaaraa Newark (New Jersey) keessa osoon dabruu manguddoota jaarsaafi jaartii dhalattoota Itoophiyaa ta'an arge. Jarri lameen Finfinnee irraa ka'anii gara Los Angeles deemaa turan. Xayyaarri Finfinnee irraa fide Newark erga buusee booda, kan silaa qabatanii gara Los Angeles deeman jalaa dabre. Anis xayyaarri na dabree kan itti aanu eeggachaa osoon jiruu buna dhuguuf kaaffee osoon barbaacha osoon deemuu, jara Afaan Ingiliziin hojjattoota dirree xayyaaraatiin waliigaluu rakkatan agarraan itti goree akkan hiikuuf gaafadhe naaf hayyaman. Gama lamaan dubbisuun rakkoo mudate hubadhee, balaliin biraa akka qabamuuf ergan taasisee booda, hamma sa'aan imalaa gahuu laaqana affeeree haasayuu eegalle.

Yeroon sun kan qabsoon Qeerroo hedduu finiinee biyya raasaa tureedha. Maarree manguddoonni lamaanis jeequmsa "humni badii Qeerroo jedhamu" biyyarraan gahaa jiru naaf ibsutti seenan. Humna badii kanas shoorarkeessaa guddaa biyya kana (Ameerikaa) jiraatu, kan Jawaar Muhammad jedhamu akka bobbaasu dheekkamsaan natti himan. Rabbi akka isa balleessus irra deddeebi'anii abaaran. Mootummaan Ameerikaa dhaabsisuu dhabuu isaatifis komatan. Nama Jawaar jedhamu kana akkan beeku na gaafannaan siyaasa hedduu akka hin hordofneefi garuu ammoo maqaa san akkan dhagaye itti hime. Ilaalcha isaanii sirritti dhagayuu waanin barbaadeef, Jawaar san ta'uu dhiisii namuma sanuu dhiheenyaan beekuu kiyya ibsuu irraa of qusachuun, bilisa ta'anii haasayuu akka itti fufanin barbaade.

Haala kanaan haasayaa turree yeroo balallii isaanii gahu gara balbala seensa xayyaaraa geessee kaardii maqaafi bilbila kiyya qabu (business card) itti kennuun, yoo rakkoon imala irratti isaan qunname akka naa bilbilan itti himee nagaa itti dhaamee biraa deemuuf garagale. Akkuman xiqqo tarkaanfadheen duubaan na yaaman. Abbaan warraa kaardiin itti kenne ilaalaa ' kun maqaa keetii?" naan jedhe. Anis nyaaraan mirkaneesseef. Innis "maqaan kee kan namicha reefu waa'ee isaa dubbachaa turreetiin walfakkaataa ? " jechuun miira afaanfajjiin na gaafate. Ammas mataa luluun mirkaneesseef. Iltti dabalees, "ani Jawaaruma reefu jettan sani" jedheen itti seeqqadhe. Miira rifaatuu makateen "gonkumaa ta'uu hin danda'u" jedhan isaa lachuu. "Hin rifatinaa. Kan reefu irraa dubbachaa turan sun Jawaar siyaasaati. Kan qaamaan agartan kun ammoo kan namoomaati" jedheen. Isaan garuu waan ani jechaa jiru kan hubatan hin fakkaatu. Qoosaafi kokkolfaa jajjabeessuu yaale, jarri garuu burjaajjii keessaa akka hin bahin fuularraa dubbifama. Anis jajjabeessuuf "kun waanuma yeroo mara na qunnamu waan ta'eef hin dhiphatinaa" jechuun lamaanuu hammadhee nagaa itti dhaamee biraa deeme. Yeroo Los Angeles gahan waan ta'e joollee isaanitti himnaan, bilbilanii waanin haadhaa-abbaa isaanii gargaareef na galateeffatanii na muufachiisuu isaaniif ammoo dhiifama na gaafatan. Ani garuu dhiifamni homaatuu akka hin barbaachifnee himeef. Gargaarsi ani taasiseefis, waanuma namni kamuu osoo haati tiyya rakkattee argee gochuu danda'u akka ta'e ibseef. Maatiin sun san booda yeroo dheeraafi bilbilaan na gaafataa turan.

Muudannoon itti aantu ammoo kanneen armaan olirra ulfaattuu turte. Yeroo qabsoo mootummaa Itoophiyaa falmaanii jirru qofa osoo hin taane, qaamolee garagaraa biroo irraas dhiibbaan nutti godhamaa ture. Nutis jalqabumaraa kaasaa wanti akkanaa akka dhufuu malu waan tilmaamneef, dhiibbaa karaa qabsoo keenya irraa nu maqsuu danda'uuf akka hin saaxilamneef of eegannoo godhaa turre. Of eegannoo kanneen keessa inni ijoon baasiin OMN's ittiin hojjatus ta'ee kan biraa hawaasa diyaasporaa Oromoo irraa qofa akka sassaabamu gochuun irkatummaa mootummootaafi jaarmiyoota biroo irraa walaba of taasisuu ture. Humnoota alaa dhiisii Jaarmiyoouluma Oromoofi abbootii qabcenyaa isaan waliin hidhata jabaa qaban irraa maallaqa fudhachuu dhabuuf of eeggachaa turre. Murtiin guututti galii ummata keenyaatiin socho'uu sun, qabsoo dantaa ummata keenyaa qoofa giddugaleessa godhate geggeessuu nu dandeessisuun milkaa'ina keenyaaf shoora guddaa taphate.

Biyy Masrii kan humnoota mootummaa Itoophiyaa morman deeggaruun beekkamtu, akkuma jaarmiyoota siyaasaaafi miidiyaa kaawwanii, OMN's dantaa isii akka tarkaanfachiisuuf dhiibbaa gochuuf yaalaa turte. Ameerikaan alattis Istudiyoo OMN magaalota akka Amistardaam, Landaniifi Meelboornitti banuuf yoo murteessinuKaayiroottis hundeessuu yaadnee turre. Sababni Kaayirootti banuuf barbaanneef gaazexessitoonni hedduun baqaan achi waan jirataniif akkasumas qaala'iinsi jiruu fooyya'aa waan ta'eef baasii qusachuuf ture. Kanarraa ka'uun, gama baqattoota Oromoo achi jiraniin hayyama baafne hojii jalqabne. Yeroo muraasa booda garuu qabiyyeen sagantaaleen OMN dantaa isaanii akka calaqqisiisuuf kallattiifi al-kallattin dhiibbaa gochuuf yaaluu jalqaban. Uwwisaafi tamsaasa miidiyichaa daran bal'isuu akka dandeenyuuf qarshii guddaa nuu kennu akka barbaadan karaa namoota isaan waliin hidhata qabaniin nutti himan. Nuti garuu ni didne. Sossobbii bifa kanaatiin nu hawwachuu dadhabnaan gaazexessitoota hiraarsuutti seenan. Hojii-gaggeessaa buufatichaa irra deddeebiin hidhuu eegalan.

Kanuma jidduutti, ayyaanni hundeeffama miidiyichaa magaalota birootti yeroo kabajamu akkuma hirmaachaa turetti, isa Kaayirootiifis Piroofeesar Hizqeel Gabbisaa waliin affeeramne. Garuu ammoo guyyaan lama yoo hafu mootummaan biyyasii sagantichi akka hin geggeeffamne dhoorkuu dhageenye. Pirofeesar Iziqa'eel na dursee dhaqee ture. Anis sagantichi hafus tikeetni bitame bilaashitti gubachuurra, dhaqee hawaasaafi gaazexessitoota jajjabeessee deebi'uuf garasumatti qajeele.

Haa ta'u malee, akkuma buufata xayyaaraa Kaayiroo gaheen diraamaan ani hin eegne uumame. Paaspoortii kiyya hojjataa Immiigreeshiniitti kennee gaaffii takkaa lama erga na gaafatee booda loltoonni dhufanii bitaa mirgaan na marsuudhaan gaaffii dabalataatiif akkan barbaadamu natti himanii, biiroo xiqqoo takka na geessan. Achittis, miidiyaa seeraan alaa biyya isaanii keessatti dhaabuun yakka raaw'achuu kiyya natti himan. Waggoota dheeraaf biyya isaaniitti hidhamuufi mootummaa Itoophiyaatiif dabarfamee kennamuu keessaa tokko akka filadhus na akeekkachiisan. Ani garuu yakki hojjadhe akka hin jirreefi miidiyichis hayyama seeraa akka qabu falmuun, lammii Ameerikaa ta'ee sababni Itoophiyaaf dabarfamee kennamuuf akka hin jirre itti hime. Isaan garuu hoggansa Ginboot 7 kan ta'e Andaargaachaw Tsiggee kan san dura Yamanitti qabamee mootummaa Itoophiyaaf dabarfamee laatame, lammummaa Ingiliiz qabaatus baraaramuu akka hin danda'in na yaadachiisuun, anaafis Ameerikaan homaa akka homaa naaf gochuu akka hin dandeenye ibsan. Ani garuu yakkarraa bilisa ta'uu kiyya mormachuu ittiin fufe.

Loltoonni natti dheekkamaa turan gadi bahanii, namni ga'eessi sivilii uffate tokko ol seenee, mootummaa isaanii waliin hojjachuuf yoo walii gale wanti hundu salphaatti akka hiikamu sagalee naatoo qabuun na gorsuu yaale. Ani garuu ejjannoo kootti ciche. "Erga diddee dhimma keeti" jedhee na dhiisee deeme. Itti aansee biiroon keessa turee na baasanii mana hidhaa buufatuma xayyaaraa san keessa jiru kan imaltoota hedduun guutame tokkotti na darbatan. Achittis hidhamtoonni sadii na tumuufi na ajjeessuuf dhaadachuufi natti gamuu jalqaban. Namoonni nu jiddu seenuun jara narraa qabaa turan, moggatti na baasanii ana dura namni biraa ijuma isaanii duratti haala hamaan akka miidhame gurratti na hasaasan. Kanaafuu, waan qondaalonni jedhan tole jedhee dafee bahee lubbuu kiyya akka baraaru na gorsan. Ani garuu qabsaa'aa shahiida ta'uuf (wareegamuuf) qophaa'e ta'uu kiyya itti himuun, ejjannoo kiyya irra deebi'ee mirkaneesseef.

Taateen mana hidhaa keessatti narratti raaw'atamaa jiru doorsisanii harka na kennisiisuuf malee na miidhuuf akka hin taane waanin tilmaameef,miira sodaafi naasuu obsuu danda'e.

Kaayroo kanin gahe kan gahe toora halkan qixxee ture. Azaanni salaata subii dhagahamuu isaatiin lafti bari'uu ishii hamman hubadhutti bifa kanaan na hiraarsaa turani, tasuma akkan kutaa hidhaa sanii bahu nitti himame. Namoonni fuulli isaanii haaraa ta'e balbalarratti na simachuun, dogongoraan hidhamuu kiyya naaf ibsanii, boorsaafi paaspoortii koo naa deebisan. Qondaalonni isaanii olii hokkara dogongoraan uumameef dhiifama na gaafachuu akka barbaadan natti himanii kutaa konfaransii ammayyaa tokko na na seensisan. Achittis namoonni suufa uffatan sadii irra dedeebi'uun dhiifama na gaafatanii nyaataafi shaayiin akka naa dhufu ajajan. Isaan keessaa isa tokko miidiyaan akkan beeku itti himnaan akka rifachuu ta'ee nama biraatiin wal jalaa fakkaachuu akka hin oolle natti hime. Anis namichi eenyummaa isaa akka dhoksaaru naaf galee itti dhiise.

Dhiifamniifi kunuunsi sun garuu hedduu hin turre. Ammas haasayuma nagaya fakkeessanii haaraatti gaaffii natti roobsuu eegalan. Miira qabbanaayaan na dubbisaa turanii boodarra gara dheekkamsaatti cee'an. Dhimma miidiyaa seeraan alaa banuu kan jalqaba ittin na yakkan dhiisanii, dubbii jajjabduu natti gadi baasan. Warraaqsa bara 2011 biyyattii raase keessatti hirmaannaa qabaachaa akkan tureef, dargaggoota fincila gaggeessan san leenjisaa turuu odeeffannoo akka qaban natti himan. Gochi kiyya sunis, biyyattitti jeequmsa uumuun, dantaa Masriin laga Abbayyaa irraa qabdu miidhuuf akka dubbatan. Kanas qajeelfama mootummaa Itoophiyaa akkan raaw'adhe dubbatan. Akka ragaattis barruu dhimma bishaan Abbayyaa irratti barreesseefi haasayan miidiyaa garagaraan gochaa ture tarreessan.[1] Masriin qabsoo bilisummaa ummata Oromoo osoo deeggartuu, mootummaa Tigree kan Oromoo cunqursu waliin dhaabbachuun kiyya akka isaan gaddisiise natti himan.

Qondaalonni sun galma wal gahii ammayyaa (executive boardroom) san keessatti sijaaraa gubba gubbaan qabsiisaa aarsaa waan turaniif, aarri kutaa ukkaamsee nama lolloccachiisa ture. .Biyyoota garagaraa saniin dura deemetti, galma walgahii keessatti sijaaraan yeroo xuuxamu argee hin beeku ture. Warri xuuxxuu barbaadan yeroo boqonnaa eeggatanii manaan ala bakka aarsuun hayyamamu dhaqu. Kan Masrii sun na ajaa'iba. Ukkaamamuu kiyya itti himnaan fooddaan takka akka banamtu taasisan.

Gaafilee natti roobsaa erga turanii booda, carraa deebii kennuu naaf laatan. Dhimma fincila kaasuutiin wal qabatee, dargaggoota biyya garagaraa irraa walitti dhufan leenjisaa turuun kiyya dhugaa ta'uu ibsee, lammiileen Masrii jiraachuufi jiraachuu dhabuu isaanii akka hin yaadanne itti hime. Leenjiin ani irratti hirmaachaa tures, waa'ee qabsoo nagayaa irratti beekumsa waliigalaatii kan barsiisu malee, kan biyya tokko irratti xiyyeeffanne akka hin turinis ibseef. Xiinxala

231

yeroo fincala biyyoota Arabaa (Arab Spring) gama miidiyaatiin dhiheessaa ture fidanii na dura qabuun, waakkiin kiyya soba akka ta'e dubbatan. Gama kiyyaan, xinxaloonni sun hojii ogummaa miidiyaawwan kaffaltiin na hojjachiisaa turan ta'uu ibsuun, fincila biyya isaanii qofa osoo hin taane kan Liibiyaa, Siiriyaa, Tuniiziyaafi kanneen biroos xiinxalaa turuu addeesse.

Dhimma laga Mormor(Abbayya) irratti wanta barreesseefi katabe irrattis mamii malee jechoota ciccimoon deebii kenneef. Biyyoonni yaa'aa Abbaayaa (riparian) hunduumtuu mirgi bifa haqa qabeessaan fayyadamuu akka kabajamu onneerraa akkan amanu jala muree itti himuun deebii kiyya eegale. Keessattuu Itoophiyaan biyya bishaan laga kanaa irra jireessi irraa burqu taatee osoo jirtuu, fayyadamummaan isii gadi aanaa ta'uufi qoda ishiin malu argachuuf yoo yaaltu ammoo dhoorkamuun sirrii akka hin taane itti dabale. Jarris Masriin fayyadamuu Itoophiyaa irraa mormii akka hin qabne naaf himuun, rakkoon kan uumame, Itoophiyaan waliigaltee seeraa cabsuuf ummata Masrii balaa hamaaf saaxiluu isheeti akka ta'e dubbatan. Gama kootiin seeronni isaan himan sun, kan koloneeffattoonni humnaan nurratti fe'an malee, kanneen mariifi waliigaltee biyyoota yaa'aa Abbaaayyaa gidduutti taasifamaniin raggaasifaman akka hin ta'in yaadachiise. Kanaafuu, seeraonni bara kolonii sun har'atti fudhatama qabaachuu akka hin dandeenye morme. "Isin mataan keessan bo'oo Suwiiz (Suez Canal) kan waliigaltee bara koloniitiin bulaa ture, erga walabummaa goonfattanii booda warra Awurooppaa irra ariitanii hin dhuunfannee?" jechuun falmii kiyya cimsuu yaale.

Gaafii qabsoo Oromoo armaan dura deeggaruu isaaniin wal qabsiisanii kaasaniif immoo, ummanni Oromoo cunqursamus dhimmi yaa'a Abbayyaa dhimma biyyoolessaa kan atakooroo sabootaa caalu ta'uu, yaadan san dura barreessaa ture[19] kan isaan na yakkuuf akka ragaatti harkaa qaban keessa jiru irra deebi'ee ibseef. Irra jireessi bishaan Abbayyaa laggeen Oromiyaa keessaa ka'an irraa kan dhufu ta'uu eereef. Kanaafuu, hoggansi Oromoo kamuu ammaaf mootummaa Itoophiyaa kuffisuuf jecha Masrii waliin walii galus, gaafa angoo dhuunfate, ejjannoon inni dhimma kanarratti qabu kan mootummaa ammaa kanarra yoo jabaate malee laaafaa akka hin ta'uu akka hin dandeenye jala sararee itti hime. Kanaafuu, tumsa yerootiif jecha wal sobuurra, falli gaariin fayyadamummaa biyyootaa yaa'aa cufa mirkaneessuuf, waliigaltee haaraa tumachuu akka ta'e dubbadhe.

19 Hidhi Haaromsaa ijaaramu yoo jalqabu rogeeyyii fi mormitoonni biyya alaa jiran mormuu eegallaan, Abbayyaan dhimma biyyaa guddaa waan ta'eef garaagarummaa siyaasa keessoo osoo nun daangeessin tokkummaan dhaabbachuu akka qabnu barreeffama xiinxalu katabee ture. Mohammed, Jawar. "Why Oromos Should Care about the Nile Politics." OPride, 16 Dec. 2010, www.opride.com/2010/12/16/why-oromos-should-care-about-the-nile-politics/ Barreeffama jalqabaa akkuma maxxanseen, namoonni tokko tokko barreeffamichi mootummmaa Itoophiyaatiif baabsuudhaan Masrii kan dallansiisu waan ta'eef qabsoo akka miidhu ibsuudhaan qeeqa dhiheessaniif deebii kennee ture. Mohammed, Jawar. "Ethiopia's Internal Cohesion Key to Advancing Interest in the Nile." OPride, 9 Dec. 2010, www.opride.com/2010/12/09/ethiopias-internal-cohesion-key-to-advancing-interest-in-the-nile/

Haala kanaan sa'aa hedduuf afaan wal gogsaa turree booda gara saafaa irratti biyya dhufetti akka deebi'u murteessanii kubbaaniyyaa xayyaaraa na fideen deebisanii na gaggeessan. Achi booda namoonni OMN waliin hidhata qabaachuun beekkaman kan akka Garasuu Tufaa, Saalihaa Saamiifi kan biroo buufata xiyyaaraa Kaayirootti rakkisuu, hidhuufi gara dhufanitti deebisuun ittuma fufe.

Siyaasuma Abbayyaa kanaan wal qabates mudannoon biraas nit ture. Gaafa qabsoo Qeerroo san Dura Taa'aa TPLFfi Itti Aanaa Muummicha Ministeeraa kan ture, Dr Dabratsiyoon Gebremikaa'eel, furtuu kompiitarri isaa cabsuun odeeffannooon keessa ture guututti harka keenya galee ture. Dr. Dabratsiyoon angoowwaan armaan olii dabalatee Minsiteera Saayinsiifi Teeknoloojii akkasumas Walitti Qabaa Boordii Humna libsaa waan tureef, gabaasaaleen Hidha Haaromsaatin walqabatan torbaaniin dhihaataafii ture. Faayilli arganne sun ergaawwan iimeelii qaamota garagaraa waliin dhimma Laga Abbayyaafi Hidha Haaromsaas irratti ergamaa turan kan qaba ture.

Kompiitara nama duree TPLF fi Itti Aanaa Muummichaa ta'e sanaa cabsuun odeeffannoo keessa jiru harkaan gahachuun keenya nu gammachiisus, icciitiiwwan pirojektii guddaa biyyoolessaa kan silaa eegumsa cimaa barbaachisu, bifa iddoo salphaatti cabuu danda'uun qabamuun isaanii hedduu nu rifachiise. Warri Masrii icciitii kanniin harkatti galfachuuf gatii kamuu akka kaffalan waan beeknuuf, faayiloonni na harka gahan waahillaan qabsoo kan amma dura odeeffannoo garagaraa wal jijjiiraa turre birayyuu akka hin geenye of eeggannoo gochuu qaba ture. Yeroos galmeeleen icciitii mootummaafi paartii miliqanii bahan itti ergamaa kan turee, waahila kiyya Mikaa'eel Cabbud waliin mari'annee, faayiloonni Hidha Guddichaa komputara Dabratsiyoon keessatti argine sun, sun lamuu mul'achuu akka hin dandeenyetti dhabamsiifne.

Yeroo sanitti muummichi ministeera Itoophiyaa Haylamaariyaam Dassaalany Masriin "birrii jooniyyaan" akka nuuf kennitu miidiyaadhaan bahee nu yakkaa ture. Warri Masriis, karaa gara garaatiin nu hawwachuu yaalu. Nuti garuu OMN'fiis ta'ee baasii biraatiif saantima cabduu osoo jararraa osoo hin fudhatin duula qabsoo san injifannoon goolabuu dandeenye.

KUTAA TORBA: TARKAANFII

7.1. Yaalii Tokko! #BoycottBedele

Qabsoo nagayaa keessatti duula guddaadhaan sirna abbaa irree falmutti cehuu dura, hojii dammaqsuu hojjachuu gaafata. Itti aansee duula xixiqqaan injifannoo argamsiisaa hamilee hirmaattotaa kaasaa muuxannoos akka horatan taasisuun barbaachisaadha. Hawaasni yeroo hedduu bu'a qabeessummaa qabsoo nagayaa irratti mamii qaba. Hawaasa shakkii akkasii qabu duula guddaaf yoo waamte kan hirmaatu xiqqaadha. Duula xixiqqaa yeroo gabaabaa keessatti injifannoo argamsiisu danda'an fayyamaduun qabsoon nagayaa bu'aa akka buusu agarsiisuu feesisa. Duula xixiqqaa geggeessuuf ammoo gochoota hawaasa kee keessatti dallansuu uuman akka carraatti fayyadamuu qabda. Haaluma kanaan mormiin Qeerroo dhoohuu dura duula xixiqqaa geggeessaa turre. Kanneen keessaa duulli #BoycottBedele isa tokko ture.

Qabsoon Oromoo bara Qeerroo al-tokkotti humnoota lamaan falmaa ture. Isaanis sirna mootummaa Wayyaaneefi humnoota siyaasaa Amaaraati. Humni Wayyaanee qaama aangoo siyaasaa harkatti qabate waan ta'eef gubbaa-gaditti (vertically) Oromoo cunqursa. Qabsoon Qeerroos sirna san kuffisuuf jalaa-ol (bottom-up) itti qabsaa'a. Humnoonni Amaaraa ammoo qabsoo Oromoo waliin atakaaroo ilaalchaa (ideological) waan qabaniif cinaan (horizontally) itti duulu. Gara boodaa irratti maqaa Oro-Mara jedhamuun tumsi tooftaa (tactical alliance) yeroo gabaabaaf kan uumame ta'us, yeroo dheeraf humnoonni siyaasaa Amaaraa sirna Wayyaanee caalaa qabsoo Oromoo qoccoluu irratti xiyyeeffatanii turan. Kana jechuun qabsoon Qeerroo yeroo takkatti kallattii lamaan humnoota lamaan falmaa deemuun dirqama ture.

Dhimmoota humnoota Oromoofi Amaaraa jiddutti wal falmisiisoo tahan keessaa ijoon waa'ee seenaati. Oromoon, murnoonni Amaaraa gaafa aangoorra turan na miidhanii jiru jedha. Humnoonni Amaaraa kana ni waakkatu. Inumaa dhawaataan miidhaa sirnoonni durii ummata keenyarraan gahaa turan waakkachuu bira taranii gara mootota sirna sanii dhaadhessuutti cehan. Dhaadhessaa kana keessaa tokko yaalii seenaa Miniliik deebisanii suphuu (rehabilitation) dha. Deemsa kana Oromoon dhugaa isaa waakkachuu qofa osoo hin taane madaa isaatti haanxii akka suuquutti fudhate.

Hojii maqaa Minilik qulqulleessanii dhiheessuu kanaaf weellisaa Afaan Amaaraa Teedii Afroo (Tewoodroos Kaasaahun) sirba "Xiqur Saw/ጥቁር ሰው"jedhu qabatee as bahuun falmii Oromoo waliin jiru hedduu oowwise. Yaadni sirba kanaa, injifannoo lola Adwaa fayyadamuun, Minilik dhaadhessee, yakka Oromoofi saboota biroo irratti raawwate dhoksuu ykn fudhatama argamsiisuudhaaf (legitimizing) akka yaaluutti fudhatame.

Teedin weellisaa sirboota isa duraatiin dhageettii guddaa qabu waan taheef piroojektii Minilik deebisanii qulqulleessuu kanaaf bu'aa guddaa qaba. Toltuu Minilik hojjate faarsuun, yakka isaa waakkachuun dhaloota ammaa dogongorsiisuu danda'a. Sirbi sun maallaqni guddaan itti bahee bifa hawwataa taheen waan hojjatameef namni hedduun osoo ergaa walaloo isaa hin hubatin yeedaloo qofaan hawwatamanii duula sammuu qulqulleessuu (brainwash) sirbichi karoorfateef saaxilamuuf carraatu jira. Yakki mootonni durii Oromoofi Saboota Kibbaa irraan gahan dhokfame jechuun seenessi (narrative) qabsoo sabaas diigame jechuudha.

Dhuma bara 2013'tti, osoo waa'ee sirba kanaarratti atakaaroon geggeeffamaa jiruu, Teediin gaazexaa biyya keessaa tokkoof gaaffii-deebii (interview) godhe. Weerarri Minilik Oromoofi saboota Kibbaa irratti geggeesse "Lola eebbifamaadha (ቅዱስ ሰምርነት)" jedhe jechuun gabaafame. Jechi kun sababa sirbi sun itti hojjatameef Minilik faarsuuf qofa osoo hin taane, lola saboota irratti geggeesse akka waan gaariitti dhaadhessuun madaa irratti soogidda firifirsuu akka tahe hubatame. Kun ammoo falmaa yaadaa interneetii qofarratti godhamu osoo hin taane, tarkaanfiin qabatamaa lafarratti geggeeffamee dura dhaabbatamuu akka qabu murteessine.

Kanuma jidduutti Teediin magaalota Itoophiyaa hedduu keessatti konsartii gurguddaa qopheessuuf karoora akka qabu labse. Konsartii kanneen kan ispoonsara godhu ammoo kaampaanii biiraa Heineken jedhamuudha. Kubbaaniyyaan kun san dura warshaa biiraa Baddallee bitee oomisha isaas raabsa. Maarree mormii dhaamsa wallisaa kanaaf qabnu agarsiisuuf, nutis konsartii kana dhaabsisuuf duula bifa lamaan tarkaanfii fudhachuuf karoorsine. Tokkoffaa magaalota itti karoorfametti akka hin godhamne, lafarratti duula (grassroot campaign) geggeessuudha. Kan lammataa ammoo kubbaaniyyaan Heineken gargaarsa konsartii kanaaf taasisu akka haquf gama marsaalee hawaasaan duula irratti banuudha.

Karoora duula tokkoffaatiif dargaggoonni bulchiinsa magaalotaa bira dhaquun galmas tahee Istaadiyeemiin akka hin hayyamamne akka hojjatan goone. Kan lammataatiif ammoo duula marsaalee hawaasaa gocha qabatamaa lafarraatin bifa wal simateen akka geggeeffamu taasifame. Koreen qindeessituu jaaramee facebook irratti duula #BoycottBedele jedhuun moggaafame xiichine. Biyya keessatti ammoo namoonni biiraa Baddallee lagachuu isaanii kan agarsiisu ragaa suuraa adda addaa nuuf ergaa turan.

Fakkeenyaaf gosoota biiraa tarree jiran keessaa hundi fuudhee, yeroo baddalleen itti laatamu jechaan busheessee diduun suuraa ykn viidiyoo nuuf erga. Kuun ammoo lafatti dhangalaasaa of waraaba. Warri koree qindeessituu ammoo facebook gubbaatti maxxansa. Warshaan biiraa Baddallee naannoo Oromiyaa keessa jiraachuuniifi baay'inaanis achitti waan dhugamuuf duula diddaa kanaaf saaxilamaa ture. Carraa duulli kun ittiin milkaayu cimsuuf jecha fayyadamtoota (consumers) qofas osoo hin taane raabsitootas (distributors) hirmaachifne.

Raabsitootni, keessattuu warri Oromiyaa keessaa, waajjira muummee Heineken kan Finfinnee jiru dhaquun, duulli geggeeffamaa jiru, gabaa oomisha Baddallee irratti dhiibbaa uumaa waan jiruuf saffisaan furmaanni laatamuu baannaan hojii raabsuu hir'isuuf ykn dhaabuuf akka dirqaman akeekkachiisu.

Duulli qindaawaan keessaafi alaan hedduu cimaa deemee ajandaa nageenya biyyattii tahe. Gaafa tokko qondaala waraanaa Oromoo soorama bahe waliin akkamiin akka duula godhamaa jiruuf gumaachuu akka danda'u na gaafatee tooftaa baafne. Innis Yuunifoormii isaa bakka fannisee baasee uffatee waajjira Heineken dhaquun "maalif biyya jeeqxan?" jedheen. Warri inni dubbise soorama bahuu isaatuu waan hin beekneef akkuma waan mootummaan isaan doorsiseetti fudhatanii muddamsuu keessa seenan. Dubbiin akka jabaattee xiyyeeffannaa mootummaa argattes hoggansa olaanaa kubbaaniyyichaa waajjira muummee biyya Netherland jirutti beeksisan.

Biyya alaattis Oromoon biiraa Heineken bituu akka dhaabe agarsiisuuf qaruuraa caccabaa suuraafi viidiyoon deeggarree maxxansaa turre. Kanaan wal qabatee qoosaan yaadadhu tokkotu jira. As Ameerikaa kanatti hiriyoota Sanbattan waliin dhugantu ture. Jarri kun wal tahanii biiraa Heenikan dhuguu dhaabuu murteessan. Kan bitanii manaa qabanis gadi naquuf waliigalan. Isaan keessaa tokko gad naquu dhiisee mana lafa jalaa (basement) buusee dhoksee gaafa duulli dhaabbate baasee hiriyyootaaf qicee warra jigse aarse.

Duulli #BoycottBedele bifa kanaan finiinaa deemuun biiraa Baddallee Itoophiyaa keessa jiru qofa osoo hin taane, Heenikan Awuroppaatis naasise. Jarris na qunnamuun "Sponsorship konsartii Teedii ni dhiifnaa duula nurraa dhaabaa" jedhanii waywaatan.

Garuu isaan kan barbaadan murtii isaanii ifatti beeksisuu osoo hin taane dhoksaan Sponsorship isaa addaa kutuudha. Sababnis deeggartootni Teedii akka hin dallanneefi. Deebiin ani kenneef garuu "gaafa sponsorship isaa murteessitan, sagantaa banaa bakka miidiyaan hedduun affeerametti ummatatti labsitanii dhaadhessitan. Dogongora san bifa wal fakkaatuun ifatti miidiyaan dhihaattanii konsartichi haqamuu himuu qabdun" jedheen.

Guyyoota lamaaf harkifatanii didanis, dhumarratti harka kennan. Gaafa jala bulti bara haaraa 2014 (Muddee 31, 2013) murtii isaanii Weebsaayitii (marsariitii) irratti maxxansanii ibsas miidiyaaleef ergan. Akka isaan kana godhuuf deeman waanin keessaan dhagaheef bilbila cufadheen taa'e. Akkuma guyyoota muraasa dura isaan waywaata nuti godhaa turretti gurra cufatan, anis jalaa baduun haaloo bahuun barbaade. Warri Baddallee kan Finfinneefi Heenikan Amsterdam irraa bilbila kiyya qu'uun ergaa sagalee (voicemail) dhiisanii waywaatan.

An calin jedhe. Boodarra ifatti ibsa miidiyaaf erginaan duulli #BoycottBedelle akka dhaabbate gama marsaaleetiin labsine.

Akeekni suduudaa duula sanii konsartii farra Oromoofi sabootaa san dhaabsisuun, yaalii yakka mootonni durii Oromoofi saboota cunqurfamoo biroo irraan gahaa turan haaluuf godhamu saaxiluufi fashalsuu ture. Akeekni ijoon garuu duula xiqqaa akkasiitiin fayyadamuun ummata qabsoo nagayaan wal barsiisuudha.

Dhugumattuu duulli #BoycottBedelle Oromoo alaaf keessaattis bifa firaafi diinas raajeen dachii sochoose. Yeroo gabaabaa keessatti kubbaaniyyaa san harka kennachiise. Konsartii sanis haqsiise. Faayidaan duula sanii yakka Minilik faarsuun gatii akka kaffalchiisu leelliftoota isaa barsiisuu qofaan hin dhaabbanne. Oromoon yeroo jalqabaaf duula marsaalee hawaasaa irratti godhamu hojii lafarraa waliin qindeessee diina moo'achuun akka danda'amu kan itti mirkaneesse ture. Injifannoos dhandhamee bu'a qabeessummaa qabsoo nagayaa arguu eegale. Nuufis tarsimoo qabsoo nagayaa qopheessaa turre lafarratti hojiidhaan madaaluuf (testing on ground) carraa nuuf kenne ture.

Duulli milkaa'aan sun qabsoo Qeerroo maqaa duula #OromoProtests'n itti aanee dhufeef muuxannoofi hamilee cimaa kan nuuf tahe ture. Duula bifa saniitiin bu'aa qabatamaa buusuun akka danda'amu nuuf mirkaneesse. Duula sanirra guddatu tooftaafi saffisa akkasiin qindeeessuun akka danda'amu irraa baranne. Milkaa'inaafi mudaa duula san keessa turan xiinxaluun hojiilee itti aananii hojjatamaniif akka galteetti fayyadamne. Dabalataanis namoonni duula #BoycottBedelle irratti walitti dhufan duula #OromoProtests itti aanee dhufe keessatti akka hirmaatanis hiree uumeef.

7.2. Qeerroo

Ummanni Oromoo roorroo jalaa bahuuf waggoota shantamaa oliif qabsaa'aa turus, kan akka sochii Qeerroo saffisaan jijjiirama argamsiise hin jiru yoo jedhame soba hin ta'u. Jaarmaya siyaasaafi hidhannoo qawweetiin maleetti mormii ummataa qofaan waggoota afur keessatti jijjiirama mootummaa fiduun firaafi alagaafis raajii ture. Kanarraa kan ka'e jechi Qeerroo jedhu siyaasa Oromoofi Itoophiyaa keessatti beekamtii guddaa argate.

Anaafis taanaan sochiin Qeerroo kanin yaada tarsiimoo qabsoo Oromoo fayyada jedhee qu'achaafi qorachaa ture hojiirra itti oolcheedha. Ummata keessatti beekamtiifi jaalala yennaa naaf horu, mornoota siyaasaa keessatti jibbaafi diinummaa kan natti cimses ture. Kanaafuu sochiin Qeerroo jireenya dhuunfaafi hirmaannaa siyaasaa kiyya irratti gahe guddaa waan qabuuf hamman yaadadhu barreessuun barbaachisaadha jedheen amana.

Qeerroo jechuun hiikkaan suduudaa (direct translation) isaa dargaggeessa lafaa-dhufaa nafaa-cufaa ta'eedha. Jechi kun nama tokko baaqqeen ibsuuf akkasumas tuuta namoota umrii dargaggummaa san keessa jiran waloon ibsuuf dhimma itti bahamuu danda'a. Fakkeenyaaf "Gammachuun ilma qeerroo qaba" akkasumas" qeerroon ganda Wadaay dhiichisaan asiin dabran" jechuun ni danda'ama.

Jechi Qeerroo jedhu qabsoo Oromoo keessatti maqaan guddatee kan dhagahamuu eegale fincila Maastar Pilaanii waliin ta'us, haaraa miti. Jechi kun siyaasaafi waraana saba Oromoo keessatti yeroo dheeraaf hojiirra oolaa akka ture seenaan ni akeeka. Yoo xiqqaate Jaarraa 16ffaa irraa eegalee jechi kun sochii siyaasaafi waraanaa hawaasni Oromoo geggeessaa ture keessatti akka murna waraanaatti hojirra oolaa akka ture ragaaleen seenaa ni addeessu.

Gama dhuma Jaarraa 19ffaa keessa gaafa waraanni Minilik biyya Oromoo weerare, humni maqaa Qeerroo qabu lola ittisaa keessatti hirmaachaa turuun ni himama. Fakkeenyaaf lola Calii Calanqoo irratti humni maqaa Qeerroon gurmaaye akka hirmaate agarra. Raayyaan waraana Oromoo kan Bakar Waareetiin hoogganamu garee sadihiin jaaramee leenji'ee qophaayee ture. Gareen tokkoffaan kan Murtii Guutoo jedhamu yammuu tahu humna cimaa adda durummaan lolarratti hirmaatuudha. Gareen lammaffaan Raaree jedhamtu yammuu tahu humna fardaan loltu (cavalry) dha. Gareen sadaffaan "Qeerroo/ Qeeyroo" kan jedhamtu yennaa tahu qoodni isaanii nagaya qe'ee eeguu ture. Yeroo gareen Murtii Guutoofi Raaree diina isaanii waliin dirree waraanaa irratti falmii godhan, gareen Qeerroo naamusaafi nagaya qe'ee eegsisuu dabalatee, akka diinni kallattii biraatiin muree hin seenne warreen eegaa turanis jedhama.

Gareen Qeerroo kun dargaggeeyyii reefu lafaa dhufan kanneen san dura lolarratti muuxannoo loltummaa hin qabne irraa ijaarama. Leenjiin garee kanaaf kennamu sochii qaamaa kan akka wal'aansoo (harkaan wal qabanii wal kuffisuu), muka jajjabaa kanneen akka ejersaa dumucaan cabsuu, darbannaa xiyyaa fa'a dabalata. Akkasumas meeshaan waraanaa gareen kun loluun xiyyaa, mancaa, ulee, wacaafa (furrisaa)fi dhagaa furgugsuu of keessaa qaba.

Itti aansuun maqaan Qeerroo jedhu siyaasa Oromoo keessatti kan muldhate baroota 1960moota keessa. Qabsaa'onni sochii Afran Qalloo, Maccaa fi Tuulamaafi Baalee irraa hafan gama dhuma bara 1960'mootaa keessa qabsoo hidhannoo bifa ammayyaawaafi qindaawaan geggeessuuf biyya Yamaniitti walitti qabaman. Hoggansa Elemoo Qilxuufi Jaarraa Abbaaa Gadaa jalatti leenjii loltummaa fudhatanii Oromiyaatti deebi'uuf karaa seenan. Elemoon hojii dippiloomaasiifi dhiheessii meeshaa qindeessuuf duubatti yoo hafu, Jaarraan tuuta namoota soddomii jahaa (36) qabatee dooniin Galaana Diimaa qaxxaamuruun Oromiyaa seenuuf qajeele. Osoo bakka garaa isaanii hin gahin mootummaa Somaaliyaatiin qabamanii hidhaman. Tuutni namoota soddomii jahaa kun "Qeeyroo Ganamaa" jedhamuun beekamu ture.

Faaruun;

"Qeeyroo mataa tuutaa

Hin jarjartu suutaa" jedhus achumarraa madde.

Tuutni Qeeyroo Ganamaa sun hidhamnaan jaallan isaanirraa hafan Elemoon hoogganamanii Oromiyaa seenanii qabsoo hidhannoo Carcar Xirrootti eegalan. Waraana Bilisummaa Oromootiifis bu'uura kaayan. Kanaafuu akka boodanaa kana baay'inaafi beekamtii bal'aa qabaatuu baatus, bu'uuressitoonni qabsoo Oromoo ganamumaan maqaa Qeerroo jedhu fayyadamaa turan jechuudha.

Itti aansee jechi Qeerroo jedhu qabsoo Oromoo keessatti kan mul'ate yeroo fincilli barattootaa filannoo Itoophiyaa bara 2005 booda Oromiyaa keessatti geggeeffameedha. Fincila kana jaarmaya ABO jalatti caaseffamni dargaggootaa Qeerroo Bilisummaa Oromoo jedhamu qindeessee ture. Injiinar Tasfaahun Camadaa faan, kan boodarra mana hidhaa keessatti ajjeefame, akka hoogganaa turan himama. Sochiin Qeerroo Bilisummaa Oromootiin geggeeffamaa ture sun yeroositti sirnlcha kuffisuu baatus, muuxannoo ciccimaa sochii itti aanuuf kaayee dabre.

Maqaan Qeerroo bal'inaan beekamu kan danda'e qabsoo mormii Maastar Pilaanii Finfinnee irratti godhame waliin wal qabateeti. Karoora saamicha lafaa maqaa Maastar Pilaanii Qindaawaa Finfinnee jedhuun mootummaan labse mormuun fincilli barattootaa Ebla 2014 dhoohe. Mormiin kun saffisaan godinoota Oromiyaa hedduutti babal'ate. Mormiin dhoohun dura akkuma Maastar Pilaanii qophaayaa jiraachuu dhageenyee, gama marsaalee hawaasaatiin duula mormii taasisaa turre. Gaafa mormiin yunivarsitiilee keessatti dhoowhu, namoonni duula #BoycottBedele keessatti hirmaataa turre hedduun walitti dhufuun akkaataa mormii biyya keessaa duula marsaalee hawaasaafi miidiyaa garagaraan daran tumsuu danda'amu irratti marii taasisuun hojii qindaa'an eegalame. Duulli godhamu, deeggarsa idil addunyaa akka argtuuf bifa dippiloomaatotaafi miidiyaalee biyya alaaf hawwatuun gabaasuun barbaachisaa waan ta'eef hashtag #OromoProtests fayyadamuuf waliigalame.

7.3. Aggaammii Murnootaa Dandamachuu

Yeroo tokko Obbo Leenco Lataa "baga arrabfamuu narraa dhaaltee haara na galfachiifte" jechuun natti qoose. Baroota 1990moota irraa kaasee maqaan Oromoonis ta'ee warra biraa biraa arrabarraa hin buufanne Leenco Lataa ture. Gama tokkoon humnoonni siyaasaa Amaaraa, Leencoon ABO hogganuun Itoophiyaa balaa diiggumsaaf saaxile jedhee yoo balaaleffatu, murnoonnifi namoonni Oromoo ammoo gaaga'ama bara 1992 ABOn chaartaraa bahuun walqabatee dhufe mara itti dhoobuun "qabsoo gurgurate" jechuun abaaru. Walgahii siyaasaa qofa osoo hin taane, cidha, booya, mana barcaafi kan farsootti, maqaa isaa kaasuun, irra jireessi yoo abaaruufi maqaa balleessu, hammi tokko ammoo irraa ittisuuf atakaaroo seena ture. Warri waggoota diigdamaa oliif gamaa-gamanaa Leenco irratti duulaa ture, gaafa dhageettiin kiyya ol dabalu, akkuma waan mari'atanniitti fuula natti deeffachuu isaa, erga inni walgahii tokkorratti qoosaa san natti kaasee booda naaf ifte. Siyaasa Itoophiyaa keessatti namni akka nu lamaanii duulli maqa baleessii gareelee siyaasaa cufarraa yeroo dheeraaf irratti geggeeffame hin jiru.

Bara qabsoo san, waldhaansoo TPLF/ADWUI waliin taasifnu cinaatti, morkiin dalgaa mormitoota waliin goonus salphaa hin turre. Gama tokkoon humnoota "tokkummaa/Itoophiyummaa" irraa mormiin yoo nu mudatu, keessaan immoo jaarmiyaalee Oromoo waliin wal qoccollaa turre. Humnoota alaa keessaa Ginboot 7 addaa durummaan nuun falmaa ture. Kanaafis sababoota lamatu ture. Gareen sun akka waan ummatoota Itoophiyaa hunda bakka bu'aniifi bilisa baasuuf qabsaa'aniitti of ilaalut waan tureef, qabsoo sabummaa kan akka nuti geggeessinuu balfaa turan. Lammaffaan immoo bu'uuressittoonni Ginboot 7 filannoo Itoophiyaa kan bara 1997 irratti hirmaatanii wanti yaadan waan waan hin milkaayiniif biyya Eertiraa galanii qabsoo hidhannoo jalqabanii turan. Kanaafuu qabsoon nagayaa irraa abdii kutachuun tarsiimoo bu'aa hin buufne akka ta'etti of amansiisanii turan. Kanaafuu nuti qabsoo nagayaa leellisuun ummata afaanfajjeessuun qabsoo hidhannoo akka hin deeggarre taasisa jedhanii yaadda'aa turan.

Kanarraa ka'uudhaan, qabsoon Qeerroo sabummaa bu'uura kan godhate ta'uu qeequuniifi yeroo jalqaba mormiin Oromiyaa eegale olola tuffii "hiriiraan jijjiiramni dhufu hin jiru" jedhu nurratti geggeessaa turan. Ana ammoo akka dhuunfaatti narratti xiyyeeffatanii maqaa koo busheessuu irratti fuulleeffatan. Siyaasa sabummaa qofa osoo hin taane finxaalessummaa amantiin akkan geggeessuu gama miidiyaan na abaaru, keessa keessa ammoo diplomaaotatti himuun maqaa na xureessu.

Qabsoon Qeerroo kan isaan "girgirrii torban tokko hin dabru" jechaa turan cimee babal'achaa yoo dhufu, isaanis nuun morkoof jecha hiriira ofii Finfinnee keessatti waamuun yaalanis hin milkoofne.

Gama keenyaan duula miidiyaa murnoota "tokkummaatiin" nurratti aggaamamu ofirraa qolachaa turre. Keessattuu erga OMN hojii eegalee booda, olaantummaa gara miidiyaatiin qabaachaa turan cabsuu waan dandeenyeef, olola isaanii laayyotti fashalsaa turre. Dabalataanis, ummatoota Amaaraafi Oromoo kan sirnichi akka "abiddaafi cidiitti" ilaalu gidduutti jeequmsi dalgaa uumamee qabsoon akka hin laaffanne yaaduudhaan; dargaggoota Amaaraa kan qabsoo sabummaa geggeessan ofitti dhiheessinee waliin hojjachuu filanne. Miidiyaan maqaa Itoophiyaatiin hundeeffame irra caalaan humna "tokkummaatiif" baabsaa waan tureef sagalee rogeeyyii Amaaraa ifatti sabummaaf falman ni hacuuccu ture. Nutis kana waan beeknuuf OMN akka fayyadaman carraa laanneef. Yeroo sanitti dhimma ijoo qabsoo isaanii kan ture koree gaaffii eenyummaa Walqaayitiif antummaa agarsiisuun keenya caalaatti walitti nu dhiheesse.

Mormiin ummataa waggoota lamaan dura Oromiyaa keessatti finiinaa ture Adoolessa 2016 naannoo Amaaraattis dhoohe. Dargaggoonni Amaaraa dhaadannoo "dhiigni Oromoo dhiiga kiyya" jedhu qabatanii tumsa agarsiisan. Fincilli dargaggoonni Oromoofi Amaaraa finiinsan sirnicha qofa osoo hin taane mooraa "tokkummaa" ijaarsa sabaafi bu'aa qabeessummaa qabsoo nagaa busheessaa turanis ni naasise. Kanarraa ka'uudhaan akka jalqabaa qabsoo nagayaa busheessuu dhiisanii, fincila duubaan dhaabni isaanii akka jirutti ibsa baasuuunn injifannoo argamaa jirutti abbaa ta'uu yaalan.[20] Garuu dargaggoonni Amaaraa sabummaan socho'an jalaa qabuu didan.

Tumsi dargaggoota Oromoofi Amaaraa garuu cimaa deemuudhaan hogganoonni DH.D.U.O.fi ANDM akka waliif deeggaran taasisuun, tumsi "OroMara" jedhamu kan waggoota muraasa dura Yaared Xibabuu waliin hawwaa ture Ifoomsan dhugoomuu danda'e.

Akkuma warra "tokkummaa" san wal qoccolliin jaarmiyaalee siyaasaa Oromoo waliin godhaa turres dadhabsiisaafi rakkisaa ture. Keessattuu ABO waliin wal dura dhaabbannaa cimaa keessa turre. Waldiddaa kanaaf sababoonni hedduun jiraatanis, isaan keessaa hidhannoo caalaa qabsoo nagaafilachuun keenya, DH.D.U.O. diinomafachuu irra tumsa waliin uumu yaaluu, akkasumas fincilli ummataa to'annaa jaarmiyaa siyaasaa jala galuu hin qabu ejjannoon jedhu kanneen ijoo turan.

Atakaaroon murnoota ABO waliin qabnu, Qabsoon Qeerroo finiinaa dhufuu waliin qoodni kiyya waan guddateef hammaate malee, ka'uumsi isaa turaadha. Akkuma boqonnaalee dabran keessatti himame, ergan biyya Ameerikaa dhaqerraa kaasee warra ABO waliin wal faallessaa turre. Gaafan Waldaa Dargaggoota Oromoo Idil-Addunyaa (IOYA) hundeessinerraa eegalee hoogganootaafi miseensonni ABO biyya alaa hedduun tattaaffii kiyya danquuf yaalaa turan. ABO akka jaarmaya qabsoo Oromootiif abbaa (vanguard) ta'eetti waan laalaniif, dargaggoonnis ta'e qaamonni hawaasaa biroo isuma jalatti akka gurmaa'an

---

20 Kanaaf fakkeenya gaarii kan ta'u mormii Goondar booda dura ta'aa Ginboot 7 kan ture Piroofeesar Birhaanuu Naggaa ergaa dabarse ilaaluun ni danda'ama https://www.youtube.com/watch?v=xgnDqBrYiSs

barbaadu. Jaarmayaaleen hawaasaa walaba ta'enii jaaramuufi socho'uun leeccalloo qisaasuun qabsoo dadhabsiisa jedhanii yaadda'u ture. Ani garuu, ABOn dhaaba ummata biratti jaalatamuufi deeggarsa qabu ta'us, atakaaroo murnootaatiin waan laamsha'eef, jaarmaayaalee hawaasaa jalatti hambisuun summiin dhaaba siyaasaa miidhe akka itti dabru taasisa sodaa jedhun qaba ture. Kanaafuu, jaarmayaaleen hawaasaa walaba ta'anii socho'uun, qabsoo ABO irratti hirkattee laamshofte lubbuu itti horuuf barbaachisaadha ejjannoo jedhun tarkaanfachiisaa ture.

Bara 2009 gaafan barruu ABO qeequ barreesse guututti diinummaatti na farrajan. Ololli yeroo baay'ee narratti geggeffamaa ture, 'miseensa OPDOfi ergamaa Wayyaaneen qabsoo Oromoo diiguuf biyya alaatti ergiteedha' kan jedhu ture. Dabalataanis yaada Oromiyaa walaboomsuu kan hin deeggarre waan ta'eef taappeellaa "Itoophiyaanistii (Ethiopianist)" natti maxxansuun sabboonummaa kiyya gaaffii jala galchuuf yaalamaa ture. Gariin ammoo akkan waan ajandaa amantii dhiibuutti saboota biraafi faranjoota biratti na hamata ture.

Gama keenyaan qabsoo Oromoo dhuunfannaa (monopoly) ABO katakaaroo murnaatiin laamshaye jalaa baasuun fuulduratti tarkaanfachiisuuf akeeka keenya ta'us, isaan waliin walmorkii ololaa seenuu faaydaa caalaa miidhaa akka qabaatu hubann irraa of qusachuu murteessine. Olola komiifi maqa-baleessii isaan dhiheessaniif deebii walfakkaataa kennuu mannaa tooftaa faallaa sanii filanne. Kunis ABOfi hogganoota isaanii busheessuurra, bakka waltajjilee qopheessinu irratti shoora hogganoonnifi dhaabbatichis qabsoo Oromootiif gumaachan olkaasnee dubbanna. Bakka dhaqnu hundatti miseensota gameeyyii ABOtiif kabajaa addaa gochuun ummata duratti beekkamtii kennaaf.

Tooftaa kana hordofuuf sababoota qabna turre. Tokkoffaa, qabsoo Oromoo keessatti reefu olbahaa waan turreef leeccalloon siyaasaa (political capital) nuti qabnu haphiidha. Jaarmaya umrii dheeraa, leeccalloo siyaasaa furdaafi muuxannoo falmii ololaa yeroo dheeraa qabu waliin atakaaroo seenuun nun baasu. Kan lammataa, ummanni Oromoo laaffachuu ABO irraa komii qabaatus, akka dhaaba hangafaatti waan ilaaluuf ni mararfata. Aadaa Oromoo keessatti maatiin tokko abbaan hamma fedhe badii yoo qabaate, ilmaan yoo arrabfamu dhagayuu hin fedhu. Ilmi dheekkamsa abbaa yoo danda'e fudhatee, dadhabu ammoo mataa gadi qabatee akka deemu malee, deebii dheekkamsaatiin akka kennu hin barbaadamu. Sadaffaan, ABO waliin bu'ura hawaasaa (social base/ constituency) tokko walitti waan qabnuuf, atakaaroo ololaa seenuun hawaasa san qooduun, deeggarsa qabsoo karoorsaa jirru saniif nu barbaachisu harcaasa. Sababoota kanaraa ka'uun, olola hammeenyaa nurratti godhamuuf deebii faallaa kennuun keenya ummata keessatti kabajaa nutti horuun, miseensotuma ABO biraayyuu deeggarsa akka argannu nu dandeessise. Ololli itti fufus, miseensota isaaniituu walgahiilee keenyarraa hambisuu hin dandeenye. Bakka hedduutti maatiin qondaalota isaaniituu dhufuun nu gumaacha nuuf godhaa turan.

Yeroo qabsoon Qeerroo eegalu waldhibdeen anaafi ABO daran hammaatte. Qeerroo ABOn ijaare bute (hijack) jechuun na abaaran. Dhugaadha jalqaba gareen Qeerroo Bilisummaa Oromoo jedhamu akka damee dargaggoota ABOtti (youth league) bara 2005/6 irraa kaasee socho'aa ture. Garuu yeroo mormiin Maastar Pilaanii eegalu caasaan Qeerroo ABO jala ture luuxe-seentota mootummaatiin qabatamuu waan irra gayameef, garee qindeessitoota Qeerroo kan biraa ijaarame. Gara jalqabaatti ABOn atakaaroo keessa seenuu waan hin barbaadiniif maqaa Qeerroo jedhu fayyadamuu irraa of qusachuun, #OromoProtests dhimma bahuu filanne.

Ta'us duula nurratti godhan dhaabuu hin dandeenye. Rakkoon isaanii maqaa qofarraa osoo hin taane, sochiin dargaggootaa to'annaa isaaniirraa walaba ta'e jiraachuu barbaaduu dhaburraa akka ta'e hubanne. Kanaafuu Qeerroo fayyadamuutti seenne. Labsa gama keenyaan bahuufi kan gama isaanii addabaasuuf jecha nuti "Qeerroo Oromoo" jechuu filanne. Warri ABO "Qeerroo Bilisummaa Oromoo" fayyadama ture. Yeroo nuti labsa tarkaanfii qabsoo dabarsinu ibsa faallaa keenyaa baasu turan. Yeroo duulli nuti labsine milkaaye ammoo ibsa baasuun abbummaa fudhatu. Fakkeenyaaf: gaafa hiriirri guddichi Hagayya 6 labsame, "ummata harka duwwaa baasanii ficcisiisuuf deeman" jechuun labsa ummanni akka hin baane gorsu baasan. Hirirri milkoofnaan borumtaa ammoo akka ofii qindeessaniitti abbummaan injifannoo labsan.

Duula maqa balleessii kan narratti oofaa ture murna ABO Obbo Daawud Ibsaa qofa hin turre. Murni ABO Jijjiiramaa jedhamu, kan booda Adda Walabummaa Oromiyaa (AWO) jijjirame, kan Jeneraal Kamaal Galchuun hoogganamaa turanis cimsanii na balaaleffatu ture. Keessattuu alaabaa isaan haaraatti qopheeffatan waltajjiilee keenya rratti mul'achuu dhoorguun keenya hedduu dallansiise. Nuti tarkaanfii san kan fudhanne, ummanni biyyaa hiriira godhurratti alaabaa ABO fayyadamaa waan tureef, biyya alaatti alaabaa biraa dabaluun afaanfaajjii uumuu hin barbaanne. Hiriirtonni alaabaa murna lamaa qabatanii bahuun atakaaroon murnummaa ABO diige gara Qeerroo akka hin ceenes sodaanne.

Waa hundaafuu olola murnoonni siyaasaa alaafi keessaan waggoota heddduuf narratti geggeessaa turan dandamadhee qabsotti cichee bakkaan gahuu danda'uun kiyya injifannoowwan jiruu kiyyatti itti milkaaye keessaa tokkoodha. Milkaa'ina kanaaf sababni tokko joollummaa irraa kaasee 'gogaa naachaa' horachuu kiyya. Gaafa joollee turre Dhummuggaatti waan 'fottotaa' jedhamutu ture. Ganama ganama dargaggeessi gabaa gulliitii dhaqee shankoora nyaata. Yeroo kana nama tokko adda baasanii itti baacu. Bifa isaa, maatii isaa, huccuu isaa, akkataa itti deemuufi haasa'u osoo hin hafin busheessuun aarsuf gamaa-gamanaa itti duulu. Yoo aartee namaan wal-lolte, boochee ykn ammoo iddoo sanii deemte akka moo'amtetti lakkaayamee borumtaas sitti deebisu. Moo'achuuf arraba sirratti darbamu hunda obsitee seequun irra dabruu danda'uu qabda. Marsaa duraatti namni obsu hin jiru. Dhawaataan garuu obsa horatta, gogaa naachaa baafta. Aadaa akkasii keessa dabruun kiyya miira "gogaa naachaa" ta'e akkan horadhuu na dandeessisuun, qeeqa murnoota siyaasaafi namoota dhuunfaarraa natti geggeeffamaa ture irra aanuuf na fayyade.

Sababni kan biraa duula maqa-balleessii dandamachuu na dandeessise dursee aadaa jaarmayaalee biyya keenyaa qu'adhee waanin hubadheefi. Jaarmayaaleen siyaasaa sirna Komunistii/Stalinist keessaa maddan tooftaa eenyummaa xureessuun (character assassinations) beekkamu. Kunis namoota ykn murnoota isaaniin faallaa dhaabbatan irratti duula maqa-baleessii banuun ummata biratti akka jibbaman gochuun gatii siyaasaa dhabsiisuudha. Tooftaan eenyummaa xureessuu kun namoota dallansiisanii atakaaroo keessa galchuun hojii isaanii gufachiisuu ykn ammoo siyaasaan ala gochuus kan akeekkatuudha. Kana waanin hubadheef tooftaa eenyummaa xureessuu narratti geggeeffamuu malu akkamiin irra aanuu (coping mechanism) akkan qabu yeroo hedduuf itti yaadee sammuu kiyya qopheesseen ture.

Aggaammii ololaa tokko irra aanuuf miira laayyotti hin jeeqamne horachuufi qeeqaafi arrabsoof battalatti deebii kennuu irraa of qusachuu danda'uudha. Ilmi namaa kamuu yeroo arrabsamu, qeeqamuufi maqaan xuraayu miirri gaddaa fi dallansuu ittuma dhagayama. Falli irra aananiin qalbii ofii qeeqa sanirraa gara dhimmota birootti akka fuulleffattu (re-channeling) taasisuudha. Fakkeenyaan olola san irra deddeebi'anii dubbisuu/ dhagayuurra, hojii dhimma saniin walitti dhiheenya hin qabnerratti fuulleeffachuun, yeroo hamma tokkoof of dagachiisuu barbaachisa. Tooftaan biraa qeeqaafi arrabsoof deebii kennuu diduudha. Yeroo sobaan maqaan nama baduufi arrabfamnu tarkaanfiin dura sammuutti nu dhufu ofirraa ittisuudha. Garuu siyaasaa keessatti yeroo hunda olola dharaatiifi arrabsoof deebii kennuun kaayyoo duula sirratti geggeeffamuu galmaan ga'uu ta'a. Kanaafuu qeeqaafi arrabsoof kallattiin deebii kennuurra hojii olola san fashalsu irratti fuulleffachuutu wayya. Yeroo mara jecha Mark Twain kan "nama darree waliin atakaaroo hin seenin; sadarkaa isaatti gadi si harkisee muuxannoon si caalee si moo'ata (never argue with stupid people, they will drag you down to their level and then beat you with experience) jedhuun masakama ture. Olola gareelee siyaasaafi namoota huunfaan narratti geggeeffamaa ture deebii kennuu mannaa, hojiin caalee argamuun fashalsuun tooftaa kiyya ture. Tooftaa saniinis ittin milkaaye.

7.4. Maastar Pilaanii

Yaadni magaalaa Finfinneetiif Maastar Pilaaniin haaraa qopheessuu dhoksaan geggeeffamaa erga turee booda ifatti mariif dhihaate. Namoonni sirnicha keessa turan dursanii hayyootaafi qabsaa'ota ala jiraniif himanii waan turaniif akkaataa ittiin dura dhaabbatamu irratti qophiin godhamaa ture. Dhimmi kun qabsoo finiinsuuf carraa guddaa akka ta'e dafnee hubanne.

Sababnis: -

1. Dubbii lafaa Oromoo biratti jabduu (sensitive) waan taateef miira kakaasuufi tokkummaan sochoosuuf gargaara jedhamee yaadame. Oromoon gaafa waraana Minilikiin caberraa kaasee lafa isaatirraa buqqaafamaa, kan hafe ammoo lafuma isaatirratti irboofi siisoo kafalaa saamamaa waan tureef madaa hin qoorin qaba. Maastar Pilaaniin sunis karoora lafa isaa saamuuf baafame waan ta'eef madaa Oromoo tuquun dallansisee akka kaasu ifa waan tureef qabsoo finiinsuuf carraa guddaadha.

2. Dhimmi abbummaa Finfinnee gaaffii ijoo qabsoo Oromoo erga taatee bubbultee jirti. Osoo Oromoon Finfinneetu naaf deebi'a jedhee yaaduu inumaatuu lafa dabalataa itti as kutuun babal'isuuf yaaduun tuffii saba kana aarii keessa galchu waan ta'eef.

3. Lafti Finfinneefi naannawa ishii madda galii akkasumas sababii wal qoccoluu qondaalotaafi miseensota paartii biyya bulchuu akka ta'e ni beekkama. Hojii tarsiimoo yaadne keessaa tokko O.P.D.O.fi T.P.L.F. adda baasuu ture. Kanaafuu dhimma saamicha lafaa kana ajandaa guddaa gochuun gareelee lamaan walitti buusuufii adda fageessuuf carraa gaariidha jennee waan timaamneef.

Kanaafuu dhimmi Maastar Pilaanii Oromoo miira dallansuutiin tokkummaan kaasuuf akkasumas paartii biyya bulchu keessaan baqaqsuuf carraa guddaa ta'ee waan mul'ateef duula qindaayaa lafaafi marsaalee hawaasaa gubbaatti gochuun akkuma eegaleen mormiin dhooye. Akka dura yaadametti duula miidiyaatiin ummata dammaqsanii gara tarkaanfii mormiitti geessuuf ji'a jahaa hamma waggaa tokkoo fudhatuu danda'a kan jedhu ture. Duula gama Facebook godhamaa tureen dabalata, OMN Bitootessa 1, 2014 banamuu isaatiin uwwisa guddaa argachuun hawaasa intarneetii hin qabne mana manatti bira gahuu danda'e. Mormiinis ji'a lama osoo hin gahin dhooye. Kunis ummanni hamma eeggamee olitti qophii ta'uu isaa nutti agarsiise.

Mootummaanis komiin keessaafi alaan ka'aa ture saffisa saniin gara fincilaatti jijjiirama jedhee hin yaadne. Kanaafuu waajjira Maastar Pilaanii san hojitti hiiku ijaaree karoora sanas marii caasaa paartiifi bulchiinsaaf gaafa dhiheessu, qondaalotuma sirnichaa keessaa mormiin isaan qunname. Mormiin qondaalonni mootummaa dhiheessan gara miidiyaaleetti miliqee bahuun daran ummata onnachiise.

Fincilli jalqaba yuunivarsiitii keessatti dhoohee ture yeroo gabaabaatti manneen barnootaa sadarkaa tokkoffaafi lammaffaatti babal'ate. Mormii guddaa gaafa Ebla 30, 2014 magaalaa Ambootti geggeeffameen nahuun, mootummaan ummata harka duwwaa bahe irratti rasaasa roobsee namoota hedduu ajjeese. Ajjeechaan Amboo kun Oromiyaa guutuu dallansiisee mormii babal'ise. Mormii cimaa keessaafi alaan isa mudate agarraan mootummaan piroojektii Maastar Pilaanii san yeroof addaan akka kute beeksise. Ibsa kanatti aansuun mormiin godhamaa tures akka dhaabbatu godhame. Murtiin mormii dhaabsisuu sunis sababoota sadiif ture.

Isaanis;

1. Erga mootummaan Maastar Pilaanii dhaabe jedheen booda mormii itti fufsiisuun ija ummataatiin yoo laalamu mormii sababa hin qabne (unreasonable) fakkeessuun ilaalchi ummataa gara mootummaa goruu waan maluuf,

2. Mormiin godhame saffisaan waan babal'ateef, mootummaan maatar pilaanii yeroof dhaabe jechuun, tarkaanfilee mormii hanga yeroo sanitti fudhataman madaaluufi xiinxaluun hir'ina mul'atan sirreessuuf carraa gaarii waan ta'eef,

3. Sochii hamma gaafasiitti godhamee tureen dameen basaasaa mootummaa caasaa Qeerroo luuxee seenee akka jiru waan shakkameef, kana qulqulleessuun milkaa'ina itti aanuuf barbaachisaa waan tureef.

Haaluma kanaan mormiin yeroof dhaabbatus hojiin madaallii geggeessuu, leenjii kennuufi gurmeessuu ittuma fufe. Dhimmi Maastar Pilaanii ajandaa guddaa biyyattii tahee itti fufe. Biyya keessaafi alaattis waltajjiilee marii hedduun geggeeffamuun hubannoon ummataa daran akka bilchaatu taasifame. OMN mariilee sirnicha keessaafi alattis godhamu kana bifa oduufi xiinxalaan bareechee dhiheessuu irratti hedduu xiyyeeffatee hojjate.

Mootummaanis yeroof Maastar Pilaanii kan dhiise fakkeessus keessa keessa hojiirra oolchuuf qophii godhuu itti fufe. Dabballoonni dhoksaadhaan gara ummataa gadi bu'anii akka amansiisan gochuuf walgahiin garagaraas geggeeffamaa ture. Shira kana namoonni sirnicha keessa taa'anii qabsoo ummataaf naatoo qaban yoo danda'an Ifatti mormuun yoo dadhaban ammoo nu warra ala jiruuf odeeffannoo dabarsuutti jabaatan.

Fakkeenyaaf walgahii dhimma Maastar Pilaanii marihachuuf yaamame irratti Taakkalaa Uumaa ifatti mormuun "Finfinneen seenanis seeranis tan Oromoo ta'uu falmuuf ragaa guutuu qabna. Pilaaniin ummata Oromootiif hin fayyadne hojiirra ooluu hin qabu" jechuun morme. Mormiin kunis Sagantaa Televiziyoona Oromiyaa irraan qilleensarra oole. OMN ammoo gabaasa san fuudhuun xiinxala garagaraatiin gabbisee hoo'isuun ajandaa guddaa godhe. Mootummaan Maastar Pilaanii dhaabe jedhee ummata sobee mormii dhaabsisus icciitiin itti deemaa akka jiru ragaa kana dhiheessuun irra deddeebi'uun qeeqame.

Tibbuma san walgahii magaalaa Hawaasaatti taa'ame irratti yeroo sanitti Ministeera Dhimma Federaalaa kan ture Abbaay Tsahaayyee "jaalattanis jibbitanis maastar pilaaniin hojiirra ni oola. Qaamni kana morme ni unkuteeffama (አኪ አና7ባል7)" jechuun dhaadate. Sagaleen dhaadannoo kanaa icciitiin waraabamee naaf ergame. Anis yeroof sagalee san dhoksee tursuun yeroo bu'aa guddaa buusuu danda'uun eeggadhe. Gaafa mootummaan maastar pilaanii addaan dhaabe jedhee ture hojiitti deebisuuf sochii eegalu, sagalee dhoksaan dhufe san OMN irratti gadi lakkifne. Jechi tuffiin guutame kan Abbaay Tsahayyee dubbate sun ummata ji'oota jahan dabran (erga mormiin marsaa tokkoffaan dhaabbate booda) xinnoo qabbanaaye ture dallansuu haaraa keessa galche. OMN oduufi sagantaa hunda jiddun jecha Abbaay Tsahaayyee san irra deddeebisee dhageessisa.

Sagalee Abbaay Tsahaayyee san kan irra deddeebinuuf ummata dallansiisuu qofaaf hin turre. Akkuma boqonnaa dabre keessatti kaayame, Mallas Zeenawii fuula sirna abbaa irree Wayyaanee (face of the regime) ture. Ummanni (masses) yaadota xaxamaa akka 'Wayyaanee, ADWUI' jedhan caalaa hammeenya sirnicha namaan bakka buuftee yoo dhiheessiteef irra hubata. Kanaafuu Mallas du'ee Hayilamaariyaamiin bakka buufamuun rakkoo uumee ture. Hayilamaariyaam haarayatti waan as baheef toltuufi hamtuu dalage hin qabu. Lammaffaa dhalataa saba cunqurfamaa waan ta'eef itti duuluuf rakkisaadha. Sadaffaa fuulliifi haasayni namichaa fayyaalummaa calaqqisiisa.

Dhiibbaa qondaalota TPLF cabsee aangoo dhuunfachuu dhabuun isaas rakkoo biraati. Hoggansa aangoo hin qabu jennee tuffannu badii sirnichaaf balaaleffachuun rakkisaa ta'e. Kanaafuu Hayilamaariyaam akka fuula hammeenya sirnichaatti ibsuuf (define and demonize) rakkisaa ta'e.

Osoo rakkoo kana keessa jirruu sagaleen Abbaay Tsahaayyee nu dhaqqabe. Jechoota tuffii inni dubbateen dabalatee namichi hoggansa TPLF gurguddoo keessaa tokko ta'uun isaa akka fuula sinichaatti dhiheessuuf haala mijataa uume. Sababni sagalee isaa san irra deddeebinee dhiheessineefi maqaa isaas haasaya hunda keessa galchineefis waanuma fuula sirnichaa isa taasisuu barbaanneefi.[21]

Waahalleefuu sagalee Abbaay Tsahaayyeefi ragaalee biroo fayyadamuun duula farra Maastar Pilaanii belbelchine. Warri mootummaa duula kana fashalsuuf

21 Erga jijjiiramni dhufee ani biyyatti galee booda, waldhibdee MM Abiyyiifi TPLF jiddutti hammaataa dhufte laaffisuuf yeroon yaalaa ture, gaafa tokko Abbaay Tsahaayyeen waliin bilbilaan osoo haasofnuu duulli isarratti goone madaalawaa (fair) akka hin taane na komate. Anis sababa isarratti xiyyeeffaneef ibseefi tarsiimoon gaafasitti hordofne sirrii ta'us, miidhaa hamilee akka dhuunfaatti irra gaheef akka gaddu himeef.

247

magaalota adda addaa keessatti walgahii geggeessan. Garuu qondaaltonnuu ejjannoo wal faallessu calaqqisiisaa turan. Walgahii magaalaa Sulultaa keessatti godhame irratti Obbo Lammaa Magarsaa (yeroo san Af-yaa'ii Caffee Oromiyaa ture), "Maastar Pilaaniin yoo warqii ta'es, samiitu gad siqa, lafatu olka'a malee, yoo ummanni Oromoo hin barbaadin ni hafa" jedhe.

Nutis haasaa isaa icciitiin waraabamee nuuf ergame qilleensarra oolchine. Xiinxala guyya guyyaan OMNfi Facebook irratti goonunis DH.D.U.O. keessaas sabboontotni maastar pilaanii mormuun ummata cinaa akka jiran mirkaneesse jechuun balballoomsine. Qabatamaan garuu namoonni sirnicha keessa osoo jiranii Maastar Pilaanii morman qubaan lakkaayamu ture. Nuti garuu akka irra jireessi mormiitti makamaa jiruu fakkeessine. Sababnis, shakkii TPLF fi OPDO jidduu jiru hammeessuu, namoonni mootummaa keessa jiran akka onnatan taasisuufi ummannis abdiin isaa akka jabaatu gochuuf. Kanaafuu, haasaan Lammaa tooftaa Oromoota sirnicha keessa jiraniifi sochii Qeerroo walitti dhiheessinee qindeessuun keessaafi alaan sirnicha dhiibuuf baafneef hedduu nu fayyade.

Dabalataanis haasaan sun Lammaa Magarsaa hoggana qabsoo keessoo sirnichaatiin geggeeffamuu ta'uun ija ummataa akka bu'u godhe. Nutis ilaalchi (perception) Lammaa akka hoggansaatti ilaaluu kun akka babal'atuuf duula cimaa goone. Kanaaf ammoo sababota qabna ture. Tokkoffaa ummanni hoggansa of jidduutti arguun akka dur hoggansaafi jaarmaa biyya alaa akka hin eegneef. Lammaffaa, olola mootummaan 'humnoota alaatu biyya jeeqa' jedhu cabsuuf. Sadaffaa, miseensonni OPDO sochiin isaanuma keessaa akka hoogganamu yaadanii, jijjiramni dhufu kan isaan humneessu malee kan miidhu akka hin taane agarsiisuuf.

Karoorri kun deemsa keessa hamma eegnee ol bu'aa buuse.

Haasaan tuffii Abbaay Tsehaayyee godhe ummata yoo dallansiisu, kan Lammaa Magarsaa abdii itti horuun miirri qabsoo sirnicha keessattiifi alaanis akka daran kaka'u godhe. Miira kana keessatti gaafa Sadaasa 12, 2015 Shawaa Lixaa magaalaa Ginciitti mormiin Maastar Pilaanii dhoohe. Jabinaafi laafina marsaa duraa irraa barachuun marsaa lammaffaatti qophii gaariin godhamee waan tureef fincilli Ginciitti dhoohe guyyaa itti aanu godinoota biraattis cehe. Mootummaanis ukkaamsuuf tarkaanfii humnaa fudhachuu eegale. Mormii Gullisoo (Wallagga Lixaa) irratti barattootni Karrasaa Caalaafi Guutuu Abarraa jedhaman rasaasaan ajjeefaman. Viidiyoon ajjeechaa sanii kan baay'ee suukanneessaa ta'e OMNfi marsaa hawaasa irratti facaafamuun qaanqeen fincilaa Oromiyaa akka waliin gahu godhe.

Fincilli Sadaasa 12 eegale torban lama keessatti Godinoota Oromiyaa cufa waliin gahe. Adaduma mootummaan humnaan ukkaamsuuf hidhaafi ajjeechaa cimsu, mormiinis daran babal'ataa deeme. Mormiin jalqaba barattootaan geggeeffamaa ture qonnaan bultootaaf hojjattoota mootummaa hawwatee lakkoofsi namoota hiriira irratti hirmaatuu baay'ee dabalaa dhufe. Godinoota akka Shawaa Lixaafi Arsii Lixaa keessatti qonnaan bulaan caasaa bulchiinsa mootummaa diiguun alaabaa ofii mirmirse.

Godinoota Finfinneetti dhiyaatan keessatti mormiin akka cimuuf xiyyeeffannoo addaan hojjachaa turre.

Sababni kanaas Finfinneen handhuura siyaasa biyyattiifi muummee dippiloomaasii yoo taatu sochiin diinagdee biyyattii harki guddaanis magaalattiifi naannawa ishiitti geggeeffama. Kanaafuu diddaan ummataa naannawa sanitti gudhamu dhiibbaa siyaasaa qofa osoo hin taane diinagdees laamshessuuf bu'aa guddaa qabaata. San dura ummanni godinoota Finfinneetti dhihaatanii jiraatan (magaalota akka Amboo faa yoo ta'e malee) sababa too'annaa mootummaatti dhihaataniif, dammaqiinsa siyaasaa cimaa qabsoof ta'u akka hin qabnetti waan laalamuuf isaanirratti fuulleffachuun humna qisaasuudha yaada jedhutu ture. Ta'us naannawa san osoo hin sochoosin bu'aa barbaachisaa argachuun rakkisaa akka ta'e waan hubatameef irratti hojjatame. Ummanni sun torbanootuma jalqabaatti dachii sochoosee finciluun shakkii irra ture fashaleesse.

Ji'a Muddee guutuu mormiinis daran cimee itti fufe. Mootummaan tarkaanfii ajjeechaafi hidhaa cimsus, mormiin daranuu babal'ate. Sadaasa 12 irraa kaasee hanga dhuma Muddeetti yoo xinnaate bakkoota 400 godinoota 17'n naannichi qabu keessatti gochi mormii raaw'atamee ture. Mallattoo daran dabaluu malee kan laaffatuu hin agarsiisu. Gama jalqaba Amajjii (2016) namoota gara kiyyatti erguun mormii akkan dhaabsisu bifa doorsisaafi sossobbiitiin yaalanis hin milkoofne. Maastar Pilaaniin guututti haqamu malee mormiin akka hin dhaabanne jala muree itti hime. Jarris dhaamsa san qabatanii deebi'an. Galanii torban tokko booda gaaffii keenyaaf mootummaan deebii akka kennu naaf eeran. Haaluma kanaan Amajjii 12, 2016 Maastar Pilaaniin akka guututti haqame gama Dh.D.U.On ibsa baasan.

Nutis hamilee injifannoon kuni fide akka carraatti fayyadamnee boqonnaa itti aanutti ce'uuf qophaayutti deemnee. Ummannis haara galfiin gabaabaan akka godhamu taasifame. Warri mootummaa Maastar Pilaanii haquun mormii waan dhaabu se'anii abdatanii turan. Nuti garuu injifannoo labsinus, qabsoon akka itti fufu beeksifne. Sababoota ummata bifa haarayaan itti dammaqsinu (triggering cause) barbaachutti seenne. Hammasiifuu bakkoota mormiirra turan boqochiisuu dabalatee bakkoota sochiin cimaan itti hin mul'atin irratti hojjachuun marsaa itti aanuuf akka itti dabalamaniif qopheessuun fuulleffannaa keenya ture.

Gaaffii hidhamtoonni siyaasaa gadi lakkifamuu qabu jedhu kaasuun ummata haaraatti mormiitti deebisuuf murteessine. Baqqalaa Garbaa kan ji'a Muddee keessa hiriira Adaamaa irratti qabame fuula hidhamtoota siyaasaa goonee duula marsaa hawaasaa xiichine. Namoota kumatamaan hidhaman keessaa nama tokkoo-lama qofa fuulduratti baasuun qalbii ummataa harkisuuf akka fayyadu barnoonni tarsiimoo qabsoo nagayaa ni barsiisa. Namoonni filaman akkaataa naatoofi aantummaa ummataa harkisuu qabaniin dhiyeeffamuu qabu. Ummanni isaan keessatti of arguu qaba. Seenaafi eenyummaan Baqqalaa kanaaf nu gargaare. Yeroo dheeraaf hidhamaa waan tureef maqaan isaa ni beekama. Barsiisaadha. Qabsoo nagayaatti amana. Fuulli isaatuu nama nagayaa fakkaata. Yaaddessaa Booji'aa suuraa Baqqalaa kan kana hunda bakka tokkotti qindeessee onnee raasu tolchee naaf ergee waan tureef bal'inaan naannessine.

Ummannis injifannoo Maastar Pilaanii irratti argameen daran onnatee waan tureef, warra aarsaa kafalee injifannoo goonfachiise akkamiin dhiifnee manatti galla jechuun yoosuu mormiitti dacha'e. Qophiin marsaa itti aanuu bifa milkaayeen hojjatamee ji'a Gurraandhalaa 2016 mormiin cimaan kan durii caalu godinoota hunda keessatti geggeeffame. Marsaa san keessatti hirmaannaan qonnaan bulaa hedduu dabale. Mootummaanis hidhaafi ajjeechaa magaalotatti daangessee ture gara baadiyyaa babal'ise. Fakkeenyaaf godina Arsii Lixaa naannawa Shaashamanneetti, bakka Abbaaroo jedhamutti dubartii ulfaafi haadha ilmaan sagalii manatti ajjeesuun dallansuu guddaa uumee jaarsoliin biyyaa ifatti duula akka labsan taasise. Fincila san cabsuuf kutaan waraanaa Aga'aazii gamasitti bobbaafame. Kun ammoo qonnaan bultoonni naannawa Ajjeefi Shaallaa hidhannoon bahuun Aga'aazii ofirraa akka qolatan dirqisiise. Aga'aaziin dishqaafi baazuqaa fayyadamuudhan namoota hedduu galaafate.

Yeroo kanatti sirbi Caalaa Bultumee Maastar Pilaanii jedhu akkauma mormiin eegaleen gadi lakkifamee faaruu qabsoo ta'ee ture. Iddoo hedduutti isumatu banama. OMN'nis irra deddeebisee dhageessisa. Kanarratti qoosaa Baqqalaa Garbaa yeroo heddu himutu ture. Paastarii tokkotu mana muuziqaa dhaqee faaruwwaan amantii osoo CD irratti gargalchaafii jiranuu, mee kan Caalaa sanitti naaf waraabi galeen ni haqaa" jedhe jedha Baqqalaan. Dhugaarraa fagoo hin fakkaatu. Mootummaan kaka'uumsa ummataa keessatti shoora sirba kanaa waan hubateef ugguruuf murteesse. Namoota sirba kana manneen hojiis ta'ee konkolaataa keessatti banani argaman tumuufi hidhuu jabeesse. Sirbi Caalaa sagantaa cidhaafi hawaasumma irratti filatamaa waan dhufeef sagantaawwan sun qiyyaafannaa aggaammii ta'an. Fakkeenyaaf: Cidha Godina Iluu Abbaa Boor tokko irratti sirbi caalaa banamee osoo jiruu loltoonni mootummaa erga dhaqanii booda wal dhabdee uumameen misirroonni ajjeefamaniiru.

Guyyaa tokko konkolaataan naannawa Saashamanneetti hamaamota cidhaa fe'ee sirba Maastar Pilaanii banee osoo deemuu loltoonni mootummaa dhukaasa banannii misirroofi miseensota hamaamotaa biroo ajjeesan. Kun dallansuu guddaa uumee mormiifi hokkara guddaa kaase.

Humni Aga'aazii misirroowwan san ajjeeseefi Poolisiin Oromiyaa gamasitti bobbaafame walitti bu'anii walitti dhukaasan. Miseensi poolisii Oromiyaa Konstantibil Musxafaa Huseen jedhamu loltoota Aga'aazii ummata fixaa jirurratti qawwee garagalfachuun loltoota heddu ajjeesuun kaanis madeessee ofiifis wareegame. Akkuma boqonnaa dabre keessatti himame, poolisiin Oromiyaa meeshaa cunqursaa sirnichaa ta'uun akka itti hin fufneef keessa keessa hojiin guddaan hojjatamaa ture. Duula hawwannaa gama miidiyaan godhamaa tureen hawaasni poolisii Oromiyaa ofitti qabee kutaa waraana Agaazii yeroo san ummata shororkeessu akka balfan hojjatamaa ture. Poolisiin fira ummataa, Agaazii ammoo meeshaa cunqursaa mootummaa akka ta'etti seeneffamaa ture.

Duulli kun dhawaataan Agaaziifi Poolisii Oromiyaa jiddutti adda fageenyaafi wal shakkii uumaa dhufe. Ajajoonni poolisii Oromiyaa ol'aanoon miseensi isaanii ummata miidhuurraa akka of qusataniifi ummata ofiitiif naatoo akka agarsiisan keessa keessa irratti hojjatan. Akeekni tooftaa poolisiifi Aga'aazii addaan baasuu kun humna cunqursaa mootummaa laaffisuu ture. Tarkaanfiin Musxafaa Huseen fudhate milkaa'ina tooftaa saniitiif ragaa yoo ta'u, hojiin poolisii Oromiyaa sirna cunqursaa jalaa hawwachuun gara qabsootti galchuu daran akka jabaatu gargaare. Bakkoota hedduutti Poolisiin Oromiyaa akka dhuunfaafi gareettis ajaja ummata rukutuuf itti kennamu diduu yookaan ammoo dursanii Qeerroo hubachiisuun kararraa akka maqan gochuu eegalan. Poolisiin qabsoof naatoo agarsiisaa dhufuun kun Qeerroofi ummata daran yoo onnachiisu, mootummaan ammoo qaamota nageenyaa isaa irratti shakkii akka horatu taasise.

Mootummaan kamuu aangoorra turuuf dhaabbilee siyaasaa, diinagdee, nageenyaaf, hawaasummaa kkf isa barbaachisa. Dhaabbilee kanaan utubaalee aangoo jenna. Sirna tokko moo'achuuf utubaalee aangoo kana jalaa dadhabsiisuu barbaachisa. Qabsoon hidhannoo utubaalee kana barbadeessuun sirnicha kuffisuu yaala. Qabsoo nagayaa keessatti ammoo tooftaalee garagaraatiin fayyadamuun utubaaleen kun sirnicha tajaajiluu akka hin dandeenye yookin ammoo didan gochuuf hojjatama.

Caasaan nageenyaa (security apparatus) utubaalee aangoo mootummaa abbaa irreef akkaan barbaachisan keessaa muummicha waan ta'eef, humni kun qoqqoodamuun, wal shakkuufi hammi tokko gara qabsoo ummataa goruun dandeettii cunqursuu mootummaa (coercive power) hedduu dadhabsiisuun kufaatii saffisiisa. Kanaafuu poolisiin Oromiyaa gara ummataa goruu eegaluun sun sochii qabsoo Qeerroo keessatti boqonnaa murteessaa (turning point) ture.

Tooftaan poolisii Oromiyaa irratti hojiira oole sun gama raayyaa itti biyyaatti (RIB) hin geeffamne. Dabre dabree miseensonni RIB ummata irratti dhukaasa akka hin banne waamicha gochuun akkasumas qondaalota ol'aanoo waraanaa waliin qindeessitoonni Qeerroo quba wal qabaannus, akka poolisii sanitti ifatti diddaa akka agarsiisan hin barbaanne. Kunis murtii itti yaadamee godhame ture. Sababni tokko, ijaarsi RIB sabaafi sablammii hunda kan hammate waan ta'eef, akka poolisii Oromiyaa tokkummaan ajaja gubbaa dhufu diduu hin danda'u. Miseensota RIB dhalootaan Oromoo ta'an akka didan yoo godhames, bu'aa hammas jedhamu osoo hin buusiin gaaga'amaaf saaxiluu ta'a. Bakkoota gariitti loltoonni miiraan dhiibamuun tarkaanfii diddaa fudhachaa turan bu'aa tokko malee hidhaafi ajjeechaaf saaxilamaa turan.

Sababni lammataafi inni guddaan dhaabbilee federaalaa saboonni biyyattii waloon qaban keessaa ijoon RIB waan ta'eef, miseensota dhalootaan Oromoo qofa ta'an gama diddaatti yoo hirmaachifne dhaabbatichi sabaan qoodamee jiguu mala sodaa jedhu qabna turre. Haalli sun ammoo gara wal waraansa sabummaatti guddachuun kufaatii biyyaatuu geessisu mala. Tarsiimoon qabsoo keenyaa sirnicha laaffisuun cehuumsa gara dimokraasii akka godhu dirqisiisuudha malee biyya diiguu hin turre. Balaa jijjiirama waliin dhufu kan akka wal waraansa sabummaa hanqisuun dursinee waan itti yaadneedha. Kanaaf ture RIB dhiisii paartiin biyya bulchuuyyuu akka laaffatuuf malee guutuutti akka jigu hin barbaanne.

Walumaagalatti hirmaannaan RIB murtaa'aa ture. Akkam yoo guddate, sirnichi akka of shakkuuf miseensonni kafana RIB uffatanii mallattoo diddaa akka agarsiisan godhamaa ture. Irra caalaatti garuu miseensi gadiis ta'ee qondaalonni ol'aanoon odeeffannoo karooraafi bobbaa humna nageenyaa mootummaa dhoksaan qindeessitoota Qeerrootiin gahu turan. Odeeffannoon kun tarkaanfii qabsoo karoorsuufi miidhaa gahuu danda'u hanqisuuf faayidaa guddaa buuse. Qondaalota ol'aanoo muraasni odeeffannoo nageenyaa qofa osoo hin taane karooraafi tarsiimoo hoggansa siyaasaa mootummaas nuun gahuun shoora guddaa taphatan.

Dhimma RIB kanaan wal qabatee taateen yaadadhu tokkotu jira. Gaafa tokko namni wahii gama Facebook keessoon naaf barreessuun mana nyaataa qondaalota RIB (Officers Club) keessa akka hojjatuufi tarkaanfii fudhachuu akka barbaadu naaf hime. Tarkaanfiin inni fudhachuu barbaadus jeneraalota achitti nyaatan summiin ajjeesuu akka ta'eedha. Kanaaf ammoo summii qofa akka barbaaduufi gama kanaan akkan gargaaru na gaafate. Odeeffannoon osoo hin eegin tasa dhufe waan tureef "itti yaadeen sitti deebi'a" jedheen. Tarii damee basaasa mootummaa ta'a shakkii jedhus qaba ture.

Nama na qunname sana yennaan qorachiisu dhuguma bakka jedhe san hojjata. Tarkaanfii fudhachuuf yaada dhiheesse san raaw'achiisuufis akka gaaritti mijataaf. Garuu ammoo bu'aafi miidhaa (cost vs benefit) tarkaanfii inni fudhachuuf karoorfatee yoon xiinxalu miidhaan akka caalun tilmaame. Akkuma inni yaade qondaalota ol'aanoo muraasa summiin ajjeesuun sirnicha yeroof rifachiisuu mala. Oromoota waraanni ajjeesaa jiruuf haaloo bahuufis ta'a. Garuu ammoo qondaalota san ajjeesuun sirnicha hin kuffisu. Qondaalota dhibbaatamaan jiran bakka warra du'aniitti ramaduun hojii itti fufa. Balaa kanaan garuu qondaalota Oromoo hedduu ari'uu, hidhuufi ajjeesuu danda'u. Kun ammoo gahee RIB keessatti Oromoon qabu hedduu miidha.

Dabalataanis ajjeechaan qondaalota akkasii miseensonni gara gadii mufatanii gara jabinaan ummata akka miidhaniif miira kakaasuun sirnicha fayyaduu mala. Kanarraa ka'uun namni sun tarkaanfii yaade san akka hin fudhanne amansiisee dhiisise.

252

Ergan biyyatti galee qondaalota silaa namni sun galaafatuuf yaade qaamaan yoon argu karoora nama sanii yaadachaan ture.

Walumaagalatti mormiin Sadaasa 2015 Ginciitti qabate ji'oota jalqabaa bara 2016 keessas daran cimee itti fufe. Aarsaan kaffalamuufi injifannoon argamus dabalaa deeme. Tooftaaleen diddaa babal'ataa deemuun tarkaanfii sirnicha rifachiiseefi qabsoon Qeerroo Oromiyaa dabartee naannoolee biyyattii hundatti dhiibbaa gochuu akka dandeessu mirkaneesse fudhatame.

7.5. Qormaata Biyyooleessaa Fashalsuu

Sababa fincilli Oromiyaa keessatti itti fufiinsaan adeemsifamaa tureef bara barnootaa 2015-2016 adeemsi baruuf barsiisuu sirnaan hin geggeeffamne. Manneen barnootaa cufamaa turan. Barattoonnis adda durummaan mormii keessatti hirmaachaa waan turaniif qalbiin barnootarra hin turre. Haala akkasii keessatti qormaata biyyoolessaa seensa Yuunivarsiitii (Entrance Exam) kutaa 12ffaa fudhachuuf qophiin gahaan akka hin godhamin ifa ture.

Kana hubachuun, akkuma mootummaan guyyaa qormaatni kennamu beeksiseen, guyyaa qormaataa akka dheeressuuf gaaffiin dhihaate. Kanas jalqaba gamuma qondaalota mootummaan amansiisuuf yaalame. Itti aansee maatiin barattootaa waajjiraalee barnootaa naannawa isaanii jiran qaamaan dhaquun akka waywaatan godhame. Warri mootummaa garuu ejjannoo qabatanitti cichan. Inumaatuu qormaaticha yeroo jedhametti kennuun barattoota qabsoorra turaniifi hin qophaayin haaloo bahuuf akka carraatti itti fayyadamuu barbaadan.

Warri mootummaa waywaannaa lafa jalaan itti godhamaa jiru dhagayuu akka didan gaafa hubannu, qormaanni akka dheeratu ifatti gaaffii dhiheessuun yoo kan didan taate garuu, tarkaanfii qormaaticha gufachiisu akka fudhannu beeksifne. Yeroo kana jennu warri mootummaa akkuma baratame tooftaa fincila kaasuutiin qormaaticha hanqisuuf waan yaadne itti fakkaate. Fincilli guyyaa qormaataa godhamu Oromiyaa qofa keessa waan ta'uuf kan miidhus warruma mootummaa irratti fincilaa jiru yaada jedhuun, barattoota Oromiyaa keessaa miidhuuf akka carraatti laalan. Nuti garuu karoora biraa qabna turre. Tooftaan keenya qormaaticha baasnee marsaalee hawaasaa irratti maxxansuun fashalsuu akka ta'e akeekkachiifne. Ammas jarri mootummaa qormaata baasuun akka hin danda'mnetti yaadanii gaaffii keenyaaf deebii laachuu didan. Nutis nama qormaata baasee nutti ergeefis maallaqa hamma Qarshii kuma dhibbaa (100,000 Qr.) akka kenninu labsine. Abbootiin qabeenyaa tokko tokko yoo akkuma jenne qormaata baasuun danda'ame, hamma maallaqaa gara miliyoonaatti akka olkaafnuufi baasii sanis nurraa danda'uuf waadaa galan. Anis kana gama Feesbuukiin maxxanse.

Guyyaa qormaataatiif yeroon hamma torban tokkoo yoo hafu, namoonni adda addaa qormaata natti erguu eegalan. Kan ergamu gariin fakkeessaa ture. Qormaata waggoota dabranii bara qormaataa irraa haquun na sobuu yaadaa turan. Kanarraa kan ka'e kan ergamu mara ija shakkiitiin ilaalaa ture. Qormaatonni jalqabarra dhufaa turan waraqaa irraa kooppii kan godhaman turan. Boodarra garuu kan kompiitara keessaa baafame (soft copy'n) dhufuu eegale. Garuu shakkiin nuti qabnu hin hafne. Ta'us qormaatichi akka harka nu galu abdii guddaa waan qabnuuf akka fashalsinu gama miidiyaan dhaadachuu ittuma fufne.

Guyyoonni muraasni yoo hafu qormaanni nutti ergamu hedduun wal fakkaachaa dhufe. Amma isa dhugaa akka arganne amantaan kiyya cimaa dhufe. Ta'us dhibbarraa dhibbatti mirkaneeffachuu waan qabnuuf hanga qormaanni gama naannooleetti raabsamu eegnee kan nu bira gaheen wal bira qabnee ilaaluuf filanne. Haaluma kanaan gaafa guyyaan sadan tokko hafu qormaanni Finfinnee irraa gara godinootaa qajeele. Namoonni amannu baasanii nuuf erganii kan harkaa qabnuun wal biratti ilaallee mirkaneeffanne.

Itti aansee qaamota mootummaa qunnamuun qormaatichi akka harka nu gaheefi yeroo biraatti dabarsuu baannaan gama marsaalee hawaasaa facaasuuf akka dirqamnu itti himne. Ammas nu hin amanne. Jala bultii guyyaa qormaanni kennamuuf heduu, bilbila qondaala ministeera barnootaa tokko argadhee garagalcha qormaata na harka gahee ergeef. Innis bulchiinsa qormaataa keessaa nama tokko qunnamee waan ani ergeef agarsiisee mirkaneeffachuu yaale. Erga isaan mirkaneeffataniiyis qondaalota mootummaa ol'aanoo amansiisuu hin dandeenye. Nus akeekkachiisa dhumaa gara facebook maxxansine. Warri mootummaa ammoo gara miidiyaan bahanii qormaanni bahe oduun jedhu soba akka ta'e dubbatan. Kana caalaa isaan waliin atakaaroon waan hin barbaachifneef fuula qormaatichaa gama jalqabaa gara marsaalee hawaasaa maxxansuu eegale. Warri mootummaa ammas gama miidiyaa bahuun 'qormaanni hin baane, kan maxxanfamaa jiru kan sobaati' jechuun ibsa kennan.

Anis gaaffilee qormaata guyyaa jalqabaa kennamuuf karoorfame lamaan (Herregaafi Afaan Ingiliizii) guututti gama facebook'tiin maxxanse. Deebii gaaffilee qormaataa namoonni hojjatanii naa erganis itti aansee maxxanse. Warri mootummaa garuu ijuma dunuunfatanii ganama qormaata kennuu eegalan. Barattoonni halkan gaaffiilee qormaatichaa facebook irraa garagalfatanii waan dhaqaniif sanuma waraqaa irratti guutuu eegalan. Warra hin argatiniifis dabarsan. Barsiisonni isaan qoraa jiran waan argan qondaalota isaanii oliitti beeksisan. Haala kanaan mootummaan qormaaticha haquuf dirqame. Nutis Caamsaa 30, 2016 injifannoo labsine.

Tarkaanfiin qormaata qabsoo Qeerroo sadarkaa biraatti ol guddise. Hamma yeroo saniitti dhibbaan godhaa turre naannoo Oromiyaatti kan daangeffame ture. Qormaata baasuun manneen barnootaa biyyattii guutuu waan hubeef qabsoon Qeerroo naannoolee maratti mana maatii barattootaa seene. Maqaan kiyyaafi kan Qeerroos arraba nama hundaa yaabe. Akkuma Mastar Pilaanii haqsiifne, ammas Mootummaa Federaalaa harqa micciirree qormaata haqsiisuu danda'uun keenya, humnaafi bilchina tarsiimoo qabsoo Qeerrootiif ilaalchi kennamu dacha dachaan akka guddatu taasise.

Qormaata haaraa qophaayu yoo xinnaate ji'a lamaan akka achi siiqsan gaafanne. Warri mootummaa hamma ji'a tokkoon fageessanii karoorsan. Qondaala ol'aanaa tokko Ameerikaatti natti erganii waywaatan. Kana caalaa dhiibuun bara barnootaa gubuun maatiifi barattoota mufachiisuu mala jennee waan shakkineef waywaannaa mootummaaf tole jenne. Guyyaan haaraa isaan karoorsan ayyaana Muslimaa kan lidaan walirra waan bu'eef sanuma akka jijjiiran gaafanne. Isaanis ayyaana arra dabarsuuf tole jedhan.

Qabsoo qormaata baasuu kanaan wal qabatee waan koflaa tokkos ture. Tibba san hiriyyaan kiyya Gammachuu Galgaluu fuudhaaf qophaayaa ture. Ji'oota cidha isaa duraa Oromiyaa keessa fincilli bal'inaan waan gaggeeffamaa tureef qalbiin ummata biyya alaa gara biyyaa ture. Gammachuunis gaafa tokko "guyya cidha kiyyaa qalbiin ummataa akka narraa hin facaaneef Qeerroon boqonnaa akka fudhatu naaf taasisi" jechuun qoosaan na kadhate. Faallaa sanii jala bultiin qormaata baafneefi cidhi isaa walirra bu'e. Yeroo misirroonni olseenan ani galma keessa taa'ee kompiitara irratti qormaaticha maxxansaa jira. Yoon ol jedhu Gammeen ijaan walitti buune. Mataa raasee "dubbii naa qabbaneessi jennaan daranuu itti bobeessitee? Inumaatuu kompiitara qabattee cidha kiyya waajjira keetti jijjiirtee" jechuun kan qoose.

7.6. Hiriira Guddicha

Hamilee injifannoo Maastar Pilaanii haqsiisuun argmeen fayyadamuun, duulli Gurraandhala 2016 mormii hidhamtoota siyaasaa hiiksiisuuf taasifamaa ture, Caamsaa keessa qormaata fashalsuu danda'uu keenyaan daran hoo'ee itti fufe. Garuu adaduma yeroon dheeratuunifi harcaatiin uumamuu eegale. Keessattuu waqtiin gannaa dhufee roobni roobee yeroon midhaan facaasan gahuun qonnaan bulaan akka ooyruutti xiyyeeffatu godhe.

Godinaalee garii keessatti garuu fincilli ittuma fufe. Keessattuu Harargee keessatti cimee itti deemuun gara waldura dhaabbannaafi aarsaa akka malee guddaa kafaluu fide. Ummanni xiiqii keessa seenuun mormii nagayaa bira dabree humna qabuun waraana mootummaa dura dhaabbachuutti seene. Fakkeenyaaf Gaara Mul'ataa, zoonii doguu, aanaa Guraawwaa bakka Laga Harawa jedhamutti dubartiin Faaxumaa Ahmad Abaadir jedhamtu toomaan loltuu mootummaa dhooytee kilaashii hamma fudhachuutti geesse. Awwadaayiifi bakkoota biroottis walitti bu'iinsi uumamee lubbuun namoota hedduu gaaga'ame.

Haalli kun jijjiiramni tooftaa akka godhamu nu dirqe. Ummatarraayis mormiin bifa harca'een godhamu hafee kan waliigalaafi qindoominaan akka geggeeffamu fedhiin guddaan mul'ate. Qindeessitootnis dhimma kanarratti mari'achuun fincilli bifa harca'een godhamaa jiru faayidaarra miidhaan caalaa waan jiruuf, mormiin biyyoolessaa qindaa'ee akka gaggeeffamuuf murtaa'e. Kanaafuu guyyaa tokkotti Oromiyaa guututti hiriira mormii baasuuf qophiin godhamuu eegale.

Hiriirri waliigalaa kun kan barbaachiseef sababa afurtu ture. Kan duraa mormiin bifa harca'eefi ciccitaan godhamu, naannooleen mormuutti jiran kophummaan itti dhagahamee hamileen akka laaffatu gochuu waan maluuf kana hanqisuufi. Kan lammataa, yeroo godinni tokko mormiitti jiru kan biraa caldhisee ilaaluun, godinoota jidduulli shakkiifi komii uumamaa jiru furuudha. Kan sadaffaa godinoota mormiin itti fufe keessatti tarsiimoofi tooftaa qabsoo nagayaa keessaa bahuun gara hokkaraatti cehuun faayidaa caalaa miidhaa waan qabuuf karaatti deebisuufi. Kan afraffaafi murteessaan ammoo sadarkaa sochiin Qeerroo irra gaheefi humna ummataa madaaluuf ture.

Sochii qabsoo nagayaa keessatti qabsoon jabaachaa yoo deeme sadarkaa 'mormii' (protest) irraa gara 'sochii' (movement) cehuu qaba. Kun ammoo kan beekamu lakkoofsi ummata mormii irratti hirmaatuu dabalaa yoo deemeefi mormiinis adda ciccituu bira dabree itti fufiinsaan gaggeeffamuu yoo danda'eedha. Akkuma olitti jenne toora waqtii ganna bara 2016 sababa mormiin bifa ciccitaan geggeeffamaa tureef, sochiin Qeerroo guddachaa jiraachuu isaafi Oromiyaa guututti deeggarsa bal'aa (critical mass) uummachuu irratti shakkiitu ture. Mootummaanis duula olola 'jeequmsa bakka tokko tokko' fi 'eessaayyuu hin geessan' jedhuun hamilee ummataa cabsuuf carraaqaa ture.

Kanaafuu humna sochii keenyaa madaaluu, olola mootummaa cabsuufi hamilee ummanni (public confidence) Qeerroo irraa qabu cimsuuf mormii waliigalaa yaamuun milkaa'ina mirkaneessuuf qophiin cimaan godhame. Hagayya 6, 2016 Oromiyaa guutuutti mormii waamufis murteeffanne. Garuu murtiin kun dursee ifa akka hin baane waliigaluun, ijaarsa biyya keessaafi gama miidiyaan ummata qopheessuu irratti fuulleffatame. Sababni dursamee hin himamneefis, mootummaan sirritti qophaayee fashalsuuf yeroo akka hin arganneefi.

Haaluma kanaan qophiin erga xumuramee booda mormiif torbaan tokko yoo hafu guyyaan ifatti labsame. Duula marsaalee hawaasaatiif hashtag #GrandOromoProtests filame. Gaafni labsiin itti ibsameefi guyyaan hiriirri itti karoorfame hedduu waan dhihaateef waamichi hiriiraa hin milkaayu shakkii jedhutu ture. Qindeessitoonni ummata keessa jiran garuu yeroo gahaaf itti qophaayaa waan turaniif milkaa'ina irratti ofitti amanamummmaa (confidence) qabaachaa turan.

Labsichi erga godhamee booda duulli miidiyaa guddaan geggeeffamuu eegale. Hiriirri guddichi kun fuulduree qabsoo Oromootiif akkamiin murteessaa akka ta'e irra deddeebinee ibsine. Hiriirichaaf qophii biyya keessatti godhamaa jiru, fakkeenyaaf dhaadannoolee harkaan yeroo tolchan, suuraafi viidiyoon akka nuuf dhufu gama Facebook maxxansuun naannoleen biroos akka qophii saffisiisan jajjabeessine. Yeroo san yoo xinnaate sa'aa diigdamaaf hirriba malee ta'een gaafiifi yaada Qeerroo irraa dhufuuf deebii kennaa ture. Ergaa isaaniis nan maxxansa. Yeroon isaa gaafa tapha kubbaa miilaa Oromoota Ameerikaa Kaabaa (OSFNA) waan tureef namoonni bakka garagaraa irraa dhufan waajjira OMN-tti walitti qabamanii na gargaaraa turan.

Hiriira guddicha milkeessuuf duula ummata kakaasuu nuti goonurratti dabalata gochi mootummaa shoora guddaa qaba ture. Pireezidaantiin Naannoo Oromiyaa yeroo sanii Muktaar Kadiirfi Muummichi Ministeeraa Hayilamaariyaam Dassaalany wal duraa duubaan miidiyaatti bahuun "hiriirri waamame tokkolleen hin jiru...nama hiriira baherrattis tarkaanfii keessa deebii hin qabne fudhanna" jechuun ummata doorsisanii hiriira hanqisuuf yaalan. Ibsi isaan gara raadiyoofi televiziyoona mootummaan dabarsan ummata baadiyyaa gara marsaa intarneetiin waamicha hiriiraa hin dhagayinis odeeffannoo gurra buuse.

Dabballeen gadjallaa jirtus kallattii pireezidaantiifi muummichi kaaye hordofuun guyyoota gabaa Kamisaa, Jimaataafi Sanbataa irratti sagalee-guddiftuu qabatanii "guyyaa Dilbataa hiriirri homaatuu hin jiru" jechuun qonnaan bulaa intarneetiis tahee Raadiyoofi Televiziyoona hin qabne gurra nuuf buusan. Ummannis 'jarri hiriira maal haasaya?" jechuun yoo gaafatan Qeerroon gurratti hasaasuun akka hin hafne itti himaa turan.

Qindeessitoota biyya keessa jiran waliin wal qunnamuun qophii jiru hordofuufi jajjabeessuu, sochii marsaalee hawaasaa irratti hirmaachuufi miidiyaan dhihaadhee bifa xiinxalaan ummata kakaasuu jidduutti yeroon hirribaaf naaf haftu xiqqoo turte. Yeruma gabaabduun qabu sanuu addaan mummureen jidduun shilim jedha malee walitti aansee hin rafu. Kana jidduutti Arfaaseen ciniinsuun qabamnaan hospitaala akka deemte dhaamsa naaf ergite. Dhaqee xiqqoo akkan bira taa'een, dhimmi ariifachiisaan dhufnaan gara waajjiraatti deebi'e. Hojii takkarraa kaanitti osoon cehuu bakka ani hin jirretti ilmikoo Oromoon hiriirichaaf guyyoonni muraasi yoo hafu dhalate. Arfaaseen akkan isii biratti argamu barbaaddus haalan keessa jiru waan hubattuuf suura gurbaa deessee naaf ergite. Anis fiigee dhaqeen ilma kiyya hammadhee dhungadhe. Yeroo sa'aa takka hin caalle isaan bira tureen waajjiratti deebi'ee hojii itti fufe. Faana Oromoo kootii san Feesbuuka gubbatti maxxansuun gammachuu kiyya ummataaf hime.

Haala kanaan guyyaan hiriira guddichaa dhihaatee jennaan kara dippiloomaatotaatiin mootummaa qunnamee hiririichi godhamuun waan hin oolle tahuufi guutu guututti hokkara tokko malee nagayaan kan geggeeffamu ta'uus ibseef. Kanaaf qaamni mootummaa tarkaanfii akka hin fudhanne akeekkachiifne. Deebiin qaamolee mootummaa kan adda qoqqoodame ture. Gama Raayyaa Ittisa Biyyaatiin, hamma hiriirtonni jeequmsa hin kaafnetti, tarkaanfiin humnaa akka hin fudhatamne waadaa galan. Gama waajjira basaasaatiin garuu deebii doorsisaatu dhufe ture. Dameen siyaasaa (waajjira muummichaafi paartii) ejjannoo waldhawaa qabu ture. Jalqaba nu doorsisuuf yaalan. Dhumarratti garuu gama tarkaanfii humnaa hin fudhannu jedhutti dhufan.

Gaafa jala bultii mormii sanii (Hagayya 5) gama OMN dhihaadheen dhaamsa dabarse. Barbaachisummaa hiriira kanaa cimsee dubbadhe. Sabni keenya xiqqaaf guddaan hirmaatee gaaffiin Qeerroo gaaffii ummata bal'aa ta'uu akka mirkaneessun waamicha godhe. Hiriira kanarrattis naamusa qabsoo nagayaa hordofuun hedduu barbaachisaa akka ta'es cimseen dubbadhe.

Qabsoon kun gaaffii haqaa saba Oromoo tooftaa karaa nagayaa qofaan dhiheessuuf akka geggeeffamaa jiru addunyaa beeksisuuf carraa akka ta'es akeeke. Kanaafuu meeshaa waraanaafi wanta qara qabu kamiyyuu qabatanii akka hin baane, uleeyyuu yoo ta'e manatti dhiisanii akka bahan gaafadhe. Dhaadannoolee godhan keessattis jechoota saboota biroo muufachiisan irraa akka of eegan, manneen amantaa, dhaabbilee misoomaa akkasumas qabeenya sabootaa akka tiksan lallabe. "Haqa qabna, tokkummaan qabsoofna, tarsiimoon masakamna, ni injifanna!" jechuun haasaa miiraan guutame taasisee goolabe.

Dubbii meeshaa lolaaf/haleellaaf ooluu malu manatti dhiisaa bahaa jedhame irratti wanti jaarsi Salaalee tokko naan jedhe yoon yaadadhu hanga ammaa na kofalchiisa. Dhaamsi jalabultii hiriira guddichaa akkuma tamsaafameen, jaarsi ilma isaa naaf bilbilchiisee "akkamitti harka duwwaa bahaa jetta" jedhee dheekkame. "Ani takkaa shimala kiyya malee manaa bahee hin beeku. Cidhas ta'ee walgahii shimala kiyya qabadheen deema. Shimala kiyya manatti dhiisee bahuun akkan dhiirummaa kiyya gatee baheetti natti dhagahama. Osoo sareen natti fiigdee ykn bofti miilatti na maramtee maalinan ofirraa dhoowwa?" jedhan. Anis yeroo fudheen sababa ulee malee bahuun barbaachiseef ibseef. Jaarsi garuu toles hin taanes hin jenne. Hiriiracha booda yoon ilma gaafadhu, jaarsi ganama shimala osoo hin qabatin erga bahee booda, magaalaa yoo gahu dallaa namaarraa muka buqqaafatee akka hiriira dhaqe naaf hime.

Yeroo labsii hiriiraas ta'ee ugguraa godhamu waanin amaleeffadhe tokkotu ture. Kunis gaafa labsiin godhamerraa kaasee hirriba gahaa maleen hojjadha. Yeroo hedduu daqiiqaa shilim jedhee sa'aa sadan takka hojjadhee ammas daqiiqaa soddomaaf shilim jedha. Gaafa jala bultii ammoo hirriiba waan jedhamu osoon barbaadees nan qabu. Barii yeroo hiriirri bahamuu jalqabu yookiin uggurri eegalu hirribni gara kanaa dhufee hin beekne naan lixe. Yeroo duula hiriiraas ta'ee lagannaa labsinu milkaa'ina isaa irratti hedduu waanin dhiphamuuf hirribni na dida. Akkuma ragaan milkaa'uu mormii naaf ergameen qalbiin waan na tasgabbooftuuf hirribni natti dhufa.

Gaafa jala bultii hiriira guddichaa kanas qindeessitoota waliin odeeffannoo wal jijjiiraa bullee yoo biyyatti lukkuun iyyitu, namni gama hedduun gara bakka hiriiraa deemaa akka jiru gabaasa na gahurraa arge. Akkuma baratame hirribni halkan guutuu na didaa ture dhufee kursii irra taa'urratti naan tare. Hamma tokko akkuman shilim jedheen, iyyansaafi wacni namoota waajjiratti walitti qabamanii na dammaqse. Hirriira kana yoo yaamni mootummaa Itoophiyaa qofaan osoo hin taane, mnamootaafi murnoota Oromoo milkaayuu hiriira kanaa danquuf yaalaa turan waliin waan ta'eef, warri waajjira na bira ture naasuufi hawwii gudaan barii lafaa eegaa turan. Ganama Oromiyaan guutuun hiriira ummataatiin uwwifamuu yeroo argan gammachuun iyyuun na kaasan.

Anis ija rirrigachaa feesbuukii banee seenuun odeeffannoo dhufaa jiru maxxansuu eegale. Feesbuuka kiyya kompiitaroota torban irratti banee namoota jaha waliin maxxansuu yaallus, saffisni odeeffannoo dhufuufi itti maxxanfamu walgituu hin dandeenye.

Ganama sa'aa sadi yeroo gahu yoo xiqqaate magaalota dhibba lama keessatti hiriirri akka geggeeffame gabaasa ragaa suuraafi viidiyoon nu dhaqqabe irraa mirkaneeffanne. Magaalaa Finfinnee malee bakkoota hedduutti hanga ganamaa hiriirri nagayumaan geggeeffamaa ture. Yeroo hiriirri guddichi karoorfamu Finfinneettis haa bahamu moo haa hafu falmii jedhutu ture. Sirnichi maqaa Qeerroo xureessuufi ajandaa jijjirsisuuf jecha, walitti bu'iinsa sabootaa uumuu danda'a sodaa jedhu qabna ture. Qindeessitoonniifi Qeerroon Finfinnee garuu "Oromiyaan hundi bahee nuti warri Finfinnee bahuu dhabuun magaalaa guddoo keenya dabarsinee laachuu fakkaata" jechuun bahuuf murteessan. Akkuma jedhan kumaatamaan hiriira guddicha irratti hirmaachuuf gara Dirree Masqalaa qajeelan. Poolisiin federaalaa reebicha hamaa irratti raawwatee bittinneessus, injifannoo guddaa ture. Miidiyaaleen addunyaa kan godinoota deemuurraa ugguraman hiriira Finfinnee qaamaan argamuun naamusa hiriirtotaafi hammeenya sirnichaa gabaasan.

Magaalota birootti garuu irra jireessi nagayaan geggeeffame. Ummatichi akkuma karoorfame meeshaa waraanaa homaatuu osoo hin qabatin bahe. Hiriirri guddichi irra jireessi nagayaan geggeeffamuu gabaasni dhufe. Garuu yeroo ummanni hiriira xumuree gara manaa dacha'uu eegalu loltoonni dhukaasa banuu eegalanii ummata harca'ee deemaa ture hedduu fixan. Akka odeeffannoo arganeetti yeroo duraa warri mootummaa hiriirichi hin milkaayu jedhanii waan yaadaniif tarkaanfii humnaa irraa of qusatanii turan. Booda garuu baay'inni ummata baheetii fi Oromiyaa guutuu ta'uun waan naasiseef tarkaanfii humnaa hamaa ta'een jiilchuuf murteessan. Murtii kana adda durummaan kan murteesse damee tikaa akka ta'es barre.

Gabaasa dhuma guyyaatti arganneen magaalaafi baadiyyaatti bakkoota dhibba sadiifi shantamaa (350) olitti hiriirri godhamee akka ture mirkaneeffanne. Yoo xinnaate namoota dhibba lamatu wareegame. Wareegamni kun hedduu guddaa ta'us, tilmaama aarsaa (casualty estimate) karoora keessatti qabamee hiriiricha yaamneetii gadi ture. Hiriirichi akkuma yaadame Oromiyaa guutuutti yoo bahame namni dhibba shanii hanga kuma tokkoo nurraa wareegamuu ni mala jennee tilmaamnee turre. Hiriirri sun gatii guddaa nu kafalchiisus, mikaayuun isaa boqonnaa qabsoo itti aanee dhufuuf murteessaa ture.

Oromiyaa guutuutti guyyaa tokkotti hiriirri waamamee milkaayuun qabsichi sadarkaa fincilaa irraa gara sochii (from protest to movement) jijjiiramuu akeeka. Kana jechuunfincila kana qaamonni hawaasaa muraasni bifa adda cicciteefi bittinnaa'een geggeessan osoo hin taane sochii humna hawaasa bal'aa (critical mass) of cinaa hiriirsuu isaa ifoomse. Qabsoon Qeerroo akka mootummaan jedhuufi namoonni biroos shakkan, kan dargaggoonni hagoon miiraan oofan osoo hin taane hoogganootaafi qindeessitoota karooraafi tarsiimoo bilchaataa qabaniin kan geggeeffamu akka ta'e mirkaneesse.

Sochiin Qeerroo kan dhageettii (influence)fi caasaa Oromiyaa guutuu sochoosuu danda'u qabaachuus dhugeesse. Waliigalatti hiriirri guddichi Hagayyaa 6, 2016 sun qabsoon Qeerroo fincila ifee dhaamu osoo hin taane sochii qindaawaa itti fufiinsa qabu (staying power) kan tuffiin ilaalan osoo hin taane humna cimaa (a force to be reckoned with) siyaasa Itoophiyaa jijjiiruu danda'u akka ta'e firaafi alagaafis raggaasise.

7.7. Itti Muddi

Hiriira guddicha irratti sochiin Qeerroo humna amansiisaa horachuu isaa, akkasumas tarsiimoon qabsoo nagayaa injifannoo dhumatti nu geessuu akka danda'u, erga mirkaneeffannee booda, dhiibbaa mootummarratti goonu daran itti mudduuf murteessine. Kun ammoo gaaffilee (demands) qabsoo ol kaasuufi tooftaalee diddaa amma dura hojiirra hin oolin as baasuu gaafata ture.

Gene Sharp tooftaaleen qabsoo nagayaa gara 198 kan tarreesse yoo ta'u, faaydaa isaaniifi aarsaa isaan gaafatan irratti hundaa'uun gulataalee sadiitti qoodee kaaya[22]. Isaanis, mormuufi amansiisuu (protest & persuasion), ajajaafi fedhii sirnichaa hojirraa oolchuu diduu (noncooperation)fi hojii sirnichaa danquu (intervention) jedhamu. Tooftaaleen kun gatii kafalchiisaniifi bu'aa buusaniin (cost and benefit) wal caalu. Tooftaaleen mormii amansiisuu gatiin isaan si baasisan xiqqaa yoo ta'u, danquun ammoo gatii irra caalaa kafalchiisa.

Kanaafuu gara jalqaba qabsoo, gaafa lakkoofsi ummata hirmaatuu xiqqaa san, tooftaalee gatii xiqqaa baasisan fayyadamuu feesisa. Kana jechuun mormii bifa garagaraatiin roorroo ummatarra gahan ibsuu irratti fuulleffatama. Akeekni sadarkaa kanaa hammeenya sirnicha saaxiluu, kaayyoo qabsoo sanii ummata barsiisuufi tumsaafi naatoo horachuudha. Adeemsa keessa gaafa deeggarsi bal'achaa deeme tooftaa mormuu irraa gara diduu (noncooperation) ce'ama. Kunis tarkaanfilee seera, ajajaafi fedhii mootummaa diduu fa'a hammata. Fakkeenyaaf, tarkaanfiin uggura gabaa kana jalatti ramadama. Akeekni tooftaa kanaa dandeettii hojii raawwachiisuu mootummaa laaffisuudha. Gaafa dammaqiinsiifi hirmaannaan ummataa sadarkaa guddaarra gahe gara tooftaa hojii mootummaa kallattiin ugguruutti (intervention) tarkaanfatama. Qabsoo Qeerroo keessatti tarkaanfiin daandii cufuu gulantaa kana keessatti ramadama.

Hanga gaafa hiriira guddichaatti irra caalaatti tooftalee mormiitti, dabree dabree ammoo diddaatti dhimma bahaa turre. Milkaa'uun hiriira guddichaa qabsoon Qeerroo dammaqiinsaafi ijaarsaan amansiisaa ta'uun waan mirkanaa'eef boqonnaa qabsoo sadarkaa itti aanutti ceesise. Kana jechuun tooftaalee mootummaa mormuu irraa gara dirqisiisanii raaw'achiisuutti dabarre.

Sochiin qabsoo humna jabaa horachuun erga mirkanaa'ee booda, tooftaalee qabsoo qofa osoo hin taane gaaffiinis ol ka'e. Jalqabarra gaaffiin dubbii qabsiise (triggering issue) dhimma "Maastar Pilaanii" ta'us, akeekni dhugaa aangoo harka TPLF fuudhuun jijjiirama fiduudha. Akeeka kana jalqabarratti ibsuun faayidaa caalaa miidhaa waan qabuuf hafe. Akeeka xixiqqaan ija ummataatti laafaa (reasonably attainable) fakkaataniin eegaluun sodaafi shakkii cabsuuf barbaachisaadha. Sirnichaan aangoo gadi lakkisi jechuurra Maastar Pilaanii haqi jechuun ija ummataatti laafaa fakkaatee mul'ata. Gaaffii xixiqqaan ummata hawwattee mormiitti seensisuun sochii humnaafi itti fufiinsa qabu horachuu kee gaafa mirkaneessite, gaaffii ol guddisaa deemta.

Hammagaafahiriiraguddichaatti,caasaaDH.D.U.O.keessaanamoonnimuraasni qabsoof tumsan jiraatanis, humna Qeerroofi galma ga'uu qabsichaa irratti amantaa guutuu waan hin qabneef icciitii guddaan socho'uun barbaachisaa ture. Hiriirri sun ummanni Oromoo guutuu Oromiyaatti tokkummaan sochoo'aa akka jiruufi san booda akka of duuba hin deebine mul'ise. Akkasumas mootummichi humna ummata kana ukkaamsee bituu danda'u akka hin qabaanneefi kufaatitti akka deemaa jiru hubachuu eegalan. Kanaafuu ifatti qabsicha deeggarutti cehan. Sochii ummataa kana abdachuufi sirnichi laaffataa deemuu arguun gara aangoo dhuunfatutti deeman. Walgahii koree hojii raawwachiiftuu DH.D.U. O, kan Fulbaana, 2016 godhamerratti fedhii TPLF maletti Muktaar Kadiir buusuun Lammaa Magarsaa gara fuulduraa fiduun dura taa'aa dhaabaa gochuuf onnatan.

Dh.D.U.O. keessatti murni sirna Wayyaaneef amanamaa ta'e buufamee kan ummataaf naatoo agarsiise aangoo dhuunfachuun bu'aa tarsiimoo durumarraa lafa kaayameeti. Akkuma boqonnaa dabre keessatti eerame, yerooma tarsiimoon qabsoo baafamuu akeekni kaayame mootummaa fonqolchuu (regime change) osoo hin taane namoota jijjiirama barbaadan (reformist) aangootti fiduun cehuumsa gara dimokraasiif karaa saaquu kan jedhu ture.

Akka hayyuun siyaasaa Samuel P Huntington kaayetti karaalee sirna abbaa irree irraa gara dimokraasii cehuuf dandeessisan afurtu jira.[23]

Isaanis;

1. Jijjiiramuu (transformation): sirni abbaa irree tokko fedhima isaatiin biyyattii gara dimokraasii ceesisuu murteessuu danda'a. Kun ta'uu kan danda'u hoogganaan dura jiru sababa garagaraatiin qalbii yoo jijjiirate, yookiin ammoo hoogganaan sun du'ee kan dhaale yaada haaraan yoo dhufeedha.

2. Fonqolchuu (replacement): Kun ammoo mormitoonni humna qawweetiin yookiin ammoo qabsoo ummataatiin sirnicha garagalchanii aangoo qabatanii gara dimokraasii ceesisuuf yoo murteessaniidha.

3. Waliigaluu (transplacement): Qabsoon mormitootaa jabaatee sirnicha laaffisuun kufuu mannaa biyyattii gara dimokraasiitti akka ceesisu yoo dirqisiiseedha.

4. Humna alaatiin (intervention): Humni biyya alaa jechuunis mootummaa humna guddaa qabu yookiin ammoo gartuu biyyoota alaa (regional blocks) dhiibbaa waraanaafi dippiloomaasiin dhimma keessoo biyyattii seenanii sirnicha kuffisanii yookiin dirqisiisanii gara dimokraasii yoo ceesisaniidha.

Afran kana keessaa haala qabatamaa keenyaaf kan fayyadu isa sadaffaarra kaayame (transplacement) filanne. Qabsoo nagayaan dhiibbaa cimaa

23 Huntington, Samuel P. *The Third Wave: Democratization in the Late Twentieth Century*. University of Oklahoma Press, 1991

sirnicharraan gahuun gara fonqolfamuufi jijjiiramuu keessaa tokko akka filatu dirquudha. Jecha biraatiin sirnicha osoo guutuutti hin fonqolchin murna ykn hoggansa jijjiirama fiduu danda'u achuma keessaa aangootti baasuutu wayya kan jedhu filanne. Haala qabatamaa yeroo sanaatiin, mootummaan jiguun bittinnaa'uu (disintegration) biyyaafi wal waraansa sabaa fida jennee sodaanne. Kanaafuu Oromoofis tahee biyyaaf kan balaa irra xiqqaa (minimal risk) qabu sirnuma keessaa namootafi murnoota jijjiirama barbaadan (moderate reformist) humneessuun aangoo akka qabatanii biyya ceesisan dandeessisuudha.

Kanaaf DH.D.U.O. keessaa warreen naatoo ummataa qaban suuta suuta gara mooraa qabsootti hawwatuufi aangessuun (empower) akeekuma qabsichaa ture. Yeroo sanitti adeemsi kun faayidaa lama qabaata jedhameeti. Kan duraa tooftaan kun sirnicha abbaa irree murna lama, jechuunis warreen jijjiirama barbaaduufi haalli ture akka itti fufu barbaadutti (reformists vs moderates) baqaqsuun laaffisa. Lammaffaa, mooraa diinaa keessatti fira qabsoo horachuun humna keenya cimsee injifannoo saffisiisa jennee abdanne. Kan ta'es kanuma.

Akkuma boqonnaa dabre keessatti tuqame Lammaan hooggana murna jijjiirama barbaaduu ta'ee ummataan akka fudhatamuuf duulli cimaan godhamaa ture. Inni hoggansa DH.D.U.O. to'achuun sirnicha keessatti qoqqoodama lafa jala ture ifatti baase. Akka sirna tureetti, namni dura taa'aa dhaabaa ta'ee filame hoggasuma pireezidaantii naannoo ta'a. Garuu sababa shakkiitiin Lammaan ji'a sadii oliif aangoo pireezidaantummaa osoo hin qabatin akka turu godhame. Tarsiimoon qabsoo sirnicha bakka lamatti qoqqoodee danqaa walii akka ta'an gochuu milkaaye jechuudha. Waldiddaafi afaanfaajjiin keessoo mootummaa ifatti mul'achuun kun Qeerroof injifannoo guddaa hamilee qabsoo daran finiinse ture. Ummanis atakaaroofi jeequmsa mootummaa keessaa ifatti arguun, sirnicha qarqara kufaatii gahuu tilmaamuun sodaan hangi hafte irraa baddee onnatee qabsootti jabaate.

7.8. Dhumaatii Irreechaafi Dallansuu Guyyaa Shanii

Gama ummataafi Qeerrootiin aarsaan hiriira guddicha irratti kaffalame kan gaddisiise tahus, milkaa'inni isaa baay'ee hamilee olkaase. Miira injifannoo uumame kanatti fayyadamuun Irreecha dhufaa jiru irratti mormii cimaa dhageessisuuf qophiin godhamuu eegale. Irreecha yeroon Asallaatti barachaa ture irraa kaasee hirmaachaan ture. Irreechi galateeffannaa Waaqaatiif haa geggeeffamu malee Qabsaa'ota Oromoof garuu carraa barattootaafi dargaggooni godinaalee Oromiyaa garagaraaa irraa walitti dhufuun qabsoodhaaf qindoomina uumaniidha.

Uffannaa aadaa Oromootiin miidhaganii walitti dhufuun sabboonummaa finiinsuuf fayyada. Godinoota hundarraa walitti dhufuun wal baruufi caasaa qunnamtii (network) uumuuf carraadha. Baay'inni ummata hirmaatuu hojii icciitiifi wantoota dhoksaan hojjatamuu qabuuf golgaa tahee fayyada. Dabalataanis baay'ina ummataa fayyadamuun sagalee mormii dhageessisuuf carraadha. Kana waan beekuuf mootummaan irreecha ukkaamsuuf yaalii hedduu godhaa ture. Kanaafuu baroota hedduuf ayyaanni Irreechaa dirree qabsoo ta'ee tajaajilaa ture. Mootummaanis kana waan hubateef bara baraan yeroo Irreechi dhihaatu naasuu keessa galuun lakkoofsa ummata hirmaatuu hiri'isuuf, faajjiifi alaabaan qabsoo akka hin seenne ugguruuf hedduu tattaafataa ture.

Haaluma kanaan Irreechi bara 2016 hiriirri guddichi taasifamee ji'a lama keessatti waan tureef, qaamonni lachuu durumaan itti qophaayaa turan. Gama mootummaan Irreechi gara mormii akka jijjiiramu waan shakkaniif to'achuuf fashalsuuf qophaayan. Qeerroon ammoo ayyaanichatti fayyadamuun mormii guddaa addunyaan guutuun dhagayu geggeessuuf murteesse. Adaduma guyyaan Irreechaa dhihaachaa dhufu walitti qoxxisuun jabaachaa dhufe. Gama Qeerrootiin mormiin nagayaa akka godhamu ifatti beeksifame. Kun mootummicha keessatti qoqqoodama fide. Gareen tokko, kan waajjira tikaatiin geggeeffamu, tarkaanfii kamuu fudhachuun mormiin akka hin godhamne ugguruun barbaachisaadha ejjannoo jettu qabate. Gareen biraa ammoo, mormiin bifa nagayaatiin godhamnaan miidhaa waan hin qabneef tarkaanfii humnaa fudhachuun daran hammeessa ejjannoo jettu qabate.

Kana hubachuun Qeerroon ibsa qoqqoodama mootummaa kana daran hammeesse baase. Hiriiri guutumatti nagayaan akka geggeeffamu itti gaafatamummaa guutuu akka fudhannuu ibsuun, garuummoo Poolisii Oromiyaa malee humni federaalaa akka hin seenne akeekkachiise. Kun kan godhameef sababa saditu ture: Isaanis, kan duraa murna mootummaa keessaa dubbii laaffisuu barbaadu jajjabeessuun qoqqodama jiru daran ahmmeessuufi. Kan lammataa ammoo Poolisiin Oromiyaa gara qabsootti hawwatamaa waan dhufeef, ummata hin tuqu abdii jedhuuni. Kan sadaffaa Poolisii Oromiyaa ofitti qabuudhaan humnoota federaalaa ammoo balfuun qoqqoodama qaama nageenyaa sirnichaa daran babal'isuufi.

Akkuma yaadames qoqqoodamni sirnicha keessatti jabaannaan, mariin waloo kan Abbootii Gadaa, qondaalota naannoofi federaalaa hammate, godhamee, humni federaalaa akka hin seenne irratti waliigalame. Waliigaltee kanas gara Abbaa Gadaa Bayyanaa Sanbatootiin nutti himame. Abbaa Gadaa Bayyanaan hojii sirna Gadaa deebisanii ummata keessatti dhaabuutiin dabalata, nama qabsoo Qeerrootiifis shoora guddaa taphataniidha. Bara 2014 keessa gara walgahii OSAtti affeeramanii yeroo Ameerikaa dhufanitti waan hedduu waliin mari'annee hubannaa gaariirra geenyee addaan galle. Biyyatti erga galaniis ifatti dhugaa Oromoo dubbataa turan. Kanaafuu Qeerroo biratti amanamummaa guddaa horatanii turan. Gaafa Irreechaa kanas, nuufi qondaalota mootummaa jidduutti walhubannaan uumamee Irreechi nagayaan akka geggeeffamuuf baay'ee carraaqe.

Warri mootummaa mormii Irreecha irratti ka'uu malu humnaan ukkaamsuun rakkisaa akka ta'e hubannaan tooftaa biraan irra aanuuf karoorsanii turan. Kunis miseensota DH.D.U.O. kuma soddoma tahan godinootarraa qindeessuun Bishooftuu fiduu ture. Yaadni isaa namoota kana halkaniin iddoo Irreechaa seensisuun naannawa waltajjii dhuunfachuun sagalee deeggarsaa ol guddisanii kan mormii liqimsuuf ture.

Qeerroon waan kana dursee waan bareef fashalsuuf qophaahe. Warri mootummaan qopheesse halkan keessaa sa'aa kudhanitti bakka Irreechaa seenanii akka qabatan kallattiin kaayame. Qeerroon odeeffannoo kana waan gurraa qabuuf dursee miseensota O.P.D.O. san of fakkeessuuniifi poolisii Oromiyaan waliigaluun uggura kaayame dabree bakka waltajjii guute. Yeroo warri mootummaan qopheesse achi gahan lafti Qeerroon dhuunfatameera. Jarris waan godhan dhabnaan shurraaba mootummaa faarsu uffatanii dhufan baasanii ummatatti makaman.

Tooftaan biraa mootummaan sagalee mormii itti ukkaamsuuf yaale, gaazexeessitoota miidiyaalee biyya alaa harkatti galfachuu ture. Kanaafis sababa "nageenya keessan mirkaneessuu" jedhuun ministeerri komunikeeshinii hoteela tokkicha qubachiise. Kunis akka isaan jala bultii Irreechaa ummataan walitti makamanii odeeffannoo faallaa mootummaa tahe hin arganneef ture.

Yeroo lafti bariitee ummanni kallattii maraan mormii dhageessisaa kara hora Harsadii qajeele karoorri mootummaa akka fashaleefi kan Qeerroo ammoo milkaayee akka jiru mul'achuu eegale. Kunis qaamota mootummaa dallansiisee xiiqiitti seensise. Waliigaltee "humni hidhate waltajjii Irreechaa biratti hin argamu" jedhu diiganii loltoota konkolaataa cufaan dhoksanii seensisan. Abbaan Gadaa Bayyanaa Sanbatoo tarkaanfii kana mormuun loltoonni bahan malee dhaqee hin eebbisu jedhan. Qondaalonni garagaraa dabareen amansiisuu yaalanis Abbaan

Gadaa murtii sanitti cichan. Osoo dhimma kanarratti wal mormanii aduun baate. Qeerroon Abbootiin Gadaa dhufanii akka eebbisan eegu. Abbootiin Gadaa loltoonni bahan malee dhaquu didan. Yeroo kana dhaadannoon mootummaa balaaleffatu cimee dhageessifamuu eegale.

Kana irra aanuuf warri mootummaa fala tokko baase. Kunis qondaalotuma mootummaa akka Abbootii Gadaatti uwwisuun waltajjiitti baasanii Qeerroo sobanii addaan galchuuf gara waltajjii ergan. Tooftaa kana Qeerroon yoosuma itti dammaquun qondaalota waltajjiirraa ari'an. Mormii dhoohe kana keessa Qeerroon waltajjiitti olbahuu eegalan. Gariin olbahanii mallattoo diddaa agarsiisan. Warri mootummaa gaazexeessitoota biyya alaa bakka irreechaatii oofanii hoteelatti deebisan.

Qeerroo Gammadaa Waariyoo jedhamu maayikiraafoona abbaa waltajjii irraa fuudhuun dhaaddannoo "Down Down Wayyane!!" jedhu dhageessise. Yeroo kana ummanni mormii sagalee guddaan itti cabse. Tahus garuu jeequmsi homaatuu hin turre. Qeerroof poolisiin wal kabajaniituma deemaa turan.

Yeroo muraasaan booda garuu loltoonni hidhatan konkolaataan haguugamanii waltajjii duuba dhokatan gadi bahanii gaazii imimmaanessu gara ummataa gadi dhukaasuu eegalan. Heelikooptarri dura gubbaarra naannawaa waraqaa baga geessanii gad darbachaa/facaasaa turte gaazii imimmaanii harcaafte. Sagalee dhukaasaa, gaazii imimmaanessuufi iyyansi walitti makamuun rifaatuufi jeequmsi guddaan uumame. Kanarraan loltoonni konkolaataa keessatti dhokatanii turan dhukaasa rasaasaas ummata aarri ija gubaa walirra babahaa jiru irratti roobsuun namoota fixuutti seenan. Ummanni fiigu duubaan qileetti nam'e. Yeroo daqiiqaa kudha shan hin caalle keessatti lammiilee dhibba torbaa ol galaafatan.

Taatee Irreechaa san hirriba maleen hordofaa ture. Ijoolleen hedduun dabareen waan ta'aa jiru suduudaan (live) na agarsiisaa turan. Yeroo haleellaan eegalu san Qeerroon tokko kallattiidhaan osoo na agarsiisaa jiruu tamsaasni tasa adda cite. Mootummaan intarneetii waan adda kuteef yeroo hamma tokkoof waan ta'e beekuu hin dandeenye.

Gaazexeessitoota miidiyaalee alaa kan Intarneetii saatalaayitii qaban yeroon qunnamu ofiifuu reefu dhagayan. Tarkaanfii haleellaa fudhachuun dura daqiiqaa soddoma dursanii iddoo irreechaatii akka bahan godhamee akka ture natti himan. Akka carraa gaazexeessitoota miidiyaa alaatii hojjatan keessaa gurbaa Oromoo tokkotu miliqee hafee na qunnamuun gaaga'ama gahe naaf hime. Haleellaan fudhatamee daqiiqaa afurtamii shan osoo hin caalin na qunnamuun waan ta'e naaf himee ragaalee suur-sagaleetis naaf erge. Viidiyoolee yeroo loltoonni dhoksaan seensisan dhukaasa banan akkasumas yeroo gaaziin imimmaanessaa ummatatti dhukaasu agarsiisu kan waraabee naaf erge isa ture. Anis hoggasuma miidiyaalee addunyaatti dabarse.

Gochi suukanneessaan Irreecha irratti raawwate hedduu na dallansiise, na gaddisiise. Garuu booyaaf gaddaaf yeroon hin turre. Aarsaan wareegamtootni sun baasan bu'aa akka buusu godhuudhaaf hojiirratti fuulleffachuun dirqama ture. Tooftaa qabsoo nagayaa keessatti yeroo humni mootummaa tarkaanfii humnaatiin miidhaa geessisu, tarkaanfiin sun deebi'ee akka isa miidhu (backfire) gochuun akka danda'amu akeeka. Gocha san saaxiluun kasaaraa dippiloomaasiifi ololaa dhaqqabsiisuu dabalatee, miira dallansuu gochi sun ummata keessatti uumu gara tarkaanfii birootti jijiiruun barbaachisaadha.

Kanaafuu taateen sun raaw'atamee sa'aatiilee muraasa keessatti qindeessitoota biyya keessaafi rogeeyyii biyya alaa waliin tarkaanfii fudhatamuu qabu irratti yaada wal jijjiirre. Rogeeyyii biyya alaa keessaa hangi tokko tarkaanfii fudhachuun dhumaatii ummataa kanarra hamaa geessisa jechuun morman. Kaawwan ammoo milkaa'ina tarkaanfii fudhatamuu irratti shakkii qaban ture. Qindeessitootni biyya keessaa garuu dallansuu ummataa gara tarkaanfii laalessatti jijjiiruu qabna jedhan. Yeroo gabaabaa keessatti tarkaanfii milkaawaa fudhachuu dandeenyaa? jedhee gaafannaan, akka dandahamu onnee guutuun naaf himan. Kanumarratti hundaayuun tarkaanfiin akka fudhatamu murteessine.

Tarkaanfiin Qeerroofi ummataan fudhatamu kan mootummaa laalessu qofa osoo hin taane, kan qabsicha gara gulantaa haaraatti ceesisu tahuu qaba ture. Akkuma armaan olitti tuqame hanga gaafa Hiriira Guddacha Hagayya 6-tti, irra jireessaan tooftaaleen qabsoo nagayaa mormii, dabre dabree ammoo kan diddaa (noncooperation) hojiirra oolaa ture. Hiriira Guddicha irratti hirmaannaan ummataa sadarkaa amansiisaarra gahuu waan mirkaneeffanneef, akkasumas dhumaatiin Irreechaa dallansuu guddaa waan uumeef, tarkaanfiin danquu (intervention) fudhachuun milkaa'uu akka danda'amu hubanne. Haaluma kanaan gaafuma dhumaatiin sun raaw'aterraa kaasuun Labsii "Dallansuu Guyyaa Shanii (Five Days of Rage)" jedhamee labsame.

Gaafuma Irreechaaf qophaa'amuuyyuu yoo tarii mootummaan tarkaanfii humnaa fudhate, tooftaa bifa kamiitiin deebii kennuun akka danda'amu qindeessitoota muraasa waliin mariin godhamee ture. Marii sanirratti hundaa'uun tarkaanfiin fudhatamuu qabuufi wanti irraa of qusachuun barbaachisu qindeessitootaaf raabsamee ture. Gaafa labsiin dallansuu dabrus yaadachiifni gara keessaan isaaniif dabre. Gosoota tooftaalee danqaa keessaa kan yeroo gabaabaa keessatti bu'aa buusuu danda'an filaman. Keessaafuu tarsiimoon nuti sirnicha itti laaffisuuf kaayanne keessaa tokko diinagdee dadhabsiisuu waan ta'eef marsaa kanaan tarkaanfilee amantaa investaroonni (investor confidence) diinagdee irratti qaban cabsuuf dandeessisan irratti fuulleffatame. Kunis qabeenya invastaroota mootummaatti maxxananii ummata miidhanii barbadeessuu ture.

Haaluma kanaan ummanni Irreecharraa gara qe'ee isaa yoo deebi'u, tarkaanfilee qabeenya mootummaafi daldaltoota mootummaatti maxxananii barbadeessaa deeme. Qeerroon Irreecha irratti hirmaachuuf bareedanii bahanii reeffi isaanii gara qe'eetti deebi'e. Ummanni kana arguutti dallanee sirna awwaalchaa gara mormii guddaatti jijjiire. Awwaalcha booda gara mana booyaa deemuu mannaa tarkaanfii kallattiitti seene.

Dhaabbileen irratti fuulleffatamuu qabu, kanneen mootummaatti maxxananii ummata miidhan, durumaanuu Qeerroon naannoo naannoo isaatti qoratee adda baafate qaba ture. Dhaabbileen adda baafaman kunis kan lafa ummataa beenyaa malee fudhatan, kanneen summii bishaaniifi biyyee balfu gadi lakkisaniifi kanneen dhalattootta qe'ee sanii hojiitti hin ramadne fa'a ture. Qabeenya mootummaa keessaa kanneen sirnichi ummata ittiin miidhuuf fayyadamu irratti xiyyeeffatame. Dhaabbileen tajaajila ummataa kan akka fayyaafi barnootaa akka hin tuqamne eeggannoon akka godhamu qajeelfamni dabre. Yeroo dhaabbileen barbadeeffaman, abbootii qabeenyaas ta'ee hojjattoonni akka hin miidhamne of eeggannoon akka godhamus qindeessitoonni ni beeku turan.

Qajeelfama qabeenya barbadeessuu san kallattiin ifatti gara fuul-barruu Facebook maxxansaan ture. Gochi kun seeraan gaafachiisa sodaa jedhuun ogeeyyonni seeraa heddu nahanii na gorsaa turan. Rogeeyyiin biyya alaa jiraatan tokko tokkos sodaa kanaan duula dallansuu guyyaa shanii irratti hirmaatuu didanii turan. Ani garuu tarkaanfiin suukaneessaan mootummaan fudhate, tarkaanfii laallessaan kufaatii isaa saffisuun deebii kennuufii baannaan, hamilee ummataa ni cabsa, kan mootummaa ammoo ni jajjabeessa waan taheef balaa natti dhufuu malu kamiyyuu fudhachuuf qophiin ture.

Qaamoleen mootummaa Ameerikaas na waamuun na doorsisuuf yaalanii turan. Tarkaanfiin qabeenya barbadeessuu qaama qabsoo karaa nagayaati moo miti kan jedhurratti hedduu wal falmine. Hamma qaamaafi lubbuu namaarra balaan hin geenyetti qabeenya barbadeessuun tooftaalee qabsoo nagayaa fudhatama qaban akka ta'e kitaabota dhimmicha irratti barraayan dhiheessee waabeffachuun mormadhe. Bifa akeekkachiisaafi gorsaatiin narra dabran.

Duula Wiixataa hamma Jimaataa godhameen kasaaraan guddaan geeffamuu/ dhaqqabuu qofa osoo hin taane mootummaan sochii ummatichaa loltootaan tohachuu akka hin dandeenye mirkaneessine. Duulli qabeenya sirnichaafi kan maxxantoota isaa barbadeessuu guyyoota sadan duraaf bakkoota hedduutti dhoorkaa tokko malee geggeeffame jechuun ni danda'ama. Sababnis Oromiyaan guututti yeroo wal fakkaataa ummanni miliyoonaan lakkaayamu tarkaanfii fudhachaa waan turaniif, humna mootummaa bittineessuufi afaanfaajjessuun (overstretch & overwhelm) danda'amee ture. Mootummaan duula qindaawaa Qeerroon godhe dursee waan hin tilmaaminiif qophii gahaa hin qabu ture. Qophii dhabuun sirnichaa ammoo guyyoota sadan duraa akka carraatti itti fayyadamuun tarkaanfiin dugda isaanii cabse guutuu Oromiyatti fudhatame.

Hoggaa sirnichi tarsiimoo baafatee, loltoota gahaa Oromiyaa alaa fidatee bobbaasee Komaaand Poostii (Command post) labsetti, nuti duulli goolabamuu labsinee akka dhaabamu goone. Duulli sun aarsaa guddaa nu kafalchiise.

269

Namoota hedduutu wareegame. Injifannoon argames boonsaa ture. Bakkoota hedduutti ummanni erga tarkaanfii fudhatee booda dafee bittinnaa'uun miidhaa loltoonni geessisuu malan hanqisaa ture. Tahus garuu bakka muraasatti miidhan dhaqqabee jira. Fakkeenyaaf Godinoota akka Arsii Bahaafi Shawaa Bahaa keessatti, hanqina qindoominaatifi miiraan kaka'uun loltootaan walitti bu'uun gaaga'ama hamaatu gahe.

Yeroo Duula Dallansuu san warri biyya alaa turre shoorri keenya jabaan qabsoo gama miidiyaatiin himata (narratives) mootummaa irra aanuu ture. Keessattuu tarkaanfiin qabeenya barbadeessuu, karaa cufuu, caasaa mootummaa diiguu, maloota qabsoo nagayaa baratamaa ta'an irraa adda waan turaniif, mootummaan Qeerroo gocha shorarkeessummaatti farrajjuuf yaalee ture.

Gama keenyaan gochi godhamaa jiru dallansuu dhumaatii Irreechaa irraa kan madde ta'uu ibsuun, kan barbadeeffamaa jirus qabeenya mootummaan ummata ittiin cunqursu malee kan hawaasa tajaajilu akka hin taane agarsiifne. Fakkeenyaaf warshaaleen lafa qunnaan bulaa irraa saamame gubbaatti jaaraman yoo saamamu, ollama sanitti kiliinikni fayyaa akka hin tuqamne ragaa suur-sagaleen agarsiifna. Akkasumas qabeenyi dhuunfaa haleelamus kan namoota mootummaa waliin ta'anii ummata miidhanii qofa akka ta'e agarsiifne. Ragaa kanaaf ammoo warshaalee wal cinaa jiran kan tokko gubatee kaan ammoo osoo hin tuqamin eeggamu agarsiifne.

Lammiileen biyya alaa investara tahanis dhugaa nuuf galchan. Fakkeenyaaf namni Awuroppaa tokko ummanni warshaa isaa jalaa gubuuf dhufe konkolaataa ofii oofu akka baafatuuf deemu hayyamanii nageenya isaa akka hin tuqamne eegumsa godhaniifii geggeessuu himuun, lubbuu isaa gaaga'amaaf akka hin saaxilin dhugaa bahe. Gaazexeessitootni biyya alaa Finfinnee maandheffatanis gargaarsa Qeerrootiin miliqanii magaalaa bahanii waan godinoota Oromiyaa keessatti raaw'atamaa jiru qabatamaan ijaan arguun odeeffannoo himata mootummaan shorarkeessummaa nutti dhoobuuf yaale soba ta'uu ummata addunyaaf saaxilan.

Walumaagalatti sa'aa gochi suukanneessaan Irreecha irratti raaw'atee kaasee duula miidiyaatiin mootummaa caaluu dandeenye. Odeeffannoo saffisaaniifi ragaa haalamuu hin dandeenyeen deeggarree dhiheessaa waan turreef, duulli dallansuu guyyaa shanii lafarrattis miidiyaa irrattis ol'aantummaa Qeerroon akka goolabamu gochuu dandeenye.

7.9. Kufaatii Koomaand Poostiin Baraaruu Dadhabe

Duula Dallansuu Guyyaa Shanii booda mootummaan Labsii Yeroo Ariifachiisaa labsuun Oromiyaa Komaandi Poostii jala galchuun hidhaa jumlaatti deeme. Labsii Yeroo Ariifachiisaa kana nuti "Labsii Muddamaa" jennee moggaasne. Kana kan gooneefis, sirnicha rifaatuufi sodaa kufaatii hamaa keessa akka gale akeekuun deeggartoota isaa daran baaragsuuf, ummata keessatti ammoo miira injifannoo cimsuuf. Qaama duula xiin-sammuuti (psychological warfare).

Duula guyyoota shanii booda tarkaanfii fudhachuun waan dhaabbateef akkasumas mootummaanis labsii muddamaa dahachuun tarkaanfii humnaa waan hammeesseef, qindeessitoonni jajjaboon akka riphan (underground) taasifame. Kunis hedduun isaanii gara magaalota gurguddootti baqachuun akka dhokatan gochuu dabalata ture.

Yeroo labsii muddamaa kana keessa hidhaan jumlaa kan akka amma duraatti waajjira poolisii tursiisan osoo hin taane mooraa leenjii waraanaatti kumaatamaan guuruuf akka karoorfame odeeffannoo arganne. Tarkaanfii mootummaa kana gara carraatti jijjiiruuf yaadni dhihaate. Kunis mooraa leenjii waraanaa kana keessatti Qeerroowwan godina mara irraa walitti waan fidaniif carraa saniin wal akka barataniif caasaa cimaa marsaa itti aanuuf fayyadu akka ijaarratan tarsiimoo baasudha.

Yaada kana maddisiisuu keessatti qindeessaa qeerroo Shawaa Lixaafi qindeessitoota Oromiyaa waliigalaa keessaa tokko kan tahe, Galaanaa Imaanaa kan maqaan Facebook isaa Nimoonaa Amboo jedhamuun beekkamu, shoora guddaa qaba. Imaanaan akkuma karoorri mootummaa Qeerroo mooraalee waraanaatti walitti qabuuf kaayate beekameen yaada gocha mootummaa kana carraatti jijjiiru karoora raawwii (action plan) waliin baasee naaf erge. Qeerroowwan biroo waliin erga mari'annee booda, karooricha gabbifnee hojiitti akka hiikamu murteessine.

Galaanaan qabsaa'aa murataafi hayyuu bilchina tarsiimoo qabu kan naannawa Shawaa Lixaa qofa osoo hin taane Oromiyaa guutuu keessa socho'aa Qeerroo leenjisaafi qindeessaa nama tureedha. Yaalii sirni Wayyaanee eenyummaa isaa beekuufi dhabamsiisuuf gochaa ture meeqa miliqee, erga hoggansa Qeerroowwan akka isaatiin jijjiiramni dhufee booda ji'a Sadaasaa bara 2020, yeroo ani hidhaa ture, bifa suukaneessaan namoota isa beekaniin ajjeefame.

Akkuma sila jedhame, duula dallansuu guyyoota shanii booda mootummaan komaand poostii labsee waraana guddaa bobbaasee humna guutuun ummata rukutuuf karoorfate. Gama qeerroon madaalliin humnaa erga ilaalameen booda mormii yeroof dhaabuuf murtaa'e. Kanaaf ammoo sababoota hedduutu ture. Kan duraa mootummaan humna guddaan falmii du'aa jiruu geggeessuuf waan murteessuuf, humna san dura dhaabbachuun bu'aa isaa irra kasaaraan waan caaluufi. Kan lammataa hanga yeroo saniitti sochiin Qeerroo qunnamtii keessaafis ta'e hojii ololaatiif intarneetii fayyadamna ture. Duula dallansuu booda intarneetiin addaan waan kutameef, hanga tooftaalee qunnamtii intarneetii hin barbaachifne tolfannutti mormii adda kutuun barbaachisaa ta'e.

Kan sadeessoo, Sadaasa 2015 irraa kaasee yeroo waggaa tokko ta'uuf ummanni haara galfii malee qabsoorra waan tureef, yeroo kanatti carraa uumameen boqonnaa akka fudhatan taasisuun marsaa qabsoo itti aanuuf humna guutuun akka qophaayuufi. Afraffaan adeemsa waggaa tokkoo sochii Qeerroo keessatti jabinaafi laafina ture xiinxaluun, qaawwa mul'ate duuchinee jabina ture daran cimsinee marsaa itti aanuuf deemuuf yeroof tasgabbiin yaaduu fi karoorsuun waan barbaachiseef ture.

Yeroo Labsii Muddamaa ji'a kudhaniif ture san keessa Qeerroo riphes, kan hidhaa jirus, hojii gahumsa guddisuu (capacity building) irratti fuulleffatamee hojjatamee ture. Qeerroowwan mooraalee waraanaa akka Hawaas (Awaash), Xoollaayiifi kanneen biroo geeffaman, akkuma Imaanaan yaade, yeroo ji'a sadiirraa hamma jahaa tursiifamanitti fayyadamuun akka gaariitti wal mari'atanii, muuxannoo wal jijjiiraniifi tarkaanfii gara fuulduraatiif qophaayanii bahan. Karoora boqonnaa qabsoo itti aanuu qindeessitoonni hidhaa hin seenin mari'atanii baasan isaan waan dhaqqabeef icciitiin irratti mari'atanii yaadaan gabbisanii deebisan.

Uggura intarneetii irra aanufis, Qeerroowwan godinoota hunda irraa Finfinnee seenanii akka maandheffatan godhame. Finfinnee intarneetin waan tureef odeeffannoofi qajeelfama dabru fuudhanii ergaa gabaabaan (SMS), bilbiluun, yoo hammaatte ammoo qaamaan dhaquun godinootaafi aanotaaf dabarsaa turan. Bifa kanaan osoo hojiin ijaarsaafi dandeettii cimsuu jabaatee marsaa itti aanuuf qophaayaa jirruu, labsiin muddamaa jalqaba ji'a jahaaf labsamee booda ji'a afuriin dheereffame dhumarratti kaafame.

Murtii labsii kaasuufi dhiisuu irra gahuuf marii cimaatu qaama bulchiinsaaf nageenya mootummaa jidduutti godhame. Odeeffannoo gad-jallaa dhuferratti hundaayuun Qeerroon guutuutti akka rukutameefi sadarkaa fincila qindaawaa kaasuu hin dandeenyerra gahuu amanan. Riphuun Qeerroo akka waan injifatameefi addaan faca'eetti fudhatamee murtii labsii kaasuu irra akka gahan shoora taphate.

Nutis odeeffannoo sobaa (disinformation) basaastota nurratti ramadamanitti dabarsuun madaalliin (assessment) mootummaa sirrii akka ta'e cimsineef. Barreeffama keessoo qindeessitoota Qeerrootii miliqee bahe (leaked) fakkeessuun dabarsineef. Barruun kunis madaalliin (assessment) Qeerroon taasises, miidhaan hamaan akka nurra gaheefi akka amma duraa ummata sochoosuun rakkisaa akka ta'e kan agarsiisuudha.

Dabalataanis gareen Lammaa Magarsaa aangootti dhufee afaan sabboonummaa Oromootiin dubbachuun, qalbii ummataa hawwatee miira fincilaa keessaa baaseera kan jedhu ture.

Warri mootummaas kana abdachaa waan turaniif, madaallii sobaa gama keenyaan yoo dhugeeffamuuf gammachuun simatan. Kanaafuu kana booda afaanuma qondaalota paartii biyya bulchuutiin waan ummanni dhagayuu barbaadu itti himaa, Qindeessitoota Qeerroo biyya alaafi biyya keessaa hojiin ala gochuun ni danda'ama yaada jedhu qaban ture.

Waa hundaafuu mootummaan Qeerroon amma booda balaa (threat) hin tahu jedhee yaadee labsii muddamaa san kaase. Qunnamtii intarneetiis ni bane. Gama Qeerrootiin saffisaan gara tarkaanfii ce'uu osoo hin taane dhawaatan (incrementally) itti deeemuuf karoorfanne. Kunis ummaticha ji'a jahaaf boqonnaarra ture suuta suuta hoo'isaa deemuun gara miira qabsootti deebisuun waan barbaachisuufi. Mootummaas takkumatti rifachiisanii tarkaanfii humnaatti deebisuurra, suuta itti deemuutu fayyada jedhamee waan yaadameefi.

Haaluma kanaan gaafilee xixiqqoo (minimalist demands) kaasuun eegalame. Gaaffilee kana keessaa tokko dhimma gibiraati. Ajandaa kana sababa lamaaf filanne. Gama tokkoon Oromiyaa keessatti jeequmsa waggaa ol tureen daldalaa hojiin jalaa qorree ture. Daldaltoonni sababa jeequmsaatiin kasaaraa irra gaherraa dandamachuuf gibirri osoo irraa hafee hawwii isaanii ture. Kanaaf humniifi fedhiin gibira kafaluuf qabu laafaadha. Gama biraan ammoo mootummaan sababa jeequmsaan baasiin itti dabalee galiin jalaa hir'atee waan jiruuf gibira dabaluu qaba ture.

Fedhiin daldalaatiifi mootummaa walfaalleessuun (contradiction) kun mormii kaasuuf carraa gaarii ta'uu bira dabree faayidaalee biroos qabsoof qaba ture. Kunis, tokkoffaan hamma yeroo sanitti daldalaan baay'inaan qabsoo keessatti suduudaan hirmaachaa waan hin turiniif, dhimma kallattiin isa tuqu argachuun keenya hirmaachisuuf carraa nuuf bane. Kan lammataa ajandaa gibiraafi mormii daldaltootaa kakaasuun tooftaa diddaa (non-cooperation) bifa jabaa taheen hojitti hiikuuf hiree nuuf kenne.

Dhimma kanarratti gara marsaa hawaasaatiin duula yeroo bannu, mootummaan qabbaneessuuf daldaltoota walgahii yaamutti deeme. Walgahiilee kana carraatti jijjiirre. Daldaltoota ciccimoo fayyadamuun waltajjicha gara mormiitti akka jijjiiramu goone. Keessattuu daldaltootni gibirri akka hir'atu qofa osoo hin taane bara saniif akka haqamu akka gaafatan tahe. Kun ammoo gaaffii mootummaan keessummeessuu dandahu waan hin tahiniif waliigaluun dhibdee taate. Waldura dhaabbannaan isaanii qabsoo keenya keessatti tarkaanfii itti aanuuf carraa saaqxe. Uggura gabaa!

Tooftaan uggura gabaa, san dura dabree dabree yaalamus hanga barbaadame hin milkoofne ture. Sababnis hawaasni daldalaa qabsoo keessatti baay'inaan hirmaataa waan hin turiniifi. Daldaltootni hamma tokko icciitiin Qeerroof deeggarsa meeshaafi maallaqaa godhanis kallattiin kan hirmaatan hagoodha. Hirmaannaan daldaltootaa laafaa ta'uun sababa amansiisaa qaba ture. Kunis, qaamota hawaasa birootiin yoo walbira qabnee ilaalle, daldaltootni lakkoofsi isaanii muraasa waan ta'eef, eenyummaafi bakki hojii isaanii salphaatti waan beekamuuf, tarkaanfii haaloo mootummaaf saaxilamoo isaan godha.

Amma garuu dubbiin gibiraa hunda caalaa daldalaa waan ilaallattuuf hirmaannaa cimaa godhan. Duulli lagannaa gabaa yeroo gabaabaatti gola Oromiyaa cufa waliin gahe. Mootummaan duula kana fashalsuuf qophii tarsiimoo hin qabu ture. Kanaafuu doorsisuufi dukkaana/suuqii saamsuu yaale. Daldaltootni hamma nuti hin eegnee ol cichanii duula lagannaa kanarratti hirmaatan. Daldaltoota muraasa sodaa mootummaaf ykn ammoo bolola maallaqaatiif jecha mana hojii isaanii banan Qeerroon gara marsaa hawaasaatiin saaxiluun ykn qaamaan dhaquun doorsisuun cufsiisaa turan.

Milkaa'inni lagannaa gabaa kun garuu bu'aa doorsisa Qeerroo hin turre. Mootummaan yeroo silaa haala daldalaa waggaa guutuu jeeqamaa ture ilaaluun gibira hiri'isuu malutti, dabaluun hawaasa daldalaa hedduu dallansiise. Kanaafuu bakkoota gariitti dukkaana cufsiisuuf Qeerroon lama ykn sadii ta'anii daandiirra deemuun gahaa ture. Daldaltootni fedhima ofiitiin hojii dhaabanii yeroo qaamonni mootummaa gaafatan "Qeerrootu nu doorsise" jechuun ofirra dabarsu.

Hunda caalaa mootummaa kan rakkise qonnaan bulaa gabaa dhufu ture. Daldalaa dukkaana qabu hidhuufi doorsisuun guyyoota lamaa-sadi keessatti bansiisuu ni dandaha ture. Qonnaan bulaa baadiyyaa irraa torbaanitti guyyaa tokko, sanuu dabree dabree, bittaaf gurgurtaaf magaalaa dhufu sun, yoo dhufuu dide maal goota? Manarra deemtee gabaa dhaqi yoo jetteen, 'dhimman dhaquuf hin qabu' siin jedha. Maal jettee dirqisiifta?

Tooftaa uggura gabaa godinaalee oomisha daldalaatiin (cash crops) beekaman keessatti xiyyeeffannaa addaan hojirra oolchine. Fakkeenyaaf, godinaalee akka Harargee lamaanii kan oomisha Jimaa gabaa biyya keessaafi alaaf dhiheessan keessatti jimaan gara gabaa akka hin dhaqne hojjatame. Uggurri jimaa kun hawaasa Jibuutiifi Somaaliilaand kan dhiheessii jimaa Harargee irratti hirkatee jiraatu miidhuun mootummoota isaanii irratti dhiibbaa guddaa fide. Dhabiinsa jimarraa kan ka'e hanga namni du'ee awwaalamuu hanqatuutti deemame. Qondaalonni mootummaa sanii yeroo hedduu bilbilaan natti waywaataa turan. Kana jechuun humni Qeerroo mootummaa Itoophiyaa qofa osoo hin taane kanneen warra ollaas raasuu eegaluu isaa kan agarsiisuudha.

Dabalataanis, godinaalee oomisha bunaatiin beekkaman kan akka Jimmaa, Gujiifi Wallaggaa fa'a ammoo tarkaanfiin daandii cufuu geejjibni akka danqamu taasisuun ala-ergii miidhe. Haala kanaan sharafni alaa mootummaan argatu akka hir'atu taasisuun danda'ame.

Akkaataa kanaan tooftaa lagannaa gabaa ummata barsiisaa deemnee, qaama qabsoo adda duree taasifne. Bu'aan tooftaa kanaa guddaa ta'uurraa kan ka'e erga gaaffiin gibiraa deebi'ee boodas, mormii garagaraatiif lagannaa gabaa labsuun itti fufe. Tooftaan kun hedduu sirnicha laaffise. Qaama hawaasa daldalaa kan mootummaan galii gibiraa guddaa irraa argatuun walitti buusuun tarkaanfilee diinagdee laamshessuu (economic sabotage) nuti barbaanneef mijate. Akkuma boqonnaalee dabran keessatti tuqame, diinagdee sirnichaa laamshessuun akeeka tarsiimoo (strategic objective) sirnicha itti laaffifnee jijjiiramaaf dirqisiisuuf lafa kaayyanneedha. Uggurri gabaa akeeka tarsiimoo kanaaf tooftaa hedduu faayidaa qabu ta'ee argame.

Tooftaan uggura gabaa kun bu'aa qofa osoo hin taane miidhaa hawaasa keenyarraan akka gahu dursinee beekna. Miidhaa kana keessaa galiin daldaltootaa hir'achuun hanqinni oomishaa gabaarra akka dhabamu godhuun ummata akka rakkisu ifaadha. Rakkooleen kunniin hammaachuun ammoo ummatni qabsoo akka nuffuuf saaxiluu mala. Tooftaan qabsoo nagayaa tokko dhiibbaa humnaa olii ummatarraan gahee hifannaafi komii fidnaan qabsoo miidha. Miidhaa tooftaan akkanaa fiduun "tactical backfire" jennaan.

Kanarraa ka'uun lagannaan gabaa yeroo gabaabaa guyyaa sadii hanga shanii akka hin caalle godhaa turre. Dabalataanis gaafa silaa uggurri eegaluuf karoorfame irraa yoo xinnaate guyyoota shan dursanii beeksisuun, daldaltoonniifi ummanni kuunis qophaayanii akka lagannaa taasisan godhamaa ture.

Lagannaan gabaa sirritti akka hojiirra ooluuf tooftaan inni dabalataa nuti fayyadamne uggura geejjibaa ture. Lagannaan gabaa manneen daldalaa cufuufi guyyaa magaalaa bittaa-gurgurtaan akka hin raaw'anne danquu hammata. Uggurri geejjibaa sochiin daldalaafi ummataa magaalota jidduutti godhamu akka dhaabbatu gochuun sochiin diinagdee irra caalatti akka laaffatu taasisa. Uggurri geejjibaa fedhii abbootii geejjibaa qofaan osoo hin taane daandii cufuun raaw'achiifama ture. Kanaafuu uggurri geejjibaa lagannaa gabaatirra sadarkaan isaa olsiqaadha.

Uggurri gabaa tooftaa diddaa (noncooperation) yoo ta'u, kan daandii cufuu ammoo tooftaa danquu (intervention)dha. Lamaan walitti qindeessuun hojirra oolchuun bu'aa guddaa nuuf buuse. Daldaltootni irra jireessi fedhii isaaniitiin waamicha Qeerroo dhagayanii hojii dhaabu. Muraasni garuu sodaa mootummaafi bolola irraa ka'uun bananii hojjatu. Kun ammoo warri hojii dhaabe miidhaa galii isaan mudatuun dabalata akka mootummaattis saaxilaman taasisa. Kanaafuu tarkaanfiin daandii cufuu daldaltoota ayyaan-laallattuu (opportunistic) ta'anis dirqisiisuuf waan fayyaduuf, uggurri gabaa guututti akka milkaayu taasisa.

Tooftaan daandii cufuu balaa (risk) guddaas qaba. Qeerroon qaamaan argamuun dhagaa fuudhee karaa cufa waan ta'eef tarkaanfii loltoota mootummaaf saaxilamaa ture. Qeerroon hedduu aarsaa lubbuu, miidhaa qaamaafi hidhaaf saaxilamanii turan. Tooftaan daandii cufuu kun balaa biraafis nu saaxilee ture. Marsaa uggura gabaa gama dhumaa tokkorratti basaastonni mootummaa luuxanii caasaa Qeerroo seenan (agent provocateurs), konkolaattota uggura cabsan irratti boombii darbuun maqaa Qeerroo balleessuuf karoorsan.

Shira kana akkuma irra geenyeen uggurri guyyoota shaniif yaamamee ture guyyaa lamatti akka dhaabbatu goone. Osoo shirri sun milkaaye ta'ee balaa lubbuu namarra gahutti fayyadamuun himata shorarkeessummaa Qeerrootti maxxanuu dide san galmaan gahachuu danda'u ture. Murtiin uggura guyyoota shaniif waamame lamatti gabaabsuu sun Qeerroo keessatti yeroof dallansuu uumus, sababa isaa ibsineefii amasiisuun uggurri kaafame.

Walumaagalatti tarkaanfiin uggura gabaa miidhaa osoo hin guddisin qaamota hawaasaa qabsoo irratti hirmaatan babal'isaa dhufuun mootummaa irratti dhiibbaa cimaa uume. Dhiibbaa Qabsoon Qeerroo diinagdee biyyattii irratti fide haaluun waan danda'amu hin turre. Bara 2014 gaafa qabsoon Qeerroo eegalu diinagdeen Itoophiyaa dhibbeentaa 10.3 guddachaa kan ture bara 2018 yeroo jijjiiramni dhufu dhibbeetaa 6.8 gadi bu'ee ture.

Mootummaan Qeerroon waan laaffate se'ee labsii muddamaa kaasus, qabsoon garuu tooftaalee haaraya dabalachuun daran babal'atteefi cimtee itti fufuun sirnicha daran oqqoduufi laamshessuun danda'ame. Tarkaanfii mormii godhamaa jiiruun cinatti warra mootummaa waliin dubbachaafi mari'achaa waan turreef, qabsoon jabaattee itti fufuun gara waliigalteetti akka dhihaannuuf nu gargaare.

7.10. Mariwwaan Jalabultii Jijjiiramaa

Tilmaama kanarraa ka'uun, jalqabumarraa kaasee namoota mootummaatti dhiheenya qaban, qondaalota mootummaa akkasumas gama dippiloomaatota biyya biraatiin fayyadamuun dubbii mariin fixuuf fedhii akka qabnu akeekaa turre. Dhawaataanis xurree marii icciitiin saaqne. Mariin godhamu icciitiin ta'uun gama lachuufuu murteessaa ture. Nuuf, mootummaa waliin haasayaa akka jirru beekamuun olola maqa balleessii hamaaf gama lachuu saaxila. Namoonni gara mootummaatii dhufanis yeroo sanitti hoggansa siyaasaas ta'ee damee nageenyaa guututti amansiisanii bakka bu'ummaa seeraa hin qaban ture. Gama keenyaanis akeekni keenya dubbii mariin fixuuf ta'us ifatti ejjannoo sirnichi baduu qaba jedhu waan tarkaanfachiifnuuf jara mootummaan akka wal agarru beekamnaan shakkii nurratti uumuun miidhaa fida.

Jalqabarratti kan nu dubbise qondaalota yeroositti ifatti mootummaa bakka bu'an osoo hin taane namoota isaanitti dhihoo ta'aniidha. Kunis qondaaloonni mootummaa yoo dhufan dubbiin guddattee seera-qabeessa (official) taati jedhanii waan sodaataniifi. Sun ammoo qabsoo Qeerroof beekamtii kennuun hamilee daran waan dabaluuf mootummaaf miidhaadha. Kanaafuu namoonni na argan irra deddeebi'uun 'nuti mootummaa bakka hin buunu' jechuun waakkii (disclaimer) dhiheessu ture. Jarri kun qaamaan walarguuniifi bilbilaan haasayuun dhimmoota irratti dubbanne irratti waliigaluu baannus, kabajaafi wal hubannaa (understanding) gaariin adda baana turre. Kun ammoo marsaa itti aanus waliin akka mari'annuuf haala mijeessaa ture.

Gara jalqabaa warri mootummaa mariif hayyamamoo kan ta'aniif dhugaan gaaffii keenya deebisuuf osoo hin taane tooftaadhaaf ture. Maqaa mariitiin wal qunnamuun bifa garagaraatiin nu sossobanii qabsoo laaffifnee gara mootummaa akka gorruuf (cooptation) carraa nuuf laata jedhanii abdatanii turan. Gaafni jalqaba nama natti ergan mormiin marsaa duraa kan Ebla bara 2014 dhoohe san yeroo muraasa booda ture. Jaarsummaan dhufame gaarummaa Maastar Pilaanii Finfinnee nu fudhachiisuuf ture. Warra mariidhaaf natti dhufan miidhaa maastar pilaaniin sun qabu gadi fageenyaan ibseef. Na amansiisuun hafee isaanuu mamii keessa galan. Dhimma maastar pilaanii dhiisee biyyatti galuun paartii biyya bulchu waliin hojjachuun rakkoolee jiran akkan furu na amansiisuu yaalan. Yeroo sanatti galuuf karoora akka hin qabneefi gara fuulduraa garuu yoo mootummaan gaaffii ummataa deebisee dirree siyaasaa bal'isee gara dimokraasii cehuuf tarkaanfii qabatamaa fudhachuu eegale akkan dhufu itti hime.

Itti aansee jila mootummaatiin kan wal agarre fincilli marsaa lammaffaa Sadaasa, 2015 Ginciitti erga dhoohee booda jalqaba bara 2016 ture. Marii hoogganaa siyaasaa ol'aanaafi qondaala tikaa waliin gooneen, Maastar Pilaanii haqu baannaan Qeerroon tarkaanfii hanga ammaa fudhate caalaa jabeessuuf akka dirqamu akeekkachiifne. Dhaamsi isaanii ammoo mormii kana dhaabuu baannaan mootummaan obsa akka hin qabneefi tarkaanfii hamaa akka fudhatan na doorsisan. Osoo waliif hin galin kanumaan addaan baane. Ta'us akkuma boqonnaa dabre keessatti jedhame yeroo gabaabaa booda Maastar Pilaaniin ni haqame.

Marii warra mootummaa waliin goonurratti waliigaluu baannus, namoota dhufan san amala gaariinin keessummeesse. Atakaaroofi falmaa itti hin goone. Waa heddu laaffiseen itti dhiheessaa ture. Laaqana affeeree, magaalaa itti agarsiisee taphachiiseen geggeesse. Sababnin akkas gochaa tureef, tokkoffaa mormiin mootummaa irratti geggeessaa jiru dantaa ummataaf malee aarii dhuunfaa (personal motive) akka hin taane hubachiisuufi.

Kan lammaffaa ammoo, jarri dhufes ta'ee qondaalonni biroo, akka mootummaattis ta'ee akka dhuunfaattii yeroo barbaadanitti na qunnamanii naan haasayuu kan danda'an ta'uu hubachiisuufi. Keessattuu karaa miidiyaa yoon haasayu miirri dallansuu waan narraa mul'atuuf, faallaa sanii yeroo qaamaan dhufanii na dubbisan tasgabbii narraa arguun isaan ajaa'ibsiisa ture. Tooftaan kun hedduu na fayyade. Hariiroo dhuunfaa gaarii uummachuun qondaalonni sun madda odeeffannoo keessoo sirnichaa akka naaf ta'an godhe.

Galanii erga mari'ataniin booda Maastar Pilaaniin haqamuu ibsa baasan. Nuti garuu injifannoo argameen gammannee mormii hin dhaabne. Hamilee injifannootiin daran ummata kakaafnee mormii cimsine. Isaanis akkuma dhaadatan hidhaafi ajjeechaa cimsan. Fincillis ajjeechaanis jabaatee itti fufe. Hiriira guddichi Hagayya 6 akkasumas fincila Dallansuu Guyyaa Shanii booda humni Qeerroo ifatti waan mul'ateef mariin dhuka qabu godhamuu eegale.

Marii ajjeechaa Irreechaa booda gooneratti yeroo duraaf gaaffii aangoo kallattiidhaan dhiheessine. Aangoon ani gaafadhe kan dhuunfaa waan se'aniif sadarkaa Oromiyaattis ta'ee kan federaalaatti anaafi waahillan kiyyaaf taayitaa kennuu akka danda'an himan. Ani garuu aangoo dhuunfaa gaafachaa akka hin jirre himeef. Gaaffiin keenya TPLF aangoorraa bu'ee Oromoon qabachuu akka qabu gadi baqaysee itti hime. Isaan garuu gaaffii tana akka qoosatti laalan. Namni isaanii tokko "Oromoon biyya dhiisii ofuu bulchuuf qophii miti" jechuun nu xiqqeessuu yaalan. Anis "hayyoota Oromoo dhiisaa harreen Dhummuggaatuu aangoo osoo qabattee hanga keessan kana caalaa biyya bulchiti" jedhee miiraan itti dubbadhe. Miira haasofni tuffii namichaa natti uume qolachuuf, isas deebisee aarsuuf kan itti fayyadame ture. Mariin keenya kan durii irra ho'aa waan tureef waliigaltee malee adda baane.

Ji'oota hamma komaand poostiin Oromiyaa bulche sana mormiin waan hin turiniif Qeerroon moo'ame jedhanii waan yaadaniif nu waliin dubbachuu barbaachisaa ta'ee waan itti hin mul'atiniif achumaan badan. Dubbiin akka isaan yaadan hin taane. Labsiin muddamaa ka'uu booda mormiin deebi'ee dhoohuun daranuu itti hammaataa deemuu isaatiin ammas deebinee wal argine. Falmii cimaa goone. Afaan Oromoo afaan hojii federaalaa akka godhan, gaaffii Finfinnees akka deebisan waadaa galan. Anaafis sadarkaa Oromiyaattis ta'ee federaalaatti aangoo naaf kennuuf yaada duraan dhiheessan irra deebi'an. "Oromiyaa bulchii gaaffiilee kaaftan kana atummaan deebisi' jedhe tokko akka qoosaatti. Taphichi OPDO waliin walitti na buusuuf akka ta'e ifa. Ani garuu TPLF aangoo gadi lakkisuu qaba ejjannoo jedhuun didee itti ciche.

Namni faranjii achi ture tokko "hanga yoom akkanatti mataa jabaattee ummata ficcisiista" naan jedhe. Anis 'Oromoo miliyoona shantamaatu jira. San keessaa miliyoona afurtamii sagal aarsaa goonee miliyoona takkittii hafte bilisa baasuuf qophiidha' jedheen. Namtichis 'Ati garuu maraataa tahuu Oromoon beekaa?' jedhee na gaafate. Anis 'eeyyeen sirritti beeku. Inumaawuu maraatummaa kiyya kana ni jaalatu" jedhee itti qoose.

Marii marsaa sanaa keessatti gama warra mootummaatiin ejjannoo laaffisaa dhufuu isaaniin hubadhe. Haasayuma keessa fakkeenyaaf aangoo yoo kennanis Oromoota paartii biyya bulchaa jiru keessa jiraniif yoo ta'eef malee mormituutti kennuun balaa akka qabu dubbachuu eegalan. Yaada kana ifatti fudhachuu didnus nuuf injifannoo guddaa ture. Sababnis tokkoffaa, warri TPLF sirni ol'aantummaa isaaniitiin geggeeffamu itti fufuu akka hin dandeenye hubachaa dhufuu isaaniif waan ragaa nuuf baheefi. Lammaffaa, nutis akeekni keenya sirnicha guutumatti fonqolchuu osoo hin taane isaanuma keessaa humnoota jijjiiramaa aangootti baasuun biyyattii gara daandii cehumsa dimokraasii seensisuu waan tureef, TPLF olaantummaa gadi lakkisuuf yaaduu eegaluun akeekni keenya galma gahaa akka jiru abdiin keenya cime

Kanatti aansuun aangoon harka Oromoo galuu akka danda'u ofitti amanamummaan uumame. Hojiin itti aanu jaarmayaafi nama aangoo san qabatee biyya gara dimokraasiitti ceesisuu dandahu barbaaduu taate. Mootummaa guututti fulqolchuurra humnootuma isa keessaa jijjiirama barbaadan aangootti baasuun akeeka dursinee lafa kaayyanne ta'us, isaan kophaatti aangoo qabachuun jijjirama barbaadamu ni fida jennee hin amanne.

Kanaafuu, qondaaloonni paartii biyya bulchuu iddoolee hoggansa ol'aanaa yoo qabatanis, aangoo hamma tokko mormitoota birootiif qooduun cehumsa milkeessuuf gargaara abdii jedhutu ture. Hoogganoonni dhaabbilee mormitootaa umurii isaanii guutuu bilisummaafi dimokraasiif qabsaayaa turan, kan gatii itti bahe beekan, mootummaatti makamuun warri paartii biyya bulchuu waadaa akka hin haalleef dhiibbaa gochuuf gargaara jennee yaadne. Keessattuu akka Oromootti, hayyoonni heddu sirnichaa ala waan jiraniif mootummaatti makamuun cehumsa yaadame ogummaafi beekumsaan utubuun humneessa jennee abdanne.

Tarsiimoon sirna tokko osoo hin fonqolchin dirqisiisanii gara dimokraasitti ceesisuu akka milkaayuuf wantoonni lama barbaachisoo turan. Tokkoffaan paartii biyya bulchu keessaa namootaafi murna qabsoo ummataaf naatoo qabaniifi gumaacha godhuu danda'an adda baafachuun, jarri sunis ummata biratti fudhatama (legitimacy) akka argatan dandeessisuudha. Hojii kana bifa lamaan hojjanne. Kan duraa jibbaafi balaaleffannaan DH.D.U.O irra ture suuta laaffachaa akka deemu gochuun ummataan walitti araarsuudha. Seenaafi gocha jaarmayichaa irraa kan ka'e Dh.D.U.O'n aangoo qabatu jedhanii ifatti dubbachuu dhiisii akkuma jaarmaya Oromootti ilaaluun balaaleffannaa hamaaf nama saaxila ture. Keessattuu biyya alaa keessatti. Kanaafuu hojii OPDO irraa xurii haquu (image rehabilitation) san waggoota dheeraaf suuta suuta tooftaa garagaraan hojjachaan ture.

Akkuma barruu Transforming Oromo Movement keessatti kaayame, qaroon (elite) Oromoo irra jireessi sababa hojii mootummaatiin Dh.D.U.O keessa waan jiruuf, humna san moggeessanii qabsoo galmaan gahuun hin danda'amu ejjannoo jedhu qabadhee falmaan ture. Dhawaataanis OPDOn laguu (taboo) ta'uun hir'achaa deeme. Yeroo qabsoo Qeerroo dhaadannoo 'OPDO bilisa baasuu qabna" jedhu ifatti labsuun, akka diinaatti osoo hin taane akka fira diinaan miidhametti akka ilaalaman gochuun danda'ame. Hojiin kun bifa abaarsaafi shakkiin aarsaa guddaa na kafalchiisus, dhumarratti akkuma hiriyyaan kiyya tokko jedhe "OPDO haalal" (sanitize) gochuu dandeenye.

Dabalataanis akkuma boqonnaa dabre keessatti himame, Lammaan akka hoogganaatti akka ilaalamuuf gama miidiyaa (image building) hojjatamaa ture. Hoggansa isaa jalatti mootummaan naannoo Oromiyaas aantummaa qabsoof qabu dhawaataan ifa godhaa deeme. Ummannis harka bal'isee simate.

Boodarras gita isaanii naannoo Amaaraafi Kibbaa bulchanis dammaqsuun of cinaa hiriirsuu danda'an.

Hojiin lammataa murni mootummaa keessa jiruufi kan mormituu aangoo waliif hiranii cehumsa waloon akka geggeessan haala mijeessuudha. Kanaafuu humnoonni mormitootaa aangoo hirmaachuuf akka qophaayaniif yaalii hedduutu godhame. Dhaabbileen kunneen gariin biyya baqaa kan jiran yommuu tahu, kanneen biyya jiran ammoo hoogansi isaanii hidhaa turan. Humnoota kana qindeessuudhaan aangoo akka qooddatan gochuuf, murnoota hedduutti qoqqoodamanii faca'anii waan tureef rakkisaadha. Mormitoonni bifa qoqqoodameen aangoo qoodachuuf dhihaachuun ammoo miidhaa qaba. TPLF humna Oromoo qoqqoodamee dhihaate kana waliin dhahuun humna harcaaftee jijjirama dhufaa jiru gufachiisuu malti. Kanarra yeroodhaafis ta'u mormitoota keessaa dhiifnee OPDOn qofti tokko taatee marii aangoo (power negotiation) akka hirmaattu gochuu wayya yaada jedhu filanne. Dabalataan, murnooonni biyya alaa jiran irra jireessatti bifa naannummaa waan qabaniif, haala saniin biyyatti galanii aangoo qabachuun summii ABO laamshesse ummata bal'aatti akka facaasan haala mijeessuudha. Rakkoo qoqqoodama jaarmayaalee siyaasaa biyya alaa kanarra aanuuf yoo xiqqaate tumsa (alliance/coalition) tokko jalatti akka gurmaayaniif yaaliin garagaraa godhamaa ture. Garuu hin milkoofne.

Murnoota siyaasaa wal taasisuun dadhabmanaan, qaroon (elite) Oromoo biyya alaa jiran ejjannoo tokko akka horatan dandeessisuuf yaaliin godhame. Kora Hoggansa Oromoo (Oromo Leadership Convention) qopheessuun hoogganoonni siyaasaa, hayyoonni, abbootiin amantii, rogeeyyiin miidiyaafi qaamoleen hawaasaa garagaraa fuulduree qabsoo Oromoo irratti mari'atanii ejjannoo waloo akka horatan carraaqne. Akeekni isaas jijjiiramni dhufaa jiru dantaa Oromoo bifa eegsiseen gara dimokraasii akka ce'uuf ejjannoo tokkoon dhiibbaa gochuu akka danda'uuf ture. Garuu jalqabumarraa namoonniifi murnoonni gariin sababa garagaraa dhiheessuun hirmaatuu didan. Namoonni hammi tokko wal diddaa ana waliin qabaniin hirmaachuu lagatan. Murni ABO Obbo Daawud Ibsaan hoogganamus hirmaachuu dide. Warri kora kanarraa hafan kunis mormiifi olola cimaa geggeessan. Gaaffileefi komii isaan qaban gama jaarsummaatiin dhaggeeffannee deebisuuf yaallus milkaayuu hin dandeenye. Kanaafuu karoora keenya itti fufne. Isaanis kora wal fakkaataa biroo qopheessuun itti deeman.

Korri Hoggansa Oromoo inni jalqabaa Sadaasa 11-13, biyya Ameerikaa magaalaa Atlanta keessatti geggeeffame. Hirmaattota dhibba jahaa (600) olitu Ameerikaa Kaabaafi Awuroppaa irraa dhufe. Mariilee godhame irratti sadarkaa qabsoon Oromoo irra gahee jiru erga madaallee booda hojii hawaasni diyaasporaa hojjachuu qabu irratti karoorri baafamee dokumantiilee lamaan qophaayee raggaasifame.

Kunniinis;

Labsii Tokkummaa Oromoofi Chaartara Oromoo kan gaaffiileefi kaayyoo Qabsoo Oromoo hirmaattonni mari'atanii irratti waliigalan tarreessu.

Wixinee karoora hojii dippiloomaasiifi gargaarsa namoomaa qindeessuuf baafame. Haaluma kanaanis Garee Hojii (Task Force) dippiloomaasiifi gargaarsa namoomaa qindeessu dhaabbate.

San boodas kora wal fakkaataa Washington DCfi Houston keessatti geggeeffaman irratti wixineeleen kun daran bilchaatanii hojiitti hiikaman. Waldaan Ogeeyyota Fayyaa Oromoo Addunyaa (International Oromo Health Professional Association) hanga ammaa tajaajilaa jiru marii kora san keessaa bahe. Hojii gargaarsa namoomaa qindeessuuf jaarmayni HIRPHA International jedhuma jaaramee yeroo hamma tokkoof tajaajilus, amma waan jiru hin se'u.

Kora kanarraa, yaaliin murnootaafi hayyoota Oromoo biyya alaa waltaasisuun hirmaannaa angoof qopheessuun akka hin danda'amne hubanne. Karoorri keenya, osoo yaalin kun sadarkaa Oromootti milkaayee, sadarkaa Itoophiyyaattis bifa walfakkaataan murnoota walitti fiduuf ture. Kan Oromoo milkaayuu dhabnaan ofirraa dhiifnee, mootumma keessaa murna jijjiirma barbaadu jabeessuufi angotti baasuu irratti fuulleffanne.

Bara 2006, akkuman biyya Ameerikaa dhaqeen walgahii hoogganoota siyaasaafi hayyoota Oromoo tokkorratti bara 2020 Wayyaanee kuffisuuf karoora baafnee haa hojjannu yaada jedhu dhiheesseen namni heddu natti kolfe. Gariin gabrummaan waggoota kudha shan (15) hunda akka nurra turtuuf hawwita jedhanii natti dheekkaman. Kaawwan inumaatuu mootummaatu erge jechuun na balaaleffatan.

Yaadni sun bakka sanitti fudhatama dhabus, fedhiin bara 2020tti jijjiirama fiduuf karoora baasuu qabna jedhu mataatti na hafe. Waa'ee qabsoo nagayaa baradhee, akkaataa Oromoof ta'utti tarsiimoo baasuu yoon eegalu, bara 2020 kana iddoo xumuraa (end point) kaayyadhe. Sochiin Qeerroo hamma karoorsine caalaa saffisaan waan deemeef, wantoota karoorfanne garii hojiitti hiikuuf yeroon hanqate. Qabsoon sirna abbaa irree irratti taasifamu akeeka lama qabaata. Kan duraa sirna cunqursaa aangoorra jiru san laaffisuu takkaa kuffisuun cehumsa gara dimokraasii akka godhu dirqisiisuudha. Kan lammataa ammoo jijjiiramni qabsoon dhufe sun akka hin butamneefi hin gufanne eeggachaa gara sirna bilisummaafi dimokraasiitti ceesisuudha.

Warraaqsi ummataa karaa qabsoo nagayaan godhamu yeroo hedduu akeeka jalqabaa (kan sirna abbaa irree diiguu) galmaan gaha. Sirna haaraa ijaaruu irratti garuu hedduu akka hin milkoofne seenaan ni agarsiisa. Biyya keenya dabalatee warraaqsonni ummataa hedduun sirna dura ture buusanis akeeka sirna dimokraatawaa ijaaruuf qaban bakkaan osoo hin gahin hafaniiru. Sababni kanaatis sochiileen sun murna abbaa irree aangoorra jiru buusuuf malee aangoo qabachuuf waan hin itti hin qophoofneefi. Kun aangoo abbaan irree tokko qabsoo ummataatiin irraa buufame murni gurmaa'e biraa fudhachuun sirna abbaa irree haaraya akka ijaaruuf carraa laataaf.

Balaa warraaqsota ummataa mudatan kana hambisuun hawwii keenya ture. Kanaafuu, yennaa bara 2020 akka yeroo xumuraa karoora keenyaatti keenyu, hojii sirna abbaa irree aangoorraa buusuu qofa osoo hin taane, bakki aangoo sun jaarmaya yookin namoota akeekka qabsoo san deeggaraniin dhuunfatamee sirna dimokraasiif daandiin itti saaqamus hojjatamuu akka qabu ni hubanna ture. Haaluma kanaan gara jalqabaa irratti hojii sirnicha dadhabsiisuu irratti fuulleffachuun, itti aansinee tarkaanfilee cehuumsa milkeessuuf barbaachisan irratti hojjachuuf karoorfame. Sochiin Qeerroo hamma yaadnee daran cimuuniifi sirni abbaa irree kan eegnee gaditti laaffatee argamuun, karoora cehumsaa guututti hojiitti hiikuuf yeroon akka nu hanqatu godhe.

Injifannoon warraaqsa ummataa gara dimokraasii ceesisuuf, aangoon namootaafi murnoota akeeka warraaqsa saniitti amananiin dhuunfatamuu qabdi. Aangoon murnoota akkasiin qabamuuf dursanii qophaayuu gaafata. Qophiin kun bifa sadihiin godhamuu danda'a jennee yaadaa turre. Jaarmaya siyaasaa haaraya ijaaruu, jaarmayaalee dursanii jiran wal taasisuun qopheessuu ykn ammoo namoota/murnoota sirnicha keessaa jijjiirama barbaadanifi mormitoota wal taasisuudhaani. Yaaliin hedduun godhamus murnoota jaarmayoota qabsoo wal taasisuun hin danda'amne. Kun ammoo mormitootaafi humnoota jijjiiramaa sirnicha keessa jiran wal hubachiisuun hirmaannaa aangoof qopheessuuf rakkisaa taasise. Jaarmaya haaraya ijaaruu akka murnummaa babal'isuutti laalaa waan turreef, karoora keenya keessa hin turre. Osoo karoorfannees sirnichi yeroo eegne dursee waan laaffateef yeroon gahaan hin turre.

Akkuma qabsoon hoo'aa, sirnichi laaffataa dhufeen, gaafa tokko Abbaa Duulaa Gammadaa waliin osoo haasofnuu jaarmaya siyaasaa haaraya akkan jaaru cimsee na gorse. Sababni inni dhiheesses paartiin biyya bulchus ta'ee kan mormitootaa aangoo qabannaan gaaffii Qeerroo deebisuu hin danda'an kan jedhu ture. Akka yaada isaatti aadaafi yaad-iddamni (ideology) paartii biyya bulchuu gaaffii dhaloota haarayaa deebisuuf hin mijaayu. Jijjiirraan hoggansaa dhufus jijjiirrama imaammataafi tarsiimoo haaraya fiduuf rakkisaa ta'a. Paartileen mormitootaa ammoo ejjannoo goggogaa (rigid) ta'e haala qabatamaa biyya kanaatiin wal hin simanneedha. Akkasumas bakka hedduutti kan qoqqoodaman waan ta'eef, aangoo qabatanis biyyaafi saba gara jeequmsaatti geessuu yoo taate malee hawwii Qeerroo bakkaan gahuu hin danda'an kan jedhu ture. Kanaafuu "hawwiin keessan akka galma gahu yoo barbaaddan, sirna kana jijjiiruu qofa osoo hin taane aangoo qabachuu qabdu. Aangoo qabachuuf ammoo jaarmaya siyaasaa qabaachuu isin barbaachisa" jedhe.

Ani gama koon yeroo sanitti hawwiis tahe fedhii aangoo fudhachuu hin qabun ture. Namni boru aangoo qabachuuf hawwii qabu har'a qabsoo geggeessuu hin danda'u jedheen amanan ture. Akkan yeroo san irra deddeebi'ee dubbachaa ture, namni fuulduratti aangoo qabachuuf hawwii qabu, boru bakka aangoo san dhaqqabuuf waan har'a balaa itti ta'uu malu ofirraa ittisuun (risk aversion) irratti fuulleffata. Kanaafuu gaaga'amaafi aarsaa qabsoon gaafattu baasuu hin danda'u. Aarsaa guddaa malee injifannoon guddaan argamuu waan hin dandeenyeef, namni aangoof hawwii qabu qabsoo hoogganuu hin danda'u yaada jedhun qaba ture.

Ta'us, yaada jaarmaya siyaasaa dhaabuu kana rogeeyyii biyya alaafi qindeessitoota Qeerroo biyya keessaa waliin irratti mari'annee turre. Warra biyya alaa keessaa gariin yaada jaarmaya siyaasaa ijaaruu kana deeggaranii turan. Keessattuu ajjeechaa Irreechaa booda Dr. Awwal Aloo yaada kana cimsee dubbachuu isaa nan yaadadha. Qindeessitoonni biyya keessaa garuu yaada jaarmaya siyaasaa ijaaruu kana hin deeggarre. Sababoota dhiheessan keessaa, dhaaba siyaasaa jaaruun tokkummaa Qeerroo laaffisa kan jedhu ture. "Qabsoo Oromoo hanga ammaatuu kan laamshesse murnoota jaaramaya siyaasaa ta'ee osoo jiruu ammas murna biraa ijaaruun rakkoo kaleessaatti deebi'uudha" jechuun falmii cimaa godhan. Hedduun isaanii yaada jaarmaya siyaasaa jaaranii aangoof of qopheessuu akka safuu cabsuutti ilaalaa turan. Kanaafuu, yaadni jaarmaya siyaasaa ijaaruu sababa fedhiifi yeroonis hin turreef itti hin deemamne.

Erga murnoota siyaasaa wal taasisuun dadhabamee, jaarmaya siyaasaa biroo ijaaruunis hin barbaadamnee, falli ture yeroofis ta'u namootumaafi murnoota paartii biyya bulchaa jiru keessa jiraatanii naatoo ummataa qabaniifi jijjiirama barbaadan humneessuun aangootti baasuun ala filannaa biraa akka hin qabne hubannee itti deemne. Kanarraa ka'uun DH.D.U.O.'n paartiilee ADWUI keessa jiran waliin ta'uun aangoo fudhachuun sirrii akka ta'e ummata amansiisuuf duula karaa garagaraatiin godhuu cimsine.

Kanas kan goone sababa malee miti. Abbaa Duulaa Gammadaa pireezidaantii Oromiyaa yeroo turetti dhiibbaa TPLF hir'isuudhaan dargaggoota dur dhiphoo jedhamanii dhiibamaa turan gara mootummaa galchuudhaan hojii bulchiinsa naannichaa mijeessuun misooma saffisiisuu danda'ee ture. Haaluma wal fakkaatuun Lammaan gara pireezidaantummaa yeroo dhufu qabsoo Oromoo diinomfachuun hafee tumsa agarsiise. Kanarraa ka'uudhaan, DH.D.U.O. dabalatee dhaabonni ADWUI ol'aantummaa TPLF irraa bilisa yoo bahaniifi namoota jijjiirama fedhaniin yoo durfaman dantaa ummata isaaniif ni hojjatu jennee tilmaamne.

Marii marsaa biraa warra TPLF waliin Hagayya 2017 keessa gooneen wal hubannaatti dhiyaannee turre. Irra jireessi hoggansa olaanaa isaanii aangoo dabarsanii Oromoof kennuuf waliigaltee irra gahanii akka jiran nutti himame. Garuu immoo paartii biyya bulchu (EPRDF) keessaa nama Oromoo ta'e aangoo Muummicha Ministeeraa kennuu malee, dhaabbilee mormitootaatti akka hin kennine jala muranii dubbatan. Nuti gama keenyaan cehumsi akka milkaayuuf paartilee hunda hirmaachisuun akka wayyu dubbanne. Isaan garuu ni cichan. Nuti fakkeessumaaf morminaan malee dursineetuu gareen Lammaa aangoo dhuunfachuutu wayya ejjannoo jedhurra geenyee turre. Dhumarratti yaada DH.D.U.O keessaa muummicha ministeeraa filuu jedhu akka fudhannu akeekuun, akka irratti mari'annuuf yeroon akka nuuf laatamu gaafanne .

Gama keenyaanis dhimmoo sadi waadaa gallu warri nuuf jara jidduu deemu nutti hime.

Badii waggoota jarri TPLF aangoorra turan raawwatameef akka haaloon itti hin bahamne (immunity against prosecution)

Qabeenyaa akka dhuunfaattis ta'ee akka gurmuutti horatan akka jalaa hin fudhatamneef (guarantee against expropriation of wealth)

Nageenya (security) Tigraayiifi ummata ishee balaa alaafi keessoof akka hin saaxilamne tumsuu kanneen jedhan turan.

Gama keenyaan qabxiileen kunniin dursinee kan tilmaamne waan tureef fudhachuuf nutti hin ulfaanne. Badii kaleessaatiif hijaa qabatanii haaloo bahuun aadaa Oromoo akka hin taane ibsuun, yakka raaw'atameef itti gaafatamuun yoo barbaachise, gara fuulduraa adeemsa araara biyyoolessaafi haqa yeroo cehuumsaa keessatti furamuu danda'a jenne. Yaada kana erga fudhannee booda isaanis paartii isaanii mari'achiisanii murtee waliigalaa irra gahuuf waadaa galan. Hamma gaafa sanitti marii goonu hundarratti paartis ta'ee mootummaan akka bakka isaan hin buufneefi waan irratti haasofnus karaa idilee hin taaneen (informal) qaamota mootummaaf akka dabarsan irra deddeebi'anii nuuf himu ture. Nutis cuunfaa marii godhamuu qindeessitoota Qeerroof dabarsuu malee, akkuma isaanii aangoo murteessuu akka hin qabne itti himna ture. Gama kiyyaan icciitiin marichaa akka eeggamuufi yoo tasa dhagayames wakkachuuf akka toluuf, mariin wahii akka jiru rogeeyyii biyya alaafii qindeessitoota Qeerroo muraasaaf akeekuu bira dabree eenyu, maalifi yoom akka mari'atame hin himu ture. Jalqabarraa kaasee kan nu qunnamee nuun mar'achaa ture garee TPLF tokko ta'us, boodarra murnoonnifi qondaalonni garagaraa nutti dubbachuu eegalan. Kanaanis qondaalota mootummaa jidduu mariifi walhubannaan akka hin jirre waan nuuf galeef, odeeffannoo gamaa gamanaa argannu bifa gara keenya jabeessuun itti fayyadamne.

Warri TPLF aangoo Oromoof kennuuf sarmuun akka injifannoo Qeerrootti fudhannus shakkii keessas nu galche. Tarii jijjirama dhufaa jiru fashalsuuf shira yaadan qabuu laata gaaffiin jettu kaate. Tooftaan isaanii hafte maal ta'uu mala jennee yoo yaadnu, tarii aangoo Oromoof gadi lakkisuuf dursanii waadaa erga galanii booda, qondaalota Oromoo walitti buusuu karoorfatan jennee shakkine. Aangoo akka kubbaatti 'shaamoo' jechuun qondaalota Oromoo jidduutti atakaaroo uumuun, takkaahuu Oromoo keessaa nama ofii barbaadanitti ykn ammoo Oromoon waliif galuu dhabe jechuun warra biraaf dabarsuu malu jennee yaadne. Kanaafuu tooftaa akkasii fashalsuuf, qondaalonni Dh.D.U.O dursanii nama aangoo Muummicha Ministeeraa qabatu irratti waliigaluun barbaachisaa ta'ee mul'ate. Akkuma boqonnaalee dabran keessatti deddeebi'ee kaafame, akeekniifi tarsiimoon qabsoo baafanne, sirna ture guututti fonqolchuun osoo hin taane namootaafi murnoota jijjiirama deeggaran sirnichuma keessaa aangootti baasuun cehuumsa dimokraasiitiif daandii saaquu ture. Keessattuu erga fincilli biyyoota Arabaa (Arab Spring) keessatti dhoohe sun akka hawwatame dimokraasiitti ceesisuun hafee gara walwaraansa ummataafi diigamuu biyyootaa dhaqqabsiiseen booda yaadni keenya sirrii ta'uu nuuf cimse.

Yoo biyyoonni Arabaa kan irra jireessatti eenyummaa sabaafi amantii walfakkaataa (homogenous) qaban balaa akkasiif kan saaxilaman tahe, biyyiti teenya tan saboota danuu irraa ijaaramteefi godaannisa seenaa hamaa qabdu, gaaga'ama san daraniif akka saaxilamtu shakkine. Sirna abbaa irree ummata keenya waggoota hedduuf miidhaa jiru jibbinus, adeemsa biyyattii balaa diigamuu (state collapse)fi wal waraansa sabummaaf (civil war) saaxilu fayyadamuu hin feene. Hawwiin keenya sirni abbaa irree ummata cunqursuufi hiyyoomsu jijjiiramee sirna dimokraatawaa walqixummaa ummatootaa mirkaneessu, kan nagayaaf tasgabbii uumee misooma saffisaatiin hiyyummaa keessaa baasu fiduudha. Walwaraansi sabummaa uumamee biyyi diigamnaan hawwii kana milkeessuun hafee dararaa irra hammaataaf ummata saaxiluu ta'a.

Osoo mootummaa aangoorra jiru hin fonqolchin jijjiirama fiduuf wantoota lama wal cinaa oofuu barbaachisa. Kunis, gama tokkoon mormii ummataatiin dhiibbaa gochaa, gama biraan ammoo lafa-jaleen mariif (negotiation) karra banuun barbaachisaadha. Qaamni qabsoo hoogganu wal-dhibdee jirtu mariin furuuf hayyamamaa ta'uun gara jalqabaa irratti olola 'nu dhabamsiisuuf deeman' jedhu fashaleessuun hoogganoota sirnichaa addaan qoqqooduuf fayyada. Warra 'mariin haa furru' (moderates) jedhuufi kan 'humnaan haa cabsinu' (hardliners) jedhanitti adda bahuu danda'a. Adaduma qabsoon jabaachaa, mormii ummataa humnaan ukkaamsuun akka hin danda'amne mul'ateen, murni marii barbaadu ol'aantummaa siyaasaa argachaa deema. Kun ammoo sirnichi osoo hin jigin jijjiirama fiduuf dandeessisa.

7.11. Cehuumsa Eenyu Haa Hogganu?

Yeroo gabaabaa booda qondaalota olaanoo Dh.D.U.O keessaa namni tokko biyyaa bahuun naaf bilbilee dhimma kanarratti mari'anne. Akkuma haasaya eegalleen "aangoo fudhachuuf qophaayaa" jedhee itti hime. Innis "ati ammas numa qoostaa? Aangoon akkanatti laaftuutti nu harka seentii? Ati ammallee TPLF sirritti hin hubanne, akkanatti laaftutti ga hin dhiisan" jedhee haasaya kiyya laaffisee ilaale.

Jijjiramni dhufaa akka jiruufi warri TPLF aangoo Oromootti kennuuf waliigaluu ibsinaaniif qalbiin na dhaggeeffatuu eegale. Muummicha Ministeeraa gaafasii Hayilamaariyaam Dassaalany "yeroo dhihootti waan buufamuuf, isin (DH.D.U.O.) keessaa nama bakka bu'ee muummicha ministeeraa ta'u irratti waliigalaatii qopheessaa" jedheen.

Barbaachisummaa dursanii qaadhimamaa tokkorratti waliigaluu irratti wal hubanne. Haasayuma keessa eenyufaatu tahuu mala yeroo jennu maqaan nama sadihii eerame. Isaanis; Abbaa Duulaa, Warqinaa Gabayyoo fi Abiyyi Ahmadi.

San dura Lammaan akka Muummicha Ministeeraa ta'u warri Dh.D.U.O falmii tokko malee fudhatu jedhee yaadaan ture. Lammaa akka hoogganaatti (de facto leader) ummata fudhachiifnee waan turreef, jarri tarree keessayyuu isa galchuu dhabuun na ajaa'ibsiise. "Lammaan hoo?" jennaan "inni miseensa mana maree bakka bu'oota ummataa federaalaa (paarlaamaa) miti. Kanaafuu Muummmicha Ministeeraa ta'uuf ulaagaa hin guutu" naan jedhe. Dubbiin tun waanin hin eegin waan taateef, yeroo fudhee itti yaaduufi namoota biroonis mari'achuuf borumtaa beellamannee adda baane.

Marii godhameenis qondaalonni maqaan eerame Muummmicha Ministeeraa yoo ta'an faayidaafi miidhaa qabaachuu malu kaayame.

Haala kanaanis;

1. Abbaan Duulaa bilchina siyaasaa guddaa kan qabuufi cehumsa geggeessuuf namuuyyuu caalaa qophii akka qabu; garuu ammoo hoggansa buleessa ololli hedduun itti godhamaa ture waan ta'eef ummata biratti akka hoggansa jijjiiramaa (change agent) fudhatama (legitimacy) argachuu hin danda'u. Sirnicha osoo hin jigsin jijjiiramni dhufe jechuuf yoo xinnate fuula haaraya dhiheessuu qabna.

2. Warqinaa Gabayyoo muuxannoo yeroo dheeraa akkasumas amala namootaafi murnoota siyaasaa wal taasisee geggeessuu qabaachuun isaa cehumsa hoogganuuf isa dandeessisa. Garuu ammoo innis hoggansa buleessa ta'uu isaatiin akka hoggansa haaraatti ummata fudhachiisuun nu dhiba.

3. Abiyyi Ahmad nama san dura hedduu hin beekamneefi fuula haaraa ta'uun

isaa 'hogganaa jijjiiramaa' taasifnee baasuun ummata hawwatuuf fayyada. Umriin warra kaanirra dargageessa ta'uun isaas Qeerroo akka hawwatu godha. Garuu ammoo gara fuulduraa kan bahe yeroo dhihoo waan ta'eef, dandeettii, amalaa fi ilaalcha isaa hin beeknu. Nama dandeettiifi ilaalchi isaa hojiin hin madaalaminitti (untested) dirqama cehumsa siyaasaa xaxamaa kennuun balaa (risk) guddaa qabaachuu mala. Carraa aarsaa meeqaan dhufe balaa akkasiif saaxiluun sirrii hin ta'u.

4. Lammaa Magarsaa hoggansa keessa hamma tokko turus ummata biratti beekamuu kan eegale as dhihoodha. Sanuu ammoo beekamuun isaa ejjannoo qabsoof tumsu calaqqisuun wal faana dhufe. Caasaalee mootummaa garagaraa hoogganuun haala siyaasaafi nageenya irratti muuxannoo gaarii qaba. Obsaafi bilchina akka qabutti himama. Haasaa keessatti simboo hoggansa biyyaatu (statesmanship) irraa muldhata. Ejjannoon siyaasaa isaa jiddugaleessa (moderate) waan ta'eef saboota biraas hawwachuuf gargaara. Hanqinni isaa dandeettii qindeessuu (organizing skill)fi kutannoon waa murteessuu (decisiveness) qabaachuudha. Ta'us namoota hanqina isaa kana cufuu danda'aniin marsuun cehumsa akka milkeessu gochuun ni danda'ama. Kanaafuu Lammaan Muummicha Ministeera yeroo cehumsaa yoo ta'e irra wayya kan jedhu ture.

Madaallii keenya kanas qondaala biyyaa dhufetti hime. Innis dubbii kiyya erga dhaggeeffatee boooda "osoo kan isin jettan sirrii ta'ees Lammaan miseensa paarlaamaa waan hin taaneef nuti yoo qaadhimnes Muummicha gochuun hin danda'amu" jedhe. Anis kun rakkoo akka hin taane ibseef. Akkuma Dabratsiyoon osoo miseensa mana maree naannoo Tigraayi hin tahin itti aanaa Pireezidaantii tahee erga muudamee booda aangoo pireezidaantii qabate, nutis yeroof Lammaa sadarkaa itti aanaa muummicha ministeeratti muudnee yeroo gabaabaa keessatti yoo barbaanne filannoo addaa (special election) gochuudhaan muummicha ministeeraa guutuu gochuu ni dandeenya. Yookiin ammoo hoggansi cehumsaa waggaa lama waan ta'eef maquma sadarkaa itti aanaatiin yoo geggeesses rakkoo hin qabu. Wanni guddaan isin irratti waliif galuudha malee Lammaa dhiisii, abbuma feetan yoo qaadhimtan jarri diduu hin dandeessu. Wanti beekuu qabdan, sadarkaa kanatti Oromoon yoo barbaade harrees qaadhimee dhiheessinaan humna muummicha ministeeraa gochuu horateeran" jedheen.

Haala isaarraa yoon laalu dubbiin tiyya waan liqimfamteef hin sehu. Garuu yaada kiyyas na hin mormine. Dhimma Lamaa irratti naan mormuu dhiisee, Abiyyi Ahmad filannaa gaarii tahuu akka dandahu na amansiisuu yaale. Abiyyi dargaggeessa jijjiirama barbaadu ta'uu, duubbeen isaa raayyaa ittisa biyyaafi damee basaasaa (intelligence) irraa waan ta'eef shira warra TPLF cicciruufis isa akka wayyu naaf hime. Namni kun Abiyyi yeroo dheeraaf akka beekuufi dandeettii isaatti amantaa akka qabu dabalee dubbate.

Ani gama koon san dura waa'ee Abiyyii odeeffannoon qabu gahaa waan turiniif, waan namichi naaf himu amanuus ta'ee diduu hin dandeenye nama amma dura hoggansa siyaasaa irratti muuxannoo qabatamaan hin madaalamin biyya xaxama hamaa qabdu keessatti aangootti baasuun balaa guddaa qabaachuu mala jechuun mamii kiyya hubachiisuu yaale. Waliigaluu didnaan, yaada narraa dhagaye biyyatti deebi'ee hooganoota hafaniif akka dhiheessee deebii isaanii naaf fidu waadaa gale. "Hammasiifuu Abiyyi gara Ameerikaa gaafa dhufu haasayaatii ofiif madaalii laali" naan jedhee achumaan marii keenya yeroo sanii goolabne.

Ji'a Onkoloolessa/Sadaasa bara 2017 keessa Abiyyi gara Ameerikaa dhufee naaf bilbile. Qaamaan Minnesota waan hin dhufiniif bilbilaan haasofne. Yeroo torban lama ta'uuf yeroo yeroon waliif bilbillee dhimmoota hedduu irratti mari'anne. Mul'ataafi ilaalcha siyaasaa isaa hubachuuf ajandaalee garagaraa kaasuun haasofsisuu yaale. Waa'ee nama itti aanee muummicha ministeeraa ta'uu qabuu irratti yeroon gaafadhu mamii takka malee innumti akka ta'uu qabu naaf hime. Akkasitti kallattiin aangoo barbaaduun aadaa siyaasaa Itiyoophiyaa keessa waan hin jirreef na ajaa'ibsiise. Tahus garuu iftoomina isaa nan jaaladhe. Hanqinni muuxannoo hoggansaa inni qabu hawwii (ambition) guddaa akkasii waliin walitti dabalamee maal fiduu akka malu nan yaade.

Ulaagalee hoggansa siyaasaa cehumsa milkeessuuf barbaachisan irratti yeroo dheeraaf yaadaan ture. Piroofeesaroota koos qunnamuun gorsa irraa fudhachaan ture. Barbaachisummaa dimokraasiitti amanuu, amalaafi muuxanno gareen hojjachuu (team work), yaadota garagaraaf obsa qabaachuu, haasaan surraa qabaachuu (charismatic), gochaafi jecha hoggana biyyaa (statesmanship) calaqqisuufi kanneen biroo ulaagaalee hoggansa cehumsaaf barbaachisan akka ta'etti hubadhe.

Haasaa Abiyyi waliin godheefi odeeffannoo maddeen biraa irraa sassaabe irratti hundaayuun ulaagaalee armaan oliitiin madaale. yeroo sanitti Abiyyi cehumsa geggeessuuf qophii akka hin taane jala muruun gabaasa qindeesse. Cuunfaan gabaasa sanaa ciminaafi laafina Abiyyi tarreessuun, ammatti Muummicha Ministeera taasisuun sirri akka hin taane akeekti.

Ciminni isaa anniisaa (energy) waa hojjachuu qabaachuu, hawwii (ambition) jijjiirama fiduu guddaa qabaachuufi dandeettii dubbatee amansiisuu qabaachuudha. Laafinni isaa ammoo hanqina barnoota idilee gahaa dhabuu akkasumas muuxannoo hoggansa siyaasaa gahaa dhabuudha. Hanqinni lamaan kun xaxama seenaafi haala yeroo siyaasa Itoophiyaafi addunyaa irratti hubannoo gahaa cehumsa hoogganuuf barbaachisu akka hin horanne godhee jira. Dabalataanis, sabboonummaafi qabsoo Oromoo hanqina hubannoofi garaagarummaa ilaalchaa waan qabuuf, Qeerroofi dhaabbilee siyaasaa Oromoo of jala hiriirsuun humna cehumsaa milkeessuuf dandeessisu horoachuuf ni rakkata.

Hawwiin inni aangoo qabatee jijjiirama fiduuf qabu qophii barnootaafi muuxannoon waan wal hin madaalleef, akkasumas duubbeen isaa loltuu sadarkaa jiddugaleessaa (junior officer) waan ta'eef, rakkoolee siyaasaa malaan osoo hin taane humnaan furuutti deemuu danda'a. Kun ammoo takkaa sirna abbaa irree haaraya dhalcha yookiin biyyattii wal waraansatti geessa jechuun goolabe.

Abiyyi gaafa biyyatti deebi'u dirree xayyaaraatii naaf bilbilee dhimma nama Muummicha Ministeeraa ta'uu yaada maalirraan akkan gahe na gaafate. Anis "ammatti Lammaa Muummicha gootanii ati hoogganaa waajjira isaa (chief of staff) osoo taatee wayya. Waggoota lamaaf isa gargaaraa muuxannoo dabalattee yeroo filannoon godhamu Muummicha osoo taate wayya" jedheen. Innis "maalif na tuffatte?" naan jedhe. "Lakki sin tuffanne. Dandeettii guddaa qabda. Muuxannoo qofatu si hanqata. Namoonni akka kiyyaa keetii kan anniisaa guddaa, garuu ammoo hanqina muuxannoo qaban cehumsa geggeessuuf rakkatu. Cehumsi obsaafi tasgabbiin hoogganuu gaafata. Obsaafi tasgabbiin ammoo umriifi muuxannoon dhufa" jechuun amansiisuu yaale. Innis garuu yaada kiyyatti akka hin gammadin ifa ture. Hamma tokko wal falminee itti yaadnee walitti deebi'uuf waliigallee bilbila cufne.

Erga Abiyyi biyyatti deebi'ee booda qondaalonni dur wal dubbifnu hundi bilbila kaasuu didan. Gabaasa kiyyaafis deebiin hin dhufne. Torbanoota muraasa booda qondaalli tokko naaf bilbiluun yaadni kiyya akka fudhatama hin argatiniifi Abiyyi filannaa isaanii ta'uu naaf hime. Anis akkan deeggaru na gorse. Ani garuu ejjannoon kiyya sanuma akka ta'en himeef. Ta'us yeroositti ifatti bahee dubbachuurraa ofin qusadhe.

Dubbiin waa'ee Muummicha Ministeeraa haarayaa ifatti haasayamuu yoo eegaltu namni cehumsa san hooggganuu qabu Lammaa Magarsaa ta'uu qaba yaada jedhu ifatti gara Facebookfi OMN-tiin dubbachuu eegale. Daldaltoonni, atileetonniifi artistoonni hariiroo na waliin qaban jabina Abiy faarsaa akkan deeggaru na amansisuuf hedduu yaalan. Gariin inumaatuu "Lammaan Muummicha kan hin taaneef kaansariin qabee du'uuf waan ta'eef" jechuun na amansiisuu yaalan. Yeroo kanatti Abiyyi Ahmad akka dura taa'aa DH.D.U.O. ta'ee muummicha ministeeraaf qaadhimamu, jaarmayicha keessatti namoonni hedduun akka amansiifaman nan beeka ture. Ani kanin mormii kiyya ifatti baasuu barbaadeef, murtii dhaabaa jijjiirsisuun danda'a jedhee osoo hin taane, rakkoo boru dhufuu maluuf dursee ummata akeekkachiisuun ejjannoo kiyya seenaaf ol kaayuuf ture.

Ji'a Guraandhalaa bara 2018 keessa koreen jiddu galeessaa DH.D.U.O. Abiyyi Ahmad dura taa'aa godhee erga muudeen booda, Lammaan ifatti bahee carraa jiru Abiyyiif dabarsee kennuun murtii isaa akka tahe dubbate. Kana booda namoonni hedduun akkan mormii Abiyyirratti kaasaa jiru kana dhaabu na gorsan. Minnesotatti jaarsoliin biyyaa natti dhufanii natti waywaatan. "Waan fedhes ta'u Oromoodha. Wayyaaneerra hin hammaatu. Wal harkatti qabnee carraa kana hin balleessinuu dhiisi" jedhanii na kadhatan. Hooggantootni paartilee mormitootaa biyya keessaafi alaa jiranis osoo hin hafin akkan mormii kiyya dhaabu dhiibbaa narratti godhaa turan.

Biyyarraahis Artistootni, Abbootiin qabeenyaafi jaarsoliin akkan mormii dhiisu na kadhatan. Dugda duuban ammoo hamiifi komiin jabaate. Namni hedduun "Jawaar ofiif Muummicha Ministeeraa ta'uu waan barbaadeef hinaaffaadhaan Abiyyi morme" jedhanii kan yaadanis ni jiru. Inumaahuu akka waanin Wayyaanee waliinis waliigalee isarratti duuluuttis hamiin gaggeeffamaa ture. "Geetaachoo Asaffaa irraa maallaqa guddaa fudhateeti" jedhame.

Garuu mormiin kiyya waan dhimma dhuunfaatiin walqabatu tokkollee hin qabu ture. Qeeqaafi yaadni kiyya haasayan isa waliin godhe, odeeffannoo maddeen biraatirraa argadheen akkasumas madaallii hojii irratti kan hundaaye ture. Erguma waliin haasofnee galeeyyuu waan lama kan shakkii natti uume raaw'ate. Kan duraa dhimma ragaa hidhamtoota siyaasaa Baqqalaa Garbaafaa ture. Yeroo Abiyyi Ameerikaa dhufetti dhimmicha haasofnee, mataa isaa dabalatee Abbaa Duulaafaas ragaa ittisaaf mana murtii akka geessu waadaa gale. Kanuma qindeessuuf abukaatoo hidhamtoota kan ture Abduljabbaar Huseen waliin wal qunnamsiisee waliin haasayanii waliigalanii turan. Gaafa guyyaan beellamaa gahu garuu ni hafan.

Kan lammataa gaafa Komaand Poostiin (Command Post) lammaffaa labsamu miseesonni mana maree kanneen DH.D.U.O. tahan irra jireessi yeroo morman inni osoo hin dhaqin hafe. Abiyyi sagalee kennuurraa kan hafeef, TPLF dallansiisuun carraa Muummicha Ministeeraa ta'uu akka hin dhabneef ture. Garuu ammoo ofii qofa hafee hin dhiisne. Isaafi namoonni isa waliin jiran miseesonni paarlaamaa labsii san akka deeggaraniif amansiisuuf carraaqaa turan. Gochi kun shakkiin isarraa qabu akka jabaatu taasise.

Waliigalatti muudamuu Abiyyi kanin mormeef muuxannoofi amala (character) cehumsa gaggeessuudhaaf mijatu hin qabu jedhee waanin yaadeefi. Carraa qabsoo waggoota shantama booda dhufetu qisaasama jedhee waanin sodaadheefi. Aarsaa kaffalametu ija dura na deeme. Balaa Oromoofi biyya guututti dhufuu malu shallagee sodaa hamaa natti naqe.

Akkin ani yaadeefi isatti himettis, yaadni kiyya Lammaafi Gadduun akka cehumsa geggeessan muuduun Abiyyii fi dargaggoonni hafan isaaniif dagalee tahanii cehumsa booda fuulduratti yoo dhufan wayya jedheeni. Haa ta'uutii ummanni irra jireessi ejjannoo kiyya hin deeggarre. Dhiibbaa guddaas narratti godhan. Wanti natti mul'ate isaanitti hin mul'anne. Yeroo kana "tarii ani dogongoree isin sirrii ta'uu maltu. Rabbiin shakkii kiyya dogongora godhee dubbii akka isin jettan haa godhu" jedheenii mormii koo dhaabe.

Haa ta'u malee, gama tokkoon adeemsi Abiy ganamummaan sodaa koo dhugoomsaa deeme, gama biraatiin immoo mormii kootiin itti fufuun ummataan walitti na buusaa dhufe. Kanaafuu, kana caalaa siyaasaan itti fufuun anaafis ta'ee qabsichaaf miidhaa malee bu'aa akka hin qabne tilmaamuuun, hirmaannaa siyaasaa kallattii irraa of fageessuu wayya jedhee goolabe. Kanas kabaja guyyaa dhaloota waggaa 32ffaa kiyyarratti gama feesbuukiin maxxanse. Duruma irraayyuu qabsoo erga goolabee booda, siyaasa itti fufuu osoo hin taane kaayyoo barumsatti deebi'uu qaba ture. Haa ta'u malee, siyaasa keessaa akkan bahu yeroo beeksisu, qondaalota mootummaa dabalatee qaamonni hawaasaa garagaraa hirmaannaan kiyya ce'uumsaaf barbaachisaa akka ta'e ibsuun murtii koo akka jijjiiru waywaatan. Keessattuu jijjiiramichi balaa butamuu (counter revolution) mudachuu akka malu yaaddoo qaban ibsuun, akka ragaatti fonqolcha mootummaa waraanni Masrii godheefi barreeffama butamuu ce'uumsaa irratti katabe[24] eeruun hirmaannna kootiin akka itti fufu na kadhatan. Anis tole jedhe.

Mormii ani Abiyyirratti kaase sana warri TPLF tokko tokko akka ani tooftaaf fakkeessuuf godheetti ija shakkiitiin laalaa akka turan booda ergan biyyatti gale qondaalonni isaanii gariin naaf himaniiru. Shakkii isaanii kana kan cimse yeroon ani mormii geggeessaa turetti odeeffannoolee maqaa Abiyyii xureessuu danda'an naaf ergaa turanis ani gara miidiyaa dabarsuu dhabuu kiyya ture.

Koreen jiddugaleessa ADWUI walgahii guyyoota kudha torbaatiin booda Abiyyi dura taa'aa godhee filuun Ebla 2, 2018 Muummicha Ministeeraa taasisanii muudan. Anis "obboleessoo baga milkoofte. Nama biyya gara dimokraasitti ceesisu si haa taasisu" jedheen eebbise. Innis gama ergaa gabaabaa (text) naaf barreesseen na galateeffate. "Kan dabre dabree jira. Amma booda waliin hojjannee sabaafi biyya keenya gara dimokraasiitti ceesifna" jedhe. Tole waliin jenne. Ummanni Oromoofi saboonni biroos gammachuu guddaan muudama Abiyyii san simatan.

Dhiibbaa gamaa gamanaa dhufe nuffee mormii dhaabus shakkiin ani isarraa qabu garuu hin laaffanne. Haasaan gaafa aangoo fudhate dubbate, faallaa seenessa (narrative) Oromoo ture. Garuu gaafas mormii kiyya ifatti dubbachuu hin barbaanne. Gama namoota waliin beeknuutiin qeeqa kiyya ergeef. Inni garuu seenessa qabsoo Oromoo faallessuu ittuma fufe. Gaafa Magaalaa Bahirdaar dhaqe "sabboonummaan Oromooyyuu ni xiqqeesse, gandatti gadi deebise" jedhee dargaggoota Amaaraatti dubbannaan dallansuu koo qabachuu hin dandeenye. Dallansuudhaan Lammaan akkuma nama kana olbaase adaba akka qabsiisu barreesseef. Yaada mormii san kaasuun kiyya ammas ummata natti dheekkamsiisee jennaan ofirraa callise.

Waxabajjii 23 hiriira guddaa jijjiirama dhufe deeggaruuf qophaayerratti boombiin darbatame. Jalqaba shakkiin kiyya yaaliin sun gocha murna TPLF keessa jiru kan jijjiirama mormu (counter revolutionary faction) akka ta'eedha. Taateen sun raaw'atee daqiiqaa muraasa keessatti Qeerroon bakka san ture ergaa gama facebook naaf kaayeen nama boombii darbe bira dhaabbataa akka tureefi Afaan

24 Mohammed, Jawar. Karaan Kun Morsiitti Nu Geessaa Laata? 27 Apr. 2018, Facebook, https://www.facebook.com/search/posts/?q=masrii%20jawar%20mohammed%20counter%20revolution

Oromoo kan dubbatu ta'uu naaf eere. Dubbii kana Professor Iziqeelitti himnaan akkuma ani dura shakke TPLF se'ee tarkaanfii dogongoraa akka hin fudhanneef dafee Abiyyiin akka gahuun waliif galle. Anis nama qaamaan yeroo sanitti isa bira jiru qunnamee itti hime. Garuu Abiy ibsa yeroosuma televiiziyoonaan bahee taasiseen quba isaa gara TPLF akeeke. Haasaa isaa keessatti jecha "waraabeyyii guyyaa" jedhu fayyadamee waan tureef, kun ammo TPLF bira dabree saba Tigraay guutuutti akka abaaretti hiikkamuun, muftoo Muumicha Ministeraafi TPLF jidduu turte daran hammeesse.

Abiy aangoo qabatee baatii afur booda, ji'a Adoolessaa bara 2018 gara Ameerikaa akka dhufan gama ministeera Haajaa Alaa yeroo sanaa Dr Warqinaa Gabayyootiin natti himame. Anis shakkiifi mormii Abiyyirraa qabu moggaatti dhiisuun simannaa isaaf ummanni akka qophaayu gargaaruuf murteesse. Aadde Burtukaan Ayyaanoofi Obbo Daani'eel Kibrat dursanii dhufanii haala mijjeessaa turan. Erga haala dhufiinsa jila muummicha ministeeraa mari'anneen booda hoogganoota hawaasaan walitti fidee hojiitti seenan.

Jilli Abiyyiifaa dhufuudhaaf guyyaan lama yoo hafu, gareen abbootii qabeenyaa dursanii biyyarraa dhufan na dubbisuu akka barbaadan naaf himan. Mormii ani kaasaa tureef Abiyyi waliin araaramaa jechuudhaaf waan dhufaniin se'e. Isaan garuu dhaamsa dhibii qabatanii dhufan. Hoteela isaan qubatan dhaqee yoon dubbisu, biyyatti akkan hin galle na amansiisuuf akka dhufan naaf himan. Sababni akka hin galle barbaadameef "nageenya keetiif yaaddessaa waan ta'eefi" jedhan. Xinnoo yoon dhiibu garuu, jarri aangoo qabate akkan biyyatti hin galleef na amansiisuuf jara akka ergan hubadhe. Haasaa dheeraa akka godhan hin hayyamneef. Galuun koo murtii dhumaa kan hin haqamne tahuu jala muree itti hime. Manguddoonni sun Aadde Makkiyyaa Maammiyyuu, Kabiir Huseen, Haaji Baatii Wattiyyee, Haaji Hiikoo Turaafi Obbo Alamaayyoo Katamaa turan.

Jara ergan cireenyaachiseen booda Alamaayyoo Katamaa nyaaraan waammadhee gara waajjira kiyyaa dhaqne. Dhimma galiinsa kiyyaa bifa jaarsummaatiin osoo hin taane, Alamaayyoon Abiy fa'aan waan walitti dhihaatuuf yaada kiyya kallattiin jaratti akka himuufin kophatti fuudhee deeme. Alamaayyoon istuuiyoo keessa deddeemee osoo daawwatuu firaasha lafa jiru argee kun maali jedhee gaafannaan ijoolleen waajjira jirtu bakka bultii koo akka ta'e himaniif. Gaduma taa'ee imimmaan buusee boohe. An ammoo iddoon tun siree hoteela abbaa urjii shanii caalaa namatti tolti jedheenii irra ciisee itti qoosee jajjabeessuu yaale.

Maalif galuun kiyya barbaachisaa akka ta'e bal'inaan haasofne. Ani biyyatti galuun goolabbii qabsoo akeekuun hooggansi qabsoof Qeerroo akka walitti dhiyaatan fayyadan jedhe. Hamman danda'ettis biyya tasgabbeessuuf jara garagaaruu akkan karoorfadhe ibseef. Kanaafuu wanti narraa sodaatan akka hin jirre himeef. Innis waan haasofne Abiyyiifi Lammaaf ibsee akka amansiisu waliif galle.

Itti aansee barbaachisummaa jara T.P.L.F. waliin dubbatanii shakkiifi sodaa keessaa baasuu mari'anne. Alamaayyoonis achumatti dura ta'aa dhaabichaa Dr. Dabratsiyoon Gabramikaa'eeliif bilbilee walnuqunnamsiise. Erga nagaa wal gaafannee booda, yeroo mormii san kompiitara isaa cabsinee (hack) goonee icciitii dhuunfaa isaa baasuu keenyaaf dhiifama gaafadhe. Innis 'erga waan garaa keetii geessitee booda dhiifama na gaafatta mitii jedhee' natti qoose. Ta dabarte dhiifnee ta boruu haa mari'annu jennee haasaatti seenne. Anis barbaachisummaa araara biyyoolessaafi cehumsa kana waloon gaggeessuu cimsee himeef. Akkan biyya galeen gara Maqalee dhaqee hoggansaafi ummata achi jiru dubbisuu akkan barbaadus itti hime. Innis mariif akkan dhaqu fedhii akka qaban naaf ibse. Haaluma kanaan gaafan Finfinnee gale guyyaan achi dhaqu akka murteessinu waliif galle.

Abiyyifaan Washington DCfi Los Angeles erga daawwatanii booda gara Minnesota dhufan. Anis hoogganoota hawaasaa waliin buufata xiyyaaraa (airport) dhaqee simadhe. Hoteela akka geenyeen dursa Lammaa waliin marii goone. San booda Abiyyiifi Warqinaan nutti dabalaman.

Dhimmoonni irratti mari'anne ijoo jedhee yaaderratti itti dubbadhe. Kan duraa akkaataa dhaabbileen qabsoo hidhannoo irra turan biyyatti deebi'anii adeemsa cehumsaa hirmaachuu danda'an ture. Dhaabbilee akka Adda Bilisummaa Oromoo (A.B.O.), Adda Bilisummaa Saba Ogaadeen (ONLF)fi Arbanyooch Ginboot-7, waliin araarri bu'ee haalli mijateefii qabsoo karaa nagayaatti akka seenan gochuun milkaa'ina cehumsaaf barbaachisaa akka ta'e itti dubbadhe. Kanaafuu dhaabbilee kana saffisaan qunnamanii waliigalanii akka galchan itti dhaame. Abiyyi hojii jara galchuu durumaanuu jalqabee akka jiru naaf himuun saffisiisuuf waadaa gale.

Dhimmi lammaffaa irratti haasofne barbaachisummaa humna T.P.L.F. waliin araara buusanii warra baqatee Maqalee gales deebisuu irratti ture. Humni aangoorraa kaafame tokko kan yeroo dheeraaf diinagdeefi caasaa nageenyaa too'ate, tooftaan qabamee araarfamuu baannaan biyyattii lola hamaatti geessuu akka danda'un dheeressee dubbadhe.

Abiyyi garuu TPLF dhaaba tortoree moo'ame waan ta'eef sodaan kiyya sirrii akka hin taane ibsee, garuu dhimmicha dhaaba E.P.R.D.F. keessatti akka furu dubbachuun, san caalaa yaada akkan hin kennine balbala natti cufe.

Dhumarrattis waa'ee filannoo itti kaafnaan filannoo waggaa lama booda dhufuuf maaf cinqamta jedhanii raajeffannaan na ilaalan. Anis cehumsa gara dimokraasitti milkeessuuf, filannoon jalqabaa murteessaa ta'uufi dursanii itti qophaayuun milkaa'inaaf akka barbaachisun himeef. "Kana hin yaaddayin doktoroota dhibbaatamaan hiriirsuun paartii kamiiyyuu moo'achuu dandeenya" jedhe Abiyyi. An ammoo "akkas salphaa hin tahu. Siyaasa cehumsaa kan ilaalchi sabboonummaa hoo'aan raasaa jiru keessatti nama dhiisii harroota asxaafi alaabaa uwwisanii dhiheessuun doktoroota kee moo'achuun ni danda'ama" jedhee itti qoose. Dhimmicha qalbiin akka hin fudhatin waanin argeef irran dabre. Marii gabaabaa goone keessatti Abiyyi haasaya sirnaatiif (serious conversation) qophii akka hin taane sirrittin mirkaneeffadhe. Hariiroon jara sadeen (Abiyyi, Lammaafi Warqinaa) jidduu jirus akka alaa laalamu akka hin taane arge. Fagoo waliin deemuu akka hin dandeenyeefi kunis cehumsaaf gufuu keessoo biroo akka dabalu hubadheen yaaddoon natti dabalame.

San booda waltajjii simannaa ummataa dhaqnee hawaasa keenyaaf dhaamsa dabarfadhe. Istaadiyoomiin simannaa sun guutuu ture. Sabni hundi kan hirmaate ta'us Oromoon irra jireessa tahuu isaa alaabaa hedduminaan achitti mul'ate irraa hubachuun ni dandahama ture. Namoonni waltajjiirra turre hamma danda'ame tokkummaa agarsiisuun gammachuu ummataa cimsuu yaalaa turre. Dhugaa dubbachuudhaaf yeroo sanitti ani miira wal makaa keessan ture. Gara tokkoon Oromoon qabsoo waggaa shantamaa booda ilmaan koo aangootti bahan jedhee miira guutuun akkasitti bahuun na gammachiise.

Gara biraatiin, shakkiin dura qabaachaa turerratti dabalata, haalli Abiyyi marii ganama san goonerratti calaqqisiise, cehumsi kun gufachuu akka malu daran cimsee waanin hubadheef qalbii-caba (disappointment) ummataa dhufuuf malu yaadee hedduun sodaadhe. Nan gadde. Ta'us gadda san garaa kootti qabadheen guyyaa san xumurree jila dhufe geggeessinee biyyatti galuun waan danda'e hundaan cehumsa san milkeessuuf yaaluuf murteesse qophiitti deebi'e.

YAADANNOO SUURAADHAAN #3

Istuudiyoo OMNtti qophii hojii jalqabsiisuu Eliyaas Ibsaa, Muhaammad Abdoosh fi Girmaa Taaddasaa waliin. Faranjittiin hojii teeknikaa akka nu gargaartuuf tan qacarre turte.

Gulaalaa OMN Fu'aad Siraaj waliin sagantaa qindeessaa

Guyyaa OMN baname hoggantoota waliin: Dr. Sintaayahu, Dr. Badhaanee, Dr. Hamzaa Abdurazzaaq, Raamii Muhaammad, Abbii Itichaa, Girmaa Taaddasaa, Leeylaa Abbaawaariifi Abduul.

Sagantaa OMN tamsaasaa ture Gaaddisa Raabaa Doorii irratti Dr.Heenook Gabbisaa, Dr. Birhaanuu Leenjisoo fi gaggeessaa sagantichaa Dr. Girmaa Guutamaa waliin siyaasaa yeroo xiinxallu.

Jajjabee OMN kan ta'an Eliyaas Ibsaa fi Muhaammad Abdoosh waliin. Namni yeroo hunda yoo waliin hojjannu arge tokko "The Three Amigos" maqaa jedhu nuu baase.

Daayrektara Olaanaa OMN Dr Birhaanuu Dirbabaa waliin jijjirama booda Finfinnetti walagarre

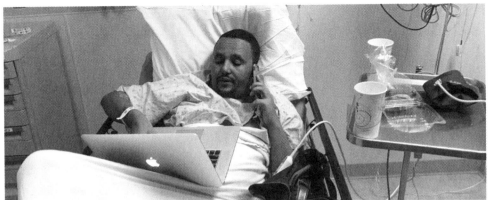

Yeroo qabsoo kompiitara irratti gadi jedhee waan turuuf miidhaan Narvii na mudatee cinaan kiyya mirgaa laamsha'ee hospitaala ergan seenees hojii dhaabuu hin dandeenye ture

"sireekoo" kan waajjira OMNtti waggoota afuriif irra rafaa ture. Prof. Hizqi'eel Gabbisaa hojiidhaaf na bira dhufee teessoo walitti aansee na cinaa ciise.

Yeroon xiqqoo yoo argamte ilma kiyya Oromoo bira deemuun kompiitara waliin waldhaansoo na qaba

Yeroo qabsoo tola- ooltummaadhaan Body Guard, shufeeraa fi gargaaraa kiyya ta'uun guyyaa tokkoofis kan narraa adda hin bahin Jawwee (Hasan Yuusuuf)

Dargaggoon Fiqaaduu
Shuumataa jedhamu
hiriira mormii Maastar
Pilaanii irratti suuraan
kaafame mallattoo
Qabsoo Qeerroo ta'e

Shawaa Lixaa iddoo Baabbicha
jedhamutti dargaggoonni harka
duwwaa loltoota Agaazii dura
dhaabbachuun ummanni sodaa irraa
bilisa ta'uu kan mirkaneesse ture

Harargeetti dubartiin
takka loltoota hiriira
irraa ari'uuf yaalan
sodaa malee yoo ofirraa
facciftu

Qeerroowwan daandii
yeroo cufan suuraa nuuf
ergan fuulli isaanii akka
hin saaxilamneef
haguuguun maxxansina
ture

Yennaa lagannaan gabaa labsamu
iddooleen daldalaa guututti
cufamu ture.

Yeroo hiriira guddicha Hagayyaa
jahaatiif ummata kakaafnu
dargaggoonni harkarratti guyyicha
sumudatanii ture

Gaafa Mormii Irreechaa Qeerroo Gammadaa
Waariyoo dhaadannoo "Down Down Woyane" jedhe
yeroo dhageessisu

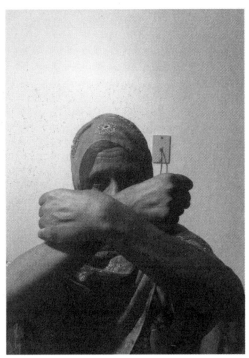

Yeroo san harmeen koo nu gaafachuu dhuftee rifeensa kiyya haaddachuu amantiin naan hayyamu jechuun suuraa mallattoo diddaa kaaseenii akka maxxansu na gaafatte.

Yeroo qabsoo Baqqalaa Garbaa fi hidhamtoonni siyaasaa biroo qabsaa'ota kufaniif gadda keenya akka mul'isnuuf nu ajajanii anis rifeensa haaddadhe.

Yeroo qabsoo haadha Qeerrootti makamtee mormaa turteen gara biyyaatti deebi'ee wal garre.

Jawar Mohammed ✔
February 15, 2018 · 🌐

BREAKING: Ethiopia's prime minister submits resignation, the state affiliated Fana reports.

 FBC (Fana Broadcasting Corporate S.C.)
6 mins · 🌐

#Breaking

ሰበር ዜና

ጠቅላይ ሚኒስትር ኃይለማርያም ደሳለኝ የስራ መልቀቂያ አስገቡ

Muummichi Ministeeraa Haylamaariyaam Dassaalany aangoo gadi dhiisuu feesbuukiin labse

Qophii simannaa Minnesota irratti muummichi ministeeraa Abiy yeroo na affeeru harka qaxxaamursuun bu'aa qabsoo Qeeroo ta'uu ibse.

"hoggansi jijjiiramaa" gara Minnesota guyyaa dhufetti buufata xayyaaraa irraa simadhee gara hoteela yeroo deemnu

Dr. Warqinah Gabayyoo, Aaddee Zinnaash (haadha warraa Abiy), muummicha ministeeraa Abiy akkasumas pireezidaant Lammaa waltajjii Minnesota irratti.

KUTAA SADDEET: CEEHUMSA BADADUU

8.1. Imala Gara Biyyaa

Gaafan barnootaaf gara biyya alaa qajeelurraa jalqabee gaafa guyyaa tokko biyyatti deebi'ee ummata tajaajiluun hawwii kiyya ture. Biyya ambaa jiraachuuf yaadees hin beeku. Hanga miidiyaan ifatti barreessuufi dubbachuun mootummaa qeequu eegaluutti waggaa waggaan biyya dhufuun qorannoo barnootaa geggeessaa ture. Paaspoortiin Itoophiyaa gaafan biyyaa bayu fudhadhe waan yeroon isaa dhumeef (expired) haaromsuuf embaasiitti iyyata yeroon galfadhu qaamaan akkan dhaqu na gaafatan. Namoonni biraa garuu guca barbaachisaa guutuun kaffaltii waliin poostaan erguun paaspoortii isaaniis garuma poostaan argatu.

Anis akkuma warra kaanii waan barbaachisu gara poostaan erginaan qaamaan gama embaasii dhuftu malee jechuun jaraa shakkii keessa na galche. Abukaatoo kiyya mari'achiifnaanis, embaasiin lafa walabaa (sovereign) waan ta'eef mootummaan Itoophiyaa rakkoo narraan ga'uu akka malu naaf hime. Kanaafuu dhaquu dhiiseen paaspoortii Ameerikaa baafachuutti fuulleffadhe. Mormiin ani mootummaa irratti geggeessus daran waan dabaleef carraan biyyatti galuu fagaatte.

Qabsoon Qeerroo milkooftee jijjiiramni dhufnaan hawwiin biyyatti galuuf qabu natti deebite. Sababoota gurguddoo sadihiifan galuu murteesse. Kan duraa Qeerroofi Qarree qabsoo hadhaawaafi aarsaa guddaadhaan jijjiirama fidan san jidduutti argamee galateeffachuuf. Kan lammataa, namootni akka kiyya biyyatti galuun faayidaa mallattummaa /symbolical benefit/ waan qabuufi. Jechuunis, qabsaa'onni yeroo dheeraaf biyya baqaa turan biyyatti galuun, boqonnaan baqaa cufamuu agarsiisa. Kun ammoo araara akka sabaattis ta'ee akka biyyaatti godhamuuf hamilee ta'a. Kan sadaffaa ammoo, biyyatti galee Qeerroofi qondaalota mootummaa jijjiirama hoogganuuf aangootti bahan walitti dhiheessuun waliif tumsanii cehumsa akka milkeessan dandeessisuuf. Kanarraa ka'uudhaan biyyatti galuuf murteessuu kiyya toora jalqaba Adoolessa 2018 ummata beeksise.

Yaadni ani biyyatti galu akkuma beekameen mormiin qaamota hawaasa garagaraa irraa na qunname. Yaaddoon namoota hedduu nageenya kiyyaaf sodaachuu irraa kan madde ture. Yeroon ani akkan galu hedu itti beeksise sun, cehumsi garam akka deemaa jiru yennaa itti hin beekamin ture. Qondaalonni yeroo qabsoo walitti duulaa turre hedduun aangoomarra turan. Warri haaraa aangoo qabates kallattii kamitti akka qajeelaa jiru ifa hin turre. Mormiin ani filamuu Abiyyi irratti agarsiises tarii haaloof kakaasinnaa kan jedhus ture.

Ummanni yaaddoo kanarraa ka'uun akkan an hin galleef dhiibbaa narratti gochaa ture. Warri biyyaa bilbilaafi gama facebook akkan yaada jijjiiruuf duula banan. Gariin haadha tiyyaafi namoota na beekanitti dhaquun itti waywaatan. Biyya alaattis manguddoon kutaalee hedduurraa Minnesota dhufuun akkan an hin galle na amansiisuu yaalan. Ani garuu biyyatti yoon gale balaa na mudatuu maluufi bu'aan buusuu malu wal biratti madaalee, biyya alaa turuu irra galuun akka wayyu murteessee ejjannoo kiyyatti ciche.

Akkuma gubbaatti eerame, hoogganoonni mootummaas akkan ani hin galleef manguddoo biyyarraa natti erganii turan. Sababni isaan akkan galu hin feeneef dhiheessan yaaddoo nageenya kiyyaaf qaban ta'us, waanin aangoo isaan saamu itti fakkaatee akka ta'e ifa ture. Gaafa isaan Minnesota dhufan akkan aangoo hin barbaanne itti himuun shakkii keessaa isaan baasuuf yaale.

Abiyyi "galtee maal gochuu yaadde? Maal siif haa goonu?" jechuun na gaafannaan, ani galee miidiyaa gadi dhaabuufi hamman danda'een cehumsa kana gargaaruu akkan barbaadu itti hime.

Paartii isaanii seenuun yookin ammoo dhaabbilee mormitootaa wal taasisuun akkan hirmaadhu yaada naaf dhiheessinaanis yeroof siyaasa paartii keessaatti hirmaachuufis ta'ee aangoo mootummaa qabachuuf fedhii akkan hin qabne ibseef. Innis "ergasuu manaafi konkolaataan haa kennamuuf" jechuun Lammaafi Warqinaatti yoo inni himu, "lakki ani konkolaataas ta'ee mana mootummaa hin barbaadu. Hayyama miidiyaa qofan barbaada.

Yoo kan danda'amu taate hojjattoota eegumsaa ani kaffaluuf akkan argadhu na hayyamaa" jechuun deebiseef. Kanumaan addaan baanee, isaan gara biyyaa deebi'anii anis guyyoota muraasa booda qajeele.

Ani galuu dura Mahaammad Abdooshiifi Eliyaas Ibsaa jalqaba Waxabajjii biyya dhaquun tamsaasa OMN Finfinnee irraa eegalchiisuuf hojjachaa turan. Haaluma kanaanis torbanoota muraasa keessatti hayyama baasanii, hojjattoota mindeessanii, istuudiyoo jaaranii tamsaasa eegalchiisuu danda'an. Hiriyoonni keenya biroo Tamsageen Bariisoofi Miliyoon Beellamaas Ameerikaarraa biyya dhaqanii itti dabalamuun, warra biyyaa waliin koree simannaa ijaaranii dhufaatii kiyyaaf haala mijeessuutti seenan. Guyyaan ani galus Hagayya 5, 2018 akka ta'u murteessan.

Gaafan Minnesota irraa gara biyyaa deemuuf ka'u, manguddoonni waajjira OMN dhufanii booyaa na eebbisan. Manguddoonni sun gameeyyii qabsoo Oromoo kan gaafan ani dura biyya Ameerikaa dhaqerraa kaasee na jajjabeessaa turan, kaniin akka abbaatti ilaaluudha. Milkaa'ina Qabsoo Qeerrootiin gammachuu qabaatanis biraa deemuu kiyyaan gaddaa turan. Anaafis nagaya itti dhaammachuun hedduu ulfaata ture. Borumtaa isaa Washington DC bullee xiyyaaraa Itiyoophiyaatiin gara Finfinnee qajeelle. Piroofeesar Izqi'eel Gabbisaa dabalatee namoota shantama ta'antu gaafas na waliin gale.

Gaafa Boolee geenyu ummanni haadha tiyya qabatee na eege. Abbootii amantaafi manguddootni biyyaas simannaa kiyyaaf achi turan. Qondaalota mootummaa keessaa yeroo sanitti ministeera galiiwwanii kan turan Addee Adaanach Abeebeetu argamee na simate. Dirree xiyyaaraa irraa Hoteela Ilillii erga geeffamnee booda, haara galfannee gara galma Barkumee qajeelle. Dirree xiyyaaraa irraa hanga galma Barkumee daandiin gamaa gamanaa Qeerroowwan alaabaa qabsoo qabatanii kumaatamaan hiriiraniin kan guutame ture. Yeroon gammachuu fuula isaanii argu dargaggoota kumaatamaan isaan biraa wareegaman yaadadheen garaan na booraye. Aarsaa hadhaawaa obboleeyyan teenya kafalte yaadadhee garaan na roora'e.

Galma yeroo geenyu Qondaalota mootummaa keessaa Lammaa Magarsaa, Adaanach Abeebee, Xayyibaa Hassan, Taakkalaa Uumaafi kanneen biroos achi turan. Abbootii Gadaafi Hayyootni amantaatis argamanii turan. Harmee tiyyaafi abbaan Muummicha Ministeeraa Abiyyi Ahmadis achi turan.

Lammaan haasaa anaa dhufuu godhe keessatti Qeerroofi anaaf qooda kaahuun galata galche. Qeerroonis hamilee guddaan simatan. Qeerroof Qarree Oromoo waliin hidhata jajjabaa qabaadhus, qaamaan argamee isaan fuulduratti haasawuun anaaf yeroo jalqabaati. Yeroo Ummata koo bal'aafi Qeerroof Qarree galma san guute argu hedduun gammade. Dabareen kiyya yeroo gahu haasaan kiyya Qeerroofi sabboonummaan Oromoo siyaasaa diddaa (resistance politics) irraa gara siyaasa bulchiinsaa (governance politics) cehuu qaba yaada jedhurrattin fuulleffadhe.

Dubbii ilaalcha Oromoo siyaasa diddaa irraa gara siyaasa bulchiinsaa ceesisuu kana yeroo dheeraaf kanin itti yaadaa ture yoo ta'u xayyaara gubbaattin barreessee qopheesse. Qabsoon saba takkaa gaafa aangoo siyaasaa qabatte seenessa (narrative) yeroo qabsoo fayyadamte jijjiiruun murteessaa waan ta'eefi. Gaafa qabsoon godhamu hariiroon ummataafi sirna mootummaa (state) jidduu jiru kan diinummaati. Yennaa qabsoon sabaa sun sirna jijjiirtee aangoo mootummaa qabatte hariiroo diinummaa irraa gara firummaatti jijjiiruu feesisa. Erga aangoo qabatanii booda siyaasa diddaatiin itti fufuun walfaalleessuu (contradiction) uumuun jijjiirama aarsaan dhufe san gaaga'amaaf saaxila. Kanaafuu dargaggeessa tokkummaafi tarsiimoon sirna abbaa irree laamshesse san gara humna sirna dimokraatawaafi misoomaatti jijjiiruuf, ilaalchi isaa siyaasa diddaa irraa gara kan bulchiinsaatti cehuu qaba.

Dabalataanis, akeekni haasaya sanii, dargaggoonni miira tasgabbii keessa seenuun hoggansa jijjiiramaa irraa dhiibbaa hir'isanii yeroo akka kennaniif gochuuf ture. Hammamuu hoggansa Abiyyi irratti mamii qabaadhus yeroo kennineefii ilaaluun barbaachisaadha yaada jedhu fudheen dhaamsa san dabarse.

Yeroon haasaa koo xumuru, kompiitara gaafa sochiin Qeerroo eegale irraa kaasee itti fayyadamaa ture, Lammaatti akka kennuuf Abbaa Gadaa Bayyanaa

Sanbatoo affeere. Kompiitara mallattoo meeshaa qabsoo Qeerroon ittiin lolaa ture san mootummaatti kennuun amma booda walitti duuluuf osoon hin taane, waliif tumsuuf akka ta'e akeekuufi. Akka dhuunfaattis, akeekni biyya galeef mootummaan loluuf osoo hin taane tumsuuf akka ta'e akeekuun shakkii isaan qabaachaa turan san laaffisuuf gargaara jedhee yaadeetani.

Namni bakka mootummaa bu'ee fuudhe, Lammaa Magarsaa dhaaba DH.D.U.O.fi Qeerroo walitti dhiheessuu keessatti shoora guddaa waan taphateef galateeffachuufi beekamtii kennuun barbaade. Akkasumas kompiitara narraa fuudhee Lammaaf akka kennuuf Abbaa Gadaa Bayyanaa Sanbatoo waa lamaafin filadhe. Kan duraa, dhaabni (institution) Gadaa kabaja guddaa akka qabu agarsiisuufi. Kan lammataa, Abbaa Gadaa Bayyanaa Sanbatoo dhuunfaan milkaa'ina qabsoo Qeerroof qooda guddaa waan qabaniif kabajaafi galata isaan malu mul'isuufi. Yeroo kompiitara san Abbaan Gadaa narraa fuudhee Lammaatti kennu galmi guutuun hamilee guddaadhaan harka dhayaafi fooricaa ture. Haalli sun Qeerroofi ummanni tokkummaa hoogganoota isaa arguuf hammam hawwii akka qabus kan akeeke ture.

Borumtaa isaa gara Amboo qajeelle. Yeroo qabsoo san Qeerroofi hawaasni Amboo duula labsinu kamiifuu dursanii hojiitti seenuun warra kaaniif fakkeenya ta'u ture. Gaafa tokko hedduu gammadeen gaafa injifanne miila duwwaa Amboo keessa deemuun galata isaanii akkan galchu waadaa galee ture. Gaafan akkan biyyatti galu beeksise warri Amboo waadaa miila duwwaa daandii isaaniirra deemuuf gale san na yaadachiisuu eegalan. Kanaafuu biyya galee borumtaa Ambootti qajeeluun dirqama ture. Gincii bakka fincilli marsaa lammaffaa Sadaasa 12, 2015 itti dhoohe yeroo geenyu itti gorree siidaa yaadannoo Qeerroowwan wareegamaniif dhagaa bu'uuraa dhaabnee ummatas dubbifnee dabarre.

Amboo yeroo geenyu Haacaaluun ana dura achi gahee waan tureef konkolaataa irraa buunee isatti dabalamnee iddoo hiriyyaan isaa Jaagamaa Badhaanee itti wareegame fuuldura mana barnootaa sadarkaa lammaffaa Ambootti biqiltuu akkan dhaabu na affeere. Jaagamaa Badhaanee mormii barattootaa kan bara 2006 kan wareegame yoo ta'u qabsoo Qeerroo boodarra dhufeefis fakkeenya guddaa ture. Ani konkolaataa irraa bu'een kophee baafadhee, Haacaluu waliin harka walqabannee miilaan deemnee boolla qophaayetti biqiltuu yaadannoo dhaabnee gara Istaadiyeemii Amboo deemne.

Istaadiyeemii yeroo seennu, ummata magaalaa Amboofi naannoo ishirraa dhufan kumaatamaan bahanii dirree guutee jiruun walitti baane. Qophichi hoggansa Dr. Taaddasaa Qana'aa, Pireezidaantii Yuunivarsiitii Ambootiifi Qeerroo Amboon qophaaye. Komishiinar Dachaasaa Bitimaa kan yeroo sanatti Poolisii Oromiyaa hoogganuufi Itti aanaa isaa Komaandar Baqqalaatu Finfinnee fuudhee dabaalee achiin nu gahe. Ajajoonni kun poolisiin Oromiyaa qabsoo Qeerroo cinaa akka hiriiru gochuu keessatti shoora guddaa waan taphataniif isaan waliin Amboo dhaquun kabaja guddaa ture.

Erga Ambootti haasaa goonee booda sagantaan goolabamee gara magaalaa itti aantu Gudaritti qajeelle. Garuu federaala irraa bilbilamuun balaan hamaan waan jiruuf dhaquu akka hin qabne Komishiinar Dachaasaatti himame. Innis yaaddoo isaa nuuf hime. Jilli tokko kan Piroofeesar Iziqeel Gabbisaatiin durfamu akka dhaqu goonee, nuti ofirra garagallee Finfinneetti deebine.

Itti aasee gara Shaashamannee qajeelle. Hanga Hawaasaa Xayyaaraan dhaqnee achirraa konkolaataan Shaashamannee seenne. Ummanni miliyoonaan lakkaayamu nu simachuudhaaf bahee ture. Istaadiyeemiin qophaahe garuu ummata hamma san keessummeessuu hin dandahu ture. Sanirraan immoo nama dila saniif karra seensaa tokko qofaatu qophaaye. Kun ummanni akka wal dhiibee walirrra babahu godhe.

Yeroo konkolaataan keenya achi gahu duruu lubbuun namaa dabruu eegale. Kopheen namaa karra dallaya Istaadiyeemii guutee ture. Istaadiyeemii seennee bakka nuuf qophaahe erga teenyee booda eebbi godhamee, ani ka'ee haasaa yeroon eegalu ummanni wal dhiibaa gara duraa dhufuu jalqabe. Yeroo kana Maayikraafooniin ani ittiin haasayu akka hin dhageessifne hubadhe. Kanaafuu haasaa gabaabseen saffisaan achii baanee deemne. Erga nu deemnee booda magaalaa keessatti jeequmsi ka'ee namni akka ajjeefame dhageenye.

Akka odeeffannoo arganneetti oduun "boonbiin Jawar irratti darbame" jedhu waan hafarfameef shakkiidhaan namni tokko qabamee akka ajjeefame hubanne. Miidiyaan mootummaatis dubbii tana oowwisee gabaase. Miidiyaaleen durumaanuu na jibban ammoo hedduu hafarsuun duula anaafi magaalaa Shaashamannees maqaa balleessuu yeroo dheeraaf geggeessan. Balaa kana booda daaw'annaan ummata dubbisuuf goonu akka dhaabatu taasifne.

Bubbulee garuu wanti Shaashamanneetti godhame shira akka of keessaa qabu ifa ta'aa dhufe. Istaadiyeemii balbala shan qabu keessaa tokko qofa banuun maalif ture gaaffiin jettu kaate. Istaadiyeemii hammas guddatu keessatti sagalee guddiftuu xiqqaa kaahuunis wallaala moo shiraan gaaffii biraati. Suuraafi viidiyoo yeroo namni fannifamee ajjeefamuu yoo laallu, gurbaan sun jalqaba qaamota nageenyaan qabamee dabarfamee akka kenname agarre.

Yeroo namoonni isa rukutuufi fannisuu eegalan qaamonni nageenyaa osoo arganii dhoorguu dhiisanii caldhisanii ilaalaa turan. Namni gurbaa san qaamota nageenyaa harkaa fuudhee fannise ni mul'ata ture. Eenyummaa nama kanaa qorannee irra geenyee qaamota seeraa beeksifne. Garuu nuti beeksifnee yeroo muraasa keessatti konkolaataan dhayee ajjeese jedhame. Gochi kun jeequmsi Shaashamanneetti raaw'ate shira ta'uu shakkii qabnu daran jabeesse. Akeekni shira sanaas simannaan ummatni miliyoonaan bahuun naaf taasisu san gufachiisuuf ta'uu hin oolle.

Magaalota garagaraatti imaluun ummata dubbisuu dhaabuun qondaalota mootummaa waliin haasayuun sodaa isaanii laaffisuu fi gama danda'ameen biyya tasgabbeessuu gargaaruu irratti fuulleffachuun murteesse. Haaluma kanaan pireezidaantii biyyattii yeroo sanii Dr Mulaatuu Tashoomaan affeeramnee dhaqne. Marii Pireezidaant Tashoomaa waliin goonenis nama beekumsaafi muuxannoo guddaa qaban ta'uu hubadhe. Barbaachisummaa biyyattii tasgabeessuun gara dimokraasii ceesisuu cimsanii dubbatan. Haasaa isaanii keessaa kanan hin irraanfanne tokkotu jira.

"Rakkoon biyyaa kanaa seerri tokko yoo tumamus ta'ee imaammanni tokko yoo baafamu, ilaalcha, dantaafi fedhii nama aangoo harkaa qabuu san jiddugaleessa godhateeti. Namni sun ammoo akka waan yoomiyyuu aangoorraa hin buuneetti yaadama. Kanarraa ka'uun gaafa namni sun akka tasaa aangoorraa deeme, seeraafi imaammanni bahe sunis wajjumaan hojiin ala ta'a. Kanaafuu isin dhaloonni ammaa jijjiirama kana hoogganuuf dirqama qabdan, imaammataafi tarsiimoo fedhiifi hawwii abbaa aangoo harkaa qabuu qofarratti hundaaye hin baasinaa. Kan biyya jiddu galeessa godhateefi bara baraan turu irratti fuulleffadhaa. Nama ykn murna aangessuu osoo hin taane dhaabbilee (institutions) ijaaruufi cimsuu irratti fuulleffadhaa" jedhan.

Af-yaa'ii mana maree bakka bu'ootaa yeroo sanaa kan turan Aadde Mufariyaat Kaamilis dhuunfaan (unofficial) na waamanii galgala tokko yeroo dheeraa fudhannee mari'anne. Mariin keenya irra jireessatti jeequmsa Naannoo Kibbaatti sababa saboonni naannoo ofii ummachuuf kaasaniin uumame irratti xiyyeeffate. Keessattuu qabsoo warra Sidaamaa akkan deeggaru waan beektuuf tasgabbeessuurratti akkan gargaaru na gaafatte. Anis gaaffiin ummanni kaase kan heera mootummaan deeggarame waan ta'eef, ukkaamsuuf yaaluurra akka heeraatti furuu akka wayyu itti hime. Gama keenyaanis Ejjattoon (sochii dargaggootaa Sidaamaa) obsaafi karaa nagayaa qofaan qabsoo akka geggeessan gorsuuf waadaa galeef.

Masara Muummicha Ministeeratti yaamamnee MM Abiyyi Ahmad, Pireezidaant Lammaa Magarsaafi Ministeera Haajaa Alaa Dr. Warqinaa waliin wal agarree laaqana nyaanne. Achittis dhimmoota Minnesotaatti haasofne irra deebine dubbanne. Keessattuu dhimma ABO waliin dubbatanii biyyatti galchuu jabeessinee irratti haasofne. Abiyyi san dura Asmaraa gaafa dhaqe hoggansa ABO akka dubbiseefi amma ammoo Dr. Warqinaafi Lammaan akka deemuuf karoorfatan natti himan. Waa'ee gara Tigraay ani deemuuf Dr. Dabratsiyoon waliin dubbannee karoorfadhe irrattis mari'anne. Maqalee dhaquun warra Amaaraa dallansiisuu waan maluuf dursa Baahirdaar deemuun akka wayyu mari'annee anis tole jedhee garas qajeele.

Baahirdaar kanin dhaqe affeerraa Pireezidaantii naannichaa yeroo sanii Obbo Gadduu Andaargaachawutiin ture. Waa'ee Obbo Gadduu yeroo dheeraafin beeka. Akka yaada kiyyaa osoo ta'ee silaa itti aanaa Muummichaa ta'uun Lammaa waliin biyya ceesisuuf filatama ture. Kanaaf qaamaan nama kana wal arguun waa'ee cehumsa mikeessuu irratti mari'achuuf hawwii guddaan qaba ture.

Baahirdaar hoggaa geenyu Nugusuu Xilaahun, kan yeroo san geggeessaa dhimmoota sab-qunnamtii (kominikeeshinii) naannichaa ta'eetu, nu simate. Nugusuun nama, Naannoo Oromiyaa, Arsiitti dhalateefi Afaan Oromootis dubbatuudha. Hariiroo saboota Oromoofi Amaaraa fooyyessuuf murannoon hojjataa tureedha. Yeroo qabsoo Qeerroos yaalii saboota lamaan walitti buusuun qabsoo laaffisuuf godhamaa ture fashaleessuu keessatti shoora guddaa taphate. Dirree xiyyaaraa yoo geenyu simatanii jaanoo nu uffisan. Jaanoon keenyamoo keessani jennee qoosaa wal falminee kan walooti jennee waliigallee gara hoteela nuuf qabameetti deemne.

Galgala affeerraa irbaataa irratti Gadduu waliin yeroo dheeraa fudhannee mari'anne. Rakkoolee cehumsa mudachaa jiraniifi akkaataa itti irra aannu, tumsa tooftaa (tactical alliance) Oromoofi Amaaraa (Oro-Mara) yeroo qabsoo eegalame san gara hariiroo tarsimaawaa (strategic partnership) guddisuun cehumsa milkeessuu akka barbaachisu waliif galle. Waa'ee nageenyaafi mirga Oromoota Walloofi dhalattoota Amaaraa Oromiyaa keessa jiraatanii mirkaneessuun danda'amurrattis haasofne.

Hariiroo naannoolee Tigraayfi Amaaraa yeroo sanitti hammaachuu eegale akkaataa fooyyessuun danda'amurrattis marii goone. Gorsi kiyya TPLF yeroo sanatti aangoo dhabuun naasuufi sodaa keessa waan seenteef atakaaroo seenanii daran fageessuu osoo hin taane tasgabbeessuu akka barbaachisuudha. Kanaaf ammoo gaaffiilee naannolee lamaan jidduu jiru jarjaraan itti deemuurra suuta mariin furuu akka wayyuun cimsee dubbadhe. Akkuma fagoorraa dhagayaa turre, Gadduun nama yaadaan tarkaanfataa (progressive) ta'eefi sirna federaalizimiif ejjannoo jabaa qabu akka ta'en mirkaneeffadhe.

Borumtaa isaa dargaggoota Amaaraa waliin beellama qabannee marii banaa ta'e goone. Gaaffii hedduu na gaafatan. Dhimmoota siyaasaa Amaaraafi Oromoo wal falmisiisaa waa baay'ee kaasan. San keessaa tokko dhimma Seenaa Aanolee ture. Waa'ee Aanolee jette-jetteen atakaaroo kaasuu mannaa dhugaa isaa baruu yoo fedhan Arsii dhaqanii ummata san kallattiidhaan akka dhagayan gorse. Dhimma mirgaafi nageenya dhalattoota saba Amaaraa Oromiyaa keessaa irratti 'Amaarri Oromiyaa keessa jiraatu akkuma dhalataa Oromoo mirga guutuu akka qabuufi inumaayyuu mirga addaa (special privilege) akka kennameefin himeef. Kunis Oromiyaa keessa manneen barnootaa dhibba sadii ol Afaan Amaaraatiin akka barsiisan godhamuu himeef. Amaarri Oromiyaa keessa jiru bifa gurmaa'een dantaa isaa eegsifachuu yoo barbaade, Caffee Oromiyaa keessattis teessoon hangi tokko haalli itti kennamu tolchuun akka danda'amu eereef.

Gaaffiin biroo dargaggoonni kaasan "murni OPDO amma aangoo qabate akkuma TPLF olaantummaa garee tokkoofi sirna abbaa irree haaraa uumuu danda'aa laata?" kan jedhu ture. Deebiin kiyyas murni aangoo qabate kamuu lammiileen biyyaa ganamumaan miila sakaalanii qabuu baannan sirna abbaa irreetti jijjiiramuu hin dhiisu. Sirni abbaa irree ammoo loogii hin dhabu. Kanaafuu nuufi isin waliif tumsinee daandii cehumsa gara dimokraasii irraa akka hin maqne hojjachuu qabna" kan jedhu ture.

San booda hoogganoota "Koree Walqaayit" kan ta'an Koloneel Dammaqaa Zawuduu faana wal agarre. Yeroo isaan hidhaa turanitti sagalee isaaniif ta'uu koof na galateeffatan. Koree Walqaayit kanaaf qabsoon Oromoo tumsa guddaa goote. Gaaffii isaanii fudhachuu osoo hin taane, mirgi gaafachuu isaanii akka kabajamuuf hedduu deeggarre. Yeroo tokko koreen kun gaaffii isaa mana marii federeeshiniif dhiheessuuf yeroo dhufan tikni federaalaa hidhuuf yoo yaalu poolisiin Oromiyaa baraare. Kunis tumsa qabsoo waliin qabnu cimse. Yeroo mormii Qeerroo sanis tumsi Amaaraafi Oromoo akka uumamuuf hoggansi koree kanaa garee kamuu caalaa shoora taphataa ture. Kanaafuu tumsa gara fuulduraa waliif goonu irratti marii guddaa goone.

Gaaffii Walqaayit ammas obsaan karaa heera mootummaafi qabsoo nagayaan gaafachuu akka itti fufan cimsee itti hime. Carraa miira jijjiiramaa jiruun fayyadamuun qondaalotaafi hayyoota Tigraay waliin mari'achuun furuuf akka yaalanis gorse. Gara Oromiyaa dhufanii qindeessitoota Qeerroo waliin akka walbaraniifi muuxannoo wal jijjiiranis affeeree adda baane.

Miidiyaa naannichaa, Istuudiyoo Maas Miidiyaa Naannoo Amaaraa daaw'annee af-gaaffii (Interview) kenninee hariiroon Amaara waliin qabnu daran akka cimuu qabu, cehumsi jalqabames bifa mirgaafi dantaa sabaaf sablammoota hundaa eegsiseen akka deemuu qabu cunfinee haasofne. San booda gara Finfinnee qajeelle.

Karoorri imala Baahirdaaritti aansee gara Maqalee deemuuf qabu hayyama hoggansa TPLFfi kan Abiy waan barbaaduuf lafarra harkifate. Dhumarratti anaa deemuuf guyyaa murteesse qophaayaa jiruu, hogganaan damee tikaa duraanii Geetachoo Asaffaa miseensa koree hojii raawwachiiftuu TPLF ta'ee filamuu isaatiin karoora imalaa san haquuf dirqame. Geetachoo Asaffaa yakkoota gaafa aangoorra jiru raawa'ateen osoo hin daangeffamin, erga jijjiramni dhufes biyyattii jeequmsatti galchuuf shira xaxa jedhamee Abiy fa'aan balaaleffatamaa ture. Warri TPLF osoo kana beekanuu nama san ofirraa fageessuu mannaa hoggansa olaanaatti filuun, miira ummattootaaf dhimma akka hin qabne, araaraafis qophii akka hin taane waan akeeka ture. Haala san keessatti gara Maqalee deemuun gatii siyaasaa hin malle waan na baasisuuf imala kiyya haquun mormii qabu ibsachuu filadhe.

8.2. Yaalii Nagayaafi Tasgabbii

Itti aansee xiyyeeffannoon kiyya walitti bu'iinsa Oromoof saboota ollaa waliin ture furuu irratti ture. Keessattuu wal-dhibdeen Somaaleefi Hararii waliin ture hojii saffisaa gaafata ture. Soomalee waliin wal waraansa daangaa lubbuu kumaatamaa galaafatetu ture. Hararii waliin ammoo mufiin gaafa naannoon uumamtu irraa eegalee jiru yeroo jijjiiramni dhufe sanitti magaalattii hokkaraaf saaxilee ture. Kanaafuu osoo biyya hin galiinuu yaalii rakkoo kana furuu eegaleen ture. Hoogganoota hawaasa lameenii Ameerikaafi Awuroppaatti argachuun komii isaanii dhaggeeffadhee, dubbii akka qabbaneessan gochaan ture.

Walitti bu'iinsi Harariifi Oromoota naannawa sanii rakkoo cimaa furmaata saffisaan barbaadu ture. Magaalaa Harariif bishaan baadiyyaa ollaa sanii keessaa baafamee lafa qonnaan bultootaa keessa dabree dhufaaf. Bishaan kun ummata baadiyyaa kana osoo hin obaasin keessa waan dabruuf komii guddaatu ture. Balfi magaalattiitis fe'amee lafa qonnaan bulaa irratti gatama. Dura boolli balfaa yeroo qotamu, kuufamni kosii hawaasarraan rakkoo fayyaa akka hin geenyetti gubatee madda anniisaa gandoota baadiyyyaa saniif ibsaa kennu akka ta'u waadaan galameefii ture. Qabatamaan garuu balfi sun takkaa hin gubamne ykn ammoo hin awwaalamne. Raasaa irratti waan gatamuuf xiraan isaa nama, beelladaafi midhaanis faalee summeessaa ture.

Jijjiiramni dhufuun dura ummanni baadiyyaa yeroo garagaraatti komii dhageessisaa turus kan isaan dhagahu hin turre. Humna ittiin mirga isaa kabachiisus waan hin qabneef komiin isaa dhageettii dhabde. Garuu qabsoon Qeerroo onnee guddaa itti hore, ni humneesse. Kanaafuu gaafa mootummaan laaffachuu eegalu qonnaan bulaan sarara bishaanii ooyruu isaanii keessa dabru muree magaalattii dheebeyse. Konkolaataa balfa jigsuuf dhufus dhoorgee balfi akka hin gatamne ugguruun magaalattii ajeesse. Haala kana keessatti akkuman ani biyya galeen bakka bu'oonni ummata Hararii Finfinnee dhufanii na dubbisan. Ergan komii isaanii dhaggeeffadhee booda, Abbootii Gadaa, Qeerroowwaniifi Ulamaa Harargee Bahaa yaameen dubbise.

Marii isaan waliin goonerraa maddi rakkoo tokko hoggansi naannicha bulchu atakaaroo keessoon laamshayuun rakkoo furuu akka dhoowwen hubadhe. Atakaaroon sun bifa lama qaba ture. Sababni duraa walmorkii (rivalry) qondaalota paartilee lamaan naannicha waloon bulchan, O.P.D.O.fi Liigii Hararii, jidduu jiruudha. Pireezidaantiin saba Hararii irraa yoo ta'u, itti aanaan Oromoo ta'a. Manni maree (legislative) gama lamaan irraa jaarama. Caasaan bulchiinsaa hafes gubbaa hamma gadiitti dhaabbilee lamaan jidduutti kan hirameedha.

Walmorkii kanarraa kan ka'e shira walirratti xaxaniif adeemsaafi tajaajila bulchiinsaa laamshessan. Atakaaroo dhuunfaa qondaalotaa bifa sabummaa qabsiisuunis ummata jidduutti hookkara uuman. Gareen Liigii Hararii naannichi maqaa isaatiin waan moggaafameef seenaa dahatee ol'aantummaa barbaada. Warri TPLF garee Hararii ofitti qabuun qondaalota Oromootiin walitti buusaa naannicha bulchaa turan. Gareen OPDO ammoo baay'ina ummataa waabeffachuun naatu "bulchuu qaba" jedha. Gaafa jijjiiramni dhufu miirri haaloo kaleessaa bahuus ni dhufe. Kanaafuu atakaaroon qondaalota gama lamaanii ummatatti gadi bu'uun magaalattii hokkaratti galche.

Sababni lammataa ammoo atakaaroo qondaalotuma saba Hararii jidduu jiru ture. Ummanni Hararii lakkoofsaan xiqqaa ta'us murnoota siyaasaa hedduu qaba. Murnoonni kun qondaalota siyaasaa qofa osoo hin taane abbootii qabeenyaas kan hirmaachisu ture. Wal dorgommiifi wal qoccolliin murnootaafi qondaalota jidduu jiru bulchiinsa naannicha hedduu miidhe. Pireezidaantiin yeroo sanii, Muraad Abdulhaadii, waggoota hedduuf aangoorra waan tureef jijjiiramni yeroo dhufu hoogganoota dargaggeeyyii irraa dhiibbaatu irratti godhamuu eegale. Inni caasaa aangoorra turuun ijaaretti gargaaramuun aangoo gadi lakkisuu didee irratti ciche. Walmorkiin qondaalotaa kun bulchiinsa naannichaa laamshessee waldhibdee qonnaan bultoota waliin qabu akka hin furre danqe.

Xaxaa sirni bulchiinsa naannichaa keessa jiru kana qaamolee hawaasaa gama lamaanii irraa ergan hubadhee booda, qondaalota mootummaa qunnamuun dubbise. Marii Obboo Muraad (pireezidantii) waliin goone keessatti jijjiiramni dhufuu akka qabu waliif galle. Innis aangoo gadi lakkisuuf qophii ta'uu naaf hime. Anis yaada isaa qondaalota Federaalaaf qoode. Akkuma waadaa gale yeroo gabaabaa booda aangoo warra dargaggeeyyii keessaa Ordiin Badriif gadi lakkise. Ordiinis akkuma aangoo qabateen komii qonnaan bultootaa furuuf tarkaanfii eegale. Qeerroowwan, Abbootii Gadaa, akkasumas bakka bu'oota qonnaan bultootaa waliin marii goonee, bishaan akka dabruuf balfis akka gatamu waliif galame.

Waamicha naaf godhameen magaalaa Harar gaafan dhaqe sagantaa simannaa istaadiyeemitti qophaaye irratti Pireezidant Ordin Badriifi bulchitoota Harargee Bahaa affeeree waltajjii irratti harka walqabannee ummata dubbifne. Ordiinitti akeekuun "gurbaan kun na fakkaata. Abbaan kiyya gaafa darasummaa naannawa kana waan tureef waan balleesse rabbitu beeka" jedhee qoosuun obbolummaa Oromoofi Harariin waliin qabaniif akka fakkeenyaatti dhiheesse. Ummannis hoogganaa dargaggeessa kana cinaa dhaabbatee nageenyaafi misooma magaalattiitiif akka hojjatu itti dhaame.

Galgala san hoogganoota bulchiinsa naannoo Harariifi Godina Harargee Bahaa mari'achiise. Wantin hubadhe tokko, hoggansi gama Oromoo keessattuu kanneen godinoota fagoo irraa achitti ramadaman hariiroo Oromoofi Hararii irratti hubannaa sirrii akka hin qabneedha. Dhimma Oromoofi Hararii akkuma hariiroo saboota biroo jidduu jiruutti laalan. Hariiroon lameenii garuu wantoota hedduun adda (unique) ta'an qaba. Qondaalonni naannawa sanitti hin guddatin xaxama (complexity) hawaasummaafi seenaa ummatootaafi naannawa sanii irratti hubannaa gahaa hin qaban. Kanarraa ka'uun waldhibdee jiru akkuma waldhibdee bakkeewwan birootti furuuf yaalu. Kanaaf yeroo dheeraa fudheen hubannaa qabsiisuuf yaale.

Warri gama Hararii ammoo Oromoo irraa sodaa hin taane (exaggerated fear) qabu. Olola yeroo dheeraaf saboota lamaan adda fageessuuf godhameetu kana uume. Keessattuu akka waan Oromoon naannicha diiguun Oromiyaa jalatti liqimsuuf fedhii qabuutti fudhatan. Kanaaf shakkii san laaffisuuf yaaluu qaban ture.

Hoogganoota gama lamaanii waliin balbala cufannee haasayaa erga bullee booda marii banaa galma mana paarlaamaa naannichaa keessatti hawaasa gama lamaanii waliin teenye. Marii kana keessatti dargaggoonni komiifi atakaaroo kaasaa turan. Tokko kaanitti quba qaba. Manguddoonni garuu seenaa hawaasa lamaanii kaasuun yaada araaraa dhiheessaa turan. Gaaffiileen gama Oromoorraa ka'aa turan "lakkoofsaan wayyaba taanee osoo jirruu maaliif gama diinagdeefi siyaasaatiin loogiin nurratti godhama?" kan jedhaniifi kanneen biroo turan.

Akka hoggansa Oromoo tokkotti nagaya buusuuf warra Oromootiin lolee, kan Hararii jajjabeessuun barbaachisaa ture. Oromoon keessattuu qonnaan bultoonni dhugaa qabu. Hoggansi naannichaa jara Wayyaanee jalatti dahachuun qonnaan bultoota aanaa Hundannee miidhaa ture. Ilaalchi farra Oromoos akka dagaagu taasisaa ture. Kun ammoo Oromoota biratti mufannoo uume. Amma garuu hooggansi Wayyaanee sun hin jiru. Hariiroon Oromoofi Hararii jiddugalummaa qaama sadaffaa isaan hin feesisu. Kanaaf dantaafi dhugaa walii beekanii hariiroo nagahaa tolfatanii jaarrachuu feesisa.

Kanarraa ka'uun deebii gaaffii isaaniif yoon kennu qabxii sadiin cimsee dubbadhe. Qabxiin duraa, ummanni Harariifi Oromoo shanyii garagaraa lamaa miti. Nama gaaffii gaafate tokkotu jecha 'shanyii' jedhu kana fayyadame. Ummanni lama shanyii garagaraati kan jedhamu yoo hidhata dhiigaa hin qabaanneedha. Hararii ta'ee namni adeera, adaadaa ykn haboo Oromoo hin qabne hin jiru. Ummatoonni lamaan yeroo dheeraaf wal cinaa jiraachuurraa kan ka'e fuudhaa heerumaan dhaloota hedduuf wal makanii jiran. Kanaafuu 'shanyii' garagaraa lama osoo hin taane shanyii wal makeedha. Ummanni Hararii aadaa karaa fuudhaatiin madaqfachuu (assimilation through marriage) jabaa qabu. Namni Hararii fuudhee magaalaa gale afaan baratee achumaan Hararii ta'uun beekama. Garaagarummaan hawaasa lamaan jidduu yoo jiraate kan Afaan dubbataniiti. Akkasiinuu hawaasni naannawa san jiraatu afaan lachuu ni dubbata. Kanaaf hariiroon lamaanii Hariiroo firaafi mana keessaati. Waldhabniinis yoo uumame dubbii maatii keessaati.

Dhimmi lammataa ani jabeessee dubbadhe, magaalaan Harar wiirtuu qaroomaafi seenaa waloo ummatoota Itiyoophiyaa Bahaa, jechuunis kan Soomaalee, Oromoo, Harariifi Affaar ta'uu ishiiti. Kanaafuu magaalaa waloo tana tiksuun faayidaafi dirqama saba Hararii qofa osoo hin taane kan saboota kaawwaniis ta'uu hubachuun barbaachisaadha. Jeequmsiifi hokkarri magaalaa tana miidhu hambaa seenaa saboota naannawa sanaa hunda kan miidhuudha.

Sadaffaan mirga ofiin of bulchuu Harariif kan kenne Mallasaafi Wayyaanee miti. Dhaloota hedduun dura irraa kaasee ummanni saba Harariifi gosoonni Oromoo naannawa sanii walii galtee uummatanii jiraachaa turan. Lafti ummanni Hararii irra qubatu guututti Oromoon marfamee osoo jiruu waggoota dhibbaatamaaf daangaafi walabummaan bulchiinsaa tikfameefii osoo walitti hin bu'in kan jiraachuu danda'an, saboonni lamaan hariiroo heeraan tumamte waan qabaniifi. Waliigalteen kunis qubsumni ummata Hararii kan Oromootiin marfamus mirgi aadaa, afaaniifi of bulchuu akka kabajamuuf kan mirkaneesse ture. Dabalataanis magaalaa alatti lafa qonnaa akka argatu.

Gama dinagdeenis durirraa kaasee maatiin Hararii gandoota magaalaa alaa keessaa ooyruu qonnaa qaba. Oromoon naannawaa ammoo magalattiitti bitatee gurgurata. Kanaafuu miidhaan magaalattii irra gahuu malu faayidaa uummatoota lamaaniituu huba. Kanaafuu aggaammii weeraraa magaalattii irratti godhamu malu irraa tiksuun dirqama waraana Oromoo maqaa Raabaa Doorii gurmaa'ee ture. Waliigaltee kanarratti hundaayeeti bara 1874 gaafa waraanni Masrii kan Ra'uuf Paashaan hoogganamu Harar weerare, waraanni Raabaa Doorii waggoota kudhaniifi loleenii bara 1885 magaalattii bilisa kan baase. Gaafa lola Calanqootis Amiirri Harariifi Bakar Waaree kan waraana Oromootaa maqaa Murtii Guutoon socho'uun waliif tumsuun weerara Minilik gamtaan dura dhaabbatan.

Kanaafuu ummatoonni lamaan haqaafi dantaa waliif eeganii buluun waan dhiheenya kana mootummaan kenneef osoo hin taane waan jaarraa hedduu lakkoofsisee dhalootaa dhalootatti dabraa dhufeedha. Humnoonni naannawa san dhuunfachuu barbaadan warra Masrii irraa kaasee hanga sirna Wayyaaneetti hariiroo ummatoota lamaan kanaa summeessuf yaalanis hin milkoofne.

Ummatoonni lamaan hidhata dhiigaafi aadaa qofa osoo hin taane walitti hirkannaa diinagdeefi nageenyaa cimaa qabachuutu shira walitti isaan buusuuf humoota alaatiin itti aggaamamu akka fashaleessan dandeessise. Kanaafuu, hooggannoonni hawaasa lamaanii bilchina abboota kaleessaa irraa barachuu yoo danda'an, gara fuulduraas mirga waliif kabajuun dantaa waloo irratti waliif tumsaa misoomaafi nageenya cimaa naannichatti mirkaneessuu danda'u. Sadarkaa naannootti wal gargaaranii diinagdee guddisuuf, akkasumas sadarkaa federaalaatti ammoo tumsa waliif ta'anii qooda ummata lamaaniin malu argamsiisuuf akka fayyadu cimsee dubbadhe. Isaanis gaaffiilee hedduu dhiheessuun hanga halkanii bal'inaan mari'anne.

Ordiin Badriifi hoggannoonni isa waliin aangootti dhufan bilchina guddaa agarsiisuun yeroo gabaabaa keessatti hariiroo saboota lamaanii wal'aanuu danda'an. Walqoccoluufi komiin xixiqqaan ammas jiraatus, jeequmsi magaalattii raasaa ture sun itti hin deebine.

8.3. Araara Oromoofi Somaalee

Akkuma gubbaatti kaafame akkuman biyyatti deebi'een dhimmoottan xiyyeeffannoo kennee irratti hojjadhe keessaa inni ijoon walitti bu'iinsa Soomaaleefi Oromoo furuuf yaaluu ture. Yeroo qabsoo Qeerroo san, mootummaan Wayyaanee Oromoof Soomaalee sababa daangaatiin walitti buusuun humna nu dadhabsiisee qabsoo fashalsuuf yaalee ture. Moyyaalee irraa hanga Bordoddeetti lola hamaa geggeeffameen lammiileen kumaatamaan gama lachurraa ajjeefamanii miliyoonotaan qe'ee isaaniirraa buqqa'an. Naannoo Soomaalee keessaa Oromoonni jiraatan kuma dhibbaatamaan buqqa'anii baqatuuf dirqaman. Oromiyaa keessaayis Soomaalota lakkoofsaan xiqqaa hin ta'intu baqachuuf dirqame.

Jeneraalonni shira kana xaxan miidhaa guddaa geessisanis qabsicha dhaabuu waan hin danda'iniif jijjiiramni dhufe. Yeruma qabsoo sanuu walitti bu'iinsi akka hin hammaanneef hayyootaafi rogeeyyii Soomaalee waliin qindoominaan hojjachaa turre. Namoota sanneen keessaa tokko Musxafaa Mahaammad kan booda pireezidaantii ta'eedha. Akkuma jijjiiramni dhufeen, pireezidaantiin yeroo sanii Abdii Mahaammad (Abdi Ilee)'n aangoorraa bu'uun waan hin oolleef isa bakka buusuurratti hojjachuun dirqama ture. Kanaafuu dhoksaan gara Naayiroobii, Keeniyaa deemee Musxafaafi hayyoota Soomaalee biroo waliin marii goonee innis qophiitti seene.

Ani biyyatti galee guyyoota muraasa keessatti Abdii Ileen qabamee hidhame. Musxafaanis Keeniyaa irraa Finfinnee dhufee Hoteela Ilillii kutaa na cinaa jiru qubate. Nageenya isaatiif waan yaaddofneef ofuma bira galchuuf murteessine. Yeroo gabaabaa booda Jigjigaa geeffamee sadarkaa itti aanaatti aangoo pireezidaantummaa dhuunfate. Akkuma dura waliin mari'anne, ani adda durummaan walitti bu'iinsa Soomaaleefi Oromoo furuurrattin fuulleffadhee hojiitti seene. Innis aangoo haaraatti qabateen tumsa guddaa nuuf godhuu danda'e.

Lolli Soomaaleefi Oromoo sun alarraa yennaa laalan walitti bu'iinsa sabaa fakkaatus gadi buunee yoo qorannu, ka'uumsi isaa atakaaroon gosoota saba lamaanii wal cinaa qubatan jiddutti uumamuurraa akka ta'e barre. Durumarraahuu gosoonni ollaa daangaa lafaa irratti walitti qoxxisuun dabree dabrees wal ajjeesuun waanuma jiru. Komii (dispute) daangaa naannolee lamaan giddu ture bara 2004 rifarandamiin furame. Bara as aanaa walitti bu'iinsi daangaa hammaataa kan dhufe shira daldaltoota koontrobaandiitiin akka ta'e hubanne. Daldaltoonni xiyyeeffannaa qaama nageenyaa eegumsa koontrobaandiirraa maqsuuf jecha gosoota jiddutti jeequmsa kaasu.

Yeroo humni nageenyaa jeequmsa dhaamsuuf garas qajeelu koontrobaandii fe'ame miliqsanii dabarsu. Shira kana daran kan hammeesse ajajoonni waraana mootummaa daldala koontrobaandii keesssati hirmaachuu isaaniiti. Gaafa qabsoon Qeerroo jabaatee hoggansi Wayyaanee lola sabootaa uumuun dubbii maqsuu barbaade jeneraalonni kun muuxannoo shira koontrobaandii irraa horatan ergama siyaasaafis hojiirra oolchan. Shira dura gosootuma daandii koontrobaandiin irra dabru muraasatti taasisaa turan gara lola daangaa waliigalaatti guddisuun lola saboota lamaanii godhan.

Kanaafuu furmaata gochuuf sadarkaa lamatti hojjachuu gaafata ture; sadarkaa sabaafi gosaatti (qe'eetti). Dura ololaafi walshakkii sadarkaa sabaatti uumame qabbaneessuudha. Kun ammoo sadarkaa hoggansa olaanaatti wal hubannaan uumamuu qaba ture. Kana gochuuf garuu hoogganoonni madda rakkoo ta'an kaafamuurraa eegalamuu qaba ture. Haaluma kanaan qondaalonni aanaaleefi godinoota wal daangeessanii akka jijjiiraman taasifame. Hooggannoonni haaraan ol bayan durumaanuu araara saboota lamaaniitti waan amananiif yeroo gabaabaa keessatti hariiroon gaariin bulchitoota naannoolee lamaan jidduutti uumame.

Itti aansee gosoota saboota lamaanii wal cinaa qubatan walitti fiduun mari'achiisuudha. Kanaafis gosoota daangaa Moyyaalee hanga Bordoddeetti jiran qunnamuun hojiitti seename. Abbootii amantaa, Abbootii Gadaa, Ugaasotaafi Garaadota Finfinnee fiduun itti haasofne. Gaafa tokko Lammaa dubbisuuf waajjira pireezidaantii Oromiyaa yoon dhaqu, jaarsota galma tokko keessatti walgahanii qondaalli tokko fuuldura taa'ee itti haasayu arge. Eenyummaa jara walgahee yoon iyyaafadhu jaarsota Oromoofi Soomaalee naannawa Baabbillee araarsuuf yaaliin godhamaa akka jiru dhagaye. Jaarsota san fuudhee laaqana akkan affeeruuf hayyama gaafadhee mana kiyyattiin gale. Gara nama shantamaa ta'an ture. Yeroo dura mana gahan dhimma jabaa irratti dubbachuu dhiisii nagayayyuu walgaafachuu didanii turan. Kanaafuu haasawa sirnaa eegaluun dura muftoo san tooftaan cabsuun qaba ture. Maarree akkuma mana kiyya gahaniin xiqqoo erga taa'aniin booda yeroon salaataa geenyaan bakkuma tokko afneefii malaan akka waliin salaatan goone. Akka amantiittis waliin salaatuu diduun sirrii akka hin taane waan beekaniif osoma rincicanii harkifataatuma itti seenan.

Nama salaachisu irratti warri Oromoo jara Soomaaleef keessummaa waan ta'aniif isaan akka salaachisan dhiiban. Warri Soomalee ammoo abbaan qe'ee Oromoo waan ta'ef jarri haa salaachisan jedhan. Falmaa akkasii booda manguddoon hundarra umriin hangafaa haa salaachisutti waliigalan. Waliin salaannee yeroo geessinu laaqanni gahee jira. Kanas mataa mataan osoo hin taane meeshaa gurguddaa irratti waloon dhiheessinee waliin nyaatame. Itti aansee jimaan dhihaatee namni qama'uu eegale. Beekaa haasofni dhimma waldhibdee akka hin kaane gochuun haasawuma hawaasummaa akka taasisan goone.

Edaa lolli jidduutti godhamee adda haa citaniif malee gosoonni daangaa irra jiran kun firoomaan wal keessa jiru. Afaan walii dubbatu. Wanni naaf haarayaa takka kanin arge gosoota wal daangessan kana keessaa sabaan Oromoo ta'ee kan Afaan Soomaalee malee kan Oromoo hin beekne, Soomaalee ta'ee ammoo kan Afaan Oromoo haasayu arge. Kanaafuu adaduma haasawni isaanii hoo'aa deemuun mufannaa walirraa qaban yeroof dagachuun waa'ee madhaa-maatii wal gaafachuutti seenan. Hedduun isaanii walii fira. Yeroo dheeraaf sababa lola daangaatiin addaan citanii waan turaniif dharraa walii qabu. Salaata Asrii akkuma salaataniin gara marii dhimma wal geenyeefitti seenne. Garri lachuu komii walirraa qaban dhiheeffatan. Yeroo namoonni dubbatan miira dallansuu keessa seenan qabbaneessaa akka obsaan wal dhaggeeffatan godhaan ture. Himannaan komii erga dhumeen booda dhugaa waliif galchuun eegalame. Waliin jiraachuufi gara fuulduraaf araara buusuun barbaachisaa akka ta'e hunduu cimsee dubbate.

Yaada gamaa gamanarraa ka'aa ture keessatti namoonni adda dureen ajandaa bocan (opinion makers) eenyu akka ta'an ifa ta'aa dhufe. Namoonni sunniin warra daldala koontrobaandii waliin hidhata qaban akka tahanis barre. Kanaaf jaruma saanitti dirqama kennine. Garee isaanii irraa rasaasni tokko dhukaanaan nama dhukaase saaxilanii poolisiif kennuun dirqama isaanii akka ta'u irratti waliif galle. San godhuu baannaan garuu maddi jeequmsaa namoota adda baafaman san akka ta'etti ibsineef. Milkaa'ina marii kanaa irratti hundaa'uun, gosoota ollaa bakkoota biroottis walitti fiduun araara buufne. Waliigaltee kanas qondaalota naannoo lamaaniitiif gabaasuun, bulchiinsi gandootaafi aanota daangaa jaarsotaan walii tumsuun hojiitti akka hiiku gorsine. Dhimmoonni komii daangaan wal qabatan murtii bulchiinsaafi seeraa waan gaafataniif mootummoota naannoo lamaaniitiif dhiifne.

Akkuma dura jedhame, lola saboota lamaan waldaangeesan jidduutti godhame san qaamota sadiitu gaaza itti naqa. Kan duraa, qondaalota gama lamaanii ergama warra saba lamaan walitti buusuu fudhatee socho'aa tureedha. Nagaya buusuuf jara kana bakkaa kaasuu feesisa. Kun jijjiirama waliin ta'e. Kan lammataa, qondaalota waraanaafi humnoota tikaati. Jarri kunis cehumsa waliin manca'an. Kan sadaffaa, hawaasa diyaaspooraa kan gamaa-gamanaa maallaqaafi olola miidiyaan dubbii hammeessaa tureedha. Kanaafuu Minnesota (Ameerikaa) irraa eegalee, Awuroppaa, Keeniyaafi Dubaay dhaquun namootaafi gareelee lola san keessaa harka qaban dubbisuun lola godhamu ololaafi leeccalloon tumsuu dhaabanii araara buusuu akka nu gargaaran dhaamsa dabarseef. Hedduun isaanis waamicha fudhatanii hojiirra oolchuun milkaa'uu araaraatiif shoora taphatanii jiru.

Walitti bu'iinsa kana keessaa kan xiqqoo jabaatee nu dhibe Dirree Dhawaafi naannawa Mooyyalee ture. Jeequmsa Dirree Dhawaa furuuf yaalii goone keessatti, sadarkaa lamaan itti deemuu filanne. Kan duraa, dhimmoota yeroo sanitti walitti bu'iinsaaf sababa ta'an (immediate causes) furuun ibidda jeequmsaa dhaamsuu ture. Kan lammataa, dhawaataan gaaffiilee abbummaafi bulchiinsaa jiraattota irraa ka'aniif furmaata kennuudha. Tooftaa kana Oromoo amansiisuun rakkisaa ture. Kanaafuu gaaffii abbumaa Oromoon kaasu osoo hin haalin barbaachisummaa yeroo sanitti nagaya buusuu ibsuufiin qaba ture. Dirree Dhawaan fanjiilee sirni Wayyaanee ummata Oromoo saboota ollaa isaa waliin walitti buusuuf awwaalte keessaa tokko akka taateefi suuta tooftaan yoo deemne malee dhootee waa hedduu nu jalaa akka balleessitu hubachiisuu yaale. Kana waan ta'eef ammatti walitti bu'iinsa haa furru, biyya haa tasgabbeessinuu, san booda dhawaatan gaaffii abbummaafi bulchiinsaa akkaataa haqaafi mirga Oromoo, Soomaalee akkasumas saboota biroo magaalattii keessa jiranii kabachiisuun furra kan jedhu ture.

Bakka bu'oota Qeerroo, Barbartaa (dargaggoota Soomaalee), Abbootii Gadaafi Ugaasota Finfinneetti waamuun ergan dubbisneen booda marii waloo Dirree Dhawaatti qopheessuuf karoorfanne. Imala kanas Musxafaa Mahaammad, kan yeroo sanitti Pireezidaantii Naannoo Somaalee ta'ee muudame, waliin dhaqne. Simannaa gaariin nuuf godhamee hawaasa gama lachuu galma keessattifi manguddoota ammoo kophaatti mari'achiifne. Garuu imala kanaan hojii xumuruu hin dandeenye. Yeroo lama sadii magaalaa sanitti deddeebi'uun dirqama ture.

Dhimmi xaxamaan biroo dhimma waa'ee Soomaalota lammii Jibuutii, Dirree Dhawaa, mana tokko keessatti ajjeefamanii ture. Dhimma sanjaarsummaan fixuuf caayaa yeroo teenyu, manguddoon Soomaalee gumaa gaafatan. Manguddoon gama Oromoo ammoo "gumaa ni kafalla garuu ammoo gumaan kan kafalamu namni dhuunfaa yakka san hojjate yoo beekameedha. Kanaafuu manguddoon Soomaalee nama ajjeechaa san raaw'ate adda baasanii nutti haa himan. Gaafa isaan nama yakka dalage adda baasanii himatan, nuti gosa yakkamaan sun irraa dhalate dirqisiifnee gumaa kafalchiifna" jedhan.

Rakkoon jiru ajjeechaan kan raaw'ate yeroo jeequmsa garee (mob riots) waan taheef "Oromootu ajjeese" jechuu malee abalutu ajjeese jedhanii adda baasuun hin danda'amne ture. Manguddoon Oromoo sirna dubbii nuti isaan moo'achuu hin dandeenyeen nu dura dhaabbatan. Kana irraa kaanee fala dhooyne. Kunis maallaqa gumaa ani akkan barbaadu waadaa galeef. Akkaasiinuu manguddoo Oromoo amansiisuuf laafaa hin turre. "Nuti maallaqa dhabnee osoo hin taane, adeemsatu sirna gumaan itti baafamu hin eegin" jedhan. Dubbii gama aadaatiin dadhabnaan ulamaa'ii (hayyoota Islaamaa) itti baafnee amansiifne. Anis maallaqa abbootii qabeenyaa irraa fuudhee gumaa san kafallee dubbii fixne.

Itti aansee Jibuutiis dhaquun qaamota dubbii Dirree Dhawaa keessaa harka qaban mariisisuun akka nagayaafi tasgabbii magaalattii deeggaran gaafadhe. Dirre Dhawaafi Jabuutii jidduu hidhata hawaasummaa cimaatu jira. Somaaleen Dirree Dhawaafi Jibuutii jiraatan gosti isaanii lissaa. Ugaaza tokkoon bulu. Yeroo qilleensi Jabuutii hedduu hoo'u, lammiileen biyyattii heddu gara Dirree Dhawaa dhufuun boqotu. Pireezidaantii yeroo ammaa Ismaa'il Umar Geelee dabalatee, hoogganoonni Jabuutii heddu Dirre Dhawaatti dhalatan. Oromoota sirnoota abbaa irree jalaa lubbuu baafachuuf baqataniif Jabuutiin dahoo turte. Har'as Oromoota kuma hedduutti lakkaawamutu jibuutii jiraata. Kanaafuu walitti bu'iinsi

Dirree Dhawaa uumamu Jibuutiis ni tuqa. Kanaafuu nageenyi Dirree Dhawaa hariiroo biyyoota lamaaniif hedduu barbaachisaa akka ta'e waliif galle.

Nagaya Somaaleefi Oromoo jidduutti buusuu keessatti dhimmi ulfaataan kan Moyyaalee ture. Gosoonni Booranaafi Garrii afaan tokko dubbatanis yeroo hedduu wal lolaa turan. Wal-dhabdeen gosoota lamaanii sababa xaxamaafi seenaa bara dheeraa qabaatus, yeroo Soomaleefi Oromoon sadarkaa sabaatti wal-lolchiifaman san hedduu hammaate. Daangaalee hunda caalaas hawaasa lamaan jiddutti gaaga'amni hamaan gahe. Magaalaan Moyyaalee akkuma Dirree Dhawaa fanjii gosoota Garriifi Boorana walitti buusuuf awwaalamteedha. Magaaluma takkittii bakka lamatti addaan kutuun aspaaltii gamaafi gamanatti adda qoodanii gara tokko naannoo Oromiyaaf kaan ammoo Soomaleef kennan. Moyyaalee malees iddoolee kabajamoo aadaa Booranaa Tullaa Saglan jedhaman bakka lamatti muruun jeequmsaaf karaa saaqan.

Wanti hariiroo gosoota lamaanii daran xaxamaa godhe ammoo lameenuu gama daangaa Keeniyaa waan jiraniif, qondaalonni siyaasaa biyya saniis gosoota lamaan walitti buusuu keessaa harka keessaa qabaachaa turuudha. Kanaafuu namootaafi qondaalota gama lamaanii (Garriifi Booranaa) biyya Ameerikaa, Keeniyaafi Finfinneetti dubbisuun nagaya buusuu irratti akka nu gargaaran irratti hojjanne.

Dubbii Garriif Booranaa san keessatti, yeroo lolaa sanittti OMN gara Booranaa gore jedhamee komatamaa ture. Dhimmi kun hammam hawaasa Garrii biratti akka muffii uume nama yeroo dheeraaf beekurraan hubadhe. Namni kun Siraaj jedhama. Biyya Ameerikaa kutaa California kutaa Orange County keessa jiraata ture. Oromootan akkan jalqaba Ameerikaa dhaqeen walbare keessaa tokko ture. Paltalk irratti maqaa Komba jedhuun fayyadama ture. Ani ammoo maqaa akaakoo kiyyaa Tolaa Buliitiinin beekkama.

Achitti walbarree akkan walgahii hawaasa Oromoo Los Angeles irratti hirmaadhu na affeere. Namni yeroo duraaf walgahii Oromoo biyya ormaatti hirmaadhee akkan dubbadhu na affeere isa. Kanumaan akka ilma isaatti na madaqfate. Siraaj jechuun deeggaraa ABO cimaadha. Ilaalchi siyaasaa keenya yeroo hedduu wal simatuu baatus nama murna caalaa Oromummaa cimsu waan ta'eef, hariiroo gaariin waliin turre. Yeroon boqonnaa qabu hedduu mana isaaniittin dabarsa ture. Hayyoota jajjiaboo akka Dr Guddataa Hinikkaa waliinis wal na barsiise.

Akkum jijjiiramni dhufee Baqqalaa Garbaa hidhaa baheen wal'aansaf qabadhee Dr. Guddataa Hinnikaa bira gaafan geesse, Siraajiifi haati warraa isaas nu dubbisuu dhufan. Akkuma nu arganiin lamaanuu booyuu eegalan. Namni hundi rifatee waan ta'an yoo gaafatan, rogeeyyiin Oromoofi Miidiyaan Booranarra goree Garrii ficcisiisuun sirrii akka hin taane himatan.

An gama koon yoo gochi kiyya gadda isaaniif gumaacha godhee jira tahe dhiifama gaafadhe. Duula Wayyaaneen Liyyuu Hayilii naannoo Soomaalee fayyadamtee daangaa cehuun Oromoo ficcisiisuuf godhaa turte dura dhaabbachuuf malee Booranaaf loognee Garrii miidhuuf akka hin taane himeef. Dhugaadha, lola Wayyaaneen Liyyuu Poolisii duuba dhokattee ummatarratti bante fashalsuun Qeerroofi horsiisee bultootni Moyyaalee hanga Bordoddeetti Poolisii Oromiyaa waliin akka hojjatan qindeessuu keessatti hirmaannee turre. Gara miidiyaanis uwwisa kennine.

Dubbiin kun akka waan Booranarra aanneetti hawaasa Garrii biratti laalamuun isaa naaf gala. Of duuba deebi'ee sababa (excuses) tarreessuun Siraajiifi haadha warraa isaa waliin mormii keessa seenuu mannaa dhiifama gaafachuun walitti bu'iinsi gara fuulduraaf akka hin uumamne hojjachuu wayya ejjannoo jedhun qabadhe.

Komiin anaafi OMN irratti ka'aa ture gara hawaasa Garrii qofarraa hin turre. Hawaasni Booranaatis yeroo lolaa san "sirritti nuuf hin iyyine" komii jedhu qaban ture. Warri Garrii Jawar soddaa waan ta'eef Booranaaf looga yoo jedhan, warri Booranaa ammoo hawaasa moggeeffame (marginalized) waan taaneef xiyyeeffannaafi uwwisa miidiyaa gahaa nuuf hin kennine jedhanii nu komataa turan.

Egaa dhiibbaa akkasii keessatti ture hawaasa lamaan jidduutti nagaya buusuuf yaalii kan eegalle. Gaafa Abiyyiifi Lammaan Minnesota dhufan san, jaarsoliin hawaasa Garrii kan Ameerikaa Kaabaa dhufanii jara arguu yaalanis hin milkoofne. Isaanii balbalarra dhaabbatee jara eegu argeen fuudhee waajjira OMN geessee akkaataa araarri itti bu'uu qaburratti mari'anne. Yeroo sanitti saffisaan walitti bu'iinsa dhaabsisuun miirri ummataa qabbanaayaa waliin dubbiin araara buusuuf akka qophaayu gochuuf waadaa galanii addaan baane.

Daangaa Oromiyaafi Soomaalee bakka hedduutti akkuma jijjiiramni dhufeen lolli yoo dhaabbatu, kan Garriifi Booranaa naannawa Moyyaaleetiin jiru garuu ittuma fufee ture. Kana kan godhe qondaalonni waraanaa hawaasa lamaan walitti buusaa turan achii kaafamuu dhabuu isaanitiini. Fakkeenyaaf koloneelli tokko kan waggoota diigdama ol naannawa san tureefi koontrobaandii daldaluun beekkamu, achuma Moyyaaleetti Oromoota shan guyyaa adii fixus, moorama waraanaa achi jirutti 'hidhamee', achuma keessaa ummata walitti buusaa ture. Yaalii araara buusuuf gochaa turres manguddoota doorsisuun garii ammoo maallaqaan sossobuun nu harkaa fashalsaa ture.

Kanaafuu yeroo sanatti Itti Aanaa Itaamajoor Shuumii kan turan Jeneraal Birhaanuu Juulaatti waywaachuun koloneelli suniifi qondaalonni isaan waliin hidhata qaban akka bakka sanii kaafaman taasifne.

Sana booda manguddoo Garriifi Abbootii Gadaa Booranaa Finfinneetti yaamsisuun marii goone. Naayrobiittis qondaalota mootummaafi abbootii qabeenyaa gosoota lamaanii walitti fiduun nagaya buusuu keessatti gahee isaanii akka bahatan mari'achiisne. Waliitti bu'iinsa naannawa Mooyyaleetiif shoorri guddaan daldala koontroobaandii ture. Kanaafuu nagaya buusuuf shoorri daldaltootaa guddaa waan ta'eef namoota ijoo ta'an walitti fiduun akkaataa dorgommiin isaanii osoo ummata walitti hin buusne wal hubatanii hojjatan irratti wal taasisuuf carraaqne.

Walitti bu'iinsa gosoota lamaanii kana furuuf yaalii godhamaa ture keessatti qondaalonni mootummaas gumaata gaarii qabaachaa turan. Pireezidaantoota naannolee lamaanii Lammaafi Musxafaan, akkasumas komishiinara poolisii federalaa yeroo sanii Zeeynuu Jamaaliifi Itti aanaa itaamaajoor shuumii raayyaa ittisa biyyaa Jeneraal Birhaanuu Juulaa waan danda'an maraan nagaa buusuuf carraaqan.

Nagaya Soomaaleefi Oromoo jidduutti buusuu keessatti shoora pireezidaantii naannoo Soomaalee Musxafee Mahaammaad addatti beekkamtii kennuun barbaachisaadha. Nama ifiifuu sirna duraa keessatti obboleessi jalaa ajjeefame waan ta'eef madaa Oromoo ni hubata. Caalatti ammoo ummatootni Soomaaleefi Oromoo hidhata hawaasummaa qofa osoo hin taane, walitti hirkannaa diinagdee cimaa akka qaban beeka. Hireen siyaasaafi diinagdee saboota lamaanii akka adda bahuu hin dandeenye onnerraa waan amanuuf hojii guddaa hojjate. Anaan ammoo bara qabsoo irraa kaasee waan wal beeknuuf waliin hojjachuuf salphaa ture.

Haala kanaanis lola gosoota lamaan jidduutti waggootaaf taasifamaa ture dhaabsisuun danda'ame. Dhimmoota gurguddoo gosoota lamaan walitti buusaa turan hiddaan furuuf hojiin dabalataa barbaachisus tumsi gara mootummaa laaffachaa waan deemeef itti fufuun hin danda'amne. Inumaatuu tura keessa qondaalonni mootummaa gariin yaalii godhamaa turetti gufuu ta'uun eegale. Kanaaf ammoo sababni tarii hariiroon kiyyaafi mootummaa hammachaa deemuun ta'uu hin oolu. Ta'us waggoota shanan darbaniif hawaasni lamaan gara lolaa osoo hin deebi'in nagayaan jiraachuu isaa arguun carraaqqii godhaa turretti akka hin gaabbine na taasisa.

Walumaagalatti yaaliin Oromoofi Soomaalee jidduutti nagaya buusuuf goone hojiiwwan milkaayuun isaa nu boonsu keessaa isa tokko. Ummanni kumaatamaan wal ajjeesaa ture yeroo gabaabaa keessatti gara nagayaatti deebi'ee harllroo hawaasummaafi diinagdee tan dur daran cimsatee arguun hedduu na gammachiisa. Gara fuulduraas Soomaaleefi Oromoon hariiroo tarsiimaawaa qaban daran cimsuuf hoggansi, hayyoonnifi daldaltootni jabaatanii cimuu qabu.

Soomaalee yoo jennu kan Itoophiyaa keessaa nu daangeessan qofa osoo hin taane Moqaadishuu, Hargeeysaa hanga Jibuutii warra jirus dabalata. Oromiyaafis ta'ee Itoophiyaaf, Afrikaa keessatti ummanni Soomaalee caalaa nu fayyadu hin jiru. Keessattuu gama diinagdeetiin hariiroon ummata Soomaalee waliin qabnu kan biyya Afrikaa kamuu caala. Daldalli ummata Soomaalee waliin qabnu waggaatti biliyoona lama akka caalutti tilmaamama. Kanaafuu hariiroo kana daran cimsuun, hawaasni Soomaalee nagaya, tokkummaafi tasgabbii akka qabaatu gargaaruun of gargaaruu akka ta'e beekuu feesisa.

8.4. Qabsoo Sabootaa Deeggaruu

Akkan biyyatti galeen hojiin itti xiyyeeffadhe tokko gaaffii mirgaa saboonni Naannoo Ummatoota Kibbaa garagaraa kaasaa turan deeggaruudha. Toora jijjiiramni dhufe dargaggoonni saboota kanaa Qeerroo fakkeenya godhachuun gurmaa'anii qabsoo naannoo uumachuu finiinsaa turan. OMN uwwisa miidiyaa akka kennuuf, ana ammoo tooftaafi tarsiimoo qabsoo nagayaa irratti gorsa akkan kennuuf nu gaafachaa turan. Nutis gammachuun gargaaraa turre.

Erga sirni mootummaa Itoophiyaa ammayyaa uumamee kaasee akkuma Oromoo saboonni Kibba biyyattiis cunqursaa aadaafi afaanii akkasumas saamicha diinagdee hamaa jala turan. Inumaatuu miidhaan isaanirra gahaa ture kan Oromoorra hammaata. Kanaafuu qabsoon Oromoo gaafuma jalqabdurraa kaasee sirna cunqursaa waloo san kuffisuuf saboota kibbaa akka waahillan tarsiimoo (strategic partners) ilaala ture.

Gaafa Waldaan Maccaafi Tuulamaa hundeeffamu dhalattootni saboota Kibbaa hedduun aantummaa garsiisuuf miseensa waldichaa ta'anii akka turan seenaan ni agarsiisa. Gaafa qabsoon Oromoo jaarmayaa siyaasaan hoogganamuu eegaltus, bu'uureessitoonni ABO, jaarmaya ECHAT (የኢትዮጵያ ጭቁኖች አብዮታዊ ትግል) jedhamu ijaaruun tumsa saboota cunqurfamoo Kibbaa waliin qaban daran cimsan. Roorroon saboota Kibbaa irra gahaa ture kan Oromootiin waan wal fakkaatuuf yeroo qabsoon Oromoo bu'aa buuftu, saboonni kunis fayyadamaa turan. Gaaffiin lafaa, Afaaniifi Naannoo ofii yeroo deebi'u sabootni kunis walumaan fayyadamoo ta'an.

Ummatoota Oromoo waliin cunqurfamaa turaniifi qabsoo irrattis waliif tumsaa turan keessaa tokko saba Sidaamaati. Sabni kun cunqurfamaa qofa osoo hin taane firooma afaaniifi aadaas Oromoo waliin qaba. Kanaafuu gaafa qabsoon hidhannoo eegalu, qabsaa'onni isaanii biyya keessaafi biyya ollaa Somaaliyaattis qabsaa'ota Oromoo waliin lolaa turan. Jijjiiramaa bara 1991 dhufeen sabni Sidaamaa mirga afaan ofiitiin barachuu goonfatanis sababa gahaa malee mirga naannoo ofii uumachuu dhoorgamuun Mootummaa Naannoo Sabaaf Sablammoota Kibbaa jala galfamuu isaanii mormuun qabsoo itti fufanii turan. Sababa mormii kanaanis dararaa hedduutu irra gahaa ture. Keessattuu bara 2002 keessa bakka Looqee jedhamtutti qabsaa'onni hedduun jumlaan ajjeefaman. Ta'us ajjeechaan sun ummata kana mirga isaa gaafatuu irraa duubatti hin deebifne.

Yeroo qabsoon Qeerroo finiine san nuus akkuma abboota keenyaa saboota cunqurfamoo waliin tumsuuf carraaqqii godhaa turre. Kana keessaa tokko OMN irratti sagantaa Afaan Sidaamaa (Sidaamu Afoo) akka qabaatan sa'aa qilleensaa kennuun tokko ture. Sagantaan sunis qabsoo ummatichaa haaraatti finiinse. Sochiin dargaggootaa maqaa Ejjattoo jedhamuun socho'u as bahee qabsoo qindeessuufi hogganuu eegale.

Sochiin Ejjettoo kun Qeerroo waliin qindaa'uun hojii baay'ee hojjatan. Mormii naannawa Shaashamannee-Hawaasaatti godhamu irratti waliif tumsaa turan. Keessattuu yeroo labsii muddamaatti Ejjattoon Qeerroowwan mootummaan adamsu qe'ee ofiitti kooluu galchuun lubbuu baraaraa turan. Akkasumas yeroo Qeerroon karaan cufamu, humni waraana mootummaa lafa Sidaamaa keessaan darbuun naannolee akka Ajjeefi Shaallaatti darbuun haleellaa akka hin geessineef jaarsolii Sidaamaa karaatti bahuun dhoorkaa turan.

Erga jijjiiramni dhufeen booda sabni Sidaamaa tokkummaan ka'ee gaaffii naannoo ta'uu daran finiinse. Nutis miidiyaa mataa isaanii Sidaamaa Miidiyaa Network (SMN) akka dhaabbatan gargaarre. Duula naannoo isaanii uumachuuf godhanis bifa hedduun tumsineef. Qophiilee Oromoo adda addaa irrattis manguddootaaf dargaggoota isaanii affeeruun tumsa qabnu agarsiisaa kaayyoo isaaniis ummata Oromootti akka beeksifatan carraa laataafii turre. Qophii ayyaana isaanii Cambalaalaa keessattuu kan bara 2019 irratti Oromoon godina maraa akka hirmaatu godhame.

Yeroo sanitti reefu kan Pireezidaantii Oromiyaa tahuun muudame Shimallis Abdiisaa jila mootummaa fuudhee dhaqe. Anis Qeerroowaan hedduu waliin taanee dhaqnee miidhagsine. Waltajjii ayyaana Cambalaalaa kanarratti akkan dubbadhuuf carraa naaf kennameen gaaffiin saba Sidaamaa gaaffii seeraaf haqaa akka ta'eefi mirga kana ammoo waggoota shantama booda dhugeeffachuuf dhihaateera jechuun dubbadhe. "Tolaanis ta'ee lolaan goonfatuun isaanii hin oolu" jedhe.

Miidiyaaleen farra qabsoo ummata Sidaamaa ta'an dubbii kiyya kana hedduu balaaleffachuudhaan saboota biroo akka waan buqqaasuufi miidhuuf dubbadheetti olola oofan. Miidiyaaleen sun durumaanuu naannoon Sidaamaa uumamuun akka waan Itoophiyaan diigamtuutti ololaa waan turaniif, qabsoo Sidaamaa kanaaf tumsi nuti goone baay'ee dallansiisee duula maqaa balleessii bal'aa geggeessan.

Gama mootummaa federaalaatiin gaaffii Sidaamaaf ilaalcha walmakaatu ture. Gama jalqabaa irratti muummichi ministeeraafi qondaalonni biroo qabsoo Sidaamaa kanaaf aantummaa agarsiisa turan. Qondaalonni biyya biraa kan akka Pireezidaantii Eritiraa Isaayyaas Afawarqii yeroo dhufe achi geessuun aadaa saba sanii dhaadhessuu turan. Haala kana akka waan mootummaan federaalaa naannoo Sidaamaa uumuuf rifarandamii geggeessuuf qophaayeetti hubachuun abdii guddaa saba san biratti uume. Muummichi Ministeeraa marii dhuunfaan hoogganoota Sidaamaa waliin godheen naannoo uumachuu isaanii akka deeggaru waadaa galaafii ture. Abdii kanarraa ka'een manni marii godina Sidaamaas sagalee guutuun naannootti guddachuu murteessee mana maree federaalaatti erguun akka heera mootummaatti deebii eeggachuu eegale. Deebii 'tole' jedhutu dhufa jedhanii waan yaadaniifis guyyaa silaa rifarandamiin itti geggeeffamu murteessanii qophiitti seenan.

Warri federaalaa garuu waadaa dura seenan san gaabbuu eegalan. Kunis sababa garagaraa qaba. Sababni tokko Sidaamaaf naannoon yoo kenname saboonni biroos gaaffii walfakkaataa kaasuu waan malaniif jeequmsatu uumama kan jedhu ture. Kan lammataa ammoo, duula gama garagaraatiin humnoota siyaasaa Amaaraa irraa godhamaa tureen sodaa keessa galuudha. Kan sadaffaa, akkuma boodarra ifa bahe, paartiin haaraatti hundeessuuf karoorfame federaalizimii sabummaa irratti hundaayu kan hin deeggarre waan ta'eefi. Sidaamaaf naannoo hayyamuun karooraafi ilaalcha paartii haarayaa saniin waan walfaalleessuuf ture.

Gama kiyyaan akkuman biyyatti galeenin qondaalonni federaalaa naannoo Sidaamaa uumuuf murannoo akka hin qabne shakke. Kanarraa ka'een gama tokkoon ummataaf waadaa galaa gama biraan faallaa deemuun balaa akka qabu itti hime. Naannoo uumuudhaaf ammatti qophii yoo hin taane, ifatti hoogganoota, manguddootafi Ejjattoo Sidaamaatti dhugaa himuun yeroon akka kennamu gaafadhaa jechuun gorse.

Yeroo sanitti Afa-yaa'ii mana maree federaalaafi dura buutuu paartii Kibbaa kan taate Aaddee Mufaariyaat Kaamil waliin yeroo lammataaf wal argee sodaa nageenyaa gaaffiin Sidaamaa fidaa jiru naaf himtee akkan Ejjattoo tasgabbeessuu keessatti mootummaa gargaaru na gaafatte. Anis akkuman qondaalota federaalaa biraatti himaa ture, hoogganoota Ejjattoofi jaarsota Sidaamaa ifatti dhugaa itti himuun qophii naannoo uumachuuf qaban akka dheeressan amansiisuu akka wayyu itti hime. Gama kiyyaanis akka isaan obsaan eegan gorsuu akkan yaalu itti hime.

Hoogganoota Sidaamaafi Ejjattoo yeroon mari'achiisu silaa mootummaan federaalaa ejjannoo isaa dhugaa ifatti yeroo akka kenninuuf gaafatee rakkoo akka hin qabneefi garuu ammoo shirri jiraachuu akka shakkan naaf himan. Kunis gaaffii saboota Kibbaa deebisna maqaa jedhuun koreen qorannoo tokko dhaabbatee gabaasa sobaa akka dhiheesse naaf eeran. Gabaasni sunis "sabaafi sablammoonni Naannoo Kibbaa keessa jiran adda bahanii naannoo ofii uumachuu osoo hin taane bulchiinsuma jiru jalatti itti fufuu barbaadan" yaada jedhu dhiheessuu naaf himan. Kana jechuun akeekni warra federaalaa ummanni Sidaamaa naannoo uumuuf jarjarsuu dhiisee yeroo akka kennuuf osoo hin taane gaaffii naannoo uumuu duuchumatti hambisuu akka ta'e shakkii cimaa akka qaban ibsan.

Ololli gaaffii ummanni Sidaamaa naannoo ummachuuf qaban fashalsuuf oofamaa ture, Sidaamni magaalaa Hawaasaa qabatee naannoo kophaasaa ijaarrachuun saboota biroo walitti buusa kan jedhuudha. Magaalaan Hawaasaa teessoo Naannoo Kibbaafi kan sabaafi sablammoonni heddu keessa jiraatan waan ta'eef Sidaamni dhuunfachuun warra kaanirraa mormii guddaa geessisa jedhamaa ture. Keessattuu saba Walaayittaa waliin lola hamaa keessa seenu kan jedhu ture. Akkuma jijjiiramni dhufeenis saboota lamaan walitti buusanii magaalota Hawaasaafi Sooddootti miidhaan hamaan ga'ee ture. Madaa kana fayyadamuun hoogganoonni Walaayittaa gaaffii Sidaamaa dura akka dhaabbatan taasifamaa ture.

Ergan kana hubadhee booda hayyootaafi hoogganoota Walaayittaa qunnamuun yaaddoo Sidaamni naannoo tahuu irraa qaban akka hir'atu hojjadhe. Keessattuu Hawaasaan Sidaamaa jala galuun dhalattoota Walaayittaa magaalattii keessa jiraatan gaaga'a sodaa jedhu furuuf qaamni lamaan walitti dhufanii waliin hojjachuudhaan wal amantaan akka uumamu godhame. Haaluma kanaan gaaffii Sidaamni naannoo ta'uuf taasisaa jiru warri Walaayittaa akka deeggaru, gaaffii naannoo ta'uu Walaayittaas hoggansi Sidaamaa akka deeggaru waliigalame. Anis gaaffii gama lachuu akkan deeggaru waadaa galeef.

Wal hubannaan kun dhoksaan waan taasifameef, hoggansi Walaayittaa akkuma dur gaaffii naannoo ta'uu Sidaamaa waan mormu fakkaachaa ture. Garuu walgahii SPDM (Paartii Kibbaa) dhimma naannoo murteessuuf taa'ame irratti hoggansi Walaayittaa gaaffii Sidaamaa deeggaruun raajii hojjatan. Shirri bifa adda addaatiin gaaffii naannoo uumachuu saba Sidaamaa hundi fashale. Guyyaan silaa akka heera mootummaatti boordiin filannoo rifarandamii itti qopheesse gahe.

Garuu mootummaan federaalaa heera mootummaa eegee rifarandamii geggeessuu hin barbaanne. Inumaatuu hoggansi mootummaa ummata Sidaamaa waliin morkii keessa seene. MM Abiy hoogganootaafi manguddoota isaanii Finfinneetti yaamuun doorsisuu yaale. Kunis hin hojjanne. Adaduma guyyaan dhihaatuun wal dura dhaabbannaafi sodaan cime. Hogganoota Ejjattoo yaamee guyyicha obsaan akka dabarsaniifi hokkara keessa akka hin seenne gorsuuf yaale. Hogganoota Siviiliifi Waraanaa federaalaatiin walitti fidee akka wal hubannoon jeequmsa uumamuu malu hanqisan yaalii godhe. Mariin isaanii waliigalteedhaan xumuramus hojiitti hin hiikamne.

Guyyaan silaa rifarandamii Adoolessa 1, 2011 ALE gahe (Ejjettoon dhaadannoo 11/11/11 jedhu qabu ture). Guyyaa san dabarsaa jedhee warra Ejjattoo gorsinaanis dhageettii hin arganne. Mootummaanis hayyama malee naannoo labsuuf deemu sodaa jedhuun humna waraanaa bobbaase. Walitti bu'iinsa uumameenis humni mootummaa namoota jahaatamaa ol ajjeese. Hogganoota godinichaa aangoorraa harcaasan. Qindeessitoota Ejjattoo hidhaatti guuran. Garuu gaaffii ummatichaa duubatti deebisuu hin dandeenye. Ji'oota afur booda Sadaasa 20, 2019 murtii ummataa geggeeffameen ummanni Sidaamaa naannoo ta'uuf murteeffate.

Sidaamni naannoo argachuun saboota Kibbaa hafaniifis si'aa'ina kenneef. Duratti qabsoo Sidaamaa deeggarrus, gaaffii Walaayittaa waan morminu itti fakkaata ture. Nuti garuu mirga ofiin of bulchuu ummataa deeggaruun ejjannoo keenya waan ta'eef malee sabni nuti addatti filannu hin turre. Kanaafuu akkuman gaafa hoogganoota Sidaamaafi Walaayittaa walitti fide waadaa gale, qabsoo Walaayittaa deeggaruu irratti fuulleffadhe. OMN irratti sagantaa akka qabaatanis haala mijeessineef. Akkuma warra Sidaamaa isaanis dargaggeeyyii, mormitootaafi bulchitoonni tokkummaan akka socho'an gorsine.

Yeroo gabaabaa keessatti tokkummaan socho'anii hiriiraa gurguddaa qopheessuun gaaffiin isaanii kan ummataa akka ta'e mirkaneessan. Bulchiinsiifi manni maree Zoonii isaaniitis sagalee guutuun gaaffii naannoo ta'uu raggaasisee mana marii federeeshiniif dabarse. Hoggansi federaalaa yaamee sossobuufi doorsisuun gaaffii isaanii akka dhiisan amansiisuu yaalus hin dandeenye. Itti aansee humnaan ukkaamsuuf ummata hiriiraa nagaa baherratti tarkaanfii humnaa fudhachuun namoota hedduu ajjeesan. Bulchitoota godinaa dabalatee hayyoonniifi dargaggoonni hedduun ni hidhaman. Gaaffiin isaanii yeroofis tahu akka ukkaamfamu godhame. Erga ani hidhamee booda naannoon Kibbaa qoodamee naannooleen haaraan afur ijaaraman.

8.5. Nagaa Oromiyaaf Ifaajuu

Jala bultii jijjiirama bara 2018 san, wantoota qabsoo Oromoo galmaan gahuufis ta'ee Itoophiyaa gara dimokraasiitti ceesisuuf gufuu ta'uu malan jedhee shakkaa ture keessaa tokko akkaataa murni aangoo qabate jaarmayaalee qabsoo hidhannoon qabsaayaa turan itti keessumeessuudha. Yeroo sanitti jaarmayaaleen qabsoo hidhannoo ABO, Adda Bilisa Baasaa Ummata Ogaadeen (ONLF)fi Ginboot 7 biyya Eritiriyaa maandheffatanii turan. Jaarmayaaleen kun dirreen siyaasaa bal'achuu amansiifamanii qabsoo hidhannoo dhiisanii biyyatti deebi'anii siyaasaa karaa nagaa keessatti itti hirmaachuun cehumsa yaadameef dhimma murteeessaa ture.

Dhimmi kun qabsoo Oromootiif daran barbaachisaa ture. Akkuma gubbaatti kaayame, jijjiirama dhufe lafa qabsiifnee sirna siyaasaa ummanni Oromoofi saboonni biroo irraa fayyadaman ijaaruuf, siyaasni Oromoo kan diddaa irraa gara bulchiinsaa jijjiramuu qaba. Humni qabsoo hidhannootiin falmaa ture karaa siyaasaa nagayaattifidamuu baatee lolli itti fufnaan siyaasa diddaa keessaa bahuun ni rakkisa. Kanaafuu siyaasa Oromoo diddaa irraa gara bulchiinsaatti ceesisuuf mootummaafi humnoota hidhatan walitti araarsuun barbaachisaa ture. Akkasumas ABOfi OPDO'n yeroo dheeraaf hariiroo diinummaa qabaachaa waan turaniif, araaraan walitti fayyanii waliin deemuu baannaan jeequmsi mooraa Oromoo keessatti babal'achuun cehumsa gufachiisa. Keessattuu yeroo murni Oromoo aangoo qabatetti jaarmaan hidhatee isaan lolu jiraannaan humna Oromoo facaasa. Biyyinis gara siyaasa waraanaa (securitized politics) deebi'uun dirreen siyaasaa dhiphatee sirna abbaa irree haaraaf karaa saaqa, yookiin ammoo wal waraansa biyya diiguu danda'u dhaqqabsiisuu mala sodaa jedhu qaban ture.

Toora jijjiiramni dhufuu hedu san sochiin WBO naannawa Qeellam Wallaggaatti babal'achaa jiraachuu waanin quba qabuuf, saffisaan araarri bu'uu baannaan rakkoo akka uumu sodaadheen ture. Jijjiiramni dhufee Abiyyi Ahmad akkuma aangoo qabateen qondaalota mootummaa guyyarraa qunnamuun saffisaan hoggansa ABO waliin mari'atanii waliif galtee uumanii biyyatti akka galchan waywaachaan ture.

Qondaalota waraanaafi nageenyaa Jeneraal Sa'aara Makoonnin, Jeneraal Birhaanuu Juulaa, Jeneraal Adam Mahaammad (Dhaabbata Odeeffannoofi Nageenyaa)fi Zeeynuu Jamaal (Poolisii Federaalaa) bilbiluun jeequmsi Lixa Oromiyaa akka hin babal'anneef of eeggannoon akka godhamu gaafachaan ture. Kanaaf ammoo hoggansa ABO Asmaraa jiruufi ajajoota WBO dirree jiran qunnamuun qaama nageenya mootummaa waliin akka walitti hin buune akka godhan haala mijeessuu yaalaan ture. Gama hoggansa siviilii irraa ammoo Abbaa Duulaa Gammadaa, Warqinaa Gabayyoofi Birhaanuu Tsaggaayee (yeroo san Abbaa alangaa federaalaa ture) qunnamuun osoo jeequmsi Lixatti eegale daran hammaatee hin babal'anne hoggansa ABO waliin waliigalteerra gahanii biyyatti akka galchan gaafachaan ture.

Addisuu Araggaa Ameerikaa yeroo dhufettis, akka carraa Baqqalaa Garbaas achi waan tureef, dhimma kanarratti bal'inaan mari'anne. Addisuunis gaafa biyyatti gale hoggansa mootummaa biroo mari'achiisee saffisaan furmaata akka barbaadan waadaa gale. Akkuma boqonnaa dabre keessatti himame, gaafa Abiyyi faan Minnesota dhufanis dhimmi ijoon irratti haasofne kanuma ture. Abiyyi san dura yeroo Eritiraa dhaqe Obbo Daawud Ibsaa arguufi waliin mari'achuu na yaadachiisee, waliigalteen ABO waliin godhamu yeroo gabaabaatti akka goolabamus na abdachiise. Lammaafi Warqinaan dirqama akka fudhatanis achumatti ajaje.

Dhiibbaa kana warra ABO irrattis godhaan ture. Obboo Ibsaa Nagawoo, kan yeroo sanitti miseensa Shanee Gumii (Koree Hoji Raawwachiiftuu) ABO ture qunnamuun haasofsiisaan ture. Innis Obbo Daawud akkan dubbisuuf haala mijjeessee haasofne. Obbo Daawudis gama isaatiin mootummaa waliin haasaa eegalan milkoofnaan galuuf fedhii akka qaban naaf mirkaneesse. Abiyyi gaafa wal argan haasaa sirnaan akka hin godhiniifi jila biraa erguuf waadaa akka galeefi sanuma akka eegaa jiran naaf hime. Ani biyyatti galee yeroo muraasa booda Lammaafi Warqinaan Asmaraa dhaqanii hoggansa ABO waliin mari'atan. ABO'n akka galuuf waliigaluunis miidiyaan labsame.

Haaluma kanaan jilli obboo Ibsaa Nagawoon durfamu Finfinnee dhufee haala hoggansi hafe itti simatamu irratti qophii gochuu eegalan. Gaafa guyyaan dhihaatu simannaa miidhagsuuf Qeerroon alaabaa fannisuu yoo eegalu murnoonni gurmaayan hokkara uuman. Inumaatuu dargaggoota jala bultii simannaaf Finfinnee seenaa turan karaa irratti ajjeesuufi konkolaataa ummanni simannaaf dhufu dhaabsisanii caccabsuun eegalame. Jeequmsi magaalattii karaa maraan hammaate. Dhiheenyuma san gareen Ginbot 7 gaafa biyya galu alaabaan isaanii bakka hundatti yeroo fannifamtu kan tuqe waan hin turiniif, gochi simannaa ABO danquuf taasifamaa jiru deeggartoota dhaabbatichaa qofa osoo hin taane Oromoo hunda dallansiise.

Anis imalan gara Dirree Dhawaa karoorfadhe haqee jeequmsa qabbaneessuu irratti fuulleffadhe. Warri hokkara kaasu daandii gara Finfinnee seensisu hunda cufanii Qeerroo reebaa turan. Yeroo kana Qeerroowwan godinoota hundarraa gara Finfinnee akka dhufan dhaamsa dabarsuun humni akka dabalamu goone. Qondaalota nageenyaa federaalaa qunnamuun daandii bansiisuu baannaan Qeerroon humnaan cabsee seenuuf akka dirqamu itti hime. Qeerroon magaalaa seenee jeequu danda'a sodaa jedhu akka qaban naaf himnaan, jaruma kaan dhoorgaa malee Qeerroon bishaanuu akka hin jigsine itti gaafatamummaa natu fudhatan jedheen. Haaluma kanaan humni Raayyaa Ittisa Biyyaa karaa saaquun Qeerroon magaalaa akka seenu haala mijeesse. Qeerroonis rakkoo tokko osoo hin uumin Dirree Masqalaatti walgahe.

Jilli Obboo Daawudiin hoogganamu gaafa Fulbaana 15, 2018 Asmaraa irraa ganama sa'aa 12tti gaha jedhamus barfatee sa'aa jahatti gahe. Qeerroof Qarreen godinoota irraa imala dheeraan dhufan, ala bulanii aduu keessa oolanii eegan. Obbo Baqqalaa Garbaafi Prof.Izqeel Gabbisaa waliin dhaqnee hamma jilli dhufu akka obsaan eegan jajjabeessine. San booda Obbo Daawudiifi jila isa waliin dhufe buufata xiyyaaraa Booleetti simannee Dirree Masqalaa geessine. Sababa jeequmsaatiin magaalattiin muddama hamaa keessa waan turteef qophii booda jeequmsatu uumama sodaa jedhuutu ture. Garuu qophiin dheeraa waan tureef ummanni waljalaa yaa'ee nagaan gale. Galgala san Jeneraal Sa'aarafi Zeeynuu Jamaal (Poolisii Federaalaa) bilbilanii nagayaan dhumachuu qophichaatti gammachuu qaban naaf himan. Miidiyaattis Qeerroo galateeffachuun ibsa kennan.

Biyyatti deebi'anii torbaan tokko booda Abarraa Tolaa haala mijeessee anaafi Daawud walitti nu fide. Akkuma harka walfuuneen "Bygones are bygones" jechuun Obbo Daawud garaagarummaa dura qabnu of duubatti dhiifnee gara fuulduraa cehuumsa kana milkeessuufi qabsoo Oromoo duratti tarkaanfachiisuuf akka hojjannu yaada dhiheesse. Anis yaada gaarii ta'uu himeefii waliifgalle.

Ji'a tokkoof walakkaa isaan dursee biyya galee waanin tureef haala biyyaafi adeemsa hoggansi Abiyyi Ahmad irra jiru xiinxala kiyya, abdiifi shakkii qabu waliin himeef. Obbo Daawudis haasawaafi waliigaltee Asmaraatti Lammaa faa waliin irra gahan naaf himee waadaan galame ammaanuu diigamaa akka jiruufi kunis rakkoo fiduu akka malu sodaa isaa naaf hire. Rakkoo kana keessaa tokko Waraanni Bilisummaa Oromoo (WBO) Eritiriyaa irraa gara biyyaa gale haalli keessa jiran sirrii akka hin taanee fi hoggannis daawwachuuf yaallaanis danqaan akka irra gahe naaf hime. Dhimma WBO Lixa Oromiyaa keessa socho'uu gaafannaan san mootummaa waliin mari'atanii galchuuf Asmaraatti akka waliif galan naaf hime.

Anis komii Obbo Daawud irraa dhagaye san Pireezidaant Lammaa, Jeneraal Birhaanuu Juulaafi yeroo sanitti Itti-Aanaa Daayireektara waajjira basaasaa biyyattii kan ture Dammallaash Gabramikaa'eelitti himee saffisaan akka furan waadaa galan. Lammaan akkuma waadaa gale koree waloo mootummaafi ABO irraa walitti babahe ijaaruu isaanii yeroo muraasa booda naaf hime. Kanas Obbo Ibsaa Nagawoo naaf mirkaneesse.

Torbaanota muraasa keessatti garuu komiin gama lameenuu dhagahamuu eegale. Gara ABO'tiin haalli qabiinsa loltoota Eritiriyaa irraa galanii akka hammaataa jiru himatan. Akkasumas waajjira Gullallee deebisuufii dabalatee waadaaleen Asmaraatti galaman akka hin guutamin komatan. Gama mootummaatiin ammoo waraanni ABO gama lixaatiin caasaa mootummaa diigaa, qaamota nageenyaa ajjeesaafi meeshaa irraa hiikkachaa akka jiru himatan. Kana caalaas akka hin obsine akeekkachiisan.

Adaduma bubbuluun atakaaroon mootummaafi ABO hammaataa deeme.

Jeequmsi Lixa Oromiyaas guyyarraa lubbuufi qabeenya ummataa qisaasuu cimse. Gara Jiddugaleessattis sochiin mumul'achuu eegale. Yeroo kana jaarsonni biyyaa walgahanii mootummaafi ABO dubbisan. ABO'nis sababa waraanni dursee gale haala hin taaneen qabamaniif waraanni bosonatti hafe galuu akka dide himan. Obboo Daawud mataan isaa Oromiyaa Lixaa deemee ajajaa WBO Zoonii Lixaa kan ta'e Marroo Dirribaa dubbisus galuu akka dide hime. Kanarraa ka'uun jaarsoliin biyyaa Marroo bira deemanii amansiisuuf gara Wallaggaa qajeelan.

Garuu mangudoonni kun akka hin milkoofneef shirri ganamumaan itti xaxamuu eegale. Akkuma isaan Naqamtee gahaniin osoo isaan WBO hin argin akka waan miidhaan irra gaheetti qaamoleen mootummaa oduu hafarsuu eegalan. Deeggartootni ABO'tis akka waan jaarsoliin ergamtoota mootummaa shiraan deemaa jiran tahaniitti itti duuluun bakka garagaraatti karaatti dhaabsisuun imala isaanii gufachiisuu yaalan. Sodaa kanaan jaarsota ergaman keessaa hammi tokko of duuba deebi'an. Kanneen hafan Aaddee Makkiyaa Maammiyyoofi Obbo Hayilee Gabreen durfaman amna rakkisaa booda Marroo bira gahanii dubbisan.

Achii deebi'anii Marroon nagayaaf fedhii akka qabu garuu ammoo haal-dureewwan akka kaaye mootummaafi ABO'tti himan. Mootummaafi ABO'nis mari'atanii dafanii akka xumuran waadaa galan.

Garuu wanti qabatamaan mul'atu dhabame. Warri mootummaa haal-dureewwan Marroon dhiheessef deebii kennuuf waadaa galanis, qabatamaan mul'isuutti harkifatan. Hoggansi ABO Finfinnee jirus afaaniin waraanni akka galu fedhii qabaachuu isaanii dubbatanis, hojiin garuu tarkaanfilee faallaa sanii fudhachaa turan. Af-gaaffii miidiyaa tokkorratti godhaniin obbo Daawud dhimma waraana hiikkachiisuu dhabuu gaafatamanii "eenyutu hiikkata, eenyutu ammoo hiikkachiisa?" jechuun dubbachuun isaa mootummaa hedduu dallansiise. Ololli gama qondaalotaafi dabballoota mootummaas ni cime.

Maqaa ABO jedhu dhiisuun jecha "Shanee" jedhu fayyadamuun abaarsa walirraa hin cinneen duulli itti fufe. Keessattuu Addisuu Araggaa, Taayyee Danda'aafi Milkeessaa Miidhagaa qabaan dadhabde. Deeggartoonni ABO's gabaajee ATM (Addisuu, Taayyeefi Milkeessaa) jedhu itti dhoobuun jara waliin atakaaroo hammeessan. Yaaliin dubbii qabbaneessanii araara buusuuf godhamaa tures qaqal'ate. Jeequmsi Lixa Oromiyaas babal'atee guyyaarraa namni ajjeefamuun hammaate. Wal waraansa mootummaafi WBO dabalatee walitti bu'iinsi daangaa Beenishaangul Gumuz waliin dhoohee ummanni hedduun buqqa'e.

Rakkoon hammaachaa dhufnaan haala qabatamaa Wallagga jiru qaamaan dhaqnee laaluuf gara Wallaggaa imaluuf murteessine. Yeroo yaada kana anaafi Baqqalaa Garbaa kaafnu namoota hedduutu nu waliin deemuuf waadaa galee ture. Garuu gaafa guyyaan deemsaa gahu eegdota keenyaafi dargaggoota malee namoota biroo of biraa dhabne. Nutis akka hin deemneef gorsaafi akeekkachiisa hedduutu nu gahaa ture. Qondaalli mootummaa tokko bilbilee namoota

"Shaneen" ajjeesuuf karoorfatte ijoo keessaa 5ffaa gubbaa jirta naan jedhe. Anis "hangan 1ffaatti olsiqu deemetuman rakkoo ummata sanii ilaala" jedheen qoosaa fakkeessee ejjannoo koo itti hime.

Haala kanaan Finfinnee kaanee Naqamtee geenyee bulle. Galgala sana deeggartootni mootummaafi ABO mariin nuti ummata waliin godhuuf yaadne akka hin milkoofneef hedduu carraaqaa akka jiran dhageenye. Nu doorsisuun ummata akka hin dubbifne nu ugguruuf yaaliin garagaraa itti fufe. Namoonni nu ajjeesuuf qophaayan waan jiraniif walgahii akka hin goone gorfamne. Barii isaa yoo kaanus shira akka nuti ummata hin dubbifne godhamaa jiru qabatamaan agarre. Gareen tokko akka waan nuti Istaadiyoomiitti dubbachuu hednuu fakkeessee ummata yaame. Gareen biraa ammoo galma magaalattiitti yaame. Haala kanaan ummata adda facaasuu bira dabranii jeequmsi akka uumamu waan yaadan fakkaata ture. Isaan humna ummataa adda qoodanis nuti bakka lachuu dhaquuf murteessine.

Istaadiyoomiitti gorree dargaggoota achitti walgahan erga dubbifneen booda gara galmaa qajeelle. Galmatti yoo dhihaannu ummanni baay'atee wal dhiibuun hammaatee sakatta'uun waan dadhabameef sakattaa malee seenamee galmi akka guute nuuf himame. Ajajaan poolisii bakka san jiru nageenya keenyaaf amansiisaa akka hin taaneefi osoo seenuu baannee akka wayyu nu gorse. Poolisiinis itti gaafatamummaa akka hin fudhanne nuuf hime.

Yeroo kana Baqqalaan natti garagalee yoo na laalu seenuuf akkan murteesse galeef. "Umriin kee meeqa?" naan jedhe. "Soddomii sadiin" jedheen. "Ilmaan meeqa qabda?" naan jedhe. "Tokko" jedheen deebiseef. "Ani waggaa jahaatama nyaadheera, ilmaanis afuriin gahadheera. Ani du'us homaa miti. Kasaaraan keeti" jedhee qoosee konkolaataa keessa walqabannee buune. Ummataan waldhiibaa galma seennee waltajjii yaabne. Nu waliin bulchiinsa godinaafi magaalaa barbaannee fidnetu taa'ee ture.

Galmi guutee namni dhaabbataa jira. Haasaa baniinsaa gaggabaabaa goonee ummanni rakkoo jirurratti yaada isaa akka nuuf qoodu carraa kennineef. Hirmaattotni dabareen harka baasaa dubbatan. Dargaggootni deeggartoota WBO/ABO ta'an akka wal jaaranii dhufanis ifa ture. Yaadni ka'u hedduun yaada nageenyaa nuti lallabnu kan mormuufi WBO faarsuu ture. Manguddoonni fuulldura taa'aa turan dubbachuurraa waan of qusatan fakkaata ture. Carraa hamma nama harka baase maraaf kennine. Waan fedhaniifi yeroo hamma barbaadan fudhatanii akka dubbatan hayyamne. Tooftaan kun ummanni aara isaa ofirraa akka baasu godhe. Erga namoonni hedduun dubbatan booda deebii kennuuf murteessine. Gaaffiilee dhihaatan irratti hasaassiin erga mari'annee booda addaan hirannee deebii kennuutti seenne.

Baqqalaan xiqqoo gara mootummaa goree akka gorsu, an ammoo gara WBO goree mootummaarratti dhiibbaa bifa godhuun akka dubbannu waliin jenne.

Haaluma kanaan Baqqalaan hamma filannoon gahutti mootummaa OPDO'f akka obsi godhamuuf ummatatti waywaate. Ani ammoo ummannis ta'ee WBO'n dhugaa akka qabaniifi mootummaafi ABO'n saffisaan furmaata akka godhanin dhaame.

Walgahii sanirratti waan nama kolfisiisu hedduutu ture. Yeroo Baqqalaan "adaraa waaqaa jarri OPDO kunis obbolaa keenyaa haa obsinuuf" jedhu ummata keessaa namni tokko "dubbii waaqaa osoo barbaannee Waldaa dhaqna ture. As kan dhufne furmaata siyaasaa isinirraa barbaadaafi. Dhimma waaqaa dhiisaa furmaata siyaasaa nuuf himaa" jedhe. Manni guutuun kolfe.

Namoota gameeyyii fuuldura taa'an keessaa tokko yeroo hedduu harka baasee carraa hin arganne. Boodarra ani argee carraa kenneef. Inninis "OPDO'n xeeriidha. Xeeriin muran malee hin fayyitu. OPDO mancaasuu malee fayyisuuf hin xaarinaa" jedhee dallansuun dubbate. Namni sun hayyuu Dr. Filee jedhamu, kan waggoota dheeraaf OPDO'n sibiilaan miila hiitee dararaa turte akka ta'e booda Baqqalaan naaf hime.

Tibba nuti Naqamtee dhaqne sana sababa walitti bu'iinsa daangaa Beenishaangul Gumuzitti mudaterraa kan ka'e ummanni hedduun buqqa'ee bakka Ukkee jedhamu qubatee akka jiru waan dhageenyeef nutis garas qajeelle. Magaalaa Naqamtee irraa hanga kiloomeetira soddomaa fagaattee argamti. Achittis ummata Harargeedhaa waggoota heddu dura achi qubatan agarree dubbifne. Rakkoon buqqaattootaa kun hamaa ta'uu hubannee dhimmicharratti xiyyeeffachuuf murteessine.

Yeroo Ukkeerraa deebinu sa'aan saafaa ta'ee waan tureef gara Gimbii deemuun sodaachisaadha jedhame. Gaara Abbaa Seenaa kan Naqamteefi Gimbii jidduu jiru galgala dhiisii guyyaa deemuunuu akka sodaachisu nutti himame. Nuti garuu deemnee Gimbii bullee ganama ummata dubbisuuf murteessine. Yeroo kana Raayyaan Ittisa Biyyaafi Poolisiin eegumsa nuuf godhaa ture nu waliin deemuu akka hin dandeenye nuuf himan. Ta'us nuti murtii deemuutti cichinee waaree booda toora sa'aa kudha-tokkoo Naqamtee baanee gara Gimbii qajeelle.

Laga Dhidheessaa yoo geenyu gara riizoortii achi jiruu gorree hirbaata nyaannee laga seennee dhiqanne. Riizoortiin ajaa'ibaa iddoo jannata fakkaatu sanitti ijaarame sababii jeequmsaaf onee arguun rakkoon nageenyaa diinagdee irratti dhiibbaa hammamii akka geessisaa jiru kan akeeku ture. Irbaata nyaannee yoo kaanu sa'aa lama dabree ture. Osuma amma balaa sodaatamu saniin walitti baane jennee ofirratti caqasnuu dabarre. Wanti agarre dubartootaafi daa'imman sodaa malee bakka oolanii galuuf miilaan deeman qofa ture.

Daandiin Gaara Abbaa Seenaa keessa qaxxaamuru sun waanuma jannata keessa siin dabru fakkaata. Bosonni maangoon guutame dukkana keessaa nama ula. Wanta gaafas na gaddisiise keessaa tokko juusii (cuunfaan) maangoo nuti Naqamtee bitannee dhugaa deemnu biyya Arabaatti kan oomishame ture.

Nuti garuu maangoo gaafa gahe bilchaatee lafatti jigee shamee badu keessa qaxxaamuraa turre. Lafa juusii maangoo biyya alaatti erguu dandeessu keessa kan alaa gale dhugaa deemuun qabeenya rabbi nuuf kenne fayyadamuu dadhabuu keenyaaf kan nama qaanessu ture.

Gimbii yeroo geenyu magaalattiin cal jettee turte. Ifaan hin jiru. Namni daandiirra socho'u hin mul'atu. Hoteela nuti qubanne lammiileen biyya alaa muraasniifi gurbaa injiinara ogeessa albuudaa dhalataa naannawa sanii tahe tokko qofatu ture. Gurbaan sun dhufee nu affeere. Maqaan isaa Gammachiis akka ta'e waan nuuf hime natti fakkaata. Namni daldalaa ta'eefi galii wayyaa qabu hundi magaalattii gadi lakkisee akka deeme nuuf hime. Inni garuu Finfinnee akka jiraatuufi lammiilee Jaappaaniifi kanneen biroo qabatee albuuda baasuuf qorannoo irra akka jiru nuuf hime. Kan namni hundi dhiisee baqate inni maalif akka dhufe yoon gaafadhu "ummata kana nuti warri baranneefi qabeenya horanne hundi biraa dheessine taanaan abdii kutata. Abdii itti horuufin as jira" naan jedhe. Gurbaan sun yeroo gabaabaa booda lammiilee biyya alaa san waliin konkolaataa tokkoon osoo imalaa jiranuu ajjeefaman. Hayyuun tokkichi ummata koo gatee hin baqadhu jedhe bifa saniin ajjeefamuun jeequmsi naannawa sanii rakkoo hamaa as deemaa jiruuf agarsiistuu ture.

Ganama bulchitoota mootummaa barbaaduu eegalle. Hoogganoonni godinaa (Wallagga Lixaa) erga dheessanii Finfinnee galanii akka bubbulan dhageenye. Kantiibaa magaalattii gaafannaan nama beeku dhabne. Ji'oota sadan dabran keessatti kantiibaan sadii muudamuufi hunduu guyyoota muraasa keessatti doorsisa irra gahuun gatee baduu dhageenye. Boodarra kantiibaa jidduma san ramadame nama beeku argannee qunnamnee walgahii ummataa akka nu waliin hirmaatu affeerre. Yeroo galma geenyu ummanni walgahee nu eegaa ture. Ummatarraa yaada fudhachaa osoo jirruu kantiibaan sun gurratti na hasaasuun, "dargaggeessa dhibbaatamaan galma guutee agartu kana keessaa kan hojii qabu nama diigdama hin gahu. Rakkoon siyaasaa kun saffisaan hiikamee carraan hojii uumamuu baannaan dargaggeessi kun qawwee fudhatee bosona galuu malee fala biraa hin qabu" naan jedhe. Waanuma inni raagetu ta'e.

Gimbii irraa Najjootti qajeelle. Najjoos yoo geenyu ummanni walgahee nu eegaa ture. Biyya dhaloota Baqqalaa Garbaafi bakka inni dura itti barsiisaa ture waan ta'eef hiriyyootaafi firoota isaa dabalatee namoota hedduutu ture. Nuus ummata waa'ee barbaachisummaa nagayaa itti himnee komii isaanii dhaggeeffannee gara hoteelaa galle. Hoteelatti jaarsoliin dhufanii irbaata nu affeeranii bakka dargaggeeyyiifi waraabbiin miidiyaa hin jirretti nu waliin haasayan. Magaalattiitti bulchiinsi mootummaa jigee akka jiruufi seer-dhablummaan rakkoo hamaa akka ta'e deddeebi'anii himatan. Waldhabdeen siyaasaa ABOfi mootummaa jidduutti dhalate dafee furamee ijoolleen bosonaa akka galtuufi sirni bulchiinsaas deebi'ee akka dhaabbatu mootummaafi hoggansa ABO'tti akka himnu nutti dhaaman.

Nuti achi gahuun dura Raayyaa Ittisa Biyyaa magaalattii qubate irra haleellaan

331

gahee raayyaanis dhukaasa banuun dargaggoota ajjeesee ture. Raayyaan magaalaa walakkaa waan qubateef dhukaasa godhameen namoonni nagayaa miidhamuun komii jaarsotaa keessaa tokko ture. Komii kana fuunee ajajaa Raayyaa Ittisa Biyyaa naannawa sanii dubbifne. Isaanis nagayuma ummataa eegsisuuf achi akka jiraniifi, ijoollee bosona jirtuuyyuu tuquu akka hin barbaanneefi kaampii magaalattii keessaahis akka bahan waadaa galan. Qondaalonni RIB sunis akkuma jaarsolii biyyaa hoggansi mootummaafi mormitootaas saffisaan waldhibdee siyaasaa akka furaniifi walitti bu'iinsa jiru akka dhaabsisan nutti dhaaman.

Najjoo irraa gara Dambi Doolloo qajeelle. Gullisootti mana maatii Qeerroo nu waliin deemaa jiruu tokkotti gorree ciree nyaanne. Osoo achi jirruu ilma warra manaatiif bilbilamee doorsifame. Nu keessummeessuu isaatiif itti dhaadatan. Maatiin garuu cichanii nu keessummeessan. Ciree booda ummata daandii irratti walgahe dubbifne. Gullisoon bakkoota Qabsoon Qeerroo jalqaba itti godhamaa tureefi aarsaa guddaan itti kaffalameedha. Seenaa san wal yaadachiifnee galateeffannee kara Dambii Doolloo qajeelle.

Dambii Doolloo yoo geenyu magaalaan seena-qabeettiin sun ontee nu eegde. Jiraattota magaalattii sodaatu ijarraa dubbifama. Ummata Istaadiyeemiitti walgahe dubbifne. Galmattis marii waliin goone. Warri aanaalee irraa dhufe dallansuu hedduun dubbatuu turan. "WBO galchuu dhuftan. WBO'n hin galu isinummaanuu itti makamaa" warra jedhu hedduutu ture. Manguddoon garuu kophaatti nu baasuun akkuma magaalota Najjoofi Gimbii araarri bu'ee lolli osoo dhaabbatee wayya jedhanii nutti dhaaman.

Dambii Doolloo booda Mandiitti qajeelle. Yeroo geenyu seensa Mandiitti daandiin muka jigfameen cufamee nu eege. Poolisiin nu simachuuf dhufe banuu sodaatee bira dhaabbataa ture. Nuti konkolaataa irraa buunee ofumaaf jirma mukaafi dhagaa of jalaa kaasuu eegallaan, poolisoonniifi dargaggoonni walitti gaarreffataa turan dhufanii nu gargaaranii daandii saaqnee dabarre. Poolisiin tokko "Qeerroon waanuma ati kaleessa barsiifte sitti garagalchite" jedhee qoose.

Ummata Mandii waliin marii bal'aa goone. Jaarsotaa fi abbootii amantiis kophaatti dubbifne. Jaarsi tokko waan jedhan keessaa kanin yaadadhu "Jawar maaloo bosonni nu bira qofa jiraa, godina Oromiyaa biraa hin jiruu? Maalif lolli nu biratti qofa ta'a?" jechuun dheekkamsaan dubbatan. "Lolamus akkuma gaafa Qeerroo san guutuun Oromiyaa walfaana loluudha, lolli kan dhaabbatu taananis walfaana dhaabbatuu qaba" yaada jedhu dabarfatan.

Marii Mandiitti goone irratti komii guddaan waa'ee walitti bu'iinsa daangaa Beenishaangul-Gumuz waliin tureen balaa gahe irratti kan fuulleffate ture. Sababa walitti bu'iinsaatiin daandiin guddichi Finfinneerraa Asoosaa geessu erga adda citee ji'oota hedduu akka lakkoofsise nuuf himan. Sababa kanaan ummanni Mandii gara Asoosaa dabruu hin danda'an ture. Gumuzoonnis Asoosaa ka'anii godina isaanii Kaamaashii jedhamu dhaquuf Mandii keessaan dabruu waan qabaniif sababa walitti bu'iinsaatiin Kaamaashiin naannicha irraa addaan kutamtee akka jirtu hubanne.

Yeroo manaa kaanu Mandii bira dabruuf karoora hin qabnu ture. Garuu ammoo rakkoo hamaa walitti bu'iinsa daangaa irraa dhageenye san hawaasa Beenishaangulis mari'achiifnee rakkoo jiruuf fala itti barbaaduuf gara Asoosaa dabruuf murteessine. Laga Daabus qaxxaamurree gara Asoosaa yoo qajeellu daandiin ona ture. Konkolaataan keenya tokko goommaan laaffatee jidduutti dhaabnee waan turreef ummanni baadiyyaa daandiitti gadi yaa'ee nu daawwataa ture. Garuu ammoo nutti siiqanii nun dubbisan. Kunis wal sodaan hamaan akka jiru ragaa dabalataa nuuf ta'e. Sodaa nageenyaa jirurraa kan ka'e humni nageenyaa naannichaa hanga daangaa dhufee Poolisii Oromiyaa harkaa fuudhee Asoosaa nu geesse.

Asoosaa akkuma geenyeen gara waajjira Pireezidaantii naannichaa deemnee dhimma dhufneef itti himne. Rakkoon daangaa ummatoota naannawa lamaanii hedduu akka miidhe kan hubanne tahuufii yaada gara Benishaangul-Gumuz jirus dhaggeeffannee, gaafa Finfinnetti deebinee qaamonni dhimmi ilaallatu akka furaniif dhiibbaa godhuu akka feenu ibsineef. Isaanis rakkoo hamaa keessa jiraachuu amananii, nutis dhimmichaaf xiyyeeffannoo kennuu keenyaaf nu galateeffatan. Borumtaa isaa ummata walitti nuuf qabuufis waadaa nuuf galan.

Galgala san namni hoteelatti nu dubbisu cufti Afaan Oromoo dubbata ture. An hundi isaanii Oromoon se'e. Booda garuu namni magaalaa Asoosaa irra caalaan Afaan Oromoo akka dubbatuufi warri nu dubbisaa ture Oromoo qofa osoo hin taane, saboota akka Bartaa, Shinaashaa, Gumuziifi Koomoo fa'a ta'uu nuuf himan.

Marii galmatti qophaayeef saboota magaalattii keessa jiraatan hundarraa walitti yaamaman. Asoosaa ummanni garee lamaa akka jiraatu hubanne. Tokko saboota durumaan naannicha jiraatu (native) kan akka Bartaa, Gumuz, Shinaashafi Koomoo fa'a yoo ta'an kan lammataa ammoo kanneen naannolee biyyattii gara biraa irraa godaananii achi jiraatan kanneen akka Oromoo, Amaaraafi Tigreeti.

Qoqqoodama hawaasaa magaalaa san ture kan naannawa biraatiin adda kan godhu halluu bifa (color of skin) namaa irratti hundaayuu isaati. Warra biyyaatiin "Gurraachota" jedhuun. Warra naannawa biraatii dhufe ammoo Diimaa jedhuun. Marii ummata waliin goone irratti qoqqoodama halluu bifaa kanaan ji'oota muraasa dura jeequmsi ka'ee namni hedduun akka miidhame dhageenye. Keessattuu warri bakka biraatii dhaqe halluu warra biyyaarra waan diimatuuf tuffii agarsiisan waan hubanneef, ilaalchi akkasii qaanii guddaa akka ta'e waltajjima san irratti himne. Walgahicha booda hoogganoota naannichaa waliin haala jiru irratti mari'anne.

Godinni Kamaashii ji'oota saddeetii oliif magaalaa Asoosaafi kanneen biroo irraa adda cituu, kun kan eegale hoggansi godinichaa Najjootti walgahii hirmaatanii osoo galuuf deemaa jiranuu ajjeefamuurraa kan ka'e jedhan. Nutis ummanni sun adda citee rakkoo keessa jiru arguu barbaannaa waliin haa deemnu jenneen. Isaanis dhalataa godinichaa nama ta'eefi itti aanaa Pireezidaantii Naannichaa nuuf ramadan. Borumtaa garuu yeroo deemsaf kaanu achi buuteen isaa dhabame.

Asoosaa irraa osoo hin bahin walgahii mana marii Federeeshiniitti godhamuuf qondaalonni Finfinneerraa dhufanii waan turaniif namoota akka Keeriyaa Ibraahim, hooggantuu mana maree federeeshinii, Nugusuu Xilaahun, Dubbii himaa Muummicha Ministeeraa agarree rakkoon Lixa biyyattii xiyyeeffannaa argatee furamuu akka qabu itti dhaamne.

Gaafa Finfinneetti deebinu obbo Lammaa Magarsaafi qondaalota naannichaa biroo, Raayyaa Ittisa Biyyaa irraa Jeneraal Birhaanuu akkasumas ABO irraa obboo Daawudiifi namoonni biroo bakka jiranitti gabaasa fuula diigdamii torba tahu qindeessinee dhiheessine. Gabaasa sana keessatti sababa walitti bu'iinsa ABO/WBOfi mootummaa jidduu jiruufi rakkoolee armaan gadii akka hubanne himne. Isaanis;

- Seera-dhablummaan (anarchy) uumamee akka jiru,
- Hawaasa jidduutti wal amantaan haphataa jiraachuu, kun ammoo walitti bu'iinsaaf hiree banuu isaa,
- Hariiroon saboota ollaa gara jibba hamaatti guddachaa jirachuufi ilaalchi farra Oromoo akka babal'atu taasisaa akka jiru,
- Daandiin cufamuun sochii diinagdee gufachiisuun hariiroo hawaasummaa adda kutaa jiraachuu,
- Gargaarsi namoomaa gahuu dhabuun (keessattuu Kaamaashii) gaaga'ama lubbuu hamaaf saaxilee jiraachuu,
- Raayyaan ittisaa dhiibbaa guddaa jala jira, ni haleelama, ofirraa deebisuu hin danda'u. Haala kanaan iti fufnaan gara finciluutti (mutiny) deemuu akka malu,
- Poolisiin humnas hamilees hin qabu. Hidhannoo gahaa hin qaban. Kun ammoo yakka magaalaa keessaas ta'ee haleellaa daangaa irraa akka hin ittisne taasisee jiraachuu,
- Caasaan bulchiinsa gara gadii diigameera. Qondaalonni baay'een baqatanii badaniiru. Kan jiranis sodaa hamaa keessa jiru. Laamshayuun bulchiinsaa kun dafee sirrachuu baannaan gara diigamiinsa mootummaatti geessaa jiraachuu,
- Walitti bu'iinsi kun saffisaan dhaabbachuu baannaan jeequmsi to'annoof rakkisuufi wal waraansi (civil war) ni uumama jechuun dhiheessine.

Rakkooleen kun furamuu baannaan qaamota dhimmi ilaalu maraaf jechuunis ABO, mootummaafi ummataaf balaa akka ta'e himne. ABO dhaaf hokkarri geggeeffamaa jiru kun maqaa xureessuun, adeemsa keessas paartii karaa nagayaa ta'ee itti fufuuf ni rakkisa jenne. Mootummaaf ammoo seer-dhablummaan kun itti fufnaan cehumsa godhamu gufachiisuu bira dabree gara wal waraansaafi dhawaataanis jigiinsa biyyaa (state collapse) fiduu danda'a jechuun akeekkachiifne.

Ummataaf ammoo abdii bilisummaa aarsaa guddaan argate dukkaneessuu qofa osoo hin taane kufaatii diinagdeefi dhumaatii guddaaf saaxiluu danda'a jenne. Ummata Oromoof tuffatamuu, jibbamuufi qabsoon isaa duubatti deebi'uu mudachuuf akka deemu itti daballe. Olola "Oromoon waliis biyyas bulchuu hin danda'u" jedhu san dhugoomsuun kufaatii hamilee waloo (collapse of collective self-esteem) haaraaf akka saaxiluu danda'u hubachiisuu yaalle.

Akka furmaataattis tarkaanfileen armaan gadii hojiitti akka hiikaman eerre.

- Mootummaafi ABO'n dabballoota isaanii olola hafarsuu irraa haa ugguran,
- ABO'n saffisaan waajjiroota banatee qondaalota ifatti ramaduun warreen maqaa isaatiin ummata jeeqan ofirraa akka fageessu,
- Bulchiinsi mootummoota Naannolee Oromiyaafi Beenishaangul-Gumuz waliin qindoomuun daandii haa bansiisan; buqqaatonni bakkatti haa deebi'an,
- Daldaltoonni sababa hojiin dhaabbateef liqaa kafaluu waan hin dandeenyeef mootummaan baankilee waliin mari'atanii fala (relief) haa barbaadu,
- Daangaa kabachiisuufi yakka magaalaa keessaa to'achuuf humna hidhannoo poolisii Oromiyaa haa cimsuu.
- WBO'n saffisaan bosonaa haa bahu. Kana gochuuf ammoo:-

  a. Rakkoo mootummaa amanuu dhabuu waan qabaniif tarkaanfileen wal amantaa uumuuf dandeessisan hojiitti haa hiikkaman.

  b. Gaaffii fi komii WBO'n qabu dhaggeeffatanii dubbii nagayaan furuuf koreen waloo (joint-task force) qaamota dhimmi ilaallatu (MNO, ABO, Raayyaa Ittisaafi hayyoota) irraa haa ijaaramuu fi kkf keessatti argamu.

Gabaasa keenyarratti mariin bal'aan erga taasifameen booda qabxiileen fooyya'uu qaban fooyyeffamanii kan itti dabalamuu qabanis itti dabalaman. Yaada furmaataa gabaasa keessatti dhihaateefi marii irratti ka'an saffisaan raawwachiisuuf Pireezidaant Lammaafi Ob. Daawud itti gaafatamummaan akka hojjatan, yoo danda'ame gara Lixa Oromiyaa waliin deemanii ummata mari'achiisanii akka tasgabbeessan waliigalamee addaan baane. Gabaasa kana kan dhiheessine Sadaasa 21, 2018 ture. Qaamonni lamaan akkaataa waadaa galaniin hojiitti hin deemne. Inumaatuu ololaan wal qoccoluun daranuu hammaate. Jeequmsi duraan Wallagga qofatti daangeffame babal'atee gara Shawaatti ce'e. Waywaannaan ummataas jabaate.

8.6. Gufuuwwan Yaalii Nagayaa

Jalqaba bara 2019 irratti Gumiin Abbootii Gadaa Oromiyaa dhimmicha ofitti fudhachuun yaalii godhaniin qaamota lamaan kopha kophaatti erga dubbisaniin booda walgahii waliigalaa hayyoota, hoogganoota jaarmayaalee siyaasaa, Abbootii Gadaafi jaarsolii biyya hirmaachise galma Aadaa Oromootti qopheessan. Nu hundi dhaqnee gabaasni yaalii araara buusuu haga yeroo saniitti godhame dhihaate.

Marii itti aansee godhame keessatti namni hedduun dubbii ifatti babbaqaqsee dubbachuurra cina cinaa deemaa ture. Warri ABOs ta'ee kan mootummaa dubbii ofirraa dhiibuu malee itti gaafatamummaa fudhatanii yaada furmaataa dhiheessuurraa of qusatan. Ani harka baaseen rakkoo maddi isii ABOfi mootummaa ta'uu hime. Carraqqii gooneefi waadaa lamaan isaaniituu seenanii hojiitti hiikuu didanis tarreesse. Dubbiin mootummaa kan laallattu ta'ee osoo jiruu Obbo Alamuu Simee kan waajjira paartii ODP hoogganu dhufuun sirrii akka hin taanes dallansuun dubbadhe. Obboo Daawud Ibsaas fakkeessuu dhiisee waraana galchuu yoo barbaade akka galchu waltajjima kanarratti akka itti himamu yaada dhiheesse.

Walgahii sanirratti mariin bal'aan godhame. Waree booda ani dhimmaaf iddoo biraa deeme. Addi Bilisummaa Oromoofi mootummaan waliigaluun lolli dhaabbatee WBO akka galchaniif itti gaafatamummaa Gumii Abbootii Gadaatti kennan. Filannoo waltajjima sanirratti godhameenis koree nama torbaatamii tokko of keessaa qabu filatan. Anaafi Baqqalaa Garbaatis yaalii san dura godhaa turerraa ka'uun nu filan. Abbaan Gadaa Bayyanaa Sanbatoo manatti dhufee akkan filameefi akkan hirmaadhu na gaafate. Ani didus Abbootii Gadaa biroo waliin waan natti waywaataniif nan fudhe.

Koreen sun dhaabbatee guyyoota muraasa keessatti walgeenye. Hojiin duraa mootummaafi ABO'nis bakka bu'oota sadi sadii akka ramadatan gochuun ture kan eegalle. Marii hamma tokko booda ramadatan. Sirna hojii keenya ittiin raawwannu (term of reference) baasuu irratti marii bal'aa goonee qopheessine. Dhimmoota qabatamaa waraana galchuuf barbaachisu irratti mari'achuu yoo eegallu paartilee lamaan irraa rincicuutu mul'ataa ture. Wanti waarii irratti waliigalle borumtaa diigamee nu eega.

Gaafa tokko garee mootummaa keessaa namni tokko muummicha ministeeraa yoo dubbifne malee wanti kun waan milkaayu akka itti hin fakkaanne nutti hime. Muummicha ministeeraa dubbisuuf beellama gaafannaan har'a boru jechuun lafarra harkisan. Eegnee hifannaan Abbootii Gadaa waliin masara mootummaa dhaqnee dallaa jalatti jigfanne. Guyyaa guutuu aduu keessa oollee nama nu dubbisu dhabne. Galgala Jeneraal Birhaanuu Juulaafi Dammallaash Gabramikaa'eel dhufanii beellama nuuf qabaniii dubbiis akka furan waadaa galanii akka gallu nu godhan. Tan mootummaa karaa qabsiifanne yoo jennu bakka bu'oonni ABO koree nu waliin akka hojjataniif ramadaman biyyaa bahan. Gaafa tokko galgala Obbo Dhugaasaa Bakakkoofi Dheengee Huseen mana koo dhufuun zoonii Kibbaa dhaqanii waraana achi jiru mari'achiisanii tasgabbeessuu akka fedhan naaf himan. Kanaaf ammoo mootummaan karaa akka dabarsuufi haala mijeessuuf akkan itti himu na gaafatan. Anis nan himeef. Isaan garuu achumaan Keeniyaa seenan. ABO'n bakka bu'oota biroo ramade.

Haalli gama lamaanii shakkii keessa nu galchus nurraa hin hafin jechuun hojii itti fufne. Yaada bakka bu'oota mootummaafi ABO dhaggeeffannee, muuxannoo biyyoota biraas qorannee, qabxiilee lolli akka dhaabbatuufi WBO'n akka galu dandeessisan jennee yaadne qopheessine.

Qabxiilee kanas hoogganoota gama lamaaniitti erga erginee fudhatanii booda waliigaltee kana labsuuf Ambootti yaa'iin guddaan geggeeffame.

Qabxiileen ijoon koreen labse sunis;

Lola dhaabuu;
- Guyyaa labsiin koree teeknikaa ittti dubbifame irraa eegalee lolli gama lachuu akka dhaabbatu;
- Yeroo kana keessatti gama lachuurraahuu tarkaanfiiwwan gara lolaatti geessan kamirraayyuu akka of qusatan;
- Yeroo kana keessatti deeggartootaafi miseensota ABO hidhuun akka dhaabbatu
- Ololli miidiyaa murtii lola dhaabuu kana jeequ kamiiyyuu akka dhaabbatu. Gamni lamaan komii walirraa yoo qabaatan ibsa ejjannoofi haasaa miidiyaa gochuu dhiisuudhaan komii isaanii koree teeknikaaf akka dhiheeffatan.
- Koreen sochii qaamni lameenuu taasisan sirritti hordofee qaamni gochaawwan labsii lola dhaabuu diigan raawwatee argame karaa midiyaaleen uummataaf ifa godha. Kana keessatti ummanni keenya gartuu kamiifiyyuu osoo hin loogin qaama tarkaanfii labsii kana diigu fudhatuu malu hordofee eeruu akka kennu.

Waraana Bilisummaa Oromoo Ilaalchisee;
- WBO'n kabajaaa isaaf malu argatee simannaa hoo'aadhaan akka galu ni taasifama.
- Gaafa labsiin kun labsame irraa eegalee guyyoota itti aanan diigdama keessatti hojiin WBO galchuu guutumaan guututti ni xumurama.
- Kunis guyyootni kurnan duraa qophiin barbaachisaan kan itti godhamu yoo tahu, hojiileen koreelee simannaa ijaaruu, ibsa barbaachisu kennuu fi kaampii WBO qopheessuu ni hojjatama.
- Guyyoota kurnan itti aananitti waraanni WBO walitti qabamee erga simatameen booda mooraa isaaniif qophaahetti tartiibaan akka galan ni taasifama.
- Guyyaa WBOn simatamutti sochiin isaa akka hin danqamneef guyyoota sadiif Raayyaan Ittisa Biyyaa daandii banuudhaan gala WBO saffisiisuu keessatti shoora isaa akka taphatu ni taasifama.

Hojiin Waraana Bilisummaa Oromoo galchuu sadarkaa sadarkaan kan raawwatu yoo tahu bifa armaan gadiitiin raawwatama;

- Dursa magaalota aanaalee itti dhihoo jiranitti walitti qabama.
- Itti aansee godinoota murtaa'aa irratti sirni simannaa ni godhamaaf.
- WBO'n gara mooraa isaaf qophaahetti kabajaan kan galfamu taha.

Simannaa kana rakkoofi danqaa hin barbaachifne irraa hambisuuf koreen haala mijeessituu sadarkaa hundatti ni ijaarama. Baajatni barbaachisaanis koree kanaaf ni ramadama. Simannaa kanarratti Abbootiin Gadaa, hoogganoonni mootummaa sadarkaan jiran, qondaalotni ABOfi waraanaa gama lachuurraa ni argamu.

Erga WBOn mooraatti galee booda humni beekkamtii mootummaan ala hidhatee socho'u kamiiyyuu Oromoofi Oromiyaa keessatti fudhatama hin qabaatu. Sochii humnoota akkasii mootummaafi ummanni waliin ta'uun nagaafi ol'aantummaa seeraa kabachiisuu irratti gamtaan ni hojjatu.

Akkuma WBOn kaampiitti galeen Raayyaan Ittisa Biyyaas ummata keessaa bahee kaampii isaatti akka deebi'u ni taasifama.

Haala qabiinsa kaampii keessaa ilaalchisee murtiin armaan gadii darbee ture.

- Qubsumti WBO iddoowwan lolli itti godhamaa ture irraa ni fageeffama.
- WBOn kaampii qophaaheef keessa yeroo ji'a lama hin caalle qofaaf kan turu taha.
- Hanga kaampii keessa turanitti leenjiin barbaachisaan ogeeyyota seeraafi qaamolee nageenyaatiin kennameefii hojiin ijaarsaa ni hojjatama.
- Koreen teeknikaa kun haala qabiinsaafi kunuunsa isaanii si'aa'inaan kan hordofu taha.
- Humna nageenyaatti makamuu ilaalchisee koreen murtii armaan gadii dabarse.
- Madaalliifi leenjiin barbaachisaan sirnaan erga kennameef booda, Miseensotni WBO fedhii dhuunfaa isaanii bu'uura godhachuun, fedhu gara humna nageenyaatti makamuu, kanneen miseensa paartii siyaasaa hawwanitti miseensa tahuufi yoo barbaadan ummatatti makamuun hojii dhuunfaa irratti bobbahanii hojjatanii jiraachuuf mirga guutuu qabu. Kanneen hojii dhuunfaa irratti bobbahaniif mootummaan deeggarsa barbaachisaa taasisa

Dhiifama (Amnesty) Ilaalchisee.

- Miseensi WBO yeroo waraana keessa turanitti badii akka gareefi dhuunfaatti raawwataniif dhiifamni ni godhamaaf. Badii duraan raawwatuu malan kamiifuu itti seeraan hin gaafataman, hin adabamanis.

Qabxiilee waltajjii Amboo kana anatu dubbise ture. Miseensa koree teeknikaa kan ta'an hayyuun Oromoo Haylee Gabree waltajjiirratti bahuun "**araara kanaaf yoo barbaachise ana qalaati fala na taasisaa araaramaa**" jechuun booyanii dubbatan. Abbootiin Gadaafi Haadholiin Siinqees jilbiiffatanii waywaatan. Dhuma yaa'ii kanarrattis Abbootiin Gadaa korma qalanii hooggantoota gama lamaanii tiruu nyaachisanii kakachiisan. Ummannis gammachuun jajjabeessee adda galle.

Adeemsaafi tattaaffini araara kana akka hin milkoofne godhuu garuu hin dhaabbbanne. Erga Amboorraa deebinees qaamni lachuu sababa adda addaa kaayuun yaalii danquu godhaa turan. Warri mootummaa dirree waraanaatti lola cimsuu dabalatee tumsa koreen teeknikaa irraa barbaadu lafarra harkisuun abdii kutachiisuuf yaalan. Tumsi mootummaa kun akka saffisu gaafachuuf Obboo Lammaa dubbisuuf beellamni nuuf qabamus waajjira isaanii yoo dhaqnu hin jiran jedhamne.

Gama ABOtiinis waraanni akka galuuf fedha qabaachuu ibsanis gochaan garuu faallaa deemaa turan. Gama marsaalee hawaasaan duula hojii koree busheessuu banuu dabalatee gama waraanaatti namoota erganii galuu akka didan itti dhaamaa turan. Akka waliigalteetti Obbo Daawud Ibsaa waraanni akka galuuf ajaja dabarsuu qabu ture. Ajaja kana dabarsuu diduun yeroo dheeraaf erga lafarra harkisanii booda waywaannaa meeqaan boodarra xalayaa nuuf barreessan.

Xalayaan sunis Jaal Marroo Dirribaa kan ajajaa Zoonii Lixaa ta'eefi Jaal Goollicha Dheengee ajajaa Zoonii Kibbaatiif akka kenninuuf kan qophaaye ture. Gama mootummaanis ajajaan humna waraanaa Itoophiyaa Jeneraal Birhaanuu Juulaa waraanni isaanii bakka barbaachisu cufatti koree teeknikaatiif deeggarsa barbaachisu mara akka taasisu xalayaa nuuf barreessan.

Gamni lachuu waan koreen irraa barbaadu dhiibbaa meeqaan guutanis fedhiin araaraaf qaban baay'ee gadi bu'aa akka ta'e ifa ture. Afaaniin yoo dubbatan waliigalteen waraanaa hojitti hiikamu kan barbaadan fakkeessaa, duddubaan garuu fashalsuuf shira xaxaa turan. Fakkeenyaf hoggansi ABO ifatti waraanni akka galu xalayaan ajajus duubaan garuu icciitiin ajajootatti namoota erguun xalayaan kan barreeffame dhiibaadhaan akka ta'eefi waraanni galuu akka didu itti dhaamaa turuu qondaalotuma olaanoo isaanii keessaa dhagayaa turre.

Gama mootummaanis gochaafi jechaan gufachiisuuf yaalaa turan. Akkuma koreen gara godinaalee sochoo'een gaaffiif deebii Jeneraal Birhaanuu Juulaa kennan kan WBO balaaleffatu gara miidiyaa facaasan. Kun ammoo ummanni waliigalteen waan diigame akka se'uufi waraannis shakkii dabalataa keessa akka galu taasise. Jeneraal Birhaanuu maalif ibsa akkasii akka kenne yoo gaafannu, haasaan sun kan ji'oota dura kenne akka ta'e nutti hime. Kunis gabaasni miidiyaan bahe sun shira itti yaadamee geggeffamaa jiru akka ta'e hubanne.

Koreen garuu kanaanis abdii hin kunne. Hanga dhumaatti ijibaata gahuuf murteessinee hojii itti fufne. Godinaaleefi aanaalee waraanni akka jiru ABO irra nuuf himame irratti hundaayuun namoonni dhaqan ramadaman. Haaluma kanaan jila gama Lixa Oromiyaa deemu Baqqalaa Garbaafi Abbaa Gadaa

Bayyanaa Sambatoo akka qindeessaniif ramadaman. Gama Kibbaa ammoo Obbo Hayilee Gabree, Sheek Hajjii Ibraahim Tufaafi anatu ramadame.

Gaafa imala keenyaaf guyyaan tokko hafu qondaalonni mootummaa gara Zoonii Kibbaa deemuun akka hin barbaachifne nuuf himan. Sababni dhiheessanis WBO'n gama Gujiifi Booranaa jiru bulchitoota godinaan waliigalee galuuf dubbiin xumurameera kan jedhu ture. Dhimma kana ABO gaafannaan dhugaa akka hin taane dhageenye. Maddeen godinoota san jiran irraa odeeffannaanis kanuma mirkaneeffanne. Kanaafuu, akka mootummaan jedhu gara bulchiinsa godinaan galuuf yoo tole jedhanis arginee jajjabeessuuf, yoo sun dhugaa ta'uu baates dirqama Gumiin Abootii Gadaa nutti kenne bahuuf gara Kibbaa deemuuf murteessine.

Mootummaan wantoota koree kanaaf barbaachisan mara guutuuf waadaa galus, gaafa guyyaan gahu bakkaa dhabne. Kan biraa haa hafuutii geejjibumallee hin qopheessine. Jila koree kana aanaalee ramadameen gahuuf konkolaattota diigdamii shan gaafannus, konkolaataa moofaa sadii qofa nuuf dhiheessan. Yaadni isaanii karuma kamiinuu yaalii araaraa koree kanaa gufachiisuu akka ta'e daran ifa ta'e. Abbootiin Gadaa hedduu gaddan. Hamilee isaanii eeguufi morka qondaalota mootummaatiin mallaqa abbootii qabeenyaa irraa fuudhuun konkolaattota kireessinee koreen guyyama qabannetti bakka ramadametti akka bobba'u goone.

Akkuma koreeleen bakkoota itti ramadaman gahaniin rakkoon mudachuu eegale. Qaamonni duraan tole jedhan duubaan shiraa xaxaa akka turan qabatamaan mul'ate. Gama miidiyaa hawaasaanis duulli waraanni akka hin galle jedhu ni xiixe. Waraanni irra jireessi waamicha gama miidiyaan godhame fudhatee bakka qophaaye yoo dhaquu yaalu dhukaasni itti banamuu jalqabe. Abbootiin Gadaa ramadamanis butamuufi doorsifamuu eegalan.

Gama mootummaanis waadaan galame ni cabe. Bulchitoonni aanaafi godinaa tumsa irraa eeggamu gochuu didan. Gara Lixaatiinis waraanni waamicha kabajee gales simannaafi kunuunsa barbaachisu dhoowwaman. Nyaataafi bakka bultiituu dhiheessuu didan. Bakka tokko tokkotti waraana nagaan meeshaa isaa Abbootii Gadaatti kenne humnaan fuudhuuf poolisiifi loltoota qabatanii dhaqan. Haalli kun miseensota koree hedduu rifachiise. Waraana galuuf murteesses shakkii keessa galchee of duuba deebise. Akkasinuu miseensonni koree cichanii doorsisaafi reebicha obsanii waraana hamma dhufe kunuunsuu yaalan.

Kibba gara ani dhaqetts rakkootu ture. Dura Godina Gujii magaalaa Bulee Horaa akkuma geenyeen miseensota koree waraana godina Gujii keessa socho'u akka galchaniif ramadame bulchiinsa achiitiin wal barsiifne. Waliigalteen ture waraana kan simatee, galmeessee, meeshaa irraa fuudhee galchu koree Gumiin ijaare. Bulchitoonni godinaa Gujii garuu "waraana godina keenya jiru nutu galcha. Kanas waraana waliin mari'annee waliigalleerra" jedhan. Koreen Finfinnee dhufe yoo hirmaachuu barbaade nu jalatti hoogganamuu qaba jedhan.

Nuti koree walabaa akka taaneefi caasaa bulchiinsaa jala galuu akka hin barbaanne falmine. Waliigaluu dadhabnaan Abboota Gadaa Gujii fidan. Isaanis akkuma bulchiinsi godinaa nutti hime waraanni achi jiru kara bulchiinsa godinaatiin galuuf qophii ta'uu mirkaneessan. Akka yaada araaraattis Abbootiin Gadaa Gujii koree Finfinnee dhufe waliin qindaa'uun waraana galchuuf waadaa galan. Gaafa nuti Booranaa deebinutti waraana walitti qabanii akka nu eegan nuuf himan.

Tole jennee dabarree magaalaa guddoo Godina Booranaa, Yaa'aballoo dhaqne. Achittis shira caalutu shiramee nu eege. Abbootii Gadaafi jaarsota biyyaa nuti dubbisuuf waammanne warri bulchiinsaa karaa irraa maqsanii maqaa walgahiin jaataneessanii akka nu hin garre danqan. Waywaannaa dheeraa booda guyyaa lammataa yoo argannu ammoo "Gumiin Abbootii Gadaa Oromiyaa, Abbootii Gadaa Booranaa mufachiiseera. Kanaafuu murtii isaanii hin fudhannu isin waliinis hin hojjannu" jedhan.

Gumiin maal akka itti balleesse yoo gaafannu, "walgahii Abbootiin Gadaa waraana akka galchaniif irratti murtaaye sanirratti hin affeeramne, ni tuffatamne" jechuun komatan.

Nuti "akka isin hin affeeramin hin beeknu. Isin affeeruu dhabuun sirrii miti. Komii keessan nutis itti himna isinis akka sirna Gadaatti jara gaafadhaa. Waraana kana galchinee nagaya buusuun Booranaafi Oromiyaafis faayidaa qaba. Kanaafuu kan komii gara fuulduraatti fixnaa amma waliif tumsinee waraana kana haa galchinu" jennee itti waywaanne. Isaan garuu "Waraana kana nutu jaare, nutu waggoota diigdamii torba itti dhiige, itti deegee asiin gahe. Waan nu jenne hin didan. Nutu galchaa isin deemaa" nuun jedhan

Ijjannoo isaanii akka jijjiraniif hedduun itti waywaadhe. Naannoon sun yeroo dheeraaf lola mootummaafi WBOn akkasumas walitti bu'iinsa sabootaan miidhamaa turuu yaadachiisee, kana boodas gaaga'ama biraa hanqisuuf waraana san akka ofirraa galchan gaafadhe. Waraanni sun "nyaapha nurraa tiksa" waan jedhaniif, yaaddoon isaanii san yoo ta'e WBOn achi jiru naannawa sanii deemuun dirqama akka hin taaneefi, mootummaan araaramee humna nageenyaa godinichaatti dabalamee ummata tajaajiluu akka danda'u itti himuun amansiisuu yaale. Yaada kana dhageenyaan Abbootiin Gadaa "kun danda'amnaan waan gaariidha" jedhan. Kana jiddutti namni tokko marii itti jiru keessaa ka'ee bilbilaan dubbatee nutti deebi'e. Yaadni ani dhiyeesse fudhatama akka hin qabne labse. Abbootiin Gadaa rifatanii lafa laalan. Namichis waltajjiin dhumeera jedhee nu bittinneesse. Mariin achumatti dhumus Abbootiin Gadaa nutti qalanii meedhicha nutti hidhanii nu eebbisanii deeman.

Gama biraatiin gaafuma Yaaballoo geenyu xalayaa Obboo Daawud irraa Jaal Goollicha Dheengeetiif fuunee dhaqne gara nama dhaabni ramadeetiin erginee deebii eeggachaa turre. Guyyoota lama booda haal-dureewwan hedduu tarreessuudhaan kunneen guutaman malee hin gallu jedhe. Haal-dureewwan inni tarreesse sun Finfinneettis ka'anii irratti haasayamuu ibsuun ejjannoo isaanii jijjiiranii akka galan amansiisuuf dhaamsa itti erginee deebii eeggachutti seenne.

Osoo deebii san eeggachaa jirruu wanti ajaa'ibaa biroos nu qunname. Namni tokko natti dhufee waraanni akka galu yoo barbaaddan qarshii miliyoona shan kafaluu akkan qabu natti hime. Maalif jennaan, "warri akka waraanni hin galle barbaadu miiliyoona afur kafaluuf waadaa galaniiru. Ati san yoo caalchiftee kafalte ni galchina" naan jedhe. Anis "lakkii koreen akkaataa waliigaltee mootummaafi ABO tiin waraana galuu barbaadu nagayaan galchuuf malee mallaqaan sossobuuf hin dhufne" jedheen. Namni sunis "ati dubbiin siif hin galle. Erga hin kafallee yeroo kee hin qisaasinii gali" jechuun na gorsee deeme. Namni haasaa san dhaggeeffataa ture booda akka naaf himetti "Jawaar faan waraana galchuuf mootummoota biyya alaa irraa maallaqa guddaa argataniiru" oduun jettu deddeemaa turte.

Deebii jaarsota Jaal Goollichatti ergine eegaa osoo jirruu magaalattii gadi dhiifnee akka deemnuuf dhiibbaan nurratti godhamu cime. Warri hoteela nuti qabannee namoota biraatiif akka kireessaniif nuti akka gadi lakkifnu nutti waywaatan. Nuti garuu didnee halkan tokko itti dabalanne. Halkan san dubartiin ajajjuu WBO akka taate of ibsite bilbiluun Yaaballoo gadi dhiisee deemuu yoon baadhe akka na ajjeesan dhaadatte. Anis "nagaya sabaafi biyyaatiif malee garee kamuu dirqisiisuuf karoora akkan hin qabne himeefii, yoo WBO'n galuu hin barbaanne filannaa keessani. Afaan wal dabruun barbaachisaa miti. Na doorsisuu yaalaa yoo jiraatte garuu gaafan biyyatti galu du'a ofirratti murteessuu kiyya beeki" jedhee dheekkamsaan itti dubbadhee bilbila itti cufe.

Barii isaa hoogganoonni bulchiinsa godinichaa nama nutti erguun magaalaa sanii akka nu baasan ajajni gubbaa akka itti dhufe nuu himanii akka deemnu nu kadhatan. Ajajni sunis eenyu fa'arraa akka dhufe ragaa waliin nutti agarsiisan. Ergamni keenya akka galma hin geenyeef shirri qindaa'aan geggeeffamaa akka jiru hubannee barii isaa kaanee deemne. Bulee Horaa yoo geenyu koreen hojii akka dhoorgameefi waraana homaa akka galchuu hin dandeenye hubanne. Bulchiinsi dubbii "WBO godina keenya jiruun waliif galee galchuuf xumurree jirra" jechuun yoo gadi dabarru nuuf himan jijjiiruun yakka WBO'n hojjate jedhan nuuf tarreessuutti seenan. Namoota WBO'n miidhe jedhan fiduun nu fuulduratti akka booyanii gangalatan taasisan. Jilli Obbo Hayilee Gabreen durfamu kan gara Shaakkisoo deemes bifuma kanaan hojii akka dhoorgame dhageenye. Waraanni akka hin galleef godinoota lamaanittuu shirri akka hojjatame ifa. Nutis kana barree galaaf gara Finfinnee qajeelle.

Keenyaan walbira qabamee yoo ilaalamu, jilli koree teeknikaa kan gara Lixaa deeme milkaayaa ture. Waraana dhibbaatamaan galchuu danda'aniiru. Garuu ammoo isaanis rakkoo hedduuf saaxilaman. Miseensota butamantu ture. Kan doorsifaman hedduudha. Waraana gale qabatanii meeshaa fuudhanis mootummatti kennanii gara Finfinnee yoo ka'an warri mootummaa geejjibaafi nyaataan gargaaruuf fedhii hin qaban ture. Baqqalaa Garbaafi Abbaa Gadaa Bayyanaa Sambatoo namarraa liqeeffachaa, bakka hanqates itti kadhachaa geejjibaafi nyaata danda'anii fidanii Xoollaay geessanii mootummaatti kennan. Garee WBO godina Horroo Guduruu Wallaggaatii dhufe Jaal Abdii Raggaasaa, miseensa koree hojii raawwachiiftuu ABO, waliin Amboo mooraa leenjii poolisii Sanqallee dhaqnee daaw'anne. Nyaata dhoowwatanii waan turaniif sangoota binnee biddeena ummata Amboo irraa fuunee nyaachifne. Warri mootummaa waraanni kun akka galu fedhii akka hin qabne gocha hedduun nuuf mirkaneessan. Akkasinuu osoo abdii hin kutin waraana hanga hafe amansiifnee jaarsotii biyyaatiin gorfannee akka galchinuuf yeroon ji'a tokkoo akka nuuf dabalamu gaafannee nu didan. Inumaatu lola bal'aa itti labsan.

Akkuma waraana galchineen gabaasa raawwii qopheessinee qondaalota mootummaa, ajajoota Raayyaa Ittisa Biyyaafi Hoogganoota ABO waamnee dhiheessine. Rakkoolee mudataniifi milkii arganne ibsuun, lakkoofsa loltuufi meeshaa waraanaa galchines gabaasne. Waraanni galuu dide sababni dideef maal akka ta'es himne. Sababoonni sunis qaamonni lamaan waadaa galan diiguu, olola marsaa hawaasaafi hanqina yerooti. Waraana hafe amansiifnee galchuuf ji'a tokko akka nuuf kennan gaafannee didamuus ibsine. Kanaafuu waraana hafe galchuuf mootummaafi ABOn karaa biraa akka barbaadan eeruun hojiin keenya akka xumurame beeksifne.

Garuu mootummaanis ta'ee ABO'n fala osoo hin argin jeequmsi hammaataa deeme. Shimallis Abdiisaa Pireezidaantii tahee akkuma muudameen koreefi hoogganoota ABO waajjira isaatti walgahii nu waame. Obbo Shimallis rakkoo gara WBO bosonatti hafeetiin uumamaa jiru erga ibsee booda, gama ABO tii Obboo Daawud Ibsaa waraana Gumii Abbootii Gadaatti kennuu yaadachiisuun ammatti waraanni dhaaba isaaniitiin hoogganamu akka hin jirre ibsan. Yaaduma kanarratti hundaayuun ABO'n waraaana bosonatti hafeef akka hin gaafatamne kan ibsu xalayaa qophaaye bakka bu'oonni ABO, Mootummaa Oromiyaafi Raayyaa Ittisa Biyyaa mallatteessan. Nuti warri koree bakka buunes ni mirkaneessine. Waraana bosonatti hafeef yaamichi dhumaa godhameefii san booda mootummaan ummata waliin seera haa kabachiisu jedhame. Nutis dhimma waraana galchuu asumatti goolabne.

Yeroo hedduu namoonni waraana hiikkachiisan jechuudhaan nu komatu. Komiin kun kan waakkadhus kanin gaabbus miti. Wal waraansa Oromoo jidduuti dhufaa jiru hanqisuuf waan danda'een osoon tattaafachuu baadheen gaabba ture. Biyya keenya keessa qabsoon hidhannoo raaw'atee siyaasa nagayaatti cehuun barbaachisaa ta'uu cimseen amanaa ture. ABOfi mootummaa jidduu araarri bu'uun cehumsaaf dhimma murteessaa hundaa olii akka ta'e Abiyyi gara aangoo osoo hin dhufin kanin waywaachaa tureedha. Kanaaf ammoo sababan qaba ture. Kan duraa humna hidhatee qabsootti jiru tokko mootummaan haaraa aangoo qabu araarsee, waraana bosonaa baasee hawaasafi sirna mootummatti hirmaachisuu (DDR) danda'uun cehumsi gara dimokraasiitti godhamu akka milkaayuuf shoora guddaa taphata.

Waraanni itti fufuun siyaasaa lolaa (securitization of politics) babal'isee murna sirna abbaa irree ijaaruu barbaaduuf carraa bana. Humni dhiibamee bosona gale lola dhaabee araaramee bifa amansiisaa ta'een bulchiinsaafi ummatatti makame jechuun siyaasni lolaa dhaabbatee siyaasni lammummaa (civic politics) lafa qabata jechuudha. Kun ammoo dirree siyaasaa bal'isee warreen sirna abbaa irree haaraa ijaaruuf hawwii qaban hoongessa.

Kan lammataa seenaa diinummaa ABOfi OPDO jidduu jirurraa ka'uun humnoonni lamaan kun araaramuun siyaasa lolaa keessaa bahuu baannaan qoqqoodamiinsi Oromoo itti fufuun carraa aangoo cimsannee saba keenya gadadoo keessa baafnee biyya ammoo gara misoomaafi dimokraasiitti ceesisuuf qabnu ni fashalsa jedhee waanin sodaadheefi.

Kanarraa ka'uun akkuma aangoon Oromoo harka akka seenuuf deemtu hubadherraa kaasee hogganni OPDOfi ABO saffisaan haasaa jalqabanii araara jidduu isaaniitti buusanii biyya ceesisuuf akka waliin hojjatan waywaachaan ture. Hamman abdii kutadhee gara siyaasaa mormituu seenutti gaafnin qondaalota mootummaas ta'ee ABO carraan arge maraan itti hin waywaatiniifi hin dheekkamin hin turre.

Booda of duuba yeroon deebi'ee xiinxaalu gama lachuu keessa murni hammi tokko durumaanuu araara buusuuf fedhii akka hin qabne wantoota akeekan hedduutu ture. Fakkeenyaaf qondaalonni mootummaa gariin "maalif dhimma ABO kana faana akkanatti rakkatta? Waraanni ABO bosona turuun nuuf gaariidha. Wayyaaneenuu jiraachuu ABO fayyadamtee Oromoo gadi qabdee waggoota diigdamii torbaaf aangoorra turte. Silaa Oromoon finciluu aadaa godhatee, nuttis kan fincilu hin dhabamu, kanaafuu maqaa ABO itti maxxansinee cafaqnee bulchina" jechaa turan.

Gaafas akkas kan yaadaniif WBOn akkuma bara Wayyaanee qancaree qarqara biyyaa, aanaalee muraasatti daangeffamee jiraata jedhaniiti. Haalota keessoo Oromoo, jabina mootummaa haarayaa, haalota biyya alaa keessaafuu addunyaa jijjiiramaa deemu hubachuu dhabuurraa yaadni suni dhufe. Xiinxalli dogogoraa sun carraa humni riphee Oromiyaa keessatti dagaaguuf qabu tuffachuu fide. Erga ormi aangoorraa bu'ee murni Oromoo qabatee booda riphee lolaan Oromiyaa keessatti dagaaguuf deeggarsa hin argatu jedhanii tilmaaman. Ilaalcha akkanaatu dhimma silaa marii gabaabaafi baasii xiqqaan fixuun danda'amu gara wal waraansa (civil war) Oromiyaafi Itoophiyaa raasuu danda'utti akka guddatu godhe.

Gama ABO'nis hoggansi hammi tokko durumaa araarri hin danda'amu jedhanii jala muranii ejjanoo qabatanii turan. Kanarraa ka'uun gaafuma Eritiriyaa irraa galan waraana hamma tokko gara Tigraayiin galchuun mootummaatti yoo kennan, waraana kaan ammoo gara Sudaaniin Lixa Oromiyaa galchan. Finfinneedhaa mootummaa waliin waa'ee nagayaafi cehumsaa dubbachaa waraana bosonatti ergan ammoo cimsaa akka turan dhawaataan ifa ta'e.

Tooftaa hoggansa ABO kana osoo isaan Eritiriyaa hin bahin dhagayus, mootummaa waliin wal amantaan uumamuu yoo danda'e waraana bosonatti hambisan ni galchu jedheen abdachaa ture. Afaaniin nagaya waliin dubbachaa duubaan shira walitti yaaduun hoggansa ABOfi mootummaa boodarra jara lachuu kasaarse. Hoggansi ABO akka adda baqaqu taasise. WBO'n hoggansa ABO jalaa of baasee kophaatti akka jaaramu godhe.

Diinummaafi wal tuffiin ABOfi OPDO jidduu ture furamuu dhabuun cehumsa aarsaa guddaan arganne gufachiisuu keessatti shoora guddaa taphate. Warri ABO jara OPDO ergamtootaafi laafeyyii godhee fudhata. Warri OPDO ammoo ABO'n dhaaba oftuulaa garuu waggoota shantama afaaniin malee qabatamaan bu'aa hin buusin jedhee qeeqa. ABO'n dhaaba ganamaa abbaa sabboonummaafi akka man-kuusaa hayyootaatti of ilaaluun aangoon naan malti jedha. OPDO'n ammoo qabsoo ABO'n biraa baqate biyyatti hafnee kan asiin gahe, Oromiyaa kan ijaareefi muuxannoo bulchiinsaa kan qabu nuhi, kanaafuu aangoo qabatee biyya ceesisuu kan danda'us nu qofa jedhu. Wal jibbiifi wal tuffiin kun barbaachisummaa wal danda'anii aangoo qooddatanii waliif tumsuun biyya ceesisuu akka danda'amu jara lameenuu jalaa haguuge.

Hariiroo OPDOfi ABO gara araaraa akka hin deemne wanti danqe kan biroo atakaaroo murnoota ABO'ti. ABO'n bara 2001 irraa eegalee murnootatti caccabaa ture. Gaafa jijjiiramni 2018 sun dhufu gara murna shaniitiin biyyatti galan. Murnoonni kunniin akkuma biyyatti galaniin gadoo kaleessa walirraa qaban haaloo bahuuf socho'an. Murni hammi tokko mootummatti galee isaan duubaan murna biraa miidhuu tooftaa godhate. Kan mootummaatti hin maxxanin ammoo murnoota madaqan san laalee mootummaa balfee dineffate.

Warri mootummaatti gore araarri ABO Daawud Ibsaan hoogganamuuf mootummaa jidduutti yaalame akka hin milkoofne shira diigumsaa guddaa xaxan. Gameeyyiin sabni kabajuufi qabsoo kanaaf shoora guddaa taphatan osoo hin hafin jibba walirraa qabaniin summii hamaa facaasaa turan. Wal jibbaafi hinaaffaa hoogganootaa kan durattuu ABO laamshessee murna hedduutti caccabse san qabatanii biyya galuun OPDOtti saaxiluun, tuffiifi jibba jarri ABO irraa qabdu daran hammeesse.

Walumaagalatti rakkoon ABOfi OPDO karaa nagayaatiin saffisaan furamuu baannaan sabaafi biyya kanaaf balaa hamaa akka fiduu malu yeroo hedduu barruulee dhedheeraa barreessaan ture, gara miidiyaatiinis dubbachuu bira dabree hooggantootattis waywaachaan ture. Hariiroo hoogganoota ABOfi mootummaa waliin dhuunfaan qabu fayyadamees walitti dhiheessuuf hedduun yaale. Boodas koree teeknikaa keessatti suduudaan hirmaachuun hifannaa malee hanga dhumaatti tattaaffadheen ture. Dhumarratti Gaaddisa Hoggansa Oromoo (GHO) ijaaruun qaroon (elites) siyaasa Oromoo ijjannoo waloo qabatanii injifannoo sabni argate akka tiksaniifi dirqama biyya ceesisuus akka bahan carraaqe. Garuu bololli, jibbi, shakkiiniifi muuxannoo dhabuun hoogganootaa yaaliin godhame sun akka hin milkoofne danqe. Akkuma sodaannes Oromiyaa jeequmsa hamaa keessa galche. Carraa Itoophiyaan gara sirna siyaasaa dimokraatawaa kan misoomaafi tasgabbii mirkaneessuuf ijaaruuf qabdus qisaase.

Nu warra "waraanni nu gaha nagaya nuuf wayya" jedhemoo, kanneen "lakkii lolaan malee siyaasni hin hojjatamu, aangoonis hin argamu ykn hin tikfamu" jedhetu sirrii ture laata? Ragaan isaa ifa natti fakkaata. Waan hundaafuu balaa wal waraansi Oromoo jidduutti fiduu malu sodaachuun san hambisuuf beekumsa, dhageettiifi yeroo kiyya osoo hin qusatin yaaliin godheef hedduun itti boona. Osoon balaa as deemu argaa callisee laalee silaa har'a gaabbiin quba of nyaadha ture.

8.7. Gaaddisa Hoggansa Oromoo

Akkuma biyyatti galleen hoggansiifi hayyoonni Oromoo mari'achuun ejjannoofi hubannoo waloo uumannee cehumsa milkeessuuf akka hojjannu tattaaffachuu eegalle. Kaayyoon biyya kiyyatti galeefis tokko kanuma ture. Piroofeesar Izqeel Gabbisaa waliin ta'uun iddoowwan adda addaatti hayyootaafi ummata waliin marii erga goonee booda, marii kana bifa qindaa'eefi itti fufiinsa qabuun sadarkaa hooggansaatti itti fufuuf murteessine. Kanas dhaabbatni miti-mootummaa Center for Development and Capacity Building (CDCB) jedhamu akka mijeessu waliigalle. Hooggannoota jaarmayaalee siyaasaa yeroo san jiran mara akkasumas hayyoota yuunivarsiitiilee irraa filaman walitti fiduun eegalle.

Mariin kun Amajjii 2019 irraa eegalee gara ji'oota jahaaf taasifame. Guyyaa duraa anaafi Piroofeesar Izqeel xiinxala haala yeroo dhiheessine. Xiinxala kanaanis mallattoolee (indicators) cehumsi yaadame gufachaa jiraachuufi biyyatiii gara wal waraansaatti deemaa akka jirtu akeekan adda baafnee dhiheessine. San booda torbaan torbaaniin hayyoonni, hoogganoonniifi qondaalotni waraanaa xiinxala haala yeroo ilaalchisee carraafi balaa nu mudachuu malu dhiheessan. Obbo Leencoo Lataa, Jeneraal Alamsheet Daggifee, Garasuu Tufaa, Dr. Taaddasaa Bariisoofi kkf faan dhimmoota siyaasaa, diinagdee, hawaasummaafi nageenyaa irratti gabaasa dhiheessan. Torbaanota muraasaaf bifa kanaan mariin dhimmoota waliigalaa irratti erga taasifame booda, jaarmayaalee siyaasaa qofti walitti hafanii ejjannoo waloo akka qopheessan murtaa'e.

Paartiilee hundarraa dura ta'aafi itti aanaa dabalatee namni sadi sadii akka hirmaatu, CDCB'n akka jaarmayaatti, ani ammoo akka dhuunfaatti akka marii kana qindeessinu ramadamne. Gaaffiin Oromoo maali kan jedhuun kaanee dhimmoota diinagdee, hawaasummaafi siyaasaa irratti qabxii tokko tokkoon mari'anne. Marii san ji'a jahaaf torbaan torbaaniin erga gaggeessineen booda "Ejjannoo Waloo Jaarmayaalee Siyaasaa Oromoo" qopheessine. Ijjannoon waloo sun dhimmoota yeroo dheeraaf Oromoo keessatti wal falmisiisoo ta'an, akkasumas gaafilee siyaasaa, diinagdeefi hawaasummaa Oromoo irratti hoggansi dhaabbilee maraatuu kan irratti waliigalan ture. Ejjannoo waloo kana hojiitti hiikuufis Gola Marii Hoggansa Jaarmayaalee Siyaasaa Oromoo (Oromo Leadership Council) akka ijaaramu waliigalame. Dabalatanis galmeen "Safuufi Laguu Jaarmayaalee Siyaasaa Oromoo" ittiin masakamanis ni qophaaye.

Gaafa mallatteessuuf qophiin godhamu Obbo Abarraa Tolaa natti dhufuun hoggansa jaarmayaalee siyaasaa Oromootiif workshooppii qopheessuu akka barbaadu naaf hime. Kanas Abiyyi waliin akka mari'atee innis itti deemi jedheen natti hime. Gama kiyyaan mariin hoogganoota siyaasaa jidduutti godhamaa ture gara dhumaatti waan dhihaateef workshooppii sanirratti sirna mallattoo geggeessuu akka dandeenyu itti himee waliif galle.

Hoteela Skylight'titti sagantaan guyyaa lamaa qophaaye. Workshooppiin sun hoogganoonni mootummaas ta'ee mormituun marti qalbii gaariidhaan kan irratti hirmaatan ture. Gama mootummaatiin Lammaa Magarsaa, Adaanach Abeebee, Shimallis Abdiisaafi Addisuu Araggaa faa turan. Gara mormitootaatiin ABO irraa Daawud Ibsaa, Itti aanaa isaa Araarsoo Biqilaa, KFO irraa ammoo Prof.Mararaa Guddinaafi Baqqalaa Garbaa dabalatee qondaalonni hedduutu hirmaatee ture. Jeneraal Kamaal Galchuu, Abbaa Nagaa Jaarraa, Obboo Leencoo Lataafi Obboo Galaasaa Dilboos turan. Paartiilee hundarraa nama kudhan-kudhantu hirmaate ture.

Marii san irratti hirmaattonni hundi dhugumatti miira namummaafi Oromummaatiin dubbachaa turan. Hoogganoonni gameeyyiin yennaa waan keessa dabran dubbatan namni hedduun ni booya ture. Dhuma guyyaa lammaffaa irratti ejjannooon waloo akka mallatteeffamu karoorri qabamee ture. Karoora kanarratti Muummichi Ministeeraas akka argamu nuuf hime. Sagantaanis bifa lamaan akka qophaayu waliif galame. Tokko walgahii cufaa kan muummichi ministeeraa hirmaannaa miidiyaa malee hirmaattotaaf ergaa itti dabarsu. Lammataa ammoo dhaamsa miidiyaan dabru ture.

Abiyyi haasaa walgahii cufaa irratti godheen Oromoon har'as gaaffii waggoota afurtama dura kaasaa ture san baadhatee deemuu akka hin qabne dubbate. Miirri itti dubbateefi qabiyyeen haasaa isaa qabsaa'ota gameeyyii achi keessa turan kan mufachiise ture. Sagantaa miidiyaaf banaa ture irratti sa'aan waliigaltee itti mallatteeffamu yoo gahu Lammaan akka mallatteessu Abiyyummaan ramade. Murtii kana ejjannoo paartii isaaniifi mootummaa akka ta'etti hubanne. Ejjannoo waloo akkuma mallatteessineen Lammaa dura taa'aa Gola Marii Hoggansa Jaarmayaalee Siyaasaa Oromoo (Oromo Leadership Council) goonee muudne. Koreelee garagaraa kan birootis ijaarree addaan galle.

Torbaan tokko booda hoogganoota paartilee hundaafi Lammaa waliin taanee waajjira Abarraa Tolaatti walgarree hojii hojjatamuu qaburratti mari'anne. Hojiis bakka lamatti qoodne. Tokko dhimma walitti bu'iinsa Lixa Oromiyaa kan ilaallatu yoo tahu kan lammataa ammoo waa'ee filannoo biyyoolessaa dhufaa jirurratti hojjachuuf ture. Karoora kana qabannee muummicha ministeeraa bira dhaqne. Innis ajandaalee lamaan irratti kan diinagdees akka dabalamu yaada dhiheessee fudhanne.

Abiy dhimma Lixa Oromiyaa irratti yoo dubbatu "ABO'n durumarraa cehumsa jeequuf karoorfatee biyya gale" jedhee dallansuun dubbate. Kanaaf ammoo sababa lama dhiheesse. Tokkoffaan, hoggansi ABO ofii xayyaaraan Finfinnee yoo galu waraana ammoo gara Suudaaniin gara Wallaggaa akka galche himate. Lammaffaa ammoo "Fakkeenyaaf Jawaariifi Kamaal hamma fedhes na morman hamaa natti fidu jedhee hin yaadu. Daawud garuu nama amma dura na ajjeesuu yaale waan ta'eef akkamiinan waliin hojjadha?" jedhee dheekkame.

Abiyyi dhimma boombii Waxabajji 16, 2018 waltajjii Masqalaatti darbamee dubbataa ture. Namni hundi hedduu rifate. Garuu Obboo Daawud aggaammii godhame keessaa harka akka hin qabne ni haale. Dubbii kana jarri lamaan waliin kophaatti haasayanii akka wal amansiisan yaada ani dhiheesse manni deeggaree murteessine. Isaanis guyyoota muraasa booda wal arganii dubbii fixanneerra jedhanii nuuf gabaasan. Dhimma waraana bosonatti hafees waliin mari'atanii furuuf waadaa seenan.

Dhimmi lammataa Gaaddisni irratti hojjachuu yaale qophii filannoo bara 2020 ture. Hojii kana itti gaafatamummaan geggeessuuf koreen Prof. Mararaan hoogganamu kan anis keessatti hirmaadhus dhaabbatee ture. Waa'ee filannoo irratti hojjachuun kan barbaadameef sababoota lamaatu ture. Kan duraa filannoon erga cehumsi eegalee yeroo jalqabaaf godhamu nagayaan akka geggeeffamu taasisuun dimokraasiif karaa saaqa jennee waan yaadnuuf; akkasumas Oromiyaa keessatti nagaan gaggeeffamnaan immoo biyyattii guutuufis milkaa'ina fida jennee waan amanneefi.

Biyya aadaan waldorgommiin aangoo qabachuufi nagayaan wal harkaa fuudhuu hin jirre keessatti yeroo duula na filadhaatiifi bu'aan himamu jeequmsi ni uumama. Jeequmsa akkasii hambisuuf paartiileen dursanii waliigaluun barbaachisaadha. Sababni lammataa ammoo, sagaleen Oromoo paartiilee hedduu jidduutti hiramee aangoo dhiigaan dhufe gaaga'uu mala jedhamee sodaatame. Keessattuu magaalota keessatti sagaleen Oromoo paartiilee hedduu jidduutti harca'uun tokkoon isaaniituu moo'uu dhabuun warri biraa akka injifatan taasisuu mala. Kanaafuu jeequmsa filannoon wal qabatee dhufu hambisuufis ta'ee harcaatii sagalee hanqisuuf paartileen Oromoo dursanii mariifi waliigalteen teessoo hirachuun ni fayyada jennee yaadne. Kana jechuun haalli qabatamaa ture waldorgommmii filannoo guututti walabaa gochuuf (competitive election) taasisuuf waan hin anjoofneef, kan dursamee irratti waliigalame (pre-negotiated clcction) geggeessuuf yaalle.

Haaluma kanaan foormulaan paartiilee yeroos turan teessoo filannoo Oromiyaa adda qooddachuu dandeessisuu malu irratti hojjatame. Paartiileen kanneenis shan turan. ODP, KFO, ABO, ABO-T (ABO Tokkoome)fi Paartii Biyyoolessa Oromiyaa (PBO) turan. Garuu ammoo akkaataa paartileen kun teessoo mana maree Oromiyaafi Federaalaa hirachuun danda'amu irratti foormulaan garagaraa dhihaatus waliif galchuun hin danda'amne. Gama ODP'n sadarkaa manneen maree lamaanittuu sagalee wayyaba qabachuu barbaadan. Sababni isaas sadarkaa federaalaafii naannottis angoo hojii raawwachiiftuu gadi lakkisuu waan hin barbaadiniifi.

Gama mormitootaan komii lamatu ture. Kan duraa, ODP'n sagalee wayyabaa argachuu hin qabu ejjannoo jedhu qaban ture. Sababnis olaantummaa yoo qabate amala abbaa irrummaa duraanii itti fufuu danda'a sodaa jedhurraa ka'a. Shakkii ODO irra jiru furuuf yaadni (options) garagaraa dhihaachaa turan. Yaadni tokko sadarkaa federaalaa ODPn to'atee aangoo Muummicha Ministeeraa akka qabatuufi mormitoonni ammoo Oromiyaatti sadarkaa wayyabaa qabatanii aangoo bulchiinsaa haa fudhatan kan jedhu ture. ODPn sadarkaa naannootti sagalee wayyabaa akka fudhatu kan yaadameef, iddoo Muummicha Ministeeraa Abiyyiif dursanii mirkneessuun waligaltee akka fudhatuuf amansiisuu danda'a jedhameeti. Mormitoonni aangoo naannoo olaantummaan qabachuun ammoo sodaa abbaa irrummaa OPDO irraa qaban laaffisuuf garagaara jedhamee abdatame. Ta'us gama lachuu amansiisuun hin danda'amne.

Rakkoon lammataa ammoo mormitootuma jidduttuu inni kum teessoo hammamii argachuu akka qaburratti waliigaluu hin dandeenye. Paartiileen umriin turan harka wayyabaa argachuu yoo barbaadan, kan haaraa ammoo walqixa argachuuf hawwu turan. Humna walii laalanii gitaan (proportionally) hirachuu hin fedhan ture.

Gaaddisni bifa kanaan deemus bu'aa barbaadame hin argamsiifne. Garaagarummaa OPDO (ODP)fi mormitootaa qofa osoo hin taane kan Lammaafi Abiyyi jidduu jirus danqaa guddaa uumaa ture. Yeroo Gaaddisni uumametti Lammaan pireezidaantummaa Oromiyaa irraa kaafamee hariiroon jara lamaanii summaawee ture. Abiyyi gama isaatiin Lammaan Gaaddisa kana qabatee akka isa dhiibuu barbaadu shakka. Lammaa ammoo dura taa'aa Gaaddisaa taasifnee muudnus, atakaaroo paartii isaanii keessatti Abiyyi waliin galanirraa kan ka'e qalbiin (confidently) hirmaachaa hin turre. Yeroo gabaabaa booda Lammaan guutumatti hafee Shimallis Abdiisaan bakka buufame. Kunis hedduu osoo hin deemin wal shakkuun hammaataa deemuun, Gaaddisni bakka yaadame osoo hin gahin karaatti hafe.

KUTAA SAGAL: IJIBBAATA

9.1. Hariiroo Anaafi Mootummaa Abiy

Shooran qabsoo Qeerroo kan sirna Wayyaanee laamshesssee Abiyyi Ahmad aangootti fide keessatti qabaachaa tureeraa kan ka'e hariiroon hooggansa aangoo qabate waliin qabu durumarraa walxaxaa ture. Akkuma boqonnaalee dabran keessatti barreeffame, adada sirni Wayyaanee laaffachaa dhufeen, paartiin biraa waan hin qophoofneef OPDO'n aangoo akka qabattu kan dhiibaa ture ana.

Gaafa aangoon gara Oromoo akka dhuftu beekamus qaadhimamaan muummicha ministeeraa Lammaa Magarsaa ta'a jennee yaadne. Faallaa kanaa Abiyyi Ahmad akka ta'u gaafa jedhamu yeroon mormerraa kaasee hariiroon ani garee OPDO waliin qabu badaa dhufe. Tahus erga Abiyyi aangoo qabatee booda mormiin qabu garaatti qabadhee cal'isuuf murteesse. Guyyama jalqaba aangoo qabaterraa kaasee seenessa (narrative) qabsoo Oromoofi sirna federaalizimii faallessan leellisuun, akkasumas tarkaanfilee cehumsa gara dimokraasitti godhamu gufachiisuu malan dhiheessaa waa tureef, sodaafi shakkiin hoggansa isaa irraa qabu cimaa dhufe. Ta'us fagoorraa qeequu mannaa tarii itti dhihaachuun sirreessuf (critical support) yaaluu wayya jedheen murteesse.

Akkuma boqonnaa dabre keessatti jedhame, durumarraahuu biyyatti galuu koo kana hoggansi aangoo qabate hin barbaanne ture. Akkan ani gara biyyaa hin galleef jaarsota erguun na amansiisuu yaalanis ani dideen gale. Ergan galee booda dabree dabree Abiyyi waliin walarguun marii godhaa turre. Haasaya goonuun waliif gallus, gochaan garuu wanti mootummaan raaw'atamu faallaa ture. Faallaa seenessa (narrative) qabsoo Oromoo hafarsuun ni baay'ate. Gameeyyii qabsoo Oromoo xiqqeessaa nugusoota saboota miidhaa turan faarsuun jabaate.

Biyyattii gara dimokraasiitti ceesisuu irratti afaaniin waadaan galamus, tarkaanfileen fudhataman hedduun sirna abbaa irree haaraa ijaaruutti deemamaa akka jiru akeekan. Biyyattii dimokraatessuuf sirna olaantummaa paartii tokkichaa (dominant single party) dhiisuun sirna paartilee danuu (multiparty) hirmaachisu ijaaruu barbaachisa ture. Wanti argaa dhufne garuu sirna abbaa irree paartii tokkoo irraa kan olaantummaa nama tokkoo (Sultanistic dictatorship) ceesisuuf akka barbaadameedha. Akkasumas sirna federaalizimii sabdaneessummaa irratti hundaayeen dimokraatessuu mannaa diiguuf karoorri akka jiru arguu eegalle.

Seenessa falmisiisoo (controversial narratives) dhiheessuun, sirna abbaa irree haaraa ijaaruuf hawwuunis ta'ee federaalizimii diiguuf yaaluun biyyatti gaaga'ama hamaatti geessuu akka malu yeroo garagaraatti afaaniinis barreeffamaanis dhiheessuun akeekkachiisuu yaalus dhageettiin dhabe. Fakkeenyaaf haalota biyya Yuugoozlaaviyaa diigan irratti xiinxala barreesseen Itoophiyaas rakkoon akkasii akka hin mudanneef tarkaanfilee fudhatamuu qaban akeekuun dhiheesseen ture. Deebiin ture 'warri Itoophiyaan akka Yuugoozlaaviyaa diigamti jedhanii yaadan warra badii farrisu. Itoophiyaan hin diigamtu" kan jedhu ture.

Gara jalqabaa irratti qeeqan adeemsa Abiyyi irraa qabu ifatti (publicly) ibsuu dhabus, yeroon arge kallattiin yeroo biraa ammoo namootarraan yaaddoo kiyya ibsuu hin dhiifne. Keessattuu Lammaa Magarsaa, Dr. Warqinaa Gabayyoofi Birhaanuu Tsaggaayeetti yeroo hedduu deddeebi'uun waywaachaan ture. Isaanis anaafi Abiyyi yaadaan gargar fagaachuun waan yaachiseef dhiphisuuf hedduu yaalan. Booda garuu isaanumtuu mootummaa keessaa moggaatti dhiibaman.

Akkuma dubbiin Lammaa Oromiyaa irraa kaasuuf akka ta'e gumgummiin dhagahameen, maalif akka ta'e gaafadheen ture. "Muummicha Ministeeraa hojiin waan itti baay'ateef federaala dhaqee haa gargaaruufi" jedhame. Anis kanuma amanee gama miidiyaan ummata kaafamuu Lammaatiin mufate tasgabbeessuu yaale. Booda garuu Lammaan kan kaafame fedhii isaa malee akka ta'e isumarraa hubadhe.

Dubbiin Lammaa osoo nu yaachisuu dhaaba biyya bulchu ADWUI/EPRDF walitti baqsuun gara paartii tokkootti jijjiiruuf akka yaadamaa jiru hubanne. Karooruma kana hojiitti hiikuuf kan dandeessisu kitaabni Maddamar (መደመር) wixineen dhihaatee akka jirus barre. Lammaan dhiibamuufi karoorri paartii biyya bulchu walitti baqsuuf yaadame Oromoo keessattis saboota biroo waliinis jeequmsa uumuun gaaga'ama fiduu mala jedhee waanin shakkeef Obboo Leencoo Lataa waliin Abiyyi dubbifne.

Dhimma Lammaa irratti waldhibdee homaatuu akka hin qabneefi akkuma dur jaalalaan waliin hojjachaa akka jiran nutti hime. Lammaan muftoo akka qabu isumarraa hubachuu kiyya ibsinaaniifis 'lakki ni dogongorte. Lammaan muffii homaatuu hin qabu. Wanti haaraan yoo jiraate dubbiseetin fura" nuun jedhe.

Dhimma ADWUI walitti baqsuu irratti hedduu nutti haasayuu hin barbaanne. Kitaabni Maddamar qophaayaa akka jiruufi yaada paartii haaraya ijaaruuf karoorfame achi keessatti akka agarru nuuf hime. Wixinee (draft) kitaabichaas akka nuuf ergu waadaa gale. Gama keenyaan ADWUI baqsuun yeroo isaa akka hin taane hubachiisuu yaalle. Sababni dhiheessines waldhibdee paartii biyya bulchu keessatti hammeessuu mala kan jedhuudha. Keessattuu hariiroo walitti mufannaa TPLF waliin jiru daran akka hammeessuu danda'u sodaa keenya ibsine.

Kanaafuu paarticha walitti baqsuu dura wal diddaa TPLF waliin uumame furuun barbaachisaa akka ta'e cimsinee dubbanne. Akeekuma kana galmaan gahuufis hooganoonni gameeyyiin gama Oromiyaafi Tigraayi osoo walitti haasayanii yaada jedhu dhiheessineef. Innis tole jedhe. Gama lamaanirraayyuu namoota walitti yoo dhufan faayidaa qaba jenne maqaa dhoofne. Innis namoota san dubbisnee akka raaw'achiifnu nuuf hayyame. Yaada kana warra Tigraayiif dhiheessinaan gammachuun simatan. Garuu osoo hojiirra hin oolin siyaasni biyyattii hammaate.

Anaafi Obbo Leencoon muummicha ministeeraa waliin haasofnee yeroo gabaabaa booda akkuma waadaa gale wixine kitaabichaa nuuf erge. Ani dubbiseen qeeqa fooyya'iinsaaf fayyada jedhe qopheesse. Garuu namni deebi'ee na gaafate hin turre. Obbo Leencoon walitti dhufnee qeeqa qabnu akkamitti dhiheessuu akka wayyu mala dhoofne. Bakka koreen hoji-raawwachiiftuu ODP hundi jiranitti dhiheessuutu fayyada yaada jedhurratti waliif galle. Yaada kanas Birhaanuu Tsaggaayee bira dhaqee itti hime. Innis Abiyyi waliin mari'atee waltajjii marii akka dhiheessu waadaa gale. Garuu achumaan cal jedhe. Deebii gaarii akka hin argatin hubannee dhiifne.

Gaafa tokko Shimallis Abdiisaa bilbilee Bishooftuutti kitaabicha irratti waan marihatamuuf mari'achiisaa (moderator) akkan ta'u na affeere. Ani wixinee dubbisee qeeqan qopheesseyyuu osooman hin dhiheessin kitaabichi akka bahe himeef. Yaada kitaaba san keessa jiru hedduu waanin hin deeggarreef mari'achiisaa ta'uu akkan hin dandeenye ibseef. Innis akkuma hirmaataatti dhihaachuun qeeqan qabu akkan dhiheessu na gaafate. Tole jedheen borumtaa gara Bishooftuu deeme.

Kan natti himame walgahii san irratti hayyoonni kitaabicha dubbisanii dhufuun yaada gabbisaa (constructive feedback) dhiheessu kan jedhu ture. Kaniin galmatti arge garuu akkas hin turre. Barsiisota yuunivarsiitii, rogeeyyii miidiyaa hawaasaa, jaarsolii biyyaa, dabballoota paartiifi abbootii qabeenyaatu wal makee jira. Namoonni hedduun kitaabicha akka hin dubbisin warra na cinaa taa'urraa hubadhe. Walgahiin akkuma eegaleen dabballoonni ODP olaanoon walduraa duubaan waa'ee qabiyyee kitaabichaa dhiheessan. Waan isaan dhiheessan irraa hirmaattota qofa osoo hin taane jarumti sunuu kitaabicha akka hin dubbisin ifa ture.

Waahalleefuu dabballoonni guyyaa guutuu dhiheessaa turanii gama galgalaa gaaffiifi yaada hirmaattotarraa fuudhuuf carraan kenname. Ani gaaffiis ta'ee yaada dhiheessuuf fedhii hin qabun ture. Boodarra waltajjii irraa maqaa na waamuun akkan yaada kennuuf affeerame. Anis kitaabni kun ammatti maxxansuu akka hin taaneefi hojiin hedduun akka isa barbaabachisu dubbadhe. Hunda caalaa garuu adeemsi Oromoo ofirraa fageessaa orma ifitti qaban sirrii akka hin taanen qeeqe.

Sababnis nuti marii kanaaf waamamuu keenyaan dura marii afaan Amaaraan geggeeffame irratti Birhaanuu Naggaafi hooggganoonni mormitootaa biroo affeeramanii irratti mari'atanii turan. Walgahii Afaan Oromoo kanarratti garuu gameeyyiifi hooggganoota siyaasaa Oromoof afeerran hin taasifamne. "Birhaanuu Naggaa affeeranii Mararaa Guddinaa hambisuun mootummaafi muummichi ministeeraa aantummaan isaanii yeroo gara yerootti Oromoorraa fagaachaa akka jiru agarsiisa" jedheen dheekkamsaan dubbadhe. Warri marii gaggeessaa ture dallansuu kiyyaan waan rifataniif mariin guyyaa sanii achumarratti goolabame.

Guyyaa lammataa waaree booda Abiyyi dhufee haasaa godhe. Aarii akka qabu ifa ture. "Warra hirmaachuu hin qabne afeerre" jechuun gaabbii isaa ibse. Garees ta'ee nama dhuunfaa yaada kana dura dhaabbatu kamiifuu obsa akka hin qabnes akeeke. Haasaan isaa irra jireessatti doorsisa ture. Walgahicha booda irbaatarratti walcinaa teenyee turre. Naan oode. Dubbifnaanis na jalaa callise.

Walgahiin xumuramee torbee tokkoon booda barruu dheeraa sababan adeemsa muummicha ministeeraa mormuuf ibsee barreesse. Mataduree "ADWUI Baqsuu moo haaromsuu wayya?" jedhu jalatti sababoota jaarmaya biyya bulchaa jiru gara paartii qeenxeetti jijjiiruun miidhaa fiduu danda'uuf tarreesseen katabe. ADWUI baqsuu sababoota gurguddaa lamaafin morme. Sababni tokko, paartiilee sabummaa irratti hundaa'an diiguun carraa ummatootni biyyattii ijaaramanii dantaafi mirga isaanii kabachiisuuf qaban miidhudha kan jedhuudha.

Akkuma beekamu AWDUI'n tumsa (coalition) paartiilee sabummaa irratti ijaaraman afur irraa ijaarame. Sababni tumsa irraa gara paartii qeenxee jijjiiruuf dhihaate paartiin maqaa sabaan jaarame jiraachuu hin qabu kan jedhu irraahi ture. Ilaalchi kun ammoo paartii biyya bulchu qofa osoo hin taane kanneen mormitootaattis cehuu mala sodaa jedhu qaban ture. Sodaa kana kan cimse yeroo sanitti paartiileen maqaa sabaa qaban akka ugguramaniif duulli godhamaa ture. Murnoonni duula san godhan ammoo Muummichatti dhihaachaa turan.

Kanaafuu, ADWUI baqsuun jaarmayaalee sabaa diiguf karaa saaquun saboota cunqurfamoo biyyattii miidha yaada jedhurraayi. Ummanni akka sabaatti cunqurfame tokko mirgaafi dantaa waloo isaa kabachiisuu kan danda'u eenyummaa isaatiin gurmaa'uu yoo danda'eedha. Ummata akka sabaatti miidhame sabummaan akka hin gurmoofne dhoorkuun miidhaa san jalatti akka hafu itti murteessuudha. Yeroo silaa jijjiramni dhufe mirga sabootaa daran eegsisuun sirna federaalawaafi dimokraatawaa cimaaf bu'uura kaaya jedhamee abdatametti sabummaan gurmaa'uu dhoorguun fincilootaafi walitti bu'iinsa fiduu mala jedheen yaade.

Sababni lammataa, paartiileen tumsaan biyya yeroo bulchan qaroowwan (elite) jidduutti mariifi waliigalteen (elite bargain, negotiation and consensus) godhamuun dirqama. Kun ammoo ilaalchi ykn dantaan garee tokkoo qofti hojiirra akka hin oolle dhoorkuuf gargaara. Mariif dirqamuun hoggansaa ilaachi finxaleessummaafi loogii irraa ka'u imaammata biyyaa akka hin taane godha. Kun ammoo biyya waldhibdeen sabootaa jirtuufi reefu gara dimokraasii ce'uuf tattaafattu keessatti heddu barbaachisaadha. ADWUI keessatti olaantummaan garee TPLF akka ture waan haalamuu miti. Garuu ammoo tumsa paartilee sabootaa irraa ijaaramanii waan ta'eef, bifa quubsaatiin ta'uu baatus mariifi waliigalteen hangi tokko hoogganoota jidduutti godhamaa ture. Kanaafuu tarkaanfiin barbaachisu ADWUI dimokraatessuun jaarmaya mariifi waliigalteen haqaa keessatti taasifamu akka ta'u dandeessisuu ture.

Komiin ADWUI irraa ka'u lamatu ture. Kunis lakkoofsi bakka bu'ummaa (representation) paartiilee afranii sirrii miti kan jedhuufi paartiileen naannolee 'guddataa jiran' bulchan keessaa hambifamuu isaaniiti. Mudaalee kana furuuf furmaanni paartii tumsa irraa gara qeenxee jijjiiruu miti. Paartiileen naannolee guddataa jiran bulchan akka itti makamaniifi hoggansa tumsaa keessatti paartiileen hundi akkaataa baay'ina ummata keessaa dhufaniitiin bakka bu'ummaa (proportional representation) akka qabaatan gochuutu wayya kan jedhu ture. Paartii biyya bulchu gara tumsa hunda hammateefi bakka bu'ummaa haqa qabeessa calaqqisuutti jijjiiruun, waltajjii hoggansi sabootaa itti mari'atuufi waliigalteen biyya bulchu (elite bargaining forum) taasisuun ni danda'ama ture. Kun ammoo waldorgommiifi atakaaroon hoogganootaa (elite rivalry) ummatatti osoo gadi hin bu'in sadarkaa gubbbaatti cufaan furuuf fayyada.

Dabalataanis ADWUI tumsa irraa gara qeenxee jijjiiruun keessattuu TPLF biratti fudhatama argachuu akka hin dandeenyeefi kun ammoo hariiroo mootummaa federaalaafi naannoo Tigraay hammeessuun gara wal waraansaa (civil war) geessuu akka danda'us barruu san keessatti kaayeen ture. Jarri TPLF olaantummaa dura ADWUI keessatti qabaachaa turan itti fufsiisuu akka hin dandeenye beekaniiti aangoo gadi lakkisan. Haaromsa ADWUI keessatti taasifamuun bakka bu'ummaan isaanii hir'achuun gammachiisuu baatus fudhachiisuun ni danda'ama. Dhaaba gaafa qabsoo hidhannootii kaasee dhiigaan ijaarratan diiguun paartii biyyolessaa tokkotti baqsuu gonkumaa hin fudhatan. Keessattuu yeroo aangoo dhabanii sodaa lubbuu waloo (existential collective insecurity) keessa jiranitti kun waan yaadamuu miti. Kanaa mannaa tumsa keessaa bahuu filatu. Tumsa keessaa bahuun TPLF ammoo haada naannoo Tigraayiifi mootummaa federaalaa walitti hidhu kutuun, walitti gaarreffannaan amma mul'atu gara wal waraansaatti akka ce'u karaa saaqa. Kanaafuu ADWUI diiguf jarjaruu irra dura dimokraatessuutu abbootii dhimmaa hundaaf faayidaa qaba jedheen falme.

Miseensa ADWUI osoo hin ta'in itti fufiinsa tumsa saniitiif kanin falme naatoon qabuuf hin turre. Jeequmsi paartii biyya bulchu keessatti uumamu cehumsa gufachiisuun biyyatti gaaga'amaaf saaxila jedhee waan sodaadheefi. Akkuma boqonnaalee dabran keessatti dhihaate, ADWUI kuffisuurra isuma keessaa murnoonni jijjirama barbaadan aangootti akka bahaniif adda durummaan kan leellisaa ture ana. Sababni kiyyas tumsi kun paartiilee mormitootaan walbira yoo qabne tokkummaa irra wayyaa (relatively cohesive) waan qabuuf, bifa tasgabbaayeen biyya ceesisuu danda'a tilmaama jedhurraayi. Tarkaanfiin tumsa san baqsuuf godhamu paartiima biyya bulchu keessatti jeequmsa uumuun balaa wal waraansaafi kufaatii biyyaa hambisuuf jecha aangoorra akka turan taasifnee san nutti fida jedhee waan sodaadheefi.

355

Ani barreeffama san maxxansee guyyoota muraasa keessatti Muummichi Ministeeraa paarlaamarratti haasaa godheen warra paaspoortii biyya lamaa qabuufi miidiyaadhaan nu jeequ kana booda hin obsinu" jechuun dhaadate. Akeekkachiifni kun kallattiin narratti akka aggaamametti waanin fudheef gama Feesbuukiitiin deebii kenneef. Paaspoortii biyya alaas ta'ee mootummaa Itoophiyaa abdadhee osoo hin taane Rabbiifi ummata kiyya abdadhee akkan biyyatti gale barreesse. Dooorsisa kamiinuu biyyarraahis akkan hin baane, qabsoo Oromootis akkan hin laaffifne maxxanse.

Deebii san kanin laadhe haasaa paarlaamaa qofarratti hundaayee hin turre. Erga gaafa walgahii Bishooftuu sanii kaasee namoonni hedduun, qondaalota mootummaa olaanoo dabalatee, bilbilaafi qaamaan dhufuun lubbuun koo balaarra akka jiruufi biyyaa akkan bahu natti dhaamaa turan. Marii muummichi ministeeraafi qondaalonni ol'aanoon isaa godhaniifi murtii irra gahan dhagayaan ture. Ani garuu qeeqni ani dhiheessaa ture gara lubbuu walgalaafachuutti kan geessu waan hin se'iniif akeekkachiisa dhufaa ture gatii guddaa hin kennineef. Namoonni hamii sobaa ykn ammoo dubbii fiixa qabatanii guddisuun wal nu lolchiisuuf yaalaa jiru jedhees shakke.

9.2. Aggaammii

Gaafa muummichi ministeeraa paarlaamaarratti dheekkame san galgala akeekkachiifni namoonni naaf laataa jiran sun daranuu dhugoome. Abiyyi haasaa paarlaamaa booda gara biyya Raashiyaa walgahiif deeme. An ammoo galgala san namoonni mana kiyya waliin turre akkuma deemaniin toora halkan walakkaa gara mana ciisichaa gale. Akkuman xiqqoo shilim jedheen hoogganaan garee eegumsa kiyyaa, Geetuu Tarrafaa, dhufee hirribaa na kaase.

Geetuu dabalatee eegdonni koo afur miseensota poolisii federaalaa mootummaan naaf ramade turan. Geetuunis ajajoonni poolisii federaalaa dhufanii eegdota hundaan "meeshaa keessan fudhadhaa bahaa" akka jedhaniin naaf hime. "Halkan kanaan itti gaafatamummaa nutti kenname dhiifnee hin deemnu; ganama baana" jennaanis ammuma baatan malee akka jedhaniin dubbate. Inumaatuu "Jawaar akka hin beeknetti dhokadhaa bahaa" nuun jedhan jedhee natti hime. Halkanuma san akka bahan ajajuuniifi ani akka hin beekne barbaadamuun Geetuufi waahillan isaa ni shakkisiise. Sanuu ammoo manarraa fageessanii yaamaniiti itti himan. Achitti atakaaroo godhuun bu'aa akka hin qabne waan hubataniif, komaandaricha bahaa jedhee ajajeen "tole meeshaa fudhannee dhufnaa" jedhanii harkaa bahanii manatti deebi'uun anatti himuuf murteessan. Waan isaan natti himan amanuu hin dandeenye.

Mootummaan eegumsa ramade jijjiiruu ykn guututti kaasuu danda'a. San duras jijjiiranii jiru. Kan halkaniin eegumsa dhiisaa deemaa jedhan kun naaf galuu dide. Tarii komaandarichaafi eegdota jiddutti rakkoon walhubannaa dhabuu uumame ta'innaa jedheen shakke. Kanaafuu komaandarichaaf akka irra deebi'anii bilbilanin godhe.

Komaandarichis osoo ani dhagahuu ajaja dura dabarseef irra deebi'ee mirkaneesse.

Anis ergan gurra kootiinis ajaja komaandarichaa dhageeffadheen booda shirri akka jiru shakke. Ajajni sun eessaa akka madde beekuu waanin barbaadeef komaandarichaaf kallattiin bilbile. Innis maqaan isaa Komaandar Indaalaa akka jedhamu naaf hime. Eegdota kiyya akka kaasuuf ajajni qondaalota isaa oliitirraa akka itti kenname natti hime. Maqaa qondaala isa ajajes ni saaxile. Anis eegdota kaasuun aangoo isaa ta'uu mirkaneesseefii, garuu ammoo halkan kanaan osoo hin taane ganama dhufee akka fudhatu itti hime. Innis ajajni isaa ammuma baasuu akka ta'eefi kun immoo biddeena isaa malee fedhii isaa akka hin taane, akkan itti hin dallanne natti waywaate.

Erga isa waliin bilbila cufnee booda mana kiyya kallattii maraan marfamuu isaa eegdonni kiyya irra gahan. Mana yeroo san keessa ture daandii tokko qofaatu dhaqa ture (dead-end road). Poolisiin federaalaa karaa tokkicha mana koo geessu saniin yoo dhufan, humni siviilii ammoo gara duubaatiin mooraa namootaa

357

keessaan dhufan. Eegdonni kiyya bakka qabatanii eegaa turan akeekkachiifnaan poolisoonni federaalaa ni dhaabbatan. Warri siviilii garuu kallattii jijjiiruun manatti siiquuf yaaluu itti fufan.

Kanaafuu dubbii kana adda baafachuufi dhaabsisuuf qondaalota waajjira tikaa (intelligence), Poolisii Federaalaafi Raayyaa Ittisa Biyyaatti bilbilus gariin hin kaasan; kaawwan ammoo ajaja darbe quba akka hin qabneefi homaa gochuu akka hin dandeenye naaf himan. Kun ammoo shakkiin dura qabu daranuu hammeesse.

Humnoonni mana marsanii jiran kallattii garagaraan cabsanii seenuuf yaalii itti fufan. Qeerroowwan naannawa Boolee Mikaa'el jiraatan waan ta'aa jiru dhagayanii gara mana kiyyaatti dhufuu eegalan. Kanneen fagoo jiranis waliif himanii dhufaa akka jiran dhageenye. Haalli wal dura dhaabbannaa eegdota kiyyaafi jarreen mana marsanii kun gara walitti dhukaasuutti deemuu waan maluuf maatii kiyya qofa osoo hin taane ollaas gaaga'uu akka danda'un hubadhe.

Kanarraa ka'uun waan jiru ummata hubachiisuufi warra loltoota san erge akeekkachiisuuf jecha kara fuula facebook kiyyaatiin maxxanse. Kun garuu jara ergamee dhufe of duuba deebisuurra daranuu xiiqiitti seensise natti fakkaata. Yaalii cabsanii seenuufi eegdota kiyya doorsisanii meeshaa hiikkachiisuuf godhan jabeessan. Anis sagalee qondaalotaa waraabame maxxansuun waan godhamaa jiruuf ragaa dhiheesse. Qeerroofi ummata bakka hedduu gara mana kiyyaafi magaalaa Finfinnee dhufutu of duuba deebise.

Yaaliin narratti geggeeffame akkuma miidiyaan gabaafameen Oromiyaa guututti mormiin dhooye. Yeroo bari'u miidiyaatti baheen an nagaya qabaachuufi ummanni nagahaan karaarraa akka galu dhaameef. Garuu bakkoota garagaraatti ummata mormii isaa xumuree kara manaa galaa jiru irratti haleellaan raaw'ate. Kunis bifa lamaan godhame. Bakka tokko tokkotti qaamota nageenyaa mootummaatiin yoo ta'u bakka biraatti ammoo iyyaalota (hooligans) gurmaa'aniin ture. Magaalota akka Amboo keessatti humnoonni mootummaa namoota nagaa irratti raasaasa roobsuun yoo ajjeesan, magaalota akka Adaamaafi Roobeetti (Baale) ammoo iyyaalota gurmaa'antu namoota hiriira iraa galaa jiru dhagaa, albeefi qawween miidhaa irraan gahaa ture. Miidhaan kun ummata dura qabbanaayaa ture haaraatti dallansiisuun akka mormiin babal'atu taasise.

Haleellaa ummata nagayaan hiriira bahee galurratti fudhatame boodaan shirri akka ture wantoota akeekan hedduutu ture. Fakkeenyaaf magaalaa Adaamaa keessatti osoo ummanni mormiisaa raaw'atee gara manaa galaa jiru namoonni san dura hiriira keessa hin turin garee lamatti gurmaa'uun, tuutni tokko alaabaa Itoophiyaa duraanii (lumuuxxii) kan biraa ammoo kan ABO qabatanii dhufuun ummata jidduutti wal reebuu jalqaban. Jeequmsa kana keessa albee, qawweefi dhagaan ummata nagaarra balaa geessisan. Bifa kanaan ummata walitti erga buusanii booda gandoota keessa deemuun lubbuu namaafi qabeenya irraan miidhaa hamaa dhaqqabsiisan.

Wanti lammataa shirri jiraachuu akeeku ammoo qaamoleen nageenyaa osoo ummanni wal fixuu cal'isanii laalaa turan. Magaalota garagaraatti ajajoota poolisiifi raayyaa ittisa biyyaatti bilbillee walitti bu'iinsa taasifmaa jiru akka dhaabsisan yoo gaafannu, "akka tarkaanfii fudhannu ajajni nuuf hin kennamne" jedhu ture. Bakkoota gariitti loltoonni kaka'umsa isaaniitiin jeequmsa dhaabsisuuf yeroo yaalan, kaambitti akka deebi'an ajajmuu dhageenye.

Gaafa san saafaa jeequmsa kana dhaabsisuuf jaarsoliin hedduun mana koo dhufuun yeroositti Pireezidaantii Naannoo Oromiyaa kan ture obbo Shimallis Abdiisaa waliin ibsa waloo akka kenninu na gaafatan. Anis tolen jedhe. Jidduudhaan warruma mootummaa keessaa tokko eegdota kiyya qunnamuun manaa bahuun balaa hammeessuu akka malu nutti hime. Kanaaf anaafi Shimallis kophaa kophaatti ibsa kennuun ummata tasgabbeessine. Yeroo nuti ummata tasgabbeessuuf yaallutti miidiyaaleen Afaan Amaaraa, kan mootummaas dabalatee, duula hamaa narratti oofaa turan. Olola kanaaf deebii kennuun dubbii hammeessuu waan ta'uuf obsaan bira dabruu murteesse. Guyyaa lammataa hogganoota siyaasaa Oromoo marti mana kiyya dhufuun erga mari'annee booda ibsa waloo kennuun ummata akka tasgabbeessinu waliif gallee miidiyaa yaamnee dubbanne. Ummanis nu dhagahee hiriira dhaabe.

Abiyyi Raashiyaa irraa akkuma deebi'een ummata tasgabbeessuuf Lammaa qabatee magaalaa Harar dhaqe. Ummanni Harargee dallansuu guddaan isa simate. Abiyyis dheekkamsi paarlaamaatti dubbate anaaf akka hin taane itti hime. Kakatee amansiisuus yaale. Gaafa san galgala Shimallis akkan waajjira isaa dhaqu na gaafate. Anis tole jedheen deeme. Shimallis waliin haasayaa osoo jirruu Abiyyi ol seene. Lammaa waliin Harargee oolanis kophaa dhufe. Akkuma ol seeneen harka na qabatee 'dhuguma si ajjeesuu waanin yaale seetaa? Dhuguma anatu si ajjeesaa?" jedhee na gaafate. An deebii osoo hin kennin ija keessa ilaale. Deebii narraa dhabnaan "harmee koon siif kakadha ani waan ta'e keessaa harka hin qabu'" jechuun harka na dhayee kakate.

Yeroo sanitti Abiy ni dhufa jedhee waan hin yaadiniif waanin itti dubbadhu itti yaadee hin turre. Garuu ammoo kakuu isaatiif deebii narraa eegaa akka jiru waanin hubadheef akkana jedheen. "Abiyyi an gama kiyyaan waan raawwatamerratti waanin shakkuufi irra gahes qaba. Amma dubbii anaafi si jidduu gara harmee keetii hin geessinu. Tarkaanfii narratti yaalame yoo ati ajajjee jiraatte, dogongora guddaadha. Siyaasni wal ajjeechaa biyyaafi hawaasaaf balaa hamaa fida. Keessattuu Oromoon ajjeechaa hooganoota isaa irra madaa hamaa qaba. Aggaamii kanaan osoo ani du'ee turee, Oromooon anas si'is dhaba ture. Baga Rabbiin nu lamaaniifi ummata keenyas baase. Irraa barannee akka lammata nutti hin deebine gochuu qabna" jedheen.

Itti dabalees "rakkoon hamaan akkuma amma jette yoo ati quba qabaachuu baatteedha. Qaamni mootummaa kee keessa jiru ajajaafi beekumsa kee malee nama akka kiyyaa ajjeesuuf yaale taanaan sirnicha qofa osoo hin taane lubbuun teetuu balaaf saaxilamaadha" jechuun yaaddoon qabu ibse. "Kanaafuu ani yoo ati gootee jiraattes siif dhiiseera. Yoo ati gochuu baatte garuu nu martuu balaa hamaaf waan saaxilamneef wanti kanarra hammaataa akka nun mudanne waliin taanee qolachuu qabna" jedheen.

Yaada hamma kanaa erga wal jijjiirree booda gadi teenyee tasgabbiin haasayuu eegalle. Akkaataa ummanni caalaatti tasgabbaa'uu danda'u irratti yaada wal jijjiirre. Borumtaa isaa gara Amboo akka deemu nuuf hime. Ani garuu inni dhaquun gaarii akka hin taanen itti hime. Amboo bakka ummanni heddu itti ajjeefame waan ta'eef dallansuu hamaa keessa akka jiran waanin beekuuf inni dhaquun daranuu hammeessa jedheen yaaddaye. Piroofeesar Mararaafi Shimallis ykn Taakkalaa Uumaa akka dhaqan yaada dhiheesse. Inni garuu yaada kiyya hin fudhanne. "Amboon akka Harargee miti. Tasgabbaayaadha" jedhee dubbiis achumatti cufe.

Guyyaa itti aanu Abiyyi, Lammaafi Shimallis Amboo dhaqan. Achittis ummanni dallansuu guddaan simate. Ummanni galma keessa jiru gaaffiifi abaarsa yoo itti roobsu alaan ammoo daandii guutee mormii geggeessaa ture. Gaazexeessitoonni OMN galma seenuu dhoorgamuun ummata alaa mormu daran dallansiisee yaaliin humnaan cabsanii galma seenuu eegale. Qonnaan bultoonni dubbii dhagayan gama gandoota baadiyyaa irraa Ambootti qajeelan. Dubbiin hammaataa dhufee Abiyyi faan galma gara duubaatiin konkolaataa meeshaa fe'uun miliqfamanii akka baraaraman galgala isaanuma irraan dhagaye.

Erga Amboo deebi'anii guyyaa muraasa booda walgahiin Hoggansa Gaaddisa Oromoo (HGO) masara mootummaatti godhame. Dhimma jeequmsa uumamee irratti erga mari'anneen booda dubbii anaafi Abiyyi jidduu jiru irratti akka dubbatamu yaadni dhiyaate. Yeroo kana Abiyyi jidduu seenuun nu lamaan dursinee haasofnee akka fixanne himuun ajandaa ta'uun akka hin barbaachifne dubbate. "Fixanne mitii?" jedhee na gaafannaan anis "eeyyeen duras rakkoo dhuunfaa irraa hin qabu, ammas dhimmoota dhuunfaa irratti wal hubannee jirra. Garuu dhimmi sabaafi biyyaa rakkoo kanaaf nu saaxile waltajjii kanaan laalamuun barbaachisaadha" jedheen. Abiyyis "wanti hafe yoo jiraates qophaatti haasofnee xumurra. Waltajjiin kun ajandaalee hafan irratti haa xiyyeeffatu" jedhe.

Achumaan dubbii san dhiifnee ajandaalee biroo irratti mari'achuutti ceene. Yeroo walgahiin xumuramu Abiyyi akkan duubatti hafu na gaafatee waajjira isaa dhaqne. Achittis dubbiin kiyya alaafi keessaan rakkoo akka itti uumaa jiru natti hime. Warri ADP (Amhara Democratic Party) akkan ani hidhamuuf dhiibbaa guddaa godhaa jiraachuufi warruma ODP keessaas "namoonnummaan arrabaan si faarsan jara deeggaraa jiru" jedhe. Itti dabalees warri Ameerikaas gara ICC (International Criminal Court) akkan himatamu dhiibbaa godhaa jiraachuus naaf ibse. Ani gama kootiin "badiin ani balleesse jiraannaan tarkaanfiin seeraa kamiiyyuu narratti haa fudhatamu. Ati narraa ittisuuf hin rakkatin. Koreen walabaa dhaabbatee qorannoo haa geggeessu. Bu'aa qorannoo sanirratti hundaayee barbaachisu mana murtii biyyanaatti yookiin kan ICC-tti seeraaf dhihaachuuf qophiidha" jedheen. Abiyyi garuu "osoon ani jiru eenyuyyuu sin tuqu" jechuun dubbii cufe. Galgala san Abiyyi yeroo duraatiif miidiyaan bahee dhimma san irratti ibsa kenne.

Dubbii jeequmsa tarkaanfii narratti yaalameetiin walqabatee tures Anaafi Abiyyi kanumaan irra dabarre. Garuu ammoo miidiyaaleefi namoonni Abiyyitti dhihaatan olola "Jawar nama saddeettamii jaha ajjeesise" jedhu guyya guyyaan balballoomsuu itti fufan.

9.3. Hariiroon Adda Cituu

Torbaanota muraasa booda walgahii Gaaddisaa biroo akkuma xumurreen Abiyyi akkan duubatti hafu natti hime. Erga hoogganoonni hundi deemaniin booda waajjira isaatti na yaamsise. Dhimmi kiyya ammas rakkoo itti uumaa akka jiru naaf hime. Gara tokkoon humnoonni Amaaraa maalif hin hiine jechuun alaafi keessaan dhiibbaa itti godhaa akka jiran, gama biraatiin ammoo ani isa gargaaruu mannaa gama miidiyaan qeeqa itti fufuun kiyya lama isa dhabsiisaa akka jiru dubbate.

Yeroo kana yaada sammuu keessa na deddeemaa ture tokko baasee itti hime. "Hariiroon nu lamaanii kun gara fuulduraa siyaasa Oromoofi Itoophiyaas miidhuuf waan deemuuf fala itti godhuu nu barbaachisa" jedheen. Maal jechuu akkan barbaade na gaafannaan "akka carraa ta'ee nuti lamaan siyaasa yeroo kanaa keessatti adda dureen mul'achaa jirra. Nuti wal ta'uun Oromoofis Itoophiyaafis tasgabbii fida. Atakaaroon keenya ammoo jeequmsa uuma. Hariiroo anaafi si jidduu jiru karaa qabsiisuu qabna. Kana gochuuf ammoo atis anis ejjannoofi ilaalcha qabnu gara jidduutti fiduun walsimsiisuu barbaachisaa natti fakkaata" jechuun dhiheesseef. Innis "waan jechuu barbaadde ifa godhi" naan jennaan "Ummata keessatti nu lamaan warra waliin mormu moo warra walii tumsu ta'uu afaanfaajjii uumee jira. Kanaafuu lamaan keessa tokko filannee ummanni akka beeku taasisuu barbaachisa" jedheen. Erga na dhaggeeffateen booda deebii gabaabaa "gara barbaaddeen koottu. Yoo barbaadde na waliin hojjadhu, ta'uu baatu mormituu ta'i" naan jedhee kanumaan addaan baane.

Gaafa biraas walgahii Gaaddisaa booda na yaamee waajjira isaa seenne. Marii guyyaa duraa waliin goone yaadachiisuun dhaaba mormituu seenee filannoo hirmaachuu akkan yaadaa jiru itti hime. Fuulli isaa tasa jijjiirame. "filannoo seenuu irra osoo daldaltee wayya. Haala barbaachisu hunda siif mijeessina" naan jedhe. Ani garuu "lakkii ilaalchaafi tarsiimoo ati hordofaa jirtuun Qabsoon Oromoo gaaga'ama jala jirti jedheen yaada. Sitti dhiyaadhees, moggaarraa si qeeqees sirreessuun akka hin danda'mne argeera.

Kanaafuu ummata kanaaf filmaata mul'ataafi hoggansaa (alternative vision and leadership) dhiheessuun yoo karaan ati irra jirtu hin milkoofne fala lammataa (backup) uumuufiin barbaachisaadha"[25] jedheen.

Abiyyis murtiin kiyya akka dallansiise dhoksuuf yaalaa "hundaafuu murteessuu kee dura harmee keetti himii amansiisi si dhabuu hin dandeessuu" naan jedhe. Animmoo "lakki jalqabas harmee koon mari'adhee qabsootti hin seenne. Ammas waan isii biraan gahuuf hin jiru. Wareegamaafi aarsaa qabsoo keessa jiru umrii ishii guutuu waan argaa turteef murtii kiyya hubachuun hin rakkisu" jechuun ejjannoon filannoo seenuuf qabu cimaa ta'uu mirkaneesseef.

Yeroo kana lafaa ka'ee harka na qabatee ija keessa na laalaa sagalee aariitiin "waan ati barbaaddu nan beeka. Waan tokko sirritti beeki. Biyya kana keessatti akka jaarmaatti TPLF, akka dhuunfaatti immoo situ na rakkisa. Nan moo'attan. Isinin balleessa. Dadhabus biyya tana nan bittinneessa malee dabarsee aangoo isinitti hin kennu" jedhee Afaan Amaaraatiin dhaaddate. Shanacha/ganaa harka kiyyaa irratti tufee mallattoo fannoo/ida'amaa (cross) tolchee naaf kakate.

Hogguu kana dubbatu fuulli isaa gurraachomee akka fuuruu ta'ee, harki isaas hollataa ture. Dallansuu isaa san qoosaan jalaa laaffisuuf yaadeen "Abiyyi ana na balleessuu hin dandeessu. Haati tiyya Goorgisitti, Sheek Huseeniifi Haadha Abbayyii biratti silata (qodhaa) waggaa waggaan naaf galchiti. Haga har'aatuu kanaanin as gahe. Ammas gamaa gamanaa na eegu" jedheen seeqqachaa. Inni garuu aarii keessaa hin baane. "Kun qoosaa miti. Itti yaadi!" jedhee akkan deemuuf ka'ee gara balbalaa na qajeelche.

Yeroon bahee karra dallaa gahu Obbo Galaasaa Dilboo na eegaa ture. "Dhuftee?" naan jedhe. Fuula isaatirraa yaaddootu muldhata. "Maal konkolaataa dhabde moo?" jedheen gaafadhe. "Lakki kunoo jira. Haalli itti Abiyyi si yaame miira kiyya waan jeeqef garaan na deemuu dideetan si eeguu murteesse" naan jedhe. Waan ta'es akkan himuuf na gaafate. Garuu akka daran hin yaaddofneef jecha nagumaan mari'annee addaan bahuu keenya himeef.

Guyyaa san booda gara paartii siyaasaa seenuuf murteessee qophii eegale. Fedhii kiyya qofa osoo hin taane, takkaa siyaasaa Itoophiyaa dhiisee akkan bahu yookiin paartii akkan seenuuf dhiibbaan gama biroos narra ture.

Paartii seenuuf ergan murteessee booda gara biyya alaa deemuun filannoo itti aanurratti hirmaachuuf murteessuu kiyya hawaasa yeroo dheeraaf na bira dhaabbataa ture beeksisuufi waliin mari'achuuf barbaade. Erga gaafa duula Oromo First irraa kaasee hojii qabsoo haaraa tokko yoon eegalu waldaalee hawaasaa bira dhaquun marii (town hall meetings) godhaan ture. Kunis akeeka, karooraafi tarsiimoo hojii qabsoo sanii ummatatti dhiheessuun gaaffii, qeeqaafi yaadaan gabbisuuf waan fayyaduufi. Hoggansi tokko karoora sirriidha jedhee yaadu kamiiyyuu yoo qabaate ummata fuulduratti mariif dhiheessuun daran gabbisuuf fayyada. Faayidaa kana ammoo ani qabatamaan argeera. Kanaafuu paartii seenuun boqonnaa qabsoo haaraya waan naaf ta'eef akkuma baradhe ummatatti geessuufin gara biyya alaa qajeele.

Galgalan gara biyya alaa deemuu hedu waaree booda Shimallis Abdiisaa waliin Abiyyi bira dhaqne. Galgala san gara Ameerikaa akkan deemuufi imala kanaanis fuulduree hirmaannaa siyaasaa kiyyaafi dhimmoota biyyaa irratti akkan hawaasa biyya alaa waliin marii gochuu karoorfadhe itti himee addaan baane. Osoon qilleensarra jiruu buufata xayyaaraa kamiifi sa'aa meeqatti akkan gahu namni mootummaatti dhihaatu tokko facebook gubbaatti maxxanse. Akka carraa xayyaarri ani yaabbadhee ture intarneetii waan qabuuf waan deema jiru hordofaan ture. Yeroon buufata xayyaaraa Philadelphia gahu namoonni hedduun na mormuuf akka na eegaa jiranin dhagahe.

Oromoonni buufata xiyyaaraa san keessa hojjatan kana hubachuun hamma balbala xayyaaraa dhufanii poolisii waliin na marsanii na baasan.

Mana hiriyyaa kiyyaa Dr. Darajjee Hawaaz kan sagantaa Raabaa Doorii OMN irratti hirmaatuu qubadhe. Marii bilbilaan (conference call) caasaa keenya waliin gooneen, magaalota ani marii ummataa itti geggeessuuf deemu maratti mormii geggeessuufi sagantaa kiyya danquufi hambisuuf duulli akka godhamaa jiru hubadhe. Nutis qophiifi of eeggannoo godhamuu qabu irratti mari'annee hojii adda qooddannee bobbaane. Yeroon biyya alaa irraa qabsaayaa ture, gaafa qondaalonni mootummaa dhufan mormii qopheessaa turre. Har'a dabaree mormamuutu na gahe. Muuxannoon kaleessaa sun amma faayidaa qabaatte. Warri mormii narratti qopheessaa jiru tooftaa maalii fayyadamuu akka malan tilmaamuun karaa ittiin fashaleessinuun qopheessuuf nu gargaare.

Duulli narratti godhamaa ture hedduu hamaa ture. Duula irra jireessatti dhalattoota Amaaraatiin qindeeffamuu yoo ta'u, gama miidiyaalee, afooshaafi waldaalee hawaasaa akkasumas dhaabbilee amantiitiin ummatni narratti kakkaafame. Kun ammoo hawaasa Oromoo dallansiisuun ummanni hedduun akka argamu godhe. Walgahii jalqabaa Mineesotaatti goone. Walgahii kanarrattis gara jaarmaya siyaasaa seenuun filannoo dhufaa jirurratti hirmaachuuf murteessuu kiyya labse. Ummanni gammachuu guddaan yaadicha narraa fudhate. San booda marii dheeraa goone.

Labsa sana booda mormiin narratti geggeeffamu daranuu hammaataa deeme. Magaalota tokko tokkotti daandii cufuun namoonni akka galma hin seenneef yaalan. Poolisiin dhufee yeroo karaa saaqsisu, namoota gara galmaa deeman arraba fokkisaan itti roorrisu. Bakka hedduutti poolisitti bilbiluun aggaammiin boombii (bomb threat) jiraachuu isaa eeruu sobaa kennuudhaan galmi qabame akka haqamu taasisaa turan. Nutis dursinee kana waan tilmaamneef galma sadiifi afur qabachuun tokko yoo cufsiisan kan biratti darbaa marii geggeessaa turre.

Fakkeenyaaf marii magaalaa Washington DC-tti karoorfanne fashalsuuf magaalota Ameerikaa Kaabaa hunda keessaa wal qindeessanii dhufan. Dhiibbaa garagaraatiin galma sadi nu jalaa haqsiisan. Walgahii san rakkoo isaan uuman kanaaf jecha haquurra galma xiqqaa Waldaa Hawaasa Oromootti godhuuf murteessinaan kanas dhagayanii marsan. Hawaasni xiiqii seenee mana amantaa Kiristaanaa keessatti geggeessine. Mormiin magaalota garagaraa keessatti godhame sun anarratti waan xiyyeeffate fakkaatus abaarsaafi arrabsoo saba Oromootiin guutame waan tureef hawaasa keenya hedduu dallansiise. Ta'us ani waltajjii hundarratti hawaasni keenya akka tasgabbaa'uufi jechaafi gochaanis saboota biroo akka hin tuqne cimsee dubbachaan ture. Ummannis obsa guddaa agarsiise.

Duulli sun rogeeyyiin Amaaraa biyya alaa fuuldura dhaabbatanii haa muldhatan malee biyyuma keessaa qindeeffamaa akka ture ragaa argachaa turre. Namoonni masaraa mootummaa jiran odeeffannoofi mallaqaan hirmaachaa turan. Boodarra qaamumaanuu dhufanii namoota jeequmsaafi arrabsoo hamaa nurratti geggeessaa turan waliin osoo jiranuu ragaan suuraafi viidiyoo bahe. Marii hawaasa keenya kan Ameerikaa Kaabaa fi Awuroppaa waliin godherratti filannootti hirmaachuun qabsoo itti fufsiisuu barbaaduu kiyya ummanni yoo deeggares, biyyatti yoon deebi'e balaan narra gaha jedhanii waan shakkaniif akkan hin galle waywaachaa turan. Anis balaan narra gahuu akka malu beekus, qabsoon waggaa shantamaaf ummanni keenya aarsaa itti baasaa ture yeroo baddu cal'isee laaluu akkan hin dandeenyeefi, aarsaa barbaachisu kaffaluuf murteessuu kiyya itti himeen biyyatti deebi'ee gale.

9.4. Paartii Siyaasaatti Makamuu

Yaada kiyya dhoorkaa tokko malee walabaan ibsachuu waaniin fedhuufi hojiin yaades saffisaan raaw'achuu waan jaaladhuuf, hojiin siyaasaa paartidhaan geggeeffamu nan hawwatu ture. Kanaafuu miseensa paartii ta'uuf yaadee hin beeku ture. Gaafa dubbiin jabaattee partii siyaasaa makamuuf murteessu, haalan dura bare dhiisuun adeemsa hojii jaarmaya siyaasaa kan naaf haarayatti madaquun dirqama ta'e.

Gaafan dura siyaasa paartitti makamuuf murteessu, jaarmaya kam akkan seenu hin murteessine ture. Hawwiin kiyya paartiileen sadeen yeroos turan osoo wal ta'anii, Qeerroowwan biroo waliin bakka tokkotti itti makamuu ture. Akkuman biyyatti galeen hoogganoota paartiilee sadeen yeroo san jiranii Prof. Mararaa Guddinaa (KFO), Obbo Daawud Ibsaa (ABO)fi Jen. Kamaal Galchuu (PBO) walitti fidee paartii kam osoon seenee wayya kan jedhurratti mari'achiise. Hoogganoonni sadanuu yaada garagaraa naaf kennan. Jenaraal Kamaal paartii kamittuu osoon seenuu baadhee akka wayyu naaf hime. Prof. Mararaan Abiyyi mari'achiisuu akka inni diniina hamaa (negatively reaction) keessa hin seenneef barbaachisaa akka ta'e jabeessee dubbate. Obbo Daawud immoo murteessaan sihi jechuun yaada kennachuu irraa of qusate.

Marii sanirraa Prof. Mararaan hunda caalaa isaanitti makamuu koo akka barbaadu ifa ture. Erga addaan baanee boodas kanuma bilbilaan naaf mirkaneesse. Kanumarraa ka'uun gaafa tokko Prof. Maraaraafi Obbo Baqqalaa Garbaa (Dura Ta'aafi Itti Aanaa) bakka tokkotti wal geenyee mari'annee KFO akkan seenuuf waliif galle.

Itti aansee paartiilee mormitootaa Oromoo sadeen KFO, ABOfi PBO jidduutti tumsa ijaaruu irratti tattaaffii eegale. Dura taa'ota paartilee sadeenii waliin mari'achuun barbaachisummaa tumsa filannoo (electoral alliance) tolfachuu irratti waliigalanii, qabxiilee waliigaltee tumsaa akka qopheessaniif bakka bu'oota sadi sadii ramadatan. An ammoo jidduu taa'ee akkan mariisisu na gaafatan.

Marii yeroo dheeraa fudhannee gooneen qabxiilee imaammataafi tarsiimoo filannoo kan waloo irratti waliif galame. Garuu, teessoolee dhibba tokkoofi saddeetama (180) paarlaamaa federaalaafi teessoo dhibba shanii fi soddomii afur (534) Caffee Oromiyaa akkamitti qoodamuu akka danda'amurratti waliif galamuun hin danda'amne. Keessattuu ejjannoon bakka buutota ABOfi PBO hedduu walfaallessaa ture. PBO-n paartiin hundi walqixa waan ta'eef teessoonis walqixa qooddamuu qaba jedhan. Yoo sun ta'uu baate ammoo godinoonni paartileen kun dhageettii walirra itti qaban waan beekamuuf godinoota san waliif haa dhiisuun yaada jedhu dhiheessan.

Gama biraatiin ABO'n paartiin hunduu Oromiyaa guututti teessoolee hundarratti dorgomuun, barbaachisaa taanaan filannoo booda akkataa sagalee argameetiin angoo hiranna yaada jedhu dhiheesse. Sababni dhiheessan ammoo dimokraasiin dhugaa kan jiraatu wal dorgommii bilisaatiin ummanni kan fedhu yoo filateedha kan jedhu ture.

Falmii dheeraa booda yaadonni lama akka hafan irratti waliif galame. Tokkoffaan paartiin tokko teessoolee hundarratti dorgomaa taanaan tumsa filannoo ummachuun waan hin danda'amneef, warri ABO ejjannoo kana akka dhiisan amansiifne. Yaadni godinoota addaan hirachuu jedhu kan PBO'n dhiheesse tokkummaa Oromoof balaa waan ta'eef akka dhiisan ta'e. Garuu ammoo teessoo meeqa meeqa hiranna kan jedhurratti ammas waliif galuun dadhabame. Dura ABOfi KFO'n mataa mataatti dhibbeentaa afurtama (%40), paartiin PBO'n ammoo dhibbeentaa diigdama (%20) akka argatan yaadni dhihaate. Yaada kana ABOfi PBOnis ni didan. ABO'n dhaaba hunda isaaniif angafaa, aarsaa bara dheeraa kan baaseefi deeggarsa ummataan caalu waan ta'eef paartii biraatiin wal qixa argachuun sirrii miti jedhe. PBO'n ammoo sababni paartii kamuu gad argannuuf hin jiru, kuni ilaalcha tuffiifi loogiiti jedhe. Dubbiin wal ciniinnaan, bakka bu'oonni KFO yaada araaraa dhiheessan. Kunis 40% dura laatameef irraa 5% gadi lakkisuun 35% qabatanii komii dhaabbilee lamaan hafanii laaffisuuf ture. Haala kanaan ABO'n sagalee hunda caalaa (40%) waan argatuuf angafummaan ni kabajamaaf. PBO'n ammoo gaheen 25% ol guddataaf.

Warri ABO yoo xiqqaate 50% gadi hin fudhannu jedhanii turanis kan %40 akka fudhatan amansiifne. Warri PBO garuu ni didan. sadarkaa koreetti waliigalteerra gahuun dadhabamnaan waan irra geenye dura taa'otatti akka gabaafamuufi murtiin akka itti kennamu jedhame. Haaluma kanaan dura taa'otaaf gabaasnaan isaanis waliigaluu hin dandeenye. Warri PBO paartiilee lamaanii gad teessoo tokkos akka hin fudhanne himan. Inumaatuu dallansuufi atakaaroo eegalanii yaaduma tumsa jaarra jedhu keessaahuu of baasan. Kanaafuu KFOfi ABO'n tumsa jidduu isaaniitti tolchuuf waliif galan.

Marii koreen paartiilee lamaanii laasiseenis, hirmaannaa madaalaawaa irratti waliigalan. Haala kanaanis, sadarkaa federaalaatti KFOn, naannoo Oromiyaatti ammoo ABOn sagalee wayyabaa akka argatu waliigalame. Lakkofsaan ammoo teessoo paarlaamaa federaalaa KFOn 52%, ABO'n 48% akka argatan, kan Caffee Oromiyaa ammoo ABOn 52%fi KFO'n 48% akka ta'u waliif galame. Kanarratti hundaayuun koreen waloo waliigaltee tumsa ijaaruuf dandeessisu barreeffamaan qopheessus, mallatteeffamee boordii filannoof galuun lafarra harkifate. Gaafa tokko hoggansi jaarmayaalee lamaanii nama shan shan qabu walitti dhufee dhiibbaa uumeen mallattaayee ergame. Guyyaa silaa tumsi kun ummatatti labsamuuf karoorfametti Haacaaluun ajjeefame. Jeequmsa, hidhaafi ukkaamsaa hoggansa paartilee lamaanii, akkasumas diigumsa ABO irratti geggeeffameen tumsi sun osoo fiixa hin bahin hafe. Boodarra paartileen lameenuu dhiibamanii filannoo keessaa hambifaman.

Filannoo irratti akkan hirmaadhu labsee ergan biyya alaatii galee booda ifatti paartii

KFO-tti makamuuf murteesse. Kanas sagantaa waajjira paartichaatti qophaaye irratti ifatti labsine. Hoggansa waliin teenyee karoora filannoo baafanne. Karoora kana keessaa duulli filannoo gahuu baatus, nuti ummata daddammaqsuuf godinootatti akka sochoonu murteessine. Duulli gara godinootaa sun akeeka lama qaba ture. Kan duraa ummata dadammaqsuun paartichaaf miseensotaafi deeggartoota horachuudha. Kan lammataa yeroo sanitti gara mootummaafi murnoota isaaf tumsaniitiin duulli sabboonummaa Oromoo busheessuu godhamaa waan tureef ummata hubachiisuun fashalsuudha.

Silaa duulli kan godhamu ji'oota sadeen guyyaa filannootiin dura jiran keessatti ture. Nuti garuu adaduma filannoon dhihaatuun sochiin mormitootaa ugguramuu akka malu waan shakkineef osoo paartiin biyya bulchu ukkaamsa saniif hin qophaayin duula gochuu feene. Mootummaan ukkaamsaaf qophaayaa jiraachuu ragaalee hedduu qabna ture. San keessaa tokkoo poolisii humna addaa dura turan diiguun haaraa kumaatamaan leenjisaa jiraachuu isaaniiti. Leenjii kanarratti ololli kennamaa ture farra hoogganootaafi paartiilee Oromoo akka ta'es beekna turre. Kanaafuu osoo nun dursin dursuu feene.

Xiinxala goone keessatti dursinee duula taasisuun miidhaa qabaachuu akka malus tilmaamnee turre. Miidhaan kunis deeggarsa qabnu filannoo duratti agarsiisuun Abiyyiifii mootummaa isaa baaragsee tarkaanfii humnaatti seensisuu akka maluudha. Muuxannoo KFOn filannoolee san dura irratti horateen akkasumas tarkaanfilee Abiyyi sirna abbaa irree haaraa uumuuf fudhachaa turerraa kaanee yoo ilaallu, gaafa filannoon dhiyaatu sochii keenya ugguruu qofa osoo hin taane filannoomarrayyuu nu ugguruu akka malan tilmaamne. Kanaafuu, osuma filannoo keessaa nu ugguraniiyyuu, dursinee sabboonummaa Oromoo deebifnee finiinsuun karoora federaalizimii diiguuf qaban fashalsuuf fayyada jennee amanne.

Duula san Harargee irraa eegalle. Jalqaba irratti magaalota afur daawwachuuf karoorfannus gaaffii ummataatiin magaalota saddeet irra gorree ummata waliin marii bal'aa goone. Walgahii duraa Cirootti goonee gara Harar dabarre. Qophii magaalaa Hararitti geggeeffame irratti Prof. Mararaan miira (emotion) guddaa keessa seenan. Waggoota san duraa duula filannoof yeroo dhaqan nama akka hin arginiifii, amma sabni akkanatti garagalee bahuun sadarkaan dammaqiinsa ummataa hedduu guddachuu akka ta'e kaasuun gammadan.

Marii galma keessatti ummata waliin goonerratti, gaaffiilee hawaasni kaasaa ture keessaa inni ijoon hoggansa dhaabbilee siyaasaafi taayitaa mootummaa irratti dhalattoota Harargee gahaa arguu dhabuu isaaniiti. "Sadarkaa biyyaatti dhiisaatii godinootuma keenyaahuu warri bulchu bakka biraa irraa poostaadhaan nuuf ergama" jechuun komatan. Nutis KFO hoggansa gubbaa hamma gadiitti bifa daneessummaa Oromoo calaqqisuun ijaaruuf karoora akka qabu ibsineef. Filannoo dhufaa jiruufis qaadhimamtoota ummata keessatti kabajaafi dhageettii qaban, akkasumas kan dandeettiin isaanii mirkanaa'e qofa filannoof akka dhiheessinu waadaa galleef. Qaadhimamaa kamiyyuu boordii filannoo geessinee galmeessuun dura hawaasatti dhiheessinee akka madaalchifnu, hawaasni fudhachuu baannaan akka dhiisnu waadaa galle.

Harargeetti aansee gara Arsiifi Baalee deemne. Dheeraatti akka gaafa Taaddasaa Birruu fa'aa san sangaa tokko Kiristaana-Islaamaan qallee ummata waliin nyaachifne. Karaa deemnu hundarratti ummanni dhaabee iddoolee seena qabeessa nu daawwachiisaa ture. Gara godina Arsii Bahaa, Roobee Diida'aa gaafa deemne god-hambaa Hara Qeerroo Nageessoo nu agarsiisan. Qeerroo Nageessoo nama gaafa weerara Miniliik gootummaadhaan dura dhaabbatee falmii guddaan booda qabamee kolaafame ture. Ummanni naannawa sanii haroowwan agarre san yaadannoo isaatiif kunuunsanii hanga ammaa tursiisan. Godhambaa xinnaa tokkos cinatti ijaaran.

Iddoo Leenjisoo Diigaa itti dhalatetti farda bifti isaa kan inni dura ittiin lolaa ture fakkaatu nu badhaasan. Leenjisoon goota ummata gurmeessee meeshaa aadaa qofaan waraana Minilik kan qawwee ammayyaa hidhate dirree lolaa garagaraatti injifachuu isaatiin hanga har'aa Oromoon ittiin dhaadatuudha. Hasaasaa, Sirkaa, Dodolaafi Adaabbaatti hedduumminni ummata bahee baay'ee nama sodaachisa ture. Poolisiin akka duriitti nagaya keenyaafi tasgabbii waltajjii ummataa akka hin tiksine qondaalotaan dhoorkamee ture. Garuu osoo rakkoon takka hin uumamin ummanni ofumaa wal qindeessee nagahaan addaan gale.

Gara Baaleetti imala gooneen magaalota waltajjiin itti qophaaye malees dabalata gandoota keessa qaxxaamurru hedduutti ummanni nu dhaabisisuun isaan waliin mari'achaa imala keenya itti fufaa turre. Lafa seenaa-qabeettii Madda Walaabuutti bakka awwaala gootota Baalee kan akka Waaqoo Guutuu fa'a daaw'anne. Ummata sababa lola daangaatiin buqqa'ee achi tureefis gargaarsa kennine. Holqa Soof-Umar ziyaarree Gindhiir yoo geenyu ummata lafa guutee turetti baane. Gammoojjii Baalee kan akka Dalloofi Gindhiir keessatti namootan Dhummuggaatti wajji guddadhe kan gamas godaananii turaniinis wal arguun yaadannoo joollummaa natti fidde. Tulluu Saannatee gubbaa yeroo baanu lafti akkas bareeddu Oromiyaa keessa akka jirtu beekuu dhabuun koo na gaabbisiise. Baalerraa ol deebinee gara Arsii Lixaa gorre. Achittis ummata jiraattota magaalaa Shaashamanneefi naannawa ishii, Kofalee, Ajjee, Arsii Nageellee, Muneessaafi Baatuu waliin marii goonee Finfinneetti deebine.

Itti aansee Salaaleetti qajeelle. Hanga gaafasiitti warri mootummaa tumsa nuuf godhuu baatanis gufuu nutti hin taane ture. Gaafa Salaale dhaquf jennu, Gurmeessaa Ayyaanoo kan nu dura achi gahe dabalatee bakka buutotni keenya magaalaa Kuyyuutti hidhaman. Nuus poolisiin baazuqaa hidhattee karaatti nu eegde.

Daawwitii fooddaa konkolaataa gadi baneen "meeshaa san nuun loluuf fiddanii" jedhee gaafannaan komaandarri tokko qaanayee "lakkii isiniin eeguufi" naan jedhe.

Akka nuti Kuyyuutti walgahii hin geggeessineef danqaa hedduu uuman. Karaa gara galma walgahii geessu cirracha konkolaataa fidanii irratti garagalchuun cufan. Nutis walgahii godhachuu akka hin dandeenye hubannaan waajjira eebbifnee galuuf murteessine. Waajjira seennee eebbifnee yoo geessinu, ummanni garagalee daandii guute. Nus konkolaataarra baanee haasaa gabaabaa gooneef. Prof. Mararaan haasaa godhaniin filannaa amma duraatiif yeroo dhufanii turanitti ummanni Salaalee sirba baasee akka ture yaadachiisan.

Sirbichis;

Daandii gichaa gichaa

Mallas Zeenaa nurraa galchaa

Diqaalaa nutti dhalcha.

kan jedhu akka ture himan. Itti dabaluunis, warri Mallas Zeenaa gara qe'ee ofii Maqaleetti galee diqaalaan inni dhalche garuu asitti haftee nu rakkifti" jedhan. Anis irraa fuudheen nuti "Akkuma Piroofeesar jedhan filannoon baranaa ilmaan Mallasaafi ilmaan Taaddasaa jiddutti godhama. Sabboonummaa Taaddasaa qabannee shira ilmaan Mallasaa ni moo'anna!" jedhe sagalee dhaadannootiin.

Yeroo Salaalee deebinu qondaalonni mootummaa haasawa keenya jallisanii nu eegan. Namni tokko naaf bilbilee "Abiyyiin diqaalaa jettee?" naan jedhe. Ani "lakkii Prof. Mararaanis anis dhaaba OPDOtiin jaarmaya diqaalome (bastardized organization) Wayyaaneen Oromoo ittiin dhiituuf tolchite ta'uu agarsiisuuf jenne malee nama dhuunfaa tuquuf miti" jedheen.

Salaalee booda tarkaanfiin mootummaa cimaa dhufe. Jalqaba nuun dorgomuuf magaalota muraasa keessatti hiriira deeggarsa Muummicha Ministeeraa qopheessan. Ummanni isaaniif bahe kan keenyan wal bira yoo qabamu baay'ee xiqqaa ture. Hiriiraan nuun dorgomuu akka hin dandeenye hubannaan duula keenya danquufi ugguruuf irratti fuulleffatan. Boordiin filannoo osoo duulli na filadhaa hin eegalin sochii godhamu akka ugguru gaafatan. Boordichi seera ittiin nu ugguru dhabe. San booda humna nageenyaatiin tarkaanfii fudhachuu eegalan.

Salaalerraa erga deebinee booda ummata heddu dirreetti baasuun keenya mootummaa waan rifachiiseef, tarii galmatti walitti qabnee mari'achiisuu wayyinaa yaada jedhuun itti deemne. Haaluma kanaan Baqqalaa waliin Qeerroofi hawaasa magaalaa Sabbataa waliin marii godhuuf dhaqne. Poolisiin namoota gara galmaa deeman hiraarsaa ture. Kana booda walgahii ummataas ta'ee hiriira gochuu akka nutti hin dhiifne ifa naaf ta'e. Dubbiin gara itti deemtu garraan haasawa dhaamsa jabaa qabu godhe.

Haasaya san keessattis, waggoottan shantamman dabranitti bu'aa bahii qabsoon Oromoo keessa dabre ergan tarreessee booda, shira qabsoo Oromoo dadhabsiisuun sirna federaalizimii aarsaa meeqaan dhufe diiguuf godhamu akkuma kaleessaa qabsoo nagayaatiin akka fashaleessinu waadaa gale.

Dabalataanis, murni aangoo harkaa qabu waadaa seene cabsee, abdii cehumsa gara dimokraasii dukkaneessuun sirna abbaa irree ijaaruuf akka deemaa jiru, kana ammoo ummata Oromoo humnaan ukkaamsuun, qoqqooduuniifi Qeerroo dadhabsiisuun galmaan gahachuu akka yaadan hime. Kana fashalsuuf sabni tokkummaa isaa tiksee hoggansaan wal hubatee akka deemu dhaame.

Yeroo Sabbataa irraa deebinu Itti Gaafatamaan Dhimma Nageenyaa Magaalaa Burraayyuu Komaandar Salamoon Taaddasaa ajjeefamuu dhageenye. Komaandar Salamoon guyyuma san dura magaalaa sanitti walgahii godhuuf hayyama yoo gaafannu bulchiinsi siviilii didnaan kan nuuf hayyame isa ture. Ajjeechaa kana dahachuun dargaggoota hedduu jumlaan qabanii hidhan, gariis adeemsa seeraa tokko malee fixan. Guyyoota muraasa booda walgahii Gaaddisaatiif waajjira pireezidantii Oromiyaatti yeroo wal geenyu dhimmi ajjeechaa Komaandarichaa dubbiin teenya gara walajjeechaa siyaasaa ce'aa jiraachuu waan akeekuuf irratti mari'annee osoo hin hammanne akka dhaabsifnu yaada dhiheesse. Abiyyi garuu yaaliin mootummaan garaagarummaa jiru kara nagayaatiin furuuf godhe bu'aa waan hin buufneef, aggaammii itti godhamu humnaan ofirraa ittisuuf murteessuu hime. Gara Shimallisttis garagalee warra poolisicha ajjeese mamii malee adamsee akka dhabamsiisu itti hime. Qabiyyeefi miira dubbii isaa irraa ka'uun, tarkaanfiin guyyoota dabran adeemsa seeraatiin maleetti dargaggoota fixuu kan poolsiiin dallansuun godhe osoo hin taane murtii gubbaadhaa dhufe akka ta'e ifa naaf ta'e. Gochi adeemsa seeraa malee namoota to'annoo jala jiran ajjeesuu (extrajudicial killing) gaafas irraa kaasee aadaa fudhatamaa qaamota nageenyaa ta'e.

Jalqaba yeroo duula daawwaannaa eegallu, Salaaletti aansuun gar Jimmaa Jimmaa deemuuf karoora qabannee turre. Garuu gidiraa miseensota keenyarra gahuun dabalata, duula ololaa hamaa banameen hafuuf murteessine. Keessattuu Prof. Maraaraan "Jimma keessaa lafa malee nama hin qabnu" jedheera hamii jettuun duula maqa balleessii naannummaa makate hamaa nurratti banan. Jimma iddoo dhaloota Abiyyii waan ta'eef deemsi keenya hedduu akka isaan sodaachise hubanne.

Duula nuti gara Jimmaa gochuuf karoorfanne hadheeffatanii mormuun jara mootummaa waan tokko nu yaadachise. Kunis walgahii Gaaddisaa tokkorratti osoo waa'ee filannoo haasofnuu Prof. Mararaan "Bashaashattuu dorgomnu isin moohanna" jechuun qoosnaan Abiyyi sagalee dallansuutiin "Yaali kaa mee wal agarraa (ምከረኝ እንትየያለን)" jedhee ture. Kunis iddoo dhaloota isaatti moo'amuu akka kasaaraa guddaatti akka ilaalu akeeka. Maarree rifaatuufi dallansuu karoorri duula Jimmatti geggeessuuf qabanne uume agarraan, dubbii gara walitti bu'iinsaatti ceesisuu irraa jennee deemuu dhiifne. Karoora godinoota biraa dhaquuf qabnus addaan kutuuf murteessine.

Akkuma gubbaatti tuqame, duula san kan godhaa turre dhuguma filannoo walabaatu godhama jennee deeggarsa horachuuf hin turre. Murni aangoorra jiru gara dimokraasii cehuuf fedhii akka hin qabneefi sirna abbaa irree ijaaruuf akka murteesse sirritti hubannee turre. San qofaa miti. Sirna federaalizimii diiguuf murnoota federaalizimii irraa jibba qaban hawwataa, waliinis tumsa cimsachaa akka jiranis ifa ture.

Filannoo dhufaa jiru keessaa paartiilee Oromoo dhiibanii baasuuf akka deemanis mallattoolee hedduutu guyyarraa mul'ataa ture.

Akeekni sochii keenyaatis sabboonummaa Oromoo isaan laaffisuu barbaadan danfisuufi Oromiyaa keessatti deeggarsa akka isaan hin qabne mul'isuuf ture. Haaluma kanaan magaalota dhaqne hundatti haasaya sabboonummaa cimsuufi balaa sirna durii deebisuuf as deemu sabni akka hubatu gochuurratti fuulleffanne. Akkuma yaadne dadammaqiinsa onnachiisatu ummata keessatti uumame. Kun ammoo warra yaada sirna federaalizimii diiganii Oromummaa quucarsuuf qabu ni rifachiise.

9.5. Lammummaa Mulqamuu

Duula kanarraa rifachuun tooftaalee ittiin mormitoota dadhabsiisan baasuutti seenan. Sana keessaa tokko dhimma lammummaa kiyyaa ture. Boordiin filannoo KFO'f xalayaa barreessuun ana miseensa godhachuun seera cabsuudha jedhe. Paaspoortii Ameerikaa ni deebisa jedhanii waan hin tilmaaminiif gara boordiifi miidiyaanis duula banan. Ani garuu gaafan biyyatti galuuf murteessun paaspoortii Ameerikaa akkan deebisu murteesse.

Akkan biyya galeen gaafa tokko Abiyyiif dubbii kana kaaseen ture. Hirmaannaa ani siyaasaa keessatti qabuun warri na jibbu dhimma lammummaa koo kaasuun komii akka itti kaasan natti hime. Anis "sun rakkoo hin qabu, lammummaa Ameerikaa ofirraa mulqeen paaspoortii Itoophiyaan baafadha" jedheen. Inni garuu "haalli keessa jirru waan hin amansiifneef tarii yoo gaaga'amni nurra gahe ala baatee qabsoo itti fufuu waan qabduuf Paaspoortii Ameerikaa akkuma qabattetti itti fufi. Inumaatuu seera lammummaa lamaa (dual citizenship) hayyamu baasuu waan hednuuf lachuu qabachuu dandeessa" naan jedhee ture. Anis yaada isaa kana fudheen lammumaa osoo hin jijjiirin ture.

Gaafan filannoo seenuuf yaaduu kiyya Abiyyitti hime san waa'ee paaspoortii kana itti kaasnaan "gaafa dhibbaa-dhibbatti murteessite naaf himi hoggasuma kan Itoophiyaa siif kennina" naan jedhe. Ergan KFO seenee booda garuu duula cimaatu narratti baname. Namni paaspoortii biyya biraa qabuufi siyaasa keessa jiru ana qofa hin turre. Masara muummichaa dabalatee waajjiraalee ministeerotaa hedduu, akkasumas bulchiinsota naannoolee keessa namoota lammummaa biyya biraa qaban hedduutu yeroo jijjiiramni dhufe san galee hojjachaa ture. Hooggan oonni paartiilee siyaasaa jijjiirama dura biyya ambaa turanis paasportii biyyoota biraatiin socho'aa turan. Erga biyyatti galan booda gariin lammummaa biyya ambaa seeraan ofirraa osoo hin mulqin paaspoortii Itoophiyaa fudhatan. Hedduun ammoo paaspoortima biyya alaatiin socho'uu itti fufan.

Garuu boordiin filannoo ana qofarratti xiyyeeffate. Ani akkuma biyya alaatti filannoo akkan seenu labsee deebi'eenin lammumaa Ameerikaa deebisuuf adeemsa (process) eegale. Warri Ameerikaa sirna lammummaa deebisuu raaw'achurratti ni rincican. Murtii jireenya kiyyarratti dhiibbaa guddaa uumu waan ta'eef yeroo fudhadhee akkan itti yaadu na gorsaa turan. Ani garuu murteessee waanin tureef embaasii dhaqee paaspoortii galche. Paaspoortii kanin galche ulaagaa filannoo guutuuf qofa hin turre. Gaafan biyyatti galu toltuufi hamtuus ummata koo waliin simachuun qaba jedhee waadaa galee waan tureef, waadaa san gatee deemuuf carraan qabu hundumtuu akka cufamuuf barbaadeeni. Hanga har'aa tarkaanfiin sun hedduu na boonsa.

Boordiin Filannoo ragaa paaspoortii Ameerikaa deebisuu kiyya erginaaniifis hin quufne. Burtukaan Miidhagsaa Itti Gaafatamtuun boordichaa kan yeroo sanii lammummaa Itoophiyaa argachuu kee fidi jedhan. Miseensonni boordii biroo adeemsi ishii sirrii akka hin taane himanis akka ijibaachifte dhagaye. Lammummaa Itoophiyaa argachuuf Waajjira Immigreeshiniifi Lammummaatti iyyata galfadhus lafarra harkisan. Akka seeraatti namni dur lammii Itoophiyaa ture, lammummaa biyya biraa fudhatee ture yoo ofirraa mulqe, hoggasuma lammummaan Itoophiyaa kennamaaf jedha. Warri immigreeshinii garuu koreen laalla jedhuun rincican. Abukaatoo qabadhee mana murtiitti himachuuf yoo jedhu, ajaja kallattiin gubbaa dhufeen akka dhoorkan waan nutti himaniif gaafuma hayyama argatan haa xumuran jedhee dhiise. Osoo Lammummaa Ameerikaa deebisee kan Itoophiyaa hin argatin, biyya-maleessa (stateless) ta'ee osoon jiruu balaa biyyaafi addunyaa mudateen filannoonis hafee anis hidhame.

9.6. Vaayirasii Koronaafi Filannoo

Duulli nuti akka KFO'tti goone biyyattii miira filannoo keessa galchee osoo jiruu, balaan hin eeggamin, Vaayirasiin Koronaa (COVID-19) jedhamu, addunyaa weerare. Vaayirasiin kun Chaayinaarraa saffisa ajaa'ibaatiin addnunyaa waliin gahuun naasuu keessa seensisee, tamsa'ina isaa ittisuuf sochiin ummataa daangeffamuu eegale. Kanarraa ka'uun filannoon Itoophiyaan Caamsaa bara 2020 godhuuf yaadaa turte dabruuf dirqame. Garuu heerri mootummaa filannoo dabarsuu waan hin hayyamneef, haala kamiin haa dabarsinuu irratti atakaaroon eegale.

Gara KFO-tiin sababa weerara dhukkubaatiin filannoon dabruun sirrii ta'us, heerrii mootummaa karaa filannoon ittiin darbu waan hin kaayiniif, akkamittiifi yoomitti dabra kan jedhurratti hoggansi paartii biyya bulchuufi mormitoonni mari'atanii murteessuu qabu ejjannoo jedhu qabanne. Warri Bilxiginnaa garuu paartiilee mormitootaa waliin mari'atuurra, kophaa isaaniitti maqaa heera mootummaa hiikuu jedhuun (constitutional interpretation) seera malee filannoo dheereffachuuf murteessan. Nuti ammoo akkaataan paartiin biyya bulchaa jiru filannoo itti dheereffatuuf deemaa jiru gaaga'ama siyaasaa biyyattii daran kan hammeessu akka ta'e ibsa ejjannoo baasuu bira dabree gara miidiyaan hubachiisuu yaalle. Silaa ta'ee carraa waaqni fide fayyadamuun filannoon achi butamee qaroowwan siyaasaa gidduutti mariin taasisafamee biyyattii balaa wal waraansaa itti deemaa jirurraa baraaruu wayya jenne. Namni nu dhagahu ni dhabame.

Akkuma nuti shakkine mootummaan Naannoo Tigraay filannoon dabarfamuu isaa mormuun sadarkaa naannoo isaaniitti akka geggeessan ibsan. Murtii isaanii kana boordiin filannoo hin fudhadhu jedhe. Atakaaroon filannoo kun hariiroo mootummaa federaalaafi kan Naannoo Tigraayi waggoota lamaan dabraniif qaqal'ataa dhufe addaan kute. Boodarras gara wal waraansaatti geesse. Adeemsa filannoo dabarsuuf mootummaan itti deema barreeffamaafi haasaa miidiyaan cimsee mormaan ture. Gaafa tokko Lidatuu Ayyaalew kan akkuma kiyya adeemsa filannoon itti dabru irratti mormii qabu waliin OMN irratti haasofne. Bifa heera mootummaa faalleessuun, waliigaltee siyaasaa malee filannoo dheeressuun mootummaa aangoorra jiru akka miidhu dubbane. Heerri mootummaa barri hojii Fulbaana 30 akka raaw'atu waan kaayuuf, waliigaltee siyaasaa irra gahamuu baannaan, guyya san booda mootummaan hin jiraatu. Kun ammoo fincila lammiileefi waraana mootummaa fiduu mala jenne.

Kana booda hariiroon anaafi mootummaa ni cite. Doorsifni jechaafi gochaas ni cime. Mana ani keessa galu cinaa manneen bitaafi mirgaan jiran ni diigaman. Maaliif akka diigaman yoo qorannu tasuma abbootii qabeenyaan maallaqa guddaan bitamani akka diigaman dhageenye. Gaafa amma dura yaalii narratti taasisan san, eegdonni koo manneen san dahoo (cover) godhatanii tattaaffii mooraa kiyya seenuuf godhame fashalsan. Kanaafuu manneen diiguun kun mana kiyyatti haleellaa geessuuf haala mijeeffachuuf akka ta'e shakkiin cimaa dhufe.

Gaafa tokko gameessa qondaalota OPDO tokko waliin walgarree yoo haasofnu akkan carraa argadheen akkan biyyaa bahu naaf hime. "Ta'uu baannaan carraa yoo qabaatte ni hidhamta yookaan kan sanirra hamtuutu sitti dhufa" jechuun na akeekkachiise. Ani garuu "kana booda wanti fedhe haa dhufu malee biyya kiyya gadi dhiisee eessayyuu hin deemu" jechuun jala muree itti hime. "Anumatti hin hafiniifin sitti hime malee akka ati hin dhageenye nan beeka. Good luck!" jedhee deeme. San booda na hidhuu ykn na ajjeesuuf akka qophii fixan naaf gale. Kanaafuu qalbii tiyya waan lamaaniifuu of qopheesse. Mana hirribaa kiyya keessa boorsaa lama qopheeffadhe. Boorsaan tokko abuujadii adii ittiin awwaalaman kan qabu, kaan ammoo tuuttaafi kophee mana hidhaaf ta'u sirreessee kaaye. Maatiifi hiriyoonni narratti beekanii akka hin rifanneef dubbii garaatti qabachuu qofa osoo hin taane kan dur caalaa taphachuufi kolfuu cimse. Tanuma jidduutti Haacaaluu Hundeessaa ajjeefame, anis hidhame. Siyaasaan Oromoofi Itoophiyaas lallaaqama hamaa keessa seente.

YAADANNOO SUURAADHAAN #4

Simannaa Galma Barkumeetti nuu godhame irratti kompiitara waggaa afuriif ittiin qabsaa'aa ture Lammaaf yeroo gumaachu.

Pireezidaant Mulaatuu Tashoomaa affeerraa masara mootummaa irratti yoo nu haasofsiisan

Akkuma yeroo qabsoo waadaa gale Ambootti miila qullaa karaarra deeme

Sadaasa 12, 2014 iddoo qabsoon Qeerroo itti dhoohe Ginciitti gorree galata galchine

Simannaa Amboo irratti Komishiinar Dachaasaa Bitimaa, Darajjee Hawaaziifi saganticha kan qopheesse pireezidaantii Yuunivarsiitii Amboo Dr. Taaddasaa Qana'aa waliin.

Erga biyyatti deebi'een booda miseensa koree fala barbaadduu musliimaa 17'n keessaa tokko kan ta'e Ustaaz Kaamil Shamsuu waliin Hajjii yeroo godhetti.

Gara biyyaatti erga deebi'een booda abbootii gadaa waliin Irreecha hirmaachuu hogguu deemnu.

Iddoo itti guddadhe Dhummuggaatti deebi'ee jaarsota biyyaa waliin taphataa bulle.

Erga biyyatti deebi'een booda harmee waliin

Ijoollummaadhaan gootummaa isaa dhaga'uun faana isaa qabachuuf kan hawwaa ture ajajaa WBO kan ture Bobbaasaa Gadaa waliin biyya Siwiidinitti wal agarre

Ajajoota waraana ABO ijoollummaan maqaan isaanii faarfamaa nutti himamu keessaa Abdataa Hajjii Bunaa gaafa biyyatti deebi'u eegumsa koo qindeessaaa wal agarre.

Walitti bu'iinsa yeroo san turan hiikuuf bakka bu'oota saboota gara garaa yoo mari'achiisu.

Guyyaa OMN Naayiroobiitti banne filatamtoota mootummaa
hawaasa Oromoo Keeniyaa wajjiin

Pireezidaantii naannoo Hararii kan ture Muraad Abdulhaadii waliin magaalattii gara nagaatti deebisuu irratti mana kootti yeroo mari'annu, Onkoloolessa 2018

Pireezidaantii naannoo Hararii haaraa muudaman Ordiin Badrii waliin magaalattii gara nagaa waaraatti ceesisuuf yeroo mari'anetti

Musxafaa Muhaammad pireezidaantii naannoo Soomaalee ta'ee erga muudamee booda itti aanaa isaa Ibraahim Usmaan waliin ummata Dirree Dawaa dubbisuu yeroo deemnetti.

Walitti bu'iinsa lixa Oromiyaa hubachuudhaaf yeroo deemnetti walgahii mana marii federeeshiniitiif achitti kan argaman Af-yaa'ii Keeriyaa Ibraahimiifi dubbii himaa m/ministeeraa kan turan Nugusuu Taammiraat yeroo haasofsiisnetti.

Bulchitoota Zoonii Halaabaa waliin

Ummata Affaar dubbisuuf Samaraa wayta deemetti.

Sagantaa simannaa Shaashamannee irratti hirmaachuuf yeroo deemu hoggantoonni Sidaamaa buufata xiyyaaraa Hawaasaatti simannaa naaf godhan. Pireezidaantii Hawaasaa duraanii Miliyoon Maatiyoosiifi bulchaan Zoonii Sidaamaa Qarree Qawwichaa keessatti argamu.

Yeroo Walloon daawwadhetti RIB waliin

Jijjiirama dura dhiittaa mirga namoomaatiin kan beekamu
humna addaa naannichaa riifoormii booda daawwadhe

Yeroonqabsoo aantummaan poolisii Oromiyaa ummataaf
waan tureef waltajjii mara irratti galateeffachaa ture.
Sangaa ummanni naaf gumaachu poolisiif kennaa ture.
Isaanis eegumsa naaf godhuun jijjiirama dhaabbatichaaf
malu naaf himu.

Bara qabsoo Qeerroo
waraana Agaaziitti qawwee
kan naannesse Konstaabil
Musxafaa Huseen

383

Hayyu-duree ABO duraanii Galaasaa Dilboo fi itti aanaa isaanii Leencoo Lataa waliin

Siidaa wareegamtoota Calanqoo Prof. Mararaa Guddinaa waliin yeroo daawwanetti.

Hayyuu fi qabsaa'aa gameessa wixinee lafti qoteebulaaf jedhu wixineessan Obboo Zagayyee Asfaawu fi Prof. Hizqi'eel Gabbisaa waliin hoggansa ABO Asmaaraa dhufe yeroo simannu

Qabsaa'aa gameessa, hoggana ABO fi ilma mootii Jimmaa kan ta'an Abbaa Biyyaa Abbaa Joobir akkasumas qorataa beekamaa sirna Gadaa Prof. Asmaroom Laggasaa waliin

Bara ce'umsaa 1991 ministeera barnootaa Itoophiyaa ta'uun Oromiyaa keessatti barumsi Afaan Oromoon akka kennamu kan godhan Obboo Ibsaa Guutamaa fi Hayyu-duree ABO duraanii Galaasaa Dilboo mana kootti laaqana yeroo affeeretti.

Haaji Huseen Suraa waliin waajjira qabsoo Oromoo qindeessaa kan turan Abbaa Anaajinaa waliin

Abbaa Gadaa Bayyanaa Sanbatoo waliin siidaa yaadannoo Aanolle yeroo daawwannu.

384

Aljazeera irratti I am Oromofirst yeroo jedhetti

Jijjirama booda Istuudiyoo Aljazeera yeroon daaw'adhetti

Wallagga yeroo deemnetti karaa
Qeerroon nutti cufe yommuu bannu
poolisoonni "wantuma ati barsiifte sitti
garagalchan" jedhanii qoosan.

Ummata Wallaggaa dubbisuu yeroo deemnetti
Baqqalaa Garbaa fi hoggana dargaggeessa
ABO Lammii Beenyaa waliin

Yennaa WBO galchuuf gara Kibba
Oromiyaa deemne Abbaa Gadaa Gujii
Jiloo Maadhoo yeroo natti biifuun na
eebbisan

ABOfi mootummaa jidduutti araarri akka bu'u
carraaqa kan turan Obbo Hayleen loltuu WBO
waamicha fudhatanii galan waliin

Loltoota WBOfi Poolisiin Oromiyaa
walwaraanaa turan yeroo walhammatan

Yeroo mana kiyyatti aggaammiin natti taasifame san hoggannoonni Oromoo walgahuun gocha san yeroo balaaleffatan

Hoggantoonni Raabaa Doorii ibsa yeroo kennan.

Filannoo 2020'f tumsa paartiilee Oromoo hundeessuuf wayta mari'annu (prof. Mararaa, Jen.Kamaal, Obboo Kamaaliifi Qajeelaa Mardaasaa)

Waliigalteen Gaaddisa Hoggansa Oromoo bakka MM Abiy Ahmad argamanitti gaafa mallatteeffame

Duula Nu Filadhaa KFOn godinoota garagaraatti taasisaa turre

KUTAA KUDHAN: BOQONNAA DHEERAA

10.1. Ajjeechaa Haacaaluu

Jalqabamuu Lola Addunyaa 1ffaaf sababa battalaa ta'uun kan tuqumu Firaanz Fardinaand qaadhimamaa mootii (heir presumptive) Awustiroo-Hangarii, lammii Sarbiyaa tokkoon ajjeefamuudha. Dhiigni ajjeechaa kanarraa faca'e beenzila ta'ee Awuroppaa bira dabree addunyaa guututti abidda Qabsiise.

Ajjeechaan Fraanz Fardinaand sun kophaa isaatti lola addunyaa 1ffaa kaasuuf sababa guutuudha jechuu miti. Sanuma duraayyuu siyaasni ardii Awuroppaa muftoo siyaasaa, dorgommii humna waraanaafi falmaa daangaatiin kan ka'e bokokee ture. Ajjeechaan sun siyaasaa bokoke san dhoosee humnoota walitti qophaayaafi gaarreffataa turan walitti naqe. Ajjeechaan Haacaaluu Hundeessaas taatee siyaasa Oromoofi Itoophiyaa keessatti abidda wal waraansaa hanga ammaattis biyyattii kallattii hundaan waxalaa jiruuf ka'uumsa ture. Ajjeechaa Haacaaluu dura, akkuma lola addunyaa 1ffaa duraa san, siyaasa Oromoofi Itoophiyaa keessattis, murnootaa garagaraa jidduutti muftoo, doorsisniifi gadoon guyyarraa gara guyyaatti xaxamaa, kuufamaafi hammaataa deemaa ture. Ajjeechaan Haacaaluu gaaga'ama siyaasaa bokoke san dhoose.

Ajjeechaa Haacaaluutti aansee hidhaafi ajjeechaan mootummaan Oromoo irratti bane, hoggansa Oromoo jidduutti baqaqiinsa guddaa uume, dargaggeessa kumaatamaan bosonatti galchee Oromiyaa dirree wal waraansaa taasise. Jeequmsi hoggansa Oromoo jiddutti dhalate, lolli Tigraay akka dhoohuufis shoora taphate. Du'a Haacaaluutiin Oromoon capha onnee hamaaf saaxilame. Seenaa ummata kanaa keessatti rifaatuufi gaddi waloo (collective trauma) akka gaafa sanii saba kana mudattee hin beektu. Oromoon naasuufi dallansuu gaafa sanii irraa hanga har'aattis waan dandamate hin se'u.

Anis ajjeechaa Haacaaluutti dahatanii na hidhan. Hidhamuu caalaa garuu duuti isaa hiriyyaa yeroo dheeraa akkasumas jaala qabsoo gaafa jabduu na dhabsiifte. Haacaaluu gama muuziqaa isaatiin kanin bare gaafa Yuunivarsiitii Columbia baradhu ture. Yeroo barachaa ture san mana kiyyaafi yuunivarsiitii jidduu baaburaan yoon deddeebi'u sirba isaatin dhaggeeffadha. Mana kitaabaa keessatti hoggaan qayyabadhuufi katabus sirba isaatiinan of dammaqsa. Yeroon sun yeroo wixinee tarsiimoo qabsoo nagayaa irratti hedduu yaaduufi qopheessu waan tureef sirboonni isaa "Oromiyaa tiyyaafi Maasaan Gamaa" jedhan si'aa'ina naaf laachaa turan.

Caamsaa 2013 gaafan af-gaaffii (interview) dhaabbata miidiyaa Aljazeera kanin

Oromoo First irratti jedhe saniif deemu, New York irraa hanga Washington DC baaburaan sa'aa sadiif yoon deemu sirbuma 'maasaan gamaa' sanin irra deddeebisee dhaggeeffataa ture. Of duuba deebi'ee yoon yaadu miiran gaaffiif deebii san irratti calaqqisiise keessa kan na galche sirba san natti fakkaata.

Akkuma duula Oromo First eegalleen Eliyaas Ibsaa waliin osoo haasofnuu Haacaaluun faati gara Ameerikaa akka dhufaa jiran naaf hime. Dhufaatiin isaanii sochii warraaqsa hawaasa keenya dammaqsuuf gochaa jirruuf akka nu fayyadu waliif galle. Haacaaluu Hundeessaa dabalatee Jaamboo Jootee, Abbush Zallaqaafi Nugusuu Taammiraat dhufanii agarsiisa (konsartii) "Oromiyaa Tiyya" jedhu magaalota Ameerikaa Kaabaa keessatti geggeessuu eegalan.

Yeroon sun yennaa duulli "Oromoo First" hawaasa diyaaspooraa dadammaqsaa ture waan tureef, konsartiin Oromiyaa tiyyaa itti dabalamuun miirri ummataa daran dabale. Yaalii ofitti amanamummaa waloo (collective self-esteem) Oromoo biyya alaa ol kaasuuf godhaa turreef tumsa guddaa ta'e. Magaalota hedduu keessatti konsartii Oromiyaa tiyyaafi walgahii Oromo First wal cinaa geggeessaa turre. Garuu wallistoonni sun biyyatti gaafa galan rakkoon akka isaan hin mudanneef, isaanis walgahii keenyarratti nuus konsartii isaanii irratti akka hin mul'anne of eegannoo goona turre.

Weellistoonni kun anaafi Arfaasee gaafachuuf New York dhufanii hedduu haasofnee sirrittis wal barre. Haacaaluun nama taphataa, gamna bilchaataafi sabboonaa murataa akka ta'e haasaa yeroo dheeraa fudhannee gooneen hubadhe. Bakka inni jirutti nuffiin hin jiru. Gaafa tokko irbaata affeeruuf gamoo dheerticha magaalattii gubbaa baafne. Reestoraantiin nuti irra turre ni naannaya ture. Haacaaluun haasaya keessa waan tureef dura hin hubanne. Jiddumaan haasaya dhaabee ija isaa gama daawwitii foddaa qajeelchee ilaalaa erga turee booda, "joollee anaatti naannayaa jiramoo mana kanatu naannaya?" jedhee nu kofalchiise.

Yeroo Ameerikaa turanitti si'a hedduu haala qabsoo Oromoo irratti marii bal'aa godhaa turre. Konsartii Oromiyaa tiyyaa akka xumureen yoo biyyatti gale balaatu irra gaha jedhee waanin sodaadheef akka biyya alaa turu gorsinaan "du'us jiraadhus saba koo waliini" naan jedhe sagalee murannoo guutuun. "Ani hafuu dhiisii atuu dhihootti dhufta" jedhee qoose.

Erga biyyatti galees gaafa mormiin ummataa daran finiinaa deemaa ture san yeroo yeroon wal qunnamna ture. Yeroo ummanni keenya naannoo Soomaalee irraa buqqa'e dallansuu hamaa keessa seenee naaf bilbile. Gama Harargee deemuuf akka qophaaye yoo natti himu, karaatti miidhan jedhee waanin sodaadheef hin deemin jedhee kadhannaanis na didee deeme.

Jala bultii jijjiiramaatti, gaafa qophiin galma Bar-Kumeetti qophaaye san affeeramuu isaa akkuma beekeen sirba akkamii osoo sirbee akka faayidaa qabu na gaafatee sadarkaa qabsoon irra geesseefi boqonnaan itti aanu maal ta'uu akka qabu irratti waliin haasofne. Yeroo muraasa booda walaloo geerarsaa qopheeffate naaf erge. Dubbiseen "kana yoo geerarte si galaafatu" jennaan "wanni fedhe haa dhufu san dhiisii qabiyyee geerarsaa irratti yaada naaf kenni" naan jedhe. Anis qabxiilee muraasa itti dabalee irratti mari'annee ergeef. Innis akkuma karoorfate waltajjii gubbaatti itti baqaqsee diina weerarsee ummata Oromoo garaa qabbaneesse.

Geerarsi Haacaaluu gaafasii sun hamilee bakka sanitti mul'ate caalaa hiikkaa guddaa qaba ture. Kunis, seenessi (narrative) qabsoo Oromoo jijjiiramuu isaa kan agarsiisu ture. Qabsoon Oromoo bara dheeraaf sirna mootummaa Itoophiyaa kan Araat Kiiloo maandheffate balaaleffatuufi diiguu irratti fuulleffatee ture. Jecha biraatiin Oromoon araat kiiloodhaan alatti of ilaaluun gaaffii gaafatee deebii eeggata. Gaafa deebii achii dhabu ammoo karaa irraa ittiin citee fagaatee miidhaa isaanii jala bahu hawwa ture.

Seenessi kun qabsoo Qeerroo keessatti suuta suuta Itoophiyaa balaaleffachuu irraa gara aangoo mootummaa ishii dhuunfachuutti jijjiiramaa dhufe. Araat Kiiloo irraa deebii eeggachuu osoo hin taane dhuunfachuun miidhaa ofirraa dhaabanii faayidaa irraa argachuu kan jedhutti cehe. Adeemsa bifa sagalee dhokfateen (subtle form) geggeeffamaa ture geerarsi Haacaaluu ifatti baase. Araat Kiiloon tan ambaafi diinaati jedhanii ilaaluu irraa gara kan kooti jechuutti ceesise. Araat Kiiloon teeti, situ dhuunfachuu male jedhe. Itoophiyaa alagoomsuu mannaa abbaa itti ta'uuf murteesse.

Seenessi duraanii, miidhaa gaafa Itoophiyaan jaaramterraa kaasee Oromoorra gahaa ture alagummaafi hammeenya ishiif akka ragaatti dhiheessuun, barbaachisummaa irraa fottoquu dhaadhessa. Sirbi Haacaaluu sun garuu Itoophiyaa jaaruufi tiksuu keessatti aarsaa Oromoon kaffale tarreessuun, mirga abbummaa falmata. Lola Adawaa, bu'uureeffamuu Itoophiyaa ammayyaaf akka bu'uuraatti laalamu irratti gahee gootota Oromoo tarreessuun Oromoon biyya jaare malee akka hin diigne waabeffata. Bifa kanaan seenaa kaleessaa dhugeeffannoo (justification) aangoo har'a dhufaa jirtuutiif hojiirra oolcha. Barbaachisummaa seenessa jijjiiruufi dhugeeffannoo dhiheeffachuu yeroo sanitti namni hubate hedduu hagoo ta'uu yoon yaadannu, Haacaaluun qaroo hubannaa siyaasaa guddaa qabu ta'uu isaatiif ragaadha.

Gaafan ani Abiyyi Ahmad Mummicha Ministeeraa ta'uu morme san Haacaaluun naaf bilbilee yeroo dheeraaf wal falmine. Inni 'abbaa fedhes ta'u Oromoo taanaan deeggaruu qabna' yaada jedhu qaba ture. Abiyyis argee akka dubbise natti himuun na amansiisuu yaale. Anis gaafa Abiyyi Ameerikaa dhufe dubbisuu kiyya himeefii, hoggansa ce'umsaa ta'uu akka hin dandeenye hubachuu kiyya himeef. Falmii dheeraa booda innis deeggarsa isaatiin, anis mormiidhaan itti fufuuf waliigalle. "Deeggaruus yoo baatte, tokkummaa Oromootiif jecha mormii gara miidiyaatiin isarratti dhiheessitu hir'isi" jechuun na kadhate. "Sun rakkoo hin qabu. Nan dhaabayyu" jedheen. Dhumarrattis "yoo madaalliin kee sirrii ta'e Awwadaayitti

391

nama qamaasisuun na adabda, yoo kiyya sirrii ta'e ammoo Ambootti daadhiin macheesseen si adaba" jedhee qoosee nagaa walitti dhaamnee bilbila cufe.

Gaafan biyya galee Amboo dhaqe Haacaaluun na dura gahee haala qindeessee na eege. Yeroon ani konkolaataa irraa bu'ee miila duwwaa deemuu eegalu fiigee dhufee harka wal qabannee bakka hiriyyaan isaa Jaagamaa Badhaanee itti wareegametti biqiltuu Odaa dhaabne. San boodas yeroo garagaraatti qaamaan walargaafi bilbilaan mari'achaa turre. Osoo hin ajjeefamin ji'oota muraasa dura yeroo inni magaalaa keessa konkolaataa oofu hedduu jeeqaa turan. Gaafa tokko konkolaataan akka hordofaa jiran bilbilee naaf hime. Anis hoogganoota qaama nageenyaa keessaa tokkotti bilbiluun akka irraa dhaaban gorse. Namni sunis akkuma bilbileen jarreen hordofaa turan yeroof akka jalaa hafan naaf mirkaneesse.

Doorsisniifi aggaammiin Haacaaluu irratti godhamu hin dhaabbanne. Miidiyaalee garagaraan ololli jibbiinsaa irratti geggeeffamu cimee itti fufe. Kana jidduutti olola maqa balleessii irratti godhamaa jiru ofirraa ittisuuf OMN irratti af-gaaffii kennuuf akka jedhu gaazexeessitoota OMN irraan dhagaye. Anis bilbileefii manatti yaamee yeroo kanatti miidiyaa irratti dhiyaachuu osoo baatee akka wayyu himeef. Inni garuu 'yeroo mara miidiyaa irraa maaf na dhoorguu feeta' jechuun taatee gaafa Minnesota dhufee tokko na yaadachiise.

Gaafa tokko bara 2016 keessa gaazexeessitoonni dhufuun Haacaaluu OMN irratti dhiheessuu akka barbaadan naaf himan. Ani garuu gaarii akka hin taane himeef. Sababnis yeroon sun waqtii jeequmsi biyya keessaa hedduu hammaataa, mootummaanis tarkaanfii humnaa hamaa fudhataa tureefi OMN'is shorarkeessummaan himatamee tureedha. Haacaaluun ammoo biyyatti galuuf murteeffatee jira. Haacaaluun miidiyaa gubbaa baanaan waan garaa qabu onnee guutuun akka dubbatu nan beeka. Keessattuu yeroo ummanni akkasitti dhumaa ture san miiraan guutamee dubbachuun isaa hin oolu. Akkasitti dubbatee biyyatti yoo gale ni galaafatu jedheen OMN irratti dhiyaachuu isaa sodaadheef. Gaazexeessaan dubbisuuf yaade sun garuu Haacaaluudhaaf af-gaaffii gochuuf hawwii guddaa qabaachaa waan tureef murtii kiyyatti ni dallane. Kanaafuu sababoota ani dhiheesse osoo hin ibsiniif akkan ani hammeenyaaf dhoorkeetti himeef. Kanarraa kan ka'e Haacaaluun yeroo xinnoof natti mufatee booda wal agarree na gaafatee sababa kiyya hubate.

Maarree gaafa boodana OMN irratti dubbatuu barbaaduu isaarratti mari'annu, akka hin dubbanne amansiisuuf yaale. Miidhaa qaamaa osoo hin taane atakaaroo siyaasaatu itti baay'ata jedheen sodaadheef. Inni garuu maqaa balleessiin 'lafa fudhate' jedhu akka isa aarsefi atakaaroon murnoota siyaasaa, keessattuu Biltsiginnaa fi ABO, jidduutti godhamus hedduu akka isa gaddisiise naaf ibsee, dubbachuu akka barbaadu naaf hime.

Duula maq-balleessii irratti baname san barbaachisaa taanaan ani dubbadhee akkan irraa ittisu waadaa galeef. "Olola siyaasaa cabsuuf abukaatoo na caalaa eessaa argatta?" jechuun itti qoose. "Duruu hojii akkanaa eegalee bar" jechuun waan dhiheenya ta'e tokko himeef. Sunis gaazexeessituun raadiyoo afaan Amaaraa wahii naaf bilbiltee "saamicha lafaa hambifna jettanii qabsooftanii amma kunoo isinis saamichuma sanitti seentan" naan jette. "Eenyutu saame, animoo?" jechuun gaafannaan "warra si waliin qabsaa'aa ture" jette. "Maqaa dhayi" jennaan "Haacaaluufi Fayyisa Lalisaa" jette. Lafa hammamii akka fudhatan gaafannaan kaaree kuma shan shan akka ta'e naaf himte. Hamiin tun jidduu san marsaalee hawaasaarra naanna'aa waan turteef naaf haaraa miti. Olola joollee mallattoo qabsoo ta'an kana maqaa balleessuun ummata biratti jibbisiisuuf godhamutti waanin fudheef, gaaffii gaazexeessituu sanii deebiin busheessuu barbaade.

"Dura Haacaaluufi Fayyisaan lafa saaman hin jedhamu. Qabeenya abbaa isaanii irraa saamame deebifatan (የአባታቸው ርስት አስመለሱ) jedhama malee. Haacaaluun lafa Tufaa Munaa yoo fudhate, saame osoo hin taane kan saamame deebisiifate jedhama. Badiin isaanii kaaree kuma shan qofa fudhachuu isaaniiti. Heektaara kuma shantu malaaf" jedheen. Gaazexeessituun sunis deebii hin eegin narraa dhageesseen naatee "dhuguma waan amma dubbatte kana akkan tamsaasu ni barbaaddaa?" jechuun na gaafatte. "Jecha tokko irraa hin murin" jedheen. Ishiin garuu guutumattuu hambifte.

Taatee kana ergan itti himee booda "abukaatoo akkanaa osoo qabduu ati dubbachuun sin barbaachisu" jedheen. Haacaaluunis "erga jettee haa ta'u kaa. Arraba Wayyaanee moo'ate kana waliin ani falmii hin danda'u. Ati silaa adiin gurraacha jettee nama amansiifta" jedhee qoosee haasaa xumurre.

Yeroo muraasa booda garuu OMN irratti dubbachuuf murteessuu isaan dhagaye. Erga af-gaaffii san kenneen booda na bira dhufee haala Oromoon keessa jiru obsuu dadhabee akka dubbate naaf hime. Sa'aa dheeraa kophaa haasofne. Doorsisa isarra gahu caalaa Oromoon kaleessa tokkuman sirna alagaa ofirraa kaasee har'a garuu qoqqoodamee wal waraanuun saba keenyaa akka isa gaddisiisu naaf hime. Hoggansa Oromootti heddu akka qaana'e dubbate.

"Ani baguman nama lubbuun jiru faarsee hin sirbin. Namni lubbuun jiru bara tokko si boonsee gaafa biraa si qaanessa. Namni du'e garuu seenaa gaarii hojjate xureessuuf carraa waan hin qabneef yoo faarsites risk (balaa) hin qabu." jedhe. Aarii keessaa isa baasuuf jecha "tole hin yaadin nama sirbituuf hin dhabdu. Dhihootti na ajjeesuu hin oolanii naaf sirbita" jechuun itti qoose. Inni ammoo "ati osoo duutee qaata duuta. Akka adurree lubbuu torba qabda. Daftee hin duutu, dulloomtee totorraata. Natu si dura du'a" naan jedhe.

"Lakkii anatu si dura du'a. Ormi na ajjeesuu baatuyyuu furdinni kun onnee na dhoosuu hin oolu" jedheen.

Nuhii akkanatti waliin qoosu obboleettiin tiyya tan teesse buna nuuf danfisaa turte "maal du'a walitti farrisuun kun?" jettee nutti dheekkamte. Nutis dheekkamsa isiitiin rifannee dubbii jijjiirre.

Haacaaluun na biraa deemuuf yoo ka'u haalli nageenya isaa waan na yaachiseef eegdota koo keessaa lama fudhatee akka deemu himeef. Sodaan koo isatu ajjeefama kan jedhu hin turre. Karaa irratti jeeqanii miira keessa seensisanii akka inni nama rukutu godhuun hidhu shakkii jedhun qaba ture. Kanaafin eegdota koo akka fudhatu barbaade. Eegdonni namoota isatti aggaammii godhan irratti tarkaanfii yoo fudhatanis hojii isaanii waan ta'eef dubbiin hin hammaattu. Haacaaluun garuu obboleessi isaa kan leenjii teekwaandoo barate isa waliin waan jiruuf rakkoo hin qabu jedhee dide. Gaafa san booda Haacaaluu ijaan wal hin argine. Guyyoota muraasa booda ni galaafatan.

Gaafa inni ajjeefame galgala san qondaalli mootummaa tokko bilbilee "Haacaaluun miidhameera jedhanii dhageessee?" jedhee na gaafate. Hedduun rifadhe. Akka waan cabbiin mataan natti jigfamee qaamni hundi na diilallaa'e. Rifaatuma san keessa "maal ta'e?" jedhee gaafannaan "namaatu rukute jedhanii adda hin baane. Intala takkatu bilbilee hiriyyaatti hime bakka jirus arguu hin dandeenye. Mee facebook irratti maxxansi Qeerroon haa barbaadanii" naan jedhe.

Dubbiin qondaala sanii daranuu na jeeqxe. "Namni rukutame poolisii malee Qeerroon akkamitti barbaadama? Bilbila harkaa qabuun gara GPS'tiin sakondii keessatti arguun osoo danda'amuu maalif Qeerrootti labsina" jedheen. Namichis "bilbilli isaa cufaa waan ta'eef gama GPS arguu hin dandeenye" jedhee cufe.

Erga ajjeefamuun Haacaaluu mirkanaayee reeffi hospitaala geeffamee booda ammas namni mootummaatti dhihaatu tokko naaf bilbilee "Haacaaluu kan ajjeese Shaneefi Wayyaaneedha" naan jedhe. An ammoo "yeroo gabaabaa hammanaa kanatti abbaa ajjeese beekuun akkamitti danda'ame? Namni rukute sun qabameeraa?" jedhee gaafannaan deebii naaf laachuu dhiisee caldhise. "Jarana osoo namni rukuteeyyuu qabameera ta'ee murna siyaasaa duuba jiru ragaan adda baasuuf yeroo fudhata. Poolisiin qorannoo sirnaan haa geggeessu. Ammaaf ragaa malee garee kamittuu quba qabuun walitti bu'iinsa hamaatti waan nu seensisuuf tilmaamaan dubbachuu irraa of qusachuun barbaachisaadha" jedheen.

Adeemsi qondaalonni mootummaa, ragaa tokko malee osoo reeffinuu hospiitaalatti hin qoratamin, ajjeechaa raaw'atame murnoota siyaasaatti maxxansuuf yaalan na yaachise. Wantin namtichirraa dhagaye battaluma sanitti facebook maxxanfamee arge. Oromoo jidduuttis, saboota biroo waliinis walitti bu'iinsa uumuuf akka yaadan waaniin shakkeef Qeerroowwan biyya keessaafi hayyoota biyya alaa muraasa qunnamuun shirri ummata gosaafi sabaan walitti naquuf godhamu jiraachuu waan maluuf dammaqinaan hordofuun fashalsuu akka qabnu itti hime.

Toora halkan walakkaa qondaalli biraa bilbiluun haala sirna awwaalchaa irratti yoo dubbannu mootummaan geggeessaa gootaan malu gochuuf koree akka dhaabeefi Finfinneetti akka awwaaluuf murteessan naaf hime. Garuu ammoo ganama barii yeroon televiziyoona banu faallaa waan qondaaltichi naaf himeetu raaw'atamaa ture. Reeffi hospitaalaa baafamee ummanni qabatee gara Amboo yoo deeman arge.

Mootummaan sirna awwaalchaa gootaan malu (state funeral) godhaaf jedhee ture amma akkamiin yaada san jijjiire? Dabalataan ammoo haala ajjeechaa isaa baruuf qorannoon reeffa irratti godhamu (autopsy) sa'aa muraasa kanatti akkamiin xumuramee awwaalaaf qophaayame? Gaaffiileen jedhan mataa na weeraran. Bilbila kaaseen qondaala galgala mootummaan akka awwaalu naaf himetti bilbile. Innis mootummaan yaada awwaalcha sadarkaa biyyaa (state funeral) Finfinneetti awwaaluu akka jijjiireefi Ambootti akka awwaalamu murteessuu naaf hime. Sababa gaafannaan "an hin beeku" jedhe. Qondaalonni reeffa qabatanii gara Amboo deeman eenyu faa akka ta'an gaafannaanis "namuu hin jiru ummatumatu fudhatee deemaa jira" naan jedhe.

Yeroo kana mataan na boba'uu eegale. Nama akka Haacaaluu ija Oromoo ta'e, guddaa sabaafi biyyaaf gumaacha ol'aanaa godhe akkuma kanaan reeffi gatamaa? Jedheen hedduu aare, nan gubadhe. Galgala ijoollee eegdota koo waliin yoo haasofnu ani hospitaala reeffi jirus ta'ee sirna awwaalchaas dhaquun balaa qaba jedhanii waan na kadhataniif, akkan hin deemne, waliigaleen ture. Garuu wantin qondaalticha irraa dhagaye na maraache. Dhiiga na danfise. "Osoo kan du'e ana taatee reeffa kiyya haalli kun mudatee Haacaaluun mana taa'ee laalaa?" jedheen of gaafadhe. Deebiin sammuun koo naaf laates, Haacaaluun, ana dhiisii qondaalonni mootummaa awwaala isaa xiqqeessan sunuu osoo du'anii, osoo dhibamee sireerra ciiseeyyuu hin hafu. Wasaasaanis taatu baadhatamee, nu hunda yaamee kakaasee nu geessa malee" kan jedhu ture. Kanaafuu anis sirna awwaalcha isaa irratti argamuun qaba jedheen murteesse.

Prof. Mararaa, Obbo Baqqalaafi kanneen biroof bilbileen haa deemnu jedheen. Hundinuu tole ni deemna jedhan. Garuu ani akkan hin deemne Prof. Mararaan natti waywaatan. Yoo xiqqaate geggeesseen deebi'a jedheenii waliif galle. Eegdonni koo kanuma halkan yeroo mari'annu ani awwaala akkan hin dhaqne waliigalle qofa quba qabu ture. Yeroo ani deemuuf murteessuu kiyya dhagayan rifatanii dhufanii balbala natti cufan. Na dhoorguufis lafatti na qabuu yaalan. Meeshaa mana keessaa caccabseen ka'ee humnaan bahe. Yeroon gadi ba'u abbootii qabeenyaafi jaarsotan arge. Na waliin dhufanii akka hin miidhamneef waajjira manaa qabutti isin dubbisuu fedha jedhee yeroo isaan seenan duubaan bahee konkolaataa seenee jalaa deeme.

Yeroo nuti geenyu reeffi sa'aa tokko dura bahus hospitaalicha irra kiiloomeetiruma tokkos hin deemne. Ummanni akka malee guutee sochii dhoorgeera. Sanirraan Finfinneetti malee Ambootti geessitanii hin awwaaltan jechuun mormiidhaan sochii konkolaataa reeffaa ugguraa turan. Nuti konkolaataa hedduu qabannee waan turreef wallisaa Galaanaa Gaaromsaa dhufee karaa bansiisaa saffisaan deemuun akka gargaarru nu gaafate. Reeffi silaa konkolaataa firiija qabu kan qabbaneessuun fe'amuu osoo maluu konkolaataa idileetiin fe'amee waan jiruuf adada aduun oowwituun baduu mala jedhe. Nutis konkolaattota qabnuun konkolaataa reeffa fe'ee jiru san duraa duubaan marsinee socho'uu eegalle. Garuu ummanni mormii godhaa waan tureef saffisaan deemuu hin dandeenye. Yeroo nu ugguran konkolaataa keessaa bahaa kadhachaa deemaa turre. Adaduma magaalaa keessa bahaa deemnuun sochiin daran rakkisaa ta'e.

Burraayyuu yoo dabruuf kaanu ummanni kallattii Amboorraa dhufu konkolaataa gurguddaa (sinootiraakiin) karaa nutti cufuu eegale. Gurbaan tokko albee baasee mormatti of qabee "yookiin ofin qalaa yookin reeffa deebisaa" naan jedhe. Kadheen qabbaneesse. Karaa qaxxaamuraa tokkorratti Sinootiraakiin heddu daandii cufee waan jiruuf dabruu akka hin dandeenye agarraan Galaanaan Shimallis Abdiisaaf bilbile. Innis "erga isin dabarsuu didan Poolisiin isiniif ergamaa of duuba deebi'aa" jedhe. Nus of duuba deebinee waajjira magaalaa Burraayyuu keessatti buufata Poolisii xiqqaa tokko bira dhaabbanne.

Garuu poolisiin isiniif dhufa jedhame hin dhufne. Adaduma achi turruun lakkoofsi namaa dabalee balaan hamaan uumamuuf carraa bal'isaa deemuu argine. Bakkis magaalaa jidduu waan tureef walitti bu'iinsatu uumama jennee sodaanne. Kanarraa ka'uun Galaanaan ammas Taakkalaa Uumaaf (Kantiibaa Magaalaa Finfinnee yeroo sanii) bilbilee maal akka goonu gaafate. Shimallis waliin akka haasayanii jiraniif gara magaalaa Finfinnee akka deebisnu nutti hime.

Bakka geessinu irratti filannoo sadiitu ture. Tokko waajjira Kantiibaati. Lammaffaan Istaadiyeemiidha. Kan sadaffaa ammoo Galma Aadaa Oromooti. Galmi Aadaa Oromoo Poolisii Oromiyaatiin waan eegamuuf rakkoo hir'isuuf achi wayya jennee waliif galle. Burraayyuu irraa kaanee karaa dhagaafi goommaan cufe of jalaa banaa saffisaan ummata miilaan nubira ture harkaa baanee gara Galma Aadaa Oromoo qajeelle. Yeroo kana bakka geenye mara qondaalota mootummaa bilbilaan beeksisaa deemaa turre.

Balbala mooraa Galma Aadaa Oromoo yoo geenyu poolisiin seensisuu nu dhoorgan. Qawwee nutti nyaachifatan. Qondaalonni mootummaa akka nuti dhufaa jirru itti hin himne ture. Eegdota keenyaan wal dura dhaabbatan. Taakkalaaf bilbileen bilbila ajajaa achi jirutti kennee erga dubbisee booda nu seensisan. Yeroo gabaabaa booda Taakkalaan dhufe. Komishiinar Dachaasaa Bitimaas itti aansee dhufe. Waan itti aansee ta'uu malurratti yeroo mari'annu "ummanni karaa cufee waan jiruuf har'a reeffa Amboo geessuun waan danda'amuu miti. Har'aaf asuma bulchaa sirna geggeessaa qopheesaatii boruuf iftaan erga ummanni xinnoo qabbanaayee awwaaluu wayya" jennaan tole jedhan.

Aduun hoo'ee waan jiruuf reeffi akka hin miidhamne konkolaata firiija qabu akka fidan Taakkalaan waliif galle. Yeroo kanatti Taakkalaadhaaf bilbilli wahii bilbilameefii fuulli isaa rifaatuun garmalee yoo jijjiiramun arge. Anaafis qondaalli tokko dhaamsa naaf ergeen dubbiin Taakkalaa naasifte maal ta'uu akka dandeessu tilmaameera. "Beenu konkolaataa kootiin deemnee firiija fidnaa" naan jedhe. Ana mooraa sanii baasee lubbuu koo baraaruuf akka ta'e naaf gale. Waliin bahuun anas isas akka gaaga'u waanin shakkeef, "lakki atummaan deemii fidi" jedheen.

Taakkalaan bahee daqiiqaa muraasa keessatti loltoonni Raayyaan Ittisa Biyyaa dhufan. Reeffa fidaa nuun jedhan. "Kunoo fudhadhaan" jedheen. Lafarra taa'een ture. Haalli isaan eeganii/dhagahanii dhufaniif wanti ijaan argan adda jalaa ta'uun fuularraa beeksisa ture. Reeffa kennuu waan didnu se'aniiru. Ajajaan achi jiru raadiyoo harkaa qabuun afaan Amaaraatiin 'akka jedhame sanii miti' yoo jedhu nan dhagaya.

Ajajaa harkaan ofitti waamee "maali rakkootu jira moo?" jedhee yoon gaafadhu, "qondaalonni mootummaa uggurtan eessa" jedhee na gaafate. Anis "lakkii qondaalli nuti uggurre hin jiru. Kantiibaa Taakkalaatu as ture innis kunoo reefu bahe" jedheen. Ammas fuula isaa irraa dubbiin galuufii dhabuutu mul'ata. Deemee raadiyoon dubbatee as deebi'e. Yeroo kana poolisiin Oromiyaa humna addaa dabalataa dhufee raayyaa marse. Haalli jiru hammaataa ta'e.

Humna hidhate sadiitu wal dura dhaabbate. Raayyaa Ittisa Biyyaa, Poolisiifi eegdota keenya. Tasa wal rukutuu danda'u. Dildila baaburri irra deemu kan bakka nuti jirruun gamaa irra loltoonni sniper hidhatanii nurratti garagalfatanii akka jiran eegdota koo keessaa tokko gurratti na hasaase. Kanaaf ajajaa RIB san yaamee "waldura dhaabbannaan kun hamaadha. Tasa rasaasni tokko dhukaanaan nuti hundi dhumuu keenya. Kanaafuu ati loltoota kee baasi. Anis joollee na eegan nan hiikkachiisa. San booda Poolisiin Oromiyaa akka haala to'atu goona" jedheen. Innis tole jedhee deemee raadiyoon dubbatee humna isaa nu biraa fageesse. Poolisiin Oromiyaa marsee nu eeguu eegale.

Yeroo kana ajajaan Poolisii Oromiyaa tokko dhufee "qabaa nuun jedhanii jiru" jedhe. Rakkoo hin qabu as siqi ni haasofnaa jedheenii osoo inni sossodaatuu harkisee konkolaataa koo keessa seensise. "Ijoollee na eegdu naatu hiikkachiisaa hin yaaddayin" Ati tasgabbaahii poolisii tasgabbeessi" jedheen. Achumatti Geetuu Tarrafaa kan eegdota koo hoogganu yaamee akka meeshaa hidhatee jiru qondaalticha poolisii sanitti kennu taasise. Innis miiraan booyaa itti kenne. "Ijoollee biroos meeshaa irra fuudhii poolisitti kenni" jedheen.

San booda qondaala poolisii san waliin anaafi Baqqalaan konkolaataa koon gara waajjira ODP mooruma san keessatti argamuu qajeelle. Hamzaan kan silaa Qeerroowwan nu wajjiin turan bira jiru "Baqqalaafi Jawar biraa nan hambisinaa" jedhee dhufee nutti dabalame. Baqqalaan hidhamuu keenya amannee akka fudhannuufi qalbiin akka qophoofnuuf, muuxannoo isaarraa gahee mana hidhaa keessatti maal akka nu mudachuu malu nu gorsuu eegale. Bakkuma nu geessan san sa'aa sadii oliif turree gara galgalaa poolisiin federaalaa dhufe. Poolisiin Oromiyaa dabarsanii nu laachuu irratti mamii agarsiifnaan tasgabbeessinee konkolaataa poolisii federaalaa seenne.

10.2. Hidhaa

Yeroo Galma Aadaa Oromoo irraa fuudhamnee waajjira poolisii Finfinnee 3ffaa jedhamu (kan mana hidhaa Ma'akalaawii duraanii cinaatti argamu) nu geessan hojjataan achii hundi gadi bahee dhufaatii keenya eegaa jira. Kan gaddeefi gammade fuularraa beeksisa. Seennee galmoofnee, ogeessi fayyaa umriin gameessa ta'e kan qorannoo fayyaa (health checkup) naaf godhaa ture fuulaan narraa garagalee imimmaan haqate. Harkaan dugda tuqee "abshiir!" jechuun na jajjabeessuu yaale. "Ijaan si arguun hawwii koo guddaa ture. Haala kanaan si arga jedhee takkaa yaadee hin beeku" jedhe. "Qabsoomatu kana qaba hin gaddin" jedheenii biraa bahe. San booda anaafi Baqqalaa fuudhanii kutaa tokko keessa galchanii firaasha xinnoo takkaafi kumbula (baanaa) nuuf galchanii alaan nutti cufan.

Baay'ee dadhabee waanin tureef, hooggasuma hirribni naan kute. Halkan walakkaa dhufanii balbala yoo banan iyyeensi saanqaa na dammaqse. Balbaltis saanqaanis sibiilarraa waan tolfameef yeroo banamuufi cufamu iyyi isaa gurra nama duucha. Jiruu mana hidhaa keessaa wanti hamaan tokko osoo hirriba keessa jirtuu hulaan yoo banamu jeequmsa sammuu uumamu akka ta'e namni hidhame hundi irratti waliigala natti fakkaata. Balbala bananii fincaaniif nu baasanii hoggaa deebinu kutaa adda addaa nu galchan. Ammas hirribatti waanin deebi'eef, ganama balbala tumanii na kaasanii mana fincaanii na geessanii deebisanii natti cufan.

Kutaan keessa jiru kaameeraa qaba. Akka dalagu baruuf jecha shakakkee (dhagaa xiqqaa) tokkoon gidaara irrattin waa barreesse. Poolisoonni dhufanii akkan hin katabne natti himan. Kanumaan kaameraan akka hojjatus mirkaneeffadhe. Itti aansee sagaleen akka hojjatu laaluuf poolisii yaame. Homaa hin dhufne. Gara kaameraa garagalee harkaan yaame. Ni dhufan. Kanaanis sagaleen hojjatuufi dhiisuu isaa adda baafadhe.

Ganamuma duraa daabboofi shaayii yoo naaf fidan nyaachuu dide. Baqqalaan "summiin si miidhuu waan malaniif nyaata sitti fidan hin nyaatin, bishaanis hin dhugin" jechuun galgala yeroo waliin turre na gorsee ture. Anis nageenya kiyyaaf akkan shakku himuun nyaata poolisoonni fidan didnaan mari'atanii maatiin waaree booda akka nyaata nuuf fidu godhan. Garuu maatii alatti hanbisanii nyaata qofa fidnaan "nama fide ijaan argee harkaan irraa fuudhu malee hin nyaadhu" jedhe. Kana kanin godhe shakkii nyaataa qofaaf osoo hin ta'in lubbuun jiraachuu kiyya maatiin arguun akka tasgabbaayuufi. Poolisoonnis maatiin akka nyaata natti kennu hayyaman. Garuu fageenyarra dhaabuun akka waliin hin haasofne nu dhoorkan.

Guyyaa sadaffaa fuudhanii mana murtii nu geessan. Waanin shakkameen qorattoonni mana murtiitti yoo himan, "reeffa Haacaaluu humnaan deebisuufi du'a poolisii tokkooti" jedha. Poolisiin galma aadaa Oromootti du'uu yeroo duraatiif dhagahuu kiyya waan tureef, reeffaa Haacaaluu waliigaltee qondaalota mootummaan deebisuun kiyya dhugaa ta'us, du'a poolisii akkan quba hin qabne abbaa murtiif hime. Ergan mana hidhaatii deebi'ee booda eegdota koo qaawwa balbalaatiin gaafannaan gurbaan Poolisii Oromiyaa tokko rasaasuma poolisoota keessaa dhukaafameen du'uu naaf mirkaneessan.

Manni Murtii qorannoo geggeessuuf beellama guyyaa kudha afurii poolisiin gaafate haffameefi erga baaneen booda manakoo sakatta'uuf naan deeman. Komaandowwan koofiyyaa diimaa ufftan konkolaattota rasaasni hin urre hedduun fe'amanii na marsanii safisaan yoo ori'an, hidhamaa tokko magaalaa keessa kan deemaniin osoo hin taane, waan gara dirree waraanaa duulaa jiran fakkaata.

Mana koo yoo geenyu kutaa manaa hunda keessa deddeemanii sa'aa dheeraaf sakatta'anii waraqaalee, kompiitaraafi bilbiloota argan mara guurratan. "Doolaarri eessa jira" jechuun na gaafannaan, "ani hin qabu yoo argattan barbaadadhaa" jedhee itti qoose. Barbaadanii doolara abbaa xinnoo wahii kiisha ijoollee Ameerikaa dhuftee na bira turtee keessaa argatan. "Kana qofaa mitii barbaadaa" waliin jedhanii kutaa hunda findiganii dhaban.

Yeroo bahuuf deemnu kaaznaa kutaa ciisichaa kiyya ture tokko maatiin shakkiin baasanii qoraan irra tuulaniii dhoksanii turan jarri poolisii arge.

Yeroo kana poolisoonniifi basaastonni akka waan guddaa argatan itti fakkaatee gammadan. Anis akkan waan rifadhee itti fakkeesse. Furtuun waan hin argaminiif anis koodii osoon beeku akkan hin beekne itti himnaan fe'anii gara waajjira poolisii deemne.

Achitti miidiyaalee hedduufi namoota ragaa ta'an yaammatanii nama kaaznaa banu fidanii cabsuu eegalan. Yeroo gurbaan kaaznaa cabsuuf rukutuu jalqabu ani gara duubaatti siqnaan namuu rifatee duubatti girrise. An kolfinaan qoosaa ta'uu beekanii dhaabbatan. Yaalii hedduu booda kaaznaan cabee yoo banamu waraqaaleefi qarshii Itoophiyaa xiqqootu keessa ture.

Qorataan achi ture waan hin amaniinii tarii bakki dhoksaa yoo jiraate barbaadaa jedhee kaaznaa san bakka hedduutti caccabsan. Garuu homaa hin arganne. San booda guyyoota lamaaf manatti na deddeebisanii sakatta'an. Anteenaa mana gubbaa jiru arginaan "saatalaayitiin kanaa?" jedhanii na gaafatan. Jalaan callise. Waan ani haale se'anii meeshaa san fuudhanii galgala televiziyoona gubbaatti "mana Jawaarii saatalaayitiin qabame" jedhanii gabaasuu isaanii dhagaye. Garuu meeshaan isaan argatan raabsituu intarneetii (WiFi amplifier) ture. Manni keessa gallu abba darbii afurii waan tureef, humna tamsaasa intarneetii idileetiin waan wal hin geenyeef humna dabaluun kutaalee hunda akka walgahuuf meeshaa galchine ture.

Tibba waajjira poolisii magaalaa Finfinnee turretti namoonni hedduun qabamanii dhufaa turan. Namoota siyaasaa keessaa Iskindir Naggaa, Yiliqaal Geetinnatfi kanneen biroos erga nu hidhamnee booda qabamanii dhufan. Iskindir nuti hidhamnee guyyoota muraasa booda qabamee kutaa na cinaa jiru galchan. Qondaalli tikaa tokko dhufee waajjira qorannootti na yaamsisee "eenyu hidhamee eenyu hafa" jechuun, hidhamuu kiyyatti warri Inskindir waan gammadaniif isas akka hidhan naaf hime. Ani garuu "naaf jecha hiitan taanaan maaloo gadi lakkisaa. Inumaatuu namoonni akka Iskindirfi Baqqalaa Garbaa yerpop mootummaa dabreetis waggoota hedduuf hidhaatti dararamaa waan turaniif, maaloo namoota akka kiyya haara taane hambisaati jara gadi lakkisaa" jedheen. Namichis dubbii hin eegin waan narraa dhagayeef dallanee kutaan itti hidhametti akka na deebisan ajaje.

Boontuu Baqqalaa Garbaafi Caaltuu Taakkalaa kutaa nuun gamaa tokko keessatti hidhamanii turan. Caaltuu Taakkalaa bara Wayyaanee waggoota hedduuf hidhaa turtee yeroo jijjiramni dhufe baate. Gaafa nu waliin hidhamtu kana reefu deesse sireerraa kaasanii daa'ima kichuun adda baasanii fidan. Harmi guutee rakkisee mooraa keessa deddeemaa ishii jirtu argeen hedduu gadde. Ishiin garuu haaratti hidhamuu ofii osoo hin taane koogaruu ana jajjabeessiti ture.

Ajjeechaa Haacaaluu irrattis qorannoon geggeeffamaa waan tureef, warra shakkamaa jedhamee qabameefi qorattoota irraa odeeffannoo argachaan ture. Guyyoota muraasa keessatti wanti ifa naaf ta'e qaama Haacaaluu ajjeese barbaadanii qabuu mannaa, dhoksuuf yaala akka turaniidha. Dhugaa Haacaaluu qorannoo sirnaatiin baasuurra, mormitoota yakkuun faayidaa siyaasaa argachuu irratti xiyyeeffatanii turan.

Fakkeenyaaf qondaalonni federaalaa gurguddoon mana hidhaa san dhufuun namoota Haacaaluu ajjeesan jedhamanii qabaman yaamsisanii ajjeechaa san kan ajaje ana (Jawaar Mahaammad), Kol. Gammachuu Ayyaanaafi Baqqalaa Garbaa fa'a akka taane akka dubbataniif faayidaa garagaraa waadaa galuun amansiisuf yaalaa turan. Faayidaadhaan sossobamuu warra dide ammoo hiraarfama (torture) hamaa irraan gahaa turan. Dhugaa awwaaluufi yakkicha nurratti maxxansuuf jecha poolisoota haqaan dhimmicha qorachuu barbaadanis qorannoo san irraa kaasanii bakka birootti ramadaa turan. Qorattoonni hidhamanis turaniiru. Odeeffannoon arganne akka agarsiisutti, reeffa Haacaaluu irratti qorannoon (forensic/autopsy) sirnaatuu hin godhamne. Kanarraa ka'uun Haacaaluu abbaa ajjeese beekuu baadhus, dhugaan isaa akka hin baane qaamoleen mootummaa ol'aanoon dhoksuudhaaf yaalii guddaa gochaa turuu isaanii sirrittin beeka.

Torbaan tokko booda koomishiinii poolisii Finfinnee irraa fuudhamnee gara waajjira poolisii federaalaa geeffamne. Namootni yeroos na waliin turan Baqqalaa, Hamzaafi Shamsaddiin Xaahaati. Bakki sun duraan waajjira Ministeera Dhimma Federaalaa kan Abbaay Tsahaayyee hoogganaa tureedha. Reefu poolisiin federaalaa fudhate. Achitti hidhamuuf nuti warra jalqabaa turre.

Guyyaa duraa anaafi Baqqalaa kutaa tokko nu galchanii gaafa itti aanu garuu gargar nu baasan. Manni sun waajjira duuba gadi siqee lafa jala (basement) waan ta'eef akka malee diilallaa'a ture.

Guyyaatti yeroo lama fincaaniif akkasumas daqiiqaa soddomaaf (ganama 15, waaree booda 15) aduu akka qaammannuuf gad nu baasu. Ganna waan tureef yeroo hedduu aduu hin argannu waan ta'eef mooruma keessa miilumaan deddeemnee galla. Sanuu yeroo garagaraatti malee al tokkotti gad nun baasan ture. Kunis hogguu walgarru odeeffannoo akka wal hin jijjiirre danquufi dhiibbaa xiin-sammuu nurratti uumuuf akka isaaniif toluuf fakkaata. Warri nutti dhihaatee balbala nurraa banuufi mana fincaanii nu geessu namoota Afaan Oromoo hin beekne turan. Poolisoonni Afaan Oromoo dubbatan qawwee qabatanii nurraa fagaatanii waardiyyaa eegu ture.

Yeroo dura dhaqnu warri poolisii baay'ee akka nu sodaatan gariin ammoo akka nu jibban fuularraa mul'ata ture. Manuma fincaanituu yoo nu geessan qawwee nyaachifatanii namoota hedduun nu marsaaniiti ture. Ganama subii bishaan diilallaa'aa barmeela keessa bulan qaama dhiqanna ture. Poolisoonni ijaan nu arguun dirqama waan tureef, balabala banaa godhanii qawwee qabatanii nu bira dhaabbatu. Gaafa tokko poolisoota dubartootaa ramadanii nu bira dhaabbachuun dirqama waan ta'eef, lafa ilaa isaanii jiran argee, ajajaa isaanii dubbisee ramaddiin akkasii dubartootrraa akka hafu amansiise.

Poolisoonni adaduma bubbulluun nutti dhihaachaa nu baranii akkuma maatii walii taane. Icciitiin sodaafi jibba poolisootaa jijjiiruun firoomfachuu inni guddaan jaras ofis kabajuudha. Iddoo sanitti aangoo guutuu kan qabu poolisii sani. Kanaafuu taayitaa kana akka kabajju agarsiisuun barbaachisaadha. Keessattuu nama beekamaa yoo taate nu tuffata jedhanii dursanii waan yaadaniif olaantummaafi aangoo ofii sirratti mirkaneessuu barbaadu. Kanaafuu namummaafi ogummaa isaaniitiif kabaja agarsiisuun akka ilaalcha isaanii laaffisaniifi ofitti amanamummaa horatan godhuun barbaachisaadha. Poolisiin ofitti amanu ammoo si amana. Yeroo ati kabajje inninis si kabaja.

Namoonni heddu yeroo qabaman, keessattuu hidhamtoonni siyaasaa, aariidhaan mana hidhaa seenu. Kanaafuu dallansuu san poolisii irratti baafatu. Keessattuu hidhamaan siyaasaa wanti beekuu qabu, poolisiin mana hidhaa eegu hidhamuu kee keessaa harka akka hin qabneedha. Qaamuma mootummaa waan ta'eef qofa ija diinaatiin ilaaluun dogongora. Turtii mana hidhaa san si'iifi poolisii saniifis hamaa godha. Poolisoota keessaa muraasni amala dhuunfaa gadhee yookiin ammoo loogii siyaasaatiin kaka'uun hidhamaa dararuu akka danda'an waan haalamu miti. Kanaafuu akkuma aangoo poolisii kabajuun barbaachisu mirga namummaa kees kabachiisuu qabda. Gochaafi jecha hin taaneen sitti dhufnaan naamusaafi ejjannoo cimaan diduun dirqama. Seerotaafi dambiilee bulchiinsa mana hidhaa qu'achuun yeroo poolisiin mirga kee dhiibe tasgabbiin falmachuu barbaachisa. Baqqalaa Garbaa san dura marsaa hedduuf bakka garagaraatti hidhamee waan tureef, akkaataa poolisoota itti qabnu irratti barnoota guddaa nuuf kennaa ture. Nus gorsa isaa hordofuun turtii mana hidhaa poolisii federaalaa laaffifanne.

Akka dura hidhamneen namaan wal arguun rakkisaa ture. Maatiin nyaataafi uffata nuuf fidan meetira shantamaa ol nurraa fagaatanii dhaabbataa turan. Gaafa tokko haati tiyya na gaafachuuf dhuftee yoon gadi bahu rooba keessa fagaattee dhaabbatti. Roobni itti bu'a. Laaluu hin dandeenye. Akka malee dallanee osoo hin dubbisin kutaa hidhaatti deebi'e. Kana booda maatii hin dubbisu jedhee poolisiitti hime. Bulchiinsi mana hidhaa poolisii federaalaas qondaalota ol'aanoon mari'atee bakki maatii itti dubbifnu akka tolfamu godhamee meetira lama walirraa fagaannee waliin dubbachuu dandeenye. Akkasis ta'ee miseensota maatii sadihii qofa galmeessuun dubbifna ture.

Uggura kana irra aanuun namoota fira hin taane arguuf osoo mala barbaannuu, akka heera mootummaatti hidhamaan tokko qaamota sadihiin gaafatamuun mirga akka ta'e barre. Isaanis, abukaatoo, ogeessa fayyaa fi abbaa amantiiti. Qaamota sadeen keeessaa abukaatoon dhufaa ture. Dura isaanis akka kophaa nu hin agarreef poolisiin nubira dhaabbata ture. Kun ammoo mirga heera mootummaa shakkamaan/ himatamaan tokko mirga abukaatoo isaa bifa icciitiin eeggameen dubbisuu qaba jedhu faallessa. Kanaafuu mana murtiitti iyyannee kophaa akka dubbifnu nuuf hayyamame. Yeroo kana poolisii nurraa siqsanii kaameeraan nu hordofuu eegalan. Kanas mana murtiitti iyyannee kaasan. Ogeessota fayyaas bifuma walfakkaatuun falmanne Dr. Ilillii Jamaal haakimoota biroo qindeessitee nu wal'aanuu eegalan.

Itti aansee abbootii amantii argachuuf hayyamsiifne. Jalqaba Sheek Hajjii Ibraahimfi Luba Balaay Makoonnin yaamsise. Jara lamaan kanin yaamsise dhuguma tajaajila amantii barbaadee osoo hin taane, yeroo sanitti ummata keenya amantiin walitti buusuuf akka malee yaalamaa waan tureef balaa san hanqisuuf akka carraaqan itti dhaamuuf ture. Ergan biyyatti galee kaasee, Sheek Hajjiifi Luba Balaay waliin bakkoota walitti bu'iinsi amantii jiru heddu dhaqnee qabbaneessaan ture. Jarri lamaannuu tokkummaaf nagaya amantiilee jidduu cimsanii itti amanu, hojjachaas turan.

Bara 2014 yeroon pireezidaantii OSA turetti, Luba Balaay Ameerikaatti affeeruun qabsoo amantoonni Ortoodoksii Afaan Oromootiin tajaajilamuuf taasisaa jiran irratti hawaasa diyaaspooraa akka hubachiisan haala mijeessinee turre. Sanii as dhimmoota heddu irratti waliin hojjanne. Qabsoo Qeerroo keessattis shoora ammaaf himamuun hin danda'amne heddu taphatan.

Sheek Hajjii baran Asallaatti barachaa ture irraa kaaseen isaan beeka. Masjiida keessatti iddoo barattoonni sanbattan lamaan itti qu'achiifaman (tutorial) mijeessuun barsiisota jajjaboo mindeessanii barattoota ciccimoo manneen barnootaa naannawa sanirraa filanii barsiisuu keessatti gargaarsa guddaa godhaa turan. Sagantaan kun barattoota Muslimaa gargaaruuf kan yaadame ta'us, an barattoota amantaan Muslima hin taane fuudhee yoon geessuu na hin dhoorgan turan. Nus barumsa deeggarsaa /tutorial/ kennamaa turerraa baay'ee fayyadamne.

Maarree gaafan hidhame Sheek Hajjiifi Luba Balaay yaamuu kootti ajajaan poolisii achi jiru dhimma amantaatiif (spiritual) akkan hin yaamne shakke. "Akkamitti abbaa amantaa Islaamaafi Kiristaanaa qabaatta?" naan jedhe. Anis dafeetan "tokko anaafi kuun ammoo Baqqalaafi" jedheen. Poolisichis "Baqqalaan Pirootestaantiidha. Luba Balaay ammoo Ortoodoksiidha akkamiin ta'a?" jennaan yeroo kana "heerri mootummaa abbaa amantii yaammachuu dandeessu jedhe malee amantii kana yookin kaan hin jenne. Yoo seensisuu baatte mana murtiitti deebinee si himanna" jennaan "dhimma amantiif akka hin yaamne nan beeka. Garuu atakaaroo keessan dadhabee haa seenan" jedhee hayyame.

Guyyaa biraa ammoo Uztaaz Suufiyaan Usmaanfi Uztaaz Jamaal Aliyyii dhufan. Jarri lamaan dargaggeeyyiidha. Yoo ilaalan abbootii amantii hin fakkaatan. Poolisoonni jarri lamaan warra amantaa miti jedhanii waan shakkaniif seensisuu didan. Ajajaan natti dhufe. "Jawaar maaloo jarri kun akkamiin sheeka ta'u? Areeda hin qaban. Jalabiyaa hin uffanne. Kan biraa ha hafuu koofiyyaa xinnoo sanuu mataarra hin kaawwanne" naan jedhe.

Anilleen "abbaan amantii cufti dirqama areeda dheereffachuufi jalabiyaa uffachuu hin qabu. Abbootii amantii ta'uu mirkaneeffachuu yoo barbaadde waraqaa eenyummaa ilaaluu dandeessan" jedheen. Dhaqee laalee deebi'e. "Waraqaan abbaa amantii jedha. Garuu Qeerrowwan kee sheekkota fakkeessitee akka yaamten shakka. Ani ammaaf nin seensisa, garuu hadaraakee ergaa hamaa ergitee rakkoo keessa nan galchin" naan jedhe. Waadaa galeefii ol naaf galche.

Haala kanaan turtii mana hidhaa Poolisii Federaalaa ji'a sadihii keessatti, guyya guyyaan tooftaalee mana hidhaa itti dandamatan erga barannee booda, gara mana hidhaa federaalaa Qaallittii dabarfamne.

10.3. Qaallittii

Hanga ji'a sadihiitiif mana hidhaa poolisii federaalaa erga turree booda himanni nutti banamee gara mana hidhaa federaalaa Qaalittiitti dabarfamnee dhimma keenya akka hordofnu murtaa'e. Eegdota kiyyaafi Qeerroowwan nu waliin qabaman mooraa 8ffaa bakka qondaalonni tikaa mootummaa duraanii itti hidhaman geeffaman. Ani ammoo Baqqalaa, Hamzaafi Shamsuu waliin mooraa xiqqaa mana 6ffaa jedhamu keessa kophaa nu galchan. Anaafi Baqqalaa kutaa tokko, Hamzaafi Shamsuu ammoo kan biraa galchan. Yeroo poolisiin balbala banee ol seennu baballaan kutaa guutee nutti gadi yaa'e. Haxoofnee tolfanne. Waajjira poolisiitti lafa rafaa kan turre yoo ta'u, amma siree arganne. Manni fincaanis kuma bultii keessa waan jiruuf akka dur hanga poolisiin dhufee balbala banuu rakkachuun ni hafe.

Chaanalota mootummaafi kan dhunfaa muraas qabaatus, televiziyoonnis jira ture. Namoonni maqaan isaanii Taayyee ta'e lama yeroo hedu miidiyaan dhiyaachuun mormitoota abaaraa waan oolaniif, Faanaan Taayyee Danda'aa, Waltaan ammoo Taayyee Boggaalaa jennee moggaasne. Gaafuma dura seenne televiziyoona yoo bannuu beeksisi diraamaa tokko jidduun dhufe "Qaallittiin baranuma hidhamaa sirrii argatte" jedhe. Baqqaalaan "diraamaan kun kennaa addaa siif qophaayeedha" jechuun natti qoose. Gaafa biraa ammoo filmii biraa irratti "Baqqalaan afaan Ingilizii eessa fidee dubbata" kan jedhu waan agarreef Baqqeenis dabareen isaa geette.

Borumtaa isaa komishiinaroonni mana sirreessaa federaalaa dhufanii nu dubbisan. Nageenya keenyaaf baay'ee akka dhiphatan ibsuun waliif tumsinee turtii keenya akka gaarii goonu nutti dhaaman. Nutis kuni hojii isaanii ta'uu akka hubannuufi hidhamuu keenyaaf komii homaatu isaanirraa akka hin qabne ibsineef. Nuti seera mana hidhaa akka kabajnu waadaa galleefii mirga keenya tuquus akka hin sarmine itti himne. Rakkoon yoo nu mudate akka isaan yaamsifnu nutti himanii addaan baane.

Qaallittii erga geeffamneen booda ummanni akka fedhetti nu gaafachuu danda'e. Manni Murtii nyaanni maatiirraa akka galuuf jedhee waan ajajeef guyyaa hunda ganamaafi galgala ummanni dhufee nu gaafata ture. Jalqabarra maatiifi namoota nyaata qabatan qofa yoo jedhan, dhawaataan poolisootaan waliif gallee namni kamiyyuu dhufee akka nu dubbisu hayyaman. Namoonni hedduun lafa fagoo akka Arsii, Baalee, Harargee, Wallaggaa, Booranaa, Gujii, Walloofi kkf irraa ka'anii dhufanii nu gaafataa turan.

Haati Siiqqee takka Iluu Abbaaboor irraa miilaan deemtee dhuftee nu gaafatte. Manguddittiin takka ammoo Baalerraa harceefi dhadhaa qopheessanii dhufuun Adaamaa nama bira bulanii marqaa tolchanii ganama nuuf fidan. Baqqalaan kan haakimni akka dhadhaa hin nyaanne gorsee ture "marqa Baalerraa karaa kana hunda fidan diduu waaqni hin jaalatu" jechuun sababa tolfatee nu waliin nyaate. Hawwan heddu numa gaafachuuf jecha Dirree Dhawaa irraa xayyaara yaabbatanii dhufanii nu ilaalanii of duuba deebi'anii galu turan. Keessattuu warri Awwadaayiifi Shaashamannee tokko yoo xiqqaate ji'atti al tokko dhufan.

Warri Hasaasaa ji'a ji'aan awutoobisii lama guutanii dhufu. Gaafa warri Hasaasaa dhufu mallaqa wayyaa waan argannuuf, poolisoonni balbalarraa gaafa awutoobisiin dhufee dhaabbate mirqaana guddaan keessummoota tajaajilu. Gaafa tokko jaarsi ganna dhibbaa olii tokko Baalerraa nu gaafachuu dhufanii dhaabbatanii deemuu waan hin dandeenyeef poolisiin gamaa gamanaa ol fuudhanii galchan. Qarshii nuuf fidanii, itti tufanii, nu eebbisanii deeman. Qaama miidhamtoonnis wiilcheeriidhaan karaa caccabaafi rakkisaa mooraa mana hidhaa san keessa dabranii dhufaa turan. Intalti takka tan sammuun dhukkubsattuufi karaarra bultu guyyaa hunda dhuftee nu gaafatti ture.

Abbootiin qabeenyaa akka hin dhufne waan dhaamneef gara ilmaaniifi haawwan isaaniitiin maallaqa nuuf ergaa turan. Namni tokko qarshii dhibba sadii ol qabatee seenuun hin hayyamamu ture. Akkasumaahuu ta'ee guyyaatti mallaqa hedduu walitti qabaa turre. Mallaqa kanaan hidhamtoota siyaasaa manneen hidhaa garagaraa jiraniif uffata, qorichaafi sooratni akka bitamuuf ergina. Poolisoonni nu eegan mindaan isaanii xiqqaa waan tureef gaafa maatiin irraa dhukkubsateefi rakkoon biraa irra gahe kennaafii turre.

Toora jalqaba Qaallittii geeffamne yeroo yeroon tasa ganama subii dhufanii kutaa keenya sakatta'u ture. Karra namoonni nu gaafatuuf dhufaniin maashina akka dirree xayyaaraa galchuun sakattaa cimaa geggeessu. Mooraa keenya kaameraa galchanii nu to'atu. Kana hundaan homaa dhabnaan boodarra manni hidhaa amantaa guutuu nurratti horate. Gaafa ayyaana amantii maraa ummanni dhufee nu biratti kabaja. Keessafuu ayyaanota Iidaa, Cuuphaa, Irreechaafi Masqalaa nu biratti dabarsuuf namni heddummaachuu irraa kan ka'e manni hidhaa rakkataa ture. Barattootni gaafa eebba isaanii gawoonii (uffata eebbaa) akka uffataniin dhufanii nu gaafatu.

Guyyaa jimaataa nu martinuu jalaabiyaa (mudawwara) uffannee ummata simachaa turre. Gaafa tokko sheekonni gurguddoon dhufanii osoo nu dubbisaa jiranuu Baqqalaan mudawwara uffatee as bahee "Assalaam-Aleeykum" jedheen. Sheekkonni gammadanii isa dubbisanii dhufanii "Baqqalaa ni Islaamessitee?" naan jedhan. "Ittin jira xiqqumaatu naaf hafe" jechuun itti qoose. "Maaltu siif hafe?" jedhanii na gaafannaan, "Maashaa Allaah, Bismillaahfi Alhamdulillaah barsiiseen jira. Ashahadu qofa arrabni isaa qabachuu dide. Mee isin yaalaa" jechuun itti qoose. Sheekkonni dhugaa se'anii Baqqalaatti dhaqanii itti haasayuu eegalan. Booda waliin taanee akka qoosaa jiruufi namuu amantii akka hin jijjiirin, Baqqalaanis kan uffateef kabajuma ummata nu gaafatuufi tokkummaa keenya agarsiisuuf akka ta'e itti himne. Kana malees Baqqalaan ji'a ramadaanaas nu waliin soomanaa ture. Ayyaanni Qillee soomana keessa dhufnaan garuu guyyoota lama nu fursiise. Nus erga inni guyyaa diigdamii saddeet nuwaliin soomanee lamaan kana furree 'qadaa' kafalla jennee isa waliin nyaanne.

Ummanni Muslimaa nu gaafachuuf dhufu keessattuu Sheekonni seenaa Nabi Yuusuf kan bara dheeraa hidhamee bahe nuuf himuun abdii nutti horuuf yaalaa turan. Seenaa kana yeroo mara waan dhageenyuuf gaafuma namni sheekaa dhufe Baqqalaatti qajeelchina. Isaatu haasaya amantii sirritti danda'a. Namoonni biroo ammoo seenaa Neelsan Maandellaatiin nu jajjabeessuu yaalu. Yeroo kana nuti ammoo "waggaa diigdamii torba hidhamuu heddan jettanii nutti farriftanii?' jennee waliin qoosna turre. Akka waliigalaatti Oromoo qofa osoo hin taane sabaafi sablammiin hedduun nu gaafachuun nu booharsanii cinqiin mana hidhaa akka nutti hin dhagahamne nu jajjabeessaa turan. Kun ammoo ummata kanaaf aarsaa kamiyyuu osoo kafallee akka hin gaabbine naaf mirkaneesse.

Dargaggeeyyii ajjeechaa Haacaaluu booda hidhamanii dararaan hedduu irra gahaa ture, gaafa gadi lakkifaman Qaallittiitti dhufanii nu gaafatanii, WBO'tti makamuuf murteessuu nuuf himuun nagaa nutti dhaamanii deemu ture. Qeerroowwan kaleessa aarsaa guddaan jijjiirama fidan kun galanni isaan murna aangoo qabaterraa argatan hidhamanii reebicha hamaan dararamuu ture. Erga gadi lakkifamanii booda, yeroo qe'ee maatiitti galanis milishoonni gandaa dararaa itti hammeessuun jiraachuu dhoorkan.

Kanaaf "qe'eetti du'uurra qabsoof aarsaa ta'uu qabna" jedhanii akka murteeffatan nuuf himaa turan.

Gurbaan bara Wayyaanee keessa yeroo dheeraa hidhaa ture tokko, ajjeechaa Haacaaluu boodas hidhamee yoo bahu Qaallittii dhufe. "Jawaar ani amma hidhaa hifadheera. Kana booda dhiirti akka kiyyaa akka loonii gaafa barbaadde na hidhaa akka harree na reebuu hin hayyamu. Qabsoo nagaatti yoon amanes, kana caalaa obsuu hin danda'u. Marroo biran dhaqa." jedhee deeme. Haala kanarraa dirreen siyaasaa guutumatti cufamuufi hiraarfamni hammaachuun Qeerroo bosonatti galchaa akka jiru sirritti hubadhe.

10.4. Adeemsa Mana Murtii

Adeemsi mana murtii keenyaa jalqabarraa kaasee kan qoosaa ture. Gaafa nu qaban yakka qabatamaa waan nurratti dhabaniif mirga wabii nu dhoowwanii mana hidhaa nu tursiisuuf jecha ajjeechaa poolisicha Jiddu Gala Aadaa Oromootti du'eetiin nu yakkan. Beellama itti aanurratti namoota dhibba tokkoofi torbaatamii saddeet (178) ajjeechisiiftan jedhan. Gaafa biraa ammoo nama dhibba tokkoofi diigdamii saditti gadi buusan. Akkan dubbadhuuf dhaaddacha hayyamsiisee "namonni shantamii shanan tarii du'arraa ka'anii moo lakkoofsi warra ajjeefamee maalif hir'ate" jechuun gaafadhe. Abbaan murtii qorataa poolisii deebii akka kennuuf yennaa ajaju, lafa ilaalaa "hin beeku" jedhe. Kanaafuu jalqaburraahuu wanti ta'aa jiru diraamaa akka ta'e nu himatamtoota qofa osoo hin taane, poolisiin, abbaan alangaafi abbootiin murtiis ifaa ture. Hunduu diraamaa dharaa filannoo keessaa nu baasuuf dhandhaarame akka ta'e osoma beekuu hirmaataa ture.

Gaafan qabamerraa kaasee akka shakkamaa biraa qorannaan narratti hin geggeeffamne. Mana murtiifi miidiyaa irratti yakka kiyya dubbataa oolanis, namnummaan 'yakka kana hojjatte moo hin hojjanne?' naan jedhe hin turre. Gaafa tokko itti aanaan abbaa alangaa federaalaa Fiqaaduu Tsaggaa, qorattoota poolisii waliin ta'uun na yaamsisanii jecha narraa fuudhuu akka barbaadan naaf himan. Anis "yakka mana murtiitti miidiyaatti odeessitan kana akka an hin raawwatin ni beektu. Taateewwan waggoota lamaan dabran irraa akkan dubbadhu yoo feetan bakka abukaatoon kiyya jiraniif miidiyaan waraabamutti dubbachuuf qophiidha. Aangawoonni isinii olii kana godhuu yoo isiniif hayyaman haala mijeessaa natti deebi'aa" jedheen. Achumaan hafan. Baqqalaan jecha kennuuf hayyamamaa ta'ee gaaffii isaanii hunda deebisus, himataan wal hin qabsiifne. Kun kan agarsiisu waan ittiin nu yakkaniif deebiin keenya galmee keessa akka seenu akka hin barbaadiniidha.

Erga poolisiin qorannaa isaa akka fixe mana murtii beeksiseen himannaan nutti banamuu qaba ture. Abbaan alangaa garuu ragooleen isaa dhiibbaa himatamootatiin dhabamuu ykn ajjeefamuu waan malaniif, adeemsa qorannaa duraa (ትዕዉ ምርመራ) jedhamuun, jechi isaanii mana murtiin akka galmaayee taa'uuf barbaada jedhe. Eeenyummaan ragoota kanaas akka hin beekamneef, girdoo (maggaarajaa) duubaan dhokatanii akka ragan gaafate. Ragaan dhoksaa mirga heera mootummaa akka sarbu kaasuun falmannus, didanii itti fufan. Ragaaleen dhihaatan gariin kutaa biraa keessa taa'anii sagalee isaanii qofa dhageenya ture.

Kaawwan ammoo fuula haguuggatanii seenu. Ragaalee sobaa akka ta'an osuma beeynuu gaaffiilee qaxxaamuraa abukaatota waliin gaafachaa turre. Fakkeenyaaf, ragaalee san keessaa tokko "Jawaar Hospitaala Phaawuloos makiinaa Ayiriis jedhamuun seenee siidaa Minilik diigaa mootummaa fonqolchaa nuun jedhe" jechuun natti rage. Ani Hospitaala Phaawuloos jedhamu argeetuu hin beeku. Gaafa qabamnes erga reeffi Haacaaluu hospitaalaa bahee booda karaarratti dhaqqabne. Konkolaataa Ayiiris jedhamus maqaayyuu gaafuma sanin ragaa sanirraa dhagaye.

Ragaan biraa ammoo Burraayyutti akka nu argeefi achitti poolisii irratti dhukaasa akkan bansiise dubbate. Jechoota ragaa inni kenne keessaa kan koflaa muraasni kunooti.

Abukaattoo: "Atoo misikkir mee gaaf san maal agarte?"

Ragaa: "Jawaar konkolaataa gurraacha keessaa fooddaa banee Qeerroo maal addanaa eegdan qawwee poolisiirraa fudhaa jedhe."

Abukaattoo: "achi booda hoo maaltu ta'e?"

Ragaa: "Qeerroon poolisitti dhagaa darbuu eegale. Eegdotni Jawaar dhukaasa bananii waajjira bulchiinsaa rasaasa kudha sadiihin (13'n) dhayan."

Abukaattoo: "yeroo dhagaan darbamuufi rasaasni dhuka'u ati akkam taate?"
Ragaa: "nan kufe. Ummanni dhagaa darbatamuufi rasaasa dhuka'u dheefa walirra babahee na kuffise."

Abukaattoo: "Ati kuftee turte. Namni biraas sirratti kufee ture. Nama meeqa ta'a kan sirratti kufe?"

Ragaa: "Nama jaha ni ta'an."

Abukaattoo: "ati kuftee, namni jaha si gubbaatti kufee osoo jiruu akkamiin eenyu akka dhukaase, garam akka dhukaafameefi rasaasni kudha sadii waajjira akka rukute agarteree?"

Ragaa: "miila kiyyaatu kufe malee ijji koo hin kufne"

Abukaattoo: "Miilli kee ija kee dhaabbiitti dhiisee kufeeree?"

Ragaa: "Eeyyeen"

Yeroo kana abbaa seeraafi abbaa alangaa dabalatee namni mana murtii keessa jiru cufti kofle. Ragaalee kudha jaha lakkaawwatan keessaa hedduun gaaffii qaxxamuraatiin sobni itti barame. Poolisoonni galma aadaa turan kan akka nutti raganiif dhufan ammoo waan nu fayyadu dubbatan.

Abbaan alangaa adeemsi ragaa gara itti deemaa jiru hubachuun, jalqabarratti ragoota 16 qopheeffatus, sagal qofa dhiheesee kaawwan dhiise. Diraamaan qorannaa duraa jedhamus sunis akkanaan xumuramee himata nurratti banan.

Gaafa silaa borumtaa isaa himanni nurratti banamuuf deemu, abbaan alangaafi qorataan pooliisii dhufanii himatni akka banamu ajajamuu lafa laalaa naaf himan. Anis "kun murti siyaasaati. Isin na hidhuus, na gadi lakkisuufis aangoo hin qabdan. Hin saalfatinaa, inumaatuu hamma isinitti himanii olittuu guddisaa na himadhaa. Taayitaa isiniif dabaluu danda'u malee anarratti wanti dabalus hirdhatus hin jiru" jechuun qoosaan walitti makee itti hime. Isaanis "lakkii nutis ni rakkanne malee akka isin yakka hin dalagin ni beekna" jedhan. Anis "abshiir isin nan hiine. Himanni keessanis haguma filannoon darbuu na tursiisuuf malee akeeka biraa hin qabu. An isinirratti aara hin qabu. Isin dhiisi Abiyyi faa irraayyuu gadoo hin qabun" jedheen.

Galmeen ittiin himatamne maqaa kiyyaan waan banameef himatamaa tokkoffaan ana ture. Himatamtoota diigdamii afurtu (24) galmee tokkorratti himatame. Namoota dhuunfaa 23fi dhaabbata tokko (Oromia Media Network (OMN) ture. Anarratti himata afurtu dhihaatee ture. Shorarkeessummaa, yaalii fonqolcha mootummaa, qawwee seeraan alaa, akkasumas meeshaa sab-qunnamtii (communication) seeraan alaa qabachuu kan jedhan turan. Himata san keessa waan ajaa'ibaatu ture. Fakkeenyaaf meeshaa waraanaa seeraan alaa kan jedhame, kanin poolisii federaalaa irraa maallaqaan bitadhee hayyamas isaanummaan naaf laatan ture. Akkasumas wantoota shororkeessummaan na himachiisan keessaa tokko namoota kudha lama leenjii loltummaa haa argataniif karaa Wacaaleetiin (Somaliland) gara Masrii (Egypt) erge kan jedhuudha. Mee waraana leenjisuuf erge haa jennu. Kallattiifi dhihoo tan taate karaa Suudaan erguu osoon danda'uu karaa faallaafi fagoo Wacaalee maafin erga? Kun ammoo warri himata san barreessu xiqqomallee dhugaa fakkeessuuf akka hin yaadin agarsiisa.

Himatni qaanessaan phaaphaasota amantii Ortoodoksii shan ajjeesuuf ajaja kennite kan jedhu ture. Phaaphaasota shan jechuu malee maqaan isaanii waan hin himiniif, poolisiin eenyummaa isaanii akka ibsu mana murtiitti yoo gaafannu, 'hin beeku, galmee keessa hin jiru" jechuun deebii kenne. Kunis akeekni himata kana dabalaniif ololaaf qofa waan ta'eef, bifa mana murtii amansiisuu danda'uun qindeessuuf xiyyeeffannaan akka itti hin kennamin agarsiisa. Qondaalonni himatni bifa kanaa akka dhihaatu godhan takkaahuu shira hamaa yaadan yookiin ammoo rakkoo seenessi (narrative) akkanaa gara fuulduraa fiduu malu waan itti yaadan natti hin fakkaatu.

Olola murnoonniifi miidiyaaleen na jibban narratti oofaa turan qaamni seeraa mootummaa bifa himataatiin dhiheessuun hedduu na gaddisiise. Gochi sun ana akka dhuunfaatti maqaa balleessuu bira dabree olola sobaa qabsoofi qabsaa'ota Oromoo irratti oofamaa ture uwwisa seeraa kan kenne ture. Siyaasaa biyyattii gara fuulduraatiifis seenessa hamaa yeroo dheeraaf miidhaa fiduuf ta'uuf dhugeeffannoo seeraa lafa kaayan. Seenessi gaafas ittiin na himatan, boodana mootummaadhuma yakkuuf hojiirra yoo oolu yoo argu , makmaaksa "boolla namaaf hin qotin, qottus gad hin fageessin" jedhu san na yaadachiisa.

Kanaafuu gaafa guyyaan himata nutti banameef deebii kennuun gahu barruu dheeraa qopheessuun wanti ittiin nu yakkan soba ta'uu qofa osoo hin taane olola ummatoota jidduutti summii facaasuufi biyyas diigu ta'uu himne. Qabxiilee deebii kiyya keessatti kaase keessaa, gaafa qabsoo Qeerroos ta'ee san booda ergan biyyatti galee akka biyyi tasgabbaa'uufi ce'umsi gara dimokraasii godhamu akka milkaa'uuf carraaqqiin godhaa ture tarreesse. Silaa akka ifaajee kiyyaatii biyyi tun gaaga'ama mudatte akka hin seenne akeekuun, galata malee hidhaafi himannaan sobaa akka naaf hin malle barreesse. Dabalataanis ummata Oromootiif qabsaa'uu kiyyaaf akkan hin gaabbine jala muruun, kanan qabsaa'e ummata Oromoo roorroo bara baraa jala baasuun saboota biroo waliin sirna federaalawaa dhugaa kan dimokraatawaa ta'e jaarratee nagaan itti jiraatu uumuuf ta'uu hime.

Himata amantoota Ortoodoksii irratti haleellaa raawwachiifte jedhuuf deebii yoon laadhu, ololli akkanaa ergan qabsootti seenerraa kaasee narratti oofamaa turuu yaadachiisuun, an garuu dhaloonni, guddinni, ilaalchiifi gochi kiyya amantiilee kan walitti fidu malee kan walitti buusu akka hin taanes ragaa tarreessuun kaaye. Barruu kanas mana murtiitti dubbise. Barruu dheeraa san kanin qopheesse himata natti baname kuffisuun bilisa na baasa yookin ammoo olola narratti geggeeffamaa ture narraa fashaleessa jedhee yaadee miti. Seenaadhaaf galmaayee taa'uun dhaloonni dhufu akka irraa baratuuf ture.

Adeemsa mana murtii san keessatti shoorri abukaattoowwan keenyaa waan seenaan hin daganne ture. Guyyaa duraa mana murtii na geessan abukaatoo hin qabun ture. Guyyaa lammataa garuu abukaattoo kudha shan ta'antu dhufe. Mana murtii keessatti teessoon abukaattoof qophaaye wal hanqatee dhaabbachaa turan. Kan hidhamne murtii siyaasaatiin waan ta'eef, abukaattoon cimaan kamiiyyuu haqa keenya akka hin eegsifne ni beekna. Ta'us garuu abukaattoon ciccimoon biyyiti qabdu akkasitti tarree galanii dhufuun nuuf hamilee guddaa warra hamtuu nutti yaadeef ammoo rifaatuu ture. Murtii haqaa argana jennee yaaduu baannus, falmii seeraa cimaa gochuun dhara nurratti dhoobamaa ture saaxiluu keessatti abukaattoowwan keenya shoora guddaa taphatan. Falmii sadarkaa garagaraa keessatti waliin mari'achuun sirritti itti qophaayuun mana murtiitti dhihaachaa turre. Gaaffiilee adeemsaafi hiikkaa seeraa adda addaatiin abbootii alangaa mootummaa bakka bu'an caalaa turre. Abukaattoowwan kun godinoota Oromiyaa garagaraa irraa kan dhufan ta'uun ammoo Oromoon tokkummaan hoogganoota isaa bira akka dhaabbate ergaa kan dabarse.

Abbaan murtii sadarkaa duraa (first instance court) jalqaba dhimma keenya laalaa ture nama jibba nuuf qabu dhoksuu hin danda'in ture. Gaafa dura qabanii bira na geessan ilaalcha tuffiifi jibba walmakeen na ilaalaa ture. Falmii goonu hunda keessaan loogii nurratti raaw'ata ture. Kanaafuu akka nurraa kaafamuuf gaafanne. Abbootiin murtii biroo himata keenya dhaggeeffatanii kaasuu didanis, inni garuu fedhii isaatiin nurraa of kaase. Inumaatuu 'lubbuu kootiifiin sodaadha' jechuun eegumsi akka ramadameef dhageenye. Aangos dabalaniif jedhan.

Abbootiin murtii mana murtii olaanaa federaalaa (federal high court) dhimma keenya laalan gaafa dura dhaqne fuula guuraa turan. Adaduma bubbulluun jijjiiraman. Keessattuu ishiin takka jalqaba hedduu nu xiixxi ture. Nuti garuu kabajaa guddaa agarsiifneef. Gaafa tokko dubbachuu na dhoorguuf yaallaan "kabajamtoonni abbootiin murtii wanti beekuu qabdan, nuti kan qabsoofnuuf mirga keenya qofaaf osoo hin taane, isinuu kabajaafi aangoo heerri mootummaa isiniif laate guututti dhuunfachuun walabummaan hojjachuu akka dandeessaniifi" jedheen. Haala kanaan dhawaataan isaanis kabajaan nu keessummeessuu jalqaban. Abbootii murtii san keessaa tokko ergan bahee argee yoon dubbisu "dura akka nama arrabsitaniifi tuffattan nutti himamee ture. Kanaaf isinitti jajjabaanne. Booda garuu kabajaafi naamusni isin dhaddacha irratti agarsiiftan harka nu kennisiise" naan jedhe.

Adeemsi mana murtii bifa kanaan eegale lafarra harkifataa deemee murtii osoo hin argatin erga filannoon dabree booda hidhaa baane. Durumarraayyuu murtii siyaasaan malee kan seeraatiin akka hin baane beeknus, adeemsa mana murtii keessatti mirgi heera mootummaafi seerota biraa keessatti kaayame akka kabajamuuf falmaa cimaa gochaa turre. Dhimmoota adeemsa mana murtii, haala qabiinsa mana hidhaa, olola abbaan alangaa miidiyaan godhuufi dhimmota biroo irratti falmii kaasuun hamma dhaddacha heera hiiiktuu biyyattiitti falmaa turre. Kanas kan godhaa turre, dhimma dhuunfaa keenyaa caalaa, falmaa sadarkaan goonuun, hojmaatni haqaa biyya keenyaa akka fooyya'uuf gumaata gochuuf ture.

10.5. Lagannaa Nyaataa

Gaafa qabamnerraa kaasee yeroo mirgi keenya sarbamu lagannaa nyaataa gochuun mormii keenya ibsachaa turre. Gaafa mana hidhaa poolisii Finfinnee 3ffaa turre ganama tokko poolisiin Baqqalaa fincaaniif osoo hin baasin waan hafeef aaree cireefi laaqanas dide. Akkan amansiisuuf itti na erginaan sababa waan naaf himeef anis itti dabalame. Kanarraa kan ka'e ajajaan poolisootaa dhufee dogongora raaw'ateef dhiifama gaafatee akka nyaannu nu amansiise. San booda gaafa poolisii federaalaa turres erga Qaallittii dhaqnees nyaata lagachuu akka tooftaa mirga keenyaaf falmachuutti dhimma bahaa turre.

Lagannaa nyaataa guddicha sababni jalqaba itti eegalleef miidhaa miseensa ABO Koloneel Gammachuu Ayyaanaa irra gahaa ture mormuun ture. Koloneel Gammachuun qondaalota Raayyaa Ittisa Biyyaa dhalootaan Oromoo tahan kanneen bara 2006 jumlaan bahanii ABO'tti makamuuf Eritiriyaa dhaqan keessaa tokko ture.

Bara 2018 jijjiiramni yoo dhufu ABO waliin biyyatti gale. Hedduu osoo hin turin qabamee hidhame.

Turtii ji'oota saddeetii booda marii Gaaddisa Hoggansa Oromoo irratti godhameen gadi lakkifamee ture. Gaafa Haacaaluun ajjeefamu yeroo lammaffaaf erga qabameen booda manneen hidhaa hedduurra naanneffamee gidirfamaa ture. Manni murtii mirga wabiin akka bahu hayyamus, mana hidhaa tokkorraa kan birootti daddabarsuu malee gadi lakkisuu didan. Mana hidhaa Awaash keessatti qofa guyyoota 40'f qaama osoo hin dhiqatin daabboo takka qofa nyaachisaa akka tursiisan dhagayaa turre.[26] Haala kanaan boodarra mana murtii federaalaatti himatamee gara mana hidhaa nuti turre, Qaallittii fidame.

Gaafa dura Qaallittii fidanii mooraa 8ffaa kan eegdonni kiyyaafi qondaalonni Tigraay itti tursiifaman geeffame. Garuu guyyoota muraasa booda achii baasanii iddoo hidhamtootni naamusa mana hidhaa jeeqan itti adabaman geessan. Yakkamtoota mana hidhaa keessatti hidhamtoota biraafi poolisoota waraanan waliin hidhan. Tarkaanfiin kun lubbuu isaatirraan gaaga'ama geessuuf kan yaadame ta'uu waan shakkineef, manuma hidhaa nuti keessa jirru keessatti yeroo hoggansi Oromoo saba kanaaf aarsaa guddaa kafale tokko lubbuun isaa gaaga'amtu usnee hin laallu jennee nyaata dhaabne. Guyyoota shan akkuma tureen Koloneel Gammachuu bakka sanii baasanii gara mana hidhaa Qiliinxoo dabarsan. Nuti garuu gaaffii biraa daballee lagannaa itti fufne.

Yeroon sun yeroo filannoon biyyoolessaa dhihaatee tureedha. Filannoo kana keessaa ammoo paartiilee Oromoo lamaan ABO fi KFO'n dhiibamanii bahaa waan turaniif dhimma kana ummanniifi hawaasni addunyaa xiyyeeffannoo akka kennuuf barbaanne. Akkuma armaan olitti tuqame, san duras, yeroo mana hidhaa poolisiifi Qaallittii erga dhufnees yeroo gabaabaaf lagannaa nyaataa taasisuun mirgi keenya akka kabajamu dhiibbaa godhaa turre. Kanaaf gaafa lagannaa boodaa kana eegallu qaamni nyaata dhaabuu hamma tokko nu baratee ture. Baqqalaan marsaa san dura hidhame guyyoota sagaliif nyaata lagatee turuu nuuf hime. Marsaa kana ammoo guyyoota kudhaniifis taatu lagachuu yaalla jennee itti fufne.[27]

Lagannaa nyaataa jechuun soorata jajjaboo (solid food) ta'eefi dhangala'aa (liquid food) guutumatti lagachuudha. Bishaan qofa ni dhugna. Guyyoota shanan duraa beelti hedduu nu rakkifte. Beelaafi dadhabbiin walmakee hirriba nama dhoorga. San booda garuu dadhabbii malee miirri beelaa ni dhabama. Haakimoota keenyarraa akka hubannetti qaamni namaa anniisaa isa barbaachisu maddisiisuuf bifa lamaan hojjachuu danda'a. Karaan idilee kan qaamni keenya nyaata soorannu kallattiin anniisaatti jijjiiruun fayyadamuudha. Soorata nyaanne kaarbohaaydireetiitti jijjiiree hamma tokko anniisaa yeroo saniif barbaadu fayyadamee kan hafe bifa coomaatiin (fat) kuusa.

Karaan lammataa ammoo nyaata malee guyyoota hamma tokkoof yeroo turre, alarraa homaa akka hin seenne abdii kutuun, qaamni keenya cooma kuufatee kaayyate san gara anniisaa jijjiirrachuu eegala. Adeemsi kun ketosis jedhama. Miirri beelaa kan nutti dhagayamu yennaa qaamni keenya nyaata alaa seenu eeggatuudha. Gaafa soora alaa seenu eeggachuu dhiisee cooma kuufate jijjiiruu eegale beelti ni dhaabbatti.

Nyaata dhiisuun yeroo dheeraa turuu kan danda'amu yoo ta'u, bishaan malee garuu guyyaa torbaa hanga kudhanii caalaa turraan du'aaf nama saaxila. Kana ammoo qabatamaan agarre. Yeroo dura jalqabnu bishaanis dhugaa waan hin turiniif hedduu laaffannee ture. Guyyoota muraasa hakimonni keenya qorannaa godhaniin kelee keenyarra miidhaan gahaa akka jiru argan. Lagannnaa yeroo dheeraa gochuu yoo kan barbaannu taate bishaan dhuquu akka qabnu nuuf himanii nu amansiisan. Warri nu waliin himatame Dajanee Xaafaa dabalatee Qeerroowwan nu waliin lagannaa eegalanii turan. Mooraa addaa waan turaniif gorsi haakimootaa yeroon waan dhagahiniif lagannaa nyaataas kan bishaaniis itti fufan. Kanarraa kan ka'e guyyaa shanaffaatti laaffatanii yaala ariifachiisaan hospitaala seensifaman. Nuti bishaan dhugaa waan turreef itti fufne.

Ogeessonni Waldaa Fannoo Diimaa Addunyaa (Red Cross) nu ilaaluu dhufanii, lagannaan nyaataa yeroo dheeraa turu sammuu irratti miidhaa fiduun gara of wallaaluutti geessuu akka danda'u nuuf himan. Of wallaallaan ammoo fedhii keessan malees isin nyaachisuu malu jedhan. Kanaafuu lagannaa san yeroo dheeraaf itti fufuu yoo barbaanne, miidhaa sammuurra gahu hir'isuuf dawaa

---

27 Lagannaan nyaataa tooftaalee qabsoo nagayaa keessaa tokko yoo ta'u, keessattuu hidhamtoonni siyaasaa yeroo heddu dhimma itti bahu. Qabsaa'aan walabummaa Hindii, Maahtmaa Gaandii yeroo heddu nyaata lagachuun mormii isaa ibsachaa waan tureef, tooftaa qabsoo kana addunyaan wal barsiise. Hidhamtoonni siyaasaa Ayarlaand Kaabaas yeroo dheeraaf nyaata lagachuun qabsoo isaanii dhageettii addunyaa akka argattu taasisaa turan. Kan lagannaan kanaan lubbuun darbanis turan.

(electrolyte) akka fudhannu nu gorsan. Dawaa kanas haakimoonni keenya biyya alaafi biyya keessaa nuuf fichisiisanii fayyadamaa turre.

Akkuma boqonnaa darbe keessatti kaafame, gaafuma hidhamne irraa kaasee nageenya keenyaaf waan shakkii qabnuuf mana yaalaa mootummaatti wal'aanamuu akka hin barbaanneefi haakimoota dhuunfaa keenyaatiin akka tajaajilamnu mana murtii gaafannee, manni murtii sadarkaa duraa nuuf hayyamus, mootummaan ol iyyata fudhatee hanga sadarkaa ijibbaataa gahe. Achittis nuuf murteeffame. Haaluma kanaan haakimoonni heddu Dr. Ilillii Jamaaliin qindeeffamuun kaffaltii malee nu tajaajilaa turan. Gaafa lagannaa nyaataa eegallus ispeeshaalistoota dhimmichi ilaallatu hedduun gurmaa'anii nu bira dhaabbatan. Guyyarraa mana hidhaa dhufuun dhiigaafi fincaan fuudhanii qorachuun sadarkaa miidhama irra geenyee madaalaa turan. Qorannaa kanaan keemikaalonni qaama keenya keessaa hammam akka jijjiiraman laaluun qoricha barbaachisu nuuf kennu.

Bulchiinsi mana hidhaa jalqaba akkuma san duraa waanuma guyyoota muraasaaf lagannee dhaabnu itti fakkaatee ture. Adaduma guyyaan dabalaa deemee qaamni keenya laaffachuu eegaleen gara qondaalota mootummaatti dhimmicha dabarsan. Qondaalonnis mootummaas "dhoksaan cuukkoo nyaatu" jechuun olola sobaa nurratti banuun nu xiqqeessuu filatan. Nuti garuu akkuma lagannaa eegalleen nyaanni manaa dhufu akka dhaabbatu gochuu qofa osoo hin taane, soorata dursa mooraa keenya ture hunda baasnee gannee turre. Kan biraa dhiisii adurreewwaan dura of biratti nyaachisuu turre, lagannaa akkuma eegalleen mooraa alatti akka poolisoonni nyaachisan goone. Kana kan gooneef, nyaanni akka jiru beeknaan qalbiin teenya hawwuudhaan lagannaa nutti ulfeessuu dandeessi jennee waan shakkineefi.

Ololli mootummaa kan duruu wal beeknu waan taheef hangas mara dhiibbaa nurratti hin uumne. Wanni caalaatti dhiibbaafi cinqii nurraan gahe waywaannaa maatii, jaarsotaafi ummata nu gaafachuuf dhufuu ture. Guyyaa guyyaan ummanni dhiibbaatamaan dhufee nutti booya. Jaarsoliin huccuu baafatanii lafarrra gangalatu. Kun cinqama guddaa keessa nu galchee ture. Harmeen Baqqalaa Wallagga Lixaatii ka'anii umrii dullumaa saniin dhufanii nutti waywaatan. Nuti garuu ni cichine.

Gaafa tokko haati tiyya dhuftee "yoon cinqii kanaan sirraa du'e hoo?" naan jette. Anis "maaf amma hin duune. Haadha Oromoo meeqatu dhumaa jira" jedheenii itti dheekkame. Gaafan akkas jedhuun san gareen atileetotaa Daraartuu Tulluun durfamu akka nyaannu nu kadhachuuf dhufanii taa'aa kan turan, deebiin haadha tiyyaaf kenne yoo dhagayan abdii kutatanii osoo hin dubbatin deeman.

Yeroo lagannaa san wantootni kolfaas turaniiru. Guyyaa kudha tokko akkuma turreen Shamsuun dadhabaa dhufe. Haakimoonni yeroo dhiiga isaa laalan "sukkaarri kee hedduu waan gadi bu'eef kana caalaa turraan du'uu malta" jedhanii sodaachisan. Ijoolleen mooraa biraa jirtus dadhabdee mana yaalaa seentee nyaata akka eegaltu godhamee waan tureef Shamsuunis nu biraa deemee lagannaa akka dhaabu barbaannee turre. Inni garuu nu biraa adda bahee lagannaa dhaabuun itti ulfaate. Baqqalaa nurraa kophaatti baafatee "Baqqee koo hanga yoom lagannaa kana itti fufna?" jedheen. Baqqalaanis "hanga gaaffiin keenya deebi'u ykn hanga duunutti" jedheen. Shamsuunis "Baqqee koo lakkii ani du'aaf qophii miti. Yaadannoma kanas osoon hin fayyadamnen du'aa?" jedheen. Yaadannoon inni baanu kan erga gaafa Qaallitii dhaqeetii kaasee lakkoofsa bilbilaa ijoollee dubraa nu gaafatan irraa fudhatee galmeeffatae tureeti. Baqqalaanis "akkas taanaan ati lagannaa dhaabi rakkoo hin qabu" jedheenii dhaabsise.

Akkuman dura kaase, guyyoota shanan duraa booda beela hin qabnu ture. Humnumatu nu laaffataa deeme. Torban tokko booda gadi baanee ummata nu gaafachuuf dhufe dubbisuu dadhabne. Gaaddisa jala ciisaa oolla. Achumatti maatiifi manguddoonni dhufanii nu dubbisu. Lagannaa jalqabuu dura rifeensa guddifnee turre. Yeroo lagannaa yennaa qaama dhiqannu saamunaa rifeensa dheeraa keessaa miiccuuf dhaabbachuu dadhabne. Kanaafuu ofirraa haadne. Kan hunda caalaa nu rakkise garuu qaamni nu hooqsisuu ture. Sababni isaas coomni qaama keessa jiru anniisaaf waan ooluuf gogaan keenya akka goggoge haakimoonni nuuf himan. Maatiin yeroo dhufan dilbata (vaaziliiniifi looshinii) qaruuraa tokko tokko nu dibu. Garuu osoma ijaan agarruu qaamni xuuxee goga. Dawaa garagaraa biyya alaatii nuuf fichisiisanis homaa hin fayyadne. Naafi Baqqalaan halkan dugda waliin hooqaa bulla.

Adaduma guyyoonni lagannaa dheerachaa deemaniin ogeessonni fayyaa lubbuu keenyaaf yaadda'uunis cime. Mana murtii dhaqnee taa'uu dadhabnee teessoorra ciisaa waan turreef hanga lagannaa dhaabnutti mana murtii akka hin geeffamne jedhame. Daran laaffachaa waan dhufneef mana yaalaa ciisuun barbaachisaa ta'e. Sadarkaa miidhama qaamaa nurra gaheen dhahannaan onnee, hafuurri sombaafi wantoonni biroo sa'aa diigdamii afur maashinaan hordofamuu akka qabu ogeessonni fayyaa murteessan. Mootummaan garuu mana yaala dhuunfaa akka hin dhaqne nu dhoorge. Gaafa qabamnerraa kaasee ajaja mana murtiitiin haakimoota dhuunfaatiin yaalamaa turrus, amma garuu qaama keenya lagannaan miidhame ummanni akka argu waan hin barbaanneef mana yaalaa dhuunfaa dhaquu nu dhoorgan.

Abukaattoowwan keenya mana murtiitti nuuf iyyatan. Manni murtii ol'aanaan federaalaa mana yaalaa dhuunfaa dhaquun mirga keenya ta'uu raggaasise. Mootummaan garuu murtii kana raaw'achuu dide. Ammas mana murtii waliigalaatti iyyanne. Manni murtii waliigalaa federalaa (supreme court) meeshaa barbaachisaan galee manuma hidhaa Qaallittii keessatti haa yaalaman jedhe. Kana jechuun hospitaalli kutaa dhukkubsataa hedduu laaffate itti tajaajilamuu danda'u (intensive care unit) mana hidhaa keessatti haa ijaaramu akka jechuuti. Kun akka hin danda'amne bulchiinsi mana hidhaafi haakimoonni keenya mana murtii hubachiisan. Dhimmichi gara mana murtii ijibbaataa (court of cassation) qajeele. Kana jidduutti Baqqalaan laaffatee waan tureef yaala ariifachiisaaf gara hospitaala Landmark, dhaabbata fayyaa dhuunfaa nuti filanne, haa geeffamu jedhame. Ambulaansii mana hidhaatiin fuudhanii deeman. Dr Ililliinis wajjiin deemte. Mana yaalaa biratti yoo dhihaatan tasa karaan itti cufamee gara Hospitaala Raayyaa Ittisa Biyyaa akka geeffaman dirqisiifaman. Yeroo achi gahan Baqqalaan mana yaalaa mootummaatti hin yaalamu jechuun ambulaansii keessaa bu'uu dide. Haakimoonnis "erga dhukkubsataan didee dirqisiisuuf ogummaan keenya hin hayyamu" jedhan.

Atakaaroo sa'aa dheeraa booda osoo hin yaalamin mana hidhaatti deebisan. San booda dhaddachi ijibbaataa mana yaalaa dhuunfaatti yaalamuun mirga keenya ta'uu mirkaneessuuf akka deemu beeknaan mootummaan ejjannoo jijjiiree landmark nu geessuuf murteesse. Mootummaan sababa lamaan murtii kana fudhate. Tokkoffaan, manni murtii ijibbaataa hidhamaan tokko mana yaalaa dhuunfaatti wal'aanamuun mirga ta'uu murteesse taanaan, murtiin sun seera biyyaa ta'e jechuudha. Kun ammoo hidhamaan hundi mana yaalaa dhuunfaa malee jedhee akka cinquuf mootummaa saaxila. Kan lammataa ammoo dhimmi lagannaa keenyaa uwwisni miidiyaa argachaa jiru guyyaa guyyaan dabalaa deemuuf sababa duula hawaasni biyya alaa godhuunis dhiibbaan dippiloomaasii cimuudha.

Kanaafuu lagannaa eegallee guyyaa soddomii jahaffaa (36ffaa) irratti, Hospitaala Landmark geeffamne. Yeroo achi geenyu hedduu laaffannee waan turreef wasaasaa (stretcher) gubbaa kaayanii nu seensisanii kutaa lubbuu tiksuu (ICU) nu ciibsan. Baqqalaan na dura seenee ture. Loltoonni meeshaa waraanaa xiqqaa hamma guddaa nyaachifatan, kutaa ICU kan silaa dhukkubsataafi haakimoonni qofti, wayaa qulqulluu hospitaalaa uffachuun, seenuu malan keessa dhadhaabbatanii jiru.

Gara foddaatiin gamoo itti aanee jiru keessa matarayyasii hidhanii jiru. Naannawni hospitaalaa guututti waraanaan marfamee ture. Darbii (floor) nuti irra jirrus namni biraa seenuu hin danda'u. Akkuma ICU nu seensisaniin huccuu nurraa baasanii qaama nurraa dhiquu eegalan. Narsoota harki hollataa ture. Waan miidiyaarraa dhagayaniin kan ka'e, nuus nu sodaatu. Loltoota, basaastuufi qondaalonni kudhanii ol meeshaa waraanaa waliin achi dhaabbatanis arguun naasuu hamaa keessa galcheera.

Yeroo narsoonni huccuu nurraa baasanii nu dhiquuf ta'an Baqqalaan saalfatee huccuu guututti baafachuu didee ture. Ani ammoo gaafan Ameerikaa ture, na dhukkubee wal'aansa baqaqsanii hodhuuf hospitaala gaafan seene, wayaa guutuu narraa baasanii qaama na dhiqanii waan tureef haaraa natti hin taane. Baqqalaan anaa baafate argee kofle. Hamzaan koronaa qaba jedhanii waan shakkaniif kophaa kaayanii turan. Koronaa akka hin qabne erga mirkaneessaniin booda isas uffata irraa baasuu yoo yaalan utaalee dide. Booda isaan lachuu kutaa ICU keessa huccuu hospitaalaa malee kan biraa homaa uffachuu akka hin dandeenye amananii baafatan.

Hospitaala Landmark kan nuuffile haakimoota keenya turan. Hospitaala meeshaa gaariifi ogeessota ciccimoo qabu ta'uun beekamu qofa osoon taane, nageenya keenyaafis amanamaa jedhameet filatame. Abbaan qabeenyaa Hospitaala sanaa Prof. Kabbadaa Olii jedhama. Gaafa achitti yaalamuu akka barbaannu beeksifnee kaasee duula maqaa balleessii "Shanee" jedhuun doorsisa isarratti geggeessaa turan. Prof. Kabbadaan garuu ejjannoo isaatiin cichee akka nuti achi geeffamnu hayyaman. Erga geeffamne boodas hospitaalichi loltootaan weeraramee dhukkubsataa seenee bahutti roorrisaa torbaan lamaan achi turre san gabaa irraa cufanii turan.

Gaafuma dhaqnerraa kaasee ogeessota ofiif amanu qofa filee nuuf ramade. Prof. Kabbadaan kan ofiif dhukkubsattoota deemee yaalu sababa keenyaaf yeroo dheeraaf dhiisee, hanga nuti achi turretti numa biratti gale jechuun ni danda'ama. Lubbuu keenyaaf waan sodaateef bishaanuu ofiin bitee fidee waajjira ofii keessatti itti cufee yeroo barbaanne nuuf fida ture.

Dr. Sanbataafi Dr. Dhufeeraan, ogeessota onnee (cardiologist) beekkamoo biyyattiin qabdu keessaa hangafoota kan ta'an, dabareen nu bira bulanii nu hordofu. Haakimoota dhuunfaa keenya keessaa Dr. Ililii Jamaalfi Dr. Abdii Baatii guyyaa nu bira oolu. Dr. Ililliin sa'aa diigdamii afur deddeebi'uun hojii ogummaa isheetiin cinatti waa'ee maatii keenyaas odeeffannoo nu dhaqqabsiifti. Ogeessota fayyaafi abukaattoo muraasa malee maatiin seenuu hin danda'u ture. Dr. Ililliin akka nu biraa fagaattuuf doorsisa hedduutu irra gahaa ture. Wal'aansa keenya qindeessuu dabalatee waa'ee lagannaa nyaataafi haala nuti irra geenye yeroo yeroon miidiyaaf waan ibsituuf heddu diineffatanii turan. Ishiin garuu roorroo irra gahu mara ciniinnattee obsuun, hojii isii cichitee itti fuftee lubbuun baraaramuu keenyaaf shoora guddaa taphatte.

Lagannaa akka dhaabnuuf kara garagaraatiin dhiibbaan nurratti godhamaa ture. Garuu maatiifi ummanni akka gaafa mana hidhaa sanitti dhufanii waan nutti hin waywaanneef cinqamni sammuu nurraa hir'ate. Guyyaa guyyaan qaamni keenya laaffataa deemus hamileen keenya cimaa ture. Gaafa Guyyaa soddomii saglaffaa (39ffaa) Prof. Kabbadaan nutti dhufanii "kana caalaa as turraan du'uun keessan mirkana. Hospitaalli ammoo bakka lubbuu itti baraarru malee bakka osoo laalluu lubbuun baatu waan hin taaneef, lagannaa dhaabuu baannaan hospitaala koo turuun faayidaa hin qabu kanaaf bahuu qabdu" jedhe. Nutis kanaan waliigallee bahuuf murteessine. Yeroo nuti maashina ofirraa buqqisuu eegallu narsoonni fi loltoonni achi turan marti booyaa turan.

Osuma nuti qophoofnee konkolaataa mana hidhaa nu geessu eeggataa jirruu tasa dubartiin wahii wayaa baadiyyaa uffattee dhuftee miilarratti na kufte. Tarii lagannaan waan na dadhabsiiseef tahuu mala, kan natti kufte haboo tiyya Baqqaluu Tolaa natti fakkaatte. Baqqaluun obboleettii haadha tiyyaa tanin baay'ee jaaladhuudha. Gurri ishii baay'ee hin dhagayu. Humna ajaa'ibaa waan qabduuf dhiira caalaa hojjatti ture. Yeroo tokko butuuf dargaggoonni itti yaa'anii hunda isaanii shimaluma isaanirraa fuuteen bubburuqsitee lafa naqxee harkaa baate. Fayyaalummaa fi jabina ishii kanaaf hedduun jaaladha ture. Ergan biyyaa bahee argee hin beeku.

Maarree dubartiin hospitaalatti dhuftee miilarratti na kufte kun waa hundaan ishii natti fakkaatte. Wayaa adii Baqqaluun yeroo hunda uffattee bataskaana dhaqxu fakkaatu uffattee jirti. Fuula osoon hin laalin miilarratti na kuftee gadi na dhiisuu diddee booyuu itti fufte. Waanuma Baqqaluun baadiyyaa dhufte se'ee miira keessa tole jedhee yoon miila koorraa kaasu Daraartuu Tulluuti. Darartuunis naman hedduu jaaladhuufi kabaju waan taateef didduu hin dandeenye. Ishii wajjiin leenjisaa atileetiksii kan ta'an komishiinara Huseen Shibootu ture. Yeroo ani tole jedhuun isaan hunduu gammachuun booyan. Tole jechuu kiyyatti gaabbus jecha koo jijjiiruun natti ulfaate.

Daraartuun deemtee Prof. Kabbadaatti himnaan inni dhufee karoora nyaata itti eegalluufi waan nu mudachuu malu nuuf ibse. Akkuma gubbaatti tuqame namni tokko nyaata lagatee guyyoota hanga shanii booda qaamni keenya cooma kuufame irraa anniisaa maddisiifachuutti deema. Sirni qaama keenyaa kan nyaata alaa galu daakee anniisaatti jijjiiru sun ni dhaabbata jechuudha. Erga qaamni cooma kuufame fayyadamuu (ketosis) eegalee booda bifa idileetiin soorata nyaachutti deebi'uun balaa hamma du'aa gahu akka fiduu malu Prof. Kabbadaan nuuf himuun, suuta suuta qaama barsiisaa deemuu akka qabnu nu gorsan. Fakkeenyaaf bara hoongee Walloo, namoonni guyyoota baay'eef nyaata malee turanii, gaafa soorata argatanii nyaatan hedduun ni dhuman. Haaluma kanaan lagannaa eegallee guyyaa afurtammaffaa (40ffaa) irratti ganama shorbaan burcuqqoo xiqqoo takkatti nuuf dhufe. Shorbaa haa jedhan malee bishaanuma danfe ture. Muraa lukkuu (chicken bite) xixiqqaa firii lamaafi baala birookoolii (broccoli) xinnoo ishiitu keessa ture.

Yeroo dheeraaf miirri beelaa nurraa bade kan ture, erga nyaachuuf murteessinee booda obsa dhabnee turre. Shorbaa burcuqqoon dhihaate san qadaada irraa banee fal'aanaan dhuguu yoon hedu muraa foon lukkuu lamaan san keessaa tokko lafatti kufte. Osoo namni hin argin fuudhee nyaachuuf osoon tattaaffataa jiru narsiin takka dhuftee irra ejjatte. "Warruma keenyaaf harreen hin taane" jedheen obse. Osoon foon lafa buuteef gadduu akkuman shorbaa san dhugeen garaan na iyyuu eegale. Garaa kaasaan itti aane. Anaa mana fincaanitti fiigu Baqqalaafi Hamzaan natti qoosaa turan.

Guyyoota sadiif haaluma kanaan shorbaa xiqqo xiqqoo fudhannee gaafa guyyaa afraffaa nyaata hawwitan ajajadhaa jedhamne. An paastaan ajajadhe. Baqqalaan ittoo kikkii waan ajajateef, "hiyyummaa kaleessaa kan barsiisummaatu si hawwisiisee" jennee itti qoosaa turre. Gara waaree boodaa kikkiin Baqqalaa dubbii fidde. Akkuma natti kolfe dabareen isa geesse. Garaan muruu eegale.

Dhawaataan itti hammaatee irraa jalaan deemsisuu hammeesse. Ni gaggabe. Hakimoonniifi nutis hedduu rifanne. Waanuma du'uu hedu nutti fakkaatee ture. Maal akka gochuu qaban erga mari'ataniin booda qoricha wahii waraanan. Hirribni qabatee kutee sa'aa takka booda yoo dammaqu "jannata hulaarra gaheen Jawaar dhiiftee maaf dhufte? Jedhanii na deebisan" jedhee nu kofalchiise.

Nyaata eegallee guyyoota shaniin booda gara mana hidhaa deebi'uuf murteessine. Hospitaalichi osoo turree fedha ture. Nuti garuu hojiin isaanii torbaan lamaaf sababa keenyaan waan adda citeef san caalaa miidhuu hin barbaanne. Haala kanaan turtii torbaan lamaa booda Hospitaala Laandmarkiitii baanee mana hidhaa Qaallittiitti dachaane.

Lagannaa goonerraa bu'aa siyaasaa maal argattan gaaffiin jedhu yeroo baay'ee ka'a. Yeroo nuti lagannaa godhaa turres namoonni dhufanii "kun Afrikaadha mormii lagannaatiin maaltu isin dhagaya" jechaa turan. Nuuf garuu warri aangoo qabu dhagahuufi dhagahuu dhabuun waan guddaa hin turre. Nuti qalbii teenyaaf goone. Yeroo ummanni keenya akka baalaatti harcaafamaa jiru, kumaatamaan hidhaatti shamaa jiru, sagaleen Oromoo dubbii siyaasaa (political discourse) biyyaa keessaa dhiibamee filannootti deemamu, cal'ifnee laaluu hin dandeenye.

Yeroon sun yeroo lola Tigraay waan tureef miidiyaaleen biyyattii, Televiziyoonaafi FM Raadiyoon hundi olola hamaa saba Oromoofi Tigraay irratti maqaa "Shanee"fi "Juntaa" jedhu itti dhoobuun oofaa turan. Hoogganootaafi hayyoota Oromoo xiqqeessuun mootota kaleessaa kan yakkamtoota seenaa tahan faarsaa turan. Qondaalonni waraanaafi siyaasaa bara Hayilasillaaseefi Darguu ummata fixaa turan akka haarayaatti yakki isaanii dhokfamee miidiyaa mootummaatiin saba keenya irratti dhaadatu turan. Hoggansi Oromoo hidhaafi ajjeechaan taphaa ala waan godhameef, olola jibbiinsaaf maqa balleessii san dhoowwaa tokko malee saba keenyarratti bulgaafatu turan. Kana caldhifnee laaluurra qaama keenyarratti tarkaanfii fudhachuun hamma dandeenye rakkoo ummata keenyarra gahaa jiru hawaasa keenyafi kan biroos hubachiisuu barbaanne.

Kana malees ergaan guddaan ummata keenyaaf dabarsuu feene tokkummaa hidhamtootaafi hooggganoota Oromoo jiddu jiru akka hubatu godhuufi. Mootummaan hooggganoota garii hidhee kaan ajjeesee, paartiilee siyaasaa Oromoo filannoon ala gochuun ummata abdii kutachiisuu barbaada ture. Karoorri jaraa kun akka hin milkoofne godhuuf lagannaa san akka carraatti itti fayyadamuun tokkummaa Paartiilee ABOfi KFO akkasumas hoggansa isaanii jiddu jiru cimsuurratti bu'aa guddaa buuse.

Kol. Gammachuun qondaala ol'aanaa ABO yoo tahu nuti warri lagannaa goone ammoo KFO dha. Hariiroon hooggganoota paartiilee lamaanii cimaa akka tahes ergaa dabarsuuf fayyade. Obbo Daawudiifi Prof. Mararaan dhufanii nu gaafachuunis ergaa kana cimse. Akkuma yaadame ummata keenya jidduutti hafuura tokkummaa jabaa uumee dabree jira. Kana malees qabsaa'onni Oromoo yeroofi bakka kamuu yoo jiraatanis akka wal mararfatan dhaamsa dabarsuun barbaadameeti. Ittillee milkoofne.

Faaydaan hidhamuufi lagannaa nyaataa inni biroo Dr Ilili Jamaal waliin daran akka walitti dhiyaannuuf carraa uumuu isaati. Dr Ilillii waliin erga wal barree bubbulee jirra. Jalqaba kan walbarre bara 2016 yennaa obboleeyyan ishii gaafachuuf gara Ameerikaa imalte, achumaan qophii waldorgommii kubbaa Oromoo (OSFNA) irratti hirmaachuuf gara Minnesota dhufte ture. Imala Ameerikaa xumurtee gara biyyaa erga deebitee boodas, Qeerrowwaan qabsorratti miidhamaniif tajaajila wal'aansaa qindeessaa waan turteef, dhiheenyaan waliin hojjachaa turre. Jijjiramni dhufee gaafan biyyatti galu lamuu qaamaan walarguun daran walbarachuuf carraan uumame. Mariilee hayyootaa yeroo san godhaman irratti hirmaachaa wan turteef yeroo heddu wal argaa turre. Hariiroon keenya dhawaataan cimaa deemee, tooran hidhamuuf jedhu gara jaalalaatti ce'ee ture. Garuu ammoo, fagoo osoo hin deemiin addaan kutuuf murteessinee gargara baane.

Gaafan hidhamu manni murtii mirga ogeessa fayyaa dhuunfaa kiyyaattin wal'aanamuu naaf mirkaneessus, haakimoonni san dura na tajaajilaa turan, mana hidhaa dhufanii na wal'aanuu sodaatan. Dr Ililliin kana dhageenyaan, dirqama ofirratti fudhattee, ogeessota biroos qindeessuun, anaafi Baqqalaa dabalatee hidhamtoota siyaasaa birootis tajaajiluu eegalan. Haala fayyaa keenya hordofuuf mana hidhaatti deddebi'uun ishii sun, miira jaalalaa addaan kunnee turre deebisuu eegale. Ishii argee dubbisuuf hawwiin qaburraa kan ka'e, guyyaan beellama fayyaa natti dheerachuu jalqabe. Baqqalaanis haala kana hubachuun, miira kiyya dhoksuurra, jaalala keenya akka haaromsinu na jajjabeessaa ture.

Yeroo lagannaa nyaataa san hojii idilee ishii irraa boqonnaa fudhachuun, yeroo ishii guutuu nu tajaajiluurra oolchaa turte. Tarii ani qarqara du'aarra gahuuf dhiibbaan qaamonni mootummaa ishiirraan gahaa tururraa kan ka'e, qalbiin teenya daran walitti hidhamte. Karooraafi abjuu gara fuulduraaf qabnu irratt bal'inaan mari'achuun gadi fageenyaan walbaruu dandeenye. Kanarraa ka'uun, osoman mana hidhaa keessa jiruu, qubeellaa nyaata keessa dhokfamee seensifameen fayyadamee, gaafii walhaafuunuu dhiheessef. Ishiinis tole jette. Ergan hidhaa bahee booda manguddoo maatiitti ergadhee, nikaaha hidhannee bultii jaarranne.

10.6. Lola Tigraay

Hariiroon Mootummaa Naannoo Tigraayiifi kan Federaalaa kan barii jijjiiramaa irraa kaasee summaawuu eegale dhawaatumaan gara lola qawweetti guddachaa deeme. Tibba nuti qabamnetti walitti gaarreffannaan hammaataa dhufuurra dabree gama humna waraanaatiin wal doorsisuu irra gahamee ture. Jalqabumarraa kaasee waldhibdeen kun akka hin hammaanneef lafa jala qondaalota gama lamaaniitiif, akkasumas ifatti karaa miidiyaatiin waywaachaan ture.

Akkuma boqonnaa dabre keessatti himame, sirna ADWUI guututti fonqolchuurra jijjiirama keessoo fiduu irratti kan fuulleffanneef wal waraansi akkanaa akka hin dhufneef ture. Murni saba lakkoofsaan xiqqaa ta'e keessaa bahe tokko aangoo sirna abbaa irree keessatti olaantummaan qabaachaa yoo ture, gaafa aangoo san dhabuutti deemu, sodaa haaloorraa kan ka'e (existential fear) balaa hamaa geessisuu akka malu dursinee hubanne. Kana ammoo tiwooriifi seenaan osoo hin taane waanuma biyyoota akka Syria keessatti ta'aa jirurraa qabatamaan argaa turre.

Dhimma kanarratti yaaduufi barreessuu kanin eegale jijjiiramni dhufuu yeroo dheeraa durseeti. Fakkeenyaaf barreeffama dheeraa "Tigrean Nationalism from Revolutionary Force to Weapon of Repression" jedhuun bara 2010 maxxanse keessatti rakkoo kana xiinxaluun fala akeekuu yaaleen ture. Erga warraaqsi biyyoota Arabaa (Arab Spring) bara 2011 dhoohee gara wal waraansaafi kufaatii biyyaa (State Collapse) deemee booda sodaan kiyya daran dabale. Keessattuu haalli Syria keessaa kan biyya keenyaatiin heddu wal fakkaata ture.

Murni saba hawaasa lakkoofsaan xiqqaa Alawaaytii jedhamu keessaa bahe olaantummaan aangoo qabatee yeroo dheeraaf biyyattii bulchaa ture. Bara 2011 gaafa fincilli ummataa dhooyu, murni Bashar Al Asaadiin durfamu, sodaa jumlaan dhumna (existential threat) jedhuun aangootti cichee biyyattii gara wal waraansa hamaatti seensise. Haala kana ergan qoradhee booda barreeffama "Avoiding Syria and Libya: Lesson for Ethiopia" jedhu barreessee bara 2012 keessa maxxanse.

San boodas, qu'annaa tiwooriifi haala qabatamaa biyyoota garagaraa keessatti mul'atu irratti hundaayuun, osoo wal waraansaafi kufaatii biyyaa hin dhaqqabsiisin akkaataa murna Wayyaanee aangoorraa kaasuu danda'amu irratti daran yaaduufi barreessuutti fuulleffadhe. Murni garee hawaasaa xiqqaa (minority) keessaa maddee yeroo dheeraaf aangoo qabate tokko gaafa fincilli ummataa itti ka'u, aangoo dhabuu qofa osoo hin taane, balaa dhumaatii jumlaatu nu mudata jedhee sodaata. Kun ammoo hanga dhumaatti aangootti cichuun wal waraansa yeroo dheeraaf biyya saaxila. Wayyaaneen sodaa bifa kanaatiin kan ka'e akka murna Syria sanitti biyya gara wal waraansa hamaa akka hin geessineef tariimooa bafanne. Sodaa sirni abbaa irree saba bicuu keessaa biqile qabu furuuf, nageenya qaamaafi qabeenya isaaniitif wabii i (guarantee) kennuufii barbaachisaa akka ta'e hubanne.

Kana jechuun, yakkoota gaafa aangoorra turan raawwataniif haaloon akka itti hin bahamne, akkasumas qabeenyi bara angoo isaanii horatan akka irraa hin tuqamnee wabii amansiisaa kennuufi barbaachisa.

Haaluma kanaan tarsiimoon qabsoo Qeerroo gama tokkoon humna Wayyaaneen aangoorra turuuf qabdu laaffisaa, gama biraatiin ammoo aangoo yoo gadi lakkisan wabiileen armaan olii kun akka eeggamuuf amansiisuun irratti kan fuulleefate ture. Marii jara waliin godhaa turre gama dhumaa irratti, nageenyaafi qabeenya qondaalotaatti dabalee, ummanni Tigraayis rakkoo nageenyaaf akka hin saaxilamne wabii kennuun akka barbaachisu nutti himame. Jechuunis, humnoonni Eritiriyaafi Amaaraa kan Tigraay waliin waldhibdee qaban, akka hin waraanne mirkaneessuu barbaachisa kan jedhuudha. Qabxiilee kanarratti waliigalteerra gahuun danda'amee, jijjiramnis dhufe.

Garuu gareen yeroo jijjiiramaa aangoo qabate waadaa sadeen kana hojiitti hiikuu dhabuun sodaafi shakkii hoggansa Tigraay biratti cimsaa deeme. Inumaatuu tarkaanfiilee faallaa ta'an fudhachuu eegale. Fakkeenyaaf araara Eritiriyaa waliin godhame keessatti hogganoota Tigraay hirmaachisuu dhabuun shira mootummoonni biyyoota lamaanii tumsa waraanaa uumachuun Tigraay haleeluuf itti qophaayamu akka ta'etti fudhatan. Abiyyi akkuma aangoo qabateen Tigraay dhaqee deeggarsa guddaa argate. Booda garuu yeroo adda addaatti haasaa hawaasa san mufachiisu gochuun balaaleffatamuu eegale. Keessattuu Waxabajjii 2018 erga haleellaan boombii hiriira deeggarsaa isaaf waamame irratti godhamee booda, haasaan dallansuun taasise muftoo hamaa uume. Kun ammoo qondaalonni TPLF gariin yakka kaleessa hojjataniif itti gaafatamummaa jalaa bahuuf bobaa ummata Tigraay jalatti akka dhokataniif carraa kenneef. Gochaafi jecha shiraa garagaraatiin dubbii daran hammeessan.

Bifa kanaan wal shakkiifi qoccolliin qondaalota Tigraayfi kan federaalaa dhawaataan hammaataa deemte. Toora nuti hidhamuuf jennu san mootummaan federaalaa filannoo dabarsuuf yoo murteessu, Tigraay ammoo geggeessuutti cichite. Miidiyaan wal doorsisuun ifatti jabaate. Lola as deemaa jiruufis waraana cimsachuufi tumsa jaarrachuun cime. Yeroon mana hidhaa Poolisii Federaalaa ture san qondaalli mootummaa tokko dhufee osoo haasofnuu "yeroo gabaabaatti Tigraay waliin lola seentu, gaafas olola nurratti godhaa jirtan irraa haara galfanna" jedhee itti qoose. Qondaallis "ati ammas waa'uma lolaafi jeequmsaa yaadda. Biyyi nagaya qabdi. Tigraay afaaniin malee lola hin eegaltu." Anis "ni agartaa eegi. Akkam yoo dheerate ji'oota muraasa keessatti dhooya" jedheen. Gaafni sun ji'a Hagayyaa ture.

Qaallittii erga geeffamnee booda dubbiin hammaachaa akka dhufte Raadiyoo irraa hubachaa turre. Lolli dhoohuuf guyyoonni muraasni yoo hafu, gara mana murtii yeroo geeffamnu daandiirratti balaan nurra gahuu waan maluuf akka hafnu gorsi qaamota nageenyaa keessaa icciitiin nu dhaqqabe. Nurratti balaa buusuun lola eegaluuf yaadamus shakkii dhageenye. Ganama mana murtii deemaa jedhamne. Wanti kun odeeffannoo dura arganneen walitti dabalamee shakkii keenya cimse. Qaamoleen nageenyaa mana hidhaa keessaa ajajamuu isaanii malee deemsa keenyatti gammachuu akka hin qabne gurra nu buusan. San duras mana murtii yoo nu geessan shirri akka yaalamaa ture nuuf himaa turan. Kanarraa kaanee "sababa sodaa nageenyaan mana murtii dhaquu hin barbaannu. Yoo tasa balaan wahii nurra gahe biyya ofiifuu afaan wal waraansaa geessetti balaa biraa uuma" jechuun xalayaa mana murtiitiif barreessine. Abbootiin seeraas nuuf hubatan. Borumtaa sanii Wallaggatti lammiileen Amaaraa jumlaan fixaman oduun jedhu miidiyaan himame. Walgahiin paarlaamaa federaalaa boohichaafi dallansuu miseensotaatiin goolame. Nutis lolli guyyoota muraasatti akka eegalu jala murree eegutti seenne.

Sadaasa 4, 2020 hirribni nu didee Baqqalaa waliin osoo Televiziyoona laalaa jirruu jiddduun MM Abiyyi Ahmad gadi bahee waa dubbate. Wanti san dura Televiziyoona irraa laalaa turres dokumantarii olola farra TPLF waan tureef kan Abiyyis qaamuma saniitiin dhiyaate seene. Garuu daqiiqaa muraasa booda ammas irra deebisan. Raayyaan Ittisa Biyyaa Ajajni Kaabaa rukutamuu ibsuun lola labse.[28]

Sagalee xayyaarota nu gubbaa dabraniis dhagayaa bulle. Haala kanaan lolli sodaannee hambisuuf yaalaa turre akka dhooye beekne.

Lolli akkuma eegaleen guyyoota muraasa keessatti namni anaafi mootummaa jidduu ergaa deddeebisu tokko dhufe. "Wayyaaneen deebitee aangoo qabachuu feeti. Akkuma kaleessa ariite ammas mootummaa gargaari" naan jedhe. Ani "lakkii lolli kun akka hin dhufne hamman ifaaje beekta. Har'as taanaan qaama lola kanaa ta'uu hin barbaadun" jedheen. Namichis "mee maal nu gorsita" naan jedhe.

"Erga lolatti seentanii dafii meeshaa isaan fudhatan barbadeessaa Tigraay keessaa bahaa. Guyyoota diigdamaa hanga ji'a tokkoo keessatti bahuu baannaan lola riphee lolaa eegalu. Kanaan ammoo achitti isin hidhu. Kasaaraa waraanaa

28 Mootummaan Federaalaa jalqabamuu lola Tigraayiif haleellaa Raayyaa Ittisa Biyyaa Ajaja Kaabaa irratti raawwatame akka sababaatti yoo dhiheessu, TPLF immoo haleellaan sun, lola itti dhufaa jiru irraa dandamachuuf tarkaanfii ittisaa fudhatan akka ta'etti dhiheessu turan. Boodarra ammoo Ajaja Kaabaa akka hin haleelin haalutti seenan. Garuu haleellaan Ajaja Kaabaa sun taatee tasa uumame osoo hin taane, kan gamni lamaanuu yeroo dheeraaf itti qophaa'aa turuu isaanii quban qaba. Hagayya 2018 akkuman biyyatti deebi'een marii qondaalota federaalaa waliin taasifne tokko irratti loltoonni Ajaja Kaabaa bakka tokkoo gara biraatti akka hin sochooneef siviilota fayyadamuun karaan akka itti cufamu dhagahee ture. Dhimma kana qondaalota TPLF yeroo gaafadhu, ajajichi meeshaa waraanaa qabatee akka bahuuf yoomuu akka hin hayyamne mamii malee natti himaa turan. TPLF lolaaf dhaadachaa kan ture meeshaa Ajaja Kaabaa harka jiru kana akka dhuunfatu waan abdateefi.

qofa osoo hin taane dhiibbaa dippiloomaasii hamaatu isin mudachuu mala. Tigroonni saba bicuu (minority) waan ta'aniif akkasumas gaafa aangoorra turan qunnamtii dippiloomaasii cimaa waan uumataniif lolli yoo dheerate gaaga'ama ummatarraan gahe addunyaan cal'isee hin laalu" jedheen.

Lolichi saffisa ajaa'ibaatiin deemee mootummaan federaalaa Maqalee qabadhe jedhee injifannoo labse. Muummichi Ministeeraa Maqalee dhaqee deebi'ee Paarlaamaa irrattis dhiyaatee injifannoo cululuqaa goonfachuu ibse. "TPLF daaraa qilleensarratti bittinnoofteedha" jedhe. Haasaa isaa san yoon laalu dubbii Pireezidaantiin Ameerikaa duraanii George Bush, bara 2003 gaafa Iraaq weeraranii waraanni isaanii Saadam Huseen ari'ee Baagdaad qabate taasisan na yaadachiise. Pireezidaantichi doonii waraanaa gubbaatti bahee "Mission Accomplished (Kaayyoon Galma Geesse)" jechuun lolli injifannoon goolabamuu labsee ture. Lolli Iraaq garuu san booda hammaate. Humnoonni Iraaq tooftaa riphee lolaa madaqfatanii biyya akeeka Ameerikaan Saadam buuftee sirna dimokraatawa mootummaa ishiif aantummaa qabu jaaruu fashalsan. Waraanni Ameerikaa lola waggoota saddeetiif taasiseen lubbuu namoota kum afur caalu aarsaa godhee, maallaqa doolara tiriiliyoona tokko itti qisaasee, ijibbaatee gadi lakkisee bahe.

Labsii injifannoo Abiy san dura, akkuma lolli jalqabeen ani barruu takka katabee icciitiin mana hidhaatii baasee maxxanseen ture. Barruu kanaanis akkamitti siyaasa cehumsaa sirritti hoogganuu dadhabuun lola kanatti akka nu geessen xiinxale. Saffisaan dhaabbachuu baannaan lola dheeraafi kasaaraa biyyoolessaa fiduu dandahu akka ta'en barreesse. Abiy lolli Tigraay injifannoon goolabamuu erga labsee guyyoota muraasa booda namni naafi mootummaa jidduu deddeebi'u sun dhufee barreeffama ani maxxanses qeeqee, "agarte mitii gargaarsa keessan malee Wayyaanee daakuu bubbeen fuute goone" jedhee jecha muummichi paarlaamaa irratti fayyadametti dhimma bahee natti of jaje. Anis "baga milkooftan, garuu akka ani laalutti lola boqonnaa tokkoffaatu xumurame, boqonnaan lammaffaa amma eegale. Osoon isin ta'ee dafeen jara Wayyaanee waliin mari'adhee (negotiation) naannicha keessaa baha" jedheen.

Innis "ati ammas Wayyaaneen du'aa kaati jettee sodaattaa? Dhumee bar. Hoogganootaafi jeneraalota dhuman miidiyaan hin dhageessuu?" Naan jedhe. Anis "nan dhagaya garuu dhimmichi dhimma Wayyaanee osoo hin taane dhimma sabboonummaa Tigraayi. Jaarmaa siyaasaa kuffisuun danda'ama ta'a. Sabboonummaa mo'achuun cabsuun hin danda'amu. Keessattuu sabboonummaa saba xiqqaa daangaa maraan diinaan marfamee sodaa lafarraa dhumuu (existential threat) itti dhagayamu cabsuun rakkisaa natti fakkaata. Sanirraan Wayyaanees taanaan muuxannoo loltummaafi hidhata dippiloomaasii waggoota afurtamii shanii qabu. Akkanatti laayyotti takkumaan injifatamaniil waan diigaman natti hin fakkaatu" jedheen. Kanumaan adda galle.

San booda qondaalota siyaasaafi waraanaa Tigraay kan biyya keessaafi dirree waraanaarraa qabaman mana hidhaa Qaallittii fidan. Akka fiduu hedaniifi mooraa eegdonni kiyya keessa jiran geessuu akka yaadan dursinee waan dhageenyeef ijoolleen gaafa jarri dhufu kabajaan akka simatan gorsine. Kana kan gooneef naatoo namummaa qofaaf hin turre. Qondaalonni kun gaafa aangoorra turan ummata keenyarraan miidhaa hamaa geessisaa turuun ni beekama. Ijoolluma nu waliin hidhaa turan keessaayyuu kan qondaalota dhufaa jiran keessaa tokko miila cabsetu jira. Ta'us har'a erga dabareen hidhamuu isaan gahee miidhuun haaloo bahuu osoo hin taane caallee argamuun kunuunsinee isaan irraa adda ta'uu keenya agarsiisuu qabna jenneeti.

Gaafa fidan galgala dukkanaan seensisan. Ijoolleen teenya siree irraa bu'anii jaarsoliif gadi lakkisanii raffisan. Nyaata hamma qabanis kennaniif. Borumtaa bulchiinsa mana hidhaa yaamnee "qondaalota kanneen badii isaanii kaleessaa laaltanii hin miidhinaa. Adabbiin gaariin isaanirra caalanii argamuudha. Adabbiin ol'aanaan kan sammuuti. Gariin qondaalota kanaa umriin dulloomoodha. Miidhuurra kunuunsutu Rabbi birattis jaalatamaadh" jennee amansiifneef.

Qondaalonni kun dhufuun isaanii haala lolaa irratti odeeffannoo wayyaa akka argannu nu gargaare. Mooraan nuufi isaan itti hidhamne gargar waan tureef xalayaafi namarraan odeeffannoo waliif dabarsuun hubannoo argachuu dandeenye. Baay'een isaanii umriinis kan deemaniifi yeroo lolaas gammoojjii keessatti miidhamanii waan turaniif, namoonni nu gaafachuuf dhufan nyaataafi uffannaa barbaachisu isaaniifis akka geessan gochaa turre. Nuti hayyama mana murtiitiin nyaanni guyyaa mara mana dhuunfaa keenyaatii nuuf gala ture. Isaanis mana murtii gaafatanii akka hayyamamuuf gorsine. Bulchiinsi mana hidhaas garaa laafee mirga nuuf hayyaman mara isaaniifis akka hayyaman amansiifneef.

Lolli Tigraay kan mootummaan yeroo gabaabaa keessatti xumuruu hawwe Maqalee qabachuu qofaan goolabamuu hin dandeenye. Raayyaan Ittisa Biyyaa Maqalee dhuunfatee ji'oota muraasa keessatti riphxee loltummaan cimaa dhufe. Miidiyaaleen mootummaa dhoksanis Tigraay keessa lolli hamaan godhamaa akka jiru maatii hidhamtoota Tigraayiifi dhaabbilee gargaarsaa achi jiran irraa odeeffannoo argachaan ture.

Gaafa tokko namni anaafi mootummaa jidduu dubbii deddeebisu na gaafachuuf dhufe. "Haala Tigraay keessa jiru quba qabdaa?" jedhee gaafannaan "homaa amma nageenyi bu'eera Qondaalonni TPLF hedduun dhumanii kuun badaniiru" naan jedhe. Itti kofleen "riphee loltummaan ani si akeekkachiise uumameera. Deeggarsa addunyaa cimaa argachaa jiru. Raayyaa Ittisa Biyyaa achi jiru dadhabsiisanii jiru. Yoo akkam fagaate ji'oota sadii hanga jahaa keessatti Maqalee deebisanii dhuunfatu danda'u" jedheen. Inni garuu "sirumaa waan danda'amu miti" naan jedhe. "Tole walumaan ilaalla" jedheenii addaan baane. Yeroon kana haasayaa turre jalqaba ji'a Caamsaa bara 2021 ture.

Yeroon ani tilmaame dursanii TPLF ji'a Waxabajjii keessa Maqalee qabatanii, daangaa dabranii Walloofi Naannoo Affaar seenan. Ammas namni sun deebi'ee dhufee "akkuma ati jette jarri jabaattee dhuftee jirti. Finfinnee qabachuu barbaaddi. Diinni ati kaleessa ariite yoo deebitee aangoo qabachuuf deemtu akkamitti caldhiftee laalta?" naan jedhe. Anis "lakki furmaanni jiru mariin nagaya buusuudhan" jedheen. Innis "jarri nagaan furuu hin barbaaddu. Aangootti deebi'uu barbaaddi. Qeerroon ka'ee waraanatti makamee ittisuu qaba" jedhe. An ammoo "Qeerroon kami? Kan fixxan, kan hiitan moo, kan bosonatti galchitanin?" jedheen. Itti dabalees "amma Qeerroos ta'e Oromoon lola kana keessa seenuun faayidaa hin qabu. Nagayaan furaa. Nagayaan furuuf qophii taanaan waan danda'ameen gargaaruuf an qophiidha" jedheen. Namichis kanuma narraa dhagayee deeme.

Lolli gaduma siqaa dhufuun Magaalaan Dasee qabamte. Ammas namni sun dhufee dubbiin hammaataa akka jirtuufi aangonis Oromoo harkaa akka bahuu heddu, biyyis akka diigamtu dubbate. "Maal wayyaree?" jennaan "mootummaan hidhaa si haa baasu, aangoos siif haa kennuu bahii gargaari" naan jedhe. An ammoo "lakkii, ani Rabbiinuu sababaaf lola kana keessaa na hambise. Ammas hirmaachuu hin barbaadu. Falli jiru nagaan furuudhan" jedheen. Hedduu na amansiisuu yaalee ta'uu didnaan deebi'ee deeme.

Yeroo kanatti ani haalli yaaddessaa ta'aa waan dhufeef qaamoleen addunyaa (international community) dubbii lola Tigraay kana keessatti hirmaataa turaniifi warra TPLF waliinis qunnamtii uumee odeeffannoo argachaan ture. Bakka bu'oota hawaasa addunyaatiif, xiinxala haala lolli kun itti dhumuu maluu fi waan itti aanee dhufu na gaafatanii ergaafiin ture. Ejjannoo kiyyas irra deddeebi'ee qaama hundattuu himaan ture. Dubbiin mariin dhumuu baannaan balaan biyyi diigamuu akka dhufuu danda'u irra deddeebi'ee ibseef.

Marii jara TPLF waliin gooneen wantin hubadhe, xiiqiifi muuxannoo qabaniin lolaan ol'aantummaa argachaa haa dhufan malee karoora siyaasaa akka hin qabneedha. Lolaan mo'atanii Finfinnee osoo qabataniiyyuu itti aansee waan gochuu qaban irratti akka itti hin yaadin hubadhe. Waan bara 1991 raaw'atan san bara 2021 ttis irra deebi'uuf yaa hawwan malee karoora, tarsiimoo, jaarmayafi hoggansa bara 1991'tiin wal gitu akka hin qabne naaf gale. Kana jechuun haaloo bahuuf Finfinnee seenuu yoo taate malee tasgabbiin akka hin bulchine ifa ture.

Bara 1991 paartii cimaa saba isaanii qofa osoo hin taane kanneen biroos bulchuuf gahumsa qabu waggoota muraasa dursanii ijaarratanii dhufan. Waraana cimaa sirna Dargii jigsu qofa osoo hin taane biyyas to'atee tasgabbeessuu danda'u qaban ture. Hoggansa Mallasaa jalatti beekumsa, tokkummaafi muuxannoo gahaa waliin dhufan. Bara 2021 garuu paartii dullacha tortore, kan keessoon isaa hororoqe, kan waggoota diigdamii torbaaf ummata hifachiisee fudhatama (legitimacy) dhabeen socho'aa turan. Waraanni isaanii hoggansa muuxannoo qabuufi loltoota sabboonummaa finiinaan oofamaniin gargaaramuun injifannoo goonfachaa dhufus tokkummaa, naamusaafi siyaasaan masakamaa akka hin jirre sirritti mul'ata ture.

Qunnamtiin qondaalota isaanii garagaraa waliin godhaa tureenis shakkiin kiyya kun naaf mirkanaaye. "Mee yoo Finfinnee geessan maal gootu?" gaaffii jedhuuf deebii wal dhahaa (conflicting) dhiheessaa turan. Dura "Finfinnee seenuu hin barbaannu" jechaa turan. Erga Dasee gahanii booda ammoo "mootummaa cehumsaa ijaarra" jedhan. Jidduma san qondaalli isaanii tokko wixinee mootummaa cehumsaaf ta'u hayyoota Oromoo biyya alaatiin qophaaye jedhame natti erguun yaada kiyya na gaafate. Ani garuu wixinee Oromoonni biyya alaa qopheessan jedhu sanirratti yaada kennuu hin barbaanne. Karooraafihawwii warra TPLF kallattimaan beekuu barbaade. Wixinee ofii qopheessan akka naaf ergan gaafadhus akka hin qabne naaf himan. Kanaafuu wixinee cehumsaa tokko qopheessee ergeef. Qabxiilee hamma tokko irratti waliigalanis, akkuman ani dursee shakke, dhimmoota jajjaboo garii fudhachuu didan.

Dhimmoota kana keessaa tokko waa'ee Raayyaa Ittisa Biyyaati. Wixinee kiyya keessatti Raayyaan Ittisa Biyyaa amma jiru haaromsi godhameefii itti fufa kan jedhutu jira. Isaan yaada kana fudhachuuf mamii agarsiisan. 'Waraana yakka namoomaa raaw'ate waan ta'eef diigamuu qaba" yaada jedhu qaban ture. Kun gama keenyaan fudhatama akka hin qabnen itti hime. Kanaafis sababoota laman kaaye. Kan duraa, dhaabbata waraanaa muuxannoo qabu diiguun haaraa ijaaruuf yaaluun kuufama muuxannoo, beekumsaafi aadaa jaarmaya biyyoolessaa qisaasuudha. Raayyaan bara Dargii ture guututti erga diigamee booda, jaarmaya saniin wal gitu ijaaruuf waggoota hedduu fudhate. Yeroo jijjiiramni siyaasaa dhufe mara waraana ture diigaa deemuun adeemsa biyya ijaaruu (nation building) kan duubatti harkisuudha. Kanaafuu waraana amma jiru diiguurra haaromsuu wayya kan jedhu ture.

Sababni lammataa, RIB amma jiru diigamnaan, akkuma bara 1991, waraana garee tokkootu kan biyyoolessaa taaasifama. Kun ammoo madaala humnaa saboota jidduu jiru faalleessa. Kun ammoo ol'aantummaa garee fi saba tokkoo deebisee fida. Komii kanarra aanuuf akkuma kaleessaa namoota aantummaa saba ofii fi muuxannoo loltummaa hin qabne qondaala waraanaa gurguddaa godhanii muuduun, ol'aantummaa garee tokkoo deebisuuf karoorfachuu malu jedheen shakke. Kun ammoo sadarkaa dammaqiinsa sabootaa amma jiruun fudhatama waan hin qabaanneef jeequmsaa fi kufaatii biyya fida jedheen sodaadhe.

Kanaafuu tolus badus RIB amma jiru haaromsa (reform) bara 2018 booda hamma tokko godhameen sab-daneessummaa calaqqisuu danda'eera. Qondaala waraanaa sadarkaa jiddu-galaa (mid-rank officers) ta'e kan akka ajajaa kumaafi koloneela dhaqqabsiisuuf yoo xiqqaate waggoota diigdamaa caalaa fudhatu mala. Waraanni amma jiru diigame jechuun qondaalonni kun ni bittinnaa'u. Kun ammoo saboonni akka Oromoofi kanneen biroo RIB haaraa jaaramu keessatti gartuulee akka Tigraay kan qondaalota muuxannoo yeroo dheeraa horatan qaban waliin wal madaaluuf waggoota diigdamaa ol itti fudhata jechuudha. Waggoota

427

hammasii keessatti ol'aantummaan waraanaa kun ol'aantummaa siyaasaafi diinagdee kan waggoota diigdamii torbaaf argaa turre deebisuu mala jedheen falmeen. Isaanis "hayyee qondaalota yakka hamaa hin raawwatin tursiisuu dandeenya" naan jedhan. Dhimmoota kanaafi kanneen biroo wixinee cehumsaa keessatti hammataman irratti osoo mari'annee hin goolabin haalonni jijjiraman.

Loltoonni Tigraay injifannoo argachaa magaalaa Finfinneetti akkuma dhihaachaa dhufaniin, qabiyyeen haasawni hogganoonnoi isaanii gama miidiyaan dabarsan miira oftuulummaafi haalootin kan guutame ta'uu eegale. Jechoota "eenyu waliin mari'anna?, herrega walirra buufna" jedhan faffadamuun isaanii, osoo mikaa'anii mootummaa Abiy garagalchaniiyyuu, biyyattiin gaaga'ama hamaa keessa akka galtu shakkiin qabaachaa ture daran hammeesse. Yaaddoo koo kanas qaamota hawaasa addunyaa dhimmichi ilaallatuuf beeksisaa ture.

Marii isaan waliin godhaa ture irratti hundaayuun yaada kiyya yeroo yeroon dippiloomaatota dhimmicha hordofaniif ergaan ture. Cuunfaan yaada ani ergaa turee haala qabatamaa amma jiruun humnoonni Tigraay dirree lolaatti milkaayanis, karooraafi tarsiimoo siyaasaa biyya bulchuuf dandeessisu hin qaban. Kanaafuu mariifi waliigaltee qaamota siyaasaa biraatiin waliin godhamu irratti hundaayuun karooraafi tarsiimoon waloo bakka hin jirretti, waraanni Tigraay Finfinnee seenuun biyyattii gaaga'ama diigamuutti (disintegration) geessa kan jedhu ture.

Marii dippiloomaatotaafi warra Tigraay waliin godhaa ture kana Prof.Mararaa kan yeroo sanitti Ameerikaa turan waliin irratti mari'achaa deemne. Waan jarri jedhaniifi deebii keenyas irratti mari'annee ejjannoo waloo uumuuf yaalaa turre. Hayyootaafi qondaalota waraana mootummaa muraasas qunnamuun waan jedhamaa ture hireefi yaaddoo isaaniis fudhachaa ture. Cuunfaa marii hoogganoota Oromoo garagaraa waliin gochaa ture irratti hundaayuun ejjannoon Oromoo maal akka ta'e dippiloomaatotaaf himaan ture. Mariiwwan kanaafii odeeffannoo biroo irratti hundaayuun gara lolli sun itti deemuu malu (scenarios) kaayee, tarkaanfilee fudhachuu dandeenyus tarreessuun xiinxala dheeraa tokko barreessee hayyoota muraasa, hoogganoota paartilee siyaasaafi ajajoota WBO'f dhoksaan erge.

Gaafa TPLF Shawaa Roobit to'atte, namni dubbii mootummaaf ana jidduu deddeebisu dhufe. Dubbiin saffisaan badaa akka jirtuufi yoo xiqqaate Oromiyaa akka hin seenne ittisuu akka barbaachisu, kanaafis qophiin godhamaa akka jiru naaf hime. Anis bahee fedhu pireezidaantummaa Oromiyaa ykn sadarkaa federaalaatti aangoon barbaade qabadhee akkan ummata kakaasee Ittisa Oromiyaa irratti hirmaadhu na gaafate. Ejjannoon kiyya garuu kanuma duraa san ta'e. Guyyoota itti aanan namoonni biroos dhufanii kanuma natti waywaatan. Ani garuu lolli Oromiyaas ta'ee kan Tigraay mariin akka dhumu shoora taphachuuf qophii akkan ta'e irra deddeebi'ee himuun, gara kamiiyyuu dhaabbadhee lola keessatti ummata naquu akkan hin barbaanne jala muree itti hime. Ani bahee gara mootummaa goruun ibidda belbelaa jirurrattis gaaza naquu akka ta'e ibsee ejjannoo kiyyatti ciche. Kanuma jidduutti waraanni Tigraay of duuba deebi'aa akka jiru maddeen tikaafi dippiloomaatotaa irraa dhaamsi na gahe. Borumtaa isaa MM Abiy miidiyaan bahee qaamaan lolarratti hirmaachuuf dirree waraanaa deemuuf akka murteesse dubbate. Waraanni Tigraay Finfinnee qabachuu hanqatee of duuba deebi'e. Waldhibdee jiru mariin furiifis carraan baname.

Yeroo waraanaatis ta'ee achi booda, ka'uumsa wal dhabdee irraa bilisa of gochuufi isa biraatti quba qabuun ni mul'ata ture. Haa ta'u malee, wal dhabdeen siyaasaa gara waraanatti deemuu isaatiif muumichi ministeera akka hogganaa biyyaatti itti gaafatama ol'aanaa qabaatus, hoggansi TPLF illee shoora ol'aanaa gochuu isaa dhugaa kallattiin taajjabeedha. Beektonni Amaaraa jibba TPLFfi federaalizimiitiin machaa'an wal dhabdeen TPLFfi mootummaa federaalaa akka hammaatuuf beenzila itti firfirsaa turan. Haaloo TPLF bahuuf karoora waggaa dheeraa kan qabaataa ture mootummaan Eertiraa mootummaa federaalaatiif tumsa waraanaa akka godhu akeekuudhaan ganamumaan onnachiise. Humnoonni alaa sababa Hidha Haaromsaatiin muumicha ministeeraa akka gantuutti waan ilaalaniif hoggantoonni Tigraay gara waraanaatti akka seenan dhiibaa turan. Kun hundi walitti ida'amuun wal dhabdee silaa mariidhaan dhumu malu kulkulchee waraana kasaaraa namoomaa, siyaasaafi diinagdeef isaan saaxiletti galche.

KUTAA KUDHA TOKKO: HIDHAAN BOODA

11.1. Hiikkamuu

Gaafuma qabamnerraa kaasee, yoo lubbuun baraarre, erga filannoon dabre booda gadi nu dhiisu jedhee tilmaameen ture. Caasaan odeeffannoo qabnus kanuma mirkaneesse. Gaafa tokko Muummichi Ministeeraa, Prof. Mararaa Guddinaan yeroo wal arganitti, "Namoota lamaa sadi malee hidhamtoota siyaasaa hunda isiniif hiikna" jechuun filannoo akka seenan amansiisuuf yaalee ture. Dhimma hiikkamuu kiyyaa akka itti hin kaafnes akeekkachiise. Piroofeesar garuu nuti hiikkamnu malee KFOn filannoo akka hin seenne jala muree itti hime. Jechi Abiyyi sun filannoo dura akka hin hiikamne shakkii qabaachaa turre mirkaneesse.

Akkuma boqonnaa dabre keessatti ibsame adaduma lolli Tigraay hammaatee gara Finfinnee siqaa dhufeen, warri mootummaa bahee yoon isaan gargaare akka gadi na lakkisan akeekaa turan. "Bahee nutti garagala" shakkiin jettus jabduutu ture. Deeggartoota isaanii keessaayis bahuun kiyya mootummaa akka fayyadu qondaalota ol'aanootti waywaachaa akka jiran dhagayaan ture. Bahuun kiyya dhihaachuu isaa odeeffannoon waan bahuu eegaleef namoonni dura hidhamuu kiyyatti gammachuu ibsachaa turaniyyuu gariin dhufanii nu gaafachuun kuun ammoo dhaamsaan nu jajjabeessuu eegalan. Adada waraanni Tigraay gara Finfinneetti gadi dhihaataa dhufeen balaan nurra gaha sodaan jedhu cimaa dhufe. Maatii keenya dabalatee, mootummoonni biyya alaafi qaamoleen mootummaas shakkii ibsachuu eegalan. Marsaalee hawaasaa keessattis, garee kana ykn kanatu balaa irraan gahuuf qophaayaa jira hamii jettu cimaa dhufte.

Humnoonni Tigraay warra Eritiriyaatti quba qabu. Warri mootummaa ammoo "Wayyaanee"fi "Shaneen" balaa buusuu malu jedhu. Nuti balaa garuma fedherraa dhufuu malurraa of baraaruuf mana murtii dhaquu didne. Manni murtii dubbii hubachuun bakka nuti hin jirretti dhimmi keenya akka laalamu murteesse. Akka seeraatti bakka himatamaan hin jirretti dhimmi isaa hin laalamu. Nuti garuu mana hidhaa turre. Abbaan Alangaa seera kana kaasee akka dirqamaan mana murtii geeffamnu mana murtii gaafate. Abbootiin seeraa dhimma keenya laalan garuu yaaddoo keenya hubachuun murteessan. Gaafasitti nuufi manni murtii erga wal hubachuu eegallee bubbullee turre.

Lolli dhihaachaa dhufee Shawaa Roobit qabamtee hidhamtoonni mana hidhaa federaalaa achi keessa turan gara biraatti jijjiiraman. Yeroo kana komishiinaroota mana hidhaa yaamnee dubbifne. Shirri aggaammiin adda addaa odeeffamaa waan jiru ibsineefii, keessattuu adada lolli kun Finfinneetti dhiyaatuun humnoonni garagaraa balaa nurraan gahuun jeequmsa biyyaa hammeessuu waan malaniif nageenya keenya mirkaneessuuf qophii akkamii akka qaban gaafanne. Isaan garuu dhimmicha laaffisanii akka laalan hubanne.

Kanarraa ka'uun "rakkoon tokko nurra geenyaan itti gaafatamaan isin qondaalota nu fuuldura jirtan mataa keessani. Kana ummanni akka beeku goonee jirra. Kun ammoo mataa keessan qofa osoo hin taane maatii keessaniif balaa qaba" jennee doorsifne. San booda isaanis dhimmichaaf xiyyeeffannoo guddaa kennan. Yeroo yeroon odeeffannoo wal jijjiiruun yoo tarii lolli magaalattiitti seene tarkaanfii fudhatamuu qabu irratti karoora waloo baafanne. Qondaalonni sun eegumsa cimsuu bira dabranii ofiifuu mooraa san buluu eegalan. Keessattuu Itti Aanaan Komishiinara Amala Sirreessaa Federaalaa Mulaat jedhamuufi Itti gaafatamaan eegumsa mana hidhaa Qaallittii kan Inspeektar Dirribaa jedhamu nageenya keenya kallattiin to'achuuf mooraa mana hidhaa buluu jalqaban.

Naannawa mana hidhaa sanitti gareeleen hidhatan mana kireeffachaa jiran jechuu dhageenyaan of eeggannoon cime. Kana jidduutti galgala tokko erga hidhamaan alaa galee booda humni konkolaataafi yuuniformii Poolisii Federaalaa uffate bulchiinsa Qaallittii osoo hin beeksisin karra guddicha dabree seene. Akkuma seenaniinis "iddoon Jawar faan jiran kami" jechuun gaafatan. Karaa mana 6ffaa nuti jirruu yoo qajeelan, eegdonni dhoowwuu yaallaan konkolaataa irraa bu'anii miilaan itti fufan.

Yeroo kana eegdonni mana hidhaa Inspeektar Dirribaan hoogganaman dura dhaabbachuun osoo nu bira hin gahin duubatti deebisanii baasan. Booda yoo qorannu jarri dhufe sun beekamtii poolisii feederaalaa ala qondaala olaanaa jaarmaya basaasa biyyattii tokkoon akka ajajamanii dhufan dhageenye. Kanas maatitti himuun ummataafi dippiloomaatonni akka dhagayan goone. Aggaammiin kunis sodaa lubbuu keenyaaf ture jabeessuun akka nuti baanuuf gamaa gamanaan dhiibbaan akka cimu taasise.

Qondaalonni mootummaa Ameerikaa kan yeroo san wal waraansa Itoophiyaa dhaabsisuuf tattafataa turan akka nuti gadi lakkifamnuuf irra deddeebi'uun mootummatti dhiibbaa godhan ni cimsan. Pireezidaantiin Keeniyaa duraanii Uhuuruu Keeniyaataafi barreessaa ol'aanaan IGAD Dr. Warqinaa Gabayyoo dhimma lola Tigraay irratti mari'achuuf MM Abiyyi yeroo argan, Keeniyaataan gadi lakkifamuu akkan qabu ifatti Abiyyi gaafate. Yoo gadi lakkifame nageenya keenyaafi kan biyyaatiif gara Nairobi na geessuu akka danda'us waadaa gale. Dr. Warqinaanis gadi lakkifamuun kiyya lubbuu baraaruuf qofa osoo hin taane tasgabbii biyyaaf akka fayyadu himeef. Dhiibbaaf waywaannaan kun cimuun nu hiikuu irratti akka saffisamu godhe.

Gaafa tokko qondaalli mana hidhaa tokko dhufuun kophaatti na yaamee ergaa warra mootummaa naaf hime. Kunis nu gadi lakkisuuf akka murteessaniifi tasgabbiin akka eegnu kan jedhuudha. Namni biroos dhufuun dhihootti akka baanuufi hammasitti gama nyaataatiin akka summiin nu hin miine of eegaa nuun jedhe. Gaafa biraa ammoo manguddoonni lama dhufanii ergaa mootummaa qabna jedhan. Kunis "yoo baatee mootummaa qeequu baatte si gadi lakkifna jedhaniiru" naan jedhan. An garuu "dhimma Oromoo dubbachuu dhiisuu hin danda'u. Yoon afaan qabadheeyyuu jalaan baati. Kanaafuu nan callisa jedhee bahuurra turuu wayya" jedhee deebii kenneef. Isaanis na amansiisuuf waywaatanii hifannaan ofirraa deeman.

Itti aansee jaarsoliin biyyaafi gameeyyiin siyaasaa hedduu ta'anii dhufan. Abbaa Gadaa Goobanaa Hoolaafi jila isaa dabalatee, Obboo Galaasaa Dilboo, Leencoo Lataa, Diimaa Nagoo, Luba Ittafaa Goobanaa, Sheek Hajjii Ibraahim, Obboo Zagayyee Asfaawufi Aadde Makkiyyaa Maammiyyuu turan. Nutis gadi baanee dubbifne. Obbo Zagayyeen jila kana bakka bu'ee waan dhufaniif nuuf hime. "Mootummaan haal-duree tokko malee isin gadi lakkisuuf murteesseera" jedhan.

Warri hafanis wal duraa duubaan kanuma irra deebi'an. Nutis erga dhaggeeffanneen booda Obbo Baqqalaan dubbate. Jaarsota keessaa namni wahii "baatanii biyya tasgabbeessuuf mootummaa waliin hojjattu" jedhee waan tureef Baqqalaan dallanee "warra harka dhiigaa waliin akkamiin hojjadhaa nuun jettu? Barbaadan nu gadi haa lakkisan, didan haa dhiisan. Isaan waliin hin hojjannu" jedhe. Jarri ni nahan. Kanaafuu ani tasgabbeessuun barbaade. (Yeroo hedduu naafi Baqqalaan gaafa namootatti haasofnu yoo tokko dallane kuun laaffisuun madaala uumna ture).

Akeekuma kanaan yoon dubbadhu "duras mootummaatu yakka malee nu hidhe. Nuti hidhamaadha. Galgala seenaa jedhanii balbala nutti cufu. Ganama bahaa jedhanii yoo nurraa banan ni baana... Ni baana...Ni seenna. Ammas hidhaa bahaa jennaan ni baana. Waan waliin hojjachuu irratti nuti duris hoggansi mootummaafi mormitootaa waliin hojjachuutu nagaa buusa jechaa turre. Gara fuulduraa akkamiin eenyu waliin hojjanna kan jedhu dhuunfaan osoo hin taane akka paartiitti gaafa baane murteessina" jedheen. Abbaa Gadaa Goobanaatiin ammoo "isin as dhufuu hin qabdan ture. Abbootii Gadaa Karrayyuu jumlaan duguugamaniif osoo waan tokko hin dubbatin maal asii gootu?" jedhee itti dallane. Abbootiin Gadaa Karrayyuu torbanoota muraasa dura humnoota mootummaatiin ajjeefamanii ture.

Jaarsonnis dhaamsa mootummaa irraa fidan nuuf himanii keenyas dhaggeeffatanii deeman. Borumtaa isaa namni wahii dhufee "jaarsota mootummaan erge maaliif arrabsitanii ariitan?" jedhe. Ani garuu dubbiin akkasii soba akka ta'eefi sirnumaan dubbifnee akka geggeessine himeef. Achi booda torbaan lamaaf osoo homaa hin dhagahin turre. Tarii deebiin keenya jara mootummaaf ta'uu didee yaada nu hiikuu jijjiiran jennee dhiifne. Torbaan lama booda gaafa Jimaataa qondaalonni mana hidhaa seensa aduu sa'aa kudha tokko booda dhufanii meeshaa keessan qabadhaa ka'aa ni baatuu jedhan. Nuti dubbiin nu shakkisiifte.

Hidhamaan sa'aa hojiitti gadi lakkifama. Sa'aan hojii erga dhumee booda, keessattuu guyyaa Jimaataatiin, bayaa jechuun kun waan nu shakkisiiseef "boru ganama sa'aa hojiitti malee halkaniin hin baanu" jennee didne. Deddeebi'anii nu doorsisuu yaalan. Ammas dinnee ol seennee mana cufanne. Deddeebi'uufi doorsisuu yaaluun isaanii daranuu shakkii nu qabnu dabale. Gochi kun beekkamtii mootummaatiin waan ta'aa jiru nutti fakkaachuu dide. Akkuma torbaan lamaan dura maqaa poolisii federaalaatiin hayyama malee nutti seenuu yaalan, ammas sobaan gadi nu baasanii nu miidhuu malu shakkii jedhu qabna ture. Kanaafuu bahuu diduun yoo xiqqaate dubbiin hoggansa mootummaa ol'aanaa bira akka gahu feene.

Halkan toora sa'aa sadii mana keessa gallu cabsanii nutti seenanii dirqiin nu baasan. Baadhatanii na baasanii konkolaataa poolisii federaalaa na seensisuu yaalan. Ani konkolaaticha seenuu didee miilaan mooraa bahee daandii guddaa konkolaataa qabadhee miilumaan gara manaa galuuf yoon karaa eegalu, eegdota kiyya amansiisanii humnaan qabanii ol fuudhanii konkolaataa na seensisan. Manni hidhamuu kiyyaan dura keessa galaa ture, akkuma nuti hidhamneen osoo hin turin maatiin keessaa bahe. Kanaafuu manan itti galu waanan hin qopheeffatiniif fuudhanii waajjira Aaddee Makkiyyaa Maammiyyuu na geessan. Akka carraa ta'ee manni sun bara 1991 yeroo ABO'n biyya galu hoogganoonni isaa kan akka Nadhii Gammadaa, Jeneraal Waaqoo Guutuu, Galaasaa Dilboofi Guutamaa Hawaas fa'as achi qubatanii akka turan booda Aadde Makkiyyaan naaf himte.

11.2. Hiikamuun Booda

Barii ani hiikamerraa eegalee ummanni godina hundarraa nu gaafachuuf yaa'uu eegale. Jara mootummaa sodaa keessa galchuun jeequmsa akka hin kaasneef jecha ummanni yeroof akka hin dhufne karaa marsaalee hawaasaatiin dhaamsa dabarsine. Yeroo tokkotti baay'atee dhufuurra dabareen beellamaan akka dhufu godhame. Ji'a sadii oliif guyyuu ganama barii irraa hanga galgalaatti korma, tumaalessa, dhangaa garagaraa fi uffata qabatee dhufee dabareen na gaafachaa oolee gala.

Gaafa keessummoonni baay'een mooraa jiran achumatti sangaa/korma qallee nyaachifna. Gaafa namni heddduu hin jirre ammoo gurguramuun galiin isaa KFO'f akka seenu goone. Hoolaafi re'een guyyaatti kudhanii oltu dhufaa ture. Hoolaafi re'een kuma tokkoo ol akka dhufte ijoolleen eegdotaa natti himuu nan yaadadha. Hamma keessummonni nyaachuu danda'an qallee, kan hafe firoonniifi waahillan fudhatu. Hedduu ammoo gargaarsa Aadde Makkiyyaatiin ummata harka qalleeyyii nyaachifne. Toora ani bahuutti dhiyaadhe san wallisaa Yoosan Geetahun sirba Bulloo jedhu baasee dhageettii guddaa argatee ture. Kanaafuu farda bulloo viidiyoo sirba sanii keessatti mula'tu fidaa turan. Gara farda shaniitu dhufe. Nutis akka kunuunfamaniif Bishooftuutti nama bira keenye.

Tarii bahuu kiyyaan walqabatee mootummaa waliin atakaaroo keessa seenuufii jeequmsatti seenuu malla shakkiin jedhu kan namoota heddduuti ture. Jaarsoliin biyyaa, abbootin amantaafi hawwan gareen dhufanii tarkaanfii akkamii fudhachuu akkan yaade cina cinaan na gaafatu turan. Ulamaa'otni Hararongee Sheek Adam Tuulaan hoogganaman nama shantamaa ol ta'anii dhufuun ammaaf mootummaan walitti akka hin buune akkan obsaan eegu na gaafatan.

Ani osoon mana hidhaa jiruun yoon bahe atakaaroo keessa akkan hin seenne murteeffadhe. Sababni isaas yeroon ani bahe sanitti biyyi wal waraansa waggaa lamaatiin kasaaraa lubbuufi qabeenyaa guddaa dhaqqabsiise irraa reefu hafuura baafatti. Humnoonni Tigraayfi Federaalaa waliigalteen yeroof lola dhaabuu (temporary truce) irra gahanii turan. Garri lachuu yeroo dheeraaf olola lolaa hafarsaa turan laaffisanii waa'ee nagayaa dubbachuu eegalanii turan. Haala san keessatti ani sochii siyaasaa eegaluun dubbicha daran hammeessuu ta'a jedheen yaade.

Oromiyaa keessatti ajjeefamuu Haacaaluufi hidhamuu keenyaan booda WBOfi Mootummaa jidduu wal waraansi daran hammaatee ture. Lola dirree irra caalaa ammoo jibbi deeggartoota mootummaatiifi mormitootaa jidduu jiru hawaasa keessatti qoqqoodama (polarization) guddaa uume. Haala akkasii keessatti gaafan bahe shoora akkamii yoon taphadhe ummataafi biyyaaf faayidaa gaarii buusa jedhee heddduun itti yaade. Murtiinin irra gahes, bahee mootummaa abaaruun qoqqoodamaafi wal waraansa ture daran kan hammeessu ta'a jedheen ilaale. Dhageettii qabuun qoqqoodamni akka dhiphatuufi hafuurii nagayaa akka deebi'uuf yaaluutu irra faayidaa qaba. Kana ammoo gama miidiyaan osoo hin taane lafa jala qaamota dhimmi ilaalu waliin mari'achuun dhiibbaa uumuutu wayya ejjannoo jedhun qabadhee bahe.

Dabalataanis ji'oota kudha saddeetiif hidhaa yeroon turetti waan hedduutu jijjirame. Mana hidhaatti miidiyaa mootummaafi namoota nu gaafachuu dhufanirraa odeeffanno hamma tokko argannus xiinxala bilchaataa ejjannoo qabachuuf nu dandeessisu taasisuuf gahaa hin turre. Kanaaf hidhaa bahee kallattiinis ta'ee gara miidiyaan ummatatti dubbachuun dura qaamolee hawaasaa biyya keessaafi alaa, akkasumas hoggansa mormituufi qondaalota mootummaa dubbisuun ilaalcha, hubannaafi ejjannoo isaanii dhaggeeffachuun barbaade.

Kanarraa ka'uun qaamota hawaasa godinoota hundarraa dhufan waliin yeroo fuudheen haasayaa ture. Warra biyya alaa ammoo matayyaaf gurmuun gara intarneetaan mari'achiisuu danda'e. Qondaalota mootummaa kan siviiliifi waraanaatis bifa garagaraan argachuunin dubbise. Haala diinagdee, hawaasummaafi qor-qalbii gamaa gamanaa yeroo sana ture akka gaariitti hubachuuf na gargaaree ture.

Oromoo qofa osoo hin taane kanneen saba biroo waliinis mari'ataan ture. Marii kanaan haala qabatamaa jiru hamma tokko hubachuu danda'e. Sababa wal waraansaatiin dhiibbaan biyyoonni biroo dhimma siyaasaa Itoophiyaa keessatti qaban hedduu waan dabaleef kana beekuun barbaachisa ture. Kanaafuu ambaasaaddaroota Finfinnee qubataniifi dippiloomaatota daaw'annaaf dhufan simadheen marii bal'aa waliin taasisaa ture. Marii kanaanis hubannaafi ejjannoo biyyoonni garagaraa haala Itoophiyaa yeroo sanii irratti qaban hubachuun danda'e. Ilaalchaafi hawwii gama keenyaan jirus qabachiisuu yaalaan ture.

Sababni biraa cal'isuu itti filadheef Muummicha Ministeeraaf carraa nagaa buusuu hal'isuuf ture. Tarii mormitoota Oromoo irraa dhiibbaan yoo kan hir'atu ta'e lola Tigraayiifi Oromiyaa keessatti taasifamaa jiru mariin furuuf carraa bal'isaaf yaadan jedhun qaban ture. Kanaafuu ani bahee mootummaa qeequufi ummata kakaasuun dhiibbaa dabalataa itti uumuun qalbii hira jedheen sodaadhe.

Akkan hidhaa baheen qondaalli mootummaa dura argadhe Maarshaal Birhaanuu Juulaa ture. Kanin isa argadhe bahee guyyaa sadaffaatti. Maarshaal waliin alkallattiin yeroo qabsoo Qeerroo sanis walqunnamaan ture. Yeroo san haala Raayyaa Ittisa Biyyaa keessa jiru ilaalchisee odeeffannoofi gorsa garagaraa karaa adda addaan irraa argachaa turre.

Akkuma jijjiiramni dhufeen waa'ee barbaachisummaa ABO biyyatti galchanii araaramuu irratti warra bilbilaan amansiisuuf yaalaa ture keessaa tokko isa ture. Gaafas inni itti aanaa ajajaa Raayyaa Ittisa Biyyaa ture. Ergan biyyatti galees dhimma ABO/WBO'n walqabatuufi kanneen biroos yeroo hedduu waliin mari'achaa turre. Marii yeroo san taasisaa turre irraa, loltuu quuqama ummataa dhugumaan qabuufi nama yaada isaa ifatti himu akka ta'en hubadhe. WBO'n nagaan galee Oromoon akka tokko ta'uuf onneerraa yaale. Yeroo qondaalonni mootummaa biroo shira nutti xaxan inni hedduu nu gargaare.

Hidhamuu kiyya dura haasaa yeroo dhumaaf waliin gooneen akkan filannoo hin seenne na gorsee ture. "Ijoollee kanaan walitti buutu. Ati filannoo seennaan ni moo'amu. Kana waan beekaniif Oromiyaan jeequmsa hamaa keessa seenti "jedhee na amansiisuu yaale. Anis "jara kana waliin hojjachuuf hammam akkan yaale beekta. Amma ammoo isaanumatu karaa irraa maqee federaalizimii diiguun ummataafi biyya kanatti balaa fidaa jira. Sirna dimokraasii ummanni qabsaa'eef dhiisanii sirna abbaa irree haaraa ijaaruuf deemu. Oromoo tuffatu. Waan sabni kun waggoota shantamaa oliif aarsaa guddaa itti baasee goonfate balleessuu hedu. Ani ammoo san hin barbaadu. Kanaaf yeroo isaan carraa ummataaf biyyaa balleessan caldhisee laaluu hin filadhu. Saba kana filmaata (alternative) isa barbaachisa" jedheen itti hime. Kanumaan addaan baane. Ergan hidhameen boodas qondaalota hiikamuu kiyyaaf dhiibbaa godhaa turan muraasa keessaa tokko akka ture dhagayaan ture. Ergan bahee jaarsoliin dhufanii akkan isa dubbisu na gaafatan. Anis tole jedhee manguddoota waliin mana isaa dhaqne. Manguddoonni walitti nu dhiisanii bahan. Yeroo dheeraaf dheekkamsa guddaan natti dubbate. Muummicha ministeeraafi OPDO/Bilxiginnaa jaje. Badii hundi kiyyaafi kan mormitootaa akka ta'e dubbate.

Qooda sirna Wayyaanee kuffisuu keessatti OPDO'n taphatte ol kaasee dhaadhessee kanneen biroo gatii dhabsiise. Dhimma ajjeechaa Haacaaluu kaasee, wanti raawwatame akka odeessinu akka hin taane ibsuun, waan nun galchine keessa seennee hidhaaf of saaxiluu keenya hime. Dallansuu kana hunda buna haati warraa isaa gubba gubbaan naaf dabaltuun gadi dabarsaa dhaggeeffadhe. Sa'aa lamaa oliif erga inni naan lolee booda haati warraa irra deddeebitee akkan ani dubbadhuuf carraa akka naaf laatu itti himnaan, dabareen na gahe.

Ani dhimmoota dabranirratti falmuunii hin barbaanne. Qabsoo kaleessaa ilaalchisee seenaa kalaqaa (revisionist history) dubbatus, dhugaa ture, eenyu maal akka hojjate sirritti akka yaadatu nan beeka. Badii natti mureefis waakkachuus ta'ee ragaa ragaadhuma inni beeku tarreessee ofirraa ittisuu hin feene. Kanaafuu dhimmuma fuulduraa irratti fuulleffadhee dhaamsa mootummaaf qabu gama isaatiin dabarfachuu filadhe.

"Ani har'a kanin dhufe waan darbe irratti falmuuf miti. Dhimma muraasa sitti humuufin dhufen" jedheen.

Kunis;

Sadarkaa guddinaa Maarshaal argachuu keetiifi walitti dhiheenya dhuunfaa dur qabnurraa ka'ee gammachuu koo siif ibsuuf,

Dhimma ajjeechaa Haacaaluu irratti maatiin isaafi ummanni dhugaa beekuun sabrii godhuu (hirmii baafachuu) waan qabuuf, ammas taanaan qaama walabaatiin qorannaa geggeessuun barbaachisaa waan ta'eef gara keetiin mootummaa yaadachiisuuf,

Waan narra gahe kamiifuu mootummaa keessanirraas ta'ee qondaalota irraa haloo dhuunfaa (personal grudge) homaa akkan hin qabneefi ofirraa na shakkuun akka isin hin barbaachifne kara keetiin qondaalota birootti akka beeksisuufi

Biyyi wal waraansa karaa maraan jirurraa kan ka'e balaa diigamuu qarqararra jirti. Faca'uun biyyaa ammoo ammoo ummatoota biyyattiif kasaaraa guddaadha. Biyyi tun jiguun murna amma aangoo qabu qofaaf osoo hin ta'in hoggansa Oromoo maraaf salphina guddaadha.

kanaaf nagaa biyya kanatti deebisuun dhimma waan hunda dursu ta'uu qaba. Kanarratti anis waahillan kiyyas waan nurraa eeggamu bahuuf qophii ta'uu keenya isiniif ibsuufin jedheen. Dhaamsa kana dabarseefii nagaa itti dhaamee biraa deeme.

11.3. Carraaqqii Nagayaa

Mana hidhaarraa ergan bahee yaalii miidiyaaleen biyya keessaafi alaa ana dubbisuuf godhaa turan didaan ture. Ji'oota shan booda gaafan dubbachuuf murteessu, carraa duraa miidiyaa Ubuntu jedhamu kan joollee mana hidhaatti nu gaafachaa turaniin haaraa dhaabbateef kennuuf murteesse. Gaaffiif deebii kana kennuuf kan na kakaasee biyya alaa deemuuf qophaa'ee waanan tureef ejjannoo koo dursee ummata hubachiisuuf ture.

Marii qaamota garagaraa waliin ji'oota shanan hidhaa booda godhe cuunfee akkasumas dubbisa kitaabbileefi yaada yeroon mana hidhaa turetti tasgabbiin taa'ee of dhageeffachuu irraa burqe walitti dabaleen af-gaaffii kanaaf qophaaye. Waliigalatti ergaan ani dabarsuu barbaade biyya tasgabbeessuufi nagaa buusuun hojii waa hunda dursuu qabu akka ta'eedha. Dabalataanis biyya Itoophiyaa diigamuu irraa hambisuun Oromoofi saba biroofis dhimma murteessaa akka tahe cimsee dhaamuudha. Haala amma deemaa jiruun Itoophiyaan diigamnaan naannooleen walaba keessaa bahuu danda'an akka hin jirre ibsuun, bittinaa'uun Itoophiyaa, Oromiyaa dabalatee naannooleen marti diiigamuu keessoof akka isaan saaxilun akeekkachiise. Kana kan jedheef yeroo sanitti mootummaan federaalaa yoo diigames, akka Yuugoozlaaviyaatti ta'e san, saboonniifi naannooleen biyya walabaa jaarrachuu danda'u yaada jedhutu ture. Haala qabatamaa Itoophiyaan keessa jirtuun, kun akka hin damda'amne hubachiisuun barbaade.

Dhaamsi biraa ani dabarfachuu barbaade haala addunyaan amma keessa jirtuun wal waraansa keessootiin (civil war) wal mo'achuun akka hin danda'amne hubachiisuudha. Sababnis wal waraansi yeroo ammaa addunyaa irratti gaggeeffamu qaamota wal waraanan lamaan qofa osoon hin taane humnoota alaa hedduu kan hirmaachisu waan ta'eefi. Fakkeenyaaf dur, bara lola qabbanaawaa (Cold War) san, wal waraansi biyyoota guddataa jiran keessatti taasifamu biyyoota irree gurguddoo qaban lamaan (superpowers) gamaa gamanaa gargaarama. Kun ammoo gareen gargaarsa irra wayyaa argate akka injifatu carraa banaaf. Haala akkasii keessatti takkaahuu mootummaatu riphee lolaa cabsee biyya to'ata. Yookiin ammoo riphee lolaan mo'atee aangoo qabata ykn biyya fottoqseee biyya haaraa jaarrata.

Amma garuu yeroo biyya takka keessatti wal waraansi ka'e biyyoota hedduutu hirmaata. Jalqaba jaarraa 21ffaa kana, biyyoonni sadarkaa diinagdee jiddu galeessaa (middle income countries) gahan hedduutu jira. Biyyoonni kun naannoo isaaniitti ol'aantummaa diinagdee, siyaasaafi nageenyaa (geopolitical domination) uumachuuf jecha wal dorgommii cimaa keessa jiru. Karaa itti wal dorgoman keessaa tokko siyaasa keessoo biyyoota naannawa sanii keessatti olaantummaa goonfachuudha.

Yeroo lolli keessoo biyya takka keessatti eegalu gareelee wal lolan san gamaa gamanaa gargaaruun bifa isaan fayyaduun akka xumuramuuf yaalu. Kana jechuun wal waraansi sun falmii gareelee biyya keessaa lamaan qofa osoo hin taane kan biyyoota wal dorgomaa jiranii san ta'a. Hedduuminni biyyoota diinagdee jiddu galaa qabanii kun ammoo lolli godhamu xaxamaa akka ta'u taasisuun wal mo'achuus ta'ee araaramuuf rakkisaa godha. Wal mo'achuun hafee araaramuufuu hayyamni garee wal waraanan lamaanii gahaa miti. Osoo gareen wal waraanan lamaanuu araaramuuf fedhii qabaatanii, warreen duubaan gargaaran (sponsors) hayyamamoo tahuu baannaan baay'ee ulfaata. Wal waraansi biyyoota akka Siiriyaa, Yamaniifi Somaaliyaa keessaa xumura kan dhabsiise rakkoo kana.

Itoophiyaas carraan biyyoota kanaa akka hin mudanne hunduu carraaquu barbaachisan jedhe. Kana waan ta'eef anis nagaya buusuu keessatti shoora narraa eeggamu nan taphadha. Warra wal waraanu hunda Abiyyi, Dabratsiyoonis ta'ee Jaal Marroo waliin dubbachuun fedha. Garuu ammoo garee tokkoof tumsee kan biroo alagoomsuun lola labsuu hin fedhu. Rabbiin hidhaa sababa godhee wal waraansa waggoota lamaan dabranii akkan keessaa qooda hin fudhanne na taasise. Amma ergan hidhaarraa bahees taanaan lola kana keessatti hirmaadhee qooda fudhachuu akka hin barbaanne ibse.

Haasaa san sagalee hedduu laafaafi tasgabbaayaadhaanin dabarse. Akka dur ummanni itti na beekuun sagalee cimaafi dallansuun hin goone. Sagaleen na laafe kun qabiyyee yaadaa ani dabarseen yoo walitti ida'amu ummata keessatti gaaffii kaasuun ifa ture. Gaaffiifi deebiin sun dhimma ijoo marii guddaas ta'e. Gara Oromootiin irra caalaatti mormii kaase. Ummanni Jawaar bahee qabsoo finiinsa jedhee na eegaa ture. Faallaa sanii anaa nagaa leellisuufi dubbii qabbaneessuuf yaalaa jiru arguun afaanfaajjii keessa galche. Kun waanuman eegaa ture waan ta'eef hedduus nan ajaa'ibne. Itti aansee yaadotan gaaffiifi deebii san keessatti kaase daran babal'isee ummata mariisiisuuf gara biyya alaa imale.

11.4. Imala Galatoomaa

Ergan af-gaaffii Ubuntu irratti taasisee ji'a tokko booda hawaasa biyya alaa dubbisuuf "Imala Galatoomaa" jennee labsuun gara Awuroppaafi Ameerikaa Kaabaa qajeelle. Akeekni imala kanaa lama ture. Tokko ummata yeroo nuti hidhaa turre nuuf jecha cabbiifi aduu osoon jedhin ala oolee buluun sagalee nuuf tahaa tureefi kan maatiin keenya akka hin rakkanne deeggarsa barbaachisu godhaafii ture galateeffachuudha. Inni lammataa nagaya labsuu ture.

Akkuman boqonnaa dabre keessatti kaaye, hamman danda'een biyyi gara nagaafi tasgabbii akka deebitu yaaluuf murteesseen hidhaa bahe. Nageenyi akka bu'uuf ammoo mootummaafi murnootni humna waraanaan lolanis araaraan dubbii isaanii fixachuu qabu. Humnoonni wal lolan kun araaramuuf ammoo gabaan siyaasaa (political marketplace) tan lola hafarsiturraa gara nagaa leellistutti jijjiiramuu qabdi. Gabaa lolaa jechuun kan ilaalchi hawaasaa gareelee wal lolan lolarratti jajjabeessuudha. Kan nagaa ammoo faallaa saniiti.

Yeroo nuti hidhaa turretti ilaalchi hawaasa Oromoos ta'ee kan Itoophiyaa lola jajjabeessuu ture. Haala ilaalchi hawaasaa lola jajjabeessaa jiru keessatti hoggansi gareelee wal lolanii araara osoo barbaadeeyyuu tarkaanfii fudhachuuf ni sodaata. Olola gantuu, bitamaa ykn sodaataa jedhuuf saaxilamuun deeggarsan dhaba jedhee shakka. Kanaafuu wal waraansi mariin akka furamuuf ilaalcha hawaasaa gara nagaa leellisuutti jijjiiruun barbaachisaadha. Kun gara lamaan fayyada (incentive mechanism). Yoo hoggansi gara lamaanii araaraaf fedhii qabaate sodaa malee akka itti deemu godha (the carrot). Yoo hoggansi diddaa nagaa qabaate ammoo dhiibbaa irratti godhuun gara mariitti akka seenu dirqa (the stick). Xiinxala kanarraa ka'uudhan ilaalcha hawaasa keenya biyya alaa kan lola jajjabeessu irraa gara nagaa leellisuutti jijjiruuf murteessee deeme.

Hawaasa ilaalcha lola jajjabeessuu qabu keessatti nagaa leellisuun ulfaataadha. Keessattuu hawaasa Oromoo kan aarii, xiiqiifi gaabbii hamaaf saaxilame biratti. Namoonni aarsaa isaatiin aangoo qabatanii, bilisummaafi dimokraasiitti na ceesisan jedhee osoo eeguu dararaa durii daran itti fiduun ummata dallansuu hamaa keessa galche. Ajjeefamuu Haacaaluu fi hidhamuu keenya booda qabsoo nagayaa irraa abdii kutachuun qabsoo hidhannoo deeggaruuf murteesse. Yeroon ani hidhaa bahutti mootummaa waliin araaramuu dhiisii waanuma qabsoo nagayaatu dhagahuuf fedhii kan qabu hagoo ture. Kan araaraafi qabsoo nagayaatti amanus sodaa ilaalcha ummataa sanirraa kan ka'e hin dubbatu. Haala san keessatti araaraafi nagaya leellisuuf yoon deemu gaaga'ama siyaasaa (political risk) na mudatu wallaalee miti. Waan lamaafin cichee itti deeme.

Tokkoffaan lolli Oromiyaa keessaas ta'ee kan gama Kaabaa araaraan malee lolaan dhumachuu akka hin dandeenye cimsee waanin amanuuf. Kan lammataa ammoo hawaasa guutumatti qabsoo hidhannoo deeggaraa jiru keessatti yaada faallaa sanii dhiheessuuf muuxannoo mormiifi abaarsa dhufuu malu dura dhaabbachuu qabaachuu feesisa. Akkasumas yaada ummata keessatti hin jaalatamne (unpopular opinion) dhaggeeffatamuuf carraa kan argatu namni yaadicha dhiheessu sun leeccalloo siyaasaa (political capital) gahaa yoo qabaate qofa.

Ani ulaagaa lachuu nan guuta. Muuxannoo mormiifi abaarsa dandamachuu horadheera. Bu'aan bara qabsoo Qeerroo buuseefi kaayyoo irratti cichee hidhamuu kiyyaanis ummata biratti kabajaafi amanamummaa horadheera. Leeccalloo siyaasaa kan jennus kanuma. Kanarraa ka'uun nagaa leellisuuf gara biyya alaa qajeele.

Dhaamsa biyya alaatti dabarsinu irratti koree hojii raaw'achiiftuu KFO waliin erga mari'annee booda, Baqqalaan yaala fayyaatiif dursee gara Ameerikaa deeme. Ani ammoo marii ummataa Awuroppaa eegalee Ameerikaatti isa dhaqqabuuf murteessine. Marii ummataa kanas biyya Jarmanii magaalaa Nurenberg irraan jalqabe. Ummanni akka malee bahee galma guutee dhangala'e. Achittis balaa wal waraansi ummataafi biyyarraan gahaa jiru ergan tarreesseen booda, qaamonni wal waraanan marti gara caayaa marii deemuu akka qaban dubbadhe. Itti aansee biyya Faransaay magaalaa Paris yoo geenyus irra deebi'een barbaachisummaa nagaya keessoo Oromootaafi sabaaf sablammoota jidduutti buusuu haasaye.

Marii Nurenbergfi Paris irratti namni akka malee waan baay'ateef hirmaattota waliin gaaffiifi deebii gochuu hin dandeenyen ture. Sana booda gara biyya Netherlands qajeele. Achitti haasawa godhuu dhiiseen, dhimmoottan san dura Jarmaniifi Faransaay keessatti dubbadherratti hundaayuun gaaffiis tahee yaada akka kennataniif carraa hirmaattotaaf laadhe. Mariin hundi suduudaan (live) gara Feeskuukiin dabraa waan tureef haasaa san duraa ummanni kunis hordofaa ture. Hirmaattonis hiriira qabatanii gaaffii, qeeqaafi yaada wal dura duubaan natti roobsan. Anis hanga isaan hifatanitti carraa kenneen boodarra deebiitti deeme.

Yaadonnifi gaaffiileen dhihaatan irra jireessi barbaachisummaa qabsoo hidhannoo irratti kan fuulleffate ture. Dabalataanis, Itoophiyaan diigamtee Oromiyaan walaba taate ijaaramtu malee Oromoon nagayaafi bilisummaa akkamitti argata? kan jedhu ture. Anis deebii yoon kennu dhimmoota hoggansi siyaasa Oromoo hedduun ummata sodaaf irra diddibaa turan dhodhoosee dubbachuufan murteesse. Keessattuu qabxiilee lama irratti jala mureen ejjannoo kiyya ibse.

Kunis;

Anis ta'ee KFO'n wal waraansi waldhibdee siyaasaa biyya saniif furmaata ni ta'a jennee akka hin amanne hime. Lolli godhamaa jiru dhaabbatee rakkooleen siyaasaa mariin akka furamaniif kan qabsoofnu tahuu dubbadhe. Rakkoo siyaasaatiif fala siyaasaa barbaaduun lola filachuurra akka caalus jala sarare.

Anis ta'e KFO'n dantaafi mirgi Oromoo kan kabajamu Oromiyaa fofottoqsuun osoo hin taane sirna federaalawaa dimokraatawaa ta'e Itoophiyaa keessatti ijaaruun sabaafi sablammoonni naannoo ofii bulfatanii, sadarkaa federaalaatti ammoo aangoo bifa haqa-qabeessaan qooddatee biyya waloo yoo jaarrate akka ta'en ibse.

San boodas marii itti fufuun biyya Noorweey, Siwiidiniifi Ingliiziittis bifuma kanaan marii ummata waliin godhaan deeme. Imalli gara Awuroppaa marii ummataa dabalatee akeeka hojii dippiloomaasii cimsuus qaba ture. Erguman hidhaa bahee kaasee wal waraansi WBOfi mootummaa jiddutti godhamu miidhaan sabarraan gahaa jiru xiyyeeffannoo akka argatu dippiloomaatota Finfinnee jiraniifi hojiif dhufan yeroon dubbisaa turetti itti himuun nagaya buusuuf dhiibbaa gochuun akka nu gargaaran waywaachaan ture. Awuroppaattis biyyoottan dhaqe hundatti ministeerota haajaa alaa biyya saniifi qaamolee mootummaa biroo qunnamuun barbaachisummaa Oromiyaa keessatti nagaa buusuun tasgabbii Itoophiyafi gaanfa Afrikaatiif qabu ibsaafiin ture. Hojii dippiloomaasii kanaanis milkii gaarii arganne. Carraa kanaanis qondaalota ol'aanoofi ministeerota hedduun wal baruu danda'e.

Marii Awuroppaa ergan xumureen booda biyya Xaaliyaan dhaqeen, Pireezidaantii Naannoo Oromiyaa duraanii, Lammaa Magarsaa dubbise. Gaafuman biyyaa deemuu yoon yeroo argadhe dubbisuuf hawwiin qaba ture. Ergan Awuroppaa gahee waltajjii tokkorratti waa'ee isaa bifa balaaleffannaatiin gaaffiin kaanaan, "Lammaan waan danda'u sabaaf godheera. Ummata Oromoo irraa galatatu maleef. Amma warra biraa waliin ummata fixuurra yoo dhiisee jiruu dhuunfaa jiraates galateeffatamuu malee abaaramuu hin qabu" jedheen deebise.

Galgala san namni mootummaatti dhihaatu tokko naaf bilbiluun Lammaa faarsuun kiyya sirrii akka hin taaneefi dhaqees qaamaan akkan hin dubbifne natti hime. Lammaa dubbisuun Abiyyi akka dallansiisus naaf dhaame. Anis "Lammaa dhiisii namuma fedhe dubbisuuf hayyama mootummaa na hin barbaachisu. An Lammaa dubbisuuf namni mufatu jiraannaan sun rakkoo isaati" jedheen. "Hin dubbisin" jechuun tun inumaa xiiqii keessa waan na galchiteef gara Xaaliyaan magaalaa Room imaluun dubbisuuf murteessee dhaqe. Galgala tokko hirbaata waliin nyaannee waan heddus waliin haasofne. Borumtaas waajira ministeera haajaa alaa Xaaliyaanitti itti gaafatamaa dhimma Afrikaa waliin dubbisnee na geggeesse.

Imala Awuroppaa ergan xumureen booda gara Ameerikaa Kaabaattin qajeele. Dura Magaalaa New York gaheen qondaalota dhaabbata Biyyoota Gamtoomanii (United Nations) adda addaa waliin haala Itoophiyaafi wal waraansi Oromiyaa keessaa dhaabbatu danda'u irratti marii guyyaa lamaa goone. Achirraan Minnesota yoon dhaqu ummanni hedduun bahee dirree xayyaaraatti na simate. Borumtaa isaa bakka ummanni kumaatamaan bahetti Baqqalaa waliin ummata mariisifne.

Haasaan achitti godhe keessatti yaadaan baroota dheeraan of duuba deebi'e. Namoota yeroo dheeraaf wal beeknuufi waliin carraaqaa turre arguun gammachuun imimmaan na mare. Haasaa keessattis bara Waldaa Dargaggootaa ijaaraa turre irraa kaasee hojii magaalaa sanitti dalagaa turre yaadachiise. Akkamitti OMN akka ijaarreefi hawaasni Minnesota anas ta'ee qabsoo ani geggeessaa ture keessatti jalqabaa kaasee waan na bira turaniif galateeffadhe. Keessattuu Arfaasee Gammadaa gaafa ani hin beekkamin san warra dura yaamicha kiyyaaf owwaatee jaala qabsoo naaf tahan keessaa hangafa akka taate hime. San boodas bulti ijaarrannee, wal'aansoo dhuunfaafi sabaa wal gargaaraa dhiibaa akka turres ragaa bahe. Erga ilma keenya Oromoo argannees ani hojii qabsoon qabamee waan tureef kophaa ishii guddisuu kaase.

Waa'ee seenaa Arfaasee waliin keessa dabarre yoon kaasu imimmaan waan ija na mareef haasaa itti fufuu hin dandeenye.

Ummanni keenya diyaaspooraa keessattuu kan Minnesota yeroo nuti hidhaa turretti cabbii keessa oolanii bulanii nuuf iyyaa maatii keenya gargaaraa waan turaniif nan galateeffadhe. Minnesota booda Ameerikaa Kaabaa keessa gara magaalota kudha shan dhaqnee ummata dubbifne. Irra caalaatti barbaachisummaa nagaya buusuu irratti xiyyeeffanne. Namoonniifi murnoonni garagaraa duula nu faalleessuufi maqa-balleessii guddaa banan. Tarii dhiibbaa duulli kun godheen Baqqalaa waliin yaadni gargar ta'uu eegale.

Baqqalaan atakaaroo siyaasaa diyaasporaaf haaraya waan tureef yerooman dura Awuroppaatti haasaa taasisee abaarsiifi balaaleffannaan eegalu rifatee naaf bilbiluun dubbii nagayaa jabeessee dubbachuu akkan laaffisu yaada naaf dhiheessee ture. Ani garuu abaarsi siyaasaa diyaasporaafi marsaalee hawaasaa waanin keessatti guddadhe waan ta'eef baay'ee nan ajaa'ibne. Kanaafuu dhimmooni walgahii ummataa irratti dubbachaa jiru waanin itti amanuufi sadarkaa paartiittis murteessinee dhufne waan ta'eef, mormiin nu mudate jennee dhiisuun hin ta'u yaada jedhuttin ciche. Waltajjiilee waliin irratti dubbanne irratti garaagarummaan keenya daran ifa ta'aa deemee gara wal faallessuutti ceene. Kunis hariiroo keenya irratti dhiibbaa uume.

Garuu ammoo adaduma walgahii ummataa irratti mariisisaa deemnuun mormiifi duulli nu faallessu hir'ataa dhufe. Karoorri kiyyas sanuma ture. Dura dhimmoota falmisiisoo kaasuun ummatni miira isaa akka ofirraa baasu gochuudha. San booda tarsiimoo gara fuulduraa hordofuu qabnu akeekuu irrattin fuulleffadhe. Haaluma kanaan Awuroppaaf Ameerikaatti marii miiraan guutame erga geggeessine booda, Kaanaadaa yoon gahu, barruun dursee biyyatti qopheesse irratti hundaayuun boqonnaalee qabsoon keessa dabarte, haala amma irra geesseefi gara fuulduraas itti deemuu qabdu barsiisuu eegale. Barruu san kora Waldaa Qorannoo Oromoo irratti dhiheessuufin yaadee ture. Garuu ammoo affeeramuun kiyya deeggartoota ABO hamma tokko biratti mormii guddaa waan uumeef dhaquu irraa hafe.

Waraqaa sanis marii hawaasa Toroontoo waliin godherrati dhiheesse. Boqonnaalee qabsoon hanga yeroo saniitti keessa dabarte tarreessuun, injifannoolee hanga ammaatti goonfanne tikfachuun boqonnaa itti aanutti cehuun akka barbaachisun dubbadhe. Magaalaa Kaalgaariitti erga qabsoon Oromoo bara 2018 orma aangoorraa buuftee murna Oromoo ol baaftee booda siyaasni Oromoo bakka lamatti baqaquu isaan agarsiise. Kunis warra aangoo qabateefi kan qabsootti deebi'e. Faayidaa sabaafi nagaa biyyaa eegsisuuf humnoota lamaan kana walitti dhiheessuun akka barbaachisu, kana milkeessuuf ammoo seenessa sirreessuu akka qabnu hime.

Magaalaa Edmontonitti ammoo bara murni Oromoo aangoo qabatetti qoqqoodamni keessoo waan hammaatuuf, barbaachisummaa daneessummaa keessoo taliiguu (diversity management) dhiheesse. Yaada tarsiimoo Kaanaadaatti dhiheesse san boodarra bifa barreeffamaatiin mata duree "Haala Keessa Jirruufi Boqonnaa Qabsoo Itti Aanu" jedhu jalatti fuula torbaatamii jaha qabuun qopheessee raabse.

Bifa kanaan marii hawaasa biyya alaa goolabe. Imalli sun gatii siyaasaa guddaa na kafalchiise. Hiriyootaafi waahillan yeroo dheeraa waliin hojjanneen adda cinne. Ta'us akeeka gabaa siyaasaa lolaatirraa gara tan nagayaa jijjiiruuf qabadhe galmaan gahe hubannaa jedhuunin biyyatti gale. Akkuman yaades gabaan siyaasaa nagaa ni hoo'ite. Ji'oota muraasa booda mootummaaniifi WBO'n marii araaraatiif ifatti Taanzaniyaatti wal argan. Namoonniifi murnoonni gaafa imala galatoomaa san na abaaraa turan leelliftoota nagayafi araaraa ta'anii as bayan.

YAADANNOO SUURAADHAAN #5

Haacaaluun bara 2013 waahillan isaaa waliin koonsartii Oromiyaa Tiyyaatiif yeroo dhufetti, kutaa Ohio magaalaa Columbus tti wal agarre. Nu waliin kan jiru hiriyyaa nu lamaaniituu kan ta'e Fayyisaa Faajjiiti.

Akkuma biyyatti galeen gara Amboo yoo deemu Haacaaluun dursee na simate

Biyyatti erga deebi'een booda Haacaaluun hoteela Ililii ani itti boqadhetti dhufuun walitti qoosne.

Kantiibaa Finfinnee Taakkalaa Uumaafi qondaalota biroo waliin Jiddugala Aadaa Oromootti walagarree akkaataa reeffi Haacaaluu itti gaggeeffamu irratti yeroo mari'annu. Erga hidhamnee booda qondaalonni mootummaa kamuu akka nu bira hin dhufin waakkatamee ture. Suuraan way sobaaree!

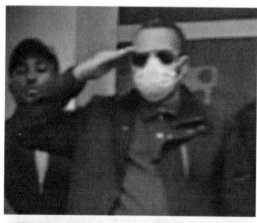

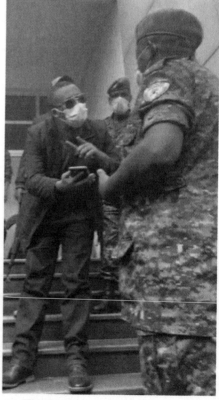

Muddama Poolisii Oromiyaafi loltoota Raayyaa Ittisa Biyyaa jiddutti uumame haala furuu dandeenyurrattti ajajaa tokko waliin yoo mariannu.

Reeffa Haacaaluu Galma Aadaa Oromootti erga deebisnee booda humnoonni mootummaa fudhatanii yeroo deeman

446

Miseensi Poolisii Oromiyaa nuti qabamuutti dallanee of ajjeese Magarsaa Geetuu jedhama. Dhalataa Horroo Guduruu Wallaggaa magaalaa Kombolchaati.

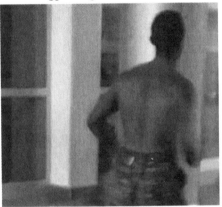

Hidhamuun keenya Poolisoota Oromiyaa dallansiisee ture

Miseensota poolisii meeshaa isaanii gatuu fi uffata baafachuun mormii ibsan keessaa tokko kan ta'e Saajin Iyyaasuu Taammiraat

Poolisiin Federaalaa yeroo jalqabaaf mana murtii na geessuun ji'oota itti aananiif kan ittiin na deddeebisaa ture konkolaataa sibiila uffate keessa seenuuf yoo ka'u

447

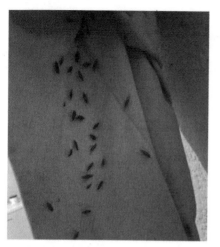

Baballaa mana hidhaa Qaallittii
keessssatti nu simatan

Qaallittiitti gaafa dabareen nyaata
bilcheessuu na gahe

Mana hiidhaa Qaallitii keessatti Baqqalaa Garbaa fi Hamzaa Booranaa waliin

Minjaalli mana hidhaa keenya keessa turte
kitaabaa fi qorichaan guutamteef manni
kitaabaa fi kuusaan qorichaa waan walitti
baqan fakkaata ture.

Hojiin kitaaba kana wixineessuu yeroo hidhaa
akkaan dheertuu taate dandamachuuf na
gargaare

Alaa fi duuba mana hidhaa Qaallittii

Bara qabsoo san miidiyaa hawaasaatiin na ajjeesuuf dhaadataa kan ture Teedii Maanjuus, hidhamee waan na eegeef diinummaan durii hafee nama rifeensa naa muru ta'e.

Eegdonni mana hidhaa olola hamaa miidiyaa irraa dhagahaniin yaaddoo fi sodaa waan qabaachaa turaniif isaan tasgabbeessuu fi walii galuun hariiroon keenya bifa maatii akka qabaatu yaalaa turre.

Baqqalaa fi Hamzaa waliin mana murii deemuuf yuunifoormii uffannee yeroo qophoofnetti. Mana hidhaa Qaallittiitti namoonni murtoo argatan yuunifoormii diimaa, adeemsa yakkaarra kan jiran immoo boora uffatu.

Ilmi kiyya Oromoon harmee isaa Arfaasee waliin huccuu boora uffachuudhaan dhaadannoo qabachuun akka ani hiikamuuf gaafatan.

Lagannaa nyaataarra yeroo turretti deeggartoonni keenya mormii sochii keelloo jedhu gaggeessaa turan. Uffanni himatamtoonni uffannu keelloo waan tureef isaanis dhaddacha irratti hirmaachuu jalqaban. Manni murtii gochicha yommuu ugguru, humnoonni mootummaa hedduu isaanii walitti qabanii hidhan.

450

Wayta lagannaa nyaataa akka durii dhaabbannee nama dubbisuu waan dhadhabneef maatii fi jaarsonni biyyaa bakkuma ciisnutti nu dubbisu ture.

Lagannaan nyaataa qaamaa koo akka malee furdatee ture huqqise

Wayta lagannaa nyaataa jaarsota biyyaa nu'ii fi mootumaa deddeebi'anii kadhataa turan

Lagannaan nyaataa furdina irraa erga bilisa na baasee booda deebi'ee akka hin furdanneef xaasaatti biyyee guunnee ulfaatina hojjanneen ispoortii hojjachuu akkasumas poolisoota waliin kubbaa saaphanaa taphachuu aadeffadhe.

Atileet Daraartuu Tulluu uffata guyyaa lagannaa nu dhaabsifte uffattee dhufte.

Haakimootaa fi Abukaattoowwan yeroo hidhaa nu gargaara turan waliin

Hidhaa yeroo turetti Artiist Yoosan Geetaahun fardaan na fakkeessee waan sirbeef, ummanni akkuma hiikameen farda hedduu naaf gumaachee ture.

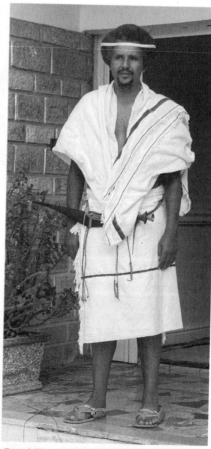

Erga hiikamee booda rifeensa akka warra Karrayyuutti guddisee ture uffata aadaa waliin uffachuudhaan abbootii Gadaa miiluma san ajjeefamaniif yaadannoo taasise

Namoota na gaafachuu dhufan keessaa Godina Arsii naannoo Ajjeetti waraanni Agaazii yeroo ummata fixe goototа faccisan keessaa Daraaraa Guyyee fi Adam Guutoo keesatti argamu

Hiikamuun kiyya akkuma dhaga'ameen ummanni dhibbaatamaan kennaa qabatee dhufuun gammachuu isaa ibsataa ture.

453

Hidhaa erga bahee ji'oota booda lammummaa Itoophiyaa deebi'eee fudhachuuf waadaa
seenee "biyya dhablummaan / Statelessness" waggaa lamaa raawwate

Hoggantoonni waldaa jaarsota biyyaa Itoophiyaa mana kiyya dhufuun akkaaataa biyya
keenyatti nageenya buusuu itti dandeenyu irratti yeroo mari'anetti

Barsiisaa koo m/b Gooroo fi
Iskoolaarshiippiin kan na erge barsiisaa
Abarraa lammata yeroon argetti..

Istaanfoorditti gorsaa koo kan turan Laarii Daaymond
Baqqalaa Garbaa waliin yeroo daawwanetti.

Yuunivarsiitii Koloombiyaatti gorsaa koo PhD kan turan Piroofeesar Mahmuud
aamdaanii erga hidhaa bahee booda New York deemee argeen.

Akkuma hidhaa baheen Abaayyee (harmee koo) waliin

Yeroo hidhaa turetti guyyuu hojii isii dhiistee nyaataa nuu deddeebisaa kan turte obboleettii koo hangafaa Raabiyaa waliin

Hldhaa yeroo bahu mana qubadhu kan naa kennite haadha qabeenyaa beekamtuu Makiyyaa Maammiyyuu (ummii) waliin

Hidhaa booda Dr. Ililii waliin gaa'ila raawwannee Rabbiin galateeffachuuf gara Makkaa deemne.

Suuraa akkuma hiikameen Reedwaan Amaan (maajik) fi Yuusuuf Bashiir waliin kaane. Dargaggoonni lamaan qabsoo alatti godhaa tureen na gargaaraa bahanii gara biyyaa erga na waliin dhufanii booda hidhaman. Na dursanii hiikamanis gara Ameerikaa deebi'uu mannaa Itoophiyaa turanii maatii koo kunuunsuu filatan.

456

Hidhaa booda gara Ameerikaa imalee ilma koo jalqabaa Oromoo argeen.

Ilmaan kiyya Qeerroo fi Qabsoo waliin guyyaa Abbootaa yeroo kabajnu

GOOLABBII

Kitaaba kana keessatti haala jireenya hawaasummaa ani keessatti dhaladheefi guddadhe akkasumas siyaas-diinaggee ilaalcha kiyya qare jedhee yaade kaayeera. Dabalaatanis ergan guddadhee booda, beekumsa barnootaafi muuxannoo biyyoota addunyaarra naannawuun horadhe, karooraafi tarsiimoof galtee taasisuun itti milkaayuu danda'e barreesseera. Taateewwan hunda katabee dhiheessuf yeroonis ta'e iddoon nan gahu. Kanaafuu taatewwaan dubbistoota bira yoo gahan ni fayyadu jedhe filachuuf dirqameera. Kitaabichi imala jireenya kiyyas ta'e seenaa qabsoo Qeerroo guututti kan hammate osoo hin taane, waanuman yaadadhu keessaa hamma tokko of keessaa qaba. Akkasiinuu, bal'ina, baay'inaafi xaxama taateewwaan umrii kiyya keessaa waggoota 36n (1986-2022) kitaabni kun seenessu keessatti raaw'ataman of duuba deebi'ee yoon laalu na ajaa'iba. Yeroo kitaabni kun maxxanfamutti umriin kiyya 38 yoo ta'u, Abbaa ijoollee dhiiraa sadii maqaan isaanii Oromoo, Qeerroo fi Qabsoo jedhamaniiti.

Kitaaba kana wixineessuufi irra deebi'ee dubbisuun jireenya siyaasaa keessa darbe of duuba deebi'ee akkan xiinxalu carraa naaf kennee jira. Kitaabichaas 'HIN GAABBU' jedheen moggaase. Mataduree kitaaba kanaas 'HIN GAABBU' akka ta'uuf kanin murteessef xiinxala imala siyaasaa kiyya irratti taasise irraa ka'uudhaani. Jaarii qabsoo ijoollummaarraa narra buleen kaka'ee, kaayyoo ummata irraa dhaladhe cunqursaa keessaa baasuu galmaan gahuuf yeroon carraaqaa turetti, aggaamii garagaraa kan qarqara du'aa na geessaniif saaxilameen ture. Maq-balleessiin haamilee na cabsuuf yaadame guyya guyyaan natti dhoobamaa ture narraa hin hafne. Carraa barnoota bilisaaa (scholarship) argadheefi beekkumsa horadheen jiruu dhuunfaa kiyyaafi kan maatii koo fooyyeessuuf hin oolchine. Ta'us, aarsaan kamiiyyuu kaayyoo itti amaneef jecha kan kaffalameefi bu'aan karoorfadhe waan argamiiseef itti hin gaabbu.

Garuu ammoo, Hin Gaabbu yoon jedhu, hojii siyaasaa kiyya of duuba deebi'ee gaafan madaalu dogongora homaatuu hin agarre jechuu koo miti. Inumaatuu hubannaan har'a umrii irra gaheefi muuxannoon horadhee irraa ka'uun of duuba yoon mil'adhu mudaa hedduutu natti mul'ata. Ta'us dogongoroonni sun hojii qabsoo, dhiibbaa ol'aanaa keessatti, muuxannoo xiqqaarraa, hanqina humna namaafi meeshaa gahaa hin jirre keessatti fudhatamaa turanirraa kan mudataniidha. Wal-dhabdeeen murnootaafi namoota waliin gochaa tures tarkaanfiifi murttoowwan qabsicha saffisaan fiixaan baasuuf fudhatamaa turaniin kan uumaman malee itti yaadamee eenyuyyuu miidhuuf hin turre.

Roorroo ummatan irraa dhaladherra gahu garii kanin ofii argeefi kan angafootarraa dhagayeen dallanee, seenaa gootota na duraatiin hawwatamee, hubannaa muuxannoofi barnootaan horadheen masakamee, saba kana cunqursaa jalaa baasuuf waadaan ofii gale galmaan gahuuf hedduun carraaqe. Sirna dimokraatawaa kan misooma saffisaatiin ummata keenya hiyyummaa jalaa baasuu dandeessisu ijaaruuf qabaachaa turre hanga ammaa dhugoomuu baatus, sirna cunqursaa alagaa tarsiimoon masakamnee aarsaa madaalawaan bakkaa buqqisuu danda'uun keenya na boonsa. Kan hafe bakkaan gahuuf umrii teenya hafteen ni carraaqna, ta nurraa hafte immoo, akkuma Jeneraal Waaqoo Guutuu jedhan, dhaloota dhufu qarree itti guddifna. Yaadannoowwan bara qabsoo kana bifa kitaabaatiin akka qindeessu kan na kakaases kanuma.

Tarkaanfilee bara qabsoo fudhachaa tureen walqabatee, dhimmoota ijoo namoonni irra deddeebiin ittiin na qeeqan of duuba deebi'ee gamaaggamuuf yaaleera. Qeeqni tokko siyaasa sabummaa gaggeessuu kiyyarratti rarra'a. Qeeqni kun, keessattuu walitti bu'iinsa ce'uumsa booda hammaateen walqabsiifamee waan ka'uuf, anis deddeebisee yaadaan ture. Ka'uumsa qeeqa kanaa hubadhus, gaafii "filannoo biraa qaba turee laata?" jettuutu sammuutti na dhufa. Jechuunis ummatan qabsaa'uufii murteesse san roorroo jalaa baasuuf sabummaan gurmeessuun ala falli biraa ni jira turee? gaaffii jedhu natti uuma.

Wantoota siyaasaatti na galchaniifii haalota qabatamoo daa'imummaa irraa hanga ga'eessummaatti keessa darbe yeroon madaalu filannoo biraa hin qabu goolabbii jedhutti na geessa. Hawaasa qe'ee isaa irratti saamamee hiyyoomfame, kan eenyummaan isaa ukkaamfamee tuffiifi salphinaaf saaxilame irraa dhaladhee, falmaa sabummaa irratti hundoofte maatii kiyya irraa dhaale, naannawa ololliifi lolli sabummaa itti xiixaa ture keessatti guddadhee, ummata kiyya rakkoo keessaa baasuuf siyaasa sabummaa gaggeessuun ala daaandiin na hawwatuufi bu'aa buusuu danda'u kan biraa waan jiru natti hin fakkaatu.

Keessattuu yeroon hirmaannaa siyaasaa kiyya dabalaa deemetti, qabsoon Oromoo laaffachuu irraa kan ka'e, ololli tuffii "Oromoon waggaa shantama qabsaa'ee homaa hin fidne, Oromoon miliyoonni shantamni gita-bittuu miliyoona shanii ta'uun dhiitama" jedhuutu bitaa-mirgaan darbatama ture. Kun ammoo ummata keenya haamilee capha waloo hamaaf saaxilee ture. Kanaafuu humna qabu hundaan ummata kana tuffiifi haamilee capha sana jalaa baasuuf tattaafachuun qaba jedheen xiiqeffadhe. Tarsiimoo bilchaataan masakamnee tokkummaan sochoonee waan milkoofneef, har'a yoo xinnaate sadarkaa haasaan tuffii qabsoo Oromoo sun hin dhagayamneerra geenyee jirra. Kuni injifannoo salphaatti argamee miti.

Siyaasa sabummaa Oromoo kaniin gaggeessaa ture, akka namoonni gariin na yakkan, miira saba biraa jibbuu ykn haaloo bahuutiin kaka'ee miti. Akka dhuunfatti sabni kamuu miidhaa narraan gahe hin turre, sababa jibbaafis ta'e haaloof na kakaasus hin qabu. Namoonniifi gareewwan tokko tokko duula maqaa kiyya busheessu narratti gaggeessa turanis, gochoota kana kan murnoonnifi namoonni sochii siyaasaa kiyya ugguruuf taasaisan malee, kan ummata kamuu bakka bu'an jedhee yaadee hin beeku. Akkasittis hin amanu.

Abjuun kiyya ummata Oromoo cunqursaa irra gahu jalaa bilisa baasuun, sirna siyaasaa ummattoota biraa waliin haqaafi walqixxummaan isa jiraachisu ijaaruu ture. Haaluma kanaan, ummanni keenya olloota isaa waliin dalgaan walqoccoluu mannaa, sirna cunqursaa irratti akka xiyyeeffatu ifaajeera. Kanaanis, walitti bu'iinsa dalgaa sirnichi uumuuf tattaafataa ture hanqisuun, lola sabaa Oromiyaa keessatti ni muudata jedhamee sodaatamaa ture oolchuun danda'ameera. Fakkeenyaaf, yeroo qabsoo Qeerroo waggoota afranii san sirna TPLF kan maqaa ummata Tigraayiin aangoo dhuunfate irratti xiyyeeffachuun qabsaa'aa turrus, dhalattoota sabichaa Oromiyaa keessatti argaman irra miidhaan osoo hin dhaqqabin jijjiirama fiduutti milkoofnee jirra.

Sababni ijoon nama tokko gara siyaasa sabummaatti galchu sirna cunqursaa kan loogii eenyummaa irratti hundaa'ee raawwatuudha. Garuu ammoo, cunqursaa sabummaa irratti hundaa'e raaw'atamu, sabummaan gurmaa'anii falmachuun dirqama ta'us, qabsoon godhamu sirnicharratti malee hawaasa biraa irratti akka hin xiyyeeffanne of eeggachuu feesisa. Of eeggannoon kun kan barbaachisuuf, hawaasa biraatiif nahuurraa qofa osoo hin taane, humna ofii wal qoccollii dalgaa irratti qisaasuun umrii sirnichaa waan dheeressuufi. Sabboonummaa (nationalism) humna siyaasaa cimaa ta'uun isaa ifa galaadha. Ta'us, of eeggannoofi ogummaan yoo itti hin fayyadamne balaa inni fiduu danda'u hubachuu barbaachisa. Sararri saba ofii jaalchuufi orma jibbuu jidduu jiru qal'aa waan ta'eef, sabboonummaan kaleessaa sirna cunqursaa alagaa ofirraa fonqolchuuf dhimma itti baane, boru ammoo sirna abbaa irree ummata biroo cunqursuu barbaaduuf meeshaa ta'uu mala.

Sirnoonni hanga ammaa Itoophiyaa dabareen bulchaa turan, aangoo abbaa irrummaa isaanii tiksuuf jecha loogii sabummaa raawwachaa turuun beekkamaadha. Warreen miidhaa loogii kanaatin miidhaman ammoo sabaan gurmaa'anii qabsaa'uun sirnoota san ofirraa buqqisuu danda'aniiru. Haa ta'uu malee, sirni abbaa iree tokko gombifamee kan biraa ol bahus, sabni miidhamu bakka waljijjiiruu yoo ta'e malee, kaayyoo sirna siyaasaa haqa qabeessaafi walqixxummaaa ummattoota gonfachiisuu ijaaruu kan qabsaa'onni kumatamaan wareegamaniif sun hanga ammaa galma hin geenye.

Sabni abbootiin iree maqaa isaatiin aangootti bahanis, tarii yoo ol'aantummaa xin-sammuu, aadaafi afaaniin walqabatee yeroof goonfate malee, carraa bilisummaan jiraachuufi misoomee hiyyummaa injifatee keessaa bahuu hin arganne. Bu'aan sirnoota sanirraa buufate yoo jiraate, badii gartuun angorra jiru maqaa saba sanaatiin raaw'ataa tureerraa kan ka'e, hariiroon ummatoota ollaa isaa waliin qabu boora'uudha. Kanaafuu, har'a gareen martinuu cunqursaafi loogii dabareen waan dhandhameef, barbaachisummaa qabsoo waloo irratti hubannoon fooyya'aan waan jiru fakkaata. Dammaqiinsa sabummaa (ethnic consciousness) ummatoonni biyya keenyaa amma irra gahan irraa ka'uudhaan, barri saba tokkotti hirkatanii kaan cunqursuun aangoorra turan darbeera.

Kana gochuu yaaluun wal waraansaafi kufaatii biyyaa akka fidu qabatamaan argaa waan jirruuf, karaa dimokiraasii kan hanga ammaa hin yaalaminitti tarkaanfachuudhaan yaaluu wayya.

Qeeqni lammataa hojii siyaasaa kiyya irratti ka'u, sirna TPLF/EPRDF guututti buqqisuurra, isaanuma keessaa humni jijjiiramatti amanu aangoo akka qabatu murteessuu keenya waliin wal qabata. Akkuman kitaaba kana keessatti irra deddeebi'ee kaase, karaa kana kan filanneef, balaa walwaraansaa fincila ummataa booda biyyoota Arabaaa diige sun nus akka hin mudanneef, akkasumas, carraa gara dimokiraasitti ce'uuf qabnu bal'isuuf ture. Karaan nuti filanne wareegama xiqqaaafi saffisa foyya'aadhaan jijjiirama fiduutti nu geessus, boodarra balaa wal waraansaa sodaataa turre hambisuus ta'e dimokiraasii hawwinetti nu geessuu hin dandeenye. Kanarraa ka'uun tooftaan keenya sirrii akka hin tahinitti qeeqni ka'a.

Dhimma kana of duuba deebi'ee xiinxalleera. Sirnicha guututti fonqolchuurra dhiibnee jijjiiruu (transform) filachuun keenya, hanga jala bultii jijjiiramaatti akkuma karoorsinetti deemaa ture. Walwaraansi sabootaa osoo nun mudatiniifi balaa diigama biyyaa osoo hin dhaqqabsiisin, olaantummaa TPLF mootummaa federaalaa irraa qabaachaa turtte mulquun gara ce'uumsaatti galuun danda'amee ture. Karoorri nuuf milkaayuu hanqate hojii silaa boqonnaa itti aanu kan ce'uumsa gara dimokraasii dhugoomsuudha. Sababni cehuumsi gara dimokraasiitti godhame fashaleef ammoo, dhimmoonni gaafa karoora baasaa turre tilmaamuu hin danda'in uumamuudha. Fakkeenyaaf, paartiima biyyaa bulchaa jiru keessaa murni jijjiirama barbaadu angoo qabachuun, carraa walwaraansi uumamuu ni hir'isa tilmaama jedhu qabna turre. Jechuunis, hoggansi ADWUI keessaa bahe yoo aangoo qabate, mormituu caalaa TPLF waliin atakaaroo seena jennee tilmaamuu hin dandeenye ture.

Namni sirnicha keessatti qaramaa guddate tokko ilaalcha siyaasaa ADWUI irraa fagoo ta'e ni qabaata jedhanii raaguun ni ulfaata. Tilmaamni kun kan keenya qofa osoo hin taane kan hoggantoota TPLF's ture. Abiyyi garuu ilaalcha ejjannoowwan ijoo ADWUI jedhamanii beekkaman, kan akka federalaalizimii, faallessu qabatee gadi bahe. Nama jaaramaya siyaasaa gama bitaa hordofu keessatti guddateetu, siyaasa gama mirgaa leellisaa gadi bahe. Inumaatuu dhaaba ADWUI kan nuti kufaatiin isaa balaa biyyatti fida jennee sodaachuun haaromsuu wayya jenne, Abiyyi diiguuf karoorfate dhihaate. Hogganoota paartii mormituu caalaas, nama hoggantoota TPLF hadheeffatu ta'ee mul'ate. Hoggansi mormii ummataatin gara aangoo dhufe tokko adeemsa abbaa irrummaa kan TPLF kufaatiif saaxile irraa baratee daandii gara sirna dimokiraasii ceesisuu filata jennee abdannus, Abiyyi garuu sirna olaantummaa paartii tokkoon durfamaa ture, gara kan olantummaa nama tokkootti jijjiiruu filate. Kunis wal waraansi hambisuuf ifaajaa turre akka dhooyuf nu saaxile.

Qeeqni biraa immoo, hariiroon ani Abiyyi waliin qabaachaa ture milkaa'uu dhabuu ce'uumsaatiif qooda qaba kan jedhu. Yaadni kun bifa lamaan ka'a. Gama tokkoon, gaafa Abiyyi kaadhimamu mormuun kiyya xiiqiifi wal-shakkii nu jiddutti waan uumeef, carraa waliin hojjannee ce'uumsa milkeessuu gufachiiseera kan jedhuudha. Gama birootiin immoo, erga inni angoo qabateen booda mormiidhaan itti fufuu mannaa ummanni hoggansa jijjiiramaa akka deeggaru gorsuun kiyya, Qeerroo miira mormii keessaa baasuun, lugaama silaa Abiyyi ittiin too'achuun daandii cehuumsaa irratti ittisuuf dandeessisu dhabsiise kan jedhuudha. Garuu ammoo, xiinxalaafi madaallii qorannoo irratti hundaa'uun taasiseen, hoggansa Abiyyi jalatti ce'uumsi balaaf akka saaxilamu ergan hubadhe booda, osoon dubbachuu baadhee, silaa har'a ummanni maal naan jedha? Sammuun kiyya hoo nagaa ni argataa? Dursee akeekkachiisuu dhiisee, erga gaaga'amni ani sodaadhe uumamee booda osoon dubbadhee faayidaa maal qaba?

Gama biraatiin, erga Abiyyi aangoo qabatee booda deeggaruu dhiisee mormii itti fufuunis rakkisaa ture. Ummanni mirqaana jijjiiramaafi miira injifannoo keessa waan tureef, sababoota mormii kiyyaa qalbiin caqasuuf haala isa dandeessisu keessa hin turre. Yaadotnifi qeeqni "injifannoo qabsoo waggaa 50'n booda arganne gufachiisuuf deemta. Nama Oromoo yeroo jalqabaaf biyya hogganuuf carraa argate gufachiisuun sirrii miti. Abbaa fedhes ta'u Wayyaanee irra hin hammaatu..." jedhan gamaa gamanaa natti xiixaa turan. Qondaalonni biyyoota biroos, hawwii biyyattiin akka tasgabbooftuuf qaban irraa kaka'uudhaan, mormiin muudamuu Abiyyi irratti gochaa ture akkan dhaabuuf dhiibbaa garagaraa narratti taasisu. Dhiibbaa kana hundatti gurra cufadhee mormii itti fufuun ofitummaa ta'ee waan natti mul'ateef, mormuu dhiisee jijjiiramicha milkeessuuf waggaa tokkoofi walakkaaf waanin danda'e maraan deeggare.

Jalqabarra, gochootaafi hanqinoota jijjiiramicha gufachiisuu malan yeroo argu, qeeqaafi gorsa qabu jechaafi barreeffamaan qondaalotatti dhiheessuun sirreeffamni akka godhamun yaalaa ture. Karoorri Cehuumsaa (roadmap) humnoonni siyaasaa biyyattii irratti walii galan akka qophaa'u, humnoonni qabsoo hidhannoorra turan araaramanii siyaasa nagaatti hirmaachuu akka eegalan, hogganoonni durii mufiifi sodaadhaan siyaasa giddugaleessaa irraa moggeeffaman akka deebi'an, hariiroon biyyoota ollaa waliin goonu qunnamtii dhuunfaan qondaalotaatin osoo hin taane, sadarkaa dhaabbilee mootummaatti akka ta'u waywaachaan ture. Warri angoorra jiru dongoroota ani kaasaa tureef gurra naaf laatanis, qabatamaan tarkaanfii sirreeffamaa fudhachuu hin feene.

Hasaassiin kallattii kun bu'aa buusaa akka hin jirre hubannaan, itti aansee qeeqan adeemsa isaanirratti qabu karaa miidiyaatiin dhiheessee ummanni dhiibbaa akka godhu yaale. Kunis hin milkoofne. Jijjiiramichi gara gufachuutti, biyyattiinis balaa hamaatti qajeelaa akka jirtu waanin hubadheef, filmaata godhamuuf karoorfamee ture keessatti hirmaachuun yaadaafi karoora siyaasaa jara angorra jirurraa adda ta'e ummataaf dhiheessuuf murteesse. Filannoon sun sababa Vaayirasii Koroonaatiin hafnaan, carraa weerarri sun uume fayyadamnee muddama siyaasaa jiru furuuf balaa walwaraansaa as deemaa jiru akka hanqisnu waamicha dhiheessinus, dhageettii osoo hin argtin, ani hidhaaf saaxilame dirree siyaasaa keessaa baafame.

Amna qabsoo tanaatiin joollummaa irraa kaasee qormaanni hedduun na mudatus, waggoonni lamaan gaafa jijjiramni eegaleefi ani hidhamuu jidduu turan, jireenya kiyya keessatti kanin dhiphina sammuu hamaaf itti saaxilame turan. Gaafa qabsoo san rakkooleen heddu yeroo yeroon nu mudatanis, dirqamni furmaata barbaaduu harka kiyyarra ture. Barii jijjiiramaa itti gaafatamni qaama biraa harka waan galeef, rakkoofi dogongora yeroon argu iyyuu malee akka duraa san sirreessuu hin danda'un ture. Haalan keessa ture awutoobisii akka fakkeenyaatti fudhadhee haa ibsu. Yeroo qabsoo san Awutoobisiin karaa irraa yoo maqe micciiree deebisuu, boba'aan yoo hir'ate itti guutuu, imaltootonni mukoofnaan sirba itti banee dadammaqsuu nan danda'a ture. Bara jijjiiramaa shufeerummaa Awutoobisii namni biraa qabate. An ammoo qooda gargaaraa (ረዳት) fudhadhee deeggaruu yaale. Haa ta'uu malee, awutoobisichi karaa irraa maquu, saffisa humnaa oliitiin deemaa akka jiruufi, boba'aa jigsaa jiraachuu lallabuun shufeerichi akka sirreessu gurra buusuu yaalus hin milkoofne. Shufeericha qofa osoo hin taane imaltoonni miira jijjiiramaafi injifannootiin liqimfamanii shubbisaa turan na dhaga'uu waan hin danda'iniif, naa tumsanii shufeerticha dhaabsisuun balaa waloon irra gahuuf itti as deemaa ture hanqisuu hin dandeenye.

Haallin keessa ture, haala abjuu sodaachisaa keessa taanee yeroo iyyinu, kan namni nun dhageenyeefi nuuf hin dirmanneetin walfakkata! Akkuma gargaaraan tokko awutoobisichi qileetti qajeeluu argee dhaabsisuu hanqateetti, balaan ummata keenyatti dhufaa ture ifee osoo natti mul'atuu homaa gochuu dhabuun koo dhiphina sammuu yeroorraa hammaataa deemeef na saaxile. Hidhamuun koo dirree siyaasaa keessaa waan na baaseef, rakkoo guyya guyyaan hammaataa deemu furmaata malee taajjabuu irraan hobbaafadhe. Hirriba yeroo dheeraa na dideen walitti araaramee xiixee rafuu jalqabe.

Warraaqsa ummataatiin jijjiiramni erga dhufee booda ce'uumsi dimokiraasii yaadame kan gufate biyya keenya qofattii miti. Gaazexeessaan Viinsant Baviins (Vincent Bevins) kitaaba dhiheenya maxxansiise keessatti, baroota qabsoon Qeerroo san, biyyoota hedduu keessattis fincilli ummataa haala hin baramneen gaggeeffamaa turuu eera. Baroonni kurnan 2010-2020, kurnee yeroo kamuu caalaa fincilli ummataa itti heddummaate, garuu ammoo kan jijjiiramni ummanni hawwe itti hin milkaayin akka ta'e agarsiisa. Fincilli ummataa naannolee Baha Jiddu Galeessaa, Ameerikaa Kibbaa, Eeshiyaafi Afrikaa keessatti biyyoota hedduu raasuudhaan sirnoota abbaa irree heddu fonqolchuu danda'anii turan.

Garuu ammoo barii jijjiiramaa bilisummaa, haqaafi dimokiraasii ummanni goonfachuuf fincileef milkaa'uun hafe, siyaasni yeroo cehuumsaa humnoota dantaa faallaa qabaniin butamee, cunqursaafi dararaaraa haaraa akka hordofsiisan hima.

Qorannoon sun akka mirkaneessetti, sababani guddaan kurnee san keessa fincilli ummataa akka baay'atuu taasise babal'achuu miidiyaa hawaasati. Jijjiiramni yaadame bakka gahuu dhabuu isaatiif ammoo sababni ijoon inni lafa kaa'e, warraaqsi ummataa humna abbootii irree kuffisu horatus, qaawwa angoo (power vacuum) achi booda uumamu guutuuf, ilaalchi, hoggansaafi jaarmiyaa qophaayuu dhabuu akka ta'e addeessa. Kun angoon humnoota kaayyoon isaanii kan ummataan walfaalleessu harka akka seenu carraa laata.

Gama keenyaan balaa butamuu jijjiiramaa kana dursinee hubachuudhaan tarkaanfii ittisaa garagaraa fudhachuu yaallee turre. Akka fakkeenyaatti aangawoota farra jijjiiramaa ta'aniifi sirni abbaa irree akka itti fufu fedhii qabu jennee yaadne moggeessuuf yaallee turre. Yeroo qabsoo goonutti OPDOfi TPLF adda baasuun sirnicha dadhabsuuf akkuma hojjannetti, boodarra OPDO mataa ishii warra jijjirama deeggaruufi farra jijjiiramaatti gargar baasuuf carraaqne. Warra amanamummaa TPLF jalaa bahuu dideen "OPDO dullattii", kan aantummaa ummataa agarsiisaniin ammoo "Team Lemma" jechuun adda qoodaman. Akeekni keenya gama tokkoon jarreen farra jijjiiramaa aangoo irraa fageessuun humna ce'uumsa buutuufi gufachiisuuf qaban dhabsiisuu, gama biraan ammoo warra aantummaa ummataa qaban aangoo akka dhuunfatan humneessuuf ture. Paartii biyya bulchaa jiru bifa kanaan qoqqoduun, murni achi keessaa bahe aangoo qabate tokko, cehuumsa gufachiisuun sirna abbaa irree deebisee jaaruuf yoo hawwellee, humna itti milkeessu akka hin arganne gochuuf ture.

Erga Lammaan aangoo qabatee booda hogganoota akka farra jijjiiramaatti ilaalaman aangoorraa kaafamuudhaan, dargaggoonni gara aangootti fiduun eegalamee ture. Haa ta'uu malee, Abiyyi muummicha ministeeraa ta'ee ji'oota muraasa keessatti, adeemsa OPDO dullattii humna jijjiiramaatiin bakka buusuu san duubatti deebisuun jalqabame. Aangawoonni OPDO dullattiin farrajamanii harcaafaman, kan maqaa 'gorsitootaatiin' ija ummataa jalaa maqfamanii turan suuta suutan gara aangoo yoo deebi'an dargaggoonni haaraa muudaman dhiibamuu jalqaban. Adeemsi haaromsa duubatti deebisuu kun Lammaan pireezidaantummaa Oromiyaa irraa erga ka'ee booda daranuu cimee itti fufe. Namoonni haaratti mootummaatti makaman hammi tokko ari'amuurraa baraaramanis, ejjannoo farra dimokraasii ta'e madaqfachuun, sirna abbaa irree haaraatti ijaaramaa jiruuf adda dureen abukaatoo ta'an. Garuu ammoo, isaanis adaduma sirnichi hidda gadi jabeeffataa deemuun harcaafamuu jalaa hin baane.

Walumaagalatti, wantoota as keessatti tuqaman dabalatee, rakkoolee siyaasaafi hawaasummaa biroo ce'uumsa dimokiraasii akka hin milkoofneef shoora qaban jiraachuu malu. Gara fuulduraa, hayyoonni dhimmoota kana gadi fageenyaan qorachuun, carraan itti aanee dhufu akka nun dabarre fayyadu dhiheessu jedheen yaada.

Barruun ani akka nama cehuumsa dabre kana keessatti kallattiin hirmaachuu (participant observer) irraa ka'uun qindeesse kunis akka galtee tokkootti fayyaduu mala.

Ummanni Oromoo aarsaa ilmaan isaatiin roorroo sirna cunqursaa alagaa jalaa bahus, sirna abbaa irree murna isa keessaa bahee jalatti kufuun dubbii "sa'a ibidda dhale" san itti ta'ee jira. Akka durii fincilee akka ofirraa hin buqqisneef xiqqaatus jijjiirama argadhe tanuyyuu dhabee sirna alagaa kaleessaa sanitti deebi'a jedhee bir'ata. Ilmaan kiyya aangoo naa qabatan jedhee tasgabbaayee akka hin jiraanne dararaan mootummaan irraan gahu hin dhaabbanne. Ittuu hammaate. Kanarraa ka'uun waggoota jahan dabran kana ilaalchi wal faalleessu lama Oromoo keessatti uumame. Gama tokkoon, murni alagaa manca'ee kan Oromoo aangoo qabachuun injifannoo guddaa waan ta'eef, sirni ammaa kun hammaatus irratti finciluun carraa biyya bulchuu wareegama guddaan argamte tanaawuu nu dhabsiisa kan jedhuutu jira. Leellistoonni ilaalcha kanaa miseensota OPDO qofa osoo hin taane, namoota dhaabbilee mormitoota keessatti waggoota hedduuf aarsa kaffalaa turanis dabalata.

Gama kaaniin ammoo namoonniifi murnoonni Oromoo aangoo qabatanis, miidhaan mootummaa kaleessa ummata keenyarra gahaa ture itti fufee jira. Miidhaa kanas kaleessa ormarraa ajaja fudhachuun raaw'ataa ture, har'a ammoo fedhii ofiitiin kan itti fufsiisaa jiru murnuma amma aangoo dhuunfate jiruudha. Kanaafuu ummata Oromoof homtuu waan hin fooyya'iniif, akkuma sirnoota kaleessaa irratti taasifame, sirna kanas qabsoodhaan ofirraa mancaasuu barbaachisa yaada jedhuutu jira. Dargaggoonni kumaatamni ilaalcha kanarraa ka'uun qabsoo hidhannootiif bosonatti duudanii jiru.

Siyaasni Oromoo qoqqoodama yaadaa bifa kanaa amma dura waan hin keessumeessiniif ummata keessatti afaanfaajjii uumeera. Oromoonni hedduun sirnoota dabran tajaajilaa turanis, ilaalchi "mootummaa kiyya" jedhu seenessa siyaasa Oromoo keessa hin turre. Har'a garuu yaadni kun gar-tokkee hayyoota Oromoofi hawaasa biratti ni calaqqisa. Humnoonni alagaas, sirna kanaaan "mootummaa Oromoo" jechuun saba guutuu jumlaan itti duuluun isaanii, ilmaan Oromoo heddu miira aggaammii waloo kana ofirraa ittisuutiin kaka'anii, ilaalcha kana akka fudhatan taasisee jira. Faallaa kanaa, Oromoonni mormii itti fufan ammoo, sirnichi kan Oromoo ta'uu dhabuu amansiisuuf jecha duula alagoomsuu milkeessuuf yeroo ifaajan mul'ata. Murnichi qaamuma abbaa irree kaleessaa kan jalqabumarraa Oromoo cunqursuuf hundaa'e ta'uu akka ragaatti dhiheeffatu. Gariin inumaatuu Oromummaa namoota aangoorra jiranii gaaffii keessa hanga galchuutti deemu.

Akka ilaalcha kiyyaatti, dhimma "mootummaa Oromoo" jedhu kana deeggartoonnis ta'e mormitoonni of eeggannoon ilaaluu feesisa. Sirni ammaa kun hoj-maata garee saba tokkoo caalaa ol'aantummaa nama tokkoo kan calaqqisu waan ta'eef, maqaan "Mootummaa Abiyyii" jedhu kan namoonni gariin fayyadamantu caalaatti ibsa. Kanaafuu mataan sirnichaa saba kanarraa waan dhalate qofaaf, "mootummaa Oromoo" jedhanii yaamuun dogongora qofa osoo hin taane balaa fiduu mala. Maqaa "aangoo Oromoo tiksuu" jedhuun ummanni

Oromoo sirna abbaa irreetiif murna tokkootiif waardiyyaa akka dhaabbatu gochuuf yaaluun, bubbulee balaa hamaa ummata kanatti fida. Gara biraatiin murni kun, akkuma warra kaleessaa, sabarraan miidhaa geessisaa waan jiruuf Oromummaa qondaalota sirnichaa waakkachuunis fagoo hin deemsisu. Adeemsi akkasii ilaalcha dadhabaa "Oromoo keessa namni hamaan hin jiru" jedhutti nu geessa. Tooftaan Oromummaa kennuufi haquu akkanaa amma duras qabsoo miidhee jira, gara fuulduraas sabicha waan qoqqoduuf faayidaa isaarra miidhaatu caala.

Mataan sirna kanaa dhalataa Oromoo waan ta'eefii danbalii qabsoo ummata Oromootiin aangoo waan qabateef, hawwasni biro kan dhihoofi fagoo akka "sirna Oromoon hogganuutti" ilaalu. Dabalataanis, sirnoota amma duraa caalaa dhalatoonni Oromoo caasaa mootummaa ol'aanaa keessatti lakkofsaafi taaytaa fooyya'aa qabaachuun waan haalamuu miti. Kana malees, akkuma sirnoonni kaleessaa sun angorra turuuf hawaasa keessaa maddan kan Amaaraafi Tigraayi dahannaa taasiftanitti, jarri har'as ummata Oromoo gaachana godhachuu yeroo yaalanis ni mul'ata. Kanaafuu haalonni qabatamaan kunniin osoo jiranuu, sirnicha guututti alagoomsuuf yaaluun tooftaa deemsisu miti.

Faallaa sanaa ammoo duuchaadhumatti sirnichaan "mootummaa Oromoo" jedhanii ibsuun ummata Oromoo kophaatti fayyadeera hiikkaa jedhu qaba. Darbees hirmaannaafi fayyadamumiinsa dhalattoonni saba biraa sirna kana keessatti qaban haaluu ta'a. Akkasumas adeemsi akkanaa badii sirnichi raaw'atu guutumaan sabaatti dhoobuu akka hin fidne of eeggannoon ilaalamuu qaba. Sirni tokko "mootummaa ummata ebaluutti" jechuu kan dandeenyu, ummanni sun filannoo dimokiraatawaatiin bakka bu'ummaa yoo kenneef qofa. Kanaafuu Oromummaa aangawootaa haaluun akkuma hin deemsifne, deeggarsa ummataa akka waan qabaniitti dhiheessuunis sirrii miti. Sanarra murnichi bakka bu'ummaa ummataa hin qabu, gochi isaas dantaa Oromoo hin calaqqisiisu jedhanii falmuu wayya.

Yaadota faallaa kana lamaan kan araarsu sirna dimokraatawaa ijaaruu irratti fuulleffachuudha. Akka Oromootti injifannoo hanga ammaatti argame tiksuufis ta'ee, miidhaa murna maqaa isaatiin aangoo irra jiruun raawwatamu dhaabuuf dimokiraasiin murteessaadha. Sirna Dimokraasii keessatti murnaafi namoota abbaa irrummaa hawwan yoo ta'e malee sabni bal'aan akka Oromoo waan dhabu hin qabu. Sabni aadaa dimokraatawaa sirna Gadaa qabaachuun of dhaadu, kan kaleessa sirna abbaa iree ormaa komachaa ture, har'a cunqursitoota isa keessaa bahan yoo kan dhaadhessu ta'e haqa-qabeessummaan kaayyoo qabsoo isaa gaaffii keessa gala.

Dabalataanis, ummanni Oromoo lakkoofsa wayyabaafi handhuura lafa biyyattii irra baay'inaan qubatee jiraachuu isaarraa kan ka'e, dantaa ofii qofaaf osoo hin taane mirga, nageenyaafi misooma saboota biyyattii maraaf itti gaafatamummaa guddaa qaba. Itti gaafatamummaa kana galmaan gahuu kan danda'u siyaasni Oromoo sirna dimokraasii ijaaruu galma godhatee qabsaa'uu yoo itti fufeedha.

Qabsoo sirna dimokiraatawaa saboonni naannoo ofii mataa isaaaniitiin, biyya ammoo waloon bulchuuf godhamu keessatti qooda adda duree taphachuu yoo itti fufe, dantaa isaa eegsifatee saboota biroo birattis kabajaa horata.

Barbaachisummaan aangoo siyaasaa qabaachuu, erga qabanis tiikfachuu waan haalamu miti. Garuu ammoo akkaataa itti fayyamdamaa irrattin hundaayuun aangoon madda yaaydaa (asset) yookin ammoo kan balaa (liability) ta'uu akka danda'u hubachuu feesisa. Gamnummaafi bilchina madaalawaan dhimma itti baanaan, dantaa ummata ofii tarklaanfachiisuufi miidhaa alagarraa dhufu ofirraa faccisuuf ni gargaara. Faallaa sanaa, dantaa namtokkoo ykn murna muraasaa qofa eegsisuuf jecha, bifa ummatoota biroo moggeesseen dhimma itti baanaan, oolee bulee gaagama'a hamaa affeeruu danda'a.

Kanaafuu sababa "aangoo tikfachuu" jedhuun sirna abbaa irree murna tokkoo tursiisuuf yaaluun, faaydaa qaburra balaa fidutu caala. Miidhaa sirnichi ummata Oromoo irraan gahuun maddiitti saboota biroo keessatti ilaalchi shakkii fi jibbiinsaa akka jabaatu taasisa. Kana ammoo gaaga'ama sirnoonni amma duraa ummata isaaniitti uumanii darban qofa osoo hin taane, waanuma waggootuma muraasa as aanaa kana keessatti ta'aa jiran irraahuu argaa jira. Badiin murna angoorra jiruun raawwatamu cuftuu maqaa saba guutuu xureessuuf hojiirra oolaa jira. Oromoon gidiraa sirni abbaa irree kallattiin irraan gahu qofa osoo hin taane miidhaa sirnichi saboota biraa irratti raawwatuufis waan balaaleffatamuuf miidhaa gam-lameetiif saaxilamee jira. Miidhama qara-lamaa kana dandamachuuf sirna dimokraasii ijaaruu irratti fuulleeffachuutu fala.

Kana malees dadhabbiifi badiin murni siyaasa maqaa saba tokkootiin socho'u ummaticha cabiinsa haamilee waloo (collapse of collective self-esteem) saaxila. Akkuma kitaaba kana keessatti ibse, bara 1990mootaa kaasee rakkoo ABO keessa tureen kan ka'e qabsoon harkifachuun ummata Oromoo cabiinsa haamilee walootiif saaxilee ofitti amanamummaa dhabsiisee ture. Injifannoowwan qabsoo Qeerrootiin argaman cabiinsa haamilee waloo sana wal'aanuu dandeessisanli turan. Si'ana ammoo badiin sirni maqaa Oromootiin aangoo irra jiru raawwatuufi dadhabbiin calaqqisiisaa jiru ummaticha cabiinsa haamilee waloof saaxilaa jiraachuu mallatoolee akeekan hedduutu mul'ataa jira. Kaleessa sababa laamshayuu jaarmaya qabsootiin kan ka'e, humnoonni alagaa olola xin-sammuu (psychological warfare) "Oromoon miliyoona shantama ta'ee waggaa shantama qabsaa'ee homaa hin fidne" jedhu geggeessaa turan. Duula san qabsoo Qeerrootiin erga fashalsineen booda, har'a immoo dadhabbiin murna angorra jiruu, olola haaraa "Oromoon biyya bulchuu hin dandeenye" jedhuuf carraa laatee jira.

Namoonni har'a sadarkaa garagaraatti angoo qabatanii jiran irra-jireessaan kanneen TPLF kaleessa dandeettiifi dhageettii ummata keessatti qabaniin osoo hin taane warra amanamummaa qofa ulaagaa godhee muudaa btureedha. Mootummaan Abiyyis humna namaa TPLF irraa dhaale kana qabatee itti fufuu qofa osoo hin taane, dandeettii mannaa amanamummaan ulaagaa muudama angoo ta'ee akka itti fufu taasise. Kun ammoo dadhabina sirnichaa mul'ataniif sababa guddaadha. Kanaafuu murni angorra jiru kun safartuu dandeettii (meritocracy) hoggansa Oromoo akka ta'uu hin dandeenye warreen duula kana gaggeessan jalaa dhugaa dhokatuu miti.

Duula marsaa kanaa kana fashalsuun kan danda'amu dadhabbii ofii haalanii kan biraatti quba qabuun akkasumas wal qoccollii siyaasaatiin osoo hin taane, akkuma yeroo qabsoo san tarsiimoo beekumsa irratti hundaa'eenifi tuuta hoggansaa dandeettin calalameen "biyya bulchuun" akka danda'amu qabatamaan agarsiisuudhaani. Isa kanaaf ka'uumsa kan nuuf ta'u dantaa gareefi namoota dhuunfaa bira darbuudhaan mul'ata biyyoolessaa qabaachuundha. Haala qabatamaa amma Itoophiyaan irra geessen, sirni siyaasaa namni dhuunfaa itti abboomu ykn gareen muraasni qofti itti fayyadamu ijaaranii waaruun akka hin taane amananii fudhachuu barbaachisa. Kanaafuu dantaafi mirga ummata Oromoo bu'uura waaraafi amansiisaa irratti gadi dhaabuuf sirna siyaasaa mirgaafi faayidaa ummattoota biyyattii hundaa wal dandeessisee hammatu ijaaruun ejjannoo keenya kan hin daddaaqne ta'uu qaba.

Ummanni Oromoo qabsoo sirna dimokiraatawaa Itoophiyaa keessatti diriirsuuf godhamu keessatti shoora irraa eeggamu bahuu kan danda'u ummata Itoophiyaa biraa waliin wal quba qabaatee hojjachuu yoo danda'eedha. Kanaaf immoo sabboonummaan kaleessa akka gaaza qabsootti itti gargaaramne, har'a meeshaa sirni abbaa irree ummatoota cunqursuuf itti gargaaramu akka hin taane of eeggannoo gochuu feesisa. Abbootiin irree gaafa saboota biroo irraa fincilli itti ka'u sabboonuummaa ummata keessaa dhalatanii finiinsuun of baraaruuf yaalu. Kun ammoo umrii sirna abbaa irree ummatoota hunda miidhuu san dheeressuu bira dabree, hariiroo sabni sun ummatoota biroo waliin qabu summeessuun walwaraansa hamaa erga sirnichi kufee boodas turuu danda'uuf saaxiluu mala. Kanaafuu Oromoon sabboonummaan isaa meeshaa abbaan irree kamuu saboota biroo miidhuuf ittiin of golgu akka hin taane dammaqinaan irraa if eeguun dirqama isaati.

Itoophiyaa rakkoo amma keessa galte keessaa baasanii gara daandii dimokiraasiitti ceesisuun Oromoo qofaaf kan dhiifamuu miti. Sirni ammaa kun qabsoo Oromootiin gara aangootti dhufus, akka hidda gadi jabeeffatu dandeessisuu keessatti hayyoonni hawaasa hundaatuu qooda qabu. Ce'uumsi hadiida keessaa bahuu isaatiif itti gaafatamni guddaan kan shufeerichaa ta'us, barii jijjiiramaatti humnoonni siyaasaa biyyatti osoo qindoominaan socho'anii butamiinsa haaromsaa ittisuudhaan ce'uumsa dimokiraasii milkeessuuf carraan jira ture. Ejjannoo humnoonni siyaasaa garagaraa yeroo sanitti qabaachaa turan of duuba deebi'e yoon ilaalu carraan sun akka nu darbuuf gahee akka taphate natti mul'ata. Fakkeenyaaf, aangoo mootummaa federaalaa waggaa 27 ol'aantummaadhaan to'atee kan ture hoggansi TPLF, siyaasa biyyoolessaa guututti lagatee Maqaleetti riphuun halaalaa qeeqqu eegale. Akkuma qeeqa isaa jabeessaa deemeen mootummaan aangoo jiddugaleessaa qabate TPLF'n akka morkataa siyaasaatti osoo hin taane balaa nageenyaa godhee farrajee miira siyaasaa waraanaa (securitized politics) uumuudhaan dirree siyaasaa dhiphisuuf itti fayyadame.

Hoggansi Oromoo gama isaatiin, gariin miira injifannootiin liqimfamee, gariin immoo jijjiiramni dhufuu isaatuu amanuu dhabuun, qor-qalbii qabsoo irraa gara itti gaafatama bulchiinsatti dafee of ceesisuu dhabuu isaatiin, carraa silaa garee ofumaa aangoo yaabsise san lugaama qabee gara daandii ce'uumsaatti deebisuuf isa dandeessisu qisaasee jira. Keessattuu sodaa aangoo qabsoo dheeraafi wareegama guddaan booda argame dhabuu irraa maddeen, cehuumsa gara dimokraasiitti godhamu milkeessuuf, tumsi humnoota siyaasaa saboota biroo murteessaa ta'uu irraanfate. Inumaatuu hayyoonni Oromoo gariin ilaalcha "aangoo Oromoo tiksuu" jedhuun adeemsa abbaa irrummaa ija babaasee dhufaa tureef guuza bahan. Humnoonni siyaasaa Amaaraa ammoo, haasaa siyaasa sabummaa busheessuufi waadaa sirna mootota kaleessaa deebisanii ijaaruutiin hawwatamanii sirnicha waliin hiriiran. Jibba yeroo dheeraa TPLF fi ABO irra qaban irraa kan ka'e, duula sirni Abiyyii gareelee lameen irratti jalqabe adda durummaan deeggaran. Kanaanis, dirreen siyaasaa akka dhiphatuufi oolee bulees biyyattiin gara walwaraansa hamaatti seentu gumaatni humnoota siyaasaa Amaaraa guddaa ture.

Har'a irra dhaabbannee yoo ilaallu, hoggansi Tigraay akka hawwe Maqalee dahoo godhate, ummataafi naannoo isaa gaaga'ama hamaaf saaxile malee, of ittisuu hin dandeenye. Hoggansi Oromoo aangoo harka galte san jabeeffachuun haa hafuutii, atakaaroo jidduu isaanitti uumameen Oromiyaa lola waliinii bara sirnoota ammaan duraa keessattuu argitee hin beeknetti galche. Hoggansi Amaaraas waadaan siyaasa sabummaa balleessanii Itoophiyaa durii deebisuu sun abjuu taatee hafte. Har'a siyaasa sabummaa kaleessa balfaa ture ol qabee sirna abbaa irree tumsa isaatiin gadi dhaaberratti fincileera. Naannoon isaanis lola gaddisiisaafi seer-dhablummaa hamaa unkuramaa jira.

Humnoonni siyaasaa sadeen kun atakaaroo isaan gidduu ture bulfataniii, miira mo'aa-mo'atamaa ture san too'atanii, biyyattii gara dimokiraasiitti ceesisuuf osoo waliif tumsanii, murni haaraan aangoo qabate abbaa iree ta'uuf hamma fedhe wixxifatus, milkaa'uu hin danda'u ture. Haa ta'u malee, hayyoonni gama hundaanuu jiran beekumsa, muuxannoofi qor-qalbii jijjiirama milkeessuuf barbaachisu waan hin horatiniif, carraa argametti fayyadamuu hin dandeenye.

Dogongoroonni waggoota dabran gama hundaaan raawwataman, gaaga'ama siyaasaafi diinagdee itti nu galchan yoo ilaallu Itoophiyaan hanga ammaa akka biyyaatti itti fufuun isiituu raajiidha. Ollaan teenya Suudaan jeequmsa xiqqaa keenyaan wal hin madalleen bittinnaa'uu ishii yoo agarru, ummatoonni Itoophiyaa carraa qabaachuu keenya agarsiisa. Biyyi takka yoo diigamte deebisanii ijaaruun hangam akka ulfaatu taatee Somaaliyaa, Liibiyaa, Yamaniifi Suudan irraa barachuu dandeenya. Lolli Tigraay dhaabbatee duumessi nutti deemaa turerraa yeroof baraaramnus, ammas balaa diigamuu jalaa hin baane. Kallattii siyaasaa irratti waliigalteen biyyaalesssa gahamee, diinagdeen laamshaye kun akka bayyanatu godhamuu baannaan biyti tun dadhabaa deemuu itti fufti.

"Summiin sin ajjeefne qoricha siif ta'a" akkuma jedhamu dogongoroota baroota darban raawwanne irraa barachuu yoo dandeenye, siyaasa keenya bara dhufuu qajeelchuuf galtee gaarii nuuf ta'uu danda'a. Gareen humnoonni siyaasaa dantaa ummata bakka buuna jedhanii eegsisuuf sochiin matayyaan taasisan injifannoo yeroo gabaaduu yoo goonfachiise malee, furmaata waaraa argamsiisuu akka hin dandeenye amananii fudhachuu qabu. Hubannaa siyaasaa, keessattu dammaqiinsa sabummaa, ummatoonni Itoophiyaa yeroo ammaa irra gahaniin, sirni ol'aantummmaa garee kamuu diriirsee itti fufiuu danda'u hin jiru. Siyaasni keenya sadarkaa biyyooleessaatti osoo hin sirraahin, saboonnifi naannoleen qophatti tasgabbaayanii jiraachuu hin danda'an. Kanaaf ammoo ragaan wal qoccollii humnoota siyaasaa Tigraay gidduuti erga lolli dhaabbatee booda mul'ate ragaadha. Siyaasa giddugaleessaa sirreessuun kan danda'amu ammoo mul'ataafi gaarummaa nama ykn garee tokkootiin osoo hin taane, marii humnoota mara hirmaachiseen qofa akka ta'e je'e gaaga'ama daandiin Abiyyi hordofe biyyattii irraan gaheragaadha.

Adeemsi Itoophiyaan ammayyaa itti hundoofteefi kan ammas itti bultu dhumaatii, loogiifi cunqursaa hamaa kan qabu ta'uun waan haalamu miti. Haa ta'uu malee, siyaasa giddugaleesaa sirreessanii sirna mootummaa biyyaaleessaa itti fufsiisuu caalaa filannoo foyya'aan akka hin jirre yaaliiwwan walakkaa jaarraa tokkootii oliif akka furmaataatti hojiirra oolan irra barachuu dandeenya. Xumura lola hundeeffama Itoophiyaa ammayyaa irratti ol'aantummaa kan argate humni siyaasaa Amaaraa, saboota moo'ataman cunqursee Itoophiyaa eenyummaa isaa qofa calaqqistu ijaaruuf yaaliin godhe, dadammaqiinsa sabootaa dhalchee, adeemsa ijaarsa biyyattis jeequmsatti geesse. Gareewwan miidhaa mootummmaan giddugaleessa Itoophiyaa irraan gahutti dallanan, gariin lafa ofii fottoqsanii biyya haaraya jaarrachuun, kaawwan ammoo aangoo biyyooleessaa to'achuudhaan ummata bakka ofii rakkoo jalaa baasuuf karoorfatanii qabsoo finiinsan. Fakkeenyaaf humnoonni Eritriyaa adeemsa mootummaa giddugaleessaa Itoophiyaa mormuudhaan lola hamaafi dheeraa booda biyya walabaa ijaaratan. Haa ta'uu malee, walabummaa goonfatanii waggoota soddoma boodas rakkoo diinagdeefi nageenyaa isaan mudateef ammas mootummaadhuma Itoophiyaa yeroo balaaleffatan agarra.

Gama biraatiin warri TPLF ammoo, miidhaa ummata Tigraay irra gahaa ture furuuf, aangoo mootummaa biyyooleessaa ol'aantummmaan to'achuu kaayyaffatan. Qabsoo wagoota 17 booda sirna Dargii fonqolchanii akkuma hawwan Finfinneetti of muudan. Waggoota 27f aangoo olaantummaan dhuunfatanii turanis, ummata Tigraayis ta'ee kan Itoophiyaa balaa hamaaf saaxilanii dabran. Sirni amma aangoo irra jirus sirna ADWUI kan ol'aantummmaa paartii tokkootiin durfamaa ture gara sirna abbaa irrummaa dhuunfaatti jijjiiruuf yaaliin godhe ummata Oromoo maqaa isaatiin aangoo qabates ta'ee Itoophiyaa gaaga'ama hamaatti kan galcheedha.

Sabni ykn naannoon tokko futtoquunis ta'ee angoo jiddugaleessaa olaantummaan dhuunfachuun furmaata ta'uu kan hin danda'aniif amaloota (characteristics) lama adeemsa hundeeffamaafi dagaagina sirni mootummaa Itoophiyaatin uumamanirraahi. Tokkoffaa, adeemsi ijaarsa biyyattii humniifi qabeenyi guddaan harka mootummaa giddugaleessa keessatti akka kuufamu kan taasiseedha. Kanarrraa ka'uudhaan kutaan biyyattii miidhaan narra gahe jedhu tokko osoo fottoqeeyyuu, hirkattummaa (dependency) leeccalloofi gabaa giddugaleessa jalaa bahuu waan hin dandeenyeef, walabummaa siyaasaa malee kan diinagdee gonfachuu hin danda'u. Kanaaf fakkeenyi gaariin dhimma Eritiriyaa yoo ta'u, gareen TPLF aangoo giddugaleessaa gadi dhiisee erga gara Maqalee deemee booda qormaanni isa mudate akeektuu dabalataati.

Lammaffaan ammoo, biyyi Itoophiyaa saboota danuufi kan dammaqiinsi sabummaa isaanii yeroo gara yerootti guddataa dhuferraa waan ijaaramteefi. Kun ammoo murni siyaasaa tokko aangoo giddugaleessaa ol'aantummmaan qabatee, warra biroo ukkamsee bulchuu yennaa yaalu, gareewwan miidhamni itti dhagahame gurmaa'uufi finciluudhaan umrii sirnichaa gabaabsuu akka danda'aniif haala mijataa uumuu isaati.

Maarree, muuxannoo siyaasaa walakkaa jaarraa tokkoo oliif keessa dabararree irraa ka'uun, mootummaa giddugala Itoophiyaa irraa fottoquu ykn ol'aantummaan dhuunfachuun, nageenyaafi misooma ummatootaa dhiisi, dantaadhuma garee tokkootuu bifa waaraa ta'een eegsisuu akka hin dandeenye erga hubanne, waan hin yaalamin yaaluu hin wayyuu? Wanti hin yaalamne sirna dimokiraatawaa mirgaafi dantaa ummatoota hundaa kabachiisun misooma saffisiisee hiyyummaa barabaraa keessaa baasu ijaaruudha. Anis umrii kiyya hafeen sirni siyaasaa akkanaa biyya keenya keessatti akka ijaaramuuf bockumsa, humnaafi dhageettiin qabuun nan carraaqa.